Über die Herausgeber

Anton Hügli, geb. 1939, Studium in Basel und Kopenhagen, Forschungsaufenthalt in Oxford, Lehrtätigkeit an den Universitäten Münster i.W. und Bielefeld, lehrt seit 1987 Philosophie an der Universität Basel.

Poul Lübcke, geb. 1951, Studium in Kopenhagen, Freiburg, Heidelberg und Leuven, lehrte Philosophie an der Universität Roskilde von 1981 bis 1988, seit 1989 an der Universität Aarhus.

Anton Hügli/Poul Lübcke (Hg.)

Philosophie im 20. Jahrhundert

Band 1

Phänomenologie, Hermeneutik, Existenzphilosophie und Kritische Theorie

rororo

rowohlts enzyklopädie

rowohlts enzyklopädie
Herausgegeben von Burghard König

Übersetzung der Beiträge von Poul Lübcke («Deutsche Philosophie»), von Arne Grøn und von Søren Gosvig Olesen («Französische Philosophie») aus dem Dänischen von Ulli Zeitler

Redaktionelle Mitarbeit Daniel Kipfer, Daniel Sollberger und Urs Thurnherr

Originalausgabe
Veröffentlicht im Rowohlt Taschenbuch Verlag GmbH,
Reinbek bei Hamburg, Dezember 1992

Diese Ausgabe beruht auf:
Vor tids filosofi: Engagement og forståelse

Umschlaggestaltung Jens Kreitmeyer
Gesetzt aus der Aldus und Optima (Linotronic 500)
Gesamtherstellung Clausen & Bosse, Leck
Printed in Germany
2990-ISBN 3 499 55455 0

Inhalt

Hans Blumenberg
279

KRITISCHE THEORIE

Die Philosophien der Frankfurter Schule und ihr Umkreis

Günter Figal

Die Entwicklung der Frankfurter Schule
311

Max Horkheimer und Theodor W. Adorno
315

Walter Benjamin
337

Henri Bergson: Das unmittelbar Gegebene
414

Gabriel Marcel: Existenz und Engagement
431

Alexandre Kojève: Die Dialektik der Anerkennung
443

Jean-Paul Sartre: Freiheit und Situation
453

Maurice Merleau-Ponty: Wahrnehmung und die Welt
472

Maurice Merleau-Ponty:
Leiblichkeit und Geschichte
487

Der ältere Sartre:
Was ist Dialektik?
497

Struktur und Sprache
515

Søren Gosvig Olesen

Die neuere französische Philosophie
537

Vorwort

Philosophie im 20. Jahrhundert ist die deutsche Neubearbeitung eines ursprünglich auf dänisch* und später auf schwedisch erschienenen zweibändigen Werks, das einen Überblick über die wichtigsten Strömungen der europäischen und amerikanischen Philosophie im 20. Jahrhundert gibt. Alle maßgebenden Philosophen werden ausführlich behandelt im Zusammenhang mit den Strömungen, innerhalb deren sie stehen und die sie selber mitgeformt haben.

Es geht dabei jedoch nicht um umfassende, historisch abgerundete Darstellungen. Ziel des Werks ist vielmehr, anhand von ausgewählten, exemplarischen Gedankengängen Einblick zu geben in die Art und Weise, in der die Philosophen unseres Jahrhunderts an ihre Probleme herangetreten sind. Hinter dieser Auswahl steht eine bestimmte Auffassung von Philosophie: Philosophie ist nicht das Produkt einsamer Genies, sie ist nicht prophetische Verkündigung und nicht Weltanschauung, sondern eine argumentative Tätigkeit, ein Versuch, sich selbst und anderen mit Gründen und Gegengründen Rechenschaft zu geben über die grundlegenden Voraussetzungen unseres Denkens, unseres Seins und unseres Handelns. Die philosophische Entwicklung erscheint unter diesem Gesichtspunkt nicht als ein von Zufälligkeiten bestimmtes Geschehen, sondern als ein nachvollziehbarer Dialog, in dem jede Position verstanden werden kann als Antwort auf frühere Positionen, Fragen oder Einwände.

Philosophie – und das ist unsere zweite Annahme – geht nicht nur den Fachphilosophen, sondern jedermann an. Dieses Werk richtet sich daher nicht in erster Linie an die Fachleute – obwohl auch diese durch den aktuellen Bezug manche wertvolle Information finden mögen –, sondern an ein breiteres philosophisch interessiertes Publikum. Es ist

* Vor tids filosofi. Bd. 1: Engagement og forståelse, Bd. 2: Videnskap og sprog. Copenhagen: Politikens Forlag: 1982 (Redaktion: Poul Lübcke).

getragen von dem Bemühen, dem philosophischen Laien eine Einführung zu geben in die Denk- und Argumentationsweise moderner Philosophen, und es will das, was die Philosophen heute bewegt, verständlich machen auf dem Hintergrund der jüngsten philosophiegeschichtlichen Entwicklungen. Um die Philosophie so lebendig wie möglich werden zu lassen, wird dabei nicht abstrakt über Richtungen und Probleme geredet, sondern immer wieder der Bezug hergestellt zu den Personen, die hinter diesen Gedanken stehen, zu ihren Erfahrungen und zu den Grundphänomenen, an denen sie sich orientieren. Mit der *Philosophie im 20. Jahrhundert* hoffen wir daher, ein vielfältig verwendbares Werk geschaffen zu haben: eine in sich geschlossene Einführung in die moderne Philosophie für jeden philosophiegeschichtlich Interessierten ebenso wie ein abschnittweise zu lesendes Handbuch und Nachschlagewerk für Schüler, Studenten und Lehrende.

Existenzphilosophie, Phänomenologie, Hermeneutik und Kritische Philosophie als erster Band dieses Werks behandelt vor allem die in Deutschland und Frankreich maßgebenden Strömungen der Philosophie. Im Mittelpunkt steht das Bemühen der zeitgenössischen Philosophen, sich kritisch von der traditionellen Metaphysik und dem traditionellen Menschenbild abzusetzen und die Philosophie auf eine neue Grundlage zu stellen. In Deutschland steht dabei vor allem die Selbst- und Welterfahrung des Menschen im Vordergrund, in Frankreich die Rolle des Engagements, der Bindung im menschlichen Leben. Zentrale Philosophen sind hier Husserl, Heidegger, Jaspers, Adorno, Horkheimer und andere Vertreter der Frankfurter Schule, Gabriel Marcel, Merleau-Ponty und Jean-Paul Sartre.

Im zweiten Band *Wissenschaftstheorie und Analytische Philosophie* kommen vor allem die zeitgenössischen philosophischen Strömungen zur Darstellung, die sich – unter kritischer Absetzung von der Philosophie des europäischen Kontinents – im angelsächsischen Raum entwickelt haben. Zentrales Bemühen dieser angelsächsisch geprägten Philosophie ist die Analyse unserer alltagssprachlichen, wissenschaftlichen und logischen Begriffe und Ausdrücke. Der Band zeigt die Anfänge dieses Philosophierens bei Russell, Moore, Wittgenstein und Frege und den Stammvätern des amerikanischen Pragmatismus wie James und Peirce. Anhand von Autoren wie Quine, Strawson oder Hare wird der Leser vertraut gemacht mit den Hauptetappen der analytischen Philosophie. Auf exemplarische Weise wird anhand der jüngsten Diskussion des sogenannten Leib-Seele-Problems aufgezeigt, welche Dynamik diesem in hohem Maße argumentativen Philosophieren innewohnt.

Basel / Kopenhagen *Anton Hügli / Poul Lübcke*

DEUTSCHE PHILOSOPHIE

Helmut Holzhey

Der Neukantianismus

Zum philosophischen Diskurs am Anfang des 20. Jahrhunderts in Deutschland

Der Anfang des 20. Jahrhunderts markiert keine philosophiegeschichtliche Zäsur. In der deutschen Philosophie bildet erst das Jahr 1918 einen, wenn auch keineswegs totalen Einschnitt. Die Philosophie der 20er Jahre hat sich – insbesondere als Versuch, dem politisch-kulturellen Zeitbewußtsein nach dem verlorenen Krieg Rechnung zu tragen – vielfach und pointiert von der Vorkriegsphilosophie abgegrenzt. Als Repräsentant eines überwundenen Denkens mußte dabei immer wieder der Neukantianismus herhalten. Zweifellos ist der Neukantianismus eine geistige Erscheinung des Wilhelminischen Kaiserreichs. Er stieg im letzten Viertel des 19. Jahrhunderts, sich zugleich vielfach facettierend, zur führenden Richtung der deutschen Universitätsphilosophie auf. Aber war er damit so etwas wie die Ideologie der Epoche? Die derzeitige Forschungslage gestattet hierauf keine bündige Antwort. Hingegen lassen sich die philosophischen Fragestellungen angeben, zu deren Formulierung und Bearbeitung der Neukantianismus Wesentliches beigetragen hat. Sie sind unmittelbar aus der philosophischen Diskussion um die Jahrhundertwende zu eruieren. Mit welchen Themen beschäftigt man sich damals?

Verhandelt werden in erster Linie Grundlagenprobleme der Wissenschaften, beteiligt an der Debatte sind sowohl Wissenschaftler wie Philosophen, oft auch in Personalunion. Das Spektrum der in Diskussion stehenden Disziplinen reicht von der Mathematik über Physik und Biologie bis zu Geschichte, Psychologie und Soziologie. Diese Breite des wissenschaftstheoretischen Diskurses mag auffällig sein – mit welchen spezifischen Interessen geht aber Philosophie um die Jahrhundertwende an die Theorie des Wissens und der Wissenschaften heran? Es ist nicht mehr die Frage, was wir wissen bzw. nicht wissen können, wie sie Kant in *meta-*

physikkritischer Absicht gestellt hatte; das philosophische Interesse bezieht sich vielmehr auf den Grund unseres faktischen und ständig zunehmenden wissenschaftlichen Wissens, auf seinen vernünftigen oder auch seinen irrationalen Grund und dessen Herausarbeitung. Bei dieser Nachfrage sind starke weltanschauliche Motive im Spiel: das Bedürfnis nach einer Gesamtansicht der Welt und des Menschen in ihr, die den neuen wissenschaftlichen Erkenntnissen Rechnung trägt. Größte Resonanz findet beispielsweise E. Haeckel mit seinem Buch *Die Welträthsel* (1899), in dem er die Darwinsche Evolutionstheorie zu einer materialistisch-monistischen Weltanschauung ausbaut. Gleichzeitig erwächst dieser Position im Bereich der Biologie heftige Kritik seitens des Neovitalismus (H. Driesch), der die Zweckmäßigkeit und Ganzheit der Lebenserscheinungen in den Blick bringt. Die «Energetik» (W. Ostwald) deklariert in der Absicht, den Gegensatz von Materie und Geist zu überbrücken, die Energie zur einzigen Substanz; sie wird hierin durch die physikalische Aufklärung des Verhältnisses von Energie und Masse (A. Einstein 1905) unterstützt. In allen diesen Debatten besteht ziemliche Einhelligkeit darüber, daß das, «was die Welt im Innersten zusammenhält», nicht philosophisch unmittelbar in Gestalt von Natur- und Geistesphilosophie erfaßt werden kann, sondern – wenn überhaupt – nur mittels philosophischer Analyse der Grundlagen und Erkenntnisse der Wissenschaften. In der blühenden Theorie der (wissenschaftlichen) Erkenntnis werden aber die unterschiedlichsten Positionen verfochten: materialistische, realistische, idealistische – und diese je wieder in verschiedenen Spielarten. Besonderes Interesse findet die Differenz von Natur- und Geisteswissenschaften, deren Klärung mit der methodologischen Grundlegung der Geisteswissenschaften einhergeht. Die erkenntnistheoretisch angelegten Philosophien tendieren teils zu einer materialistischen, vitalistischen oder idealistischen Metaphysik, teils zum Nachweis, daß die Wissenschaft als solche vernünftigen Wesens ist, teils zur Behauptung ihres irrationalen Grundes im «Leben». Die Schwäche dieser Bestrebungen liegt darin, daß es nicht mehr gelingt, eine rationale «systematische Gesamtdeutung der Wirklichkeit» zu geben. «Der einzige Totalitätsbegriff... dessen sich das Denken nach der Abwendung vom idealistischen Konzept des Absoluten noch mächtig glaubt», ist der Begriff des *Lebens*[1].

Das Denken der Epoche steht unter seinem Schatten. Bereits in den 90er Jahren setzt die breite, wenn auch die akademische Philosophie noch kaum berührende Rezeption der «ethischen Lebensphilosophie» Nietzsches ein. Universitätsphilosophisches Gewicht hat Diltheys lebensphilosophische Grundlegung der Geisteswissenschaften im *Erleben*, dessen Subjekt nicht mehr nur der vernünftige, sondern der ganze Mensch als «wollend fühlend vorstellendes Wesen»[2] ist. Die moralphilosophische wie die erkenntnistheoretische Bedeutung des «Lebens» finden ihre Explikation bzw. Kritik in einem weiteren zentralen Begriff der Philosophie um 1900, dem Begriff des *Wertes*. Die Wertbeziehung konstituiert die Gegenstände der Geisteswissenschaften; Edelsteine z. B. kommen deshalb unter den Objekten eines Archäologen und nicht bloß eines Chemikers vor, weil sie in einer Kultur als schön bewertet und so als Schmuckstücke getragen worden sind. Doch weit über diese wissenschaftstheoretische Bedeutung hinaus übernimmt der Wertbegriff die Funktion des (Hegelschen) Geistbegriffs: die Differenz von Sein und Sollen zu überbrücken, d. h. normative Aussagen (‹du sollst den Achat erwerben›) in deskriptiven Aussagen (‹der Achat ist wertvoll›) zu verankern. Dieser Anspruch führt zu ausgedehnten Diskussionen über das Sein der Werte («Geltung») und ihre Erfassungsweise (z. B. durch «Wertfühlen»). Wieder ist es nicht die Frage nach den Prinzipien unseres moralischen Handelns, nach den moralischen Normen selbst, sondern das Problem ihrer Begründung, das das philosophische Interesse auf sich zieht. Das gilt sowohl für Nietzsches lebensphilosophische Charakterisierung der Werte als «*Erhaltungs-, Steigerungsbedingungen* in Hinsicht auf komplexe Gebilde von relativer Dauer des Lebens»[3] wie für die neukantianische und phänomenologische Wertphilosophie, die gegen den drohenden Nihilismus in der Sicherung der Objektivität der Werte die vernünftige Einheit des Guten und des Seienden sucht.

Grundsätzlich ist die Stellung des Neukantianismus – trotz signifikanter Schuldifferenzen – in diesen Diskursen der Zeit eindeutig: Orientiert an wissenschaftlichen Grundlagenproblemen, betreibt er die rationale Begründung der Kultur in dezidierter Ablehnung von Lebensphilosophien aller Couleurs. Gegen ein sich ausbreitendes Gefühl der Enttäuschung, daß Wissenschaft die in sie gesetzten Erwartungen, eine umfassende, praxisleitende Weltsicht zu begründen, nicht erfüllen könnte[4], setzt er auf die philosophisch herauszuarbeitende Vernunft in der Wissenschaft. Es ist dabei um die Jahrhundertwende keineswegs mehr bloß die Kantische Tradition, auf die er sich abstützt. Neben platonischen Theoremen haben insbesondere Gedanken von Leibniz und Fichte Eingang gefunden. Aber die Kantische Vernunftkritik bleibt, vor allem nach ihrer «negativen» Seite als Destruktion ‹naiver› Ontologie und Metaphysik, Fundament des insoweit nach wie vor richtig benannten «Neukantianismus», so unterschiedlich die kritischen Werke Kants in den neukantianischen Schulrichtungen auch gewichtet und ausgelegt werden.

Begriff und historische Erscheinung des Neukantianismus

Durch das ganze 19. Jahrhundert hindurch läßt sich ein Einfluß kantischen Denkens verfolgen. Er wird nicht zuletzt in den weltanschaulichen Auseinandersetzungen des ‹Nachmärz› fühlbar, als sich in der postrevolutionären Repressionsphase eine ‹kritische› Position weltanschaulicher Neutralität ausbildet, die gegenüber Metaphysik skeptisch ist und auf Erkenntnistheorie baut.[5] Und auch außerhalb Deutschlands ist Kant präsent. Während allerdings die englische Kant-Rezeption, mit der die Kritik des Empirismus gefördert wird, sich kaum zu einem eigentlichen Neukantianismus formiert, zeigen sich in Frankreich (Charles Renouvier) und Italien (Carlo Cantoni u. a.) regelrechte neukantianische Tendenzen. Aber nur in Deutschland kommt es, in zeitlicher Parallelität mit der Gründung des ‹zweiten› Reichs, zu einem philosophischen Neuanfang im Zeichen Kants, zu einer eigentlichen Kant-Bewegung, die sich in der Folge nach verschiedenen Richtungen aufgliedert und teilweise zu Schulen institutionalisiert.

Der Anfang wird von einzelnen gemacht, von jungen Leuten, die 1871 gerade oder noch nicht einmal 30 Jahre alt waren: von Otto Liebmann (1840–1912), Hermann Cohen (1842–1918), Aloys Riehl (1844–1924) und Wilhelm Windelband (1848–1915), um die wichtigsten zu nennen. Die einschlägigen Publikationen bekunden keine einheitliche Position. Das liegt nicht zuletzt daran, daß die jungen Kantianer unterschiedlichen philosophischen Milieus entstammen. Liebmann und Windelband waren Schüler des Jenaer Professors Kuno Fischer, dessen Kantauffassung ausgeprägt idealistische Züge aufwies; Riehl und Cohen waren in der zeitgenössischen Psychologie geschult, beide mit starken naturwissenschaftlichen Interessen. Cohen, der bei Adolf Trendelenburg in Berlin Vorlesungen gehört hatte, griff aktiv in die Kontroverse zwischen seinem Lehrer und Kuno Fischer um das angemessene Verständnis von Kants Raum-Zeit-Lehre ein.

Trotz dieser Verschiedenheiten läßt sich jedoch eine gemeinsame

Stoßrichtung ausmachen: Die Autoren bekämpfen unzulässige Verabsolutierungen und argumentieren deshalb antinaturalistisch und antimaterialistisch – gegen eine naheliegende weltanschauliche Ausmünzung des großen Ansehens der Naturwissenschaften; antiklerikalistisch – im ‹Kulturkampf›, der Auseinandersetzung zwischen dem preußischen Staat und der katholischen Kirche, Partei gegen die geistige Bevormundung durch die Kirche nehmend; antipessimistisch – angesichts eines grassierenden Schopenhauerianismus; sie begründen und verteidigen damit auch bürgerliche Freiheitsideale.[6] Die differente Herkunft bestimmt nebst anderen Faktoren in der Folgezeit die Aufspaltung des Neukantianismus nach Schulrichtungen. Hermann Cohen, schon früh vom Interesse am «Idealismus in der Naturwissenschaft» bewegt, entwickelt für Erkenntnistheorie und Ethik einen «kritischen Idealismus», der das Leitmotiv der «Marburger Schule» abgeben wird. Er nimmt dafür insbesondere die Kritik am Materialismus auf, die Friedrich Albert Lange (1828–1875) in seiner bekannten *Geschichte des Materialismus* übte. Wo dieser aber angesichts des Bedürfnisses nach ethischer Orientierung für einen «Standpunkt des Ideals» plädierte, den man in freier «Begriffsdichtung» einnähme[7], da verficht Cohen eine strenge, «erkenntnistheoretische Begründung der Ethik»[8], also statt des dichterischen den logischen Umgang mit den Vernunftideen. In dieses Konzept gehen einerseits Theoreme aus den *Logischen Untersuchungen* Adolf Trendelenburgs ein; andererseits wird eine Rekonstruktion der platonischen Ideenlehre bedeutsam, die Platons «Ideen» als reine Grundlegungen (Hypothesen) der Erkenntnis interpretiert. Ideen sind also Erkenntnisinstrumente besonderer Art, nicht jedoch selbständig existierende Entitäten. Ermöglicht wird diese unmetaphysische Bezugnahme auf die Platonische Philosophie mit der Unterscheidung des Seins von Dingen, des Geschehens von Ereignissen, des Bestehens von Verhältnissen – und der Geltung von Sätzen. Hermann Lotze (1817–1881), der diese für den ganzen Neukantianismus fundamentale Unterscheidung 1874 entwikkelt, stellt nämlich zugleich klar, daß das vermeintliche «Sein» der Platonischen Ideen nichts anderes als die «Geltung von Wahrheiten» bedeute.[9] – Wilhelm Windelbands Schriften zeigen einen unmittelbaren Einfluß Lotzes, indem dessen Gedanke der Geltung zur Grundlage des Logik- und Philosophieverständnisses im «südwestdeutschen Neukantianismus» wird. Der «entscheidende Anstoß zur neukantianischen Bewegung» wird aber bei Kuno Fischer gesucht: Es war vor allem sein Werk über Kant, das nach Meinung H. Rickerts «schon 1860 den ganzen Kant» gab, «den erst Windelband 1880 ‹zurückeroberte›», es war also Fischers fichteanisiertes Kantbild, das diesem Kantianismus das Gepräge gab.[10]

Während die Marburger und die Südwestdeutsche Schule durch ihre ‹Väter› getrennt sind, haben sie ihre Gemeinsamkeit in einem kritischen Idealismus, mit dem sie sich von einem kritischen Realismus unterscheiden, wie ihn u. a. A. Riehl verkörpert. Diesen dritten großen Versuch, die kritische Philosophie Kants in zeitgemäßer Form neu anzueignen[11], zeichnet das Verständnis für Tradition und Anspruch des Empirismus aus. Erfahrungswissenschaftliche Erkenntnis wird also nicht einseitig auf ihre rational-apriorischen Bestandteile hin analysiert, sondern immer auch in ihren ‹realen›, das Gegebene repräsentierenden Elementen gewürdigt. Generell bestehen im frühen Neukantianismus der 70er Jahre noch vielfache Verbindungen zum ‹Positivismus›.

Zur Skizzierung der frühen Kant-Bewegung gehört noch ein Hinweis auf die Kant-Philologie, die Erarbeitung zuverlässiger und das Aufspüren unbekannter Texte aus dem Nachlaß, aber auch die Klärung der Vorgeschichte der Kantischen Philosophie – eine Forschung, die sich in durchaus kritischer Haltung gegenüber systematischen Rekonstruktionen entfaltet. Die philologische, historische und interpretatorische Arbeit an den Kantischen Texten findet schließlich in den von H. Vaihinger 1897 begründeten *Kant-Studien* ihr publizistisches Organ.

Auch der Ausdruck «Neukantianismus» wird in den 70er Jahren des 19. Jahrhunderts geläufig, obwohl ihn schon F. Lassalle 1859 und C. L. Michelet 1862 verwenden.[12] Verbreitung sichern ihm insbesondere E. v. Hartmanns Polemik[13] und die Auseinandersetzungen um den theologischen Neukantianismus der Schule von A. Ritschl (1822–1889)[14], der sich an der biblisch-geschichtlich erfaßten Person Jesu orientierte. – Ein halbes Jahrhundert später hat H. Rickert 1924, in einem Gedenkartikel für A. Riehl, mit dessen Tod er auch das Ende der «geschichtlichen Erscheinung» des Neukantianismus gegeben sah, den Ausdruck dahin präzisiert, daß nur Kantianer, die etwas Neues gebracht hätten, die «dadurch, daß sie auf Kant *zurück*gingen, die wissenschaftliche Philosophie zugleich *vorwärts*» führten, als Neukantianer bezeichnet werden sollten. Als Hauptrepräsentanten eines solchen eigentlichen Neukantianismus gelten H. Cohen, A. Riehl und W. Windelband.[15]

Für die philosophische Diskussion ist der Neukantianismus seit den 20er Jahren in zwei «Schulen» präsent. Riehls realistische Kantinterpretation scheint in den «kritischen Realismus» O. Külpes (1862–1915) ausgemündet zu sein. Während die «Marburger Schule» mit H. Cohen,

P. Natorp und dem frühen E. Cassirer explizit Anspruch auf das Erbe Kants machte, dabei aber seit der Jahrhundertwende Leibnizsche Philosophie integrierte, war der werttheoretische Kritizismus der «Südwestdeutschen Schule», als dessen Hauptrepräsentanten W. Windelband, H. Rickert und E. Lask zu nennen sind, schließlich auch an der Hegel-Renaissance beteiligt[16]; sein repräsentatives Organ bildete die Zeitschrift *Logos* (1910ff).

Die historiographische Abgrenzung neukantianischer Philosophie bereitet nach hinten wie nach vorn Schwierigkeiten. Nach dem Ersten Weltkrieg bekundete Natorp ein durchaus ambivalentes Verhältnis zu seiner Schulidentität. Auch Rickerts Arbeiten werden nicht generell dem Neukantianismus zugerechnet. Erst recht gilt das für die Vertreter des sog. jüngeren Neukantianismus, für E. Cassirer, B. Bauch, A. Liebert, R. Hönigswald und J. Cohn. Es liegt wohl nahe, historiographisch von Neukantianismus (i. e. S.) nur im Blick auf die Philosophie vor 1918 zu sprechen, die – im systematischen Begriff des Neukantianismus konzentriert und zum Teil polemisch verzeichnet – eine der wichtigsten Gegenpositionen für die Philosophie der 20er Jahre bildete.

Die folgende Darstellung dieses eigentlichen Neukantianismus muß sich auf die wichtigsten Lehren der beiden Schulen und dabei überdies auf die erkenntnistheoretischen und ethischen Grundgedanken beschränken. Nur andeutungsweise kann auf die Beiträge zur Ästhetik, Religionsphilosophie, Rechtslehre und philosophischen Psychologie hingewiesen werden.

Die Marburger Schule

Am 17. März 1883 hielt Hermann Cohen – er war sieben Jahre zuvor zum ordentlichen Philosophieprofessor als Nachfolger Friedrich Albert Langes ernannt worden – in der Aula der Universität Marburg die Festrede zur Feier von Kaisers Geburtstag; er sprach *Von Kants Einfluß auf die deutsche Kultur*. Was er dabei sagte, hatte über den unmittelbaren Anlaß hinaus programmatischen Charakter. Denn Cohen entfaltete im Rahmen einer Würdigung der Wirkungsgeschichte Kantischer Philosophie das Grundverhältnis von Philosophie und Wissenschaft und formulierte damit erstmals den systematischen Ansatz seines Denkens, der schulbildende Kraft erlangen sollte.

Den Ausgangspunkt bildet eine Proportion: Philosophie verhält sich zur Wissenschaft wie die Kunst zur Natur und, im Blick auf eine der Künste, wie Poesie zum Mythos. «Natur» – das heißt hier «naturwüchsiges Tun», naiv mythische Bilder zu schaffen, naiv mit der «Naturkraft des Geistes» zu arbeiten. In der Dichtung wird die natürliche Naivität des Mythos aufgehoben, indem der Dichter mit dem Material der Mythen reflektierend arbeitet; analog dazu macht der Philosoph den «Naturvorgang» Wissenschaft «in seinem dunklen Drange» zum Problem und erhebt so Wissenschaft «zu ihrem freien Selbstbewußtsein, zu der Sicherheit ihres naturwüchsigen Tuns, zu der Klarheit über ihre Ziele, zur Erkenntnis ihrer Grenzen»[17].

Mit der Analogie hat es eine eigene Cohensche Bewandtnis. Zunächst ist es wohl die ungebrochene Beziehung auf den Gegenstand, die Mythos und Wissenschaft verbindet. Man könnte sie aber auch anders thematisieren, als es in der poetischen und philosophischen Reflexion geschieht: Man könnte sie psychologisch auf ihre «Entstehung im Zusammenhange der Kultur» untersuchen. Und der junge Cohen hat das tatsächlich im Bereich der Mythenbildung getan. Für die psychologische Analyse ihres «Ursprungs» im menschlichen Geiste hätten aber Wissenschaft oder Mythos einander nichts voraus, sie wären vielmehr als «naturwüchsiges Tun» vorausgesetzt, das sich nach «Gesetzen des psychologischen Mechanismus» vollzieht.[18] Von der psychologischen Aufklärung des «Ursprungs» ist nun aber die philosophische Begründung der Gesetzlichkeit von Wissenschaft scharf zu sondern.

Die Umrisse des Cohenschen Programms treten damit hervor:

1. Philosophie erforscht die Erkenntnisbedingungen und Grundsätze der Wissenschaft, insbesondere der Naturwissenschaft. In einer späteren Formulierung heißt es: «Was Natur sei, geht uns nichts an, sofern wir philosophieren, nicht dichten wollen.» Cohen spielt hier auf Langes Bestimmung von Metaphysik als Begriffsdichtung an. Thema der philosophischen Erkenntnistheorie (Erkenntniskritik) ist vielmehr, was die Naturwissenschaft zur Wissenschaft macht, was die Voraussetzungen der Gewißheit wissenschaftlicher Erkenntnis sind.[19]

2. Bei dieser ihrer Reflexionsarbeit geht Philosophie vom Faktum der Wissenschaft, von der faktischen Geltung wissenschaftlicher Erkenntnis aus. Welchen Sinn hat diese Voraussetzung? Der kritische Philosoph, heißt das, tritt nicht in Konkurrenz mit dem Naturwissenschaftler bei der Erforschung der Natur; er baut auch nicht auf Sinnesdaten, Empfindungen, als dem angeblich ‹rein› Gegebenen auf. Das Faktum ist als Tatsache wissenschaftlicher Erkenntnis nicht eine nackte Tatsache (factum bru-

tum), sondern selbst Erkenntnis, und zwar Erkenntnis nicht als psychisches oder soziales Vorkommnis, sondern als propositional artikulierbare Wahrheit. An dieser Wirklichkeit setzt die philosophische Untersuchung an. Das Faktum ist aufschlüsselbar, *intelligibel*.

3. Die Sicherung der Gewißheit wissenschaftlicher Erkenntnis durch Klärung ihrer Voraussetzungen ist auch für die Wissenschaft selbst von Nutzen, arbeitet doch der Wissenschaftler selbst, wie das Beispiel Newtons zeigt, mit philosophischen Prinzipien bzw. Grundbegriffen, ohne auf dieses «spekulative Element»[20] hinreichend reflektieren zu können.

4. Im Sinne des Kantischen Vorhabens, Metaphysik als Wissenschaft zu begründen, gewinnt Philosophie dadurch selbst den Charakter einer Wissenschaft, daß sie – von der faktischen Geltung positiv-wissenschaftlicher Erkenntnis ausgehend – diese auf ihre Voraussetzungen, d. h. die Bedingungen ihrer Gewißheit oder Geltung hin untersucht. Sie verfährt, heißt das gemäß einer terminologischen Prägung Cohens, nach *transzendentaler Methode*. Was dabei geschieht, läßt sich an einem Beispiel deutlich machen: an der Frage nach den Bedingungen des Realitätsbezugs der Erkenntnis. Wer den Realitätsbezug nicht in unmittelbaren Gegebenheiten (Empfindungen) sicherstellen kann, muß ihn anderweitig begründen, wenn er ihn überhaupt begründen kann. Cohen begreift Realität als eine kategoriale Bestimmung, genauer: als ein «Denkmittel». Das Problem der Realität betrifft die Rechtfertigung der Setzung des Etwas überhaupt. Es geht weder um den substantiellen Träger von Eigenschaften noch um Wirklichkeit (Existenz), sondern um eine Art Urqualität, die «Sachheit» – auch um Sein, aber eben das Sein als Sache oder Etwas. Cohen zentriert das alte ontologische Problem, was das Seiende zum Seienden macht, im Problem der Realität, die auch ein fiktiver Gegenstand oder ein Akzidens besitzt. Etwas und Nichts sind die Gegensätze. Die Setzung des Etwas bedeutet: «der Ursprung ist bezeichnet, die Sache fängt nicht von ungefähr an»[21]. Mit diesem Aufweis der Kategorie, die dem Anspruch auf Erkenntnis von Realität zugrunde liegt, ist die philosophische Untersuchung allerdings noch nicht am Ziel. Es bedarf des Ausweises, daß in diesem kategorialen Denkmittel der Realitätsbezug der Erkenntnis gegründet ist. Wie für die Kategorie «Realität» ist für alle Kategorien auf- und auszuweisen, daß sie notwendige Bedingungen der Geltung wissenschaftlicher Erkenntnis sind.

Cohens erkenntnistheoretisches Konzept erwächst aus seiner *Kant-Interpretation*. Diese ist von vornherein darauf ausgerichtet, nicht nur Kants Lehre von den nichtempirischen Bedingungen, dem «Apriori», der

Erfahrungserkenntnis zu rekonstruieren, sondern sie auch aufs neue für eine moderne Erkenntnistheorie fruchtbar zu machen. Die alte Diskussion, ob es angeborene Begriffe gebe, war damit aufgelebt, daß frühe Neukantianer (H. v. Helmholtz, F. A. Lange) das kantische Apriori als ererbte natürliche Ausstattung, als «Gattungsorganisation» des Menschen, verstanden hatten, auf der unsere Erkenntnis der Erscheinungen beruhe. Cohen arbeitet dagegen den transzendentalen Sinn des Apriori heraus: Kants Theorie der Erfahrung beschreibt und begründet die apriorischen Bedingungen der Möglichkeit von Erfahrung ausschließlich in einer logischen Analyse dieser Erfahrung. Was ist aber dann mit «Erfahrung» gemeint? Eine wichtige Weichenstellung hatte bereits August Stadler (1850–1910) vorgenommen: «Ich spreche als Voraussetzung alles Folgenden die Ansicht aus, daß man seit Kant unter Metaphysik überhaupt nichts anderes verstehen dürfe, als das Problem der Möglichkeit wissenschaftlicher Erfahrung.»[22] Cohen folgt ihm: Erfahrung ist wissenschaftliche Erfahrung – das aber nicht im Sinne des Empirismus, denn Erfahrung ist als Mathematik und reine Naturwissenschaft gegeben; die Theorie der Erfahrung zielt als Theorie der Mathematik und reinen Naturwissenschaft auf deren Grundbegriffe und Grundsätze, um sie als ihre notwendigen Bedingungen a priori auf- und auszuweisen. – Diese Interpretation hat bereits eine über Kant hinausführende systematische Spitze. Denn während Kant die Frage nach der Möglichkeit solcher nichtempirischer Prinzipien (sog. «synthetischer Urteile a priori») in Mathematik und Naturwissenschaft von der Frage nach der Möglichkeit einer wissenschaftlichen Metaphysik unterscheidet, kennt Cohen nur noch die Frage nach dem Grunde der Möglichkeit bzw. Geltung «mathematischer Naturwissenschaft». Metaphysik bedeutet ihm – wie Stadler schon formulierte – überhaupt nichts anderes mehr als «das Problem der Möglichkeit wissenschaftlicher Erfahrung». Dazu kommt ein zweites Moment der Abweichung von Kant: Während nach dessen Erklärung Erfahrung aus der Materie sinnlicher Eindrücke und der unserem eigenen Erkenntnisvermögen entstammenden Form zusammengesetzt ist[23], macht Cohens Theorie die Erfahrung nur nach ihrer Form thematisch. Das ergibt sich damit, daß «Erfahrung» als «mathematische Naturwissenschaft», diese aber als gültige Erkenntnis a priori begriffen wird. Unter dem Titel einer transzendentalen Theorie der Erfahrung nach den Bedingungen der Gültigkeit einer apriorischen Erkenntnis zu fragen, heißt von vornherein, das sinnlich-materielle Moment aus dem Erfahrungsbegriff auszuklammern bzw. es in eine Formbestimmung der Erfahrung aufzuheben.

Einer derartigen «Apriorisierung» der Erfahrung, besser: der Empfindung als des sinnlich-materiellen Moments der Erfahrung, ist Cohens eigene systematische Arbeit am Problem der Erkenntnis gewidmet.

Den Ausgangspunkt bildet Kants «Grundsatz der Antizipationen der Wahrnehmung», der besagt: «In allen Erscheinungen hat das Reale, was ein Gegenstand der Empfindung ist, intensive Größe, d. i. einen Grad»[24]. Cohen bildet ihn in der Bemühung um eine Neufassung des Realitätsbegriffs zum «Grundsatz der intensiven Größe oder der Antizipationen»[25] um. Wichtige Impulse dafür gibt der Fragenkreis der Psychophysik. Am Schluß der einschlägigen Schrift *Das Prinzip der Infinitesimal-Methode*... nimmt Cohen explizit Stellung zum psychophysischen Grundgesetz G. T. Fechners, einer «Maßformel» für die von der Reizstärke bzw. den Reizzuwüchsen abhängig gedachte Empfindungsgröße. Die ausgebreitete zeitgenössische Diskussion in dieser Frage beschäftigte sich u. a. mit dem Problem der Anwendbarkeit des mathematischen Größenbegriffs auf Empfindungen, d. h. der Berechnung des Verhältnisses zwischen Reizstärke und Empfindungsintensität. Um überhaupt eine Empfindung zu erregen, ist eine bestimmte, minimale Reizstärke erforderlich (Reizschwelle), und ein gegebener Reiz muß immer um einen endlichen Betrag, die sog. Unterschiedsschwelle, geändert werden, ehe sich eine merkliche Änderung der Empfindung ergibt. Das Weber-Fechnersche Gesetz besagt nun, daß das Verhältnis des sich bemerkbar machenden Reizzuwachses zur Intensität des Ausgangsreizes (nahezu) konstant ist. Durch Integration dieser «Fundamentalformel» ergibt sich die «psychophysische Maßformel», nach der sich die Intensität der Empfindung proportional zum Logarithmus der Reizstärke verhält. – Cohens philosophisches Interesse knüpft sich an die hier auf der Basis einer Differentialgleichung eröffnete Möglichkeit der Messung von Empfindungsgrößen. Die Methode der Bildung von Differentialen bzw. Integralen («Infinitesimal-Methode»), deren Erfindung und Anwendung zur Lösung mathematischer und physikalischer Probleme Cohen historisch reich belegt, wird ihm zum Paradigma für die Leistungsfähigkeit des Denkens im Prozeß der Gegenstandserkenntnis, ja erscheint ihm als das entscheidende Denkmittel der neueren Naturwissenschaft. Ihre logische Begründung erfährt diese Methode im «Grundsatz der intensiven Größe». Was besagt dieser – im Unterschied zu Kant von Cohen nicht explizit ausformulierte – Grundsatz? Zunächst nichts anderes als Kants «Grundsatz der Antizipationen der Wahrnehmung», daß nämlich den realen Objekten der Wahrnehmung eine (intensive)

Größe zugeschrieben werden muß. Doch geht Cohen weiter, soll doch sein «Grundsatz der intensiven Größe» nicht nur eine prinzipielle Größenzuschreibung, sondern in dieser Zuschreibung die Setzung des Realen begründen. Das Reale hat nicht nur, sondern es ist intensive Größe. Während für Kant Empfindung als sinnlich-materielles Moment trotz ihrer mathematischen Bestimmbarkeit für den Realitätsbezug der Erkenntnis unverzichtbar bleibt, wird für Cohen die Leistung der Empfindung zu einem Moment mathematisch-logischen Denkens. Die Setzung des Realen, des Etwas überhaupt, ist Sache des Denkens, nicht Gabe der Empfindung.

Man muß bemerken, daß hier von der wesentlichen Bedingung der Gültigkeit wissenschaftlicher Erkenntnis, nicht von der Erkenntnisfindung die Rede ist. Die Gültigkeit wissenschaftlicher Erkenntnis aber wird in Cohens Theorie unabhängig von einem empirisch Gegebenen fixiert; es ist die Kategorie (Denkbestimmung) der Realität, die die Bezogenheit des Bewußtseins auf ein X als Gegebenes, d. h. die Anschauung, erst erfüllt. Im «Grundsatz der intensiven Größe» wird diese Verbindung zwischen Anschauung und Realitätskategorie vollzogen. Für das Erkenntnisobjekt bedeutet das, daß das Reale (die Qualität des Realen) als «Gegenstand der Empfindung» durch die infinitesimale Einheit dx, das Unendlich-Kleine, erzeugt wird. Diese «Einheit» ist nicht als eine Maßeinheit, sondern als das qualitativ Erzeugende aufzufassen. Am Beispiel demonstriert: «Der Punkt der Tangente, welcher die verschiedenen Bewegungen eines Punktes zu *einer* Richtung vereinigt, erzeugt in dieser Richtung die Kurve.»[26] Natorp präzisiert und korrigiert dann, daß nicht eigentlich der Punkt, sondern das Gesetz der «Ursprung» sei, das man sich «intensiv» im Punkt konzentriert denken könne. Wenn Cohen vom erzeugenden Punkt spreche, dann sei der «Punkt» als Träger des Gesetzes anzusehen, aus dem die extensionale Größenbestimmtheit durch Integration hervorgeht.[27]

Von der Sache her gesehen wird die systematische Konzeption, wie sie Cohen in den 80er Jahren entwickelte, zur maßgebenden Doktrin für die Entwicklung einer Marburger Schule. Natorp erklärt noch 1915 brieflich, er stehe der Bestimmung des Verhältnisses von Anschauung und Denken, wie sie in Cohens *Prinzip der Infinitesimal-Methode*… zu finden sei, am nächsten. Diese Äußerung Natorps muß auf dem Hintergrund einer Entwicklung gesehen werden, die Cohen zur gänzlichen Preisgabe des Dualismus von Anschauung und Denken führt. Die Infinitesimal-Methode wird zum Indiz der souveränen Macht des Denkens über das Sein. Die philosophische Begründung der objektiven Gültigkeit von Erkenntnis ohne Zuhilfenahme der Anschauung, ohne Bezugnahme auf ein X als «Gegebenes», bestimmt das Programm der *Logik der reinen Erkenntnis* von 1902. Die Legitimation der Geltung wissenschaftlicher Erkenntnis geschieht fortan als Logik, die keiner Vorschaltung einer Anschauungslehre bedarf. Wie Cohen in der Schrift von 1883 einen erkenntniskritischen Grundsatz, den Grundsatz der Erzeugung des Realen qua intensive Größe, herausarbeitet, so gibt er in dem ersten und grundlegenden Teil seines «Systems der Philosophie» einem Urteil, dem «Urteil des Ursprungs», eine besondere Stellung. «Denken ist Denken des Ursprungs»[28] und bleibt es in allen reinen Erkenntnissen. Das bedeutet: Denken ist Grundlegung, ihm ist nichts gegeben; auf «Gegebenheit» im Sinne vollständiger Bestimmtheit des Gegenstandes zielt vielmehr der nie abschließbare Erkenntnisprozeß. Der reine Grund mathematischer und naturwissenschaftlicher Erkenntnis besteht in einem – offenen – System von Urteilen (analog zu den Kantischen Grundsätzen), das als System gegenstandserzeugender Methoden reinen Denkens aufgefaßt wird. Die einheitsstiftende Funktion dieser «Urteile» oder «reinen Erkenntnisse» hat nach Cohen ihren Rückhalt nicht in der Einheit des reinen Selbstbewußtseins, der von Kant so genannten «transzendentalen Apperzeption», sondern in der Einheit von Sonderung und Vereinigung, die das Urteil als solches ausmacht. Die transzendentallogischen «Urteile» sind nun auf die wissenschaftlichen Erkenntnisse so bezogen gedacht, daß einerseits Gleichartigkeit angenommen, also auch den wissenschaftlichen Erkenntnissen («Erfahrung»), z. B. dem Gesetz der Erhaltung der Energie, apriorischer Charakter («Reinheit») zugesprochen wird, andererseits die Faktizität der «Erfahrung» insofern gewahrt bleibt, als ihr unendlicher Fortgang respektiert wird. Dieser Respekt drückt sich in Cohens Logik darin aus, daß der logisch erzeugte Inhalt der Erkenntnis ein Moment von Selbständigkeit behält.

Das zeigt die Behandlung des Empfindungsproblems. Obwohl es dabei bleibt, daß die Gegebenheit nicht in der Anschauung, sondern im Denken zu begründen, also logisch zu erzeugen ist, wird der «Anspruch der Empfindung» im modalen «Urteil der *Wirklichkeit*» positiv gewürdigt. Wohl kann die Empfindung diesen ihren Anspruch nicht selbst erfüllen, er läßt sich vielmehr allein im System der reinen Erkenntnisse einlösen, aber dies doch in der Weise, daß die Disposition des Systems die «Tendenz zur Empfindung» verfolgt.[29] In Entsprechung zur Erweiterung der Problematik des Ursprungs, die zunächst und prototypisch an die Erzeugung des endlich Realen aus dem Unendlichkleinen in der Infinitesimal-Analysis geknüpft war, zu einer allgemeinen Logik des Ursprungs, geht es im Empfindungsproblem nicht mehr bloß um die Erzeugung des Realen als einer besonderen Gegenstandsbestimmung, sondern um die kritische Beurteilung aller reinen Gegenstandsbestimmungen in ihrem Verhältnis zur Wirklichkeit. Diese Beurteilung wird unter dem Stichwort «Empfindung» gefordert, ist aber für eine Logik der reinen Erkenntnis allein durch reines Denken, das in Korrelation zu diesem Anspruch als «Ursprung» definiert ist, zu leisten.

Mit diesem Logikbegriff ist eine originale Position kritischen Idealismus bezogen, unterschieden sowohl vom Versuch jedweden spekulativen Idealismus, das System der Vernunfterkenntnis aus einem Prinzip(iengefüge) zu konstruieren bzw. der Selbstexplikation absoluter Erkenntnis das Wort zu geben, wie von der Absicht analytischer Wissenschaftstheorie, formale Kriterien der Prüfung ‹gegebener› wissenschaftlicher Aussagen aufzustellen. Die Logik der reinen Erkenntnis ist vielmehr eine ‹Wiederholung› der *Kritik der reinen Vernunft*. Wie in dieser die positive und die negative Kritik ineinander verschränkt sind, erhält auch Cohens Logik ihre Konturen in der Kritik des Materialismus und Empirismus einerseits, der religiösen Metaphysik anderseits; das positive Ziel ist der Nachweis der idealistischen Verfaßtheit der Wissenschaften. Cohen erarbeitet diesen Nachweis in der prinzipientheoretischen These, daß alle Seinsbestimmungen Erzeugnisse des reinen Denkens sind. Er betreibt so eine De-Ontologisierung des philosophischen Wissens- und Wissenschaftsbegriffs.

Die Rezeption der erkenntnistheoretischen Gedanken Paul Natorps (1854–1924) stand lange im Schatten seines langjährigen Marburger Kollegen und Freundes Cohen. Beachtet wurden hingegen seine eigenständigen Arbeiten über antike Philosophie, seine Konzeption einer ‹kritischen› Psychologie und vor allem seine *Sozialpädagogik* (1899). Zweifellos hatte sich auch Natorp dem Ziel der Begründung eines kritischen Idealismus verschrieben; ebenso hatte er die ‹logizistische› Wendung Cohens – allerdings mit Vorbehalten – mitgemacht. Andererseits besaß für ihn, der seine frühen philosophischen Studien bei dem Positivisten Ernst Laas in Straßburg absolviert hatte, das Problem des Gegebenen nie dieselbe übermächtige Bedeutung wie für Cohen; und entsprechend zurückhaltend fiel seine Schätzung des philosophischen Infinitesimal-Prinzips aus. – Welches sind seine eigenständigen Beiträge zur Ausbildung der theoretischen Philosophie der Marburger?

Die philosophische Reflexion knüpft nicht bloß an das Faktum der «mathematischen Naturwissenschaft» an, sie setzt sich überhaupt nicht mehr nur Wissenschaftsfakta (Natur- und Geisteswissenschaften) voraus, sondern bezieht sich darüber hinaus auf Sittlichkeit, Kunst und Religion, d. h. auf die «gesamte schaffende Arbeit der Kultur». Neben der theoretisch-wissenschaftlichen «Objektgestaltung» steht das «praktische Gestalten sozialer Ordnung», das «künstlerische Bilden» usw. Damit nun auch die nichtwissenschaftliche «Arbeit der Kultur» transzendentalphilosophisch hinsichtlich ihres «Gesetzesgrundes» aufgeschlossen werden kann, muß sie ihrerseits als intelligibel (theoriefähig) vorausgesetzt werden. Natorp bringt diese Intelligibilität der Kultur mit der Bestimmung ihres vernünftigen «Gesetzesgrundes» zur Sprache. Dieses «Urgesetz des Logos» ist in der sittlichen «Selbstgesetzgebung der Vernunft» wie in der künstlerischen «Tat des Menschengeistes» wirksam. Es wird für die Sphäre der theoretisch-wissenschaftlichen Erkenntnis (bzw. ihre Analytik, die sog. «Theoretik») dieselbe logische Vernunft wie für die Sittlichkeit (bzw. Ethik) und Kunstgestaltung (bzw. Ästhetik) unterstellt, ein umfassendes – weder bloß naturwissenschaftliches noch bloß praktisches – Gesetz. Natorp zielt dabei auf eine übergeordnete Logik oder Vernunftlehre, in der die Eigenheiten der verschiedenen Kulturbereiche logisch (nicht theoretisch) aus der zugrundeliegenden «Ureinheit des Gesetzes» entfaltet werden können. Für das Verhältnis von Theoretik und Ethik ergibt sich dann, daß jene eine zeiträumlich-kausal bedingte Gesetzlichkeit, diese aber unbedingte Gesetzlichkeit zum Gegenstand hat.[30]

Natorps Abgrenzung der objektiven Erkenntnisbegründung (in der philosophischen Erkenntnistheorie) von der psychologisch-subjektiven hat sich früh vom Banne der Polemik befreit und das für die kritizistische Subjektivitätstheorie sehr ergiebige Resultat einer neuartigen philosophischen Psychologie gezeitigt.[31] Sie baut auf folgender Überlegung auf: An jeder Erscheinung ist die Beziehung zum Gegenstand von der Beziehung zum Bewußtsein zu unterscheiden. Beide Beziehungen lassen sich gesondert betrachten. Die Beziehung der Erscheinung auf den Gegenstand der Erkenntnis wird in der Erkenntnistheorie thematisch, die subjektive Beziehung auf das Bewußtsein bildet das Thema der Psychologie. Die Erkenntnistheorie ermittelt die Gesetze der erkennenden Vergegenständlichung, zuoberst das Grundgesetz der Gesetzlichkeit als solcher; die Psychologie rekonstruiert streng korrelativ dazu die Erscheinung in ihrer Beziehung aufs Bewußtsein, als psychischen Bewußtseinsinhalt, aus ihren Objektivierungen. Methodisch gesehen ist die psychologische Erklärung des Erkennens rekonstruktiv, geht also von den immer schon vorliegenden Objektivierungen aufs subjektive Phänomen zurück; das «Unmittelbare des Bewußtseins» läßt sich auch psychologisch nicht unmittelbar erfassen.

Im Zentrum von Natorps Erkenntnislehre steht der Begriff der *synthetischen Einheit*. Er bezeichnet das Grundgesetz im Sinne der Grundstruktur der Erkenntnis. Diese Grundstruktur ist eine relationale: die Relation des Einen und des Mannigfaltigen. Als Grund der Erkenntnis fungiert sie damit, daß sich aus ihr die apriorischen Elemente der Erkenntnis (Kategorien) entfalten lassen. In der Grundrelation sind zwei Richtungen des Denkens gebunden, die sondernde oder peripherische, die auf die Quantität, und die vereinigende oder zentrale, die auf die Qualität führt. Die Quantität ergibt sich, wenn man in der Grundrelation das Mannigfaltige als solches heraushebt, die Qualität ergibt sich in der Ausrichtung des Denkens auf die Einheit des Mannigfaltigen; die Relation entsteht mit der Setzung von Abhängigkeitsbeziehungen zwischen den quantitativ-qualitativ bestimmten Einheiten, während die Modalität den Beitrag jeder Stufe der gegenstandskonstitutiven «Denkfunktionen» zur Erkenntnis des Gegenstandes erfaßt. Natorp entwickelt so ein System der «logischen Grundfunktionen»[32]. Es beschreibt die Elemente, die Begriff und Urteil aufbauen.

Anders als Cohen bezieht sich Natorp für die systematische Gliederung der Grundfunktionen nicht auf ein System der Wissenschaften; allerdings soll die logische Systematik darin ihre Bewährung finden, daß sich die wissenschaftlichen Grundbegriffe, insbesondere der Mathematik, an die logischen anknüpfen lassen. Denn auch und gerade für Natorp steht Erkenntnislogik, als die «allseitige Entwicklung» der Grundrelation, in engstem Bezug zu den exakten Wissenschaften, ihren Grundbegriffen und Grundurteilen. Die logisch-philosophische Grundlegung ist aber kein Bestandteil der Einzelwissenschaften, bleibt also deren eigener Grundlagenreflexion gegenüber selbständig, wiewohl die logisch ermittelten Grundlagen der Erkenntnis auch für die einzelwissenschaftliche Erkenntnis – ohne in ihr thematisch zu werden – bestimmend sein müssen. Die logische Analytik übersteigt den einzelwissenschaftlichen Horizont; sie richtet sich auf Wissenschaft als unendlichen Prozeß des Wissenschaffens und sucht dessen «Gesetz». Mit dem die Richtung des

Erkenntnisganges überhaupt bestimmenden Gesetz wird aber nicht ein transzendentes Prinzip ermittelt, sondern der immanente Grund als das Bildungsgesetz des Prozesses. Natorp unterstellt die Einheit von Erkenntnislogik und Wissenschaft durch Wechselbeziehung: Jene strebt zum Zentrum, d. h. zum Urgesetz der synthetischen Einheit, diese zur Peripherie, der Mannigfaltigkeit der besonderen Erkenntnisse. Eine logische Prinzipienlehre, die nach einer Begründung des Urgesetzes unabhängig von seiner Funktion im unendlichen Erkenntnisprozeß suchen würde, kennt Natorp nicht. Seine Logik fußt auf einer Vorwegnahme; diese in einem Letztbegründungsversuch einzuholen, scheint ihm unmöglich. Ist er sich in dieser Zurückhaltung gegenüber rationalistischen Begründungsforderungen mit Cohen einig, verfolgt Natorp doch ein ungleiches Ziel: die *durchgeführte* logische Grundlegung der exakten Wissenschaften im Ausgang von der synthetischen Einheit des Einen und Mannigfaltigen. In deren gelingender Entfaltung, nicht im Ausweis des Ursprungs aller Erkenntnis aus reinem Denken, bewährt sich die Vernunft der Wissenschaft.

Bei der Begründung der *Ethik* werden von den Marburgern zwei Wege beschritten. Der erste nimmt seinen Ausgang bei der Einsicht, daß schon die Theorie der Erkenntnis nicht ohne ein Sollen auskommt; der zweite knüpft an ein Wissenschaftsfaktum an.

Es ist nicht der Begriff der Freiheit, über den die Brücke zwischen theoretischer und praktischer Vernunft geschlagen wird, sondern der Begriff des Sollens. Die regulative Idee des unendlichen Erfahrungsfortgangs impliziert schon ein theoretisches Sollen, an das das praktische Sollen anknüpft. Das Ganze der Welt ist der Erkenntnis nie gegeben, sondern nur aufgegeben; Kant spricht von einer «Regel des Fortschritts der Erfahrung»[33], die besagt, daß nie bei einem bestimmten Erkenntnisstand wie vor einer absoluten Grenze haltgemacht werden soll. Die Neukantianer, insbesondere Natorp, wenden diesen Gedanken bereits auf die Erfassung des individuellen Gegenstandes, der einzelnen Tatsache, an: In der «Aufgabe», die der individuelle Gegenstand der Erkenntnis bietet, «liegt schon das Sollen»[34]. Daß es sich hierbei zugleich um das ethische Sollen handelt, muß höchst fraglich scheinen, geht es doch um die Arbeit der Erkenntnis von Seiendem, die metatheoretisch als zu unendlichem Fortgang angetrieben erkannt wird. Das Erkennen untersteht einem ihm immanenten Sollen, über das es nie – im Sinne einer Erfüllung der Aufgabe – hinausgelangt. Die Einsicht in diese Sollensbestimmtheit der Erkenntnis artikuliert sich in einer Ideenlehre, die als «Logik des Sollens» nun das Sollen überhaupt thematisiert.

Hat die Logik des Sollens aber einen Inhalt? Für Natorp muß der ganze Inhalt der Erkenntnis oder «Erfahrung» unter das «Gesetz des Sollens» gerückt werden.[35] Die progredierende Erkenntnis wird also nicht nur generell oder ideell vom Sollen beherrscht gedacht, sondern das Sollen an den einzelnen Schritten ihres Fortgangs festgemacht, wo es diesen konkret bestimmt. Mit anderen Worten: Es kommt zu einer Deontisierung, einer Inpflichtnahme der Erfahrungserkenntnis. Die Rede von der «Arbeit» der Erfahrung, vom Erfahren als «Tun» ist in diesem Zusammenhang ganz wörtlich zu nehmen. Das in solchem Tun eigens ergriffene Sollen ist nichts anderes als Wollen. Bezieht man das Sollen nämlich nicht mehr nur abstrakt auf den Denkinhalt, sondern auf das Tun des Denkens, wird es notwendig zu einem Wollen. Mit dem Wollen aber ist die Verfolgung von Zwecken gegeben. Natorp betont aber, daß die Verwirklichung von Zwecken, wenn auch nicht das Sollen selbst, mittels der Technik in den Kausalzusammenhang der Wirklichkeit eingebettet ist.

Die Logik eines sich verwirklichenden Sollens nimmt ihrem Ausgang beim Streben, verstanden als Einschlagen einer Richtung an einem bestimmten Punkt der Erfahrung. Auf seiner untersten Stufe ist das Streben Trieb, der im Kampf mit dem sinnlichen Stoff die Form der Arbeit annimmt. Darauf baut sich die Wahl, mit der die Konzentration der Triebkräfte auf eine «Sache» erreicht wird. Die höchste Form der Aktivität stellt der Vernunftwille dar. Natorps hieran angeschlossene Tugendlehre bleibt traditionell-platonisch; bedeutsam hingegen wird die innere Verschränkung von Individual- und Sozialethik. In Anknüpfung an die Stufung des Strebens definiert er auch das soziale Leben als «Arbeitsgemeinschaft kraft gemeinschaftlicher Willensregelung der Arbeitstriebe der vergemeinschafteten Individuen; hinsichtlich dieser Regelung unterstehend gemeinschaftlicher vernünftiger Kritik»[36]. Vernunft wird auf sozialer Ebene durch die bildenden Tätigkeiten repräsentiert; Natorp hat hier sein eigenes sozialpädagogisches Engagement philosophisch fundiert. Generell gilt, daß die als Logik des Sollens exponierte Ethik die Grundlage der *Kulturwissenschaften* bildet.

Dem zweiten Weg neukantianischer Ethikbegründung – exemplarisch in Cohens *Ethik des reinen Willens* (1904) begangen – liegt das Faktum der Geisteswissenschaften (sciences morales) zugrunde. Auch für ihn ist die Frage nach der Wirklichkeit des ethischen Sollens bestimmend. Wie die Naturwissenschaften die Natur, so schließen die Geisteswissenschaften die «sittliche Kultur» für die Erkenntnis auf; sie tun das im Blick auf das normative Gesetz des menschlichen Wollens. Cohen denkt in erster Linie an eine reine Rechtswissenschaft, wie sie schon Rudolf Stammler mit *Die Lehre von dem Richtigen Rechte* (1902) ins Auge gefaßt hatte und wie sie später Hans Kelsen entwickeln sollte.[37] Als Logik der Geisteswissenschaften, insbesondere einer reinen Rechtswissenschaft definiert, weist Ethik die normative Grundstruktur des in Ansatz gebrachten Faktums auf und aus. Mit der Jurisprudenz, dem Rechtsverfahren und der Rechtstheorie, ist die «Erfahrung»[38] im Feld des Handelns angesprochen, deren normative Geltungsbedingungen von der Ethik untersucht werden.

Cohen konzipiert seine Ethik als Lehre vom Menschen, nicht vom guten Willen. Ihr erster rechtsphilosophischer Teil kulminiert im Begriff des Staates, der idealiter eine «Gemeinschaft autonomer Wesen» repräsentiert. Aber auch die Tugendlehre ist sozialethisch ausgerichtet; Cohen beschreibt die Tugenden als die affektiven «Stützen» für den «stetigen Gang der Sittlichkeit». Der Staat bildet das eigentliche ethische Willenssubjekt, er verkörpert den unter die Kategorie der *Allheit* gestellten moralischen Menschen, genauer: dessen reinen Willen als sein durchs Sollen bestimmtes Wollen. Alle Absicherung ethischer Gesetzlichkeit in der Natur des Menschen, in der ‹natürlichen Person›, wird verworfen. Der reine Wille hat nicht irgendein natürliches Substrat, er ist vielmehr selbst das Recht bzw. die Rechtsordnung, konkretisiert in der Rechtsperson der Genossenschaft bzw. im genossenschaftlich verfaßten Staat. Cohen erblickt in der Genossenschaft eine Gestalt von Gesellschaft, in der sich deren «ethische Reformidee» praktisch realisiert. Im Begriff der Genossenschaft gewinnt die Unterscheidung von Gesellschaft und Gemeinschaft[39] Konturen. Genossenschaften zeichnet ein rechtlich handlungsfähiger Allgemeinwille aus, in Gemeinschaften fungiert immer nur ein Partikularwille. Die Ausarbeitung dieser Differenz im Horizont der Ethik ist ein wesentlicher Bestandteil der ethischen Grundlegung des Sozialismus. In ausdrücklicher Übereinstimmung mit F. Lassalle grenzt Cohen den genossenschaftlich konzipierten Gesellschaftsbegriff gegen den romantischen Staatsbegriff ab. Der ethische Sozialismus verwirklicht sich im genossenschaftlich verfaßten Staat mit der in der gesellschaftlich-genossenschaftlichen «Besonderheit» geleisteten Vermittlung von allgemeinem und individuellem Willen. Diese Sozialismustheorie steht, historisch betrachtet, für Cohen im Gegensatz zum religiös-kirchlichen Angebot zur Bestimmung des ethischen Willenssubjekts. Ohne Zweifel ist ihr aber auch die Kritik an partikularistischen Formen staatlicher Willensbildung immanent, insbesondere die Kritik am Vorurteil der Partikularität des Rechts.

Die Südwestdeutsche Schule

Die Fortarbeit an der durch Kant begründeten kritischen Philosophie ist Grundintention auch der Südwestdeutschen Schule. W. Windelband formulierte 1883 die Parole: «Kant verstehen, heißt über ihn hinausgehen.»[40] Trotz des geteilten Ausgangspunktes und trotz vieler konzeptueller Gemeinsamkeiten mit den Marburgern hat sich die Verschiedenheit der philosophischen Positionen in den beiden Hauptrichtungen des Neukantianismus fortlaufend akzentuiert. Eine wesentliche Differenz, auch hinsichtlich der beiderseitigen Abweichung von Kant, ergibt sich bereits mit Windelbands Entfaltung einer transzendentalen *Wertphilosophie*. Daß der Gedanke des Primats der praktischen Vernunft im philosophischen System beide Schulen verbindet, kann nicht über den Gegensatz hinwegtäuschen, in dem Windelbands Einführung des «ethischen Motivs» in die Logik zu Cohens Verhältnisbestimmung von Logik und Ethik steht. Die Fundierung der philosophischen Systematik in einem System «allgemeingültiger Werte»[41] setzt nämlich bei einer wertphilosophischen Deutung des Theoretischen selbst an. Die Einsicht in den Wertcharakter theoretischer Sätze wird mit der – bereits bei F. Brentano entwickelten – Unterscheidung von Urteil und Beurteilung gewonnen. Wahr und falsch sind Beurteilungsprädikate, die den Inhalt der Erkenntnis nicht erweitern, sondern Billigung oder Mißbilligung zum Ausdruck bringen. Mit der Beurteilung nach wahr oder falsch wird der Urteilsinhalt auf einen Zweck bezogen und geprüft, ob er ihm entspricht, d. h. gilt. Theoretisches Erkennen ist als eine Gestalt praktischen Verhaltens verstanden. Wie ist aber die Allgemeingültigkeit theoretischer Wertungen zu sichern? Auch die logischen Gesetze werden als Normen aufgefaßt, «nach denen gedacht werden *soll*»[42]. Für die Bewertung, solche Wertungen seien allgemeingültig, postuliert Windelband ein «Normalbewußtsein»[43]. Er vertritt also keinen Wertobjektivismus; Werte sind immer auf Wertungen und damit auf ein wertendes Bewußtsein zurückzuführen. Im «Normalbewußtsein» sind die sog.

«Normalgesetze», allgemeingültige Wertungen als transzendentale Bedingungen der Gegenstandserkenntnis fundiert. Alle Vorstellungsverknüpfungen stehen unter diesen «Voraussetzungen des normalen Denkens überhaupt»[44].

H. Rickert (1863–1936) schließt an dieses Konzept an, wenn er die Erkenntnistheorie als «die Wissenschaft von den theoretischen Werten» definiert.[45] Mit der Ausrichtung auf den Wertbegriff wird Erkenntnistheorie gegen alle Seinswissenschaften gestellt. Im Erkennen und Urteilen ist die Stellungnahme zu einem Wert, Bejahung oder Verneinung, impliziert. Die Stellungnahme hat aber nichts mit dem vorstellungsmäßigen Inhalt des Urteils zu tun, sondern gehört zu dessen Form. Rickert unterscheidet zwischen dem alogischen Inhalt und der logischen Form der Erkenntnis. Beide Momente, Form und Inhalt, sind aber logisch aufeinander bezogen: Das «heterologische Prinzip» besagt, daß «die Form als ihr Anderes den Inhalt fordert»[46]. Die Konzentration auf Formprobleme ergibt sich aus der Ablehnung der Abbildtheorie der Erkenntnis. Die Wahrheit eines Urteils ist in der Verbindung von Form und Bejahung gegründet. Damit rückt das Urteil in die Sphäre des Sollens: seine Wahrheit heischt Anerkennung.

Rickert beschreibt zwei Wege der Erkenntnistheorie. Das in dieser thematische Erkennen wird als wahres Denken definiert. Um wahr sein zu können, muß es sich auf einen Gegenstand beziehen, nach dem es sich zu richten hat. Diesen vom Denken unabhängigen Gegenstand nennt Rickert den «transzendenten» Gegenstand, meint damit aber nicht eine transsinnliche Wirklichkeit, der ein spezifisches, erfahrungstranszendentes Denken zugeordnet wäre. Die transzendentalphilosophische Erkenntnistheorie ist strikt von Metaphysik unterschieden. Auf ihren beiden Wegen wird die Bestimmung des transzendenten Gegenstandes der Erkenntnis gesucht. Der transzendentalpsychologische Weg geht vom wirklichen Erkenntnis- oder Urteilsakt aus, um zum transzendenten Gegenstand zu gelangen; der transzendentallogische Weg von der Wirklichkeit des wahren Satzes.[47] Auf dem ersten, dem subjektiven Weg zeigt sich der Gegenstand als das, was im Erkennen bejaht wird; er hat also den Charakter einer Forderung oder des Sollens, und zwar eines von jedem Sein unabhängigen, transzendenten Sollens. Der Urteilsakt ist Anerkennung dieses seinstranszendenten Sollens. Der zweite, der objektive Weg zeichnet die logische Bedeutung des wahren Satzes als Sinn aus. «Sinn» liegt jenseits der Sphäre des Seins, er ist vielmehr der allgemeinste theoretische Wert. Ein wahrer Satz ist ganz allgemein dadurch charakterisiert, daß er einen positiven Sinn hat, negativ formuliert: daß er nicht un- oder widersinnig ist. Auch die besonderen Formen des Sinnes, z. B. die Identität, sind wieder (logische bzw. theoretische) Werte. Das von der Erkenntnistheorie herausgearbeitete Apriori der Erkenntnis besteht in transzendental geltenden theoretischen Werten, ohne die es keine Wahrheit geben würde.[48] Die theoretischen Werte sind nichts anderes als der «transzendente Gegenstand»: der Gegenstand, nach dem sich das Denken, insofern es wahr ist, zu richten hat; die Transzendenz des Gegenstandes gegenüber dem Denkakt bedeutet, daß er unabhängig von allem Sein *gilt*.

Die Begründung der Erkenntnis in transzendental geltenden theoretischen Werten ist insbesondere folgenreich für den Begriff der Wirklichkeit. Was das empirische Erkenntnissubjekt als seinen ‹Gegenstand› vor sich sieht, erweist sich für die Erkenntnistheorie als Summe von bereits festgefügten Verbindungen. Die Form dieses Gegenstandes besteht in den «Formen der Urteile, die etwas als wirklich behaupten»[49]. Zwischen das Erkenntnisprodukt (die «Form des fertigen Urteils») und den Erkenntnisgegenstand (das «Sollen») schiebt Rickert den Begriff der *Kategorie*. Der Gegenstand des realen Erkennens verwandelt sich damit in das Erfordernis, in den Kategorien zu denken, durch die die empirische Wirklichkeit «sich als eine bestimmte, vom erkennenden Subjekt unabhängige Anordnung der Tatsachen darstellt»[50]. Als Subjekt, das die Urteile fällt, welche die empirische Wirklichkeit als ganze begründen, kommt indes nur das erkenntnistheoretische Subjekt als das «urteilende Bewußtsein überhaupt» in Frage. Rickert betrachtet es als seine ureigenste Errungenschaft, den «Begriff einer wissenschaftlich noch vollkommen unbearbeiteten und doch vom Standpunkt des empirischen Realismus fertigen, zusammenhängenden Wirklichkeit» überhaupt erst in die Erkenntnistheorie eingebracht zu haben.[51]

Wie aber vermag das empirische Erkenntnissubjekt die ihm vorgegebene Wirklichkeit zu erfassen? Hier gilt es zu beachten, daß die fertige Wirklichkeit keiner spezifischen Synthesis des endlichen Verstandes entspringt, sondern in die je für sich zu vollziehenden kategorialen Formgebungen gleichsam aufgespalten ist. Zur Bearbeitung der unendlichen Mannigfaltigkeit von einzelnen Dingen und Vorgängen, die als Wirklichkeit erscheint, bedarf es besonderer «Begriffs-» oder «methodologischer Formen»[52]. Ihre Aufgabe ist es, durch Auswahl und Zusammenstellung einzelner Teile des Gegebenen die Wirklichkeit für den endlichen Menschengeist faßbar zu machen.[53] Hierfür kommen letztlich nur die Verfahren der Generalisierung und Individualisierung in Frage, da sie als einzige ihrer Logik nach zu einer vollständigen Überwindung der unendlichen Mannigfaltigkeit befähigt sind. Als Ausdruck eines logischen Ideals gründen beide in einer erkenntnistheoretisch aufgewiesenen überempirischen Voraussetzung, weshalb sie für den Menschen absoluten Erkenntniswert besitzen.[54]

Emil Lask (1875–1915) teilt durchaus die Grundauffassung Rickerts, nach der das Denkbare in die beiden Bereiche des Geltenden und des Seienden zerfällt, Erkenntnis aber streng als ein Geltungsphänomen zu betrachten ist. Zugunsten von dessen objektivem (transzendentallogischem) Weg der Erkenntnistheorie hat Lask allerdings die primäre Orientierung am Urteil zugunsten des «logischen Urphänomens» der Kategorie aufgegeben. Theoretische Geltung wird von ihm neu mit Hilfe einer Kategorienlehre beschrieben, die auf dem funktionellen Verhältnis von Form und Material aufgebaut ist. Das gegebene Material, das für die Besonderungen des Theoretischen verantwortlich ist, wird als Kategorienmaterial in der Kategorie qua Form zur Gegenständlichkeit «erhöht»; es ist gegenüber der logischen Form das Alogische, hat aber als solches wie die logische Form Prinzipienfunktion.[55] Erkennen bedeutet dann, «ein Material in die Gewalt des Logischen zu bringen»[56]. Von diesem Konzept aus hat Lask schließlich auch wieder Rickerts Sollenslehre aufgenommen und im Begriff des «Geltungserlebnisses» objektiven Sinngehalt und subjektives Verhalten zusammengeschlossen. – Als besondere theoretische Leistung Lasks muß noch seine *Logik der Philosophie* Erwähnung finden, wird doch in diesem Werk die transzendentale Logik zu einer Kategorienlehre der Geltungssphäre selbst erweitert. ‹Gegenstand› dieser Logik ist nicht mehr die Geltung von Seinserkenntnis, Geltung als Korrelat subjektiven Sinnes, sondern das Gelten als solches und mit diesem die «kategoriale Form der Form»[57].

In seinem Spätwerk entwickelt Rickert eine objektive Wertlehre, die allein auf die Differenz von Existieren und Gelten abgestützt ist. Das Geltende wird nicht nur vom real Existierenden (z. B. einem physischen Ding), sondern selbst noch vom ideal Existierenden (z. B. einer Zahl) unterschieden. Für den Bereich des Theoretischen besteht ein Nicht-Existierendes, aber Geltendes im Sinn eines wahren Satzes. Dieser Sinn ist ein «irreales Wertgebilde», das weder real noch ideal existiert und das es dennoch «ebenso gewiß gibt wie das real Seiende»[58]. Ihre besondere Veranlassung hat diese objektivistische Zuspitzung in der Auseinandersetzung mit der Philosophie des Lebens.[59] Dieser läßt sich, erkennt Rickert, nicht zureichend mit einer Bewußtseinsphilosophie begegnen, sondern allein mit der Objektivität der Wertewelt, in der auch noch die Berufung aufs Leben in den «Modeströmungen» der Zeit bewußtlos begründet ist.[60]

Eine erhebliche Wirkung hatten Windelbands und Rickerts Schriften zur *Theorie der Geistes- bzw. Kulturwissenschaften*; sie beeinflußten nicht nur die methodologischen Diskussionen, u. a. Max Webers Konzept der Soziologie als verstehender Handlungswissenschaft, sondern erhielten auch die Namen ihrer Autoren – über das Bestehen der Schule hinaus – in einer weiteren Öffentlichkeit lebendig.

In seiner Straßburger Rektoratsrede *Geschichte und Naturwissenschaft* (1894)[61] grenzt Windelband die nomothetischen «Gesetzeswissenschaften» von den idiographischen «Ereigniswissenschaften» ab. Ausdrücklich soll «dieser methodische Gegensatz» nur Verfahren, nicht Inhalte, klassifizieren. Deshalb ist die Einteilung in nomothetische und idiographische Wissenschaften nicht mit der von Natur- und Geisteswissenschaften identisch. Die besondere Bedeutung, die Windelband den idiographischen Wissenschaften beimißt, beruht auf seiner Wertschätzung des Individuellen und Einmaligen. Nicht alles Wirkliche hat aber den Rang einer (historischen) «Tatsache», zu der vielmehr ein teleologisches Moment gehört: Die Auswahl der Fakten erfolgt nach Maßgabe von allgemeingültigen Werten, z. B. unter dem Gesichtspunkt der Teilhabe an einer «lebendigen Gesamtanschauung». – H. Rickert hat diese Wissenschaftslehre weiter ausgearbeitet. Er unterscheidet das generalisierende Verfahren der Naturwissenschaft vom individualisierenden Verfahren der Geschichte.[62] Die «naturwissenschaftliche Begriffsbildung» vollzieht sich als Abstraktion von der anschaulichen Mannigfaltigkeit der empirischen Welt; die empirische Anschauung wird vernachlässigt, der individuelle Charakter des Wirklichen geht verloren. Mit zunehmender Allgemeinheit geraten die Begriffe in immer größere Distanz zum Wirklichen; das naturwissenschaftliche Erkennen führt so, seiner Tendenz nach, von der Wirklichkeit weg. Da «das Einzelne, Anschauliche und Individuelle die einzige Wirklichkeit bildet», die wir als von der Wissenschaft unbearbeitete kennen, geht in die Begriffe der Naturwissenschaften letztlich nichts Wirkliches mehr ein.[63] Demgegenüber ist die «historische Begriffsbildung» durch das Interesse am Anschaulichen und Individuellen bestimmt;[64] ihr Bestreben geht dahin, sich der empirischen

Wirklichkeit erkennend gleichsam anzunähern. Und dieser Tendenz gehorchend erweist sich die Geschichte als «die eigentliche Wirklichkeitswissenschaft»[65]. In den Naturwissenschaften wird das irrationale Material in die rationale Form eines homogenen (gleichartigen) Kontinuums, in den historischen Kulturwissenschaften in die Form eines heterogenen Diskretum, einer unstetigen Ereignisreihe, umgearbeitet.[66] Der Historiker konstituiert seine Gegenstände mit dem Auswahlprinzip der Kulturwerte. Sein Vorgehen ist ein wertbeziehendes.[67] Das heißt nun nicht, daß er Werturteile fällt. Die «theoretische Wertbeziehung» gehört im Unterschied zur «praktischen Wertung» ins Gebiet der Tatsachenfeststellung; der Historiker beschäftigt sich nur mit dem, was ist, und hebt aus diesem heraus, was dank faktischer Wertungen von Subjekten eine kulturelle Bedeutung besitzt.[68] Max Weber (1864–1919) hat Rickerts Theorie der transzendentalen Konstitution der historischen Erkenntnis durch Wertbeziehung aufgenommen und zur logischen Grundlage seiner Sozialwissenschaft, darin einbegriffen auch der Soziologie, gemacht. Explizit versteht er seine Sozialwissenschaft als eine «Wirklichkeitswissenschaft»[69] im Sinne Rickerts. In seinen Arbeiten zur Methodologie oder «Wissenschaftslehre» der Sozialwissenschaften stützt sich Weber zudem auf Rickerts Erkenntnistheorie und dessen Logik der Naturwissenschaften.[70] Herausragende Bedeutung besitzen dabei Webers Untersuchungen zur Kategorie der Kausalität und zum Begriff der Kausalerklärung sowie die Reflexion der den historischen Wissenschaften zugeschriebenen Intention des «Verstehens»[71]. Es ist zudem sein Verdienst, mit dem «Idealtypus» ein im Gebiet der Kulturwissenschaften bis dahin unbefragt verwendetes Deutungsinstrument seiner logischen Bestimmung zugeführt zu haben.[72] Über die rein methodologischen Probleme hinaus geht es Weber allerdings auch um den Einbezug «der wissenschaftlichen Wissenstendenz ... in die geschichtliche Eigenart und Problematik des gesamten modernen Lebens»[73]. Als folgenreich für die kulturwissenschaftliche Arbeit erweist sich insbesondere die durch den okzidentalen Rationalismus bewirkte Entzauberung der Welt, ist doch mit ihr «die Möglichkeit prinzipiell und unüberbrückbar *abweichender* letzter Wertungen»[74] verbunden. Bleibt die Objektivität der theoretischen Werte davon unberührt, so bedeutet dies doch eine wesentliche Beeinträchtigung der Objektivität der Kulturwerte. Ein System der Werte nach Maßgabe von Rickert erscheint für Weber mithin ausgeschlossen, und gleichzeitig beschränkt sich die Arbeit des Kulturwissenschaftlers darauf, dem einzelnen die wertmäßige Bedingtheit seines Tuns vor Augen zu führen: welchem «Gott» er mit einer bestimmten Stellungnahme dient und welchen anderen er damit kränkt.[75]

Im Unterschied zur erkenntnislogischen Grundlegung der Kulturwissenschaften durch Windelband und Rickert fanden die Arbeiten Paul Natorps und Ernst Cassirers zur Theorie der Mathematik und der Naturwissenschaften[76] keine starke Resonanz. Das lag wohl vor allem an ihrer idealistischen und antiempiristischen Ausrichtung. Sie trugen auch kaum Neues zum Selbstverständnis oder zur Methodologie der exakten Wissenschaften ihrer Zeit bei, so wichtig die metaphysikkritische Bereinigung auf dem Feld der philosophischen Theorie sein mochte. Ebensowenig war den Marburger Ansätzen zu einer Theorie der Geisteswissenschaften Erfolg beschieden. Eine unter ihrem Einfluß und ihrer maßgeblichen Beteiligung gegründete Zeitschrift *Die Geisteswissenschaften* erschien nur bis zum 39. Heft des ersten Jahrgangs (1913/14). Obwohl Cohens *Ästhetik des reinen Gefühls* (1912) der philosophischen Ästhetik wieder Profil gab und zugleich konkrete kunstphilosophische und kunstkritische Intentionen verfolgte, blieb ihre unmittelbare Wirkung beschränkt; mittelbar übte sie allerdings über Ernst Cassirer (1874–1945) einigen Einfluß aus.[77] Es war auch erst Cassirers *Philosophie der symbolischen Formen* (1923–1929), eine die Theorie des Kulturbewußtseins Marburger Provenienz überschreitende bedeutungstheoretische Grundlegung einer umfassenden Kulturphilosophie, die in viele Bereiche der geisteswissenschaftlichen Forschung (Sprache, Religion, Kunst, Technik) ausstrahlte; das Werk kann auch heute noch nicht als ausgeschöpft betrachtet werden.[78]

Fortwirkung

Nach dem Ersten Weltkrieg standen die neukantianischen Fragestellungen und Theorien nicht mehr im Mittelpunkt der philosophischen Diskussion. Hatte Natorp noch 1912 erklärt, den Marburgern sei hinsichtlich der Kritik des «Psychologismus» von E. Husserls *Logischen Untersuchungen* «doch nicht gar viel erst zu lernen übrig» geblieben[79], so beherrschte nun die phänomenologische Schule die Transzendentalphilosophie. Starken Angriffen war der kritische Idealismus auf seiner eigentlichen Domäne, der Erkenntnis- und Wissenschaftstheorie, durch den «logischen Positivismus» ausgesetzt. Kant selbst wurde zunehmend

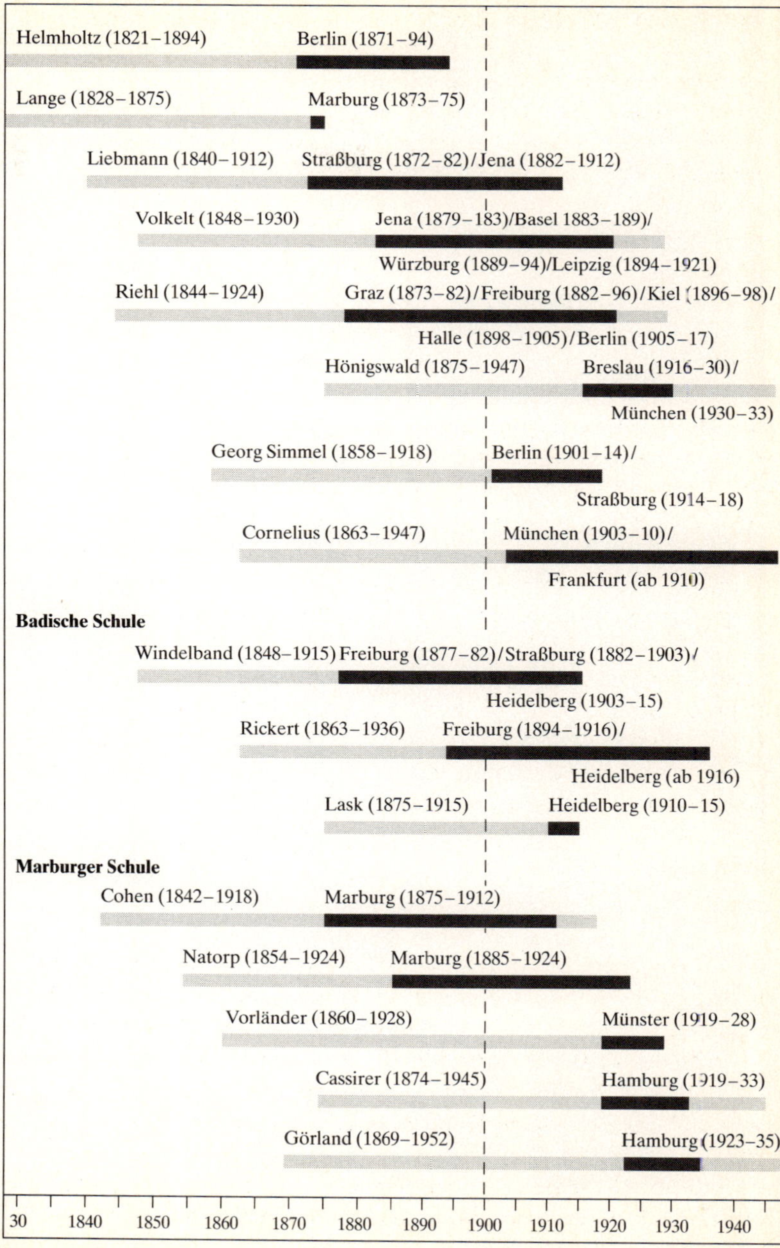
Helmholtz (1821–1894)
Berlin (1871–94)
Lange (1828–1875)
Marburg (1873–75)
Liebmann (1840–1912)
Straßburg (1872–82)/Jena (1882–1912)
Volkelt (1848–1930)
Jena (1879–183)/Basel 1883–189)/
Würzburg (1889–94)/Leipzig (1894–1921)
Riehl (1844–1924)
Graz (1873–82)/Freiburg (1882–96)/Kiel (1896–98)/
Halle (1898–1905)/Berlin (1905–17)
Hönigswald (1875–1947)
Breslau (1916–30)/
München (1930–33)
Georg Simmel (1858–1918)
Berlin (1901–14)/
Straßburg (1914–18)
Cornelius (1863–1947)
München (1903–10)/
Frankfurt (ab 1910)
Badische Schule
Windelband (1848–1915)
Freiburg (1877–82)/Straßburg (1882–1903)/
Heidelberg (1903–15)
Rickert (1863–1936)
Freiburg (1894–1916)/
Heidelberg (ab 1916)
Lask (1875–1915)
Heidelberg (1910–15)
Marburger Schule
Cohen (1842–1918)
Marburg (1875–1912)
Natorp (1854–1924)
Marburg (1885–1924)
Vorländer (1860–1928)
Münster (1919–28)
Cassirer (1874–1945)
Hamburg (1919–33)
Görland (1869–1952)
Hamburg (1923–35)
30
1840
1850
1860
1870
1880
1890
1900
1910
1920
1930
1940

Hermann Cohen (1842–1918) (Quelle: Ullstein Bilderdienst)

Paul Natorp (1854–1924) (Quelle: Das Buch)

Heinrich Rickert (1863–1936) (Quelle: Ullstein Bilderdienst)

als Metaphysiker gelesen. Kulturkritische Lebensphilosophien dominierten die öffentliche Auseinandersetzung.

Es war auch die Stunde der philosophischen Konversionen. N. Hartmann distanzierte sich programmatisch von der – früher geteilten – Auffassung Cohens, daß Erkennen ein Erzeugen des Gegenstands sei, und behauptete dessen erkenntnisunabhängige Existenz; er verlegte sich demgemäß im Ausgang von der Auffassung, Erkenntnis sei eine Seinsrelation zwischen realem Subjekt und realem oder idealem Objekt, auf ontologische Forschungen. R. Kroner, ein Schüler Rickerts, bekannte sich zu einem eigentlichen Neuhegelianismus. M. Heidegger löste sich von Grundpositionen seiner Lehrer Rickert und Husserl, indem er seiner Analyse der «Seinsfrage» als transzendentales Subjekt das konkrete In-der-Welt-Sein des Menschen zugrunde legte. Überhaupt herrschte, auch innerhalb des jüngeren Neukantianismus, das Verlangen nach «Realität» – ganz besonders für den Begriff des Subjekts. Zeugen der Wendung von der transzendentalen Subjektslehre zur Philosophie des konkreten Menschen in den 20er Jahren sind die dialektische Theologie, die Existenzphilosophie und die philosophische Anthropologie.

Teils gegen diese Zeittendenzen, teils in Anmessung an sie, verfolgten nebst Rickert auch jüngere Neukantianer die Fragestellungen des Kritizismus weiter. Einer neuerlichen Anstrengung schien insbesondere die Aufgabe wert, die «Beziehung zwischen den rationalen Formen des Denkens und seinen irrationalen Inhalten» zu klären und damit das Verhältnis zwischen «objektiver Geltung» einerseits, der subjektiven «Erfassung des Gültigen im Erleben» andererseits, einer vertieften Bestimmung zuzuführen.[80] Unter dieser Problemstellung griff R. Hönigswald (1875–1947) nochmals das Psychologismus-Verdikt des frühen Neukantianismus auf. Psychologismus – das war «Psychologie am unrechten Ort». Ausgehend von den jüngsten Einsichten der experimentellen Psychologie, die er philosophisch-prinzipiell faßte, versuchte Hönigswald, eine wohlverstandene, in ihren methodischen Grundlagen wieder philosophisch gewordene Psychologie mit der kritizistischen Philosophie zu versöhnen; er nannte sein Projekt «Denkpsychologie»[81]. – Ein anderer Denker, Jonas Cohn (1869–1947), dem schon die einzige größere Ästhetik der Südwestdeutschen Schule zu verdanken war[82], lieferte ohne Preisgabe des Kritizismus eine *Theorie der Dialektik* (1923). Sie basiert auf seinem «Utraquismus», d. h. der Auffassung von der Gleichursprünglichkeit der Erkenntniselemente (Denkform und relativ denkfremder Inhalt), zwischen denen sich das Denken bewegen muß, ob es nun um Tatsachen- oder Werterkenntnis geht; der Respekt vor dem Positiven, das Festhalten an der Unableitbarkeit des Gegebenen aus der Denkform, unterscheidet diese kritische Dialektik von einer absoluten Dialektik des Hegelschen Typus.

Mit Nationalsozialismus und Zweitem Weltkrieg ist die gedankliche Fortarbeit an den im Neukantianismus formulierten Problemstellungen fast ganz zum Erliegen gekommen. In den 50er und 60er Jahren war die systematische Philosophie dieser Tradition nur noch Anliegen einzelner, insbesondere H. Wagner und W. Flach sind zu erwähnen; selbst das historische Interesse erlosch zeitweilig. Erst in jüngster Zeit ist neben der historiographischen Aufarbeitung des Neukantianismus im engeren Sinne eine transzendentalphilosophische Besinnung in Gang gekommen, mit der das große neukantianische Projekt einer rationalen, ihrer Unabschließbarkeit immer bewußt bleibenden philosophischen Theorie unseres Wissens und Handelns unter neuen Rahmenbedingungen produktiv angeeignet werden könnte.

Literatur

Brelage, M.: Studien zur Transzendentalphilosophie. Berlin 1965.

Edel, G.: Von der Vernunftkritik zur Erkenntnislogik. Die Entwicklung der theoretischen Philosophie Hermann Cohens. Freiburg/München 1988.

Flach, W./Holzhey, H. (Hg.): Erkenntnistheorie und Logik im Neukantianismus. Hildesheim 1979.

Gigliotti, G.: Avventure e disavventure del trascendentale. Studio su Cohen e Natorp. Napoli 1989.

Holzhey, H.: (Art.) Neukantianismus. In: Historisches Wörterbuch der Philosophie 6. Basel/Stuttgart 1984, Sp. 747–754.

–: Cohen und Natorp. 2 Bde. Basel/Stuttgart 1986.

–(Hg.): Ethischer Sozialismus. Zur politischen Philosophie des Neukantianismus. Frankfurt/M. 1992.

Knoppe, Th.: Die theoretische Philosophie Ernst Cassirers. Zu den Grundlagen transzendentaler Wissenschafts- und Kulturtheorie. Hamburg 1992.

Köhnke, K. Chr.: Entstehung und Aufstieg des Neukantianismus. Die deutsche Universitätsphilosophie zwischen Idealismus und Positivismus. Frankfurt/M. 1986.

Marck, S.: Die Dialektik in der Philosophie der Gegenwart. 2 Halbbände. Tübingen 1929 u. 1931.

Marx, W.: Transzendentale Logik als Wissenschaftstheorie. Systematisch-kritische Untersuchungen zur philosophischen Grundlegungsproblematik in Cohens ‹Logik der reinen Erkenntnis›. Frankfurt/M. 1977.

Merz, P.-U.: Max Weber und Heinrich Rickert. Die erkenntnistheoretischen Grundlagen der verstehenden Soziologie. Würzburg 1990.

Nachtsheim, St.: Emil Lasks Grundlehre. Tübingen 1992.

Oelkers, J./Schulz, W. K./Tenorth, H.-E. (Hg.): Neukantianismus. Kulturtheorie, Pädagogik und Philosophie. Weinheim 1989.

Ollig, H.-L.: Der Neukantianismus. Stuttgart 1979.

– (Hg.): Neukantianismus. Texte der Marburger und der Südwestdeutschen Schule, ihrer Vorläufer und Kritiker. Mit einer Einleitung. Stuttgart 1982.

– (Hg.): Materialien zur Neukantianismus-Diskussion. Darmstadt 1987 (= Wege der Forschung, Bd. 637).

Poma, A.: La filosofia critica di Hermann Cohen. Milano 1988.

Schnädelbach, H.: Philosophie in Deutschland 1831–1933. Frankfurt/M. 1983.

Sommerhäuser, H. P.: Emil Lask in der Auseinandersetzung mit Heinrich Rickert. Diss. Zürich. Berlin 1965.

Schmidt, G./Wolandt, G.: Die Aktualität der Transzendentalphilosophie. Hans Wagner zum 60. Geburtstag. Bonn 1977.

Siegel, C.: Alois Riehl. Ein Beitrag zur Geschichte des Neukantianismus. Graz 1932.

Winter, E.: Ethik und Rechtswissenschaft. Eine historisch-systematische Untersuchung zur Ethik-Konzeption des Marburger Neukantianismus im Werke Hermann Cohens. Berlin 1980.

Wolandt, G.: Idealismus und Faktizität. Berlin/New York 1971.

Anmerkungen

1 Schnädelbach 1983, S. 23.

2 Dilthey, W.: Einleitung in die Geisteswissenschaften. Ges. Schriften I. Stuttgart/Göttingen 1959, S. XVIII.

3 Nietzsche, F.: Werke in drei Bänden. Hg. von K. Schlechta. Bd. 3, S. 685.

4 Paulsen, F.: Die deutschen Universitäten und das Universitätsstudium. Berlin 1902, S. 109.

5 Vgl. Köhnke 1986, bes. S. 175 ff.

6 Ebd., S. 321.

7 Lange, F. A.: Geschichte des Materialismus und Kritik seiner Bedeutung in der Gegenwart, 2. Buch. Hg. und eingeleitet von A. Schmidt. Frankfurt/M. 1974, S. 981 ff (1875).

8 Cohen, H.: Kants Begründung der Ethik. Berlin 1877, S. VI.

9 Cohen, H.: Platons Ideenlehre und die Mathematik. In: Schriften zur Philo-

sophie und Zeitgeschichte. Hg. von E. Cassirer u. A. Görland. Berlin 1928, Bd. 1, S. 336–366 (1878); vgl. Lotze, H.: Logik. Drei Bücher vom Denken, vom Untersuchen und Erkennen. Hg. u. eingeleitet von G. Misch. Leipzig 1912, S. 505 ff (1874).

10 Windelband, W.: Kuno Fischer und sein Kant. In: Kant-Studien 2 (1898), S. 7; Rickert, H.: Alois Riehl. In: Logos 13 (1924/25), S. 168.

11 Riehl, A.: Der philosophische Kritizismus und seine Bedeutung für die positive Wissenschaft. Bde. 1, 2.1 u. 2.2, 1876–1887.

12 Köhnke 1986, S. 179, 478, 484 f.

13 Hartmann, E. v.: Neukantianismus, Schopenhauerianismus und Hegelianismus in ihrer Stellung zu den philosophischen Aufgaben der Gegenwart. Berlin 1877 – in Reaktion auf Vaihinger, H.: Hartmann, Dühring und Lange. Zur Geschichte der deutschen Philosophie im XIX. Jahrhundert. Iserlohn 1876.

14 Vgl. Holzhey 1984.

15 Rickert 1924/25, S. 163–66.

16 Vgl. Levy, H.: Die Hegel-Renaissance in der deutschen Philosophie mit besonderer Berücksichtigung des Neukantianismus. Philosophische Vorträge der Kant-Gesellschaft 30. Charlottenburg 1927, S. 58 ff, und Holzhey, H.: Hegel im Neukantianismus. Maskerade und Diskurs. In: il cannocchiale 1991, S. 307–325.

17 Cohen, H.: Von Kants Einfluß auf die deutsche Kultur. In: Schriften 1928, Bd. 1, S. 370.

18 Cohen, H.: Mythologische Vorstellungen von Gott und Seele psychologisch entwickelt. In: Zeitschrift für Völkerpsychologie und Sprachwissenschaft 5 (1868), S. 396–434, und 6 (1869), S. 113–131; abgedruckt in: Schriften 1928, Bd. 1, S. 88–140.

19 Cohen, H.: Biographisches Vorwort. In: Lange, F. A.: Geschichte des Materialismus und Kritik seiner Bedeutung in der Gegenwart. 5. Aufl. Hg. von H. Cohen. Leipzig 1896, Bd. 1, S. XI.

20 Cohen, H.: Kants Theorie der Erfahrung. 3. Aufl. In: Werke. Hg. von H. Holzhey, Bd. 1.1, Einleitung von G. Edel. Hildesheim 1987, S. 96 (1918).

21 Cohen, H.: Jubiläums-Betrachtungen. In: Schriften 1928, Bd. 1, S. 414.

22 Stadler, A.: Die Grundsätze der reinen Erkenntnistheorie in der Kantischen Philosophie. Leipzig 1876, S. 5.

23 Kant, I.: Kritik der reinen Vernunft, B 1 f (1787).

24 Ebd., B 207.

25 Cohen, H.: Das Prinzip der Infinitesimal-Methode und seine Geschichte. In: Werke. Hg. von H. Holzhey, Bd. 5 I, Einleitung von P. Schulthess. Hildesheim 1984, S. 14 (1883).

26 Ebd., S. 34.

27 Natorp, P.: Die logischen Grundlagen der exakten Wissenschaften. Leipzig/Berlin 1910, S. 220.

28 Cohen, H.: System der Philosophie, 1. Teil. Logik der reinen Erkenntnis. 2., verbesserte Aufl. In: Werke, Bd. 6. Hildesheim 1977, S. 36 (1914).
29 Ebd., S. 437.
30 Natorp, P.: Kant und die Marburger Schule. In: Kant-Studien 17 (1912), S. 193–221, zit. S. 196 f, 216.
31 Natorp, P.: Einleitung in die Psychologie nach kritischer Methode. Freiburg i. B. 1888; ders.: Allgemeine Psychologie nach kritischer Methode. Tübingen 1912.
32 Natorp, P.: Die logischen Grundlagen der exakten Wissenschaften. Leipzig 1910, S. 35 ff.
33 Kant, I.: Kritik der reinen Vernunft, B 524.
34 Natorp, P.: Philosophie. Ihr Problem und ihre Probleme. Einführung in den kritischen Idealismus. 2. verb. Aufl. Göttingen 1918, S. 78.
35 Ebd., S. 84 f.
36 Ebd., S. 103.
37 Kelsen, H.: Reine Rechtslehre. Leipzig/Wien 1934, ND mit Vorwort von St. L. Paulson. Aalen 1985; 2., vollständig neu bearbeitete und erweiterte Auflage mit einem Anhang: Das Problem der Gerechtigkeit. Wien 1960.
38 Zur Frage der Inanspruchnahme des Rechts oder der Rechtswissenschaft in einer transzendentalen Ethik vgl. H. Holzhey: Rechtserfahrung oder Rechtswissenschaft – eine fragwürdige Alternative. Zu Sanders Streit mit Kelsen. In: Reine Rechtslehre im Spiegel ihrer Fortsetzer und Kritiker. Gesamtredaktion O. Weinberger u. W. Krawietz. Wien/New York 1988, S. 47–75.
39 Vgl. Tönnies, F.: Gemeinschaft und Gesellschaft. Leipzig 1887.
40 Windelband im Vorwort zur 1. Aufl. seiner: Präludien. Aufsätze und Reden zur Philosophie und ihrer Geschichte. 9. Aufl. Tübingen 1924, Bd. 1, S. IV.
41 Windelband, W.: Einleitung in die Philosophie. Tübingen 1914, S. 255.
42 Windelband, W.: Über die Gewißheit der Erkenntnis. Berlin 1873, S. 64.
43 Windelband, W.: Einleitung in die Philosophie, S. 253 ff.
44 Windelband, W.: Immanuel Kant. Zur Säkularfeier seiner Philosophie. In: Präludien, a. a. O., Bd. 1, S. 138 (1881).
45 Rickert, H.: Zwei Wege der Erkenntnistheorie. Transzendentalpsychologie und Transzendentallogik. In: Kant-Studien 14 (1909), S. 207 f. – Für die Mitarbeit bei den folgenden Ausführungen zu H. Rickert und M. Weber danke ich Peter-Ulrich Merz.
46 Rickert, H.: Das Eine, die Einheit und die Eins. Bemerkungen zur Logik des Zahlbegriffs. 2. umgearbeitete Aufl. Tübingen 1924, S. 11 f, 18.
47 Rickert, H.: Zwei Wege der Erkenntnistheorie, S. 169 ff. Rickerts Habilitationsschrift *Der Gegenstand der Erkenntnis* (1892) beschreibt den ersten Weg.
48 Ebd., S. 206 ff.
49 Rickert, H.: Der Gegenstand der Erkenntnis. Einführung in die Transzendentalphilosophie, 2. verb. und erw. Aufl., Tübingen/Leipzig 1904, S. 170.

50 Ebd., S. 193f.
51 Ebd., S. 210f. Rickert wirft dagegen Kant vor, die objektive Wirklichkeit mit der Natur zu identifizieren, und dasselbe bemängelt später sein Schüler Emil Lask am Standpunkt von Hermann Cohen.
52 Ebd., S. 207.
53 Vgl. insgesamt Merz 1990, S. 80ff u. 140ff.
54 Rickert, H.: Die Grenzen der naturwissenschaftlichen Begriffsbildung. Eine logische Einleitung in die historischen Wissenschaften. Tübingen/Leipzig 1902, S. 680 u. 703f; sowie Merz 1990, S. 162ff u. 217ff.
55 Lask, E.: Die Lehre vom Urteil. In: Ges. Schriften. Hg. von E. Herrigel. Bd. 2. Tübingen 1923, S. 287 (1911). Vgl. W. Flach in: Flach/Holzhey 1979, S. 49ff.
56 Lask, a.a.O., S. 332.
57 Lask, E.: Die Logik der Philosophie und die Kategorienlehre. Eine Studie über den Herrschaftsbereich der logischen Form. Tübingen 1911. In: Ges. Schriften. Bd. 2, S. 1–282, zit. S. 177.
58 Rickert, H.: System der Philosophie. Erster Teil: Allgemeine Grundlegung der Philosophie. Tübingen 1921, S. 109, 115.
59 Rickert, H.: Die Philosophie des Lebens. Darstellung und Kritik der philosophischen Modeströmungen unserer Zeit. Tübingen 1920, 2. Aufl. 1922.
60 Vgl. Schnädelbach 1983, S. 222f.
61 In: Präludien, a.a.O., S. 136–160.
62 Rickert, H.: Kulturwissenschaft und Naturwissenschaft. 4. u. 5. verb. Auflage. Tübingen 1921, S. 63 (1899).
63 Vgl. Rickert, H.: Die Grenzen der naturwissenschaftlichen Begriffsbildung, a.a.O., S. 237f.
64 Ebd., S. 229f, 236, 251.
65 Ebd., S. 255.
66 Rickert, H.: Kulturwissenschaft und Naturwissenschaft, a.a.O., S. 35f.
67 Ebd., S. 97.
68 Ebd., S. 100.
69 Weber, Max: Gesammelte Aufsätze zur Wissenschaftslehre. 4., erneut durchgesehene Aufl. Hg. von J. Winckelmann. Tübingen 1973, S. 170f.
70 Vgl. Merz 1990, S. 258ff, 272ff.
71 Weber, M.: Gesammelte Aufsätze zur Wissenschaftslehre, a.a.O., S. 134ff, 171ff, 266ff, 360ff; 67ff.
72 Ebd., S. 187ff.
73 Löwith, K.: Max Weber und Karl Marx. In: Gesammelte Abhandlungen. Zur Kritik der geschichtlichen Existenz. Stuttgart 1960, S. 9f.
74 Weber, M.: Gesammelte Aufsätze zur Wissenschaftslehre, a.a.O., S. 503.
75 Ebd., S. 608.
76 Natorp, P.: Die logischen Grundlagen der exakten Wissenschaften, a.a.O.

(Anm. 27); Cassirer, E.: Substanzbegriff und Funktionsbegriff. Untersuchungen über die Grundfragen der Erkenntniskritik. Berlin 1910 (ND Darmstadt 1969).

77 Vgl. noch die späte Aufnahme von Cohens Theorie in W. Sturmfels: Grundprobleme der Ästhetik. München/Basel 1959.

78 Vgl. Braun, H.-J./Holzhey, H./Orth, E. W. (Hg.): Über Ernst Cassirers Philosophie der symbolischen Formen. Frankfurt/M. 1988 (stw 705).

79 Natorp, P.: Kant und die Marburger Schule, a. a. O. (Anm. 30), S. 198.

80 Marck, S.: Am Ausgang des jüngeren Neukantianismus. In: Materialien zur Neukantianismus-Diskussion. Hg. von H.-L. Ollig. Darmstadt 1987, S. 21 (1949).

81 Hönigswald, R.: Die Grundlagen der Denkpsychologie. Studien und Analysen, 1921, 2. umgearbeitete Aufl. Berlin 1925, S. 153 ff.

82 Cohn, J.: Allgemeine Ästhetik. Leipzig 1901.

Poul Lübcke

Wilhelm Dilthey
Geist und Natur

Diltheys Verhältnis zur Tradition

Zeitlich gesehen, gehört Wilhelm Dilthey (1833–1911) dem 19. Jahrhundert an; sein Einfluß ragt jedoch weit darüber hinaus. Dilthey ist eine der vermittelnden Gestalten in der deutschen Philosophie, bei dem sich in gewissem Sinne die Tendenzen des ausklingenden Jahrhunderts vereinen und den Ausgangspunkt einer neuen Ära bilden. Einerseits nimmt er teil an der Rehabilitierung der klassischen deutschen Philosophie von Kant bis Hegel; andererseits ist er tief beeinflußt vom modernen Relativismus und dessen Fachwissenschaftlichkeit, Historisierungen und Psychologisierungen.

Nachdem er zunächst beim Hegelianer Kuno Fischer in Heidelberg studiert hatte, kam Dilthey Anfang der 50er Jahre des letzten Jahrhunderts nach Berlin, wo er Vorlesungen von Ranke, Böckh und Trendelenburg hörte. Gerade in diesen Jahren erreichte die Historische Schule als akademische Bewegung ihren Höhepunkt, und der junge Dilthey erhielt von ihr Anstöße, die ihn zeit seines Lebens prägten. Die Forderung der historischen Schule, daß Erkenntnis den Ausgangspunkt in der Erfahrung nehmen müsse, ihr Vertrauen in die Möglichkeiten der Quellenkritik, ihre welthistorische Perspektive und ihr Versuch, das gesamte Geistesleben aus einem geschichtlichen Blickwinkel zu betrachten: all dies sind Gesichtspunkte, die Dilthey nicht nur übernahm, sondern auch weiterzuentwickeln versuchte. Die Historische Schule hatte für ihn die Emanzipation des geschichtlichen Bewußtseins vollendet. Die Geisteswissenschaften stellten eine unbestreitbare Tatsache dar. Und doch fehlte etwas. Dilthey unterschied sich von den Historisten in mehreren Punkten. Zunächst führte er wieder theoretische Überlegungen in die Geisteswissenschaften ein, indem er eine *erkenntnistheoretische* Analyse der philosophischen Grundlagen der Geisteswissenschaften forderte.[1] Ferner verband er die historisierende Relativierung des Geisteslebens seitens der historischen Schule mit dem Versuch, im Relativen etwas *Allgemeines* zu finden. Schließlich betrachtete Dilthey die historistische Geschichtsschreibung nur als eine unter mehreren möglichen. Vor allem ging es ihm um eine Historiographie, die den Sinn für das Individuelle der historistischen Quellenkritik mit der Fähigkeit vereint, *geschichtliche Erklärungen* zu liefern. Es ist daher nur bedingt wahr, wenn Dilthey traditionell[2] als derjenige dargestellt wird, der den Historismus der historischen Schule weiterführte. Dilthey ging in seinem Denken zwar vom Historismus aus, veränderte diesen aber in wesentlichen Punkten.

Im Hinblick auf seine Problemstellung erweist sich Dilthey als Kind seiner Zeit. Den Gegenstand des Problems übernimmt er von den Historisten, und dessen Formulierung entspricht dem Geist des aufkommenden Neukantianismus. In seiner Antrittsvorlesung als Professor in Basel im Jahre 1867 kann er unverblümt behaupten, Kant habe das Grundproblem der Philosophie ein für allemal bestimmt.[3] Es ist jedoch ersichtlich, daß Dilthey hier Kant nicht als den Grundleger der Metaphysik im Blick hat, wie ihn der deutsche Idealismus und in unserem Jahrhundert Heidegger gesehen haben. Die Betonung liegt ausschließlich auf dem Erkenntnistheoretiker Kant. Die Philosophie ist «die Wissenschaft der Wissenschaften», das heißt eine «Wissenschaftslehre» mit dem Zweck, eine methodische Darlegung der Grundlagen der positiven Erfahrungswissenschaften zu entwickeln. Gleich den Neukantianern begriff Dilthey Kants *Kritik der reinen Vernunft* als Teil einer naturwissenschaftlichen Wissenschaftstheorie. Im Gegensatz zu vielen Neukantianern glaubte Dilthey aber nicht, die naturwissenschaftliche Forschungspraxis könne als wissenschaftliches Grundmodell für die Erkenntnistheorie dienen. Statt dessen betonte er die Selbständigkeit der Geisteswissenschaften. Es sei eine Voraussetzung für den weiteren Fortschritt der Erkenntnistheorie, daß sie sich mit den Geisteswissenschaften auseinandersetzt[4] und deren Eigenart erklärt. Der Mensch und sein Geistesleben können nicht auf die Natur zurückgeführt, sondern müssen aus ihrem geschichtlichen Dasein heraus interpretiert werden. Die Geisteswissenschaften haben folglich andere Begriffe und Methoden als die Naturwissenschaften.

Die Eigenart dieser Begriffe und Methoden erhellen einen weiteren Unterschied zum kantischen Ausgangspunkt. Kant hatte versucht, die grundlegenden Begriffe aufzufinden, mit deren Hilfe wir unsere Erfahrungen interpretieren, das heißt die Kategorien, deren sich das Denken bedient. Die Kategorien gehen nicht über die Erfahrung *hinaus*, transzendieren also die Erfahrung nicht, sondern gehen dieser vielmehr *voraus* und bedingen deren Eigenart. Begriffe, die der Erfahrung vorausgehen und deren Eigenart bedingen, bezeichnete Kant als *transzendentale*. Aufgabe der Philosophie ist es, die transzendentalen Voraussetzungen der Erfahrungswissenschaften ausfindig zu machen. Diese transzendentalen Voraussetzungen sind aber nicht mit der Erfahrung, sondern von vornherein, das heißt *a priori* gegeben. An diesem Punkt verläßt Dilthey die kantische Position und bestreitet die Möglichkeit einer apriorischen Transzendentalphilosophie. Statt dessen ist er der Meinung, die Kategorien selbst müssen über die Erfahrung gewonnen werden. Dabei darf die Erfahrung allerdings nicht in der engen kantischen Bedeutung von Sinneserfahrung verstanden werden, sondern muß als ein gemeinsamer Ausdruck dessen aufgefaßt werden, was sich aus dem geschichtlichen Leben der Menschen ergibt. Deshalb kommt dem Erkenntnistheoretiker die Aufgabe zu, in seiner Suche nach den Kategorien, die der menschlichen Erkenntnis zugrunde liegen, dieses Leben zu studieren.

Damit hat Dilthey seine eigene Position den Historisten wie auch Kant gegenüber klar abgegrenzt. Dies ermöglichte es ihm zugleich, positivistische und empiristische Tendenzen zu kritisieren, die sich in den 60er Jahren des vorigen Jahrhunderts in Deutschland unter dem Einfluß von Auguste Comte (1798–1857) und John Stuart Mill (1806–1873) langsam geltend machten. In Diltheys Versuch, das deutsche Erbe gegenüber den französischen und englischen Denkern zu bewahren, verbanden sich nationalistische Tendenzen mit sachlicher Kritik. Dilthey zeigte nach anfänglicher Opposition eine gewisse Sympathie für die großdeutschen Visionen Bismarcks. Die Sympathie wurde um so größer, je mehr er sich der Reichshauptstadt näherte. Nach seiner Professur in Basel (1866–1868) kam er nach Kiel (1868–1871), Breslau (1871–1882) und endlich nach Berlin (1882–1905). Dilthey war zunächst ein relativ unbekannter Gelehrter, nur durch sein monumentales Werk *Leben Schleiermachers* bekannt; aber er erlangte immer mehr Einfluß, unter anderem durch seine Arbeit in der Kant-Gesellschaft. Der größte Teil seines Werks ist auch erst in der Zeit seiner Berliner Professur und danach geschrieben worden. Seine beiden Hauptwerke *Einleitung in die Geisteswissenschaften* und das posthum herausgegebene Fragment *Der Aufbau der geschichtlichen*

Welt in den Geisteswissenschaften stammen aus den Jahren 1883 und 1907 bis 1910; hinzu kommen eine Reihe kleinerer Abhandlungen. Das Werk Diltheys ist nicht abgerundet, sondern erscheint wie ein Torso; im folgenden wird nur auf den Teil eingegangen, der für die weitere Entwicklung der Philosophie von Bedeutung war.

Die Selbständigkeit der Geisteswissenschaften

Dilthey verwendet das Wort Geisteswissenschaften als eine Sammelbezeichnung für Psychologie, Philologie, Geschichte, Sprachwissenschaft, Wirtschaftslehre, Jurisprudenz, Ethik, Theologie, Ästhetik, Logik, Staatswissenschaften usw.[5] Er zog diese Bezeichnung den engeren Ausdrücken wie Moral-, Geschichts-, Kultur- und Gesellschaftswissenschaften vor.[6] Der entscheidende Unterschied zwischen den Natur- und den Geisteswissenschaften liegt nach seiner Ansicht in der Art und Weise, wie wir uns zu den Gegenständen dieser Wissenschaften verhalten. Alles Physische hat eine Größe, füllt einen Raum, erstreckt sich über eine Zeit, kann gemessen und gewogen werden. Kraft unserer Sinne erreichen wir die Natur in Form von Erscheinungen. Auf der Grundlage solcher Erscheinungen konstruieren wir mittels mathematischer Abstraktionen einen streng mechanischen Kausalzusammenhang, der die ganze physische Natur umfaßt. Neben dieser Naturerfahrung haben wir jedoch ein Erlebnis unseres eigenen geistigen Lebens. Gegenstand der Naturwissenschaften sind die dem Bewußtsein von außen her als einzelne Phänomene gegebenen Tatsachen; Gegenstand der Geisteswissenschaften ist demgegenüber ein innerer, wahrhaft lebendiger Zusammenhang.[7] Es gibt daher einen entscheidenden Unterschied zwischen der Natur, das heißt dem bloß Physischen und Äußeren, welches aufgrund der Sinneswahrnehmung erkannt wird, und dem Geist, der von innen durch unser eigenes geistiges Leben erfahren wird.

Mit dieser Trennung der ausgedehnten Natur vom inneren geistigen Leben setzt Dilthey die Tradition des deutschen Idealismus fort, welche bis auf Descartes (1596–1650) zurückverweist. Das innere Leben ist das Nahe und unmittelbar Gegebene, während die Natur das Fremde ist, welches wir nur durch Konstruktionen aufgrund unserer sinnlichen Wahrnehmung kennen. Charakteristisch für den erkenntnistheoretischen Ansatz Diltheys sind seine *Beiträge zur Lösung der Frage vom Ursprung unseres Glaubens an die Realität der Außenwelt und seinem Recht* aus dem Jahre 1890. Das angesprochene Problem ist klassisch: Wie können wir sicher sein, daß die Außenwelt existiert, wenn wir sie nur durch unsere Sinne wahrzunehmen vermögen? Wie können wir wissen, daß die subjektiven Wahrnehmungen etwas Objektivem, Äußerlichem entsprechen? Dilthey leitet den Glauben an eine Außenwelt nicht aus einem Gedanken-, sondern aus einem Lebenszusammenhang ab, der auf unseren Trieben, Gefühlen und unserem Willen beruht.[8] Indem unsere Triebe, Interessen, Willensäußerungen und zielgerichteten Gefühle nach Erfüllung streben, stoßen wir immer wieder auf gleichbleibende Zusammenhänge, die unseren Wünschen entgegenkommen oder sich diesen in den Weg stellen. Auf dieser Grundlage bilden wir uns einen Begriff von einer kausal determinierten Außenwelt, die von unserem eigenen geistigen Leben verschieden ist. Ein Teil dieser Außenwelt steht in einem engeren Verhältnis zu unserem geistigen Leben als die übrige Natur. Dieser Teil der Natur ist unser Körper. Der Körper ist zwar etwas Physisches, ein Stück Natur, das heißt ein Teil der Außenwelt; aber er steht in einem besonderen, gesetzmäßigen Verhältnis zu meinem geistigen Leben, so daß meine Sinneswahrnehmungen, Willenshandlungen und Gefühlsregungen ihre Entsprechungen in bestimmten Körperzuständen haben. Wir unterscheiden daher zwischen dem Körper als einem Teil von uns selbst und der übrigen Außenwelt als dem Teil der Natur, der nicht zu uns gehört.

Dieser ziemlich traditionelle erkenntnistheoretische Gedankengang findet bei Dilthey seine Fortsetzung in der Behandlung der Frage nach der Realität anderer Personen, das heißt in der Lösung des sogenannten fremdpsychischen Problems. Dilthey bedient sich hier des klassischen *Analogiearguments*, das auch unserer wissenschaftlichen und alltäglichen Erklärung des Verständnisses anderer Menschen zugrunde liegt.[9] Von unserem eigenen Leben her gewinnen wir die Erkenntnis, daß bestimmte Bewußtseinszustände regelmäßig mit bestimmten Körperzuständen verbunden sind; so ist das Erleben von Freude häufig mit einem Lächeln als einem körperlichen Zustand verbunden. Wenn wir in unserer Umwelt physische Gegenstände wahrnehmen, die sich auf gleiche Weise verhalten wie unser eigener Körper, schließen wir durch Analogie, daß diese physischen Gegenstände ebenso gesetzmäßig mit Bewußtseinsakten verbunden sind, wie unser eigener Körper es ist. Wenn wir einen Menschen beobachten, der stöhnt und sich krümmt, schließen wir durch Analogie, daß dieses Wesen entweder Schmerzen hat oder den bewußten Willen, so zu tun, als ob es Schmerzen hätte. Andere physische Bewegungen deuten wir stets als Ausdruck von Willensakten, etwa die Kampfeshandlungen eines Soldaten als Versuch, sich in einem Krieg zu verteidigen, oder gewisse Aktivitäten eines Geschäftsmanns als Versuch, seine Firma zu konsolidieren. Ein Physiker kann den Körper des Geschäftsmanns als einen physischen Gegenstand unter anderen physischen Gegenständen betrachten und versuchen, die betreffenden Wechselwirkungen auf gleiche Weise zu beschreiben, wie er jedes andere physische System beschreiben würde. Auch der Mediziner untersucht den Körper des Geschäftsmanns als einen physischen Gegenstand, obgleich als einen von besonders komplizierter Natur. Keiner dieser Wissenschaftler kann jedoch mit seinen naturwissenschaftlichen Begriffen und Methoden restlos alles darlegen, was man sinnvollerweise über diesen Mann sagen kann. Erst die Geisteswissenschaften können seine körperlichen Bewegungen als Ausdruck von Willensakten, Trieben, Wünschen, Hoffnungen, Sehnsüchten, Enttäuschungen und Erlebnissen der Freude begreifen. Anders formuliert: Erst die Geisteswissenschaften können dem Umstand Rechnung tragen, daß der Körper mehr ist als bloß äußere Natur, nämlich zugleich Träger eines inneren Lebens. Dieses innere Leben bezeichnet man üblicherweise als geistiges[10] Leben, und damit haben wir die terminologische Grundlage des Ausdruckes *Geistes*wissenschaft aufgefunden.

Meine eigenen subjektiven Erlebnisse und diejenigen von anderen äußern sich in unseren körperlichen Aktivitäten und in den Resultaten unserer Handlungen. Dilthey spricht in diesem Zusammenhang davon, daß sich der Geist *objektiviert* hat[11]: Das, was früher nur dem einzelnen, isolierten Bewußtsein zugänglich war, ist jetzt in die allgemein zugängliche physische Sphäre hinausgetreten. Zu diesen Geistesobjektivierungen gehören natürlich unsere körperlichen Gebärden, aber auch die Resultate unserer Handlungen, soweit diese in Stein, Marmor, musikalisch geformten Tönen, Wort und Schrift, wissenschaftlichen Arbeiten usw. zum Ausdruck kommen. Alle diese Objektivierungen stehen als äußeres Zeichen für ein inneres geistiges Leben.

Den Vorgang, durch den wir etwas Inneres auf der Grundlage eines in unserer Sinneswahrnehmung gegebenen äußeren Zeichens erkennen, nennt Dilthey *Verstehen*. Das Wort ist zwar der Alltagssprache entlehnt, wird aber von Dilthey in eingeschränktem Sinn als spezifische fachphilosophische Bezeichnung für geisteswissenschaftliche Erkenntnis verwendet. Er kann daher sagen, daß eine Wissenschaft nur dann den Geisteswissenschaften angehört, wenn uns ihr Gegenstand in einem Lebenszusammenhang zugänglich geworden ist, in welchem wir einen Geistesausdruck verstehen. Berühmt ist in diesem Zusammenhang seine Aussage, daß wir die Natur *erklären*, aber das Seelenleben *verstehen*.[12] Die genauere Bedeutung dieser Unterscheidung ist bei Dilthey nicht ganz klar. Zweifellos hängt sie mit dem Grundgedanken zusammen, daß die Natur das Äußere, das Fremde bzw. das ist, was nur in Ausschnitten und durch den Filter unserer Sinneswahrnehmung gegeben ist, während das geistige Leben das Innere, das Bekannte ist: das, was in seinem vollständigen Zusammenhang gegeben ist. Das Geistige liegt offen vor uns und kann daher in seiner ganzen Wirklichkeit verstanden werden. Die stückweise Erfahrung der Natur hingegen bedeutet, daß die Naturwissenschaften zu den tatsächlich erfahrenen Phänomenen nicht-wahrgenommene Phänomene hinzudenken müssen, um den erforderlichen Zusammenhang zu erhalten.[13] Die Geisteswissenschaften können sich stets auf den Zusammenhang des Seelenlebens stützen, während sich die Naturwissenschaften ergänzender Schlüsse bedienen müssen, die auf abstrakten Hypothesen aufbauen.[14]

In Verbindung mit dem bereits erwähnten Analogieschluß besteht die Aufgabe der Geisteswissenschaften darin, sich in den Gedankengang eines anderen hineinzuversetzen, wobei ein sogenanntes Nachbilden oder Nacherleben angestrebt wird.[15] Dieses Nacherleben[16] ist ein Versuch, in der Rekonstruktion der Situation eines anderen dessen Seelenleben als eigene Möglichkeit nachzubilden. Das Nacherleben kann sehr intensiv sein, vor allem wenn ein ebenbürtiger Geist beispielsweise die Werke eines anderen liest: In einem solchen Fall kann man geradezu von *Einfühlung*[17] respektive einem sogenannten Nachfühlen[18] sprechen. Das jedem Verstehen Gemeinsame bildet der Umstand, daß wir auf der Grundlage eines sinnlich Gegebenen – eines Kunstwerks, eines Buchs, eines Rechtsdokuments, einer spezifischen Architektur, einer Maschine, einer kultischen Handlung usw. – das geistige Leben eines anderen zu rekonstruieren versuchen. Der Unterschied zwischen dem alltäglichen und dem wissenschaftlichen Verstehen der Geistesobjektivierungen eines anderen ist primär eine Frage des Verfeinerungsgrades, das heißt eine Frage dessen, inwieweit wir unser Verstehen sichern wollen. Durch das geisteswissenschaftliche Methodenbewußtsein wird das Verstehen zu einer Kunst entwickelt, die der sogenannten Auslegung.[19] Die Wissenschaft dieser Kunst ist die *Hermeneutik*. An diesem Punkt greift Dilthey auf Schleiermacher (1768–1834) zurück, als dessen eigentlicher Erbe er sich in all seinem Schaffen und Wirken verstanden hatte.

Schleiermacher hatte seinen Ansatz von den theologischen, praktischen Regeln der Exegese her gewonnen, wobei er seine Aufgabe im Ausbau jenes Kanons zu einer allgemeinen Theorie der Textauslegung sah – unabhängig davon, ob es sich um einen theologischen Text handelt oder nicht.[20] Die Hermeneutik sollte verstanden werden als eine allgemeine Lehre der Methoden, welche man anwenden muß, um vom Werk eines Verfassers auf dessen Gedanken schließen zu können. Dilthey übernimmt diesen Hermeneutikbegriff, indem er wie Schleiermacher[21] das Hauptproblem jeder Auslegung im sogenannten *hermeneutischen Zirkel* sieht. Lesen wir beispielsweise ein Buch, so verstehen wir die einzelnen Wörter nur in Beziehung zu den Sätzen, die sie bilden; in gleicher Weise können wir die Sätze nur in Beziehung zu der von ihnen gebildeten Gesamtaussage verstehen. Letztere ist wiederum nur ein Teil eines größeren Werkkomplexes; das Gesamtwerk eines Autors sodann gehört in gewisser Weise zu seiner Biographie, welche wiederum einem Umfeld, einer Epoche und schließlich der Weltgeschichte zugeordnet werden muß. Umgekehrt gilt, daß der Text oder das Gesamtwerk eines Autors – allgemeiner: die Weltgeschichte – für uns nur als Ganzheit verständlich ist, weil wir Kenntnis von ihren einzelnen Teilen besitzen. Jedes Verstehen sieht sich daher mit der Schwierigkeit konfrontiert, daß es auf der einen Seite eine Kenntnis der betreffenden Ganzheit voraussetzt, auf der anderen Seite das Gesamtverständnis von unserem Wissen über das einzelne abhängig ist. Dilthey teilt hier die Auffassungen Schleiermachers bzw. des deutschen Idealismus insgesamt von den Geistesobjektivierungen als Ausdruck eines *organischen* Zusammenhangs. Dieser Organismusgedanke impliziert, daß wir mit der fortschreitenden Kenntnis einer geschichtlichen Periode oder des Gesamtwerks eines Autors die einzelnen geschichtlichen Handlungen oder literarischen Werke besser zu verstehen vermögen, als die Zeitgenossen es jemals konnten. Es ist daher ein hermeneutisches Ideal, einen Verfasser besser zu verstehen, als er sich selber verstand.[22]

Auf diesem Hintergrund wird deutlich, daß Dilthey mit dem Ausdruck «Verstehen» nicht nur das intuitive Nacherleben eines einstmals Erlebten im Auge hatte, sondern daß das höhere Verstehen geradezu eine Art von Erklären einbezog. Natur- wie Geisteswissenschaften bedienen sich zudem der gleichen elementaren logischen Operationen: Induktion, Analyse, Konstruktion und Vergleichung. In beiden Bereichen wird gefordert, daß das Besondere dem Allgemeinen untergeordnet und die einzelnen Tatsachen in einem Zusammenhang gesehen werden. In den Naturwissenschaften ist dieser Zusammenhang jedoch ein zugrundeliegendes logisches System abstrakter Konstruktionsmittel. In den Geisteswissenschaften spricht man dagegen von einem in innerer Erfahrung gegebenen seelischen Zusammenhang, der sich auf bestimmte Lebensumstände bezieht. Das Ideal der naturwissenschaftlichen Konstruktion ist eine Begrifflichkeit, deren Prinzip die Relation zwischen Ursache und Wirkung darstellt. Das Ideal der Geisteswissenschaften dagegen ist das Verstehen einer menschlich-geschichtlichen Individuation als ganzer aus dem Zusammenhang des geistigen Lebens in seiner Ganzheit.

Die Lebensphilosophie

Der Ausgangspunkt bis dahin war die Unterscheidung zwischen Natur- und Geisteswissenschaften auf der Grundlage einer verhältnismäßig einfachen Auffassung der Beziehung zwischen Natur und Geist. Die Natur ist etwas Fremdes, wohingegen wir von unserem *geistigen Leben* eine unmittelbare Kenntnis haben. Das geistige Leben anderer Menschen können wir in Analogie zu unseren eigenen Bewußtseinsakten verstehen, indem wir Schlüsse ziehen, die entweder auf ihren körperlichen Handlungen oder auf den konkreten Ergebnissen dieser Handlungen beruhen. Dies setzt ein intuitives Sich-Einfühlen in die Erlebnisse des anderen voraus. Es ist aber gleichzeitig klargeworden, daß dieser enge intuitionistische Verstehensbegriff nicht das «Eigentliche» bei Dilthey ausmachen kann; denn mit dem Organismusbegriff ist etwas Neues hinzugekommen. Das Bewußtsein kann nun nicht mehr länger als das Grundlegende aufgefaßt werden, sondern es ist selber Teil des *Lebens*, welches mehr umfaßt als lediglich das bewußte Leben.

Mit dem Begriff des Lebens meint Dilthey nicht nur das biologische Leben, welches die Menschen mit den Tieren gemeinsam haben. Er denkt eher an die vielen verschiedenen Schicksale, die daran beteiligt sind, die soziale und geschichtliche Wirklichkeit der Menschheit zu gestalten. Diese Wirklichkeit erstreckt sich weit über das geistige Leben der einzelnen Menschen hinaus und bewegt sich in jenem anonymen Leben, welches stets unseren individuellen Erfahrungen zugrunde liegt. Letzten Endes ist es dieses Leben, welches die zwischenmenschliche Erfahrung und Kommunikation ermöglicht. Dilthey greift hier offensichtlich auf bestimmte, im deutschen Idealismus vorherrschende Gedankengänge zurück, namentlich auf Schleiermachers Versuch, die Philosophie (und Hermeneutik) in einer sogenannten Dialektik zu fundieren. Ferner wird deutlich, daß Dilthey die holistischen Konsequenzen zu vermeiden sucht, welche die Rede vom überindividuellen Leben impliziert. Man kann allerdings nicht behaupten, er habe dieses Problem gelöst. Ebenso gespannt erscheint bei Dilthey das Verhältnis zwischen dem *bewußtseinsphilosophischen* Ansatz (mit der analogisierenden Auffassung des Verstehens anderer Menschen) und der *lebensphilosophischen* Deutung des geistigen Lebens. In der Lebensphilosophie liegt die Grundlage für ein Überschreiten des rein erkenntnistheoretischen Problembewußtseins bei Dilthey. Wir werden später, in der Darstellung von Husserl und Heidegger, wieder darauf zurückkommen.

Es ist bezeichnend, daß Dilthey den bereits früher erwähnten Ausdruck Geistesobjektivation synonym mit dem Begriff Lebensäußerung verwendet.[23] Mills elementare Psychologie wird als Grundlage für die geisteswissenschaftliche Betrachtung dieser Lebensäußerungen abgelehnt. Das Seelenleben kann nicht erklärt werden, indem man es in einige Grundelemente auflöst, die durch einen Kausalzusammenhang miteinander verbunden sind.[24] Der Fehler liegt darin, daß man hier das geistige Leben auf mechanische Weise zu erklären sucht, ähnlich dem Vorgehen in der Physik und in der Chemie. Der erklärenden oder konstruktiven Psychologie gegenüber behauptet Dilthey sein eigenes Ideal der *beschreibenden Psychologie*. Deren Aufgabe ist es, Bestandteile und Zusammenhänge aufzufinden, welche auf je gleiche Weise in jedem entwickelten Seelenleben anzutreffen sind. Diese Bestandteile und Zusammenhänge sollen so dargestellt werden, wie sie im Gesamtzusammenhang erscheinen, der nicht auf theoretischen Zusätzen, Schlüssen oder Gedankenkonstruktionen aufbaut, sondern unmittelbar erlebt wird. Dadurch wird etwas typisch Menschliches begriffen. Das psychische Leben besteht aus Vorgängen, die in der Zeit anfangen, sich in deren Verlauf ändern und schließlich abgeschlossen werden.[25] Die verschiedenen psychischen Vorgänge verlaufen jedoch auf eine gesetzmäßige Weise. Dilthey denkt hier nicht an die Assoziationsgesetze, die namentlich von der englischen Elementenpsychologie untersucht wurden, sondern verweist auf die gesetzmäßigen *Strukturen*, die wir in unseren Erlebnissen erfahren. Es ist die Aufgabe der beschreibenden Psychologie, diese Strukturen zu thematisieren. Weil wir von diesen Strukturen jedoch von innen her Kenntnis haben, sind sie auf eine unbezweifelbare und allgemeingültige Weise unmittelbar und objektiv gegeben. Mit dieser Strukturlehre hat Dilthey zwei Dinge erreicht. Erstens hat er an seinem Ausgangspunkt in der Erfahrung festgehalten und damit sowohl den rationalistischen Apriorismus vermieden als auch die empiristische Tendenz umgangen, sich auf die isolierten Sinnesdaten als Ausgangspunkt der Erkenntnis zu beschränken. Zweitens hat er den geschichtlichen Relativismus mit einer für die gesamte Geschichte geltenden Strukturlehre verbunden. Dilthey hält daran fest, daß jeder geschichtliche *Inhalt* (die Gewohnheiten, die kulturellen Umgangsformen, die Werte usw.) in einer Relation zu den gegebenen geschichtlichen Perioden steht. Darüber hinaus ist dieser geschichtliche Inhalt immer von einigen generellen *Formen* abhängig, und es ist die Aufgabe der Strukturlehre, diese Formen offenzulegen.

Die Strukturlehre in der beschreibenden Psychologie ist jedoch nur ein Teil des ehrgeizigeren Projekts, die generellen Formen oder Strukturen, die sogenannten *Kategorien des Lebens*[26] zu finden. Zu den letzteren gehören neben den rein formalen Begriffen (Einheit, Vielheit, Gleichheit, Unterschied, Grad, Beziehung usw.)[27] auch speziellere Begriffe wie Wesen, Ganzes/Teil, Inneres/Äußeres, Kraft, Bedeutung, Wert, Zweck usw. Ausgangspunkt ist wiederum die Erfahrung, das Leben selbst, und wir können daher keine endgültige Liste über die Anzahl der Kategorien aufstellen. Ebenso wird erneut von einer Verbindung des Relativen mit dem Allgemeinen gesprochen. Jeder Lebenszusammenhang verhält sich in diesem Sinne zu den Werten; aber welche Werte Geltung haben, ist von Periode zu Periode verschieden. Innerhalb dieser Rahmen versuchen die Menschen beständig, ihr Leben zu interpretieren. Der Ausdruck hierfür sind die Lebens- oder Weltanschauungen; Kunst, Religion und Philosophie sind die wiederkehrenden Weisen, wie dies geschieht. Dilthey bleibt seiner geschichtlich orientierten Erfahrungsphilosophie treu und vermeidet es, die eine Weltanschauung der anderen vorzuziehen. Statt dessen versucht er, durch Induktion verschiedene Typen von Weltanschauungen auseinanderzuhalten. In der Philosophie finden wir nach ihm drei Grundformen metaphysischer Weltanschauungen[28]: (1) der *Materialismus* (Naturalismus, Positivismus), zum Beispiel bei Demokrit, Lukretius, Epikur, Hobbes, Comte; (2) der *objektive Idealismus*, zum Beispiel bei Heraklit, im Stoizismus, bei Spinoza, Leibniz, Shaftesbury, Goethe, Schelling, Schleiermacher, Hegel; (3) der *Idealismus der Freiheit*, z. B. bei Platon, in der hellenistisch-römischen Philosophie, bei Cicero, in der christlichen Spekulation, bei Kant, Fichte, Maine de Biran und Carlyle. Das Entscheidende an den metaphysischen Systemen sind jedoch nicht ihre Argumente, sondern ihr Weltanschauungscharakter und damit ihr Lebensausdruck. Die Aufgabe besteht nun darin, diese Weltanschauungen zu interpretieren, um dadurch der Philosophie ihren Ort in der Geschichte zuweisen zu können.

Dilthey vermochte nicht, dieses Programm zu verwirklichen. Sein Werk blieb fragmentarisch, und es kann wegen seiner Mehrdeutigkeit auf unterschiedliche Weise interpretiert und von verschiedenen Seiten mißbraucht werden. Der ‹lebensphilosophische› Aspekt von Diltheys Philosophie ist von seinen Schülern weiterentwickelt worden – u. a. von Georg Misch (1878–1965). Die Kritiker Diltheys haben sich vor allem gegen seine Tendenz gewandt, große Teile der Philosophie zu ‹relativieren› und sie als eine unter mehreren möglichen Weltanschauungen aufzufassen. So entstand in der Zeit um den Ersten Weltkrieg eine Kluft zwischen Diltheys *Hermeneutik* und der sogenannten *phänomenologischen Philosophie*, wie sie hauptsächlich von Edmund Husserl (1859–1938) entwickelt worden ist. Husserl fordert von der Philosophie, eine strenge Wissenschaft und nicht bloß eine Weltanschauung zu sein. Erst im Verlauf der 20er und 30er Jahre kann man eine Annäherung zwischen der hermeneutischen und der phänomenologischen Richtung in der deutschen Philosophie beobachten. Husserls Spätwerk aus den 30er Jahren weist beispielsweise eine Reihe ‹lebensphilosophischer› Züge auf. Nichtsdestoweniger schwankt Husserl jedoch bis zum Schluß zwischen dem Versuch einer ‹idealistischen› Fundierung der Philosophie in den unmittelbaren Erfahrungen des Bewußtseins und dem Versuch einer Analyse, die von einem ‹anonymen›, zugrunde liegenden, mehr oder weniger ‹unbewußten› und geschichtlich bedingten ‹Leben› ausgeht. Der Husserl-Schüler Martin Heidegger (1889–1976) schließlich ging noch einen Schritt weiter in diese Richtung. Er kritisiert jede Form von ‹Bewußtseinsphilosophie›, weil diese die Bedeutung des menschlichen ‹Lebens› übersehe, welches vor aller Erfahrung und vor jedem Wissen existiert. Damit tangiert er verborgene Tendenzen sowohl bei Dilthey selbst als auch bei Husserl. So fordert Heidegger, daß die Philosophie jene Strukturen offenlegt, die für jeden existierenden Menschen gelten, die sogenannten Existentialien, welche als Gegenstück zu Diltheys «Lebensformen» aufgefaßt werden können. Wo Dilthey aber seine Analyse der Lebensformen nur als Grundlage der erkenntnistheoretisch-methodologischen Untersuchung der Voraussetzungen des geschichtlichen Verstehens gebrauchen will, hat Heidegger ein weitergehendes Ziel – er möchte die herkömmliche Metaphysik überhaupt kritisieren.

Diese Entwicklung von Diltheys Hermeneutik und Husserls Phänomenologie zur *hermeneutischen Phänomenologie* Heideggers ist eines der wichtigsten Themen in der neueren deutschen Philosophie.

Texte Diltheys

Gesammelte Schriften (verschiedene Herausgeber). Leipzig/Berlin 1914–1936, Band 1–12. Fortsetzung: Stuttgart/Göttingen 1966ff (bisher 19 Bände) (= *GS*).

Briefwechsel zwischen Wilhelm Dilthey und dem Grafen Paul York von Wartenburg. Hg. von S. von der Schulenburg. Halle a. d. S. 1923.

Bibliographien

Dilthey-Jahrbuch für Philosophie und Geschichte der Geisteswissenschaften. Hg. von F. Rodi in Verbindung mit O. F. Bollnow, U. Dierse, K. Gründer, R. Makkreel, O. Pöggeler und H.-M. Sass. Göttingen 1983ff (ausdrückliche Fortführung der Bibliographie von U. Herrmann).

Herrmann, U.: Bibliographie Wilhelm Dilthey. Quellen und Literatur. Weinheim/Berlin/Basel 1969.

Ineichen, H.: Von der ontologischen Diltheyinterpretation zur Wissenschaftstheorie in praktischer Absicht. Neue Diltheyliteratur. In: Philosophische Rundschau 22. Tübingen 1976, S. 208–221.

Literatur

Bollnow, O. F.: Dilthey. Eine Einführung in seine Philosophie. Leipzig/Berlin 1936, 4. Aufl. Schaffhausen 1980.

Diwald, H.: Wilhelm Dilthey. Erkenntnistheorie und Philosophie der Geschichte. Göttingen/Berlin/Frankfurt 1963.

Ermarth, M.: Wilhelm Dilthey. The Critique of Historical Reason. Chicago/London 1978.

Fellmann, F.: Symbolischer Pragmatismus. Hermeneutik nach Dilthey. Reinbek 1991.

–: Lebensphilosophie. Elemente einer Theorie der Selbsterfahrung. Reinbek 1993.

Groothoff, H.-H.: Wilhelm Dilthey – zur Erneuerung der Theorie der Bildung und des Bildungswesens. Hannover 1981.

Ineichen, H.: Erkenntnistheorie und geschichtlich-gesellschaftliche Welt. Diltheys Logik der Geisteswissenschaften. Frankfurt/M. 1975.

Johach, H.: Handelnder Mensch und objektiver Geist. Zur Theorie der Geistes- und Sozialwissenschaften bei Wilhelm Dilthey. Meisenheim a. Glan 1974.

Knüppel, R.: Diltheys erkenntnistheoretische Logik. München 1991.

Landgrebe, L.: Wilhelm Diltheys Theorie der Geisteswissenschaften. In: Jahrbuch für Philosophie und phänomenologische Forschung 9. Halle a. d. S. 1928, S. 237–366.

Lessing, H.-U.: Die Idee einer Kritik der historischen Vernunft. Wilhelm Diltheys erkenntnistheoretisch-logisch-methodologische Grundlegung der Geisteswissenschaften. Freiburg/München 1984.

Makkreel, R. A.: Dilthey, Philosoph der Geisteswissenschaften. Frankfurt/M. 1991.

Materialien zur Philosophie Wilhelm Diltheys. Hg. von F. Rodi u. H.-U. Lessing. Frankfurt/M. 1984.

Orth, E. W. (Hg.): Dilthey und die Philosophie der Gegenwart. Freiburg/München 1985.

Rothacker, E.: Einleitung in die Geisteswissenschaften. Tübingen 1920, Darmstadt 1972.

Zöckler, C.: Dilthey und die Hermeneutik. Stuttgart 1975.

Anmerkungen

1 Dilthey, *GS 1*, S. XVI (1883); *GS 7*, S. 117 (1910).
2 Vgl. z. B. Gadamer, H.-G.: Wahrheit und Methode. Tübingen 1960, [3]1972, S. 205 ff.
3 Dilthey, *GS 5*, S. 12 (1867).
4 Dilthey, *GS 7*, S. 120 (1910).
5 Dilthey, *GS 5*, S. 250 (1895/96).
6 Dilthey, *GS 1*, S. 5 f (1883).
7 Dilthey, *GS 5*, S. 143 (1894); vgl. *GS 7*, S. 119 (1910).
8 Dilthey, *GS 5*, S. 95 (1890).
9 Vgl. z. B. Dilthey, *GS 5*, S. 248 ff (1895/96); *GS 7*, S. 207 (1907/10).
10 Dilthey, *GS 5*, S. 249 f (1895/96).
11 Dilthey, *GS 7*, S. 118 u. 146 ff (1910); *GS 7*, S. 208 f (1907/10).
12 Dilthey, *GS 5*, S. 144 (1894).
13 Dilthey, *GS 7*, S. 119 (1910).
14 Dilthey, *GS 5*, S. 143 (1894).
15 Dilthey, *GS 7*, S. 214 (1907/10).
16 Dilthey, *GS 7*, S. 47 (1905/10); *GS 7*, S. 136, 146 u. 151 (1910); *GS 7*, S. 213 ff (1907/10).

17 Dilthey, *GS* 7, S. 215 (1907/10).
18 Dilthey, *GS* 7, S. 47 (1905/10).
19 Dilthey, *GS* 7, S. 217 (1907/10).
20 Schleiermacher, F. D. E.: Hermeneutik. Hg. von H. Kimmerle. Heidelberg ²1974, S. 75 u. 89 (1819).
21 Schleiermacher ²1974, S. 84 ff u. 104 (1819).
22 Schleiermacher ²1974, S. 87 (1819); Dilthey, *GS* 5, S. 331 (1900); Dilthey, *GS* 7, S. 217 (1907/10).
23 Dilthey, *GS* 7, S. 205 ff (1907/10).
24 Dilthey, *GS* 5, S. 139 ff (1894).
25 Dilthey, *GS* 5, S. 200 f (1894); GS 7, S. 13 ff (1905).
26 Dilthey, *GS* 7, S. 228–245 (1907/10).
27 Dilthey, *GS* 7, S. 196 (1907/10).
28 Dilthey, *GS* 5, S. 402 (1907).

Poul Lübcke

Edmund Husserl
Die Philosophie als strenge Wissenschaft

Der Begründer der Phänomenologie

Wie für viele andere neuzeitliche Philosophen ist auch für Edmund Husserl (1859–1938) der Weg zur Philosophie über die Mathematik gegangen. In den Jahren 1876 bis 1884 studierte er in Leipzig, Berlin und Wien unter anderem bei Karl Weierstrass und Leopold Kronecker, deren Arbeiten über die Grundlagenprobleme der Mathematik sein Interesse für die Philosophie weckten. In der Berliner Zeit widmete er sich neben seinen mathematischen Studien auch den Vorlesungen des Philosophen Friedrich Paulsen; doch blieb die Philosophie vorerst eine Nebenbeschäftigung. Nach seiner Dissertation über ein mathematisches Thema begann er, bei Franz Brentano (1838–1917) in Wien Philosophie zu studieren. Vor allem dessen Idee einer rein beschreibenden Psychologie gewann große Bedeutung für Husserl. 1887 habilitierte er sich in Halle bei dem Brentano-Schüler Carl Stumpf (1848–1936) mit der Abhandlung *Über den Begriff der Zahl*. Daraufhin war Husserl 14 Jahre lang Privatdozent in Halle, bis er endlich 1901 eine Professur in Göttingen und 1916 einen Lehrstuhl in Freiburg erhielt.

Husserls Philosophie war von Anbeginn mit der Grundlagendiskussion in der Mathematik verbunden und bewahrte seine ganze Schaffenszeit hindurch einen streng akademischen Charakter. Das Interessante ist jedoch, daß er in seinem philosophischen Suchen nach den Voraussetzungen mathematischer Probleme dazu gezwungen wurde, immer umfassendere Grundprobleme klassisch-philosophischer Art zu thematisieren. In *Über den Begriff der Zahl* (1887) und *Philosophie der Arithmetik* (1891) versuchte er wie viele seiner Zeitgenossen, die Mathematik mittels der Psychologie zu begründen. In den Jahren 1894 und 1895 trat indessen eine Änderung in Husserls Denken ein, indem er die Kritik akzeptierte, die der Logiker Gottlob Frege (1848–1925) und der Neukantianer Paul Natorp (1854–1924) gegen ihn gerichtet hatten. Husserl kritisierte von nun an jeden Versuch, die Erkenntnis – darunter die mathematische – auf Psychologie zu reduzieren. In den *Logischen Untersuchungen* (1900–1901) wandte er sich scharf gegen seine eigenen früheren Ansichten und begründete als Alternative die sogenannte *Phänomenologie*. Seine Philosophie diente von nun an und bis zu seinem Tod der Absicht, diese Position zu vertiefen und zu radikalisieren. Um 1905 durchlitt er eine Krise, die teils fachlicher, teils persönlicher Art war. Eine tiefe Mutlosigkeit erfaßte ihn dabei über die allzu begrenzten Möglichkeiten der Philosophie. Der markanteste Ausdruck dieser Krise sind seine *Ideen zu einer reinen Phänomenologie und phänomenologischen Philosophie*, dessen erster Band im Jahre 1913 erschien. Husserl war mit dem Werk nicht zufrieden und hielt den zweiten und dritten Band zurück; sie wurden erst nach seinem Tode veröffentlicht.

In seiner Zeit als Professor in Freiburg war es zunächst um Husserl sehr still; erst Ende der 20er und Anfang der 30er Jahre veröffentlichte er wieder eine Reihe von Abhandlungen, darunter die bedeutenden Schriften *Formale und transzendentale Logik* (1929) und *Méditations Cartésiennes* (Vorlesungen aus dem Jahre 1929, herausgegeben 1931). In diesen ruhigeren Jahren begann Husserl, seine Gedanken niederzuschreiben, in einer Form, die weder für Vorlesungen noch für eine Veröffentlichung gedacht war. Die Manuskripte wuchsen mit den Jahren kräftig an und zählten bei seinem Tode etwa 45 000 Seiten Stenographie. Die Aufzeichnungen sind von sehr unterschiedlicher Art und Qualität. Auffallend sind die vielen Wiederholungen und das ständige Kreisen um dieselben Probleme – eine Form, die auch Husserl als Lehrer charakterisierte. Seine Seminarübungen bestanden hauptsächlich aus Monologen. Gadamer erinnert sich, wie Husserl einmal nach einer Übung, an Heidegger gewandt, bemerkte: «Heute war es doch wirklich einmal eine anregende Diskussion.»[1] Diese bestand in Tat und Wahrheit darin, daß Husserl nach der ersten Frage seitens eines Studenten die ganze Stunde hindurch ununterbrochen selbst geredet hatte.

Nachdem Husserl 1928 in den Ruhestand getreten war, setzte er seine Arbeit fort, die in dem unvollendeten Werk *Die Krisis der europäischen Wissenschaften und die transzendentale Phänomenologie* (1936) kulminierte. Die Krise der Vernunft, von der Husserl hier spricht, hatte auf tragische Weise ihn selbst getroffen. Von jüdischer Abstammung, war auch er nach Hitlers Machtübernahme ein Opfer der antisemitischen Gesetze für die deutschen Universitäten. Daß sich Husserl im Jahre 1887 taufen ließ und sich immer mehr von der jüdischen Gemeinschaft entfernte, änderte nichts daran. 1933 wurde er von der offiziellen Liste der Universitätsprofessoren gestrichen, und man beschied ihm, daß er nicht als Mitglied der offiziellen deutschen Delegationen an den Internationalen Philosophiekongressen in Prag 1933 und Paris 1937 teilnehmen könne. Falls er den Wunsch äußere, als Privatperson anzureisen, würde ihm das erforderliche Visum verweigert werden.[2] Husserl lebte danach zurückgezogen in Freiburg, mehr und mehr von Krankheit gezeichnet und mit immer weniger Freunden und Anhängern umgeben. Nur seine Assistenten Ludwig Landgrebe und Eugen Fink blieben ihm bis zum Schluß treu, mit der Folge, daß sie den Gedanken an die Möglichkeit aufgeben mußten, jemals wieder eine Anstellung an einer nationalsozialistisch geleiteten Universität zu bekommen. Husserls Bücher konnte man zwar immer noch in deutschen Bibliotheken ausleihen, doch Neuausgaben waren ausgeschlossen; sogar Finks Rede am Grabe Husserls im April 1938 mußte in der Tschechoslowakei gedruckt werden, um der Zensur zu entgehen.

Unter diesen Umständen war es natürlich unmöglich, in Deutschland an die Herausgabe der nachgelassenen Papiere zu denken; es drohte sogar die Gefahr einer baldigen Beschlagnahmung und Vernichtung. Als sich die Situation ernsthaft zuspitzte, kam der Belgier van Breda am 15. August 1938 nach Freiburg. Van Breda war zu diesem Zeitpunkt 27 Jahre alt, hatte soeben seine philosophische Lizentiatsprüfung an der Universität von Löwen in Belgien abgelegt und beabsichtigte, im Hinblick auf eine Doktorarbeit die nachgelassenen Papiere Husserls zu studieren. Der Umfang der Manuskripte war ihm unbekannt; doch er rechnete damit, sie in absehbarer Zeit durchgearbeitet zu haben. Groß war sein Erstaunen, als er vor dieser enormen Menge von Material stand. Vor der Abreise aus Löwen wollte er sich lediglich einen Überblick über den Charakter der Papiere verschaffen im Hinblick auf eine eventuelle Herausgabe einzelner Teile. Aus eigener Initiative schlug er nun der Witwe Husserls und den beiden Assistenten vor, die nachgelassenen Schriften an die Universität von Löwen zu überführen und dort in Sicherheit zu bringen.[3] Es sollte ein gesondertes Husserl-Archiv eingerichtet werden, dem sich entsprechende Spezialisten anschlössen, um u. a. die umfassenden Transkriptionen des stenographischen Materials vorzunehmen. Der Vorschlag war gewagt, um nicht zu sagen leichtsinnig. Van Breda war immer noch Student ohne jede Befugnisse der Löwener Universität; hinzu kam, daß alles Material aus Deutschland herausgeschmuggelt werden mußte. Schließlich entbehrte das Projekt jeder ökonomischen Grundlage.

Doch schon im September und Oktober 1938 entfaltete van Breda eine fieberhafte Reiseaktivität, um den Transport der Manuskripte und die Errichtung des Archivs zu ermöglichen. Schließlich wurden die Papiere im November nach ihrer Deponierung in der belgischen Botschaft in Berlin als Diplomatenpost nach Löwen gesandt. Zu diesem Zwecke hatte van Breda am 27. Oktober 75 000 belgische Franken zusammengebracht.[4] Die Gefahr war aber noch nicht vorbei. Von der Besetzung Belgiens im Mai 1940 bis zum Kriegsende drohte dem Archiv die Vernichtung; doch dem Druck wurde standgehalten. Nach dem Krieg wurde es in einigen kleineren Zimmern an der Universität Löwen verwahrt und bildete den Rahmen für die Herausgabe der *Husserliana*, der textkritischen Ausgabe der Schriften und nachgelassenen Papiere als Grundlage für die Husserlforschung.

«Zur Sache selbst...»

Husserls Philosophie ist von Anfang an von der Absicht geprägt, die Philosophie wissenschaftlich zu begründen, d. h. ihren Ausgangspunkt in einer Erkenntnis zu verankern, der sich alle vernünftigen Menschen anschließen können. Nach Husserls Einschätzung steht es jedoch nicht gut um dieses Vorhaben. In der kleinen Programmschrift *Philosophie als strenge Wissenschaft* (1910–1911) zieht er eine Bilanz der philosophischen Situation um die Jahrhundertwende. Die Philosophie hinke weit hinter den übrigen Wissenschaften her. Wissenschaften wie etwa die Mathematik und die Physik sind zwar unvollkommen, indem sie einen unendlichen Horizont offener, ungelöster Probleme und Unklarheiten vor sich haben; aber es gibt immerhin etwas, das feststeht. Ganz anders in der Philosophie: Hier ist alles Chaos. Jeder Gesichtspunkt scheint genauso gut zu sein wie jeder andere. Es gibt einen Spielraum für alle Arten von «Standpunkten», «Meinungen» und «Weltanschauungen», und viele Philosophen (z. B. Dilthey) sind anscheinend damit zufrieden, die Philosophie wie die Religion und die Kunst als Weltanschauung aufzufassen. Was die Forderung nach Wissenschaftlichkeit betrifft, so ist die Philosophie daher nicht nur unvollkommen: Sie ist überhaupt noch keine Wissenschaft![5] Wir müssen folglich in der Philosophie ganz von vorn, von Grund auf neu anfangen.

In den *Logischen Untersuchungen* will Husserl der Forderung nach einer streng wissenschaftlichen Philosophie selber gerecht werden, muß aber erkennen, daß er dieses Vorhaben mit anderen teilt. Seit Mitte des 19. Jahrhunderts haben sich Naturalisten (Positivisten und Empiristen) aller Schattierungen dasselbe vorgenommen. Die Forderung, die Philosophie und insbesondere die Erkenntnistheorie wissenschaftlich zu begründen, finden wir bei Mill, Spencer, Sigwardt, Wundt, Mach, Avenarius, Lipps oder Höffding. Ihr Programm ist jedoch nur scheinbar das gleiche wie das Husserlsche. Daß die Philosophie wissenschaftlich sein soll, bedeutet für die Naturalisten, daß sich die Philosophie so eng wie möglich an die existierenden, empirischen Fachwissenschaften zu halten habe. Husserl dagegen möchte radikal neu beginnen, ohne sich auf die Fachwissenschaften oder andere theoretische Voraussetzungen zu stützen. Für die Naturalisten ist die Philosophie ein Anhang zu den Fachwissenschaften, für Husserl soll die Philosophie die Grundlage für alle anderen Erkenntnisse liefern – u. a. für jene, die wir in den Fachwissenschaften finden.

Die Erkenntnistheorie und die Logik sollen die Erkenntnis begründen. Aber was ist die Grundlage der Erkenntnis? Die Naturalisten sind um eine Antwort nicht verlegen: die *Psychologie* als Lehre von der Seele, d. h. vom Bewußtsein. Da jede Erkenntnis mit dem geistigen Leben verknüpft ist, liegt es nahe, die Psychologie als diejenige Wissenschaft zu betrachten, welche die Erkenntnis erklären und damit die Philosophie wissenschaftlich begründen kann. Eine solche Auffassung, welche die Erkenntnis auf Psychologie zurückführt, bezeichnet Husserl als *Psychologismus*.[6] Indem man an die Tatsache anknüpft, daß das geistige Leben mit gewissen Gehirnprozessen verbunden ist, ist es sogar verlockend zu sagen, Erkenntnis sei eine Form von Psychologie und die Psyche eine Art von Gehirnprozeß, also etwas Physiologisches. Dies bedeutet: Je mehr wir unser Gehirn verstehen lernen, desto mehr wissen wir über die Erkenntnis und desto wissenschaftlicher werden Erkenntnistheorie und Philosophie.

Solche (vulgär-)*materialistischen* Anschauungen waren in der zweiten Hälfte des 19. Jahrhunderts nicht unüblich. Der Arzt Karl Vogt (1817–1895) zum Beispiel behauptete in einer Abhandlung aus dem Jahre 1854, daß die Gedanken im gleichen Verhältnis zum Gehirn stehen wie die Galle zur Leber oder der Urin zu den Nieren. Bei Jakob Moleschott (1822–1893) und Ludwig Büchner (1824–1899) kann man ähnliche Überlegungen finden. Wenn man bedenkt, daß Büchners Buch

Kraft und Stoff (1855) letztmals im Jahre 1904 in der 21. Auflage erschien, sieht man, daß Husserls Einwände gegen den Materialismus mit Gegnern von großem gesellschaftlichem Einfluß zu tun hatten. So war denn auch Husserls Kampf gegen den Psychologismus der zeitgenössischen, etablierten Philosophie ein Ärgernis.

Psychologismus und Materialismus teilen die Auffassung[7], daß Erkenntnis eine Art Natur ist. Deshalb kann Husserl den Ausdruck *Naturalismus*[8] als Sammelbegriff für jene beiden gängigen positivistischen und empiristischen Anschauungen verwenden. Und eben gegen diese «Naturalisierung» der Erkenntnis durch Materialismus und Psychologismus wendet sich Husserl, wenn er bestreitet, daß Erkenntnis und Erkenntnistheorie auf Psychologie oder Physiologie *reduziert* werden können. Die Erkenntnis ist wahrscheinlich immer an psychische und physiologische Prozesse gebunden; sie ist aber nicht mit ihrer psychischen oder sogar materiellen Grundlage *identisch*.

Wenn ich an einem Sommertag in meinem Garten die blühenden Apfelbäume betrachte, wird der Materialist mein visuelles Erlebnis damit erklären, daß das Sonnenlicht von den Bäumen zurückgeworfen wird und mein Auge trifft, wodurch die Netzhaut physisch beeinflußt wird. Dies veranlaßt eine Reihe elektrischer und chemischer Prozesse in meinem Nervensystem, so daß ich schließlich das Erlebnis von blühenden Apfelbäumen im Garten habe. Hieraus schließt der Materialist, daß mein Wissen über Apfelbäume in Wirklichkeit nichts anderes ist als höhere Chemie. Kennen wir erst die Gesetzmäßigkeiten des Gehirns, so kennen wir auch die Gesetze der Erkenntnis. Erkenntnistheorie und Logik werden dann strenge Wissenschaften, wenn sie auf einer gründlichen Kenntnis der Physiologie des Gehirns aufbauen.

Dieser (Vulgär-)Materialismus ist unhaltbar, da er etwas Psychisches mit etwas Physischem identifiziert.[9] Ein physischer Gegenstand wie mein Gehirn ist intersubjektiv zugänglich, das heißt, er kann von mehreren Menschen wahrgenommen werden, etwa einer Gruppe von Neurochirurgen. Meine Erlebnisse dagegen sind privat. Wenn ich die Apfelbäume betrachte, sind diese wie auch mein Gehirn etwas Physisches und daher intersubjektiv zugänglich; aber mein Erlebnis ist ein privates. Ein physischer Gegenstand wie ein Apfelbaum oder ein Gehirn ist immer mehr als das, was wir unmittelbar sehen. (So hat der Apfelbaum eine Rückseite, die wir nicht sehen, wenn wir vor ihm stehen.) Das Bewußtsein hat jedoch keine ‹Vorder-› und keine ‹Hinterseite›, sondern erschöpft sich unmittelbar im Erlebten. Habe ich beispielsweise Schmerzen, erlebe ich nicht nur einen Teil des Schmerzes, sondern dieser besteht gerade darin, daß es weh tut. Das Physische hat Ausdehnung, Farbe, Form, Geruch, Geschmack; es ist hart oder weich usw. Das Psychische hat nichts dergleichen. Ein Schmerz hat keine Farbe. Mein Gehirn ist rötlich; auch der Apfelbaum, den ich sehe, ist rötlich. Mein Erlebnis des Apfelbaums wiederum hat keine Farbe. Hinzu kommt, daß das Physische, wie Husserl annimmt, kausal bestimmt ist, wogegen es sich beim Psychischen nicht notwendigerweise so verhält. Husserl glaubt, aufgrund dieser Unterschiede zeigen zu können, daß das Bewußtsein, obwohl es womöglich immer mit etwas Physiologischem verbunden ist, dennoch nicht mit dem Physiologischen identisch ist. Alles in allem bedeutet dies, daß die Seele nicht auf Physiologie reduziert werden kann, selbst wenn es den Naturalisten gelingen sollte, die Erkenntnis auf Psychologie zu reduzieren.

Aber auch der Naturalismus in seiner psychologistischen Form ist unhaltbar. Hier sollen nur die wichtigsten Einwände angeführt werden. Erkenntnistheorie und Logik suchen nach den allgemeinsten Prinzipien der Erkenntnis. Eines der Standardbeispiele solcher logischer Gesetze ist der Satz vom Widerspruch. Er lautet, daß keine unzweideutige Aussage bzw. kein Urteil sowohl wahr als auch falsch sein kann. Zum Beispiel kann es nicht sowohl wahr als auch falsch sein, daß der Baum im Garten ein Apfelbaum ist. Die Psychologisten sehen in diesem logischen Gesetz ein psychologisches Gesetz. So behauptet Mill, der Satz des Widerspruchs beruhe darauf, daß wir nicht gleichzeitig ein und dasselbe glauben und nicht glauben können.[10] Wir können nicht sowohl glauben wie auch nicht glauben, daß ein Baum ein Apfelbaum ist. Daß Glauben und Nicht-Glauben nicht im selben Bewußtsein sein können, läßt sich oft genug erfahren. Wir generalisieren diese Erfahrung zu einem allgemeinen psychologischen Gesetz, welches die Basis eines logischen Gesetzes bildet. Husserl kritisiert diesen Standpunkt eingehend. Der Satz des Widerspruchs ist ein streng allgemeingültiges *ideelles* Gesetz, das nicht aus unserer *faktischen* Art und Weise zu denken hergeleitet werden kann. Mills psychologisches Gesetz, wonach Glauben und Nicht-Glauben nicht im selben Bewußtsein sein können, ist aber eine *empirische Verallgemeinerung* (Induktion) und als solche nicht einmal allgemeingültig. Denn es ist durchaus ein Mensch vorstellbar, der innerhalb eines kurzen Zeitintervalls zunächst glaubt, daß ein bestimmter Baum ein Apfelbaum sei, danach diesen Glauben indessen aufgibt. Was meint man denn mit ‹demselben Bewußtsein›? Könnte man sich nicht einen Menschen vorstellen, der aufgrund eines Fehlschlusses zu ein und derselben Zeit zwei widersprüchliche Meinungen vertritt? Gibt es nicht merkwürdige Leute, die behaupten, daß ein bestimmter Baum ein Apfelbaum ist und zugleich nicht? Sollen diese Fälle berücksichtigt werden, wenn wir verallgemeinern, und falls nicht, warum nicht? Oder wenn ein Mensch infolge einer Gehirnoperation anfängt, ganz anders zu denken, verliert dann nicht der Satz des Widerspruchs seine Geltung? Und wäre ein Baum dann sowohl ein Apfelbaum wie auch kein Apfelbaum? Gilt der Satz des Widerspruchs auch für Tiere? – Alle diese Fragen können die ‹Psychologisten› nicht beantworten.

Die Psychologie ist eine Fachwissenschaft, die beschreibt und erklärt, wie das Bewußtsein tatsächlich ist. Die Psychologisten betrachten die Logik als ein Spezialgebiet der Psychologie, welche die psychologischen Regeln für ‹richtiges Denken› herausarbeitet. Aber wie können die Psychologisten zwischen ‹richtigem› und ‹unrichtigem› Denken unterscheiden, wenn sie nur die Psychologie zu ihrer Verfügung haben? Wie kann die Psychologie, die beschreibt und erklärt, wie wir *tatsächlich* denken, eine logische *Norm* wahren Denkens begründen?[11] Letzten Endes kann der Naturalismus nur registrieren, daß gegebenenfalls die eine Meinung die andere ablöst. Der Naturalismus endet deshalb folgerichtig im Relativismus und Skeptizismus[12], wo der eine Gesichtspunkt nicht besser ist als ein anderer. Aber dies sollte ja gerade vermieden werden mit der Forderung, die Philosophie müsse eine Wissenschaft werden.

Die Psychologie kann niemals die Grundlage der Philosophie bilden. Der Psychologe forscht nach allgemeinen Gesetzen des geistigen Lebens. Diese Gesetze werden durch empirische Experimente gefunden und beruhen auf Verallgemeinerungen (Induktionen). Die Psychologie ist eine *Realwissenschaft.*[13] Philosophie, Erkenntnistheorie, Logik und reine Mathematik dagegen sind *Idealwissenchaften.* Ihre Gesetze drücken ideale Wahrheiten aus, von denen wir a priori, das heißt unabhängig von empirischen Untersuchungen, Kenntnis haben. Hinzu kommt, daß die Psychologisten die Ebenen durcheinanderbringen. Sie unterscheiden nicht eindeutig zwischen dem *Erlebten* (z. B. den Apfelbäumen) und dem *Erlebnis* selbst (dem Psychischen) sowie den *Ideen* und *Begriffen,* mit denen wir das Erlebte beschreiben. Die Seele ist ein reeller, in der Zeit verlaufender Bewußtseinsstrom. Das Verhältnis zwischen unseren Ideen und Begriffen dagegen ist etwas Ideelles. So ist es eine ideelle, ewige Wahrheit, daß ein Baum nicht sowohl ein Apfelbaum sein als auch nicht sein kann. Dagegen besteht ein reelles Verhältnis zwischen der Tatsache, daß sich im Garten tatsächlich ein Apfelbaum befindet, und der Tatsache, daß ich hiervon wirklich ein Erlebnis habe. Die Logik hat es nur mit der Idealsphäre zu tun, und diese kann nie mit Hilfe einer Realwissenschaft wie der Psychologie begründet werden.

Husserl lehnt daher den Naturalismus als Grundlage einer wissenschaftlichen Philosophie entschieden ab. Die naturalistische Philosophie ist wissenschaftlich; nichtsdestoweniger fußt sie auf theoretischen Vorurteilen, die sie nicht der wissenschaftlichen Kritik unterziehen möchte. Der Naturalismus ist nicht radikal genug. Soll die Philosophie aus jener Festgefahrenheit herauskommen, in der sie sich befindet, muß sie radikal von vorn anfangen und die Probleme aufs neue ohne theoretische Vorurteile angehen. Wir müssen alle unsere Theorien und vorgefaßten Meinungen «einklammern». Husserl spricht gern davon, daß wir allen vorgefaßten Meinungen gegenüber eine Art «Epoché»[14] üben sollen, das heißt «haltmachen» und einstweilen von allen Vorurteilen «absehen». Eine solche vorurteilsfreie Philosophie muß «auf die Sachen selbst zurückgehen»[15], ohne sich von vornherein auf eine ungeprüfte Theorie über die zu erkennende Sache festzulegen. Unsere Theorien und vorgefaßten Meinungen sollen vorübergehend «eingeklammert» werden; an ihre Stelle hat in einer «reflexiven Einstellung» eine reine Beschreibung des Inhalts unserer Erkenntnisakte zu treten. Wir sollen über unsere unmittelbaren Erfahrungen der Sache selbst nachdenken und uns den Akten zuwenden, in denen wir unsere Erfahrungen machen, und in dieser reflexiven Einstellung eine *reine Deskription* der Sache selbst geben[16] – so, wie wir sie unmittelbar erfahren. Wir müssen aufhören, zwischen uns und die Sache eine Theorie zu stellen, und eine theorienfreie, reine Beschreibung von dem erarbeiten, was wir erfahren, und zwar so, wie wir es erfahren, d. h. eine theorienfreie, reine Beschreibung dessen, was uns erscheint, in der Weise, wie es uns erscheint. «Das, was erscheint», nennt man traditionell Phänomen. Die Grundlage jeder Philosophie und Theorie muß daher eine theorienfreie, rein beschreibende Lehre der Phänomene sein, kurz: eine *Phänomenologie*.

Die Gerichtetheit des Bewußtseins

Auf der einen Seite stehen Programmerklärungen und Schlagwörter wie ‹zur Sache selbst› oder ‹reine phänomenologische Beschreibung›. Etwas anderes ist die phänomenologische Analyse. Erst wenn wir selber eine solche Analyse vornehmen, wird verständlich, worauf die Phänomenologie hinauswill. Die Phänomenologie soll ja eben nicht nur eine neue, interessante ‹Theorie› sein. Sie stellt den Anspruch, die voraussetzungslose Grundlage all unseres Wissens zu sein, was zur Folge hat, daß es keinen neutralen Punkt außerhalb der Phänomenologie gibt, von dem her wir sie verstehen und beurteilen können.[17] Wollen wir daher begreifen, worauf das Ganze hinausläuft, müssen wir eine konkrete phänomenologische Analyse in die Wege leiten.

Husserl selbst[18] geht gern von einer konkreten Sinneserfahrung wie jener aus, welche ich habe, wenn ich den Garten mit den blühenden Apfelbäumen vor mir sehe. Gewöhnlich denke ich nicht näher darüber nach, was es heißt, einen Apfelbaum zu sehen. Ich begnüge mich damit, ihn zu sehen. Ich gehe sozusagen ganz und gar in meinem Erlebnis des blühenden Apfelbaums auf. Müßte ich aus irgendeinem Grund die Erkenntnis präzisieren, die sich an meinen visuellen Akt knüpft, würde ich entweder die Antwort schuldig bleiben oder es mit irgendeiner naturalistischen Erklärung versuchen. All dies soll aber vermieden werden. Der Naturalismus ist eine Theorie und muß als solche eingeklammert werden. Ebenso verhält es sich mit anderen Theorien, etwa religiösen oder philosophischen. Ich vermeide es, auf sie Rücksicht zu nehmen, ich übe «Epoché». Husserl fordert aber, daß wir einen Schritt weiter gehen. Ich soll nämlich auch meine im Alltag nicht hinterfragte Ansicht einklammern, daß der Apfelbaum ein von mir verschiedener, existierender Gegenstand ist. Der Glaube an die Existenz der Welt sowie alle meine Meinungen und Theorien über diese Welt gehören zu dem, was Husserl die *mundane* Einstellung nennt (von lat. mundus: die Welt); diese mundane Einstellung ist für mich eine *natürliche.*[19] In der natürlichen Einstellung gehe ich in naiver Weise davon aus, daß der Baum und ich als zwei Gegenstände in einer Welt mit unzähligen anderen Gegenständen existieren, wobei ich alle möglichen Theorien über mich selbst und die mich umgebenden Gegenstände vertreten kann. All dies soll jetzt eingeklammert werden. Ich sehe ab von allen physischen Theorien über den Baum, über die Lichtstrahlen und über deren Einwirkung auf meine Netzhaut. Ich sehe davon ab, daß ich selber einen Körper mit Kopf und Gehirn habe und ein physischer Gegenstand wie jeder andere bin. Ich lasse außer acht, ob die Gegenstände um mich herum existieren, und ziehe auch nicht in Betracht, ob ich selber als physisch-psychologisches Wesen existiere. Statt dessen konzentriere ich mich völlig auf meine Erfahrung des Apfelbaums. Ich wende mich reflexiv voll und ganz dem Akt[20] zu, dessen Inhalt der Apfelbaum als reines Phänomen ist, wobei sich mir die Aufgabe stellt, die Grundstrukturen dieser Erfahrung aufzudecken.

Es zeigt sich dabei, daß meine Erfahrungen nicht bloße Erlebnisse sind, sondern stets Erlebnisse *von* etwas. Indem ich den Apfelbaum sehe, habe ich ein Bewußtsein *vom* Apfelbaum. All meine Erfahrungen sind dadurch gekennzeichnet, daß sie ein «Bewußtsein *von* etwas» sind. Meine Erfahrungen sind auf den Apfelbaum «gerichtet». Diese «Gerichtetheit», die meinen Erlebnissen eigen ist, bezeichnet Husserl mit dem Ausdruck *Intentionalität*. Dieses Wort stammt aus dem Lateinischen (*intendere* = sich auf etwas richten). In der phänomenologischen Tradition (u. a. bei Heidegger) entstehen daraus die Begriffe «Intentum» und «Intentio». *Intentum* bezeichnet das, worauf sich das Bewußtsein richtet, während *Intentio* das Bewußtsein von etwas benennt. Husserl selbst braucht oft die Begriffe *cogitatum* und *cogito*[21] (oder *cogitatio*), die beide vom lateinischen *ego cogito* (= ich denke) abgeleitet sind. Die Ausdrücke «cogitatum» (Intentum) und «cogito» (Intentio) sind nur bedeutungsvoll in Beziehung zur Intentionalität als ganzer, welche «cogito» wie «cogitatum» umfaßt. Die Intentionalität beschreibt die vollständige Struktur, während «cogitatum» und «cogito» nur Bausteine dieser Struktur darstellen. Jede Erfahrung ist so strukturiert, was sprachlich dergestalt zum Ausdruck kommt, daß wir das Wort «Phänomen» auf zweierlei Weise gebrauchen.[22] Wenn ich beispielsweise von dem Phänomen des blühenden Apfelbaums spreche, kann ich damit mein Erlebnis des Apfelbaums («cogito») wie auch den Apfelbaum selbst als Gegenstand meines Erlebnisses («cogitatum») meinen. Es ist die Aufgabe der Phänomenologie, die Erfahrungen – und damit die Phänomene – in ihrem vollen Umfang zu beschreiben.

Husserl übernimmt den Begriff Intentionalität von seinem Lehrer Franz Brentano[23], der seinerseits auf die scholastische Tradition zurückgreift. Im Vergleich zu seinen Vorgängern präzisiert und modifiziert Husserl diesen Begriff und verleiht ihm eine streng phänomenologische Bedeutung. So wendet er sich vor allem gegen zwei naheliegende Mißdeutungen der Intentionalitätsstruktur. Erstens dürfen wir die Begriffe «cogito» und «cogitatum» nicht so verstehen, als würden sie zwei «Gegenstände» bezeichnen, die in irgendeinem Verhältnis zueinander stehen – etwa wie wir es in der natürlichen Einstellung zu tun geneigt sind.[24] «Cogito» ist kein Gegenstand, sondern das Bewußtsein, das auf Gegenstände gerichtet ist. Das «cogitatum» der Intentionalität, worauf das Bewußtsein gerichtet ist, darf ebenfalls nicht so gedeutet werden, wie wir es von der natürlichen Einstellung her gewohnt sind. Während es in der natürlichen Einstellung für die kausale Erklärung der Wahrnehmung des Apfelbaums entscheidend ist, ob dieser tatsächlich existiert und Lichtstrahlen zurückwirft, ist es phänomenologisch gesehen völlig gleichgültig, ob der Apfelbaum qua «cogitatum» existiert oder nicht. Die Frage nach der Existenz des Apfelbaums wird beiseite gelassen, wird eingeklammert. Die Intentionalität des Bewußtseins ist unabhängig davon, ob dessen «cogitatum» existiert oder nicht. Das Bewußtsein ist auch dann intentional, wenn es sich um eine Fehlwahrnehmung oder um eine reine Phantasie handelt, der betreffende Gegenstand folglich nicht existiert. Husserl muß daher die *objektivierende* Mißdeutung der Intentionalität zurückweisen, wie man sie namentlich in der scholastischen Tradition und bei modernen Naturalisten findet. Aber auch die *subjektivierende* Mißdeutung ist abzulehnen.[25] Denn es geht hier nicht um eine Beziehung zwischen zwei Dingen, dem Akt und dem intentionalen Objekt, die man wirklich im Bewußtsein vorfindet; «cogitatum» und «cogito» sind nicht zwei Bewußtseinserlebnisse. Einzig das «cogito» gehört wirklich zum Bewußtsein als ein Erlebnis, das sich auf etwas richtet («cogitatum»). Die Intentionalität jedoch benennt den vollen strukturellen Zusammenhang zwischen dem Erlebnis («cogito») und dem Erlebten («cogitatum»).

Gegenüber Brentano unterscheidet sich Husserl zunächst durch seine *dynamische* Auffassung der Intentionalität.[26] Dies wird besonders deutlich, wenn wir mit Wahrnehmungen wie eben jener des Apfelbaums zu tun haben. Für beide gilt, daß das Bewußtsein durch sein Gerichtetsein auf einen Gegenstand gekennzeichnet ist. Für Husserl ist darüber hinaus entscheidend, daß ein wahrnehmbarer Gegenstand wie ein blühender Apfelbaum nie voll und ganz in einem einzelnen Erlebnis dieses Gegenstands aufgehoben ist. Wenn ich einen Apfelbaum betrachte, sehe ich nur einen Teil desselben, während ich etwas später vielleicht einen anderen Teil sehe. Ich habe eine Reihe von Wahrnehmungen («cogito»), die alle auf dasselbe «cogitatum» (denselben Apfelbaum) gerichtet sind, wobei jedoch dieses «cogitatum» in verschiedenen *Abschattungen* hervortritt.[27] Die Intentionalität ist also nicht nur auf einen wahrnehmbaren Gegenstand gerichtet (das hat bereits Brentano gesehen); sie ist darüber hinaus Ausdruck einer *Identifikation,* indem sich zwei oder mehrere Bewußtseinsakte auf ein und denselben wahrnehmbaren Gegenstand richten, nämlich den blühenden Apfelbaum. Es ist nicht so, daß zu jedem neuen Erlebnis ein neuer Gegenstand – in unserem Beispiel ein neuer

Apfelbaum – gehört; die verschiedenen Erlebnisse richten sich vielmehr auf ein und denselben Apfelbaum. Die verschiedenen Erlebnisse synthetisieren sich, so daß sie als Erlebnisse ein und desselben Gegenstands, ein und desselben Apfelbaums auftreten. In seinen späteren Schriften spricht Husserl von dieser synthetisierenden Identifikation als einer «intentionalen Leistung»[28]. Umgekehrt gilt, daß der Apfelbaum (oder generell: ein wahrnehmbares Ding) niemals in nur einem Akt erfahren werden kann, sondern als selbstidentischer Gegenstand («cogitatum») in einem mannigfaltigen System von Abschattungen auftreten muß, die sich alle auf ein und dasselbe Ding beziehen.[29]

Gegenüber Brentano unterscheidet sich Husserl noch in einem anderen und letzten Endes entscheidenden Punkt. Wenn ich in den Garten gehe, ist mein Bewußtsein nicht allgemein auf irgendeinen Gegenstand gerichtet. Ich sehe nicht nur irgend etwas – ich sehe einen Apfelbaum. Das heißt: Ich kann einen Gegenstand nur sehen, indem ich ihn mit einem *Sinn* verbinde, so daß der Gegenstand sozusagen durch seinen Sinn vermeint ist; aber der Sinn ist nicht mit dem Gegenstand identisch. So können sich zwei verschiedene Sinne auf denselben Gegenstand beziehen. Zum Beispiel hat der Gedanke ‹Sieger von Jena› einen anderen Sinn als der Gedanke ‹Besiegter von Waterloo›; aber die beiden Bewußtseinszustände (Gedanken) sind nichtsdestoweniger auf ein und denselben Gegenstand gerichtet (nämlich Napoleon).[30] Husserl hat damit eine phänomenologische Unterscheidung zwischen Erlebnis, Sinn und Gegenstand vorgenommen, die der Fregeschen Unterscheidung zwischen Name (oder bestimmter Beschreibung), Sinn des Namens und Bedeutung des Namens entspricht. Wenn wir uns anderen sprachlichen Einheiten wie Prädikaten und ganzen Sätzen zuwenden, zeigt sich indes ein Unterschied zwischen den Auffassungen von Husserl und Frege. Während Frege meint, daß Prädikate auf Begriffe und nur abgeleitet auf Objekte Bezug nehmen, die unter die Begriffe fallen, betont Husserl, daß Prädikate auf individuelle Gegenstände bezogen sind, obwohl diese nicht auf eindeutige Weise bestimmt werden können. So hat das Wort ‹Pferd› einen Sinn, da es sich in verschiedenen Zusammenhängen auf verschiedene Gegenstände bezieht. Wenn ich an ‹das Lieblingspferd Alexander des Großen, Bucephalus› und ‹einen alten Karrengaul› denke, assoziiere ich in beiden Fällen ein Pferd, aber ich rede von zwei höchst verschiedenen Gegenständen. Entsprechend unterscheidet sich Husserl von Frege in seiner Auffassung von Sätzen: Wo Frege die Ansicht vertritt, ein Satz beziehe sich auf seinen Wahrheitswert, behauptet Husserl, der Satz sei auf den Sachverhalt gerichtet, welcher den Satz wahr macht. Ungeachtet dieser Unterschiede sind Husserl und Frege sich darin einig, daß zwischen *Erlebnis* (bzw. sprachlichem Ausdruck), *Sinn* und *Gegenstand* (bzw. Referent) zu unterscheiden ist – eine Unterscheidung, die bei Brentano nicht vorkommt. Husserl kann daher Brentanos Schwierigkeit mit Fehlwahrnehmungen, Halluzinationen und Träumen einer neuen Lösung zuführen. Anfangs versuchte Brentano noch, das Problem zu lösen, indem er behauptete, das Erlebnis sei, selbst wenn der wirkliche Gegenstand nicht existiert, nichtsdestoweniger auf einen «inexistenten intentionalen Gegenstand» gerichtet. Husserl vermeidet die Schwierigkeiten, mit der diese Theorie behaftet ist. Auf der einen Seite hält er daran fest, daß der Gegenstand des Erlebnisses mit einem wirklichen Gegenstand und nicht mit einem intentionalen Pseudo-Gegenstand identisch ist. Auf der anderen Seite betont er, daß die Gerichtetheit des Erlebnisses auch bei den Brentanoschen Fehlperzeptionen, Halluzinationen und Träumen, die keinen wirklichen Gegenstand haben, dadurch gesichert ist, daß dieses Erlebnis einen Sinn hat. Dieser gibt dem Erlebnis nämlich eine Richtung auf einen Gegenstand, der im übrigen existieren kann oder auch nicht. Der Sinn der Gerichtetheit (der Intentionalität) ist also kein intentionaler Gegenstand, der mit dem wirklichen Gegenstand (dem «cogitatum») konkurriert, sondern im Gegenteil eine der grundlegenden Voraussetzungen dafür, daß das Erlebnis überhaupt auf einen Gegenstand gerichtet ist.[31]

Wahrheit und Evidenz

Jeder Akt ist auf einen Gegenstand gerichtet, dem er einen bestimmten Sinn zuschreibt. Ein Gegenstand kann jedoch auf verschiedene Weise «vermeint» werden, je nachdem, wie das «cogitatum» des Aktes «gegeben» ist. Der Gegenstand kann so mehr oder weniger «direkt» gegeben sein nach dem Grad der «Gegenwärtigung». Indem ich zum Beispiel über meine Erfahrungen des blühenden Apfelbaums reflektiere, erkenne ich, daß ich den Baum auf verschiedene Weise auffassen kann. Die Unterscheidung zwischen diesen verschiedenen *Auffassungsformen*[32] ist ein zentraler Punkt in Husserls Erkenntnistheorie.

Zuunterst auf der Stufenleiter steht die bloß *signitive* Vergegenwärtigung. Das Bewußtsein hat hier nur eine Meinung von seinem Gegenstand, etwa wenn ich gerade an den Apfelbaum dort im Garten denke oder über ihn spreche, ihn aber weder sehe noch ihn mir vorstelle. Die Intentionalität hat gerade erst eingesetzt, doch nicht mehr. Ich wende mich dem Gegenstand zu, intendiere ihn; aber darüber hinaus ist er mir nicht gegeben.

Näher kommt mir der Gegenstand, wenn ich ihn nicht nur durch die Meinung, die ich von ihm habe, intendiere, sondern wenn ich anfange, Phantasievorstellungen über ihn zu bilden. Zum Beispiel stelle ich mir den Apfelbaum in voller Blüte vor mit einer bestimmten Größe und Farbe. All dies sehe ich mittels meiner Einbildungskraft. Man kann hier von einer Phantasievergegenwärtigung sprechen.[33] Das Vermeinte hat jetzt eine anschauliche Fülle; aber da es sich um Phantasie handelt, behaupte ich nicht, daß etwas anschaulich Gegebenes dem intendierten Gegenstand entspricht.[34]

Anders verhält es sich auf der Stufe der Erinnerung und Erwartung. Hier ist der Gegenstand nicht nur eine Vergegenwärtigung durch die Phantasie, sondern die Anschauung will den Gegenstand zeigen, wie er wirklich erfahren wurde oder erfahren werden könnte. Der Gegenstand ist zwar immer noch abwesend; aber er wird durch die Vorstellung vergegenwärtigt. In der Vorstellung versuchen wir, die Anschauungen auf den Gegenstand zu beziehen, wie er war oder sein wird (setzende Vergegenwärtigung bzw. Wiedervergegenwärtigung).[35] Entsprechendes gilt für alles, was ich nicht unmittelbar sehen kann, aber in der Vorstellung mit *intendiere,* wenn ich einen Gegenstand betrachte (Mitvergegenwärtigung). Beispielsweise kann ich das Haus meines Nachbarn nicht sehen, wenn ich den Apfelbaum im Garten anschaue. Nichtsdestoweniger ist das Haus meines Nachbarn etwas, worüber ich eine Vorstellung habe, obwohl ich es nicht unmittelbar betrachte. Das ist keine freie Phantasie, sondern mitintendierende Anschauung, die sich auf das Haus des Nachbarn bezieht zu einem Zeitpunkt, in dem ich den Apfelbaum erblicke.

Der höchste Grad der Gegenwärtigung ist jedoch die *direkte Anschauung,* bei der ich den vermeinten Gegenstand unmittelbar vor mir «sehe». Husserl spricht hinsichtlich dieser direkten Gegenwärtigung oder Präsentation von «Urerfahrung»[36] oder «Urimpression»[37]. Der Apfelbaum zum Beispiel ist mir unmittelbar gegeben, wenn ich ihn tatsächlich in einer direkten Anschauung sehe und ihn nicht nur in der Vorstellung mit intendiere, d. h. Erinnerungen, Erwartungen, Phantasien oder Meinungen über ihn habe. Diese direkte Anschauung – auch *Intuition* genannt – ist zugleich das höchste Erkenntnisprinzip.[38]

Dies muß richtig verstanden werden. Offensichtlich geht Husserl erkenntnistheoretisch von der Perzeption als dem Grundtypus der Erkenntnis aus. Die bisherige Darstellung hat sich denn auch um die Wahrnehmung des Apfelbaums als ein Standardbeispiel von Intentionalität gedreht. Husserls Anliegen ist damit jedoch nicht erschöpft; denn über die Analyse der Wahrnehmungserkenntnis und den damit verbundenen Anschauungsinhalten hinaus möchte er den Anschauungsbegriff selbst erweitern. Letzten Endes will Husserl die Anschauung nicht von der Perzeption her definieren. Das Grundlegende an der Anschauung ist nämlich nicht die Wahrnehmung, sondern die Gegenwärtigkeit, die direkte Gegebenheit. Nur in dieser Bedeutung ist die Anschauung das höchste Erkenntnisprinzip. Und nur weil die Wahrnehmungserkenntnis Ausdruck einer direkten Gegenwärtigkeit ist, kann sie der «Urmodus der Anschauung»[39] sein.

Auf diesem Hintergrund muß auch der Wahrheits- und Intuitionsbegriff Husserls interpretiert werden. *Wahrheit* wird von ihm definiert als «die volle Übereinstimmung zwischen Gemeintem und Gegebenem»[40]. Die Intentionalität vermeint einen Gegenstand, indem sie verschiedene Meinungen über ihn äußert. Wenn die verschiedenen Meinungen über den Gegenstand dem Gegenstand entsprechen, spricht man von Wahrheit. Doch wie kann, phänomenologisch gesehen, eine Meinung einem Gegenstand ‹entsprechen›? Indem sich der Gegenstand grundsätzlich und direkt so gegenwärtigt, wie er auf eine bestimmte Weise vermeint ist. Beispielsweise meine ich, daß der Apfelbaum in Blüte steht. Nur wenn es prinzipiell möglich ist, den Gegenstand dieser Vermeinung mit entsprechender Anschaulichkeit zu erfüllen, kann das Vermeinte wahr genannt werden. Anders gesagt: Nur wenn der vermeinte Gegenstand im Prinzip so, wie er vermeint ist, gegenwärtig gemacht werden kann, nur dann kann er sich so geben, daß das Vermeinte sich als wahr herausstellt. Die Wahrheit besteht in der Übereinstimmung zwischen der Meinung (Sinn) und dem Gegenstand, d. h. in einem Verhältnis auf der «cogitatum»-Seite. Auf der «cogito»-Seite entspricht diesem Verhältnis ein «Erlebnis der Übereinstimmung». Dieses bezeichnet man mit *Evidenz* oder *Intuition*.

Husserl ist oft wegen seines Intuitionsbegriffs kritisiert worden. Ein klassischer Einwand lautet, er habe sich damit dem Subjektivismus ausgeliefert, demzufolge Evidenz oder Intuition nur etwas Psychologisches seien: ein privates Erlebnis von «Gewißheit» und «Überzeugung». Husserl begegnet dieser Kritik, indem er darauf hinweist, daß das Wort «Evidenz» bei ihm nicht durch den Begriff der Gewißheit[41] definiert wird, sondern verstanden wird als Erlebnis des direkten Sich-Gebens des Gegenstandes, so wie er vermeint ist. Die Evidenz ergibt sich aus der Art und Weise, in der sich der Gegenstand präsentiert, und nicht aus irgendeinem psychologischen Gewißheitserlebnis. Husserl weist in diesem Zusammenhang darauf hin, daß die Deutung der Evidenz als bloße psychologische Tatsache (eine Art Wahrheitsindex)[42] in Wirklichkeit Ausdruck einer Abstraktion der ursprünglichen Intentionalität ist, durch welche die «cogito»-Seite als etwas rein «Psychisches» abgetrennt wird. Aber die «cogito»-Seite kann eben nicht isoliert werden; deren Evidenz (Intuition) muß vielmehr umgekehrt von der Intuitionsseite her als Übereinstimmung zwischen Meinung (Sinn) und Gegenstand definiert werden. Die sogenannte subjektive Evidenz ist so vom sogenannten Objektiven her bestimmt. Daß wir zu Evidenz gelangen, ergibt sich daraus, daß das Intendierte mehr oder weniger anschaulich gegeben, das heißt mehr oder weniger gegenwärtig sein kann. Die Evidenz bezeichnet nicht irgendein mystisches, inneres Vermögen im Menschen, zwischen wahr und falsch zu unterscheiden[43], und ist kein auf wundersame Weise gegebenes Wahrheitskriterium, das uns gegen Fehler absichern kann.[44] Evidenz ist vielmehr das Erlebnis, in dem der Gegenstand sich uns unmittelbar so gibt, wie er vermeint ist. Für Husserl ist das unmittelbare «Sehen» nicht bloß das sinnliche, erfahrende Sehen, sondern das Sehen überhaupt, «die letzte Rechtsquelle aller vernünftigen Behauptungen»[45].

Lehnt man es aber ab, die Evidenz als ein absolutes Wahrheitskriterium zu betrachten, was schützt uns dann vor dem Skeptizismus? Wenn die Evidenz als ein Erlebnis definiert wird, durch das sich der Gegenstand unmittelbar so gibt, wie er vermeint ist, dann scheint es ein Rätsel zu sein, wie wir – ohne diesem Erlebnis eine besondere Form von Gewißheit zu verleihen – eigentlich wissen können, ob sich der Gegenstand auch wirklich gibt, wie er vermeint ist. Vereinfachend gesagt: Wie können wir wissen, in welchen Fällen tatsächlich Evidenzen vorliegen? Husserl beschäftigt sich mit diesem Problem in seinem Werk *Formale und transzendentale Logik* aus dem Jahre 1929.[46]

Wenn ich einen Apfelbaum in all seiner Blütenpracht betrachte, habe ich eine direkte Evidenzerfahrung von ihm. Es gehört zu einer solchen Erfahrung, daß ich später auf sie zurückgreifen kann, um mir den Baum wieder ins Gedächtnis zu rufen. So kann ich mich im Spätsommer daran erinnern, wie üppig die Blütenpracht des Baums im Frühling gewesen ist. In solchen Erfahrungsakten bin ich auf denselben Baum gerichtet, von dem ich im Frühling eine direkte, anschauende Erfahrung gehabt habe:

Es gehört zum Sein des ‹blühenden Apfelbaums›, daß dieser sich in verschiedenen Akten gibt und dennoch als derselbe Apfelbaum identifiziert wird. Entsprechend gilt für einen Bewußtseinsakt, daß dieser prinzipiell über sich hinaus- und auf neue Akte hinweist, in denen der vermeinte Gegenstand als derselbe Gegenstand identifiziert werden kann. Mit anderen Worten: Es gehört zu jedem Evidenzakt, über sich hinaus- und auf neue Akte hinzuweisen, in denen die ursprüngliche Evidenz in neuen Evidenzen bestätigt werden kann. Wenn ich im Frühling den Apfelbaum als üppig blühend wahrnehme, dann beinhaltet diese Erfahrung, daß sie über sich selbst auf eine Reihe möglicher Erinnerungsakte hinausweist, welche die Evidenzforderung der betreffenden Erfahrung bestätigen können – nämlich eine direkte Erfahrung des Apfelbaums zu sein, wie er sich auf ursprüngliche Weise für ein Bewußtsein geben kann.

Dies bedeutet umgekehrt: Wenn wir es mit einer bloß *scheinbaren* Evidenzerfahrung zu tun haben, besteht prinzipiell immer die Möglichkeit, diese durch spätere Erfahrungen zu korrigieren. Die Möglichkeit, einen Fehler zu machen, gehört zu jeder Erfahrung – auch jeder Evidenzerfahrung. Aber das ändert nichts daran, daß es Evidenzen geben kann. Denn was bedeutet es, phänomenologisch gesehen, ‹Fehler zu machen›? Dies heißt, eine spätere Erfahrung haben können, durch die sich herausstellt, daß eine frühere Erfahrung den Gegenstand nicht so erscheinen ließ, wie er sich gezeigt haben würde, wenn wir eine Evidenzerfahrung gehabt hätten. Aber solche Erfahrungen, die geeignet sind, frühere, vermutete Evidenzerfahrungen zu widerlegen, müssen selber neue Evidenzerfahrungen sein. Jede Evidenz schließt die Möglichkeit von Fehlern ein, aber nur, weil sie über sich selbst hinaus- und auf neue, mögliche Akte hinweist, die entweder die ursprüngliche Evidenz bestätigen oder widerlegen.

Wenn wir fragen, woher wir wissen können, ob wir tatsächlich eine Evidenzerfahrung besitzen oder nicht, dann lautet die Antwort: Wir können dies nur dadurch wissen, daß wir die ursprüngliche Evidenz an neuen Evidenzen überprüfen. Der springende Punkt ist aber, daß die Möglichkeit, die ursprüngliche Evidenz zu prüfen, deren Evidenzcharakter nicht aufhebt. Jeder Evidenzakt kann überprüft werden, doch die Kontrolle ändert nichts an seinem Evidenzcharakter. Jeder Evidenzakt kann fehlerhaft sein, doch das führt nicht zu Skeptizismus; denn selbst der Begriff ‹Fehler› setzt voraus, daß wir zu neuen Evidenzen gelangen können, in denen sich der Fehler zeigt und beseitigt wird. Husserl hebt daher mit seinem Hinweis auf einzelne «absolut sichere» Evidenzakte nicht den Skeptizismus auf. Die Möglichkeit neuer Evidenzakte ist vielmehr Voraussetzung, um den Skeptizismus überhaupt zu formulieren; als Bedingung der Möglichkeit des Skeptizismus ist sie zugleich ein Garant dafür, daß der radikale Skeptizismus nicht haltbar ist. Dieser ist widersprüchlich, weil er die Existenz von Evidenzerfahrungen voraussetzt, die er ausdrücklich bezweifelt.

Erfahrung und Anschauung

Husserl will mit der Phänomenologie in der Philosophie ganz von vorn beginnen. Dieser Anfang soll mit einer Kritik an allen ungeprüften Theorien gemacht werden und zu einer reinen Beschreibung des unmittelbar Gegebenen führen. Wir sollen «zur Sache selbst» gehen, wie sie sich durch sich selbst zeigt. Insofern kann Hussserls Phänomenologie als *Erfahrungsphilosophie* bezeichnet werden. In seinen *Ideen zu einer reinen Phänomenologie und phänomenologischen Philosophie* schreibt er etwas provozierend: «Sagt ‹Positivismus› soviel wie absolut vorurteilsfreie Gründung aller Wissenschaften auf das ‹Positive›, d. i. originär zu Erfassende, dann sind wir die echten Positivisten.»[47] Die Bestimmung der Phänomenologie als Erfahrungsphilosophie wird durch seine Betonung der Anschauung als des zentralen Phänomens der Erkenntnistheorie noch verstärkt. Husserls Phänomenologie ist Erfahrungsphilosophie, aber in einem radikaleren Sinn als die traditionellen Erfahrungsphilosophien, insbesondere als der Naturalismus, der Positivismus und der Empirismus. Positivisten und Naturalisten wenden ihre theoretischen Voraussetzungen gegenüber der Erfahrung überhaupt nicht an. Der Empirismus kommt nicht über eine Sinnesdatentheorie hinaus, die prinzipiell die Intentionalität übersieht. Schließlich begreifen weder der Positivismus noch der Naturalismus oder Empirismus den Erfahrungsbegriff radikal genug, nämlich als Anschauung, als unmittelbare Gegebenheit, als Gegenwärtigung. Der Naturalismus liefert eine neurophysiologisch-psychologische Deutung der Erfahrung. Der Empirismus versucht, die Erfahrung und Anschauung aus der Sinneswahrnehmung zu erklären. Husserl dagegen begreift die Sinneswahrnehmung als einen Spezialfall der Anschauung, welche als direkte Gegenwärtigung des Gegenstands in einem Akt verstanden wird. Damit erweitert er den Erfahrungsbegriff. «Zur Sache selbst gehen», «etwas erfahren», «eine direkte Anschauung haben» heißt, etwas unmittelbar in einer ursprünglichen Gegenwärtigung gegeben haben. Mit Gegenwärtigung ist natürlich nicht gemeint, daß etwas physisch, raum-zeitlich gegenwärtig sein muß, sondern vielmehr, daß das unmittelbar Gegebene für uns unmittelbar zugänglich vorliegt, so daß wir ein direktes Erlebnis davon haben, wie sich der vermeinte Gegenstand zu den Meinungen verhält, die wir von ihm haben. Gegenwärtigkeit und Abwesenheit innerhalb der Intentionalität, das heißt direkte und indirekte Erfüllung – das ist der entscheidende Punkt in Husserls Phänomenologie.

Aber selbst dieser eingegrenzte Begriff von Anschauung als direkter Gegebenheit oder Gegenwärtigung ist noch zu unpräzise, um Husserls Anliegen wiederzugeben. Ausdrücke wie «anschauliche Gegenwärtigung» und «direkte Gegebenheit» dürfen von uns nicht so verstanden werden, als denke Husserl an irgendein mystisches Erlebnis, in dem der Gegenstand ein für allemal gegeben sei. Daß der Apfelbaum anschaulich gegenwärtig ist, bedeutet nicht, ihn in einer simplen Schau auf einen Schlag, in einem Akt zu erfahren.[48] Denn ein Wahrnehmungsgegenstand wie der Apfelbaum offenbart sich niemals voll und ganz in einem Akt, sondern kann nur durch eine Reihe von Abschattungen an das Bewußtsein herantreten. Die anschauliche Gegenwärtigkeit des Apfelbaums muß daher durch eine Reihe von Perzeptionsakten ‹aufgebaut› werden, die sich zu einer Erfahrung ein und desselben blühenden Apfelbaums synthetisieren. Die Unterscheidung zwischen dem direkt, anschaulich Gegebenen und dem indirekt, nicht-anschaulich Gegebenen, zwischen Gegenwärtigkeit und Abwesenheit darf daher nicht mit der Unterscheidung verwechselt werden zwischen dem einfach-unmittelbar Gegebenen und dem, was sich nur als Resultat einer Synthetisierung geben kann. Husserl geht es im ersten Fall um eine Unterscheidung zwischen Akten, in denen sich der Gegenstand («die Sache selbst») auf seine ursprüngliche Weise gibt, und sachfernen, bloß vermeinenden Akten. Es ist die Aufgabe der Phänomenologie, von einer bloß vermeinenden Erfassung der Gegenstände fortzuschreiten zu einer Beschreibung der Gegenstände, wie sie sich auf ihre ursprüngliche Weise geben.

Auf der Grundlage dieser Unterscheidung kann sich Husserl erlauben, dem Terminus *Anschauung* – jenseits bloßer Wahrnehmungen – den Status eines philosophischen Schlüsselbegriffs zu verleihen. Dies ist bereits bei der Erörterung des Evidenzbegriffs angedeutet worden. Verständlicher wird dies, wo Husserl seinen Begriff der kategorialen Anschauung einführt.[49]

Wenn sich eine Mutter mit ihrem Sohn im Garten aufhält, kann sie auf einen der Bäume zeigen und sagen: «Dieser Baum ist ein Apfelbaum, und er steht in voller Blüte.» Diese Aussage hat einen klaren Sinn, und durch diesen Sinn wird ein bestimmter Gegenstand vermeint. Die phänomenologisch interessante Frage ist jetzt, wie diese Aussage anschauliche Fülle erhält: Wie gibt sich dieser vermeinte Gegenstand auf die direkteste Weise? Offenbar liegt die Antwort schon bereit: Die Aussage erhält anschauliche Fülle durch einen Akt des Sehens. Wenn der Junge den blühenden Apfelbaum sieht, dann versteht er nicht nur den Sinn der Aussage, sondern er sieht auch, wie der Sinn der Aussage anschauliche Fülle erhält. An diesem Punkt muß Husserl aber zur Vorsicht mahnen – so einfach ist es nicht. Der Junge kann zwar den Apfelbaum und dessen Blüten sehen, aber es liegt mehr in jener Aussage, als er sehen kann. Gleichgültig, wie oft der Junge hinschaut, er wird am Gegenstand nie etwas sehen können, was den Wörtern ‹dieser›, ‹ist›, ‹ein›, ‹und› sowie ‹er› entspricht. In der Aussage liegt ein *Überschuß an Intentionen*[50], der niemals durch einen bloßen Akt des Sehens anschauliche Fülle erhalten kann. Die Aussage ist auf Aspekte des Gegenstands gerichtet, die prinzipiell nicht wahrgenommen werden können. Denn die Aussage ist nicht nur auf den wahrnehmbaren Apfelbaum und dessen Blüten gerichtet; sie bezieht sich ebensosehr auf den nicht-wahrnehmbaren Sachverhalt, daß ‹dieser› Baum ‹ein› Apfelbaum ‹ist› ‹und› daß ‹er› in voller Blüte steht. Der Sachverhalt ist ein zusätzlicher nicht-wahrnehmbarer Gegenstand, der prinzipiell über die zwei wahrnehmbaren Gegenstände, den Apfelbaum und dessen Blüten, hinausgeht, die dem Sachverhalt angehören. Während der Apfelbaum und die Blüten *reale* Gegenstände sind, die durch schlichtes Wahrnehmen[51] erfahren werden können, ist der Sachverhalt ein sogenannter *idealer* oder *kategorialer* Gegenstand.[52] Entsprechend bezeichnet Husserl den Akt, in dem der Gegenstand auf ursprünglichste Weise gegeben ist, als *kategoriale Anschauung*.

Husserl hat damit eine umfassende Erweiterung des Erfahrungsbegriffs vorgenommen. In der traditionellen empiristischen Philosophie ist der Erfahrungsbegriff auf schlichte Perzeptionen beschränkt; der erweiterte Erfahrungsbegriff bei Husserl umfaßt jetzt auch die fundierten kategorialen Erfahrungen. Dem ersten Erfahrungstypus entsprechen die realen Gegenstände, dem zweiten die idealen (kategorialen) Gegenstände.[53] Der entscheidende Punkt besteht nun nach Husserl darin, daß wir über das schlichte Wahrnehmen hinausgehen, wo immer wir es mit einem Akt zu tun haben, der eine Verbindung oder Trennung von zwei Dingen schafft, der etwas unter etwas anderem subsumiert oder der einen Schluß vom einem auf das andere zieht. In all diesen Fällen haben wir es mit einer komplexen Erfahrung zu tun, die über das schlichte Wahrnehmen hinausgeht. Die komplexen Erfahrungen (kategorialen Akte) sind auf ideale (kategoriale) Gegenstände gerichtet. Beispiele solcher idealen Gegenstände sind[54]: alle Sachverhalte (z. B. der Baum steht im Garten), Summationen (z. B. der Junge & der Vater & die Mutter), unbestimmte Vielheiten (z. B. die Bäume im Garten), Anzahlen (z. B. die sechs Apfelbäume), Konjunktionen (z. B. die Apfelbäume stehen im Vorgarten, und die Birnbäume stehen im hinteren Garten), Disjunktionen (z. B. entweder ist der Junge im Garten oder draußen auf der Straße) usw. Um zu einer ursprünglichen Erfahrung (Anschauung) dieser Gegenstände zu kommen, sind zwar gewisse Sinneserfahrungen erforderlich; aber die Erfahrung der idealen Gegenstände geht immer über die Sinneserfahrung hinaus. Dazu bedarf es einer neuen Form von Erfahrung: der kategorialen Anschauung. Es gibt verschiedene Typen kategorialer Anschauungen, die den Typen idealer (kategorialer) Gegenstände entsprechen. Aufgabe der Phänomenologie ist, eine Beschreibung dieses neuen Erfahrungsfeldes zu liefern. Erst dann wird wirklich klar, was sich hinter der Parole ‹zur Sache selbst› verbirgt; denn erst dann wird deutlich, wie umfassend ‹die Sache› im Grunde ist.

Die Ideen

Eine die kategoriale Anschauung einschließende Erweiterung des Erfahrungsbegriffs führt zugleich eine Erweiterung des Gegenstandsbegriffs mit sich. Von nun an ist es vom phänomenologischen Gesichtspunkt her durchaus legitim, von einem Gegenstand zu sprechen, sofern man erklären kann, was es heißt, den betreffenden Gegenstand durch einen oder mehrere Bewußtseinsakte zu anschaulicher Gegenwärtigkeit zu bringen. Umgekehrt hat es nur Sinn, über einen Gegenstand zu reden, wenn man weiß, was es heißt, ihn zu anschaulicher Gegenwärtigkeit zu bringen.

Husserl macht von dieser Erweiterung des Gegenstandsbegriffs Gebrauch, wenn er anstatt von individuellen von allgemeinen (universellen) Phänomenen spricht. Wenn ich einen Apfelbaum sehe, ist mein Blick auf einen realen, individuellen Gegenstand gerichtet. Entsprechend ist der kategoriale Urteilsakt auf einen idealen, individuellen Gegenstand gerichtet, wenn ich behaupte, daß der Apfelbaum in voller Blüte steht. Demgegenüber bin ich auf einen allgemeinen (universellen) Gegenstand gerichtet, wenn ich aufhöre, mich dafür zu interessieren, was für den einzelnen Apfelbaum gilt, und mich statt dessen darauf konzentriere, was notwendigerweise für jeden Apfelbaum gelten muß. Meine Beschäftigung mit dem individuellen Apfelbaum wird aufgegeben zugunsten einer Gerichtetheit auf das allgemeine Wesen, das allgemeine *Eidos* (Idee) des Apfelbaums.[55]

Individuelle Gegenstände wie einzelne Dinge (der Apfelbaum) oder Tatsachen (der Apfelbaum steht in voller Blüte) sind mit *Zufälligkeit* behaftet, während dem Wesen die *Notwendigkeit* eigentümlich ist. Das individuelle Phänomen ist zufällig, ‹weil es anders gewesen sein könnte›; das Wesen hingegen ist notwendig, ‹weil es eben nicht anders sein kann›. So muß beispielsweise der Apfelbaum nicht dort stehen, wo er steht; ich könnte ihn ausgraben und umpflanzen. Logisch gesehen ist es auch eine Zufälligkeit, daß er überhaupt gepflanzt wurde oder daß ich ihn gepflanzt habe. Ferner ist es zufällig, daß der Apfelbaum ist, wie er ist, oder daß er in Blüte steht; denn im Sommer, Herbst und Winter hat er keine Blüten. Der Baum muß weder seine faktische Größe erreicht, noch müssen seine Zweige sich so entwickelt haben, wie sie jetzt sind. Das gleiche gilt für die Wurzeln und die Art und Weise, wie sich die Rinden ausbildeten, kurz gesagt: für alles Besondere, Individuelle und damit logisch gesehen Zufällige am Baum.

Dennoch gibt es Grenzen, inwieweit der Baum eigentlich anders sein kann, falls es immer noch sinnvoll sein soll, von einem Baum zu sprechen. Ein Apfelbaum muß notwendigerweise etwas Biologisches sein; eine Plastikattrappe aus einem Theater kann kein Apfelbaum sein – egal, wie ähnlich sie diesem auch ist. Ein Apfelbaum muß zudem etwas mit Äpfeln zu tun haben. Ein Baum, der die wohlschmeckendsten Birnen hervorbringt, aber nie Äpfel trug, ist eben kein Apfelbaum. Wenn man überhaupt etwas einen Apfelbaum nennen kann, muß es sich notwendigerweise innerhalb eines bestimmten Rahmens bewegen. Wird dieser überschritten, ist nicht mehr von einem Apfelbaum, sondern von etwas anderem die Rede. Zum Beispiel hört ein Apfelbaum auf, ein Apfelbaum zu sein, wenn er zu Brennholz gemacht wird. Dieser Rahmen bzw. diese Grenzen machen das Wesen, das *Eidos* des Apfelbaums aus. Da das Wesen den notwendigen Rahmen dafür bildet, was es heißt, ein Apfelbaum zu sein, hat es nicht allein Gültigkeit für den einzelnen Apfelbaum, sondern legt fest, was notwendig zu jedem möglichen Apfelbaum gehören muß. Die Wesensnotwendigkeit beansprucht universelle Gültigkeit, mit anderen Worten: Es ist ein Zufall, daß es diesen Apfelbaum, ja, daß es überhaupt Apfelbäume gibt; doch wenn es Apfelbäume gibt, müssen diese notwendigerweise die *Wesensgesetze* einhalten, die für Apfelbäume universelle Gültigkeit haben.

Diese Wesensgesetze dürfen nicht mit den empirischen Gesetzmäßigkeiten physischer, chemischer, biologischer, psychologischer, wirtschaftlicher, soziologischer oder anderer Art verwechselt werden. Solche empirischen Gesetzmäßigkeiten sind aus *logischer* Sicht zufällig, zum Beispiel das Fallgesetz, welches folgenden Zusammenhang aufweist: $s = \frac{1}{2} \cdot g \cdot t^2$ bzw. $s = \frac{g \cdot t^2}{2}$. Logisch betrachtet könnte es genausogut $s = \frac{3}{4} \cdot g \cdot t^2$ oder $s = \frac{1}{2} \cdot g \cdot t^3$ lauten. Rein faktisch stellt es zwar ein universelles Gesetz dar; aber streng logisch könnte es sich ebensogut anders verhalten. Wollen wir ein Wissen von solchen – logisch gesehen – zufälligen Gesetzmäßigkeiten wie dem Fallgesetz erlangen, müssen wir empirisch zu Werk gehen und Experimente vornehmen, durch die unser Vermögen geschärft wird, Zusammenhänge wahrzunehmen. Da diese logisch gesehen zufälligen Gesetze über Sinneserfahrungen erkannt werden müssen, nennt man sie *empirische Gesetze*. Ein empirisches Gesetz ist eine universelle Aussage, deren Wahrheit oder Falschheit logisch zufällig ist (z. B. «Alle Körper mit der Anfangsgeschwindigkeit 0 fallen so, daß die Größe des zurückgelegten Weges gleich groß ist wie die Hälfte der Beschleunigung multipliziert mit dem Quadrat der Fallzeit.»). Ein empirisches Gesetz umfaßt also einen kategorialen (idealen) Gegenstand, der nur in einem Bewußtseinsakt erkannt werden kann, welcher von einer Sinneserfahrung ausgeht. Anders verhält es sich mit einem Wesensgesetz (z. B. «Alle Apfelbäume sind etwas Biologisches.»). Auch ein Wesensgesetz ist eine universelle Aussage und umfaßt damit einen kategorialen (idealen) Gegenstand; aber die Art und Weise, in der die (notwendigen) Wesensgesetze erkannt werden sollen, unterscheidet sich von jener der (zufälligen) empirischen Gesetze. Ein empirisches Gesetz muß über die Sinneserfahrung bestätigt werden (die sogenannte *aposteriorische* Erkenntnis); ein Wesensgesetz kann hingegen unabhängig von der Sinneserfahrung erkannt werden – es gilt *a priori*[56].

Ein Wesensgesetz beschreibt einen notwendigen universellen Zusammenhang. Es legt die Grenzen fest, die für ein bestimmtes Gegenstandsgebiet gelten, und setzt damit auch Grenzen für unsere Phantasie, was an Veränderungen zugelassen werden kann, wenn wir weiterhin von demselben Gegenstandsgebiet sprechen wollen. In meiner Phantasie kann ich den Apfelbaum hundertmal umpflanzen, seine Größe verändern, sein Gewicht, seine Farbe usw.; aber am Schluß erreiche ich einen Punkt, wo meine Phantasie nichts mehr am Apfelbaum verändern kann, wenn es immer noch Sinn haben soll, von einem solchen zu sprechen. Indem ich die Grenzen der Variationsmöglichkeiten meiner Phantasie erfahre, erfahre ich gleichzeitig, mit welcher notwendigen allgemeinen Seinsform ein Gegenstand wie der Apfelbaum übereinstimmen muß.[57] Mit anderen Worten: Das Wesen des Apfelbaums ist ein eigentümlicher (idealer) Gegenstand, der zu anschaulicher, direkter Gegebenheit für ein Bewußtsein gelangt, wenn dieses Bewußtsein in der Phantasie den Gegenstandsbereich variiert, für welchen das Wesen das eidetische Gesetz angibt, bis die Grenzen der Variationsmöglichkeiten der Phantasie erreicht sind. Husserl spricht daher davon, daß das Wesen (Eidos) durch eine *eidetische* Variation erfahren werde – im Gegensatz zu einer bloß *empirischen*[58], welche nur das Zufällige variiert, aber nicht zur Grenze der Variationsmöglichkeiten vorzudringen sucht. Andere Bezeichnungen für dasselbe Phänomen sind Wesensschau oder Wesenserschauung[59], Ideation[60] oder eidetische Deskription[61]. Husserl und vor allem seine Nachfolger sprechen auch von eidetischer Reduktion[62] im Hinblick darauf, daß das einzelne, individuelle Phänomen auf einen neuen, universellen Gegenstand, das Wesen, reduziert wird.

Entscheidend sind aber nicht die Bezeichnungen, die Husserl gebraucht, sondern der Umstand, daß er den alten platonischen Gedanken von allgemeinen Ideen als eigentümlichen Gegenständen wiederbelebt hat.[63] Doch im Gegensatz zu Platon liefert Husserl keine metaphysische Interpretation dieser Gegenstände. Die Gegenständlichkeit des Wesens (Eidos) beschränkt sich, phänomenologisch gesehen, darauf, daß es möglich ist anzugeben, auf welche Weise dieses Wesen direkte, anschauliche Gegebenheit für ein Bewußtsein erreichen kann. Was das Wesen darüber hinaus sein mag, darüber will sich der Phänomenologe Husserl nicht auslassen – so wie er es als Phänomenologe unterläßt, dazu Stellung zu nehmen, was etwas ist, unabhängig von den Möglichkeiten, sich auf direkte, anschauliche Weise dem Bewußtsein zu präsentieren.

Der botanisierende Philosoph

Mit dem erweiterten, auch die eidetische Variation umfassenden Erfahrungsbegriff und dem erweiterten, das Wesen einbeziehenden Gegenstandsbegriff kann Husserl das philosophische Programm der Phänomenologie konkretisieren. Dem Phänomenologen stellt sich die Aufgabe, mit Hilfe der eidetischen Variation die Wesensgesetze aller erdenklichen Gegenstandsgebiete ausfindig zu machen. Wie ein botanisierender Philosoph soll er jedes Gegenstandsfeld auf seine Wesensgesetze hin untersuchen und klassifizieren. Die Wesensgesetze geben an, welche Eigenschaften einem Gegenstand notwendigerweise zukommen, falls dieser ein diesem Gebiet zugehöriger sein soll. Die Wesensgesetze können daher *ontologische Gesetze* genannt werden gemäß der Bedeutung von Ontologie als ‹Lehre (logos) vom Sein (on)›. Das phänomenologische Programm beinhaltet die Vision einer ontologischen Bestandsaufnahme sämtlicher Gegenstandsbereiche.

Allerdings sind nicht alle Gegenstandsbereiche von gleichem Interesse; auch Husserl konzentriert sich auf einige bestimmte und teilt die ontologischen Wesensgesetze in zwei Hauptgruppen auf[64]: in *formale*[65] und *materiale*[66]. Aufgabe der formalen Ontologie ist zu erklären, was es überhaupt heißt, ein Gegenstand zu sein. Es gibt ein allen Gegenständen Gemeinsames – ungeachtet dessen, was sie sonst sein mögen.

Die formale Ontologie ist das Gegenstück zu dem, was man traditionell unter dem Namen formale Logik verstanden hat (von Husserl auch «formale Apophantik» genannt): Während diese die formalen Prinzipien sinnvoller Aussagen herausarbeitet, hat jene mit den Gegenständen dieser Aussagen zu tun. Die formale Logik sagt, was notwendigerweise für alle sinnvollen Aussagen gelten muß, die formale Ontologie stellt fest, was notwendigerweise für alle möglichen Gegenstände zu gelten hat. Der Unterschied zwischen formaler Logik und formaler Ontologie, der bereits in den *Logischen Untersuchungen* (1900–1901)[67] angedeutet, aber erst in der *Formalen und transzendentalen Logik* (1929) ernsthaft diskutiert wird, läßt sich an folgendem Beispiel illustrieren. «Begriff» und «sinnvolle Aussage» sind zwei Grundbegriffe der formalen Logik; entsprechend finden wir in der formalen Ontologie eine Reihe von Grundbegriffen wie «Gegenstand», «Sachverhalt», «Einheit», «Vielheit», «Anzahl», «Beziehung» usw.[68] Ein Grundsatz der formalen Logik lautet: «Keine eindeutige Aussage kann gleichzeitig sowohl wahr als auch falsch sein»; der entsprechende formalontologische Grundsatz lautet: «Ein Gegenstand kann nicht sowohl P als auch Nicht-P sein.»

Husserls Auffassung des Verhältnisses von formaler Logik und Formalontologie steht in einem kritischen Gegensatz zu zwei anderen gängigen Theorien aus neuerer Zeit. Zum einen unterscheidet sich Husserl von *Psychologisten* wie John Stuart Mill (1806–1873), die die logischen und ontologischen Gesetze als psychologische Gesetzmäßigkeiten auffassen. Demgegenüber behauptet Husserl, daß diese nicht Gesetze für die Psyche (das Bewußtsein) sind, sondern Gesetze für Bedeutungen bzw. Gegenstände. Ferner werden die psychologischen Gesetze mit Hilfe empirischer Erfahrung gefunden, während die logischen und ontologischen Prinzipien mit strenger Notwendigkeit durch eine eidetische Variation freizulegen sind.

Zum andern grenzt sich Husserl von Tendenzen innerhalb des *logischen Positivismus* ab, die in der Behauptung gipfeln, daß die Logik eigentlich nichts über die Wirklichkeit aussagt, sondern nur über unser Begriffssystem, unsere Sprache. In diesem Zusammenhang hat man sogar die These vertreten, die Logik lege ‹bloß› eine Reihe von Spielregeln für ein gegebenes Zeichensystem fest; strenggenommen könnten wir auch andere Regeln wählen, wenn wir es für angebracht halten. Beides widerspricht Husserls Auffassung vom Status der Logik. Für ihn sind die Gesetze der Logik nicht etwas, was wir wählen oder erfinden können, sondern etwas, was wir durch eine eidetische Variation erfahren. Die Gesetze der Logik sind auch kein ‹bloßer› Regelsatz unserer Sprache. Die Logik definiert die notwendigen Wesensgesetze sinnvollen Sprachgebrauchs, wobei sich zeigt, daß die Sprache mit Wesensnotwendigkeit auf eine Hierarchie einfacher und komplexer Gegenstandsbereiche mit streng notwendigen ontologischen Gesetzen gerichtet ist. Das Gegenstück zur Logik ist immer die Ontologie: Logik und Ontologie sind zwei Seiten derselben Sache. Die Logik sagt daher nicht nur etwas über unser Begriffssystem aus, sondern verweist auf die Ontologie, die uns etwas über die Wirklichkeit zu sagen hat.

Die *formale* Ontologie legt fest, was mit Wesensnotwendigkeit für einen Gegenstand überhaupt Geltung hat.[69] Sie ist ‹formal›, indem sie von allen Gegenstandsbezügen absieht, außer von jenen, die überhaupt zum Sein eines Gegenstands gehören. Die *materialen* Ontologien dagegen nehmen auf die Wesensunterschiede Rücksicht, die zwischen den verschiedenen Gegenstandstypen (auch Gegenstands- oder Wesensregionen genannt[70]) bestehen. Die materiale Ontologie ist ‹material›, sie hat einen Inhalt, der über die reinen Formen hinausgeht, die einen Gegenstand als solchen betreffen. Jeder Gegenstandstypus (jede Wesensregion) hat seine bestimmte materiale Ontologie, welche die Wesensgesetze offenlegt, die für gerade diesen Gegenstandstypus gelten. Bei der Erforschung der verschiedenen materialen Ontologien erweist sich der Phänomenologe im eigentlichen Wortsinn als botanisierender Philosoph.

Ein Beispiel[71] materialer (oder «regionaler») Ontologien ist die *Na-*

turphilosophie, welche wiederum in eine Ontologie des Physischen, des Chemischen, des Biologischen usw. aufgeteilt werden kann. Ein anderes Beispiel ist die Ontologie der *Leiblichkeit*: Was heißt es, ein Leib mit einem Bewußtsein zu sein? Welche wesensnotwendigen Eigenschaften gehören zu einem solchen Leib? Der Ontologie der Leiblichkeit entspricht eine Ontologie des *Seelischen*, eine Wesensbestimmung des bewußten mit einem Leib versehenen Ich. Auf dieser Grundlage kann eine Ontologie des *Geistigen* ausgearbeitet werden, das heißt eine Wesensbestimmung des notwendigerweise zu jedem Kulturgegenstand Gehörenden. Solche Kulturgegenstände sind: Staaten, öffentliche Institutionen, Bücher, Musikstücke, aber auch irgendwelche alltäglichen Utensilien wie Tische, Stühle, Lampen, Gardinen usw. – kurz, alle physischen Dinge, auf die ein Mensch (allgemein: ein Ich) seinen Einfluß geltend gemacht und in das Kulturleben einbezogen hat.

Die materialen Ontologien sind unabhängig von der Sinneserfahrung – sie gelten *a priori*. Sie formulieren die notwendigen Zusammenhänge und Grenzen für die jeweiligen Gegenstandsregionen und bestimmen, was für eine bestimmte Art von Gegenständen gelten muß, sofern sie existieren. Diese Wesensgesetze sagen aber nichts darüber aus, ob diese Gegenstände de facto existieren – Husserl hat ja von Anfang an die Frage nach der Existenz der Gegenstände ausgeklammert. Doch falls Gegenstände überhaupt existieren, unterliegen sie den verschiedenen Wesensgesetzen ihres jeweiligen Gegenstandsgebiets. Das bedeutet: Wenn wir uns im Alltag oder in den Fachwissenschaften mit einem bestimmten Gegenstand beschäftigen, z. B. Physik, Biologie, Psychologie oder Soziologie betreiben, werden unsere Untersuchungen immer von den Grenzen abhängig sein, welche die Wesensgesetze für ihr jeweiliges Gegenstandsgebiet festlegen. Übertreten wir in unserer empirischen (sinnlichen) Forschung ein Wesensgesetz und behandeln einen Gegenstand eines Gebiets (z. B. einen Menschen) auf gleiche Weise wie einen Gegenstand eines ganz anderen Gebiets (z. B. das bloß Physische), dann begehen wir auf längere Sicht einen gravierenden Fehler – gleichgültig, wie genau wir im übrigen in unseren Untersuchungen vorgegangen sind. Auf diese Weise erweist sich die materiale, ‹apriorische› Ontologie als erkenntniskritisches Kriterium für ‹gute› und ‹schlechte› empirische Wissenschaften.

Reduktion und Konstitution

Husserl radikalisierte den Erfahrungsbegriff, indem er jeden direkten, «anschauenden» Zugang zum Erfahrenen – im Gegensatz zum bloßen «Vermeinen» – einbezog und damit ein umfassendes Erfahrungsfeld eröffnete. Man kann nun nicht nur von den durch die Sinne vermittelten, realen Gegenständen (z. B. dem Apfelbaum) sprechen, sondern auch von einer Erfahrung von Sachverhalten (z. B. daß der Baum im Garten steht), von Summationen (z. B. 10 Bäume im Vorgarten und 14 Bäume im hinteren Garten) usw. Selbst das notwendige allgemeingültige Wesen (z. B. die Idee des Apfelbaums) kann erfahren und nicht nur vermeint werden. Es ist die Aufgabe des Phänomenologen, über die Bewußtseinsakte zu reflektieren, in denen diese verschiedenen Gegenstände in ihrer direkten Gegebenheit für ein Bewußtsein erfahren werden. Indem sich der Phänomenologe diesen Bewußtseinsakten zuwendet, wird es ihm möglich, den Gegenstand in seiner direkten Gegebenheit zu beschreiben, ohne auf alle möglichen, mehr oder weniger gut untermauerten Erklärungen, Theorien, Hypothesen oder Vermutungen Rücksicht nehmen zu müssen. Er macht hier keinerlei Umwege, sondern geht statt dessen direkt ‹zur Sache selbst› und beschreibt den Gegenstand in seiner direkten Gegebenheit als ‹reines› (d. h. theorienfreies) Phänomen.

Der Gegenstand und seine verschiedenen Bedeutungen sind aber nur die eine Seite, der sich der Phänomenologe gegenübergestellt sieht, wenn er sich den Bewußtseinsakten zuwendet, in denen die Gegenstände auf ursprüngliche Weise erfahren werden. Neben dem Gegenstand und dessen Bedeutung ist im Akt auch die Art und Weise enthalten, auf welche der Gegenstand erfahren wird. Neben der «cogitatum»-Seite (dem Gegenstand) hat der intentionale Akt eine «cogito»-Seite. Indem sich der Phänomenologe auf den Akt als ganzen bezieht, wird es ihm möglich, beide Seiten zu beschreiben. Dem wirklichen Apfelbaum entsprechen eine Reihe von Abschattungen, durch die der Apfelbaum erfaßt wird. Dem Sachverhalt «Der Apfelbaum steht im Garten» entsprechen eine Reihe von spezifischen kategorialen Anschauungen. Und dem Wesen des Apfelbaums entsprechen eine Reihe variierender, der Phantasie entstammender, grenzensuchender Erfahrungen. Dem Phänomenologen stellt sich die Aufgabe, beide Seiten der Akte in ihrem vollen Umfang zu beschreiben. Mit anderen Worten: Der Phänomenologe soll die Phänomene sowohl als Erfahrungsgegenstände («cogitata») als auch als Erfahrungen («cogitos») beschreiben.

In der Beschreibung dieser Phänomene ist der Phänomenologe «bei der Sache selbst». Dabei wird ihm jedoch klar, daß die Sache in den meisten Fällen alles andere als problemlos vorgegeben ist; denn das, was man im Alltag für gegeben hält, beruht in Wirklichkeit auf einer Reihe von Voraussetzungen, die man gewöhnlich nicht beachtet. Zum Beispiel kann der Sachverhalt «Der Apfelbaum steht im Garten» nur in einem kategorialen Akt volle anschauliche Fülle erlangen, der seinerseits voraussetzt, daß der Apfelbaum unmittelbar in einem Akt erfahren wird, durch den ich ihn sehe, rieche oder fühle. Ein solcher Akt des Sehens, Hörens oder Fühlens setzt seinerseits einen Aktstrom voraus, in welchem der Baum durch seine Abschattungen hervortritt. Diese Abschattungen haben ferner Voraussetzungen auf der «cogito»-Seite, welche wiederum auf weiteren Voraussetzungen beruhen usw. Indem der Phänomenologe die Phänomene so beschreibt, wie sie in den Akten hervortreten, wird es für ihn deutlich, daß diese Phänomene ein Glied in einer *Akthierarchie* darstellen, wo der eine Akt den anderen als notwendige Bedingung voraussetzt. Für Husserl ist der eine Akt für den anderen «konstituierend», wie auch ein Gegenstand dann «konstituiert» ist, wenn der Akt, durch den sich dieser erschließt, selbst bestimmend ist.[72]

Der Begriff *Konstitution* kommt schon früh in Husserls Werk vor[73], in den *Logischen Untersuchungen* zumeist in Verbindung mit grundlegenden kategorialen Akten.[74] Zu einem Schlüsselbegriff entwickelt er sich etwa ab 1905 und bleibt es bis zu seinem Tod im Jahre 1938. Dies hängt damit zusammen, daß Husserl um 1905 der Phänomenologie eine neue Richtung geben will und nicht mehr von der Phänomenologie schlechthin, sondern von einer *transzendentalen Phänomenologie* spricht. In dieser ist die Konstitution das Gegenstück zur sogenannten *transzendental-phänomenologischen Reduktion,* dem Hauptanliegen seines Spätdenkens.

Was genau unter «transzendentaler Phänomenologie» und «transzendental-phänomenologischer Reduktion» verstanden werden soll, ist umstritten. Husserl selbst unternimmt mehrere Versuche einer Klärung, und die Husserl-Forschung bietet drei, vier oder noch mehr «Wege zur Reduktion»[75] an. Daß diese Wege sich sogar zu kreuzen scheinen, macht die Sache nicht einfacher.

Reduktion bedeutet ‹Zurückführung einer Sache auf eine andere›. Husserl meint darüber hinaus eine Zurückführung der Gegenstände auf Akte, in denen diese konstituiert werden. Gewöhnlich halten wir die Gegenstände für gegeben. Zwar untersuchen und beleuchten wir sie aus verschiedenen wissenschaftlichen Gesichtspunkten, aber wir fragen nicht danach, welche Bedingungen erfüllt sein müssen, damit sich die Gegenstände überhaupt auf eine ursprüngliche Weise geben können. Um diese Frage stellen und beantworten zu können, wird eine Einstellungsänderung gefordert. Unsere Aufmerksamkeit soll sich nicht mehr bloß auf die Gegenstände, sondern auch auf die Akte richten, in denen sie auf mehr oder weniger ursprüngliche und direkte Weise in unseren Blickwinkel gelangen. Jetzt zeigt es sich, daß die Gegenstände und die Erfahrungen eine Reihe von notwendigen Voraussetzungen in Form einer Hierarchie konstituierender Akte haben.[76] Der ‹mundane› Erfahrungsgegenstand ist damit auf eine Anzahl konstituierender Akte zurückgeführt (reduziert) worden, die vor dem ursprünglichen Zugang zum Gegenstand anzusiedeln sind und als dessen notwendige Bedingungen fungieren. Solche Bedingungen der Erfahrung, die dieser vorausgehen und deren Charakter prägen, werden seit Kant *transzendentale* Bedingungen genannt. Das ist der Hintergrund von Husserls Rede von einer transzendental-phänomenologischen Reduktion der Gegenstände der Erfahrung auf die sie konstituierenden Akte.

Husserls Terminologie und seine komplizierte Darstellungsweise führen nicht selten zu Mißverständnissen über sein eigentliches Anliegen. Schwierigkeiten dieser Art begegnen uns beispielsweise bei dem Begriff «Reduktion», wenn man darunter ‹Verminderung› oder ‹Verringerung› versteht, etwa wenn wir von einer ‹Reduktion des öffentlichen Zuschusses für die Gesundheitsvorsorge› sprechen. Husserl verbindet zwar mit seiner transzendental-phänomenologischen Reduktion auch ein «Absehen» von etwas am Gegenstand[77], zum Beispiel von der Frage, ob dieser existiert und am Ende auch die Eigenschaften hat, die wir ihm üblicherweise zuschreiben. Aber sein Hauptanliegen ist ein anderes. Die Reduktion soll keinen Verlust, sondern im Gegenteil einen Gewinn erbringen: Wir können nicht nur den Gegenstand sehen, sondern auch die Gegenstandsweisen sowie die Akthierarchie erkennen, die für ihn konstituierend ist. Wir sehen von etwas ab, um dadurch einen Zugang zu den konstituierenden Akten zu gewinnen. Aber auch diese «konstituierenden» Akten geben leicht Anlaß zu Fehldeutungen. «Konstitution» bedeutet in der Alltagssprache Festlegung oder Bildung, was etwa aus der Redeweise hervorgeht: ‹Der Vorstand eines Vereins hat sich konstituiert.› Gemeint ist damit, daß ein Vorstand seine Arbeitsbedingungen ‹festgelegt› hat, nachdem er satzungsgemäß ‹gebildet› bzw. gewählt worden ist. Husserl geht über diese Wortbedeutung weit hinaus. Die konstituierenden Akte ‹bilden› nicht den Gegenstand, sie ‹legen› ihn nicht ‹fest›. Der Umstand, daß im Garten ein Apfelbaum steht, ist beispielsweise nicht den bedingenden Blicken geschuldet, mittels deren ich den Baum sehe. Vielmehr kann der Sachverhalt «Im Garten steht ein Apfelbaum» nur dann volle anschauliche Gegebenheit erlangen, wenn ich auch ein Seherlebnis des Baums habe, wogegen das Umgekehrte nicht der Fall ist. Der Akt des Sehens ist eine notwendige Bedingung der anschaulichen Gegenwärtigkeit des Sachverhaltes und in diesem Sinne «konstituierend». Darin liegt keine ‹Bildung›, ‹Schaffung› oder ‹Festlegung›, sondern ein Bedingungsverhältnis, welches allen Erfahrungen vorausgeht und daher transzendental genannt werden kann. Husserls «transzendentale Phänomenologie» hat hingegen nichts mit orientalischen ‹transzendentalen Meditationen› zu tun; vielmehr reflektiert sie das in den Bewußtseinsakten Hervortretende als Voraussetzung für eine nüchterne, reine (d. h. theorienfreie) Beschreibung der «cogitatum»-«cogito»-Korrelation und mit ihren inneren Zusammenhängen.

Bedeutet dies nun, daß wir nicht davon sprechen können, «daß im Garten ein Apfelbaum steht», ohne den Baum tatsächlich zu sehen? Natürlich nicht. Denn wir können ohne weiteres festhalten, daß im Garten ein Apfelbaum steht, wenn wir zum Beispiel abends im Wohnzimmer sitzen und über das reden, was sich im Garten befindet. Aber über einen Sachverhalt sprechen ist nicht dasselbe wie eine direkte Anschauung von ihm haben. Wenn wir ‹über etwas sprechen›, dann *vermeinen* wir es lediglich; es ist nur die Rede von «signitiven» (vermeinenden) Akten. Eine direkte Anschauung des Sachverhalts setzt jedoch voraus, daß wir den Apfelbaum gesehen haben. Wenn also ein Akt A für einen Akt oder Gegenstand B konstituierend sein soll (d. h.: A ist eine notwendige Bedingung von B), dann schließt dies nicht aus, daß wir über B ‹sprechen können›, ohne etwas über A zu wissen. Andererseits weist B von einem transzendental-phänomenologischen Gesichtspunkt her auf A hin, weil sich B nur auf ursprüngliche Weise geben kann, wenn A vorliegt. Die Zusammengehörigkeit von A und B betrifft insofern weniger die einzelnen individuellen Gegenstände und Akte, sondern hat damit zu tun, daß ein bestimmter Gegenstands- oder Akt-*Typus B* (z. B. ein kategorialer Gegenstand), um sich auf anschauliche Weise geben zu können, notwendigerweise voraussetzen muß, daß direkte, anschauende Akte des *Typus A* (z. B. Perzeptionen) vorliegen.[78] Solche Zusammenhänge zwischen den verschiedenen Typen kann der Phänomenologe erfahren, indem er sich dem individuellen Akt zuwendet, etwa dem Seherlebnis eines Apfelbaums, und dem kategorialen Akt, der festhält, daß der Apfelbaum im Garten steht. Durch eine eidetische Variation der Akte erkennt der Phänomenologe, daß es bestimmte Wesenszusammenhänge zwischen verschiedenen Akt-Typen gibt. Erst wenn jeder Gegenstand auf denjenigen Akt, durch den er erfahren wird, und jeder Akt auf einen bestimmten Akt-Typus zurückgeführt wird, welcher wiederum in eine Hierarchie von Akt-Typen einzuordnen ist, erst dann kann man sagen, die transzendental-phänomenologische Reduktion sei zu Ende gedacht.

Das Ich und die Lebenswelt

Die Kritik des Materialismus und Psychologismus im ersten Band der *Logischen Untersuchungen* (1900) ist gegen jeden Naturalismus gerichtet und vorwiegend negativ. Mit der Weiterentwicklung zur transzendentalen Phänomenologie entfaltet Husserl indessen seine Kritik zu einer positiven Alternative zum Naturalismus. Sie gipfelt im Spätwerk *Die Krisis der europäischen Wissenschaften und die transzendentale Phänomenologie* (1936, in unvollendeter Form erschienen). Die von ihm entwickelte Phänomenologie steht im Gegensatz zu dem unter dem Einfluß der naturwissenschaftlichen Revolution seit Galilei (1564–1642) dominierenden Weltbild. Nach Galilei können wir unterscheiden zwischen der «objektiven» Welt an sich und der «subjektiven» Welt, wie sie uns Menschen erscheint. Die objektive Welt ist für Galilei identisch mit einer raum-zeitlich ausgedehnten, physischen Welt, die mittels der Mathematik und Geometrie beschrieben werden kann.[79] Die subjektive Welt dagegen ist die von unserem Alltag her bekannte, nämlich eine Welt von farbigen, wahrnehmbaren Dingen, die Geräusche aussenden und irgendeinen Geschmack haben. Für Galilei gehören Farben, Geräusche und Geschmack – von Werten gar nicht zu sprechen – nicht zur Welt an sich, sondern zu unserem Erleben dieser Welt. Die ‹eigentliche› objektive Welt ist dagegen ohne Farbe, Geräusch, Geruch und Geschmack.

Für Husserl ist dieses moderne naturwissenschaftliche Weltbild ein Mythos. Wollen wir hinter diesen Mythos dringen, müssen wir Galileis Problemstellung rekonstruieren.[80] Die Welt, die wir täglich erfahren, ist Husserl zufolge eine physische Welt mit Farben, Formen, Geräuschen, Gerüchen und Geschmäckern. Diese wahrnehmbare Welt können wir uns auf vielfache Weise vorstellen; aber gleichgültig, wie sehr wir sie in unserer Phantasie verändern, bleibt sie eine Welt von Farben, Formen, Geräuschen, Gerüchen und Geschmäckern. Im Umgang mit dieser wahrnehmbaren alltäglichen Welt können wir in Situationen geraten, in denen wir Messungen vornehmen müssen, z. B. der Länge von Holzstükken, wenn wir ein Boot bauen wollen. Je differenzierter die Aufgaben sind, welche wir uns stellen, desto komplizierter wird unsere Meßtechnik. Was sich auf den ersten Blick wie eine ebene Fläche ausnimmt, stellt sich bei genaueren Messungen als leicht gewölbt heraus. Mit der Entwicklung immer präziserer Meßwerkzeuge entsteht die Idee einer vollkommen ebenen Fläche, eines reinen Kreises, einer vollständig geraden Linie. Solche Gegenstände werden wir nie in unserer wahrnehmbaren Umwelt antreffen: Sie definieren ein neues Gegenstandsgebiet idealtypischer Grenzfälle, welche nur einem rein geometrischen respektive mathematischen Denken zugänglich sind. Schon Galilei kannte eine hochentwickelte, reine Geometrie, und er brauchte daher nicht zu fragen, wie das Gegenstandsgebiet der Geometrie und die geometrische Methodik auf die vorwissenschaftlich-wahrnehmbare Welt und die in dieser Welt benutzte Meßtechnik zurückweist.[81] Statt dessen konnte er die Geometrie in naiver Weise als gegeben annehmen und sogar noch einen Schritt weitergehen, indem er die geometrische Welt für die ‹eigentliche›, ‹objektive› Welt erklärte und die Welt, die wir durch unsere alltäglichen Messungen erfahren, nur als Annäherung an die ‹wirkliche› Welt auffaßte. Nach dieser ‹Objektivierung› («Hypostasierung») der geometrischen Welt stand der nächste Schritt schon fest: Je genauer die Messungen sind, die wir vornehmen können, desto ‹objektiver› sind die erhaltenen Resultate; da Farben, Töne und Gerüche nur in beschränktem Umfang genauen Messungen unterworfen werden können, sind sie folglich weniger ‹objektiv› als zeitliche und räumliche Ausdehnung; ergo ist nur die in Zeit und Raum ausgedehnte Wirklichkeit ‹objektiv›, während Farben, Töne und Gerüche etwas bloß ‹Subjektives› sind.

Für Husserl ist diese Weise, die Dinge zu sehen, nicht haltbar. Die in Zeit und Raum ausgedehnte rein geometrische Welt muß als das betrachtet werden, was sie ist: als Grenzfall. Dieser Grenzfall macht ein *konstituiertes Gegenstandsgebiet* aus, da die Akte, in denen die geometrischen Gegenstände auf die direkteste Weise erfahren werden können, notwendigerweise eine Reihe von Akten voraussetzen, in denen sich eine Wahrnehmungswelt von Farben, Tönen, Gerüchen und Formen zu erkennen gibt. Diese Welt – oder dieses Gegenstandsgebiet – nennt Husserl unsere *Lebenswelt*. Sie hat eine bestimmte eidetische Struktur, eine bestimmte

«Typik». Gelegentlich bezeichnet Husserl mit Lebenswelt auch deren eidetische Struktur.[82] Jeder Gegenstand weist letzten Endes auf diese Lebenswelt zurück, die als eine wahrnehmbare Welt[83] mit einer bestimmten eidetischen Struktur verstanden werden muß. Da die Lebenswelt als notwendige Bedingung jeder Erfahrung auftritt, kann sie mit Recht als eine transzendentale Bedingung bezeichnet werden.

Das Gegenstück zur transzendentalen Lebenswelt ist das sogenannte *transzendentale Ego*. Jeder Gegenstand weist auf eine Reihe möglicher Akte zurück, durch die dieser erfahren werden kann. Diese Akte sind entweder selber Perzeptionsakte oder aus solchen konstituiert. Der Strom der Perzeptionsakte ist auf selbstidentische, wahrnehmbare Dinge auf der «cogitatum»-Seite der Intentionalität gerichtet. Dem entspricht auf der «cogito»-Seite der Umstand, daß der Strom der Bewußtseinsakte nicht bloß eine Summe von unzusammenhängenden, isolierten Erfahrungen ist, sondern daß diese zusammengehören, da sie alle ein und demselben Ego zugehören. Das Ego gibt einem Bewußtseinsstrom Zusammenhang bzw. erzeugt in der Verschiedenheit der vielfältigen Akte die Identität. Das Ego ist kein ‹Ding› wie alle anderen Dinge, die als Gegenstände vor dem Bewußtsein auftreten, sondern das, was in der Dingerfahrung Zusammenhang schafft, genauer: der Zusammenhang selbst, ein ‹Pol›, an dem sich alle Bewußtseinsakte orientieren. Das Ego als *Identitätspol* im Bewußtseinsstrom[84] ist die Bedingung dafür, daß etwas erfahren werden kann. Dieser Identitätspol verhindert, daß der Erfahrungsstrom sich in unzusammenhängende, freischwebende Bewußtseinsakte auflöst. Da das Ego als Identitätspol eine Voraussetzung jeder möglichen Erfahrung ist, kann Husserl es als transzendentales Ego bezeichnen.

Husserls Lehre vom transzendentalen Ego gehört zu den kompliziertesten Elementen seiner Phänomenologie. In der Erstausgabe der *Logischen Untersuchungen* (1900–1901) bestreitet Husserl, daß die Rede von einem «Ego» irgendeine phänomenologische Grundlage habe. In der Zweitausgabe aus dem Jahre 1913 lenkt er jedoch ein[85], und in seiner Spätphilosophie erhält die Lehre vom Ego zentrale Bedeutung. Die Bestimmung des Ego als das, was die Selbstidentität des Bewußtseinsstroms sichert, durchzieht das gesamte spätere Werk. Doch Husserl geht weiter. Das Ego ist nicht nur ein «leerer Identitätspol», nicht nur ein fester «Punkt», auf den Erfahrungen zurückgeführt werden können; es muß vielmehr als Einheit aufgefaßt werden, die sich durch den Bewußtseinsstrom ständig konstituiert. Das Ego ist weder eine bloße «Summe» von Bewußtseinsakten noch ein bloß «leerer» Identitätspol, sondern eine konstituierte Bewußtseinsidentität, die sich in einer ständigen Entwicklung befindet, indem sich der Bewußtseinsstrom von Akt zu Akt bewegt. Das heißt: Das Ego konstituiert sich als stehendes, bleibendes «persönliches Ich». Aber auch diese Bestimmung ist nicht ausreichend präzise, denn das Ego ist nicht nur eine Identität auf der «cogito»-Seite, sondern gibt erst dem Aktstrom als solchem Zusammenhang. Das Ego muß in seiner vollen *Konkretion*[86] verstanden werden, die darin besteht, daß mein Ich nicht nur den Zusammenhang meiner Gegenstandserlebnisse umfaßt, sondern auch einen bestimmten Zusammenhang in den Gegenständen herstellt, soweit sie von mir erlebt worden sind und zur Konkretisierung meines Ego beigetragen haben. Das konkrete Ego ist der Zusammenhang im Bewußtseinsstrom in seiner Einheit mit der Welt, die er erfährt. Dieses voll entwickelte Ego, als Einheit im Intentionalitätsstrom betrachtet, nennt Husserl *transzendental*.

Dieses transzendentale Ego darf nicht mit dem «empirischen Ego» verwechselt werden, dessen Existenz ich naiv annehme, wenn ich mich selbst in der natürlichen Einstellung als Gegenstand unter anderen Gegenständen in der Welt auffasse. All das hat Husserl aber «eingeklammert». So stößt der Phänomenologe auf das transzendentale Ego, wenn er sich jenem Aktstrom zuwendet, der übrigbleibt, wenn von allem anderen außer den reinen Phänomenen abgesehen wird.

In diesem Zusammenhang stellt sich freilich ein heikles Problem. Mit der natürlichen Einstellung und deren Gegenstände klammert der Phänomenologe nicht nur alle Theorien über die Dinge und seine eigene Existenz ein, sondern sieht auch von der Existenz anderer ab. Durch die phänomenologische Analyse hat er sich zwar selbst gefunden bzw. sein Ego als transzendentale Voraussetzung des Erfahrungsstroms. Aber was ist mit dem anderen; mit all denen, die nicht ich selbst sind? Wie gelange ich zu ‹den› anderen, wenn ich schon von ihrer Existenz abgesehen habe? Wie vermeide ich es, in einen phänomenologischen Solipsismus[87] zu geraten, nach dem es außer mir keine anderen bewußten Wesen gibt?

Soll das Problem aufgeschlüsselt werden, muß es innerhalb der transzendental-phänomenologischen Konstitutionsproblematik lösbar sein. Die Frage lautet dann: Wie konstituiert sich eine Erfahrung, daß es ein anderes Ego als das meinige gibt? Husserl behandelt diese Frage ausführlich in seinen *Cartesianischen Meditationen* von 1929. Ich beginne mit einer Erfahrung meiner selbst als eines konkreten Ego, das heißt einer Einheit in einem Erfahrungsstrom mit einer bestimmten Gegenstandswelt um sich herum. Da die Gegenstandswelt mit zu dem konkreten Ego gehört, gehört auch mein Leib dazu. Mein Leib ist nicht nur ein ausgedehnter Körper wie Tische, Stühle und Häuser; er unterscheidet sich von diesen, indem er an ein konkretes Ego gebunden ist. Indem ich meinen Leib erfahre, erfahre ich ihn als etwas Hierhergehörendes.[88] Mein eigener Leib ist immer durch ein ‹Hier› charakterisiert, während andere Körper etwas sind, was ‹dort› ist. Zu einem bestimmten Zeitpunkt tritt in meinem Erfahrungsfeld ein Körper auf, der genau die gleichen Bewegungen ausführt, die mein Leib hätte ausführen können, wenn er ‹dort› gewesen wäre.[89] Diese Gleichheit ist unmittelbar als erfahrene Tatsache gegeben. Nicht gegeben ist jedoch, daß der Körper ‹dort› gewisse, direkt an die Bewegungen geknüpfte Bewußtseinsakte hat. Die Frage ist daher, wie ich dazu komme, den Körper ‹dort› als einen Leib mit einem anderen Bewußtsein als dem meinigen zu deuten.

Dies ist der springende Punkt: Weil der «gegebene» fremde Körper sich so verhält, wie sich mein eigener Leib hätte verhalten können, kann ich *analog* diesen fremden Körper als Leib eines anderen betrachten. Und weil der Leib eines anderen dadurch charakterisiert ist, daß er ein konkretes Ego mit einem selbständigen Bewußtseinsstrom verkörpert, kann ich, indem ich die Leiblichkeit eines anderen erfahre, damit auch den anderen als bewußtes konkretes Ego erfahren. Durch diesen Analogieschluß habe ich auf phänomenologischer Grundlage mein eigenes Ego im Verhältnis zu anderen konstituiert. Auf dieser Grundlage können wir in einer transzendentalen Gemeinschaft eine Reihe kultureller Gegenstände konstituieren (z. B. Staaten, öffentliche Institutionen), die über mein eigenes Ego hinausweisen.

Die Husserlsche Lehre, nach der das Ego «den anderen» über einen Analogieschluß erfährt, fußt auf einer Tradition, die bis auf Descartes (1596–1650) zurückgeht. Der Rückgriff auf einen Analogieschluß ist dafür bezeichnend – auch Dilthey beispielsweise macht von ihm Gebrauch. Husserl gibt aber dem Argument eine besondere Wendung. Gewöhnlich besteht der Analogismus darin, aus der Tatsache, daß etwas Fremdes körperlich unserem Leib ähnlich ist, zu schließen, dieser Körper sei auch Träger eines Bewußtseins, dessen Bewußtseinsakte unseren eigenen gleichen. Für Husserl sind Bewußtseinsakte jedoch von Anfang an Teil eines konkreten Ego mit eigener Leiblichkeit; ihm geht es um eine Analogie zwischen unserer leiblichen Körperlichkeit und der eines anderen Körpers, der unserem Leib ähnlich ist. Die Analogie faßt also den fremden Körper als Leib auf, ohne diesen fremden Körper als ein an den dahinterliegenden Bewußtseinsstrom Gebundenes zu begreifen. Ist die Leiblichkeit des fremden Körpers erst einmal hervorgetreten, so folgt der Rest von selber; denn die Leiblichkeit impliziert immer ein Bewußtsein, indem sie einen Teil des konkreten Ego konstituiert.

Der Einwand, die Erfahrung des eigenen Leibes sei ein inneres Erlebnis und keine Erfahrung eines äußeren – darum sei die Kluft zwischen der Erfahrung unseres eigenen Leibes und der eines fremden Körpers unüberbrückbar[90] –, geht an Husserl vorbei. Er würde erwidern, daß sein Argument gerade nicht mit einem Erlebnis meines Leibes ‹von innen her› zu tun hat, sondern mit der Möglichkeit der Erfahrung einer genauen Entsprechung zwischen dem fremden Körper und meinem Leib, wie ich ihn ‹von außen her› als Teil meiner konkreten Lebensganzheit erfahre.

Dennoch kommt man nicht umhin, daß ‹der andere› für Husserl etwas Abgeleitetes und meine Erfahrung des anderen immer etwas Vermitteltes ist. Der andere ist wie alles übrige primär als Phänomen bestimmt, als Gegenstand, der nur von meinem Ego her zugänglich ist. Alle ontologischen Bestimmungen werden bei Husserl letzten Endes dem Problem untergeordnet, wie ich die verschiedenen Gegenstandstypen erfahre. Die Ontologie ist so von Anfang an der erkenntnistheoretischen Begründungsfrage[91] untergeordnet, welche Erfahrungen gefordert werden müssen, um einen direkten Zugang zur Sache selbst zu erhalten. An diesem Punkt ist Husserl offensichtlich voreingenommen. In seinen späteren Schriften wird die Rolle des transzendentalen Ego so sehr betont, daß seine Phänomenologie zu einer *idealistischen* Philosophie tendiert, nach der alles vom Ego abhängig ist. Das Problem ist jedoch, worin genau diese Abhängigkeit bestehen soll. Zunächst ist klar, daß gemäß der Husserlschen Philosophie nur existieren kann, was prinzipiell die Möglichkeit hat, Gegenstand für ein Bewußtsein zu werden. Aber Husserl scheint häufig weiter zu gehen und zu behaupten, daß die Existenz der Welt mit dieser Möglichkeit bereits voll bestimmt ist. In diesem Fall wäre das transzendentale Ego im eigentlichen Sinn Grundlage dafür, daß es überhaupt eine Welt gibt; es fungierte dann als ein unumgängliches ‹Urfaktum›. An anderen Stellen dagegen argumentiert Husserl weniger extrem. In der Idealismusfrage ist seine Position insofern noch ungeklärt, was für Husserls Nachfolger zum Problem wurde. Eines der Hauptthemen in der *phänomenologischen Bewegung* ist denn auch die Frage, wie man sich zu den idealistischen Tendenzen beim späten Husserl verhalten soll.

Texte Husserls

Husserliana: Edmund Husserl: Gesammelte Werke. Band 1 ff. Den Haag 1950 ff (die textkritische Ausgabe von Husserls Büchern, nachgelassenen Papieren und Aufzeichnungen, vom Husserl-Archiv in Löwen herausgegeben) (= *Huss*).

Logische Untersuchungen. 1. Auflage in 2 Bänden. Halle a. d. S. 1900/01; 2., umgearbeitete Auflage in 3 Bänden. Halle a. d. S. 1913. Text der 1. und der 2. Auflage in den Husserliana:

Erster Band. Prolegomena zur reinen Logik. Hg. von E. Holenstein. Den Haag 1975 (*Huss 18 = LU 1*).

Zweiter Band, erster und zweiter Teil. Untersuchungen zur Phänomenologie und Theorie der Erkenntnis. Hg. von U. Panzer. The Hague/Boston/Lancaster 1984 (*Huss 19.1 u. 19.2 = LU 2.1 u. LU 2.2*).

Philosophie als strenge Wissenschaft. Logos Band I, 1910/11, S. 289–341. Wieder abgedruckt in: Quellen der Philosophie 1. Frankfurt/M. 1965 (= *PhW*).

Erfahrung und Urteil. Redigiert und hg. von L. Landgrebe. Prag 1939. 4. Auflage mit Nachwort und Register von L. Eley. Hamburg 1972 (= *EU*).

Bibliographien

Brand, G.: Husserl-Literatur und Husserl. In: Philosophische Rundschau 8, Heft 4. Tübingen 1960, S. 261–289.

Lapointe, F.: Edmund Husserl and His Critics: An International Bibliography (1894–1979). Oslo 1980.

Maschke, G./Kern, I.: Husserl-Bibliographie. In: Revue internationale de Philosophie 19, fascicule 1–2. Bruxelles 1965, S. 153–202.

Literatur

Adorno, Th. W.: Zur Metakritik der Erkenntnistheorie. Stuttgart 1956. 2. Aufl. Frankfurt/M. 1972.

Aguirre, A. F.: Genetische Phänomenologie und Reduktion. Phaenomenologica 38. Den Haag 1970.

–: Die Phänomenologie Husserls im Licht ihrer gegenwärtigen Interpretation und Kritik. Darmstadt 1982.

Belussi, F.: Die modaltheoretischen Grundlagen der Husserlschen Phänomenologie. Freiburg/München 1990.

Bernet, R./Kern, I./Marbach, E.: Edmund Husserl: Darstellung seines Denkens. Hamburg 1989.

Boehm, R.: Vom Gesichtspunkt der Phänomenologie. Phaenomenologica 26. Den Haag 1968.

De Boer, T.: The Development of Husserl's Thought. Phaenomenologica 76. The Hague/Boston/London 1978.

Brand, G.: Welt, Ich und Zeit. Den Haag 1955.

Dummett, M.: Ursprünge der analytischen Philosophie. Frankfurt/M. 1988.

Fink, E.: Studien zur Phänomenologie, 1930–1939. Phaenomenologica 21. Den Haag 1966.

Heidegger, M.: Sinn und Aufgabe der phänomenologischen Forschung. In: Gesamtausgabe. Band 20. Frankfurt/M. 1989, S. 13–182.

Held, K.: Lebendige Gegenwart. Phaenomenologica 23. Den Haag 1966.

Hermann, F.-W. von: Der Begriff der Phänomenologie bei Heidegger und Husserl. Frankfurt/M. 1981, 2. Aufl. 1988.

Hoyos Vásquez, G.: Intentionalität als Verantwortung. Phaenomenologica 67. Den Haag 1976.

Ingarden, R.: Innføring i Edmund Husserls fenomenologi. 10 Oslo-forelesninger 1967. Overs. fra tysk av P. F. Christiansen. Oslo 1970 (Idé og tanke. 23/24).

Jamme, Ch./Pöggeler, O. (Hg.): Phänomenologie im Widerstreit. Zum 50. Todestag Edmund Husserls. Frankfurt/M. 1989.

Janssen, P.: Geschichte und Lebenswelt. Phaenomenologica 35. Den Haag 1970.

–: Edmund Husserl. Einführung in seine Phänomenologie. Freiburg/München 1976.

Kern, I.: Husserl und Kant. Phaenomenologica 16. Den Haag 1964.

Kolakowski, L.: Die Suche nach der verlorenen Gewißheit: Denk-Wege mit Edmund Husserl. München/Zürich 1986.

Landgrebe, L.: Der Weg der Phänomenologie. Gütersloh 1963.

–: Faktizität und Individuation: Studien zu den Grundfragen der Phänomenologie. Hamburg 1982.

Marx, W.: Die Phänomenologie Edmund Husserls. München 1987, ²1990.

Niehaus-Pröbsting, H.: Überredung zur Einsicht: der Zusammenhang von Philosophie und Rhetorik bei Platon und in der Phänomenologie. Frankfurt/M. 1987.

Noack, H. (Hg.): Husserl. Darmstadt 1973.

Orth, E. W. (Hg.): Perspektiven und Probleme der Husserlschen Phänomenologie. Freiburg/München 1991.

– (Hg.): Profile der Phänomenologie. Zum 50. Todestag von Edmund Husserl. Freiburg/München 1989.

Prechtl, P.: Husserl zur Einführung. Hamburg 1991.

Rosen, K.: Evidenz in Husserls deskriptiver Transzendentalphilosophie. Meisenheim a. G. 1977.

Schuhmann, K.: Husserls Staatsphilosophie. Freiburg/München 1988.

Sepp, H. R. (Hg.): Edmund Husserl und die Phänomenologische Bewegung. Freiburg/München 1988.

Sokolowski, R.: The Formation of Husserl's Concept of Constitution. Phaenomenologica 18. The Hague 1964 (Reprint The Hague 1970).

Sommer, M.: Husserl und der frühe Positivismus. Frankfurt/M. 1985.

Ströker, E.: Husserls transzendentale Phänomenologie. Frankfurt/M. 1987.

Sukale, M.: Denken, Sprechen und Wissen. Logische Untersuchungen zu Husserl und Quine. Tübingen 1988.

Szilasi, W.: Einführung in die Phänomenologie Edmund Husserls. Tübingen 1959.

Theunissen, M.: Der Andere. Studien zur Sozialontologie der Gegenwart. 2. Aufl. Berlin/New York 1977.

Tugendhat, E.: Der Wahrheitsbegriff bei Husserl und Heidegger. Berlin 1967.

Wälde, M.: Husserl und Schapp: Von der Phänomenologie des inneren Zeitbewußtseins zur Philosophie der Geschichten. Basel/Stuttgart 1985.

Waldenfels, B.: In den Netzen der Lebenswelt. Frankfurt/M. 1985.

Anmerkungen

1 Gadamer, H.-G.: Philosophische Lehrjahre. Frankfurt/M. 1977, S. 31.

2 Van Breda, H. L.: Die Rettung von Husserls Nachlaß und die Gründung des Husserl-Archivs. In: Husserl et la pensée moderne. Ed. par H. L. Van Breda et J. Taminiaux. Phaenomenologica 2. La Haye 1959, S. 44.

3 Van Breda 1959, S. 49f.

4 Van Breda 1959, S. 67ff.

5 Husserl, *PhW*, S. 8.

6 Husserl, *LU 1*, S. 63ff.

7 Husserl, *PhW*, S. 14.

8 Husserl, *PhW*, S. 13.

9 Husserl, *PhW*, S. 32ff.

10 Husserl, *LU 1*, S. 89.

11 Husserl, *LU 1*, S. 65ff u. 159ff; *PhW*, S. 18ff.

12 Husserl, *LU 1*, Kapitel 7.

13 Husserl, *LU 1*, S. 181ff.

14 Husserl, *Huss 3.1*, S. 61ff (1913).

15 Husserl, *LU 2.1*, S. 10.

16 Husserl, *LU 2.1*, S. 6.

17 Fink 1966, S. 80f, 107f u. 111.

18 Husserl, *Huss 3.1*, S. 203 u. 225ff (1913).

19 Husserl, *LU 2.1*, S. 11; *Huss 3.1*, S. 10 u. 59f (1913).

20 Husserl, *LU 2.1*, S. 353.

21 «Intentionalität»: Husserl, *LU 2.1*, S. 377ff. «Intentio»/«Intentum»: Heidegger, Gesamt 20, S. 60ff (1925); Gesamt 24, S. 81f (1927). «cogito»/«cogitatum»: Husserl, *Huss 1*, S. 13ff u. 70ff.

22 Husserl, *Huss 10*, S. 336 (1909).
23 Brentano, F.: Psychologie vom empirischen Standpunkt. Band 1. Leipzig 1924, S. 124 f (1874).
24 Husserl, *LU 2.1*, S. 389 ff; vgl. Heidegger, M.: Die Grundprobleme der Phänomenologie. Gesamtausgabe 24. Frankfurt/M. 1975, S. 83 ff (1927).
25 Husserl, *LU 2.1*, S. 385 ff; vgl. Heidegger, M.: Die Grundprobleme der Phänomenologie. Gesamtausgabe 24. Frankfurt/M. 1975, S. 86 ff (1927).
26 Landgrebe 1963, S. 11 f.
27 Husserl, *LU 2.1*, S. 358 f.
28 Husserl, *Huss 1*, S. 80 (1929).
29 Husserl, *Huss 3.1* S. 84 (1913).
30 Husserl, *LU 2.1*, S. 52 f.
31 Husserl, *Huss 3.1*, S. 297 (1913).
32 Husserl, *LU 2.2*, S. 621 f.
33 Husserl, *Huss 10*, S. 107 (1905–10).
34 Husserl, *Huss 3.1*, S. 250 f (1913); *Huss 9*, S. 203 f (1925); *EU*, S. 195 (1939).
35 Husserl, *Huss 10*, S. 107 (1905–10).
36 Husserl, *Huss 3.1*, S. 80 f (1913).
37 Husserl, *Huss 3.1*, S. 167 f (1913); *Huss 9*, S. 202 (1925); *Huss 10*, S. 29 (1908).
38 Husserl, *Huss 3.1*, S. 51 (1913).
39 Husserl, *Huss 6*, S. 107 (1936).
40 Husserl, *LU 2.2*, S. 651 f.
41 Rosen 1977, S. 6 ff.
42 Tugendhat 1967, S. 102 f u. 230.
43 Heidegger, M.: Prolegomena zur Geschichte des Zeitbegriffs. Gesamtausgabe 20. Frankfurt/M. 1979, S. 64 (1925).
44 Husserl, *Huss 17*, S. 165 (1929).
45 Husserl, *Huss 3.1*, S. 43 (1913).
46 Husserl, *Huss 17*, S. 163–175 (1929).
47 Husserl, *Huss 3.1*, S. 45 (1913).
48 Tugendhat 1967, S. 50 u. 114.
49 Husserl, *LU 2.2*, Paragr. 40–46.
50 Heidegger, M.: Prolegomena zur Geschichte des Zeitbegriffs. Gesamtausgabe 20. Frankfurt/M. 1979, S. 77 (1925).
51 Husserl, *LU 2.2*, S. 679 f.
52 Husserl, *LU 2.2*, S. 674.
53 Husserl, *LU 2.2*, Paragr. 46 u. 48; *EU*, S. 54 (1939).
54 Husserl, *LU 2.2*, S. 672.
55 Husserl, *Huss 1*, S. 103 ff (1929); *Huss 3.1*, S. 14 (1913); *Huss 9*, S. 73 (1925); *Huss 17*, S. 255 (1929); *EU*, S. 412 (1939).
56 Husserl, *Huss 3.1*, S. 37 (1913).

57 Husserl, *EU*, S. 411 (1939).
58 Husserl, *EU*, S. 411 (1939); *Huss 17*, S. 255 (1929).
59 Husserl, *Huss 3.1*, S. 13 (1913); *Huss 9*, S. 72 (1925); *EU*, S. 410 (1939).
60 Husserl, *Huss 3.1*, S. 13 (1913); *PhW*, S. 39; *Huss 9*, S. 76 (1925).
61 Husserl, *Huss 1*, S. 103 (1929).
62 Husserl, *Huss 9*, S. 284 f (1927).
63 Husserl, *Huss 9*, S. 73 (1925); *EU*, S. 411 (1939).
64 Hoche, H.-U.: Nichtempirische Erkenntnis. Meisenheim a. G. 1964; Tugendhat 1967, S. 132–168.
65 Husserl, *Huss 3.1*, S. 26 f (1913); *Huss 17*, Paragr. 25, 27 u. 37–46 (1929).
66 Husserl, *Huss 3.1*, S. 24 ff (1913); *Huss 13*, S. 125 ff (1910–11).
67 Husserl, *LU 1*, Paragr. 67 ff; *LU 2.1*, S. 100 f.
68 Husserl, *LU 1*, S. 245; *Huss 3.1*, S. 25 (1913); *Huss 17*, S. 92 f (1929).
69 Husserl, *Huss 3.1*, S. 22 f (1913); *EU*, S. 2 (1939).
70 Husserl, *Huss 3.1*, Paragr. 9 (1913).
71 Husserl, *Huss 4* (1912–28).
72 Husserl, *Huss 2*, S. 71 ff (1907).
73 Vgl. Sokolowski 1970, Kapitel 1 u. 2.
74 Vgl. z. B. Husserl, *LU 2.2*, Paragr. 46.
75 Kern 1964, S. 194–239.
76 Vgl. Tugendhat 1967, S. 174.
77 Vor allem Husserl, *Huss 1* (1929).
78 Vgl. Lübcke, P.: Die Naturzeit als Problem bei Husserl und Heidegger. Wuppertal 1985.
79 Husserl, *Huss 6*, S. 21 (1936).
80 Vgl. Gadamers Redeweise von einer «idealtypischen genetischen Konstruktion». In: Die Wissenschaft von der Lebenswelt. Kleine Schriften III. Tübingen 1972, S. 198.
81 Husserl, *Huss 6*, S. 24 (1936).
82 Claesges, U.: Zweideutigkeiten in Husserls Lebenswelt-Begriff. In: Perspektiven transzendentalphänomenologischer Forschung. Hg. von U. Claesges u. K. Held. Phaenomenologica 49. Den Haag 1972, S. 85–101.
83 Husserl, *Huss 6*, S. 165 (1936).
84 Husserl, *Huss 1*, S. 100 (1929).
85 Husserl, *LU 2.1*, S. 364, 367 f u. 375 f.
86 Husserl, *Huss 1*, S. 26 u. 102 (1929).
87 Husserl, *Huss 1*, S. 121 (1929).
88 Husserl, *Huss 1*, S. 145 f (1929).
89 Husserl, *Huss 1*, S. 147 ff (1929).
90 Vgl. Theunissen [2]1977, S. 64.
91 Vgl. Bernet, Tijdschrift voor Filosofie 1 (1981), S. 86.

Von links nach rechts: *Wilhelm Dilthey (1833–1911) als Professor in Berlin (Quelle: Die blaue Mappe); Edmund Husserl (1859–1938) als Privatdozent in Halle 1892 (Quelle: The Husserl-Archives); Nicolai Hartmann (1882–1950) während seiner Marburger Zeit (Quelle: Das Buch); Karl Jaspers (1883–1969) in seiner Wohnung in Basel (Quelle: Die blaue Mappe); Max Scheler (1874–1928) (Quelle: Max Georg Scheler)*

Der ältere Heidegger (Quelle: Ullstein Bilderdienst)

Martin Heidegger (1889–1976) zusammen mit Husserl (links) in St. Märgen 1922 (Quelle: Die blaue Mappe/The Husserl-Archives)

Hans Georg Gadamer (geb. 1900), um 1970 (Quelle: Das Buch)

Joachim Ritter (1903–1974), um 1962 (Quelle: Ullstein – Fritz Eschen)

Hans Jonas (geb. 1903), 1987 (Quelle: Ullstein – Kö vesdi Presse-agentur)

Poul Lübcke

Die phänomenologische Bewegung

Göttingen und München

Husserls Werke von den *Logischen Untersuchungen* bis zur *Krisis der europäischen Wissenschaften* bestimmten die philosophische Strömung, die als ‹phänomenologische Bewegung› bekannt geworden ist. Diese Bezeichnung kann leicht zu Mißverständnissen Anlaß geben. So darf man nicht davon ausgehen, daß es sich um eine eigentliche ‹Schule› mit festem Programm und einheitlichem Lehrgebäude handelt. Konsens bestand zwar in einer gemeinsamen Distanzierung von bestimmten Aspekten der traditionellen Philosophie und einer dadurch bedingten Übereinstimmung in gewissen Arbeitsweisen. Aber auch hier gibt es große Unterschiede, so daß die Bewegung eher von einer gewissen Familienähnlichkeit zusammengehalten wurde als von einem gemeinsamen festen Kern von Meinungen.

Zudem kann man erst auf längere Sicht von einer einflußreichen Bewegung sprechen. Die dominierende philosophische Richtung in Deutschland um die Jahrhundertwende und bis etwa 1930 war zweifellos der *Neukantianismus*. Am Anfang bestand die phänomenologische ‹Bewegung› aus einer kleinen Gruppe jüngerer Philosophen an einzelnen deutschen Universitäten wie München und Göttingen, später auch Freiburg und Marburg. Und wo die Phänomenologen hervortraten, wurden sie nicht gerade mit Samthandschuhen angefaßt. Als Husserl nach 14 Jahren Privatdozentur in Halle 1901 ein Extraordinariat in Göttingen erhielt, geschah das zunächst gegen den Willen der Fakultät. Man hätte lieber einen Philosophiehistoriker gesehen; doch mit Diltheys Hilfe wurde Husserl schließlich vom Ministerium in Berlin berufen. Er hatte einen persönlichen Lehrstuhl, gehörte aber formell nicht zur Fakultät, die ihn jahrelang boykottierte. Als ihn das Ministerium 1906 zum ordentlichen Professor ernannte, wollte dies die Fakultät mit dem Hinweis auf mangelnde Befähigung ablehnen. In den ersten Jahren besuchten nur wenige Zuhörer seine Vorlesungen, was darauf hindeutet, daß Husserl bei weitem nicht als der große Erneuerer der deutschen Philosophie betrachtet wurde. 1916 ging er nach Freiburg, wo er bis zu seinem Tod (1938) blieb.[1]

Ähnlich erging es Max Scheler (1874–1928), einem der bekanntesten Vertreter der phänomenologischen Bewegung. Scheler konnte erst im Alter von 45 Jahren (1919) eine Professur antreten. Ein Grund mag darin gelegen haben, daß sich die Phänomenologie als neue philosophische Richtung erst eine universitäre Position erkämpfen mußte. Die Phänomenologen waren in dieser Hinsicht in einer ganz anderen Situation als die Neukantianer, die im Zeitraum von 1875 bis 1914 eine Reihe wichtiger philkosophischer Lehrstühle besetzen konnten. Im nahezu feudal-patriarchalischen deutschen Universitätssystem vor und nach dem Ersten Weltkrieg war dies von großer Bedeutung: Eine akademische Bewegung mußte eine ‹professorale› Verankerung haben – sonst war sie von vornherein zum Scheitern verurteilt. Die Phänomenologie hatte in den ersten Jahren gerade so weit Fuß gefaßt, daß sie überleben konnte. Die kleinen, örtlichen phänomenologischen Kreise mit ihren privaten Gesellschaften spielten daher für die spätere Entwicklung eine entscheidende Rolle.

Neben Göttingen, mit Husserl als treibende Kraft, war vor allem München vor dem Ersten Weltkrieg ein Zentrum der phänomenologischen Bewegung.[2] Hier wirkte Theodor Lipps (1851–1914), der seit seiner Ernennung zum Professor 1894 einen Schülerkreis um sich sammeln konnte. In seinen Frühschriften aus den 80er und 90er Jahren trat er entschieden für eine radikal psychologische Deutung der Logik ein und sah sich daher der Kritik Husserls in den *Logischen Untersuchungen* (1900/01) ausgesetzt. In Diskussionen mit seinen Schülern in München versuchte sich Lipps anfangs gegen Husserls Kritik zu verteidigen, mußte aber bald erkennen, daß diese Verteidigung eher gegenteilig wirkte und sich selbst seine engsten Schüler Husserl zuwandten.[3]

Mit einer Mischung aus Verdruß und Entsetzen mußte Lipps allmählich einsehen, daß der Schülerkreis, den er protegierte, seiner eigenen Wege gegangen war und daß er sogar die Auflösung des seiner Philosophie zugrunde liegenden Psychologismus befördert hatte. Einer dieser Schüler war Alexander Pfänder (1870–1941), dessen erstes Buch im Jahre 1900 erschien und nicht ohne Absicht den Titel *Phänomenologie des Wollens* trug. Sein Interessenschwerpunkt lag innerhalb der sogenannten *beschreibenden Psychologie*, die sich sowohl gegen die angelsächsisch inspirierte Erkenntnispsychologie (z. B. John Stuart Mill) als auch gegen alle naturalistischen Versuche wandte, Psychologie mit Physiologie zu vereinen (z. B. Fechner und Wundt). Pfänder sah die Aufgabe der Psychologie darin, die psychologischen Phänomene so zu beschreiben, wie sie sich in ihrer «makrokosmischen» Totalität darbieten. Mit seinem Versuch, die psychischen Phänomene in ihrer faktischen Totalität zu erfassen, befand sich Pfänder auf gleicher Linie wie Husserl, der ebenfalls – vorgängig zu jeder «Theorie» – eine detaillierte Beschreibung der Phänomene verlangte, so wie sie sich von sich aus zeigen.

Neben Lipps und Pfänder war Max Scheler eine der dominierenden Gestalten in München. Während Lipps – etwas widerstrebend – dem ganzen Vorhaben professorale Rückendeckung gab und Pfänder als gewissenhafter, aber etwas pedantischer Assistent fungierte, wirkte Scheler im philosophischen Milieu wie eine Salzwasserinfusion.[4] Von Rudolph Eucken (1846–1926) und Otto Liebmann (1840–1912) in Jena ausgebildet, ging er, nachdem er Husserl in Halle getroffen hatte, auf dessen Empfehlung nach München, wo Theodor Lipps veranlaßte, daß er «umhabilitiert» werden konnte. Scheler begann bald darauf, Husserls *Logische Untersuchungen* zu studieren und mit seinen jüngeren Freunden zu diskutieren. Mit der Zeit entstand die sogenannte *Philosophische Gesellschaft*, welcher neben Theodor Lipps, Alexander Pfänder und Max Scheler auch Johannes Daubert (1877–1947), Moritz Geiger (1880–1937), Adolf Reinach (1883–1917) und später Dietrich von Hildebrand (1889–1977) angehörten. Die meisten dieser Denker sind heute unbekannt; aber sie hatten eine große Bedeutung für die Ausbreitung der Phänomenologie in den ersten Jahrzehnten dieses Jahrhunderts. Daubert gehört zu den sonderbarsten Gestalten in der Geschichte der Philosophie: Er hat nie eine Zeile geschrieben, doch alle sind sich darüber einig, daß er durch seine engagierten Diskussionsbeiträge großen Einfluß ausgeübt hat. Unter anderem soll es namentlich Daubert zu verdanken sein, daß es kurz nach dessen Besuch bei Husserl im Jahre 1902 zu einem engen Kontakt zwischen diesem und dem Münchner Kreis kam. – Geiger ist hauptsächlich wegen seiner Beiträge zur Ästhetik bekannt geworden. Er wandte sich gegen jede psychologisierende Ästhetik und begriff statt dessen diese Disziplin als Wissenschaft der ästhetischen Werte. – Reinach beschäftigte sich als erster Phänomenologe mit Rechtsphilosophie, die er als eine apriorische Rechtslehre verstand. Die Rechtslehre solle eine Reihe von Rechtssätzen aufstellen, die denselben apriorischen Status haben wie die Axiome der Arithmetik und der Logik. Die erfahrungsunabhängige, universelle Gültigkeit der Rechtslehre beruhe ganz und gar auf dem Bedeutungsgehalt, der in Begriffen wie Forderung, Verpflichtung, Übertragung, Eigentum usw. zum Ausdruck kommt. Nach Reinachs Auffassung ist es möglich, mit Hilfe einer Beschreibung dieser Begriffe anzugeben, was zum eigentlichen Wesen des Rechts gehört. – Von Hildebrand schließlich beschäftigte sich mit ethischen Fragen, speziell im Bereich der Handlungstheorie. Mit Scheler behauptete er die Existenz von objektiv gültigen Werten und vertrat die sogenannte materiale Wertethik.

Was die verschiedenen Mitglieder der Bewegung miteinander verband, war die Vision, daß die Philosophie und die Wissenschaften auf der Grundlage einer vorurteilsfreien Beschreibung der Phänomene aufgebaut werden können und sollen. Was man unter ‹den Phänomenen› zu verstehen habe, darüber war man sich allerdings ebensowenig einig wie über die Frage des methodischen Status der Phänomenologie innerhalb der Philosophie und der Wissenschaften. Einige teilten Husserls Auffassung, alle wahre Philosophie und Wissenschaft müsse letzten Endes phänomenologischer Art sein. Andere dagegen begriffen die Phänomenologie als eine Grunddisziplin, um die man zwar nicht herumkommt, die aber auch nicht für sich allein stehen könne und daher einer Ergänzung durch nicht-phänomenologische Methoden bedürfe. Wiederum andere betrachteten die Phänomenologie als nur eine unter mehreren Methoden, und für eine weitere Gruppe war die Phänomenologie bloß eine Hilfsdisziplin. Angesichts der Tatsache, daß neben den unterschiedlichen Auffassungen in bezug auf den *formellen* Status der Phänomenologie eine Reihe philosophischer und wissenschaftlicher Streitigkeiten *inhaltlicher* Art entstanden, muß man sich fragen, was die ‹Bewegung› denn eigentlich noch zusammenhielt. Gemeinsamkeiten scheinen zunächst aus der Kritik des Bestehenden entsprungen zu sein. So war man sich im allgemeinen darüber einig, daß die Philosophie wieder in ihre alten Rechte eingesetzt werden sollte und mehr sein müsse als bloße Geschichte der Philosophie. Der Philosoph solle wieder *systematische* Aufgaben übernehmen, müsse etwas anderes sein als nur gelehrter Philosophiehistoriker. Einig war man sich auch darüber, daß diese systematischen Aufgaben nicht innerhalb eines *naturalistischen* Weltbildes formuliert werden dürften, daß man sich befreien müsse von den beengenden Fesseln des Positivismus und dessen Tendenz, das Dasein auf ‹nichts anderes als› zu reduzieren. An den *Neukantianern* kritisierte man hingegen, daß diese die Wirklichkeit aus den Augen verlören. Anstatt ‹zur Sache selbst› zu gehen und die Phänomene zu beschreiben, seien die

Neukantianer damit beschäftigt, die Voraussetzungen der menschlichen Erkenntnis so zu untersuchen, wie diese den faktischen Fachwissenschaften vorzuliegen scheinen. In den Augen der Phänomenologen bewegen sich die Neukantianer unter einer erkenntnistheoretischen Glasglocke, ausschließlich mit der Verfeinerung des Erkenntnisapparats beschäftigt. Statt formalistischer Engstirnigkeit wurde Offenheit für das anschaulich und unmittelbar Gegebene gefordert, kurz: Offenheit für die Phänomene. Es bleibt freilich zu fragen, ob diese Kritik den Neukantianern voll gerecht wird; man kann nämlich ebensogut fragen, ob die Phänomenologen, wenn es darauf ankommt, wirklich so weit von den Neukantianern entfernt sind.[5] Tatsache ist jedenfalls, daß Husserl mit dem Neukantianer Paul Natorp in vielen Punkten übereinstimmt. Aber all das ändert nichts daran, daß die Abrechnung mit den führenden Richtungen der deutschen Philosophie – dem Historismus, Naturalismus (Positivismus) und Neukantianismus – im Selbstverständnis der Phänomenologen als eine Befreiung erlebt wurde. Die Phänomenologen hatten das Gefühl, einer Bewegung anzugehören, die neue und alte Türen zu unbeachteten oder vergessenen Seiten des Daseins öffnet. Die Wirklichkeit kam von neuem in ihren vielfältigen Aspekten ins Blickfeld, und es wurde wieder ein ernsthaftes Anliegen, sich mit diesen verschiedenen Sichtweisen zu beschäftigen. Die Phänomenologie machte auf die Vielschichtigkeit der Welt aufmerksam, getragen von der Überzeugung, daß alle diese Dimensionen uns als Phänomene zugänglich sind, wenn wir nur den Mut und die Kraft haben zu ‹sehen›, wo die Tradition in ihrer Engstirnigkeit die Augen verschließt. Phänomenologe zu sein hieß, einer Auffassung verpflichtet zu sein, daß die Welt zwar tief gründet, wir sie aber letztlich erkennen können. Die Phänomenologie war daher von Anfang an offen genug, um sowohl Schelers Leidenschaft als auch Pfänders fast pedantische Genauigkeit zu ertragen. Vision und genaue Beschreibung hatten in der Phänomenologie ihren Platz.

Die guten Jahre

Um 1910 schien die Phänomenologie einen Punkt erreicht zu haben, von wo aus sie anfangen konnte, ihre Versprechen einzulösen. Husserl hatte sich in Göttingen eine Position erkämpft, und die Verbindung zwischen seinem Kreis und den Münchener Phänomenologen stand fest. Im Jahre 1910 veröffentlichte Husserls erster Schüler in Göttingen, Wilhelm

Schapp (1884–1965), seine Dissertation *Beiträge zur Phänomenologie der Wahrnehmung*, die auf der Husserlschen Grundlage weiterarbeitete. 1911 erschien die Festschrift für Theodor Lipps mit Beiträgen der wichtigsten Mitglieder der Philosophischen Gesellschaft – ein durch und durch phänomenologisches Werk. Zur selben Zeit kam Reinach von München nach Göttingen, wo er sich in kurzer Zeit bei Husserl habilitierte und danach als Privatdozent wirkte. 1912 erlangten Hedwig Martius (später Hedwig Conrad-Martius, 1888–1966) und Hans Lipps (1889–1941) die Doktorwürde bei Husserl. Im gleichen Jahr kam Roman Ingarden (1893–1970) von Krakau nach Göttingen und begann bei Husserl zu studieren. In einem Rückblick aus dem Jahre 1967 berichtete er, wie er das Göttinger Milieu erlebte:

> «Als ich im Frühjahr 1912 nach Göttingen kam, war die philosophische Gruppe um Husserl ziemlich zahlreich und lebendig. Sie unternahmen oft lange Spaziergänge oder saßen zusammen und führten lebhafte Diskussionen über phänomenologische Probleme. Man hatte auch hier eine ‹philosophische Gesellschaft›, und in den Versammlungen diskutierte man ein gewähltes Thema oft ein ganzes Jahr hindurch. Für diese jungen Menschen war die Phänomenologie mehr als eine geistige Atmosphäre: sie war eine Lebensform.»

Ganz so rosig war es wohl kaum für alle Phänomenologen gewesen; aber Tatsache ist, daß Husserl in diesen Jahren einen zunehmenden Einfluß ausübte auch außerhalb der engen philosophischen Kreise. Beispielsweise erhielt Rudolf Otto (1869–1937), seit 1907 Professor für Theologie in Göttingen, einen nachhaltigen Anstoß, der vielleicht am deutlichsten in seinem nunmehr klassischen Werk *Das Heilige* von 1917 zum Ausdruck kommt. Auch die *Gestaltpsychologie* wurde von der Phänomenologie beeinflußt, was jedoch bei weitem nicht bedeutete, daß Husserls Ansichten blind übernommen wurden. Verwenden konnte man seine detaillierte Beschreibung besonders der Wahrnehmungsphänomene, während seine transzendentalphilosophische Wende der Phänomenologie kaum Anklang gefunden hat. Der dänische Psychologe Edgar Rubin (1886–1951), der von 1912 bis 1914 bei dem Gestaltpsychologen Georg Elias Müller (1850–1934) in Göttingen studiert hatte, erzählt, wie er und seine Psychologenfreunde sich einen Spaß daraus machten, nach einer Vorlesung bei Husserl in der Sprache des «Propheten» fortzufahren: «Die Jetztzeit meiner Ichheit ist in Bedürfnishaftigkeit der Kaffeegenießhaftigkeit.» Husserls Sprache fand man verschroben, seine philosophischen Perspektiven hat man kaum verstanden; aber die phänomenologische Beschreibung der Erfahrung und des Erfahrenen in seiner Komplexität sprach unmittelbar an.

Wenn man auf die Probleme achtet, mit denen sich die Phänomenologie in ihrer ersten Periode beschäftigte, fällt besonders die Vielfalt der aufgegriffenen Themen auf. Alle klassischen philosophischen Disziplinen waren von Anfang an repräsentiert: Logik, Erkenntnistheorie, Metaphysik, Ethik, Rechtsphilosophie, Ästhetik, Philosophische Psychologie. Dies zeigt sich am deutlichsten im *Jahrbuch für Philosophie und phänomenologische Forschung*, das im Zeitraum von 1913 bis 1930 herausgegeben wurde. Der erste Band von 1913 besteht aus einer Reihe bereits klassischer phänomenologischer Arbeiten: Husserl trug bei mit seinen *Ideen zu einer reinen Phänomenologie und phänomenologischen Philosophie*, Scheler mit *Der Formalismus in der Ethik und die materiale Wertethik*; dazu kamen Arbeiten von Geiger (*Beiträge zur Phänomenologie des ästhetischen Genusses*), von Pfänder (*Zur Psychologie der Gesinnungen*) und von Reinach (*Die apriorischen Grundlagen des bürgerlichen Rechtes*) – alles in allem fünf Abhandlungen aus so verschiedenen Gebieten wie Erkenntnistheorie und Ontologie (Husserl), Ethik (Scheler), Ästhetik (Geiger), Psychologie (Pfänder) und Rechtsphilosophie (Reinach). Die phänomenologische Bewegung schien immer mehr an Boden zu gewinnen.

Der Aufbruch

Dann kam das Jahr 1914 und der Krieg. Der Göttinger Kreis wurde entwurzelt. Viele Mitglieder zogen an die Front und mußten dort ihr Leben lassen, etwa Adolf Reinach im Jahre 1917. Andere überlebten zwar den Krieg, lieferten aber keine Beiträge mehr zur deutschen Philosophie. Dies gilt für den Russen Alexander Koyré (1882–1964) und den Elsässer Jean Hering (1890–1966). Nur wenige, so Hans Lipps und Husserls spätere Assistentin Edith Stein (1891–1942), waren noch da, als der Krieg zu Ende ging. Die Göttinger Phänomenologie neigte sich dem Ende zu.

Bezeichnenderweise verließ Husserl 1916 die Göttinger Universität, um eine Professur in Freiburg zu übernehmen. Von nun an begann eine neue Epoche in der Geschichte der Phänomenologie. Husserl mußte nicht nur ganz von vorn anfangen; er änderte auch seine Weise zu philosophieren. Die Mitglieder des Göttinger Kreises und Teile der Münchener Phänomenologen waren noch von Husserls Programm einer beschreibenden Phänomenologie inspiriert, wie es in seinen *Logischen Untersuchungen* zum Ausdruck kam. Die neuen Schüler in Freiburg wurden dagegen von Anfang an mit Husserls transzendentaler Phänomenologie konfrontiert. Dies bewirkte einen Bruch in der phänomenologischen Bewegung. Husserl bildete zwar in seiner Freiburger Zeit wieder Schüler aus, mußte aber gleichzeitig erkennen, daß sich seine früheren Schüler seinen neuen Ansichten verweigerten, die mehr und mehr einer idealistischen Richtung zuneigten. Husserl war zwar immer noch ‹the grand old man› der Phänomenologie, aber nicht länger das unbestrittene Vorbild der phänomenologischen Bewegung. Als diese schließlich (im Jahre 1927 mit der Herausgabe von *Sein und Zeit*) in Martin Heidegger (1889–1976), dem Assistenten Husserls von 1917 bis 1923, einen neuen Wortführer fand, wurden ganz andere Töne angeschlagen. Husserl und seine Philosophie gerieten in den Hintergrund, auch wenn die Grundprobleme und Perspektiven der *Logischen Untersuchungen* einflußreich blieben.

Bibliographie

Spiegelberg, H.: The Phenomenological Movement. Phaenomenologica 5/6. The Hague 1960. Third revised and enlarged edition: The Hague/Boston/London 1982.

Anmerkungen

1 Hocking, W. E.: From the early days of the ‹Logische Untersuchungen›. In: Edmund Husserl 1859–1959. Phaenomenologica 4. La Haye 1959, S. 5.

2 Spiegelberg 1982, Phaenomenologica 5/6, S. 166ff.

3 Spiegelberg 1982, Phaenomenologica 5/6, S. 169f.

4 Gadamer, H.-G.: Philosophische Lehrjahre. Frankfurt/M. 1977, S. 71f.

5 Vgl. z. B. Fink, E.: Studien zur Phänomenologie 1930–1939. Phaenomenologica 21. Den Haag 1966, S. 79ff; Heidegger, M.: Gesamtausgabe, Band 20. Frankfurt/M. 1979, S. 13ff (1925); Kern, I.: Husserl und Kant. Phaenomenologica 16. Den Haag 1964.

Poul Lübcke

Max Scheler: Wert und Person

Der dämonische Philosoph

Unter den frühen Phänomenologen war Max Scheler (1874–1928) zweifellos der schillerndste. Von Anfang an war er ein Aufrührer, den man, wenn überhaupt, nur mit Mühe in ein Schema einordnen konnte. Als Sohn einer jüdischen Mutter und eines protestantischen Vaters ging Scheler früh seine eigenen Wege und konvertierte im Alter von vierzehn Jahren zum Katholizismus, eine Wende, die sich bald als genauso problematisch erweisen sollte wie sein Verhältnis zur Religiosität der Kindheit. Das ganze Leben hindurch schwankte er zwischen einer Annäherung zum katholischen Glauben und einer Abkehr vom Katholizismus, dessen strenge Dogmatik er jedoch zu keiner Zeit zu übernehmen schien. Auch sein Verhältnis zur Philosophie und zu den Philosophen war wechselvoll. Scheler hatte ursprünglich in Jena bei dem Kultur- und Religionsphilosophen Rudolph Eucken (1846–1926) studiert, aber seinen eigentlichen philosophischen Standpunkt fand er erst durch die Bekanntschaft mit der Phänomenologie. Auf einer Gesellschaft im Jahre 1901, die Hans Vaihinger für die Mitarbeiter der damals führenden philosophischen Zeitschrift, den sogenannten *Kantstudien*, gab, traf Scheler erstmals Edmund Husserl. Über diese Begegnung schrieb er später, Ausgangspunkt ihrer Bekanntschaft sei ein philosophisches Gespräch über die Begriffe Anschauung und Wahrnehmung gewesen. Unbefriedigt von der kantischen Philosophie, der Scheler bisher nahegestanden hatte, habe er zu Husserl gesagt, er sei

«zur Überzeugung gekommen, daß der Gehalt des unserer Anschauung Gegebenen ursprünglich weit reicher sei als das, was durch sinnliche Bestände, ihre genetischen Derivate und logische Einheitsformen an diesem Gehalt deckbar sei. Als er diese Meinung Husserl gegenüber äußerte und bemerkte, er sehe in dieser Einsicht ein neues fruchtbares Prinzip für den Aufbau der theoretischen Philosophie, bemerkte Husserl sofort, daß auch er in seinem neuen, demnächst erscheinenden Werke über die Logik eine *analoge* Erweiterung des Anschauungsbegriffes auf die sogenannte ‹kategoriale Anschauung› vorgenommen habe.»[1]

Bezeichnenderweise war es gerade die Deutung der Erkenntnis als Anschauung, das heißt als direkte Schau der Sache selbst, die Scheler zur Phänomenologie brachte. Für ihn war die Phänomenologie ein Werkzeug, mit dessen Hilfe man den Gegenstand der Philosophie auf diejenigen Bereiche erweitern konnte, die man in einer unmittelbaren Gegenwärtigkeit erfährt. Hierin lag die Verbindung mit der Philosophie Husserls, aber zugleich der Keim zum Bruch. Denn während Husserl die Phänomenologie als Grundlagenwissenschaft der Philosophie ansah, war die Phänomenologie für Scheler letzten Endes nur ein Hilfsmittel, welches aufzugeben oder zu ersetzen war, wenn es die Sache erforderte.

1907 verließ Scheler Jena und wurde auf Husserls Empfehlung Assistent von Theodor Lipps in München. Der Wechsel von Jena nach München war nicht nur eine akademische Angelegenheit, sondern, wie im übrigen so manche andere in Schelers Leben, von einer skandalösen Geschichte begleitet. Auf einer Gesellschaft an der Universität hatte Schelers Frau, Amelie, in dem bornierten, wilhelminischen Jena dadurch Ärgernis erregt, daß sie einer der anwesenden Damen eine Ohrfeige verabreichte und sie gleichzeitig beschuldigte, ein Liebesverhältnis mit Scheler zu haben.[2] Solche Geschichten gab es mehrere in seinem Leben. Nachdem er – als Folge des Skandals in Jena – von Amelie geschieden worden war, trat er erneut in den Ehestand, jedoch nur für kurze Zeit. Seine zweite Frau Maerit schien die gleiche Vorliebe für Sensationen zu haben wie Amelie. Kurz nach ihrer Scheidung ließ sie sich von der sozialistischen Tageszeitung *Die Münchner Post* interviewen und erklärte, daß sich Scheler in Schulden stürze, um seine Besuche bei Prostituierten bezahlen zu können, während er Frau und Kinder in Armut zurücklasse. Der neue Skandal führte dazu, daß Scheler 1910 aufgefordert wurde, seinen Abschied einzureichen, und gleichzeitig die Venia legendi verlor, das Recht, an einer anderen deutschen Universität zu lehren.[3]

Wieder kam ihm Husserl zu Hilfe, und 1911 siedelte Scheler nach Göttingen über. Es sollte sich jedoch bald herausstellen, daß es keine Grundlage für eine engere Zusammenarbeit zwischen Scheler und Husserl gab. Besonders ärgerte es letzteren, daß sich Scheler auf privater Basis als ‹Meisterphänomenologe› etablierte und in örtlichen Cafés improvisierte Vorlesungen über phänomenologische Themen hielt. Der Aufenthalt in

Göttingen war daher nur von kurzer Dauer, und nach nur einem Semester war Scheler wieder in München, wo Maerit auf ihn wartete.

Obwohl das persönliche Verhältnis zwischen Husserl und Scheler erkaltet war, wurde Scheler Mitherausgeber des «Phänomenologischen Jahrbuches». Hier veröffentlichte er 1913 sein Hauptwerk *Der Formalismus in der Ethik und die materiale Wertethik*. Die folgende Darstellung wird sich hauptsächlich auf dieses Werk konzentrieren, da sich die späteren Arbeiten zum Teil außerhalb des phänomenologischen Ansatzes bewegen, insbesondere aus der Zeit seiner Kölner Professur ab 1919: etwa *Vom Ewigen im Menschen* (1921) und *Die Stellung des Menschen im Kosmos* (1928). Für Scheler war und blieb die Phänomenologie nur ein praktisches Werkzeug.

Moralphilosophie auf phänomenologischer Grundlage

Scheler benutzt die Phänomenologie polemisch gegenüber zwei zeitgenössischen Auffassungen vom Menschen und von ethisch verantwortlichem Handeln. Auf der einen Seite wendet er sich scharf gegen die einseitigen Formalisierungstendenzen in der *pflichtethischen* (deontologischen) Auffassung der Moralphilosophie Kants und der Neukantianer. Auf der anderen Seite kritisiert er mit vergleichbarer Vehemenz den traditionellen Widersacher Kants, den *Konsequenzethiker* (den Utilitaristen), weil dieser die kantische Kritik nicht ernst genug nimmt. Er selbst versucht, eine neue Position zwischen diesen beiden klassischen Standpunkten zu beziehen.

Scheler ist sich mit Kant darüber einig, daß der moralische Wert einer Handlung ausschließlich von der dieser zugrundeliegenden Absicht abhängt. Wenn sich jemand sein ganzes Leben lang bemüht, das Gute zu tun, ist er moralisch gesehen ein guter Mensch – ungeachtet dessen, ob es ihm tatsächlich gelingt, das Gute zu realisieren. Scheler geht sogar so weit zu behaupten, daß die faktischen Folgen einer Handlung völlig gleichgültig sind für die moralische Beurteilung der Handlung und des Handelnden.[4] Diesen Gesichtspunkt kann ein Beispiel erhellen. Angenommen, jemand sammelt in seiner Freizeit Geld für eine humanitäre Organisation, um der Bevölkerung in einem Entwicklungsland, das von einer Naturkatastrophe betroffen wurde, zu Hilfe zu kommen. Ferner sei angenommen, es zeigte sich später, daß alle gesammelten Mittel in die Taschen einer Handvoll korrupter Generäle geraten sind, die das Geld zum Kauf von Waffen verwendet haben, um die Unterdrückung der von der Katastrophe betroffenen Bevölkerung fortzusetzen. In diesem Fall hat ein guter Wille zu einer Handlung geführt, welche unmittelbar schädliche Folgen mit sich bringt. Obwohl die Handlung so dazu beigetragen hat, das Übel in der Welt zu vergrößern, würden Kant und Scheler daran festhalten, daß sie moralisch gesehen gut sei, weil sie mit dem Willen ausgeführt wurde, das Gute zu tun. Der Mensch ist Herr seines eigenen Willens und kann selbst darüber entscheiden, ob er nach dem Guten oder dem Schlechten streben will. An diesem Willen soll der Mensch beurteilt werden. Der Mensch hat aber keine Garantie dafür, daß die Handlung tatsächlich die erstrebten Folgen zeitigt. Moralisch gesehen, kann der Mensch daher nur für seine Absicht, das Gute zu tun, verantwortlich gemacht werden, während es moralisch irrelevant ist, ob der Mensch durch seine Handlungen *tatsächlich* etwas Gutes tut oder nicht.

Soweit stimmen Scheler und Kant überein. Scheler kritisiert indessen an Kant, daß dieser in bezug auf die Grundlage der Ethik falsche Schlüsse zieht. Diese Kritik stützt sich zwar auf ein etwas einseitiges Kant-Verständnis, das von anderen Ansätzen bei Kant gänzlich absieht; aber eine solche Einseitigkeit ermöglicht es Scheler, einen konsequenten Gegner aufzubauen, um in Abgrenzung von diesem Gegner seinen eigenen Standpunkt um so deutlicher herausstreichen zu können. Kant hat in Schelers Augen insofern recht, als die Ethik ausschließlich auf Prinzipien beruhen soll, die es ermöglichen, den Menschen in moralischem Sinne für seine Handlungen zur Verantwortung zu ziehen. Dies schließt aber aus, daß die ethischen Prinzipien von mir verlangen, daß ich, wenn ich in Übereinstimmung mit diesen Prinzipien handeln will, die Menge der tatsächlichen Güter in der Welt vergrößere. Denn sowohl die tatsächlichen Güter in der Welt als auch meine Einsicht, wie ich in diese Güter eingreife, sind von einer Zufälligkeit geprägt, die meine Freiheit und damit meine moralische Verantwortlichkeit ausschließen. Kant zieht jedoch laut Scheler den fehlerhaften Schluß, daß eine Ethik, wenn sie vom zufällig guten oder schlechten *Inhalt* der Folgen meiner Handlungen unabhängig sein soll, selbst keinen Inhalt haben dürfe; deshalb gelte es, ein rein *formales* ethisches Prinzip zu finden, das ich als Richtschnur meiner Handlungen benutzen kann. Kant formuliert dieses formale Prinzip derart, daß ich in jeder Situation die Pflicht habe, in Übereinstimmung mit solchen Grundsätzen zu handeln, deren Allgemeingültigkeit von jedem Vernunftwesen anerkannt werden kann (der sogenannte kategorische

Imperativ). In bezug auf mein Handeln soll ich mich in jedem und allem von diesem obersten, rein formalen Prinzip leiten lassen. Wenn eine Handlung in Übereinstimmung mit diesem Prinzip ausgeführt wird, ist sie moralisch gesehen gut – ungeachtet dessen, welche Güter in der Welt von dieser Handlung faktisch gefördert oder gehemmt werden.

Scheler lehnt diese formalistische Ethik ab, indem er darauf aufmerksam macht, daß es zwar ethisch unwesentlich sein mag, ob eine Handlung einen Wert realisiert und damit *das Gute* in der Welt fördert, aber daraus nicht folge, daß *die Werte* selber für die Ethik bedeutungslos sind.[5] Kant übersehe, laut Scheler, daß es moralisch von Bedeutung ist, welche Werte ich zu realisieren wünsche, obwohl er recht darin habe, daß es moralisch gleichgültig ist, ob die Werte tatsächlich realisiert werden oder nicht. Scheler möchte eine Grenze ziehen zwischen den realisierten Werten, also den tatsächlich vorhandenen Gütern in der Welt, und den Werten an sich. «Das Gut... ist ein *Wertding*.»[6] Ein solches Wertding existiert zu einer bestimmten Zeit und an einem bestimmten Ort. Der Wert hingegen bleibt über den einzelnen Zeitpunkt und den einzelnen Ort hinaus bestehen. Die Werte werden in den einzelnen Wertdingen (den tatsächlichen Gütern) realisiert; aber sie können nicht auf die Wertdinge als Wertträger reduziert werden. Die Schönheit beispielsweise ist ein Wert, der als solcher unabhängig von Zeit und Ort besteht, jedoch zu bestimmten Zeiten und an bestimmten Orten in den einzelnen schönen Dingen realisiert wird. Das einzelne schöne Ding, etwa eine griechische Vase, ist Träger des ästhetischen Wertes ‹Schönheit›; aber dieser Wert erschöpft sich nicht in dem einzelnen schönen Ding, das als ein tatsächlich vorhandenes ästhetisches Gut existiert. Die griechische Vase (das ästhetische Gut) ist zu einem bestimmten Zeitpunkt entstanden und wird vermutlich zu einem anderen Zeitpunkt zugrunde gehen. Der Wert ‹Schönheit› hingegen ist nicht an bestimmte Zeitpunkte gebunden, in denen er realisiert wird. Während die tatsächlichen Güter in die tatsächliche Welt eingehen und auf diese Weise den Zufälligkeiten dieser Welt unterliegen, stehen die Werte über diesen Zufälligkeiten. Die Werte machen ein selbständiges Gegenstandsfeld aus und treten zueinander in ein *notwendiges* Verhältnis. Demzufolge müssen bestimmte, höherrangige Werte anderen Werten absolut vorgezogen werden. Beispielsweise ist ‹Hilfsbereitschaft› mit Notwendigkeit ein höherrangiger Wert als ‹Brutalität›, so daß es besser ist, die Hilfsbereitschaft statt die Brutalität in dieser Welt zu fördern. Ob die Gesellschaft tatsächlich von Hilfsbereitschaft oder Brutalität geprägt ist, bleibt dagegen letzten Endes eine empirische Zufälligkeit. Kant ist also insofern zuzustimmen, als es ethisch gesehen irrelevant ist, ob unsere Handlungen in der Tat die Hilfsbereitschaft (ein Gutes) oder die Brutalität (ein Böses) fördern; denn in letzter Instanz ist es zufällig, welche Folgen unsere Handlungen haben. Anders formuliert: Die Ethik darf nicht auf einen empirischen, zufälligen Inhalt Rücksicht nehmen wie auf die faktischen Folgen unserer Handlungen. Aber das schließt nicht aus, daß Ethik in anderer Hinsicht einen Inhalt haben kann, insofern es von ethischer Bedeutung ist, welche Werte wir zu realisieren versuchen. Wenn die Werte in ein notwendiges Verhältnis zueinander treten, indem sie eine überzeitliche Werthierarchie bilden, dann hat die Ethik einen nicht-empirischen Inhalt erlangt. Die Untersuchung des Verhältnisses zwischen den Werten ist folglich von größter ethischer Wichtigkeit. Es gehört zur ethischen Gesinnung des Willens, daß dieser sich auf eine geordnete Wertehierarchie bezieht und danach strebt, gewisse Werte zu realisieren, während andere in den Hintergrund treten.[7] Auf dieser Grundlage kann Scheler Kants formalistische Auffassung der Ethik zurückweisen. Statt dessen argumentiert er für eine inhaltsbestimmte («materiale») Ethik, die auf einer Untersuchung der Beziehungen zwischen den ethisch relevanten Werten beruht. – Schelers Abhandlung aus dem Jahre 1913 trägt bezeichnenderweise den Titel: *Der Formalismus in der Ethik und die materiale Wertethik.*

Die erfahrenen Werte

Es läßt sich darüber diskutieren, ob Kant wirklich so formalistisch ist, wie Scheler ihn auslegt. Nicht zu bestreiten aber ist, daß Scheler in seiner Wertphilosophie weit über Kant und die Neukantianer hinausgeht. Er nimmt seinen Ausgangspunkt in Husserls Erweiterung des Phänomenbegriffs, der auch die in der phänomenologischen Wesensschau gegebenen Wesenheiten umfaßt.[8] Werte sind für Scheler eine besondere Art von Erscheinungen, die wir unter Hinweis auf bestimmte phänomenologische Erfahrungen erklären können. Wie man zwischen dem tatsächlich vorhandenen Apfelbaum und dem Wesen des Apfelbaums unterscheiden kann, so kann man auch zwischen dem tatsächlich vorhandenen schönen Ding (dem ästhetischen Gut) und der Schönheit an sich unterscheiden. Und wie der Apfelbaum der *tatsächlich* vorhandenen Welt, das Wesen des Apfelbaumes hingegen der *a priori* zugänglichen Welt zugeschrieben werden kann, so gehört das schöne Ding der tatsächlichen Welt an, während die Schönheit als Wert einem eigenen idealen Gegenstandsbereich, welcher sich a priori zur tatsächlichen Welt der Güter (der realisierten Werte) verhält, zugeordnet werden kann.[9] Es ist Aufgabe der Phänomenologie, eine Erfahrung (Anschauung) dieser Welt der Werte zu ermöglichen, so daß wir eine apriorische Erklärung des hierarchischen Aufbaus des Wertesystems geben können.

Nun stellt sich allerdings die Frage, um welche Art von Erfahrung es sich handelt, die uns diese Einsicht in die Rangordnung der Werte geben kann. Die wahrnehmbaren Dinge erfahren wir, indem wir sie *perzipieren;* und direkten, anschauenden Zugang zu ihrem Wesen erlangen wir durch dessen *apriorische* Erkenntnis. Anders verhält es sich mit den Gütern und Werten. Scheler weist jeden Versuch zurück, eine Reihe empirischer Kennzeichen finden zu wollen, mit deren Hilfe man ein Gut oder einen Wert identifizieren könnte.[10] An diesem Punkt ist er der gleichen Auffassung wie der Engländer George Edward Moore (1873–1958)[11], der einen solchen Versuch als Beispiel des *naturalistischen Fehlschlusses* verworfen hat. Aber wenn die Güter nicht auf empirischem Wege erkannt werden können, dann kann man auch nicht erwarten, daß die apriorische Erfahrung der Werte in jeder Hinsicht der apriorischen Erfahrung des Wesens der Dinge entspricht. Scheler ist denn auch der Meinung, daß man die Erfahrung von Werten anderswo als in der Wahrnehmung und im Denken suchen müsse, nämlich in den *Gefühlen*[12]. Ein Gut wird durch ein gefühlsmäßiges Verhältnis zu diesem Gut erfahren, und Werte werden erfahren, indem wir die apriorischen Strukturen erfahren, die die Gefühlsakte charakterisieren. Nicht nur der empirische Gegenstand und der empirische Erkenntnisakt haben apriorische, vorgegebene Strukturen; auch die emotionale Seite des Geistes hat einen apriorischen Inhalt.[13]

Indem Scheler behauptet, das Gefühlsleben besitze seine eigene apriorische Struktur, bestreitet er zugleich, daß das Verhältnis zwischen den Werten ein von uns erzeugtes sei.[14] Die Apriorität der Werte hat ihren Sitz in den Gefühlen, wobei sich die Erfahrung dieser Werte auf Akte aufbaut, die von Wahrnehmung und Denken völlig verschieden sind. Dennoch kann man auch hier von einer Erkenntnis reden, die den gleichen «objektiven» Status genießt wie die apriorische Erkenntnis der Wesenszusammenhänge von Gegenständen. Schelers Behauptung, die Werterfahrung habe ihren Sitz im Gefühlsleben, hat deshalb gar nichts zu tun mit dem *Wertrelativismus,* den die sogenannten Emotivisten innerhalb des logischen Positivismus verfechten. Das Gefühlsleben ist eine

Erfahrungssphäre (Akttypus), mit deren Hilfe wir eine apriorische Erkenntnis der inneren Wertzusammenhänge erlangen. Umgekehrt beziehen sich die Werte auf bestimmte gefühlsmäßige Erfahrungsformen. Soll ein bestimmter Wert erfahren werden, erfordert dies eine bestimmte gefühlsmäßige Haltung bei demjenigen, der sich auf den Wert bezieht. Umgekehrt beziehen sich bestimmte Gefühle auf bestimmte Arten von Werten. Es ist Aufgabe des Phänomenologen, diese apriorischen Zusammenhänge zwischen *gefühlsmäßiger Erfahrung* und *Wert* aufzudecken. Daß die Menschen hier etwas je Verschiedenes erleben, ändert nichts am Prinzipiellen. Auch unsere Sinneserfahrungen sind von Verwirrungen und Unstimmigkeiten unter den Menschen beeinträchtigt; aber das ändert nichts daran, daß es im Prinzip möglich ist, eine phänomenologische Beschreibung der apriorischen Zusammenhänge zwischen unseren Erfahrungsformen (Akttypen) und den Gegenständen der Erfahrung zu geben.

Scheler behauptet nun, dasselbe gelte auch in bezug auf das Verhältnis zwischen Gefühlen und Werten. Darum sei es für die Frage nach der objektiven Gültigkeit unseres Verständnisses der Werte unwesentlich, ob alle Menschen darin übereinstimmen, einen Wert zu akzeptieren oder nicht; denn es ist sogar möglich, daß bestimmte Werte nur von einem einzigen Menschen erfahren werden können.[15] Mittels der Gefühle erkennen wir die objektiven Wesensverhältnisse zwischen den Werten; aber diese Verhältnisse sind unabhängig davon, ob wir sie erkennen. Es gehört zu dem Charakteristikum eines Wertes, daß dieser auf eine Reihe *möglicher* Gefühlsakte hinweist, durch die er erfahren werden kann; ob nun der Wert *tatsächlich* erfahren wird oder ob es ein Mensch ist, der den Wert erfährt, ist indes für die Objektivität des Wertes gleichgültig.

Die Person und die Liebe

Scheler glaubt, eine Rangordnung zwischen den verschiedenen Wertmodalitäten und den dazugehörigen Werterfahrungen ausfindig machen zu können.[16] Auf der untersten Stufe gibt es das *Angenehme* und das *Unangenehme*, welche durch das Genießen und Leiden, die sinnliche Lust und den Schmerz erfahren werden. Das Angenehme ist relativ zum einzelnen Menschen und zur jeweiligen Kultur; doch die Unterscheidung zwischen dem Angenehmen und dem Unangenehmen selbst ist absolut. Demzufolge gilt a priori, daß ein Wesen, welches Empfindungen haben kann, das Angenehme dem Unangenehmen vorziehen wird. – Die nächste Stufe hat es mit den sogenannten *vitalen Werten* zu tun, die mit dem Leben als solchem verknüpft sind. Innerhalb dieser Sphäre gibt es den Gegensatz zwischen dem Edlen und dem Gemeinen, der Gefühle wie Freude und Mut, Angst und Haß hervorruft. – Auf der dritten Stufe stehen die *geistigen Werte*, zum Beispiel schön/häßlich oder Recht/Unrecht, sowie mehrere Erkenntniswerte. Diese erschließen sich uns in ästhetischen Erfahrungen, in einem besonderen Rechtsbewußtsein und in der philosophisch-wissenschaftlichen Einstellung. – Schließlich gibt es eine Reihe von Werten, die mit dem *Heiligen* und *Unheiligen* zu tun haben und die in Erlebnissen der Seligkeit bzw. der Verzweiflung erfahren werden.

Nach Scheler besteht zwischen diesen vier Wertarten eine klare Abstufung. Darum ist es seiner Meinung nach unmöglich, ein Erlebnis des einen Niveaus auf Erfahrungen eines anderen zu reduzieren. Die Werte werden je nach ihrem Status zudem höher oder niedriger eingestuft.[17] Entsteht ein Konflikt, weil eine Person beispielsweise nicht zugleich nach dem Angenehmen und dem Gerechten streben kann, so gilt mit apriorischer Notwendigkeit, daß die betreffende Person bestrebt sein soll, die höheren Werte vor den niederen zu realisieren.

Unter den Gefühlen nimmt die *Liebe* einen besonderen Platz ein. Während Begierde oder Rache Reaktionsphänomene sind, gehört die Liebe nach Scheler zu den spontanen Gefühlen. Er weist daher die gängige Rede von der ‹Liebe, die blind macht› entschieden zurück.[18] Nur die sinnliche Begierde ist blind, wohingegen die Liebe die Wurzel jeder echten «Objektivität» in unserem Verhältnis zu Sachen, Personen und Werten ist. Im Liebesverhältnis ist der Mensch in besonderem Maße offen gegenüber dem Wertvollen, da sich der Mensch durch die Liebe von allen egoistischen, verdunkelnden, körperlichen Bindungen befreit. Zwar haben auch andere Gefühle wie das Gerechtigkeitsgefühl diesen «objektiven» Charakter; die Liebe zeichnet sich aber dadurch aus, daß sie nicht bei den vorgeblichen Werten stehenbleibt, sondern die Bewegung zu potentiell höheren Werten beschleunigt.[19] Indem sie die bereits erlebten Werte stets überschreitet und in ihrem Streben nach höheren Werten das Erfahrungsfeld unaufhörlich erweitert, spielt die Liebe eine zentrale Rolle in unserer Suche nach Orientierung.

Es gibt viele Formen von Liebe, etwa zur Schönheit, zur Erkenntnis oder zur Kunst. Eine ethische Bedeutung erhält die Liebe aber erst, wenn wir eine *Person* als etwas Wertvolles an sich lieben.[20] Die Liebe zur Person hat nichts mit einer Liebe zu einem tatsächlichen Gut an dieser Person zu tun. Wenn wir eine Person lieben, weil sie schön, begabt, charmant oder rücksichtsvoll ist, dann lieben wir sie nicht ernsthaft als Person, sondern weil es – mehr oder weniger zufällig – irgend etwas Gutes über sie zu sagen gibt. All dies kann sie jedoch wieder verlieren: Die Schönheit kann verblassen, die Begabung in Senilität, der Charme in Langweiligkeit und die Rücksicht in Abgestumpftheit verkommen. Sollen wir deshalb für jene Person keine Liebe mehr übrig haben? Mit dieser Auffassung würden wir zu Pharisäern. Nicht nur die guten, sondern alle Menschen sollen wir lieben, sofern sie Personen und damit Träger von Werten sind. In diesem Sinn ist die Liebe absolut; denn sie ist nicht von eventuellen Eigenschaftsänderungen der Person abhängig.

Person und Liebe spielen eine alles überragende Rolle in Schelers Ethik. Es liegt ihm viel daran, den Begriff der Person von den Begriffen Bewußtsein, Ich oder Mensch abzugrenzen. Daß der Begriff Person nicht mit dem Begriff Bewußtsein zusammenfällt, folgt nach Scheler schon daraus, daß Tiere zwar Bewußtsein haben, aber keine Personen sind. Doch auch der Ich-Begriff ist nicht mit dem der Person identisch. Zwar behauptet Scheler (in erklärtem Gegensatz zu Kant), daß ich ein Erlebnis meines individuellen Ich habe; dieses fällt jedoch weder mit einem besonderen Erlebnisinhalt noch mit einer Summe oder Ordnung solcher Erlebnisinhalte zusammen. Das Ich wird im Gegenteil in jedem vollständigen Erlebnis schon erfahren.[21] Ein Ich zu sein ist indessen nicht dasselbe wie eine Person zu sein, denn auch ein reines Vernunftwesen ohne Leidenschaft und Gefühl wäre ein Ich; aber ein solches Wesen könnte man billigerweise nicht als Person bezeichnen. Und trotz seiner stark anti-naturalistischen Auffassung vom Menschen geht nach Scheler nicht einmal das *Mensch*-Sein im Begriff der Person auf. So lehnt er jeden Versuch ab, eine biologische oder psychologische Definition des Menschen als eines höherstehenden Tiers mit besonderen Eigenschaften wie Gefühle, Gedächtnis, Intelligenz und Wahlfähigkeit zu geben.[22] Statt dessen betrachtet er den Menschen als ein Wesen, das *sich selbst und sein Leben und alles Leben transzendiert.*[23] Weil der Mensch Werte erfährt und realisiert, die über die bloßen Vitalwerte hinausgehen, transzendiert er die rein biologisch-psychologische Lebenssphäre. All das reicht aber nicht aus, um den Menschen zu einer Person zu machen. Auch Kinder und Schwachsinnige sind Menschen, jedoch nicht Personen im Sinne Schelers. Um eine Person zu sein, wird ein gewisses geistiges Niveau gefordert. Erstens muß er sich *vollsinnig* verhalten[24], insofern seine

Handlungen als Ausdruck eines sinnvollen, zusammenhängenden Lebens und nicht nur als Glied eines Kausalzusammenhangs interpretiert werden können. Zweitens soll der Mensch *Mündigkeit* haben, das heißt die Fähigkeit zur unmittelbaren Erfahrung dessen, ob ein Wille, ein Gefühl oder ein Gedanke von ihm selber oder von jemand anderem stammt. Solange der Mensch nur etwas will, weil seine Eltern oder Gleichaltrige es wollen, ist er noch nicht mündig und damit auch keine Person. Schließlich wird von einer Person verlangt, daß sie sich als *Herr ihres Leibes* versteht und durch ihren Leib zu handeln imstande ist. Erst wenn diese drei Forderungen erfüllt sind, ist der Mensch eine Person.

Scheler lehnt die Möglichkeit ab, die Person als einen Gegenstand unter anderen zu begreifen.[25] Alles andere am Menschen – dessen Leib wie dessen Ich – haben zwar etwas Gegenständliches an sich; die Person und die Bewußtseinsakte, in denen sich die Person realisiert, sind jedoch das subjektive Gegenstück zu allen möglichen Gegenständen. Scheler nimmt hier Jaspers und Heidegger vorweg und stellt sich in Gegensatz beispielsweise zu Nicolai Hartmann, der die Person als Gegenstand der Ethik begreift.[26] Hartmann und Scheler sind sich indessen darin einig, die Person als Träger besonderer personaler Werte aufzufassen. Scheler zufolge sind diese die höchsten in der Wertehierarchie, so daß die Ethik sich letzten Endes an der Verwirklichung solcher personalen Werte orientiert. Jede Person hat ihr individuelles werthaftes Wesen, welches es zu realisieren gilt. Die Person ist nicht dieses bestimmte Individuum, weil sie eine Reihe bestimmter Eigenschaften hat oder weil sie eine bestimmte Position im Raum-Zeit-System einnimmt.[27] Im Gegenteil, die Person ist ein konkretes Individuum, weil sie im Leben eine ausschließlich individuelle Aufgabe zu bewältigen hat, zu der eine Reihe von Werten gehören, die wesentlich dieser bestimmten Person obliegen. An dieser Stelle erhält die Liebe ihre große Bedeutung. Durch sie erfahren wir, welche höheren Werte gerade für diese Person Gültigkeit haben. Die wahre Liebe geht über das faktische Sein der Person hinaus und sieht diese im Lichte einer Reihe von Werten, welche sie und nur sie in die faktische Welt einbringen kann, indem sie die höheren Werte durch ihr Leben realisiert. Darum ist die Liebe nie abstrakt, sondern stets auf das Individuum in seiner Einmaligkeit gerichtet. Scheler folgert daraus, daß das höchste ethische Ideal niemals als eine Gesellschaft isolierter Personen gedacht werden darf, sondern als eine Gemeinschaft *solidarischer* Personen[28], die jeweils ihre Individualität anerkennen; denn jede Person ist ein einzigartiger Träger von Werten. Eine solche solidarische Gesellschaft wird jedem Individuum das ihm individuell Wertvolle zuerkennen und von ihm zugleich fordern, seiner Verpflichtung anderen Menschen gegenüber nachzukommen. Dieses ethische Ideal glaubt Scheler durch eine rein phänomenologische Untersuchung nachweisen zu können. Daß es eine religiöse Deutung christlicher Herkunft nahelegt, ist eine Schlußfolgerung, die Scheler erst in seinen späteren Arbeiten zieht. Aber damit bewegt er sich bereits außerhalb der phänomenologischen Analyse.

Texte Schelers

Gesammelte Werke. Band 1 ff. Bern 1954 ff (= *GW*).

Bibliographien

Chevrolet, J.-P.: Le sacré dans la philosophie de Max Scheler. Fribourg 1970, S. 170–207.
Hartmann, W.: Max Scheler. Bibliographie. Stuttgart/Bad Cannstatt 1963.

Literatur

Dunlop, F.: Scheler. London 1931.
Frings, M. S.: Max Scheler. Pittsburgh/Louvain 1965.
Good, P. (Hg.): Max Scheler im Gegenwartsgeschehen der Philosophie. Bern/München 1975.
Leonardy, H.: Liebe und Person. Den Haag 1976.
Mader, W.: Max Scheler. Reinbek 1980.
Schneck, S. F.: Person and Polis. Max Scheler's Personalism as Political Theory. Albany 1987.
Staude, J. R.: Max Scheler 1874–1928. An Intellectual Portrait. New York/London 1967.

Anmerkungen

1 Scheler, *GW* 7, S. 308 (1922).
2 Staude 1967, S. 24.
3 Staude 1967, S. 25 f.
4 Scheler, *GW* 2, S. 127 (1913).

5 Scheler, *GW* 2, S. 34 (1913).
6 Scheler, *GW* 2, S. 43 (1913).
7 Scheler, *GW* 2, S. 148 f (1913).
8 Scheler, *GW* 2, S. 68 (1913).
9 Scheler, *GW* 2, S. 37 (1913).
10 Scheler, *GW* 2, S. 37 (1913).
11 Scheler, *GW* 2, S. 13 (1913).
12 Scheler, *GW* 2, S. 270 (1913).
13 Scheler, *GW* 2, S. 82 (1913).
14 Scheler, *GW* 2, S. 86 (1913).
15 Scheler, *GW* 2, S. 276 f (1913).
16 Scheler, *GW* 2, S. 122 ff (1913).
17 Scheler, *GW* 2, S. 126 (1913).
18 Scheler, *GW* 7, S. 160 (1923).
19 Scheler, *GW* 2, S. 266 f (1913); *GW* 7, S. 164 (1923).
20 Scheler, *GW* 7, S. 165 ff (1923).
21 Scheler, *GW* 2, S. 376 f (1913).
22 Scheler, *GW* 9, S. 31 (1928).
23 Scheler, *GW* 2, S. 293 (1913).
24 Scheler, *GW* 2, S. 470 (1913).
25 Scheler, *GW* 2, S. 386 u. 475 (1913).
26 Hartmann, N.: Ethik. Berlin/Leipzig 1926. Berlin [4]1962, S. 229 f.
27 Scheler, *GW* 2, S. 480 f (1913); *GW* 7, S. 76 (1923).
28 Scheler, *GW* 2, S. 522 f (1913).

Poul Lübcke

Nicolai Hartmann: Philosophie als kritische Metaphysik

Der akademische Philosoph

Max Scheler und der acht Jahre jüngere Nicolai Hartmann (1882–1950) ergänzen einander in mehrfacher Hinsicht. Beide haben ihre philosophische Karriere unabhängig von der Phänomenologie begonnen, in der sie denn auch eher ein Hilfsmittel für eigene philosophische Bestrebungen sahen als eine abgeschlossene Lehre. Für sie lag die Stärke der Phänomenologie darin, die Tür zu öffnen für viele verschiedene Beschreibungswege. Schon deshalb wandten sich beide entschieden gegen den Versuch des älteren Husserl, der Phänomenologie eine transzendentalphilosophische Richtung zu geben. Die Phänomenologie war für Scheler und für Hartmann ein Ausgangspunkt der Philosophie – nicht aber ihr letztes Wort. Ihre Arbeiten behandeln bis zu einem gewissen Grad die gleichen Probleme. So nahm Hartmann in seiner *Ethik* (1926) ausdrücklich Bezug auf Schelers Schrift *Der Formalismus in der Ethik und die materiale Wertethik* (1913). In ihrer Grundhaltung zur Philosophie waren sie jedoch sehr verschieden; daß sie trotzdem miteinander verkehrten, zeugt von der Spannweite der phänomenologischen Bewegung. Der Unterschied zeigt sich schon auf der psychologischen Ebene. Während Scheler aufbrausend und temperamentvoll war, repräsentierte Hartmann den kühlen, rationalen, streng akademischen Philosophen. Wo Scheler als nahezu poetischer, impulsiver Denker vorging, erwies sich Hartmann in allem und jedem als Systematiker. Oder wie Scheler es einmal frei von der Leber weg ausdrückte: «Ihr Fleiß und mein Genie zusammen, *das* gäbe einen Philosophen!»[1]

Hartmann stammte aus Riga, studierte Medizin, klassische Philologie und Philosophie, zuerst in Dorpat, später in St. Petersburg und Marburg. Dort geriet er unter den Einfluß der Neukantianer Cohen (1842–1918) und Natorp (1854–1924), bei dem er schließlich im Jahre 1907 promovierte. Sein späteres Werk kann in gewisser Hinsicht als eine langandauernde Auseinandersetzung mit dem Neukantianismus aufgefaßt werden. Dies kommt deutlich in seinen *Grundzügen einer Metaphysik der Erkenntnis* (1921) zum Ausdruck, die ein Jahr nach seinem Antritt eines Extraordinariats in Marburg erschienen sind.

Hartmann bewahrte sein Leben hindurch den Arbeitsrhythmus, den er sich als Student in Petersburg angeeignet hatte.[2] Er stand gegen Mittag auf und wurde erst nach Mitternacht richtig wach. Seine Vorlesungen hielt er gewöhnlich an Nachmittagen oder Abenden, und die daran anschließenden Diskussionsrunden mit den Studenten pflegten jeweils bis tief in die Nacht anzudauern. Allein schon aus diesem Grund war ein Konflikt unvermeidlich, als Heidegger 1923 nach Marburg kam und seine Vorlesungen auf sieben Uhr morgens ankündigte. In jenen zwei Jahren, in denen sie als Kollegen in Marburg arbeiteten, versuchten sie mehrmals, den Dialog aufzunehmen, doch ohne Erfolg. Man erzählte[3], daß ihre abendlichen Treffen gern von Heidegger eingeleitet wurden; aber gegen Mitternacht, wenn Hartmann so richtig auflebte, wurde Heidegger müde und mußte gehen.

1925 wurde Hartmann Professor in Köln, 1931 kam er nach Berlin und 1945 nach Göttingen. Die meisten seiner Werke stammen aus diesem Zeitraum und sind von einer fast legendären Systematik und philosophischen Geschlossenheit. Inhaltlich geht es wesentlich um Gedanken, die Hartmann schon in seiner Marburger Zeit formuliert und später weiterentwickelt hat; von einem Bruch kann hier nicht die Rede sein. Deshalb ist es in höherem Maße als bei anderen Philosophen möglich, Hartmanns Werk als Ganzes aufzufassen.

Die Metaphysik der Erkenntnis

Der Titel von Hartmanns erstem Hauptwerk, *Grundzüge einer Metaphysik der Erkenntnis,* stellt eine bewußte Provokation dar. Während seiner Studienzeit in Marburg wurde er ständig belehrt, metaphysisches Denken sei eine veraltete, dogmatische Form von Philosophie. Statt metaphysisch darüber zu spekulieren, wie die Wirklichkeit tatsächlich ist, solle man eher kritisch untersuchen, welche Möglichkeiten wir überhaupt haben, die Wirklichkeit zu erkennen. Der Philosoph habe, mit anderen Worten, nicht länger Metaphysiker, sondern *Erkenntnistheoretiker* zu sein. Gegen diese neukantianische Ansicht behauptet Hartmann, daß sich Erkenntnistheorie und Metaphysik gegenseitig bedingen.[4] Die Erkenntnistheorie setzt die Metaphysik (Ontologie) voraus, weil alle Erkenntnis auf «das, was ist» bzw. auf «das Seiende» gerichtet ist. «Erkenntnis ist von Haus aus auf das Seiende gerichtet.»[5] Aber das Thema der Metaphysik (On-to-logie) ist ja gerade das Seiende, die Lehre (*logos*) von dem, was ist (*to on*). Da die Erkenntnistheorie nicht vermeiden kann, von dem Seienden zu reden, auf welches die Erkenntnis gerichtet ist, muß sie notwendigerweise zur metaphysischen (ontologischen) Problematik Stellung nehmen. Mehr noch: Jede Erkenntnis ist an ein die Erkenntnis habendes Bewußtsein gebunden. Ein Bewußtsein ist jedoch ein Seiendes mit bestimmten Eigenschaften.[6] Und indem sich die Erkenntnistheorie über die Erkenntnis ausspricht, macht sie stillschweigend eine Reihe von Voraussetzungen darüber, was es bedeutet, ein erkennendes Bewußtsein zu *sein*. Auch auf diese Weise setzt die Erkenntnistheorie die Metaphysik (Ontologie) voraus. – Auf der anderen Seite ist es gerade die Aufgabe der Erkenntnistheorie, die Grenzen im Hinblick darauf abzustecken, was überhaupt erkannt werden kann. Soll die Metaphysik nicht in eine unkritische Dogmatik verfallen, muß sie eng mit der Erkenntnistheorie zusammenarbeiten.

Hartmann will also mit der Einseitigkeit des Neukantianismus brechen, indem er die Erkenntnistheorie mit der Metaphysik zu vereinen sucht. Bei seinem Bestreben, dieses Projekt einer *kritischen Metaphysik* zu verwirklichen, nimmt er seinen Ausgangspunkt in der Phänomenologie. Freilich glaubte er nicht, daß diese imstande ist, philosophische Probleme zu lösen; aber als reine, theoriefreie Beschreibung könne sie immerhin die Grundlage der anschließenden Problemformulierung bilden. Alle Erkenntnis ist dadurch gekennzeichnet, daß ein Erkennender (ein Subjekt) einem Erkannten (einem Objekt) gegenübersteht, so daß die Erkenntnis als eine besondere *Relation* zwischen Subjekt und Objekt bestimmt werden kann.[7] Daß es sich so verhält, ist für Hartmann über jeden Zweifel erhaben. Er spricht hier sogar von einem (definierenden) Zug am Erkenntnisphänomen, den man eingesehen haben muß, um überhaupt die Erkenntnis problematisieren und diskutieren zu können. Die Erkenntnisrelation besteht darin, daß der Erkennende über die subjektive Sphäre «hinausgreift» (sie transzendiert)[8] und das Objekt «ergreift». Die Erkenntnis ist kein «Erschaffen» oder «Hervorbringen» des Erkannten, sondern ein «Erfassen» von etwas, das unabhängig davon existiert, ob es tatsächlich erkannt wird.[9] Mit diesem Ausgangspunkt wendet er sich namentlich gegen Cohens Lehre von der Erkenntnis als

«Erzeugung» des Gegenstands der Erkenntnis (vgl. S. 29). Statt dessen behauptet Hartmann: Wenn es kein von der Erkenntnis an sich unabhängig Seiendes gibt, könne man von einer Erkenntnis überhaupt nicht sprechen, weil es dann nichts gäbe, was die Erkenntnis überhaupt einzufangen versuchen könnte.[10]

Damit entstehen aber erst die eigentlichen Probleme.[11] Denn wie ist die Erkenntnisrelation überhaupt möglich? Wie kann das Subjekt sich selbst überschreiten (transzendieren) und zum Objekt gelangen? Würden sich das Sein des Subjekts und Objekts im Sein des Erkennenden und Erkannten erschöpfen und wären diese damit ausschließlich untergeordnete Momente der Erkenntnisrelation, dann gäbe es keinerlei Probleme. Aber wenn wir davon ausgehen, daß das Subjekt und das Objekt jeweils mehr sind als bloß Subjekt und Objekt, weil sie an sich unabhängig voneinander existieren, dann entsteht das Problem, wie zwischen ihnen die Erkenntnisrelation etabliert werden kann. Dieses Problem innerhalb einer allgemeinen metaphysischen (ontologischen) Theorie zu analysieren und zu lösen, ist Aufgabe der Erkenntnismetaphysik.

Nach Hartmann gibt es drei Typen von Antworten auf das Erkenntnisproblem.[12] Der *Realismus* erachtet in der Relation zwischen Subjekt und Objekt das Objekt als das Primäre. Ihm stellt sich die Aufgabe zu zeigen, wie das Objekt auf irgendeine Weise das Subjekt hervorbringt. Ist man der Auffassung (wie die Materialisten), daß das Wesen des Objekts darin besteht, Materie, Bewegung, Kraft oder Energie zu sein, dann stellt sich die Frage, wie eine solche Objektwelt ein Subjekt und eine «innere» Bewußtseinssphäre hervorzubringen vermag. Aber auch wenn man den Materialismus aufgibt, bleibt offen, wie es in einer Welt reiner Objekte ein Subjekt geben kann. – Dem *Idealismus* stellt sich das umgekehrte Problem. Da er davon ausgeht, daß in der Relation zwischen Subjekt und Objekt das Subjekt als das Primäre aufzufassen ist, muß er zeigen können, wie ein Subjekt imstande ist, den Inhalt seiner Erlebnisse zu objektivieren. Das Problem wird nicht geringer, wenn man (wie Husserl) die Existenz eines sogenannten «transzendentalen Subjektes» (vgl. S. 102) annimmt; denn dies bringt nun das Problem mit sich, darlegen zu müssen, wie sich das individuelle zum transzendentalen Subjekt verhält. – Verwirft man den Realismus wie auch den Idealismus als zu einseitig und geht statt dessen davon aus, daß die Erkenntnisrelation zwischen Subjekt und Objekt das Grundlegende ist, dann gelangt man zum sogenannten *gnoseologischen Monismus* (von «gnosis»: Erkenntnis und «monos»: allein, einzig). Das Problem dieser Position ist es darzulegen, wie man jene ursprüngliche Einheit von Subjekt und Objekt überhaupt begreifen soll und wie Subjekt und Objekt aus dieser Einheit heraustreten können. Geht man nämlich von einer ursprünglichen Unterschiedslosigkeit zwischen Subjekt und Objekt aus, dann muß man erklären können, wie sich Subjekt und Objekt als zwei selbständige Existenzen voneinander unterscheiden. Nimmt man umgekehrt an, daß zwischen Subjekt und Objekt ein grundlegender Unterschied besteht, ist man wieder dort angelangt, wo wir angefangen haben; denn in diesem Fall ist die vermutete Einheit bloß postuliert und das Problem nur hinausgeschoben.

Hartmanns eigener Lösungsversuch des Erkenntnisproblems neigt eher dem Monismus und dem Realismus zu, wohingegen er den Idealismus in allen entscheidenden Punkten ablehnt. Das monistische Element in seiner Erkenntnismetaphysik besteht darin, daß für ihn nicht nur das Objekt, sondern auch das Subjekt als ein Seiendes begriffen werden muß.[13] Subjekt wie Objekt definieren zusammen die gemeinsame Sphäre, in der sie sich gegenüberstehen. Dies bedeutet nach Hartmann, daß Subjekt und Objekt als Glieder eines Seinszusammenhangs verstanden werden müssen, innerhalb dessen sie sich gegenseitig bestimmen und bedingen. Jedes Seiende tritt in eine Vielzahl von Beziehungen zu anderem Seienden, und sofern Subjekt wie auch Objekt Seiende sind, kann die Erkenntnisbeziehung als eine besondere Beziehung unter anderen betrachtet werden. Das erkenntnistheoretische Problem, wie das Subjekt zum Objekt «hingelangen» soll, ist damit gelöst. Denn Subjekt und Objekt stehen, noch bevor die Erkenntnisbeziehung etabliert wird, in einem gegenseitigen Verhältnis. Das heißt: Subjekt und Objekt sind bereits als Seiende grundlegend miteinander verbunden.[14]

Die Erkenntnisbeziehung darf nicht kausal aufgefaßt werden. Zwar bedingt das Objekt, daß das Subjekt Erkenntnis erlangt, ohne daß sich das Objekt selbst verändert; aber dies bedeutet nicht, daß das Objekt das Entstehen der Erkenntnis im Subjekt verursacht. Hartmann weist auf eine Reihe von Beispielen hin, in denen etwas von etwas anderem bedingt wird, ohne jedoch von letzterem verursacht zu sein.[15] So kann B von A als dessen logische Folge bedingt sein, oder B ist das notwendige Mittel zur Erreichung des Zwecks A. In keinem dieser Fälle ist A Ursache von B, obgleich A B bedingt. Die Erkenntnisrelation muß daher als eine besondere Beziehung aufgefaßt werden, in der ein Seiendes (das Objekt) bedingt, daß in einem anderen Seienden (dem Subjekt) Erkenntnis entsteht.

Daß neben dem monistischen Element in Hartmanns Philosophie auch eine realistische Tendenz zu finden ist, folgt aus seiner These, daß Subjekt wie Objekt etwas vom Erkenntnisakt an sich Unabhängiges sind. Hartmann ist jedoch der Meinung, daß sich seine kritische Metaphysik von den traditionellen realistischen Theorien in mehreren Punkten unterscheidet.[16] Erstens ist bei Hartmann nicht nur vom realen Sein die Rede (dem, was in Zeit und Raum existiert), sondern auch vom idealen Sein (z. B. mathematischen Größen). Zweitens weist er ausdrücklich jeden Versuch zurück, alles Sein auf eine bestimmte Seinsform, z. B. Materie, zu reduzieren. Statt dessen versucht er, mehrere Seinsschichten aufzuweisen. Drittens werden von vornherein keine Annahmen darüber getroffen, auf welche Weise Subjekt und Objekt außerhalb der Erkenntnisbeziehung stehen. Dies zu bestimmen ist Aufgabe der Metaphysik (der Ontologie). Viertens wird das Objekt gegenüber dem Subjekt nicht als das Primäre aufgefaßt. So soll das Subjekt nicht aus dem Objekt «entstehen». Grundlegend ist allein, daß das Subjekt, ähnlich wie das Objekt, ein Seiendes ist – und kein Pseudoobjekt. Hartmann kann daher seine eigene Position als eine Art *natürlichen Realismus*[17] bezeichnen, der sich in seinem Ausgangspunkt diesseits von Idealismus und Realismus im traditionellen Sinn befindet. Entsprechend lautet der Titel eines seiner Artikel aus dem Jahre 1924 *Diesseits von Idealismus und Realismus.*

Auf der Grundlage seines spezifischen Realismus wendet sich Hartmann gegen den *Idealismus*. Für den Idealisten ist alles Seiende entweder etwas Subjektives oder etwas Objektives, wobei sich das objektiv Seiende im Gegenstandsein, in einem Stehen gegen das Subjekt erschöpft.[18] Hartmann zufolge ist dies ein Vorurteil. Ein Baum zum Beispiel ist ein Seiendes. Für den Idealisten ist der Baum nichts anderes als der Gegenstand meines Betrachtens des Baums: nichts anderes also als dieses «Für-mich» (für ein Subjekt), als «Gegenstand-Sein» (Objekt-Sein). Für Hartmann ist der Baum weit mehr als dieses «Gegenstand-für-mich-Sein». Letzten Endes ist es für das Sein des Baums sogar gleichgültig, ob ich – oder ein anderer – diesen zum Gegenstand der Erkenntnis machte oder nicht. Der Baum ist, was er ist – egal, ob er erkannt wird oder nicht; der Baum ist also etwas von meiner Erkenntnis Unabhängiges. Wenn ich etwas erkenne, erkenne ich das Seiende so, wie es an sich ist; aber es wird immer unendlich viel Seiendes geben, das außerhalb meines Erkenntnisbereichs liegt. Hartmann spricht daher davon, daß es außerhalb des Seienden, das in tatsächlich vorkommende Subjekt-Objekt-Beziehungen eingeht, eine *transobjektive Seinssphäre* des Seienden gibt, die das vergegenständlichte Seiende transzendiert (überschreitet).[19] Es gibt immer eine Grenze der Vergegenständlichung (Objektion). Diese Grenze kann allerdings immer wieder überschritten werden, indem ich mich einem neuen Seienden zuzwende. Zum Beispiel kann ich meine Aufmerksamkeit vom Baum auf das Rosenbeet neben mir verlagern. Hier stoße ich jedoch auf eine neue Grenze, da ich nicht alles gleichzeitig erkennen kann.

Im Gegensatz zum Idealisten glaubt Hartmann jedoch, daß die Erkenntnis faktische Grenzen hat. Zum Beispiel ist es unwahrscheinlich, daß ich oder ein anderer jemals werde erkennen können, was es auf den Sternen gibt, die sich 1000 Lichtjahre von uns entfernt befinden. Dagegen kann ich mir mit Hilfe meines Denkens eine Vorstellung von diesen Sternen machen; aber diese Vorstellungen sind nicht Ausdruck eines Erkennens. Das heißt: Die Grenze des Denkens liegt weiter weg als die Grenze des Erkennens.[20] Das Denkbare geht über das Erkennbare hinaus, welches wiederum über das hinausgeht, was tatsächlich zum Gegenstand der Erkenntnis gemacht wird.

Hartmann will die logische Möglichkeit nicht ausschließen, daß es ein prinzipiell irrationales Seiendes geben könnte, welches nicht nur die Grenze der Erkennbarkeit, sondern auch der Denkbarkeit überschreitet. Aber die Frage, ob ein solches Seiendes existiert oder nicht, ändert nichts an der Tatsache, daß wir das Seiende, das wir erkennen, immer so erkennen, wie es an sich ist. Hartmann bricht daher mit der These Kants (und Jaspers; S. 145), daß wir das Seiende nur so erkennen, wie es *für uns* ist, aber niemals so, wie es *an sich* ist, das heißt unabhängig von jeder Erkenntnisbeziehung. Dies ist letzten Endes die Voraussetzung dafür, daß Hartmann in seinen Hauptwerken *Zur Grundlegung der Ontologie* (1935), *Möglichkeit und Wirklichkeit* (1938) und *Der Aufbau der realen Welt* (1940) seine Erkenntnismetaphysik zu einer umfassenden ontologischen Theorie über die Wesenszüge des Seienden ausbauen kann. Das Wesen des Seienden ist ähnlich wie das Seiende selbst ein Ansichseiendes und existiert unabhängig davon, ob es erkannt wird oder nicht. Wir können nach Hartmann unabhängig von jeder Sinneserfahrung (a priori) eine Reihe von notwendigen, universellen Wesenszügen erkennen, indem wir nach «dem Seienden als Seienden überhaupt» oder nach den «kategorialen Seinsbestimmungen» fragen. Dank dieses apriorischen Wissens ist es uns möglich, etwas über die Wesenszüge am wahrnehmbar Seienden zu sagen, von denen wir zwar keine Sinneswahrnehmung haben, von denen wir uns aber mittels unseres Denkens eine Vorstellung bilden können.

Durch seine metaphysische Erörterung des Erkenntnisphänomens hat Hartmann nicht allein mit seiner neukantianischen Vergangenheit gebrochen, sondern auch mit Husserls phänomenologischer Auffassung der

Philosophie. Indem Subjekt und Objekt als zwei Seiende begriffen werden, die auch außerhalb der Erkenntnisakte existieren, hat Hartmann nämlich die Grenzen «der *reinen* Phänomenologie» überschritten und ist auf das zurückgefallen, was Husserl «die *mundane* Einstellung» nennt. Hartmann würde diese Charakterisierung seines Vorgehens kaum bestreiten, jedoch geltend machen, daß die Phänomenologie nie eine ausreichende Grundlage für die Philosophie bilden kann. Die Phänomenologie spricht vom Seienden und vom Sein des Seienden in seiner unmittelbaren Gegebenheit für ein erkennendes Bewußtsein. Dies ist zwar ein notwendiger Ausgangspunkt für die Philosophie, aber nicht das, was sie zufriedenstellen könnte. Die Philosophie muß weitergehen und über die Beschreibung des unmittelbar Gegebenen hinaus darüber nachdenken, welche Wesenszüge das Seiende außerhalb der Erkenntnisrelation aufzuweisen hat. Hartmann verhält sich insofern in seinem späteren Werk auch kritisch gegenüber Heideggers Auffassung der Ontologie, wobei er ihm vorwirft, die Analyse des Seins (d. h. des Wesens und der Existenz) mit einer Analyse unseres *Seinsverständnisses* zu verwechseln.[21] Hartmann ist sich mit Heidegger zwar darin einig, daß das Sein des Seienden in unserem Seinsverständnis unmittelbar gegeben ist, lehnt aber die Auffassung ab, daß sich die ganze Ontologie auf eine phänomenologisch-hermeneutische Auslegung der Seinsgegebenheit im Seinsverständnis zurückführen lasse. Die Frage, auf welche Weise sich das Seiende für uns gibt, ist für Hartmann nur ein Vorstadium zur eigentlichen ontologischen Frage nach dem Sein des Seienden, und zwar unabhängig von unserem Seinsverständnis. Obwohl beide von der Phänomenologie ausgehen, sind Hartmanns und Heideggers Auffassungen der Ontologie radikal verschieden. Leider haben sie sich nie die Zeit genommen, ihre Uneinigkeiten zu diskutieren, als sie als Kollegen in Marburg noch damit beschäftigt waren, den Neukantianismus durch eine phänomenologisch orientierte Philosophie zu ersetzen.

Texte Hartmanns

Platos Logik des Seins. Gießen 1909. Berlin [2]1965.

Grundzüge einer Metaphysik der Erkenntnis. Berlin/Leipzig 1921. Berlin [5]1965 (= *MdE*).

Ethik. Berlin/Leipzig 1926. Berlin [4]1962.

Das Problem des geistigen Seins. Berlin/Leipzig 1933. Berlin [3]1962.

Zur Grundlegung der Ontologie. Berlin 1935, [4]1965 (= *ZGdO*).
Möglichkeit und Wirklichkeit. Berlin 1938, [3]1966.
Der Aufbau der realen Welt. Berlin 1940, [3]1964.
Neue Wege der Ontologie. In: Systematische Philosophie. Hg. von N. Hartmann. Stuttgart 1942, S. 199–311; separat: Stuttgart [5]1968.
Philosophie der Natur. Berlin 1950, [2]1980.
Teleologisches Denken. Berlin 1951, [2]1966.
Ästhetik. Berlin 1953, [2]1966.
Kleinere Schriften. 3 Bände. Berlin 1955–58.

Bibliographien

Ballauff, T.: Bibliographie der Werke von und über Nicolai Hartmann einschließlich der Übersetzungen. In: Nicolai Hartmann. Der Denker und sein Werk. Hg. von H. Heimsoeth u. R. Heiss. Göttingen 1952, S. 286–312.
Buch, A. J. und P.: Bibliographie der seit 1964 über Nicolai Hartmann erschienenen Arbeiten. In: Nicolai Hartmann 1882–1982. Hg. von A. J. Buch. Bonn 1982, S. 326–344.
Wirth, I.: Realismus und Apriorismus in Nicolai Hartmanns Erkenntnistheorie. Berlin 1965, S. 141–48.

Literatur

Baumgartner, H. M.: Die Unbedingtheit des Sittlichen. München 1962.
Buch A. J. (Hg.): Nicolai Hartmann: 1882–1982. Mit einer Einleitung von Josef Stallmach und einer Bibliographie der seit 1964 über Hartmann erschienenen Arbeiten. Bonn 1982, [2]1987.
Bulk, W.: Das Problem des idealen An-sich-Seins bei Nicolai Hartmann. Meisenheim a. G. 1971.
Dahlberg, W.: Sein und Zeit bei Nicolai Hartmann. Frankfurt/M. 1983.
Grötz, A.: Nicolai Hartmanns Lehre vom Menschen. Frankfurt/M. u. a. 1989.
Maliandi, R. G.: Wertobjektivität und Realitätserfahrung. Bonn 1966.
Patzig, G.: Symposium zum Gedenken an Nicolai Hartmann (1882–1950), Direktor des Philosophischen Seminars der Universität Göttingen 1946–1950. Göttingen 1982.
Stallmach, I.: Ansichsein und Seinsverstehen. Bonn 1987.
Wirth, I.: Realismus und Apriorismus in Nicolai Hartmanns Erkenntnistheorie. Berlin 1965.

Anmerkungen

1 Gadamer, H.-G.: Philosophische Lehrjahre. Frankfurt/M. 1977, S. 22.
2 Gadamer 1977, S. 21f.
3 Heiss, R.: Nicolai Hartmann. In: Nicolai Hartmann. Der Denker und sein Werk. Hg. von H. Heimsoeth u. R. Heiss. Göttingen 1952, S. 18f.
4 Hartmann, *MdE*, S. 6, 184f u. 318.
5 Hartmann, *MdE*, S. 183.
6 Hartmann, *MdE*, S. 182.
7 Hartmann, *MdE*, S. 44.
8 Hartmann, *MdE*, S. 44; *ZGdO*, S. 146f.
9 Hartmann, *MdE*, S. 1.
10 Hartmann, *ZGdO*, S. 149f.
11 Hartmann, *MdE*, S. 61f.
12 Hartmann, *MdE*, S. 129ff.
13 Hartmann, *MdE*, S. 182, 194 u. 320.
14 Hartmann, *MdE*, S. 322.
15 Hartmann, *MdE*, S. 324; Der Aufbau der realen Welt, S. 286ff.
16 Hartmann, *MdE*, S. 198; ZGdO, S. 140. Vgl. im übrigen Wirth 1965.
17 Hartmann, *ZGdO*, S. 49 u. 150.
18 Hartmann, *ZGdO*, S. 15 u. 141.
19 Hartmann, *MdE*, S. 204f.
20 Hartmann, *MdE*, S. 284.
21 Hartmann, *ZGdO*, S. 40f.

Poul Lübcke

Karl Jaspers: Die Existenzphilosophie

Von Psychiatrie bis Existenzphilosophie

Karl Jaspers (1883–1969) war ursprünglich Psychiater. Sein erstes großes Werk aus dem Jahre 1913 handelt auch nicht von Philosophie, sondern von Psychopathologie, und sein erster Lehrstuhl (1916–1921) war eine Professur in Psychologie. Erst mit seiner *Psychologie der Weltanschauungen* (1919) trat er als Philosoph vor ein breiteres Publikum. In Anlehnung an die Diltheysche Tradition und unter dem Einfluß von Max Webers (1864–1920) Theorie der idealtypischen Konstruktionen entwickelte Jaspers eine Typologisierung der menschlichen Grundeinstellungen und Weltbilder, und zwar mit einer originellen Deutung. Seine Klassifikation war mehr und etwas anderes als eine einfache Einteilung der Weltanschauungen in verschiedene Typen; sie beinhaltete zugleich eine indirekte Kritik jedes Versuchs, die Philosophie aus einem einzigen Prinzip begründen zu wollen, mit dessen Hilfe den verschiedenen Weltanschauungen ihr Platz zugewiesen werden kann.[1] Durch das Einbeziehen uralter Phänomene wie Kampf, Schuld, Zufall und Tod wollte er zeigen, daß der Mensch in seinem Leben notwendigerweise in Grenzsituationen gerät, in denen die theoretische Vernunft in ihrem Versuch, die menschliche Existenz zu erklären, zu kurz greift. Damit führte der Psychiater Jaspers wieder einen Problemkreis in die Philosophie ein, der jahrelang von dem intellektualistisch orientierten Neukantianismus verdrängt worden war. Jaspers stellte dagegen ein Denken, welches, an Sören Kierkegaard (1813–1855) und Friedrich Nietzsche (1844–1900) anknüpfend[2], seinen Ausgangspunkt in der menschlichen Existenz nahm, kurz: einen *existenzphilosophischen* Ansatz.

Nach der Herausgabe der *Psychologie der Weltanschauungen* übernahm Jaspers 1921 eine philosophische Professur in Heidelberg. Durch seine Vorlesungen in den 20er Jahren trug er zu einer Änderung des Images von Heidelberg als eines der stärksten Bollwerke des Neukantianismus bei. Gleichzeitig erleichterte er die Aufnahme von Heideggers Werk *Sein und Zeit* (1927), das bei seinem Erscheinen von vielen (irrtümlicherweise) mit Jaspers' Existenzphilosophie zusammengebracht wurde. Jaspers selbst publizierte in den ersten Jahren seiner Professur nichts von philosophischer Bedeutung. 1922 erschien ein Buch über Strindberg und van Gogh, 1923 *Die Idee der Universität* und 1931 eine kleine Schrift über *Die geistige Situation der Zeit*. Das war alles. Erst 1932 kam das dreibändige Hauptwerk *Philosophie* heraus, dessen Titel ebenso farblos und neutral wie ambitiös war. Das gleiche kann von den Titeln einiger seiner späteren Werke gesagt werden, etwa *Von der Wahrheit* (1947) und *Die großen Philosophen* (1957).

Von Anfang an waren es die großen, existentiellen Probleme, mit denen sich Jaspers beschäftigte. Seine Stärke lag dabei eher in der Breite und dem moralischen Pathos als in der detaillierten, stringenten Analyse. Insofern verkörperte er die allgemeine Vorstellung eines Existenzphilosophen, wie sie in der Öffentlichkeit bis in die 50er und 60er Jahre hinein verbreitet war. Dieses Bild wird durch die Themen unterstützt, mit denen Jaspers sich an die breite Öffentlichkeit wandte. In *Die Schuldfrage* (1946) untersuchte er beispielsweise, wer für die Greuel des Nazismus und des Krieges verantwortlich ist. Er selbst war eines seiner Opfer; 1933 wurde er von der Universitätsverwaltung ausgeschlossen, 1937 entzog man ihm seine Professur, und in den Jahren 1938 bis 1945 war es ihm untersagt, seine Manuskripte zu veröffentlichen. In seiner Autobiographie schreibt er über diese Zeit:

> «Ich habe mit meiner Frau wohl innerlich diese Bedrohung des leiblichen Daseins, ohne sich wehren zu können, durch lange Jahre erfahren. Äußerlich sind wir ohne Schaden davongekommen. Der Abtransport war, wie wir von der Polizei auf den üblichen indiskreten Wegen erfuhren, für den 14. April 1945 vorgesehen. Andere Transporte hatten in den Wochen vorher schon stattgefunden. Am 1. April wurde Heidelberg von den Amerikanern besetzt. Ein Deutscher kann es nicht vergessen, daß er mit seiner Frau sein Leben den Amerikanern verdankt, gegen Deutsche, die im Namen des nationalsozialistischen deutschen Staates ihn vernichten wollten.»[3]

Unmittelbar nach Kriegsende erhielt Jaspers seinen früheren Lehrstuhl zurück, verließ ihn aber bereits 1948, als ihm eine philosophische Professur in Basel angeboten wurde. In den folgenden Jahren versuchte er in noch höherem Maße als zuvor, seine existenzphilosophische Grundhaltung durch ein umfassendes moralisch-politisches Engagement zu konkretisieren in Schriften wie *Die Atombombe und die Zukunft des Menschen* (1958) und *Lebensfragen der deutschen Politik* (1963).

Philosophie und Wissenschaft

Es wäre jedoch irreführend, Jaspers als bloßen Moralisten und Kulturkritiker anzusehen. Seine Bereitschaft, kulturelle und moralisch-politische Themen in die philosophische Diskussion hineinzutragen, ist eine Konsequenz seines Philosophieverständnisses, wie es vor allem in seinem systematischen Hauptwerk *Philosophie* zum Ausdruck kommt. Danach unterscheidet sich die Philosophie von den Fachwissenschaften wie Physik, Biologie, Psychologie, Geschichts- und Gesellschaftswissenschaft, die je ihr besonderes Gegenstandsgebiet haben. Es ist ein Grundzug wissenschaftlicher Erkenntnis, sich auf einen Ausschnitt der Welt zu konzentrieren, den sie einer methodisch abgesicherten Untersuchung unterwirft. Die Philosophie dagegen hat keinen abgegrenzten Gegenstand, sondern beschäftigt sich mit dem Dasein im Ganzen und der Stellung des Menschen im Dasein. Alles kann daher philosophische Relevanz erlangen, das uns zu den Grenzen und den Grundlagen unserer Existenz führt. Soweit kulturelle und moralisch-politische Probleme dieser Funktion dienen, sind sie für die Philosophie von Belang. Umgekehrt gilt, daß sie mit dem Verlust dieser Funktion auch ihre philosophische Bedeutung verlieren, auch wenn sie immer noch Gegenstand wissenschaftlicher Nachforschung werden können.

Der entscheidende Unterschied zwischen Wissenschaft und Philosophie liegt in den beiden grundverschiedenen Zugängen zum Sein. Im Gegensatz zu Hartmann (und Heidegger) differenziert Jaspers nicht terminologisch zwischen dem *Seienden* und dem *Sein* des Seienden, sondern spricht vom Sein schlechthin, welches auf verschiedene Weise erfahren werden kann. In Übereinstimmung mit der phänomenologischen Tradition unterscheidet Jaspers verschiedene Seinsweisen, bedingt durch die Art des Zugangs, den wir zu ihnen haben. Die Seinsweise, die sich der Philosophie erschließt, wenn diese die Grenzen unserer Gegenstandserfahrung aufzuspüren sucht, ist eine andere als die Seinsweise, welche die wissenschaftliche Erkenntnis vor Augen hat, wenn sie nach einer immer genaueren Erklärung der für sie charakteristischen Gegenstände strebt. Das Sein, mit dem die Wissenschaften zu tun haben, ist nicht *An-sich-*

sein, sondern Gegenstandsein, *Objektsein* für meine Erkenntnis, das heißt ein unselbständiges Sein für mich als bloße Erscheinung.[4]

Schon in unserer Alltagserfahrung haben wir mit diesem Objektsein zu tun, insoweit es ein Grundzug unseres Bewußtseins ist, auf Gegenstände (Objekte) gerichtet zu sein. Als guter Phänomenologe spricht Jaspers von dieser «Gerichtetheit» als der *Intentionalität* des Bewußtseins.[5] Sein Verständnis des Intentionalitätsbegriffs weicht jedoch von den übrigen phänomenologischen Bestimmungen deutlich ab. Wo Husserl aus methodischen Gründen keine Stellung zur Frage der Beziehungen zwischen den Phänomenen (Gegenständen, Objekten) und dem Ding an sich (dem Sein unabhängig von der Erfahrung des Seins) bezieht und wo Hartmann die Phänomenologie als ersten Schritt auf dem Weg zu einem philosophischen Realismus betrachtet, vertritt Jaspers eine nahezu kantische Position, indem er zwischen *Sein-für-uns* (Gegenstandsein, Objektsein, empirische Erscheinung) und *An-sich-sein* unterscheidet. Das An-sich-sein der Dinge ist unserer Erkenntnis nach Jaspers prinzipiell unzugänglich. Jeder Versuch, das Ansichsein aufzuschlüsseln, ist zum Scheitern verurteilt; denn es gehört mit zur Erkenntnis, daß diese das Erkannte als Gegenstand für die Erkenntnis festzuhalten versucht. Doch damit haben wir uns schon von vornherein getäuscht, weil das Gegenstandsein kein Ansichsein ist, sondern ein Sein als Objekt, ein Für-michsein. Weder die alltägliche noch die wissenschaftliche Annäherung ist imstande, das Ansichsein zu erkennen. Erst die Philosophie, die beständig die vergegenständlichende Alltagserfahrung und die wissenschaftliche Erkenntnis zu überschreiten (transzendieren) sucht, kann uns auf die Spur dieses Ansichseins bringen.

Jaspers' Kerngedanke kreist um diese prinzipielle Grenze. Es gibt in dieser Welt nichts, was nicht grundsätzlich zum Gegenstand unserer Erkenntnis gemacht werden kann; aber gerade wegen der Vergegenständlichung kann das An-sich-sein nicht erkannt werden. Die *Welt* muß definiert werden als das All des Daseins[6]; und die gegenstandsorientierten Wissenschaften können als Ausdruck eines an der Welt orientierten Denkens begriffen werden. Doch wie eingehend auch die Wissenschaften die Gegenstände in der Welt untersuchen mögen, sie gelangen nicht über diese Grenze hinaus. Sie gewinnen zwar ein größeres Wissen über das Objektsein der Gegenstände, aber zum Ansichsein kommen sie nie: Erst eine Philosophie, die mit der Vergegenständlichung und dem weltorientierten Denken bricht, kann uns eine Ahnung des An-sich-seins vermitteln.

Unter den unendlich vielen Gegenständen in der Welt können vier Wirklichkeitssphären[7] hervorgehoben werden: erstens die anorganische *Natur*, von strengen Naturgesetzen bestimmt; zweitens das Leben als *Organismus* (alles Lebende); drittens die *Seele* als Erleben und schließlich der *Geist* als denkendes Bewußtsein, auf Gegenstände in der Welt gerichtet. Die verschiedenen Wirklichkeitssphären (analog zu Husserls «Seinsregionen»; vgl. S. 94) haben je ihre Eigenart, und dies macht es unmöglich, daß man die objektive Wirklichkeit auf eine einzige Seinsform zurückführen kann. Versucht man zum Beispiel die komplexe Wirklichkeit als mechanische, kausal bestimmte Natur zu verstehen, dann macht man sich ein falsches Bild der übrigen drei Sphären, etwa wenn man annimmt, die Naturwissenschaften seien deshalb am ‹exaktesten›, weil sie messen und wiegen können. Man übersieht dabei, daß geistige Dokumente in Form von Texten einen anderen Zugang erfordern als beispielsweise der Sternenhimmel. Statt zu glauben, die verschiedenen Wirklichkeitsbereiche auf einen einzigen reduzieren zu können (in Form eines mechanischen oder biologischen Materialismus oder eines psychologistischen oder geistigen Idealismus), gilt es einzusehen, daß der Geist zwar die Seele und diese das Leben und die anorganische Natur *voraussetzt*, daß dies aber nicht bedeutet, die verschiedenen Gebiete könnten einander ersetzen.

Trotz ihrer Verschiedenheiten haben die vier Gegenstandsbereiche eines gemeinsam: Sie gehören alle dem objektiven Sein an. Das objektive Sein macht aber nicht die ganze Wirklichkeit aus, es ist weder mit dem Ansich-sein noch mit dem subjektiven Sein identisch. Das subjektive Sein kennzeichnet das Ich (oder Ego), für welches sich die Objekte erst als Objekte konstituieren. Die Wissenschaften haben es nur mit dem objektiven Sein zu tun; gerade darum können sie auch nicht die ganze Wirklichkeit erklären. Der Fehler des Positivismus ist es zu glauben, daß alles Sein objektives Sein ist und daß die Wissenschaften deshalb im Prinzip die Wirklichkeit ausschöpfen können. Das subjektive Sein geht für die Positivisten in Psychologie, Soziologie, Geschichtswissenschaft usw. auf. Jaspers leugnet nicht, daß der Positivist soweit recht hat, als das Subjekt in der empirischen Welt als ein psychophysischer Gegenstand betrachtet werden kann; aber er bestreitet, daß die Subjektivität dadurch vollauf verstanden wird. Das Subjekt als Gegenstand der Geisteswissenschaften macht nicht das ganze subjektive Sein aus. Dieses ist prinzipiell mehr und etwas anderes als Gegenstandsein, mehr und etwas anderes als objektives Sein.

Weil der Positivist nur das objektive Sein anerkennt, kennt er auch keine andere Art von Sätzen als die, die als objektiv wahr begründet werden können. Der Positivist weiß daher nichts von jenem grundlegenden *Staunen,* das den geschichtlichen Menschen kennzeichnet. Existentielle Phänomene wie Leidenschaft, Tod, Zufall und Schuld, Zweifel und Verzweiflung sind Phänomene, die von einem positivistischen Gesichtspunkt her nicht ernst genommen werden können.[8] Eine Geisteskrankheit zum Beispiel ist für den Positivisten lediglich ein Naturprozeß, der einer wissenschaftlichen, objektiven Untersuchung unterworfen werden kann und keinerlei Anlaß zu einer subjektiven Besinnung gibt. In der Begegnung mit der Subjektivität stößt die positivistische, wissenschaftliche Objektivität auf eine Grenze, welche über die Wissenschaft hinausweist. Wo die wissenschaftliche Objektivität in diesem Sinne innerhalb ihrer Grenzen anerkannt, aber gleichzeitig ein Überschreiten (Transzendieren) dieser Grenzen als unabdingbar erachtet wird, beginnt die Philosophie als Existenzphilosophie.

Grenzsituation und Existenzerhellung

Das Ich, das sich auf die Gegenstände in der Welt richtet, ist nicht selbst ein Gegenstand. Ich (ein Subjekt) zu sein ist etwas ganz anderes, als ein Gegenstand (ein Objekt) zu sein: Das subjektive Sein ist kein objektives Sein. Aber wenn das Ich kein Objekt ist, welchen Sinn kann man dann mit der Rede von einem Ich überhaupt verbinden? Der Hauptteil der Jasperschen Philosophie dreht sich um diese Frage.

Wenn wir von einem Ich sprechen, müssen wir Jaspers zufolge grob zwischen drei verschiedenen Bedeutungen unterscheiden.[9] Erstens kann das Wort «Ich» das sogenannte *empirische Ich* bezeichnen, das wir von unserem Alltag her kennen und das die verschiedenen Wissenschaften zum Gegenstand beispielsweise ihrer medizinisch-chirurgischen, psychologischen, soziologischen und geschichtlichen Forschung machen. Als Gegenstand möglicher Forschung ist das empirische Ich nicht das eigentliche Ich, das ja gerade dadurch gekennzeichnet ist, nicht als bloßer Gegenstand (Objekt) betrachtet werden zu können.

Das Wort «Ich» bezeichnet zweitens das Subjekt (das Bewußtsein), für das sich das Sein im objektiven, vergegenständlichten Sinne zeigen kann. Die Wissenschaften orientieren sich am objektiven Sein und besprechen es in der Mathematik, Physik, Chemie, Biologie, Psychologie, Soziologie, Medizin, Geschichtswissenschaft und in allen übrigen Fachwissenschaften zu Worte kommen, die sich im Laufe der Geschichte entwickelt haben; aber sie schweben nicht im luftleeren Raum. Die Wissenschaft wie jede objektive Einstellung zur Wirklichkeit setzt ihrerseits einen Wissenschaftler voraus, der die Welt zum Gegenstand seiner Untersuchungen macht. Dieser hat natürlich ein empirisches Ich, ist ein Gegenstand in der Welt mit bestimmten biologischen, psychischen und sozialen Voraussetzungen. Aber er ist nicht nur ein empirisches Ich, nicht nur ein Gegenstand möglicher Forschung, sondern zugleich Subjekt, Bewußtsein, das heißt Bedingung dafür, daß überhaupt etwas zum Gegenstand für ein Bewußtsein, zum Objekt für ein Subjekt gemacht werden kann. Dieses subjektive Gegenstück zur Objektivität, dieses Bewußtsein, das sich auf die Gegenstände in der Welt richtet, ist nicht selber ein bloßer Gegenstand, sondern die Voraussetzung dafür, daß es überhaupt Gegenstände geben kann. Jaspers spricht von diesem Ich als dem *Bewußtsein überhaupt*. Als Bewußtsein, das auf Gegenstände gerichtet ist, gleiche ich jedem anderen Bewußtsein, das wie ich Bedingung für ein objektives Sein ist. Aber das bedeutet, daß mein Ich durch jedes andere Ich, das sich auch auf Gegenstände in der Welt richtet, ersetzt werden kann. Solange mit dem Wort ‹Ich› nur darauf hingewiesen wird, daß ich als Subjekt nicht selbst ein bloßes Objekt für ein Subjekt bin, denkt man nicht an etwas Individuelles oder Besonderes am einzelnen Ich. Mein Subjekt-Sein, mein Bewußt-Sein erfahre ich erst, wenn ich den Gegenständen (Objekten) in der Welt den Rücken zuwende und mich statt dessen auf mein eigenes Ich konzentriere. Indem ich mich meinem eigenen Ich zuwende und über mich selbst *reflektiere*, erfahre ich mich als Subjekt gegenüber einem Objekt. Ich habe damit die weltorientierte Gerichtetheit auf Gegenstände überschritten (transzendiert) und in der Selbstreflexion die Grenze der Objektivität erreicht. In dieser Selbstreflexion gibt es jedoch einen inneren Widerspruch. Zwar erfahre ich mich an der Grenze der Objektivität, aber nur, indem ich mich zu einem Pseudo-Objekt meines eigenen Bewußtseins mache. Hierin liegt ein Paradox, das jeder Selbstreflexion anhaftet. Wenn ich mich mir selber zuwende und wie ein Licht von einer spiegelnden Fläche von mir selbst reflektiert werde, gerade in diesem Augenblick, an dem die gegenstandsorientierte Gerichtetheit (Intentionalität) auf das Ich zurückgeworfen wird, tritt eine PseudoVergegenständlichung meiner Subjektivität ein. Meine Subjektivität wird zwar als solche erfahren; diese Erfahrung aber hebt gleichzeitig den Charakter des Ichs als Subjekt auf und macht es zu einem PseudoObjekt.

Erst wenn Jaspers drittens mit dem Wort ‹Ich› den Begriff der *Existenz* verbindet, hat er wirklich mit der vergegenständlichenden Auffassung des Ichs gebrochen. Das existierende Ich existiert zwar in Vereinigung mit dem empirischen Ich und dem Ich als solchem, aber es ist gleichzeitig etwas anderes und mehr als dieses. Auf den ersten Blick scheint es nicht besonders aufschlußreich, wenn Jaspers zwischen dem existierenden Ich und dem empirischen oder reflexiv bewußten Ich unterscheidet. Rein sprachlich gesehen, ist das Wort ‹Existenz› bloß eine dem Lateinischen entnommene Bezeichnung für ‹Dasein›. In der Alltagssprache spricht man davon, daß Eisberge, Kaninchen, Rathausglocken, Hochhäuser oder afrikanische Staaten ‹existieren›, um auszudrücken, daß es die betreffenden Gegenstände (Objekte) gibt. Wer von einem ‹existierenden Ich› spricht, meint deshalb zunächst nur, daß das Ich zu den Objekten gehört, die tatsächlich vorhanden sind und die es nicht nur als Gegenstände unserer Phantasie gibt. Im Hinblick auf diese Bedeutung des Worts ‹existieren› kann man folglich ebensogut davon sprechen, daß das empirische Ich existiert. Doch offenbar liegt für Jaspers mehr im Begriff ‹Existenz› als das bloße Vorhandensein oder Vorkommen.

Der Unterschied zwischen einem existierenden Ich und einem existierenden Gegenstand besteht darin, daß nur das Ich ein Verhältnis zu seiner eigenen Existenz hat und zu den verschiedenen Möglichkeiten zu existieren. Betrachten wir beispielsweise eine Rathausglocke. Ein solcher Gegenstand ist zu einem bestimmten Zeitpunkt geschaffen, in einem bestimmten Rathausturm angebracht und eine bestimmte Anzahl von Jahren benutzt worden, nach denen er wieder in den Schmelztiegel zurückkehrt. Die Rathausglocke hat eine bestimmte Geschichte, in der allerhand passiert; aber es geschieht nichts, worüber sie sich ‹Sorgen macht›. Eine Rathausglocke gehört voll und ganz dem objektiven Sein an und ist außerstande, sich um ihr eigenes ‹Schicksal› zu kümmern – präziser ausgedrückt: Sie hat gar kein Schicksal, sondern nur ein Dasein, das sich über einen bestimmten Zeitraum erstreckt.

Anders verhält es sich mit dem Menschen, der die Glocke hergestellt hat. Er ist nicht bloß ein vorkommender Gegenstand unter anderen, sondern ein Sein, welches sich mit seiner eigenen Existenz und den *Möglichkeiten*, die in dieser Existenz liegen, beschäftigt. So stehen dem Glockengießer viele Möglichkeiten offen. Wie er mit diesen umgeht, ist Sache seiner eigenen freien Wahl. Natürlich kann er nicht alles machen, aber innerhalb bestimmter «notwendiger» Grenzen steht es ihm frei zu tun, was er will. Die Terminologie von Kierkegaard[10] aufgreifend, spricht Jaspers davon, daß der Mensch eine Einheit von *Freiheit* und

Notwendigkeit ist.[11] Trotz der Begrenzungen, die ihm die «Notwendigkeit» (d. h. die physischen, biologischen, sozialen und psychischen Umstände) auferlegt, steht es ihm frei, etwa eine andere Zusammensetzung des Erzes zu wählen oder Glocken von minderer Qualität zu produzieren, um einen größeren wirtschaftlichen Gewinn zu erzielen. Umgekehrt kann er sich für die Möglichkeit entscheiden, den traditionellen handwerklichen Idealen zu folgen. Was immer er wählt, hat gewisse Folgen für sein zukünftiges Leben. Indem er sich zu seinen eigenen Möglichkeiten verhalten und frei zwischen verschiedenen Lebensweisen wählen kann, trägt er dazu bei, die Grundlage für seine eigene Existenz zu schaffen. Darum ist diese Existenz nicht nur etwas, das mit ihm geschieht, sondern ein Schicksal, das er selber mitformen kann. Dieses freie Verhältnis zu den eigenen *Existenzmöglichkeiten* macht das spezifisch Nicht-Gegenständliche am existierenden Ich aus.

Die objektivierende Auffassung des Menschen hat nur Augen für das empirische Ich als ein Produkt der (notwendigen) Umstände. So wird beispielsweise in den Geschichtswissenschaften davon gesprochen, daß die Lebensweise des Menschen ein Produkt von Erbe (der physisch-biologischen Naturgrundlage) und Umwelt (den sozial-wirtschaftlichen Verhältnissen) sei. Natürlich ist der Mensch von den Umständen seines Lebens abhängig, aber er ist immer mehr als ein bloßes kausal bestimmtes Produkt geschichtlicher Faktoren. Im Gegensatz zu den bloßen Objekten steht der Mensch in einem Verhältnis zu den Möglichkeiten, die sich ihm aufgrund dieser Umstände eröffnen, und diese mögliche Existenz macht seine Freiheit aus. Der Mensch ist nicht nur ein geschichtlicher Gegenstand in Zeit und Raum; in seinem Verhalten zu seiner möglichen, zukünftigen Existenz ist er von einer elementaren *Geschichtlichkeit*[12] geprägt, welche ihn von den bloßen Objekten unterscheidet.

Die Freiheit, die den existierenden Menschen kennzeichnet, darf aber nicht als bloße Abwesenheit von Ursachen (Indeterminiertheit) verstanden werden. Die traditionelle Diskussion der ‹Willensfreiheit› begeht den Fehler, zuerst das Ich zu objektivieren und es danach als einen Gegenstand zu betrachten, der entweder kausal bestimmt (determiniert) oder frei (indeterminiert) ist. Dies ist nach Jaspers eine falsche Problemstellung[13], welche die eigentliche Freiheit (Existenz) nicht einzufangen vermag. Die bloße Abwesenheit von Ursachen macht ein Objekt nicht weniger gegenständlich. Die Freiheit kann jedoch kein Gegenstand mit bestimmten Eigenschaften sein; denn eine solche objektivierende Bestimmung der Freiheit als etwas Abgegrenztes würde sie selbst aufheben.

Freiheit kann deswegen auch kein Gegenstand wissenschaftlicher Forschung werden, und die Philosophie irrt sich, wenn sie in ihrem Eifer, den exakten Wissenschaften gleichkommen zu wollen, den Versuch unternimmt, Freiheit zu *definieren*. Denn jede Bestimmung führt eine Vergegenständlichung des Definierten mit sich, die der Freiheit widerspricht. Jaspers weist auch Versuche wie diejenigen Schelers zurück, objektive Werte und Ziele zu finden, denen sich die Freiheit zu unterwerfen habe; denn die Freiheit darf nicht vorgegebene Werte als Krücken benutzen, sondern muß selber die Verantwortung tragen.

Die Philosophie soll den Menschen über die Freiheit aufklären, indem sie ihn an jenen Punkt führt, wo er seine eigene Möglichkeit erfährt, die Freiheit durch eine Willenshandlung zu realisieren. Diese *Existenzerhellung*[14] kann nicht die Form einer objektiven Theorie über das Wesen eines freien Menschen annehmen, denn eine solche gibt es nicht. Die Methode der Existenzerhellung muß vielmehr indirekt sein, indem sie von der konkreten menschlichen Situation ausgeht und Schritt für Schritt ein Gegenstandsgebiet durchläuft, bis man an jene Grenze gelangt, hinter der es keinen neuen Gegenstand mehr gibt, sondern nur noch die Möglichkeit, sich durch freie Wahl zu seiner Existenz zu verhalten. In seinem Bestreben, auf diese Weise auf Freiheitsräume aufmerksam zu machen, verweist Jaspers mit Vorliebe auf die sogenannten *Grenzsituationen*.[15] Im Gegensatz zu gewöhnlichen Situationen wie der des Handwerkers, der die oben erwähnte Rathausglocke herstellt, sind Grenzsituationen prinzipiell nicht überschaubar: Dem Tod, dem Leiden oder der Schuld gegenübergestellt, befindet sich der Mensch in einer Situation, in der alle objektivierende Planung letzten Endes zu kurz greift. Hier stoßen wir auf die der menschlichen Existenz eigentümliche Freiheit und werden auf radikale Weise mit ihren Grenzen konfrontiert. Wir verwirklichen uns selbst, indem wir mit offenen Augen in solche Grenzsituationen hineintreten, und es ist die Aufgabe der Existenzerhellung (der Philosophie), uns an den Punkt zu führen, wo wir in Freiheit die bloß objektive Welt überschreiten (transzendieren) und uns zur möglichen Existenz verhalten.

Das absolute Sein

Indem sich das existierende Ich zu seinen Möglichkeiten verhält, um in Freiheit sein Leben zu gestalten, durchbricht es die objektive Welt und erfährt sich als ein Sein, das mehr und etwas anderes ist als das vergegenständlichte Sein. Das existierende Ich kann indessen nicht bei dieser Freiheitserfahrung stehenbleiben. Indem es sich als frei erfährt, erkennt es zugleich, daß das freie Sein des Ichs nicht die höchste Form von Sein ist. Durch seine Freiheit erfährt das Ich, daß es in Beziehung zu einem Sein steht[16], das weder Ansichsein und Fürunssein, weder das subjektive Sein noch das eigene freie Sein des Ichs ist. Dieses Sein, das nicht nur das objektive Sein, sondern auch das eigene Sein des Ichs überschreitet (transzendiert), nennt Jaspers «die absolute Wirklichkeit» oder «das Umgreifende».[17]

Worin dieses Umgreifende besteht, kann hier nur angedeutet werden. Als absolutes (d. h. unbedingtes) Sein ist das Umgreifende die Grundlage für alles andere Sein. Aber was heißt das? Jaspers' Antwort besteht nicht nur darin zu postulieren, daß es sinnvoll ist, vom Umgreifenden zu sprechen, sondern daß er versucht, das Umgreifende phänomenologisch anzugehen. Er spricht deshalb nicht von der absoluten Wirklichkeit schlechthin, sondern will die Erfahrungen erhellen, die uns auf die Spur dieser Wirklichkeit bringen.

Die absolute Wirklichkeit ist für Jaspers primär als Ruhe zu verstehen, die man inmitten der Vielfältigkeit und Zersplitterung dieser Welt zu ahnen vermag.[18] Das darf nicht mißverstanden werden. Die absolute Wirklichkeit ist nichts «Überzeitliches», «Ewiges», das außerhalb von Zeit und Raum in einer erhabenen Stille existiert. Sie ist eher eine Ruhe, die inmitten des geschichtlichen Übergangs, in dem sich der Mensch befindet, erahnt werden kann. Als Teil der Geschichte erfährt der Mensch die Geschichte nie als ein abgeschlossenes, vollendetes Ganzes. Will der Mensch einen Begriff von dieser Wirklichkeit haben, muß sie sich ihm in geschichtlichen Konkretionen zeigen. Mitten durch diese Konkretionen hindurch wird fühlbar, daß es in der scheinbar zersplitterten Welt einen Zusammenhang oder eine *Einheit* gibt.[19] Über diese absolute Wirklichkeit können wir jedoch nicht genauso reden wie von uns selbst oder von den Objekten in der Welt; denn sie geht ja als Einheit und Ruhe allen Unterscheidungen und Bestimmungen voran, die wir im Alltag und in den Wissenschaften als vorgegeben betrachten. Über diese Wirklichkeit müssen wir nach Jaspers symbolisch sprechen. Die Philosophie bekommt so den Charakter einer Deutung, indem sie die Symbole oder *Chiffren* entziffert, in denen die absolute Wirklichkeit sich zeigt.[20] Jede Deutung aber muß von vornherein zu kurz greifen; denn auch die Chiffren der absoluten Wirklichkeit betrachten wir stillschweigend als einen Gegenstand, den wir klar bestimmen können. Doch die absolute Wirklichkeit ist eben das, was das subjektive wie auch das objektive (gegenständliche) Sein überschreitet. Als Chiffrendeutung ist die Philosophie dazu verurteilt, immer mehr zu sagen, als eigentlich gesagt werden kann. Der Philosoph kann seine Philosophie daher nie mit einem philosophischen System abschließen, sondern muß die Grenzen der Begrifflichkeit stets überschreiten, um auf die Grenzen des Denkens aufmerksam zu werden. Da sie auf diese Weise unaufhörlich über sich hinaus auf eine Existenz verweist, die in keinem System eingefangen werden kann, ist die Philosophie für Jaspers eine nie vollendete Annäherung an die Wirklichkeit.

Texte Jaspers'

Allgemeine Psychopathologie. Berlin 1913. 4. und völlig neu bearbeitete Auflage. Berlin / Heidelberg 1946. Berlin / Heidelberg / New York ^{9}1973.

Psychologie der Weltanschauungen. Berlin 1919. Berlin / Heidelberg / New York ^{6}1971.

Die geistige Situation der Zeit. Berlin 1931. 8. Abdruck der im Sommer 1932 bearb. 5. Auflage. Berlin 1979.

Philosophie I–III. 1. Band: Philosophische Weltorientierung; 2. Band: Existenzerhellung; 3. Band: Metaphysik. Berlin 1932. Berlin / Heidelberg / New York ^{4}1973.

Vernunft und Existenz. Groningen 1935. Neuausgabe München 1973, ^{4}1987.

Nietzsche. Berlin / Leipzig 1936. Berlin / New York ^{4}1974.

Existenzphilosophie. Berlin / Leipzig 1938. Berlin / New York ^{4}1974.

Die Schuldfrage. Heidelberg 1946. Neuausgabe München 1987.

Von der Wahrheit. Philosophische Logik, 1. Band (die folgenden Bände sind nicht erschienen). München 1947, ^{3}1983.

Der philosophische Glaube. Zürich 1948. München ^{8}1985.

Vom Ursprung und Ziel der Geschichte. Zürich 1949. München ^{8}1983.

Einführung in die Philosophie. Zürich 1950. München ^{26}1987.

(u. R. Bultmann): Die Frage der Entmythologisierung. München 1954. Neuausgabe München 1981.

Schelling. Größe und Verhängnis. München 1955. Neuausgabe München 1986.

Philosophische Autobiographie. In: Karl Jaspers. Hg. von P. A. Schilpp. Stuttgart 1957, S. 1–79. Erweiterte Neuausgabe der «Philosophischen Autobiographie». München 1977, ^{2}1984.

Die Atombombe und die Zukunft des Menschen. München 1958, ^{7}1983.

Der philosophische Glaube angesichts der Offenbarung. München 1962, ^{3}1984.

Briefwechsel mit Hannah Arendt 1926–1969. München / Zürich ^{2}1987.

Notizen zu Martin Heidegger. Hg. von H. Sauer. München 1989.

Bibliographien

Gefken, G. und K. Kunert: Karl Jaspers. Eine Bibliographie. Band 1: Die Primärbibliographie. Oldenburg 1978.
Rossmann, K.: Bibliography. In: The Philosophy of Karl Jaspers. Ed. by P. A. Schilpp. New York 1957 (dt.: Karl Jaspers. Stuttgart 1957).
Saner, H.: Bibliographie der Werke und Schriften. In: Werk und Wirkung. Hg. von K. Piper. München 1963, S. 173–216.
–: Karl Jaspers. Reinbek 1970, S. 169–179 (Bibliographie).

Literatur

Burkard, F.-P.: Ethische Existenz bei Karl Jaspers. Würzburg 1982.
–: Karl Jaspers. Einführung in sein Denken. Würzburg 1985.
Fuchs, F. J.: Seinsverhältnis. Karl Jaspers' Existenzphilosophie. Band I: Existenz und Kommunikation. Frankfurt/Bern/New York/Nancy 1984.
Gerlach, H.-M. (Hg.): Karl Jaspers. (1883–1969): Eine marxistisch-leninistische Auseinandersetzung mit Jaspers' philosophischem, politischem und medizinischem Werk. Halle (Saale) 1984.
–: Existenzphilosophie – Karl Jaspers. Berlin 1987.
Harth, D. (Hg.): Karl Jaspers: Denken zwischen Wissenschaft, Politik und Philosophie. Stuttgart 1989.
Hersch, J.: Karl Jaspers: eine Einführung in sein Werk. München 1980.
– (Hg.): Karl Jaspers: Philosoph, Arzt, politischer Denker. Symposium zum 100. Geburtstag in Basel und Heidelberg. München/Zürich 1986.
Lengert, R. (Hg.): Philosophie der Freiheit: Karl Jaspers, 23. Februar 1883–26. Februar 1969. Oldenburg 1983.
Neuenschwander, U.: Denker des Glaubens. Gütersloh 1985.
Oernek, Y.: Karl Jaspers: Philosophie der Freiheit. Freiburg/München 1986.
Offener Horizont. Festschrift für Karl Jaspers. Hg. von K. Piper. München 1953.
Pieper, H.: Selbstsein und Politik: Jaspers' Entwicklung vom esoterischen zum politischen Denker. Meisenheim a. G. 1973.
Piper, K. und H. Saner: Erinnerungen an Karl Jaspers. München/Zürich 1974.
Rigali, N.: Die Selbstkonstitution der Geschichte im Denken von Karl Jaspers. Meisenheim a. G. 1968.
Salamun, K.: Karl Jaspers. München 1985.
– (Hg.): Karl Jaspers. Zur Aktualität seines Denkens. München/Zürich 1991.
Saner, H.: Karl Jaspers. Reinbek 1970 u. ö.
– (Hg.): Karl Jaspers in der Diskussion. München 1973.
Schilpp, P. A. (Ed.): The Philosophy of Karl Jaspers. New York 1957 (dt. Karl Jaspers. Stuttgart 1957).

Schultheiss, J.: Philosophieren als Kommunikation: Versuch zu Karl Jaspers' Apologie des kritischen Philosophierens. Königstein/Ts. 1981.

Speck, J. (Hg.): Philosophie der Gegenwart. Göttingen 1982.

Thiel, M.: Karl Jaspers: Deutschlands Weg in die Emanzipation. 2 Bde. Heidelberg 1986.

Veauthier, F. W. (Hg.): Karl Jaspers zu Ehren: Symposium aus Anlaß seines 100. Geburtstags. Heidelberg 1986.

Anmerkungen

1 Gadamer, H.-G.: Philosophische Lehrjahre. Frankfurt/M. 1977, S. 202.
2 Jaspers, Psychologie der Weltanschauungen, S. 419 ff.
3 Jaspers, Philosophische Autobiographie. In: Schilpp 1957, S. 49.
4 Jaspers, Philosophie I, S. 4 f.
5 Jaspers, Philosophie I, S. 7.
6 Jaspers, Philosophie I, S. 28.
7 Jaspers, Philosophie I, S. 104 f.
8 Jaspers, Philosophie I, S. 232.
9 Jaspers, Philosophie I, S. 13 ff; Philosophie II, S. 46 f.
10 Kierkegaard, S.: Sygdommen til Døden, Samlede Vaerker XI, København 1905, S. 127 u. 148 ff (1849); dt.: Die Krankheit zum Tode. Übers. (von E. Hirsch. Düsseldorf 1954, S. 8 u. 32 ff).
11 Jaspers, Philosophie II, S. 125.
12 Jaspers, Philosophie II, S. 118 ff.
13 Jaspers, Philosophie II, S. 169.
14 Jaspers, Philosophie II, S. 9 ff.
15 Jaspers, Philosophie II, S. 203 f.
16 Jaspers, Philosophie III, S. 2.
17 In seiner «Philosophie» (1932) spricht Jaspers von absoluter Wirklichkeit, in «Vernunft und Existenz» (1935), «Existenzphilosophie» (1938) und «Von der Wahrheit» (1947) dagegen verwendet er den Ausdruck «das Umgreifende».
18 Jaspers, Existenzphilosophie, S. 12 u. 69.
19 Jaspers, Philosophie III, S. 234 ff; Existenzphilosophie, S. 65 f.
20 Jaspers, Philosophie III, S. 128 ff.

Poul Lübcke

Martin Heidegger: Philosophie als radikales Fragen

Abrechnung mit der Schulphilosophie

Martin Heidegger (1889–1976) gehört zu den Personen, die schon früh zu Mythenbildungen Anlaß gaben; nichtsdestoweniger verlief sein Leben nach außen hin ereignislos, ja fast provinziell. In Meßkirch in Baden geboren und aufgewachsen, forschte und unterrichtete er mit Ausnahme seiner Zeit als Professor in Marburg (1923–1928) sein ganzes Leben lang an der Freiburger Universität. Für philosophische Kongresse hatte er nur Verachtung übrig und nahm folglich an ihnen kaum je teil. Er reiste auch sonst nur selten, und als ihm in Berlin im Jahre 1930 eine Professur angeboten wurde, lehnte er mit der Begründung ab, er wolle den Ort nicht verlassen, in dem er seine Wurzeln habe. Bekannt ist auch sein fast schwärmerisches Verhältnis zum einfachen, vorindustriellen Leben – eine Sympathie, die sich auch an seiner Bekleidung zeigte, die eher an die bescheidene Sonntagstracht eines Bauern erinnerte. Gadamer[1] berichtet, wie er in Marburg Zeuge einer Begegnung wurde zwischen dem immer tadellos gekleideten Nicolai Hartmann im schwarzen Anzug und Heidegger in Skikluft; beide waren auf dem Weg zu ihren Vorlesungen, und Hartmann gab seiner Mißbilligung Ausdruck.

Sie waren Antipoden: Hartmann, der kühle, reservierte Herr gegenüber Heidegger, dem dunkeläugigen, etwas untersetzten Bergbauern, dessen Temperament trotz aller Selbstbeherrschung ständig durchzubrechen drohte. Dazu kamen sein stechender Blick und ein fast wichtigtuerischer Ernst, der sich jeden Scherz verbat.

Dieser kleine, gedrungene Mann verstand es, in seinen Vorlesungen und vor allem in seinen Seminaren ein blendendes pädagogisches Talent mit einem außergewöhnlichen Sprachvermögen zu vereinen, dessen terminologische Eigenwilligkeit die Zuhörer hinzureißen vermochte. Kennt man Heidegger nur von seinem Hauptwerk *Sein und Zeit* (1927), mag diese Charakteristik überraschen. Die Terminologie ist eigenartig und der Text zudem viel zu kompromiert, als daß man ihn als pädagogisch bezeichnen könnte; dazu kommt eine oft wenig argumentierende, bombastische Form. Liest man dagegen seine Vorlesungsaufzeichnungen, die posthum nach und nach herausgegeben werden, beginnt man zu ahnen, wie der charakteristische Begriffsapparat aus dem Ringen um die Klärung grundlegender philosophischer Fragen heraus entstanden ist und wie die Zuhörer durch phänomenologische Analysen zu Ergebnissen geführt worden sind, die Heidegger auf recht unvermittelte Weise in *Sein und Zeit* zusammengedrängt hat.

Die Umstände der Herausgabe haben sicherlich eine Rolle gespielt. Heidegger hatte seit 1923 an dem Werk gearbeitet, als ihn der Dekan der Marburger Philosophischen Fakultät aufforderte, schnellstens die Veröffentlichung eines geeigneten Manuskripts in die Wege zu leiten, weil Heidegger gegebenenfalls erwarten könne, als Professor nach Freiburg berufen zu werden.[2] Als das Manuskript 1926 zum Druck gegeben wurde – *Sein und Zeit* erschien zuerst Frühjahr 1927 in dem von Edmund Husserl («in Verehrung und Freundschaft zugeeignet») herausgegebenen «Jahrbuch für Phänomenologie und phänomenologische Forschung» Band VIII und gleichzeitig als Sonderdruck –, war es noch lange nicht fertig und ist seitdem fragmentarisch geblieben. Von den ursprünglich geplanten zwei Teilen zu je drei Abschnitten sind nur die ersten beiden Abschnitte des ersten Teils erschienen.[3] Trotz (oder vielleicht gerade wegen) seines unvollendeten Charakters und trotz des eigenartigen Stils, der nur ein schwacher Abglanz von dem war, was Heidegger als Vorleser und Seminarleiter vorgetragen hatte, wurde das Buch ein großer Erfolg, und der Mythos vom Philosophen in der berühmten Hütte in Todtnauberg entwickelte sich unaufhörlich. Heidegger wurde gesehen als der Verkünder der Angst und der unabwendbaren Einsamkeit des Menschen im 20. Jahrhundert, als einer, der nach dem Sinn der Existenz sucht in einer gottlosen, von der Technik beherrschten Welt.

Im April 1933 wurde er einstimmig zum Rektor des Senats der Freiburger Universität gewählt und pries in seiner berühmt-berüchtigten Antrittsrede den Aufbruch einer neuen Zeit. Wie weit dabei sein nationalsozialistisches Engagement tatsächlich ging, ist schwer abzuschätzen. Bei seinem Eintritt in die NSDAP (1933) machte er zur Bedingung, daß ihm kein Parteiamt übergeben werde, und er hat in der Tat auch keines übernommen. Man hat ihm antisemitische Neigungen unterstellt[4]; die Dokumentation ist aber umstritten, und gegen solche Beschuldigungen scheint zu sprechen, daß Heidegger zu einigen Juden eine freundschaftliche Beziehung pflegte (z. B. zu Hannah Arendt und dem Ehepaar Szilasi); dazu kommt, daß einer seiner Assistenten Halbjude war (Brock) und daß mehrere Juden bei ihm promovierten und sich bei ihm habilitierten (z. B. Löwith). Ferner unterließ er es trotz wiederholter Aufforderung, Bücher jüdischer Verfasser aus seinem Seminar zu entfernen. Es ist außerdem unbestreitbar, daß Heidegger nicht zuletzt deshalb das Rektorat abgab, weil er mit dem Kulturministerium wegen der Entlassung eines sozialdemokratisch orientierten Professors in Streit geraten war. Das Ministerium forderte eine politisch begründete Demission, und Heidegger setzte in dieser Sache seine Stellung aufs Spiel. Die Sympathien für den Nationalsozialismus waren wohl zunächst Folge einer gewissen nationalistischen Gesinnung sowie eines Mißtrauens gegenüber den Möglichkeiten der Demokratie und des Liberalismus. Nazistische Spekulationen im Stile Rosenbergs lagen ihm dagegen fern.

Heideggers Nietzsche-Vorlesungen Ende der 30er und Anfang der 40er Jahre gehen denn auch in völlig andere Richtung als die Nietzsche-Interpretationen der Nazis. Für sie war Nietzsche der Verkünder der Freiheit des Übermenschen, der sich als Führer die Welt ohne Rücksicht auf jede Moralität unterwirft. Dieser Seite Nietzsches schenkte Heidegger nicht das geringste Interesse; er las ihn ausschließlich als Metaphysiker.

In Heideggers philosophischem Werk wird man vergeblich nach einer explizit ausgedrückten politischen Haltung suchen. Heidegger hat – im Unterschied zu Jaspers – in seiner Philosophie von Anbeginn eine scharfe Grenze zu ziehen versucht zwischen Philosophie auf der einen und Politik und Moral auf der andern Seite. Politische Meinungen hielt er für eine Privatsache; die Philosophie aber hat nach seiner Auffassung politisch und moralisch neutral zu sein. Dies schließt allerdings nicht aus, daß Heideggers Kritik an gewissen anthropologischen Voraussetzungen auch verstanden werden kann als eine indirekte Kritik an bestimmten politischen Anschauungen. So besteht kein Zweifel, daß seine Philosophie im Gegensatz steht zu der Vision einer Gesellschaft mündiger und selbständiger Individuen, die sich in einem herrschaftsfreien Dialog der Idee einer guten Gesellschaft anzunähern versuchen. Eine politische Philosophie, welche demokratische und liberale Ideen mit einer solchen optimistischen Variante eines individualistischen Humanismus verbindet, ist daher mit Heideggers Philosophie kaum vereinbar. Weniger sicher dagegen ist, ob sein Menschenbild auch eine eher skeptische Variante des

Individualismus ausschließen würde, die – wie etwa die von Popper vertretene – die Demokratie eher als Mittel sieht, sich einer untauglichen Regierung zu entledigen, als das Mittel, eine ideale Regierung einzusetzen. Heidegger hat sich jedoch zu solchen Fragen weder vor noch nach 1933 geäußert.

Nichtsdestoweniger ist Heidegger vor wie auch nach dem Krieg mit moralischen Brillen gelesen worden, und dies hat zweifellos zur Mythenbildung beigetragen. Vor allem der Existentialismus zeichnete das gängige Bild von dem Mahner zur ‹eigentlichen›, innerlichen Existenz. Diese moralisch-religiöse, ‹existentielle› Heidegger-Interpretation ist zwar heute von der seriösen Heidegger-Forschung aufgegeben worden, genießt aber immer noch eine gewisse Verbreitung in populäreren Darstellungen seiner Philosophie. Die Korrektur des gängigen Bildes wird auch dadurch erschwert, daß das Denken des jungen Heideggers von einer Reihe tiefgehender Zweideutigkeiten geprägt ist. Obwohl man sich bald darüber einig wurde, daß er nicht als pathetischer Moralprediger, sondern als Ontologe zu lesen sei, kommt man kaum an der Schwierigkeit vorbei zu entscheiden, welche Art von Ontologie er eigentlich verficht.

Heideggers Denken ist eine großangelegte Abrechnung mit der philosophischen Tradition; aber es ist schwer zu durchschauen, wie radikal diese Abrechnung dann gemeint ist. Unter den von ihm herangezogenen ‹Diskussionspartnern› finden wir die Vorsokratiker, Platon, Aristoteles, Kant und Husserl. Mit seiner Kritik wollte er zeigen, daß es entscheidende Schwächen und Mängel gibt in der ontologischen Grundlage der philosophischen Tradition; aber diese Kritik ist selbst problematisch und zweideutig. Heidegger war sich dessen bewußt, was denn auch das sachliche Motiv dafür sein mag, daß *Sein und Zeit* ein Torso geblieben ist. Er sprach selbst von einer um 1930 herum eintretenden «Kehre» in seinem Denken.[5] Diese bestand jedoch nicht darin, daß Heidegger seine Anschauungen vor 1930 für fehlerhaft erklärt hätte. Überhaupt räumte er nur selten ein (um nicht zu sagen: nie), sich geirrt zu haben – weder in philosophischen noch in politischen Angelegenheiten. Statt dessen nahm er eine «Umdeutung» vor. Die früheren Standpunkte waren nicht «verkehrt», sondern unumgängliche, vorläufige Schritte auf dem Weg zur Klärung. Auf der einen Seite räumte er ein, daß *Sein und Zeit* in vielen Punkten zweideutig und unklar sei; auf der anderen Seite bewahrte das Werk einen Zug von Unanfechtbarkeit. Wenn man dazu bedenkt, daß Heidegger konsequent vermied, seinen zeitgenössischen

Kritikern zu antworten, dann ist es nicht verwunderlich, daß der Heideggerianismus im Deutschland der 50er und 60er Jahre erstarrte. Dieser Dogmatismus steht in grellem Gegensatz zu der ursprünglichen phänomenologischen Forderung, zur «Sache selbst» zu gehen – eine Forderung, die Heidegger nie aufgab. Übernommen hat er sie von Husserl, und sein Verhältnis zu ihm ist denn auch der Schlüssel zum Verständnis seines ursprünglichen Anliegens.

Das Verhältnis zu Husserl

Die Phänomenologie fordert von dem Philosophen, «zur Sache selbst» zu gehen und aufzuhören, sich mit Symptomen oder Indikationen zu beschäftigen. Der Phänomenologe geht davon aus, daß wir einen mehr oder weniger direkten Zugang zur Sache haben und sich dadurch die Sache im direkten Zugang so zeigt, wie sie an sich ist. Heidegger geht in diesem Punkt mit Husserl konform. Er definiert den Begriff *Phänomen* als «das Sich-an-ihm-selbst-zeigende», «das Offenbare».[6] Die Sache hat eine ursprüngliche Art, sich zu zeigen, und es ist Aufgabe der Phänomenologie, die Sache in ihrer Ursprünglichkeit, so wie sie sich von ihr selbst her zeigt, sehen zu lassen.[7] Eine «Sache» kann vielerlei sein, zum Beispiel eine Farbe, ein physisches Ding, ein Tier, ein Sachverhalt, eine Zahl, eine Menge oder eine Wesensbestimmung. Je nachdem, um welche Sache es sich handelt, hat sie ihre eigentümliche Art und Weise, sich zu zeigen. Die Weise, auf welche sich uns eine Farbe unmittelbar zeigt, ist zum Beispiel eine andere als die, auf welche ein Sachverhalt unmittelbar zugänglich ist. Der Phänomenologe muß dies in Betracht ziehen und diese Unterschiede erklären.

Auch hier stimmt Heidegger mit Husserl überein, wirft ihm allerdings vor, daß dessen Philosophie auf einer Reihe stillschweigender Voraussetzungen beruht, die er nicht selber einer strengen phänomenologischen Untersuchung unterworfen habe. Und die fragwürdigste dieser Voraussetzungen ist nach Heidegger die, daß sich mir das Wesen jedes Gegenstands auf gleiche Weise erschließt dadurch, daß ich seine Existenz «einklammere» und mit Hilfe der Phantasie den Gegenstand auf eine solche Weise variiere, daß ich von allem Individuellen und Zufälligen an ihm abstrahiere, damit ich zu dem gelange, was mit universeller Gültigkeit für alle Gegenstände der betreffenden Art zutrifft. Doch zumindest eine Sache entzieht sich diesem Zugriff: das «Ich» selbst.

Husserl spricht viel vom «Ich» oder vom «Bewußtsein», für welches sich der Gegenstand präsentiert. Auf welche Weise aber ist dieses Ich gegeben? Das Ich muß selbst eine Sache sein, die phänomenologisch untersucht werden kann; es muß einen Zugang zum Ich geben, der es direkt erscheinen läßt. Aber soll das Ich als Gegenstand unter anderen Gegenständen aufgefaßt werden? Husserl bestreitet dies und betrachtet statt dessen das Ich als identisch mit der Einheit im Bewußtseinsstrom, innerhalb dessen die Gegenstände erfahren werden. Das Ich ist nicht ein Gegenstand für das Bewußtsein, sondern der «Identitätspol» für alle Bewußtseinsakte, die die Gegenstände erfahren (vgl. S. 102). Nichtsdestoweniger behandelt Husserl das Ich als einen Gegenstand unter anderen, indem er vom individuellen Ich zum universellen Wesen des Ichs übergeht. Das Ich wird so als ein Gegenstand betrachtet, dessen notwendiges «Was-sein» (Wesen) bestimmt werden kann, indem wir davon absehen, ob das Ich existiert oder nicht.

Hier setzt Heideggers Kritik ein. Ihm zufolge schmuggelt Husserl eine unbewußte Voraussetzung ein. Woher weiß Husserl, daß es in allen Fällen berechtigt ist zu fragen, was ein Phänomen ist, und gleichzeitig davon abzusehen, ob es existiert oder nicht? Dies gilt zwar für ein physisches Ding, aber gilt es auch für ein Ich? Ein Granitklotz ist ein physisches Ding, das unabhängig davon beschrieben werden kann, ob es existiert oder nicht. Es ist sinnvoll, von einem Granitklotz mit einer bestimmten Farbe, einer länglichen Form und einem Gewicht von 17 Tonnen zu sprechen; entsprechend gehört es notwendig zu dessen *Was-sein* (dessen Wesen), daß er Farbe, Form und Gewicht hat – egal, ob er existiert oder nicht. Aber kann dasselbe von einem Ich gesagt werden? Gehört dieses Sein oder Nichtsein nicht gerade zu meinem Was-sein?[8] Macht es Sinn, von einer ursprünglichen, direkten Erfahrung meines *Wesens* zu sprechen, unabhängig davon, ob ich existiere oder nicht? Ist es nicht eher so, daß das «Wesen» (das Was-sein) des Ich in seiner Existenz liegt?[9]

Die Frage, was ein Gegenstand ist, handelt von dessen *Eigenschaften*. Husserl und Heidegger ziehen beide eine Grenze zwischen den *zufälligen* Eigenschaften (z. B. daß der Granitklotz grau und nicht schwarz ist, daß er länglich und nicht quadratisch ist, daß er 17 Tonnen und nicht 32 Tonnen wiegt usw.), die dem individuellen Gegenstand angehören, und den *notwendigen*, wesentlichen Eigenschaften (z. B. daß der Granitklotz irgendeine Farbe hat, irgendeine Form, irgendein Gewicht, daß er über die Zeit hinweg mit sich selbst identisch ist usw.), die den Gegenständen der betreffenden Art angehören. Husserl und Heidegger sind sich auch darin einig, daß es möglich ist, die zufälligen und notwendigen Eigenschaften eines Gegenstands aufzuzählen, unabhängig davon, ob der Gegenstand existiert oder nicht. Beide teilen ferner die Auffassung Kants, daß Existenz keine Eigenschaft (Prädikat) ist: Fragen wir nach dem, was etwas ist, gibt es keinen Unterschied zwischen hundert möglichen und hundert wirklichen Talern.[10] Die hundert wirklichen Taler haben die gleichen Eigenschaften wie die hundert möglichen Taler; der Unterschied besteht ausschließlich darin, daß die einen existieren, die letzteren aber nicht.

Während Husserl jedoch der Meinung ist, daß die Unterscheidung zwischen zufälligen und notwendigen Eigenschaften auf der einen Seite und Existenz auf der anderen Seite auf jede Sache zutrifft, weist Heidegger die Gültigkeit dieser Distinktion zurück, wenn es sich um ein Ich handelt. Das Ich ist nicht ein Gegenstand, der gewisse Eigenschaften hat und bei dem die Frage nach der Existenz unabhängig von der Frage nach den Eigenschaften gestellt werden kann. Hätte Husserl an seiner ursprünglichen Forderung festgehalten, nur das in die Phänomenologie einzubeziehen, was sich in einem direkten Zugang zur Sache zeigt, hätte er dies einsehen müssen. Die ursprüngliche Erfahrung meiner selbst ist nicht die Erfahrung eines Was-seins, von dessen Existenz ich absehen kann. Ich erfahre, daß es ein unumgänglicher Zug ist an dem, was ich bin, daß ich mich dazu *verhalte*, ob ich das eine oder das andere bin.[11] Die «Eigenschaften», die ich «besitze», können gar nicht unabhängig davon *existieren*, ob ich mich zu ihrer Existenz verhalte. Es ist zum Beispiel eine Eigenschaft an mir, «daß ich mich ausruhe» oder «daß ich mitten in der Arbeit stecke». Das «Ausruhen» oder die «Arbeitsamkeit» sind aber keine Eigenschaften, die ich nur «besitze». Ich kann mich nur ausruhen oder arbeitsam «sein», wenn ich mich dazu verhalte, daß ich so bin, daß ich als arbeitsam oder ausruhend «existiere». Mein Verhalten zum Wassein gehört unumgänglich zu dem, «was» ich «bin». Es ist ein Grundzug aller meiner Eigenschaften, daß ich sie nur «haben» kann, wenn ich mich dazu verhalte, ob sie existieren oder nicht.

Mein ursprünglichster Zugang zum Ich ist daher auch kein vergegenständlichendes Betrachten, sondern eine Erfahrung meines Verhaltens zu meiner eigenen Existenz als Grundzug all der «Eigenschaften», die mein Ich ausmachen. Das Ich kann nur seine «Eigenschaften haben» und kann nur «sein», wenn es sich zu seiner Existenz, zu seinem «Da-sein» verhält.[12] Um diesen Grundzug auch terminologisch hervorzuheben, schlägt Heidegger vor, die traditionsbelastete Rede vom «Ich» aufzugeben und statt dessen vom *Dasein* zu reden, das nur da sein kann, indem es sich zu diesem Existieren verhält.

Mit dieser Einführung des Daseinsbegriffs geht Heidegger über Husserl hinaus. Doch die Bruchstelle ist nicht eindeutig. Auf der einen Seite begreift Heidegger seine Philosophie als Weiterführung der Husserlschen Phänomenologie. *Sein und Zeit* ist Husserl gewidmet, und Heidegger kann sich in diesem Werk auf seinen Mentor beziehen und hervorheben, daß sie beide darin übereinstimmen, daß eine «Person kein Ding, keine Substanz, kein Gegenstand ist»[13]. Auf der anderen Seite gehen sie gerade in der Frage, «was» denn eine Person «ist», ihre eigenen Wege. Für Husserl ist das Sein eines Menschen oder einer Person etwas, was in einer Reihe von Bewußtseinsakten durch das transzendentale Ego «konstituiert» wird. Aber «was ist» dieses transzendentale Ego selbst, fragt Heidegger[14], und wie ist sein Verhältnis zu dem, eine Person zu sein? Husserl kam nie zu einer eindeutigen Antwort auf diese Frage, und es ist bezeichnend, daß der zweite Band der 1913 erschienenen *Ideen zu einer reinen Phänomenologie und phänomenologischen Philosophie*, der den Begriff der Person behandeln sollte, zu Lebzeiten Husserls nicht veröffentlicht wurde. Husserls späteren Vorschlag einer Bestimmung des Ich-«Seins» fand Heidegger nicht zufriedenstellend, so daß er die Erstausgabe der *Logischen Untersuchungen* von 1900/1901, in denen Husserl noch nicht von einem Ich sprechen will, den späteren Werken vorzog, die eine positive Bestimmung dessen geben wollen, «was» ein Ich «ist».[15] Heideggers Begriff vom *Dasein* tritt deshalb an die Stelle dessen, was Husserl «Ich», «Bewußtsein» oder «Person» nennt.

Heideggers Kritik des Versuchs, das *Was-sein* des Ich festzulegen, entspricht im großen und ganzen den existenzphilosophischen Überlegungen, die man beispielsweise bei Jaspers findet. Seine Abrechnung mit Husserl hat aber noch weitere Konsequenzen. Nachdem er die Allgemeingültigkeit der Unterscheidung zwischen dem «Was-sein» und dem «Daß-sein» in Zweifel gezogen hat, kann Heidegger die radikalere Frage stellen, ob diese Unterscheidung überhaupt so klar ist, wie sie unmittelbar erscheint. Gegen Ende des Buches *Kant und das Problem der Metaphysik* (1929) heißt es:

«An jedem Seienden ‹gibt es› so Was-sein und Daß-sein, essentia und existentia, Möglichkeit und Wirklichkeit. Heißt hier ‹Sein› je dasselbe? Wenn nicht, woran liegt es, daß das Sein in Was-sein und Daß-sein gespalten ist? Gibt es diesen allzu selbstverständlich aufgerafften Unterschied – essentia und existentia – so, wie es

Hunde und auch Katzen gibt, oder liegt hier ein Problem, das endlich gestellt werden muß und das offenbar nur gestellt werden *kann, wenn gefragt wird, was das Sein als solches sei?*»[16]

Heidegger ist damit zu seinem Hauptproblem, der Frage nach dem *Sein*, gelangt, zu der die Frage nach dem Dasein nur eine Vorstufe ist. Zugleich hat Heidegger der Problemstellung eine umfassende geschichtliche Dimension gegeben, indem er von Kant auf die mittelalterliche Unterscheidung zwischen *essentia* (das Wesen; was etwas ist) und *existentia* (daß etwas ist) zurückgeht. Wenn man davon redet, «was» etwas ist, wie auch davon, «daß» etwas ist, spricht man von dem, was *ist*. Was meint man hier mit «ist» – oder wie Heidegger gern fragt: Von welchem generellen Begriff des *Seins* gehen wir aus, wenn wir unterscheiden zwischen dem, «was» ein Seiendes «ist», und dem, «daß» das Seiende «ist»? Daß wir hier eine Unterscheidung vornehmen können, ist nicht zu bestreiten; fraglich aber ist, warum wir auf diese Weise unterscheiden sollen, ob diese Unterscheidung immer dieselbe ist und ob sie nicht auf einem grundlegend verkehrten Begriff vom Sein des Seienden beruht. Ist der Unterschied zwischen dem «Was-sein» und dem «Daß-sein» von gleicher Art wie der Unterschied zwischen Hunden und Katzen – und wenn nicht, wie ist diese Differenzierung zu verstehen? Diese *Seinsfrage* ist für Heidegger das wichtigste und zugleich das am meisten vernachlässigte Problem der Philosophie.

«Sehe ich nicht im mindesten ein», schrieb Husserl an den Rand seines Exemplars von Heideggers Kant-Buch und stellt ihm sein eigenes philosophisches Programm entgegen:

«Jedes Seiende kann ich nach seinen ‹Eigenschaften›, seinen ‹Relationen› befragen, jedes kann ich nach seinem ‹allgemeinen Wesen› befragen und ich kann ihm dieses allgemeine Wesen (das Eidos...) gegenüberstellen und dieses als ihm in der Weise der Metexis Zukommendes aussprechen, als ihm in eins mit allen *möglichen* Seienden, die seine Abwandlungen sind, zukommend. Jedes kann ich als ‹Einzelheit› einer Vielheit, einer wirklichen und möglichen [auffassen] etc.; das sind die formalen Kategorien. Gibt es Eigenschaften etc. Kategorien so wie es Hunde und Katzen gibt? – ‹oder liegt hier ein Problem, das endlich gestellt werden muß›. Was für ein Problem? Geradehin und evident über Seiendes im Überhaupt urteilend (und nicht beschränkt auf Weltliches, das vielleicht nicht das Einzige und einzig Mögliche ist) gewinne ich das formal Ontologische und über Weltliches das Weltlichformale (Materiale). Aber trotzdem bin ich nicht befriedigt. Die Subjektbeziehung, die des Bewußtseins, der Erkenntnis, bringt die neuzeitlichen Schwierigkeiten; sie betreffen nicht ein mythisches ‹Sein›, sondern das

Wesensverhältnis von Seiendem überhaupt und Subjektivität überhaupt, für die es ist. Das führt also auf die einzig vernünftigen Probleme der Konstitution.»[17]

Die Frage nach dem Sein des Seienden, welches für Heidegger das wichtigste philosophische Problem überhaupt ist, wird von Husserl als eine Scheinfrage zurückgewiesen. An ihrer Stelle nennt Husserl zwei Hauptaufgaben der Philosophie: Erstens soll sie untersuchen, welche notwendigen Wesenszüge das Seiende besitzt; teils kann man nach den formalen Wesenszügen fragen, die sich an jedes Seiende knüpfen («formale Ontologie»), teils kann man fragen, welche Wesenszüge bestimmten Regionen des Seienden zugehören («materiale Ontologie») (vgl. S. 94). Zweitens soll der Philosoph das Verhältnis untersuchen zwischen dem Seienden und dem Bewußtsein («der Subjektivität»), welches das Seiende erfährt und erkennt. Er soll beschreiben, welche Bewußtseinsakte vonnöten sind, damit ein Seiendes erfahren werden kann. Das führt zu dem sogenannten Konstitutionsproblem, d. h. zu der Frage, wie sich verschiedene Gegenstandstypen auf verschiedene Weise für ein Bewußtsein zeigen und welches Verhältnis zwischen den verschiedenen Weisen, sich zu zeigen, besteht (vgl. S. 97).

Heidegger erwidert Husserl, daß dieses philosophische Programm zwei fundamentale Versäumnisse enthalte.[18] Auf der einen Seite kann Husserls Wesensanalyse des Seienden niemals die Seinsfrage ersetzen. Egal, ob man nach dem formalen oder dem materialen Wesen eines Seienden fragt: stets sei schon vorausgesetzt, daß man eindeutig zwischen dem Wesen des Seienden (essentia, d. h. was das Seiende notwendigerweise ist) und der Existenz (existentia, d. h. daß das Seiende tatsächlich vorkommt) unterscheiden, auf dieser Grundlage eine Wesensanalyse durchführen und zugleich von der Existenzfrage absehen kann. Dabei gehe man stillschweigend davon aus, daß der Existenzbegriff bekannt ist und alles Seiende auf gleiche Weise existiert. Ebenfalls habe man stillschweigend vorausgesetzt, daß das Verhältnis zwischen der Existenz und dem Was-sein des Seienden bekannt und unproblematisch ist. All dies, meint Heidegger, ist philosophisch unakzeptabel. – Auf der anderen Seite ist nach Heidegger Husserls sogenannte Konstitutionsanalyse darum unbefriedigend, weil sie nicht nach dem Seinscharakter des transzendentalen Ego fragt. Damit riskiert Husserl sogar, daß dieses Ich die gleiche Behandlung erfährt wie irgendein anderer Gegenstand, indem er auch hier in Versuchung gerät, auf prinzipiell gleiche Weise zwischen dem «Wesen» und der «Existenz» des Ich zu unterscheiden, wie man zwischen dem «Wesen» und der «Existenz» jedes anderen Seienden unterscheidet. Statt dessen fordert Heidegger, daß der Philosoph als Vorbereitung auf die Seinsfrage seinen Ausgangspunkt in einer Analyse des *Daseins* nehmen solle.[19] Jede Konstitutionsanalyse im Stile Husserls müsse mit einer Daseinsanalyse einsetzen, bei der das «Sich-zu-sich-selbst-verhalten» des Daseins im Mittelpunkt steht.

Für Husserl ist diese Verschiebung der Frageweise fatal. Heideggers Daseinsanalyse bedeutet für Husserl einen Rückfall in die vorphänomenologische, «mundane» Einstellung (vgl. S. 77). Was Heidegger «Dasein» nennt, ist nach Husserl bloß ein anderes Wort für «Mensch», so wie dieser in der natürlichen, «mundanen» Einstellung erscheint. Aufgabe einer streng phänomenologischen Analyse sei es aber gerade, von allen «natürlichen» Voraussetzungen abzusehen, etwa daß ich als ein Mensch unter anderem Seienden wie Dingen, Tieren, Pflanzen usw. existiere. Wenn jedoch Heideggers Begriff des Daseins mit dem Begriff des Menschen, so wie dieser sich in der natürlichen Einstellung zeigt, identisch ist, dann ist in der Folge das Dasein ein konstituiertes, das selbst das konstituierende, transzendentale Ego voraussetzt.[20]

Husserl und Heidegger sind sich über diesen Punkt nie einig geworden. Husserl, der Anfang der 20er Jahre mit Stolz ausgesprochen hatte: «Die Phänomenologie, das ist Ich und Heidegger!»[21], sah sich nach dem Erscheinen von *Sein und Zeit* veranlaßt, von seinem früheren Assistenten Abstand zu nehmen. Heidegger fühlte sich von seinem alten Lehrer mißverstanden, und seine eigene Entwicklung nach 1927 entfernte ihn immer mehr von dem Husserlschen Ausgangspunkt. In den 30er Jahren gab es kaum noch eine nennenswerte Verbindung zwischen den beiden. Husserl blieb in seinem Ruhestand ohne Kontakt mehr mit der täglichen Arbeit an der Universität, und Heidegger übernahm schon nach wenigen Jahren seinen Platz als tonangebender Phänomenologe. Das war nicht nur ein Generationswechsel, sondern ein Bruch.

Die Intentionalität des Daseins

Husserl mit Heidegger zu vergleichen ist nicht nur deshalb schwierig, weil sie eine unterschiedliche Auffassung von der Aufgabe der Phänomenologie haben, sondern weil sie auch eine völlig andere Terminologie verwenden. Husserls bevorzugter Ausdruck «Intentionalität» kommt beispielsweise in *Sein und Zeit* überhaupt nicht vor. Erst die kürzlich herausgegebenen Vorlesungsmanuskripte der 20er Jahre geben uns einen Begriff davon, wie Heidegger sein Verhältnis zu Husserl und dem traditionellen philosophischen Sprachgebrauch aufgefaßt hat.

Heidegger schließt sich Husserls These an, daß jede Wahrnehmung, jedes Vorstellen, Denken, Urteilen usw. von einem Sich-richten-auf-etwas, einem Intendieren von etwas begleitet ist.[22] Die Gerichtetheit ist ein Grundzug meiner Art und Weise da-zu-sein. Wenn ich erfahre, daß das Da-sein, das Existieren, nicht von dem, was ich bin, geschieden werden kann, erfahre ich zugleich, daß ich nur existieren kann, wenn ich auf einen Gegenstand in meiner Umwelt gerichtet bin. Die Existenz ist ein Grundzug an dem, «was» ich bin; aber ich kann nur existieren, wenn ich mich zu allem Seienden, das mich umgibt, verhalte. So wie es ein notwendiger Zug an meinem Dasein ist, daß ich mich zu meiner Existenz verhalte, kann ich auch nicht als isoliert Seiendes existieren, sondern bin im Gegenteil auf alles andere Seiende gerichtet. Das Ich ist kein isoliertes «Subjekt» gegenüber einem ebenso isolierten «Objekt», und die Intentionalität ist kein mystisches «Verhältnis» zwischen einem Subjekt und einem Objekt, die strenggenommen auch unabhängig voneinander existieren können. Da das Ich nur sein kann, indem es da ist, weist das Ich als Da-sein über sich selbst hinaus und auf alles andere Seiende hin. Heidegger geht sogar so weit, die prinzipielle Gerichtetheit des Ichs als Begründung für den neuen Begriff des «Daseins» heranzuziehen in Absetzung zu traditionellen Ausdrücken wie «Ich», «Bewußtsein» oder «Subjekt».[23]

Hierin liegt ein Bruch mit der *erkenntnistheoretischen* Tradition, wie wir sie seit Descartes kennen und zu Heideggers Zeit teils bei Dilthey, am deutlichsten noch bei Hartmann[24] und Jaspers vorfinden. Traditionellerweise geht man von einem Ich aus, das sich seiner selbst gewiß wird, indem es sich zu seinen eigenen Bewußtseinszuständen verhält. Die erkenntnistheoretische Frage ist mit dem Problem identisch, wie das Ich seine Bewußtseinssphäre überschreiten und zu dem objektiven, bewußtseinsunabhängigen Seienden «hinausgelangen» kann. Selbst für einen Erkenntnistheoretiker wie Hartmann, der die Intentionalität als einen Grundzug des Bewußtseins anerkennt, ist es immer noch ein Rätsel, wie das bewußte Ich sichergehen kann, daß das Intendierte nicht nur etwas bloß «Subjektives» ist, sondern daß ihm auch faktisch «objektive» Existenz zukommt. Jaspers stellt dieselbe Frage; aber während Hartmann in einem philosophischen Realismus endet, zieht Jaspers die Konsequenz, daß wir niemals das Seiende *an sich* erkennen, sondern nur, wie es *für uns* ist. Die Antworten sind grundverschieden; aber daß die Frage richtig gestellt ist, darüber sind sich beide einig.

An diesem Punkt setzt Heideggers Kritik ein. Wie das «Bewußtsein» zum Bewußtseinsunabhängigen gelange, wie die «subjektiven» Vermeinungen «objektive» Gültigkeit erreichen – diesen ganzen erkenntnistheoretischen Problemkomplex weist Heidegger zurück, indem er ihn auflöst. Er hält es für einen Irrtum zu glauben, daß darum, weil die Intentionalität (die Gerichtetheit) ein Grundzug der «Bewußtseinssphäre», der «Subjektivität» ist, auch der Gegenstand der Intentionalität etwas «Bewußtseinsmäßiges», etwas «Subjektives» sein müsse. Wenn ich mir zum Beispiel das Brandenburger Tor vorstelle, dann habe ich mich nicht meinen Vorstellungen über dieses Tor zugewandt, sondern dem Tor als einem objektiven, «bewußtseinsunabhängig» Seienden. Selbstverständlich habe ich eine Reihe von Vorstellungen, bin aber nicht auf sie gerichtet; selbstverständlich kann ich mich irren, aber das ändert nichts an dem grundsätzlichen Sachverhalt. Teils kann ich mich falsch erinnern und mir das Tor anders vorstellen, als es eigentlich ist; teils gibt es immer die Möglichkeit, daß das Vorgestellte gar nicht existiert, etwa wenn ich mir den alten Konzertsaal im Kopenhagener Tivoli vorstellte, ohne zu wissen, daß er während des Zweiten Weltkriegs bombardiert worden ist. Aber das ändert nichts daran, daß meine fehlerhaften Vorstellungen letzten Endes dem Brandenburger Tor bzw. dem alten Konzertsaal des Kopenhagener Tivoli gelten.

Der Sinn solchen Fehlverhaltens liegt darin, daß ich auf ein Seiendes gerichtet bin, das ich mir entweder verkehrt vorgestellt habe oder dem ich auf fehlerhafte Weise eine Existenz zugeschrieben habe, die es nicht hat. Wenn ich Fehler mache, «verdecke» ich das Seiende[25]; aber dieses Verdecken ist nur möglich, weil ich mich überhaupt auf das Seiende richten und eine Meinung von ihm haben kann. Nur weil meine Intentionalität eine «Entdeckung»[26] des Seienden ist, kann ich fehlgehen und das Seiende «verdecken». Die erkenntnistheoretische, skeptische Frage, wie ich mich denn dagegen absichere, immer Fehler zu begehen, löst sich von selbst; denn Grundbedingung, um überhaupt Fehler machen zu können, ist, daß ich auf das Seiende gerichtet bin und dadurch «immer schon» über die bloß subjektive Sphäre «hinaus» bin. Das Ich ist daher nicht primär ein «Subjekt», das sich zu seinen inneren Bewußtseinszuständen verhält, sondern ein Seiendes, das sich zur Existenz verhält und nur existieren kann, wenn es auf alles übrige Seiende gerichtet ist.

Gerichtetheit und Überschreitung

Das Dasein ist auf das Seiende gerichtet, indem es das Seiende entdeckt; dies kann jedoch auf verschiedene Weise geschehen. Die Reiterstatue von König Frederik V. auf dem Schloßplatz von Amalienburg kann ich mir zum Beispiel anschauen, mir ins Gedächtnis rufen oder vorstellen, für sie etwas wünschen, über sie urteilen usw. Der Bildhauer Saly entdeckte sie auf seine Weise, indem er sie schuf; dagegen wird sie jemand vielleicht einmal dadurch entdecken, daß er sie zerstört. Die Reiterstatue offenbart einen ganzen Fächer möglicher Entdeckungsformen, zeigt aber auch Grenzen auf. Zum Beispiel werde ich die Reiterstatue nie so entdecken können, wie ich mich zu einer geometrischen Figur verhalte. Eine Reiterstatue kann ich anschauen und berühren, nicht dagegen eine geometrische Figur, die ein ideales Gebilde ist mit Punkten ohne Ausdehnung, unendlich dünnen Linien usw. Die Art und Weise, auf welche ein physischer Gegenstand wie eine Reiterstatue entdeckt werden kann, ist verschieden von der Art und Weise, auf welche wir geometrische Figuren entdecken können. Was entscheidet, auf welche Weise etwas entdeckt werden kann? Die Antwort muß sich aus dem Seienden und dessen Seinsart ergeben.[27]

Je nachdem, um welche Art Seiendes es sich handelt, sind die verschiedenen Entdeckungsformen verschieden. Um zu wissen, welche Entdekkungsformen möglich sind, muß ich folglich ein vorhergehendes Verständnis davon haben, mit welcher Art Seiendem ich es zu tun habe. Kurz gesagt: Jede *Entdeckung* des Seienden bewegt sich innerhalb eines *Verständnisses* des Seins des Seienden. Der Entdeckung des Seienden entspricht eine Erschlossenheit für das Sein des Seienden.

Dies kann auf zweierlei Weise verstanden werden. Erstens ist deutlich geworden, daß sich das Dasein nicht bloß auf das zu entdeckende Seiende richtet; das Dasein überschreitet (*transzendiert*[28]) das Seiende, indem durch sein Seinsverständnis das Sein des Seienden offenbart wird. Zweitens muß sich das Sein offenbaren, damit das Seiende entdeckt werden kann. Der sich hier ergebende Unterschied zwischen dem Sein und dem Seienden wird von Heidegger die *ontologische Differenz* genannt.[29] Das Dasein versteht sich auf diese Differenz, weil das Sein für das Dasein erschlossen sein muß, damit es sich überhaupt auf das Seiende richten kann.

Damit sind wir bei der dritten Definition angelangt, die Heidegger verwendet, um den Daseinsbegriff zu charakterisieren. Zunächst ist mit dem

Dasein ein Seiendes gemeint, das nur sein kann, wenn es sich zu seiner eigenen Existenz verhält. Ferner ist es zu verstehen als ein Seiendes, das auf alles Seiende gerichtet ist. Die dritte Bestimmung lautet nun: Das Dasein ist das Seiende, das die Frage nach dem Sein des Seienden stellen kann.[30] Diese drei Definitionen stehen nicht in einem zufälligen Verhältnis zueinander, sondern verweisen aufeinander und präzisieren einander. Vor allem bestimmt die dritte Definition die erste. Das Dasein ist im Grunde ein Seiendes, das das Seiende überschreitet und dem das Sein des Seienden erschlossen ist. Durch diese Erschlossenheit erfährt das Dasein, daß es verschiedene Seinsarten gibt; es erfährt, daß die Seinsart eines physischen Dinges von der einer geometrischen Figur abweicht und daß die Seinsarten dieser zwei Seienden wiederum von der eigenen Seinsart des Daseins verschieden sind. Dennoch ist den physischen Dingen und den geometrischen Figuren gemeinsam, daß sie primär erfahren werden, indem sie zu Gegenständen unserer Beobachtung gemacht werden.

Mit dem Dasein selbst dagegen verhält es sich anders. Es ist ein Seiendes, das nicht primär durch eine Vergegenständlichung entdeckt werden kann; es erfordert, daß sein Sich-Verhalten zu seiner eigenen Existenz in die Erfahrung des Seienden einbezogen wird. Das heißt: Das Dasein ist nicht bloß ein Seiendes, das sich zu seiner eigenen Existenz verhält, sondern es verhält sich zum Sein des Seienden überhaupt als Bedingung der Möglichkeit seines eigenen Existenzverhältnisses und zu dem übrigen Seienden, von dem es sich unterscheidet.

«Zuhanden sein» und «Vorhanden sein»

Das Dasein entdeckt das Seiende, indem es auf Seiendes gerichtet ist. Heidegger hat diesen Begriff der Gerichtetheit (*Intentionalität*) zweifellos von Husserl übernommen, stellt jedoch die Frage, ob Husserl in seiner Analyse der Gerichtetheit radikal genug gewesen ist. Hat Husserl recht darin, daß die Intentionalität den ursprünglichen Zugang zum Seienden ermöglicht und das der Gerichtetheit zugrunde liegende Seinsverständnis das ursprünglichste ist? Heidegger kritisiert Husserl an diesem Punkt, indem er nachzuweisen versucht, daß es eine fundamentalere Weise gibt, das Seiende zu entdecken, als jene, die sich geltend macht, wenn das Dasein das Seiende intendiert, also auf das Seiende gerichtet ist.

Einige Beispiele mögen den Unterschied zwischen Husserl und Heidegger illustrieren. Stellen wir uns vor, daß ich beim Putzen meiner

Wohnung bin und eben den Teppich im Korridor vom Staub befreien will. Als geeignetes Werkzeug dazu benutze ich den Staubsauger. Heideggers Pointe ist nun, daß meine Handhabung des Staubsaugers die ursprünglichste Weise ist, auf die ich diesen Gebrauchsgegenstand entdecken kann. Egal, welche Versuche ich mache, um auf andere Weise zu erfahren oder mir vorzustellen, was es heißt, ein Staubsauger zu sein, ich werde nie einen ursprünglicheren Zugang zu diesem Werkzeug erlangen als den, den ich durch meinen gebrauchenden Umgang erreiche. Halten wir uns an die phänomenologische Forderung, «zur Sache selbst» zu gehen, das heißt, das Seiende so zu beschreiben, wie es sich ohne vermittelndes Glied in einem direkten Zugang zum Phänomen zeigt, dann dürfen wir sagen, daß der Staubsauger – phänomenologisch gesehen – genau das ist, als was er sich zeigt, wenn er in einen Gebrauchszusammenhang eingeht. Ein Staubsauger ist ein Stück Werkzeug und als solches ein Beispiel für jene Seinsart, die Heidegger mit *Zeug* bezeichnet.[31] «Zeug» ist die Bezeichnung für Seiendes, das sich auf seine ursprünglichste Weise zeigt, wenn wir ihm in einem *gebrauchenden Umgang* begegnen.

Husserl würde eine solche Analyse nicht akzeptieren. Für ihn ist der Staubsauger primär ein *reales Seiendes*, das sich auf seine ursprünglichste Weise zeigt, wenn wir es *wahrnehmen* (vgl. S. 87). Die ursprünglichste Erfahrung des Staubsaugers erlange ich, Husserl zufolge, wenn ich ihn ansehe oder berühre und ihn dadurch *anschaulich vergegenwärtige*. Durch verschiedene Wahrnehmungen erfahre ich Form, Farbe, Länge, Robustheit usw. des Staubsaugers. Aufgrund dieser anschaulichen Vergegenwärtigung kann ich eine reine Beschreibung des realen Phänomens geben, als welches der Staubsauger hervortritt. Von diesen Erfahrungen ausgehend, kann ich dazu übergehen, ihn als Kulturgegenstand zu beschreiben, wobei ich die Funktionen, die jener erfüllen soll oder kann, zu erklären habe. Meine Erfahrung des Staubsaugers als Kulturgegenstands setzt so meine Erfahrung des Staubsaugers als eines realen Gegenstands voraus. Etwas technischer formuliert: Mein unmittelbarer Zugang zum Staubsauger als Kulturgegenstand *konstituiert* sich aus meinem unmittelbaren Zugang zu ihm als realem Gegenstand. Man kann daher sagen, daß der Gebrauchsgegenstand ein konstituiertes Seiendes ist, das das reale Seiende voraussetzt.

Heidegger würde hier Husserl entgegenhalten, daß dieser in seiner phänomenologischen Analyse nicht konsequent genug sei. Husserl halte sich nicht streng an die «Sache selbst», wie diese unmittelbar als Phänomen sich zeigt. Statt dessen schmuggle er heimlich eine Theorie darüber ein, daß die unmittelbarste Weise, auf welche uns ein Seiendes begegnen könne, in der direkten Anschauung dieses Seienden liegt. Husserl habe damit stillschweigend seinen Ausgangspunkt im *Akt des Sehens* genommen und zur Grundlage der gesamten Phänomenologie gemacht. Das Modell, das Husserl vor Augen steht, ist in der Tat deutlich genug: Jeder Wahrnehmungsgegenstand ist entweder anwesend oder abwesend. Ich kann mich auf den Wahrnehmungsgegenstand auf vielerlei Weise richten, indem ich von ihm höre, an ihn denke, über ihn phantasiere oder mich an ihn erinnere, ein Spiegelbild von ihm sehe oder ihn mitwahrnehme, wenn ich etwas anderes sehe – aber keiner dieser Zugänge ist so direkt wie der, den ich erlange, wenn ich zum Wahrnehmungsgegenstand selbst gehe und ihn so sehe, wie er sich in seiner vollen Anschaulichkeit zeigt.

Dieses Modell überträgt Husserl auf alle Phänomene. Ein Phänomen kann mehr oder weniger anschaulich gegeben sein, indem es sich mehr oder weniger dem Bewußtsein vergegenwärtigt. Die anschauliche Vergegenwärtigung ist die ursprünglichste Weise, auf welche sich ein Phänomen zeigen kann. Der anschauliche Zugang zu einem Seienden als einem gegenwärtigen Gegenstand für direktes, interessenfreies Betrachten ist daher die ursprünglichste Weise, auf welche ich dem Seienden begegnen kann. Auf dieser Basis bildet sich der Begriff der Intentionalität heraus als einer Gerichtetheit auf einen Gegenstand mit einem Sinn, der durch den Gegenstand auf mehr oder weniger anschauliche Weise erfüllt werden kann. Nach Husserl gibt es viele verschiedene Gegenstandsarten mit je besonderer Zugangsweise; aber für jede Gegenstandsart gilt, daß sie ihre besondere Art anschaulicher Vergegenwärtigung hat und daß diese anschauliche Vergegenwärtigung ihre ursprünglichste Weise ist, sich zu präsentieren. Ein Phänomen zu sein ist daher für Husserl beinahe identisch mit dem anschaulich Gegebensein.

Hier setzt Heideggers Kritik ein. Husserl tut recht darin, zwischen mehr oder weniger direkten Zugängen zum Seienden zu unterscheiden; aber er irrt sich, wenn er glaubt, die anschauende Vergegenständlichung sei immer die direkteste Weise, dem Seienden zu begegnen. Heidegger hat schon früher zu beweisen versucht, daß der intentionale, anschauende und vergegenständlichende Phänomenbegriff unweigerlich zu kurz kommen muß, wenn es sich um die direkte Erfahrung des Ich oder genauer: des Daseins durch das Ich oder das Dasein selbst handelt. Heidegger geht jetzt weiter und behauptet, daß es selbst gegenüber einem so alltäglichen Phänomen wie einem Staubsauger verkehrt sei, den vergegenständlichenden, anschauenden, intentionalen Zugang zu diesem als den ursprünglichsten zu betrachten. Im Gegenteil, nur weil ich imstande bin, den Staubsauger zu gebrauchen, und ihm auf diese Weise als ein Stück Werk-*Zeug* begegne, können überhaupt erst Situationen entstehen, in denen ich mich dafür zu interessieren beginne, den Staubsauger zum Gegenstand einer näheren Betrachtung zu machen. Das intentionale Betrachten eines Gegenstands ist nur möglich, weil sich das Dasein immer schon in einem interessierten, hantierenden, besorgenden Umgang mit dem Seienden befindet. Von diesem hantierenden, gebrauchenden Besorgen[32] kann man daher sagen, daß es für die intentionale Vergegenständlichung *konstituierend* ist, indem das gebrauchende Besorgen eine *notwendige Bedingung* der Intentionalität darstellt. Heidegger bestreitet keineswegs, daß die Husserlsche Intentionalitätsanalyse ihre volle Berechtigung haben kann, wenn von einer vergegenständlichenden Gerichtetheit auf das Seiende die Rede ist; aber er ist der Ansicht, daß wir es hier mit einem Grenzfall der umfassenderen Analyse des hantierenden Umgangs des Daseins mit dem seienden Zeug zu tun haben.

Wichtig ist daher die genauere Vergegenwärtigung des Zeugphänomens. Bisweilen scheint Heidegger ein Zeug mit einem Gebrauchsgegenstand[33], irgendeinem Werk-Zeug, zu identifizieren. Das paßt gut auf das Beispiel mit dem Staubsauger und auf Heideggers eigene Beispiele wie Hammer[34], Schreibzeug, Feder, Tinte, Papier, Unterlage, Tisch, Lampe, Möbel, Tür[35], Brücken, Straßen, Beleuchtungsanlagen[36] usw. Nahegelegt wird diese Verwendung der Wörter auch dadurch, daß der Fachausdruck «Zeug» bereits in alltäglichen Wörtern wie Werkzeug, Nähzeug, Fahrzeug usw. vorkommt. Von all diesen Gebrauchsgegenständen gilt, daß sie durch ihre Verwendbarkeit für dieses oder jenes ausgezeichnet sind. Die Verwendbarkeit des Gebrauchsgegenstands, sein «Um-zu», nennt Heidegger die *Zeughaftigkeit*[37] des Gebrauchsgegenstands, seine *Zeugstruktur*[38] oder seinen *Zeugcharakter*[39].

Die Bestimmung von «Zeug» als Gebrauchsgegenstand ist jedoch nur eine vorläufige Definition. Eine genauere Bestimmung identifiziert Zeug mit dem «nächstbegegnenden Seienden, dem, womit wir es zu tun haben»[40]. Diese Definition ist die phänomenologisch gesehen entscheidendste, weil sie «Zeug» vom *Zugang* her definiert, den wir primär zu diesem Seienden haben. Sie hat aber noch einen weiteren Vorteil. Während die Bestimmung von Zeug als Gebrauchsgegenstand den Zeugbegriff nur auf das vom Menschen erzeugte Seiende einschränkt, umfaßt die neue Definition kulturelles wie auch natürliches Seiendes. Zum Beispiel bezeichnet Heidegger die Sonne als ein Zeug[41], sofern wir mit der

Sonne zu tun haben, wenn wir entscheiden wollen, wieviel Uhr es ist. Die Sonne ist kein von Menschen erzeugter Gebrauchsgegenstand, sondern ein natürliches Seiendes. Nichtsdestoweniger bestehe unser primärer Zugang zur Sonne darin, daß wir sie zu diesem oder jenem gebrauchen, zum Beispiel zu astronomischen Berechnungen der genauen Uhrzeit oder zur Lokalisierung von Himmelskörpern.

Aber nimmt Heidegger hier nicht eine unerhörte «Psychologisierung» des natürlichen Seienden vor? Ist zum Beispiel die Sonne in Wirklichkeit nicht bloß ein physischer Gegenstand mit einem Diameter von 1,4 Mill. km, einer Oberflächentemperatur von 5700 °C, einer Umlaufgeschwindigkeit am Äquator von etwa 24 Tagen usw.? All das will Heidegger nicht bestreiten, aber er fragt, was es *bedeutet*, daß die Sonne diese «Eigenschaften» hat. Die Antwort lautet – und hier befindet sich Heidegger auf gleicher Linie wie Husserl –, daß ein Seiendes phänomenologisch gesehen nur dann eine Bedeutung für uns haben kann, wenn es uns prinzipiell möglich ist, in einem direkten Zugang das Seiende in dieser Bedeutung zu entdecken. Während Husserl aber behauptet, daß wir einen interessenfreien, direkten Zugang zur Sonne haben können, ist Heideggers Pointe die, daß wir nur insofern imstande sind, der Sonne eine Bedeutung zuzulegen, als wir uns in einem interessierten Umgang mit ihr befinden. Phänomenologisch gesehen heißt dies, daß die Sonne nur eine Bedeutung für uns haben kann, weil eben ihre Bedeutung darin liegt, in interessiertem Umgang entdeckt werden zu können. Die Bedeutungen, die wir dem Seienden aufgrund dieses Umgangs zulegen, sind daher keineswegs «Psychologisierungen» des Seienden. Falls sich die «objektiven» Züge an einem Seienden prinzipiell nur dann zeigen, wenn wir in einem gebrauchenden Umgang mit diesem Seienden sind, dann kann das Seiende nur das *sein*, als was es sich durch diesen Gebrauch *zeigt*. Heidegger kann daher hervorheben, daß die «Zeughaftigkeit» des Seienden das Seiende, wie es «an sich» ist,[42] zum Ausdruck bringt und nicht bloß, wie es im Verhältnis zu uns ist.

Ein Gebrauchsgegenstand geht «zur Hand», wenn wir ihn gebrauchen; Heidegger spielt hierauf an, wenn er von dem *zuhandenen Zeug* spricht.[43] Den Gegensatz dazu bildet das nur «vorhandene» Seiende. Das *Vorhandene*[44] ist das, was sich zeigt im interessenfreien, anschauenden Zugang zum Seienden – das, was man in der philosophischen Tradition bis Husserl als den Prototyp (das Paradigma oder die Primärinstanz) des Seienden interpretiert hat, nämlich ein Ding (eine «Substanz»[45]) mit bestimmten Eigenschaften. Über die Rolle, die das Vorhandene in Heideggers Phänomenologie spielt, sind die Meinungen geteilt; er selber sagt nur sehr wenig darüber. Eine mögliche Interpretation besteht darin, das Vorhandene als einen *Grenzbegriff* aufzufassen. Das Vorhandene ist das Seiende, das all seiner Bedeutungen beraubt worden ist. Ein rein Vorhandenes kann überhaupt nicht vorkommen, da es im Grunde sinnlos ist, von einem Seienden zu reden, das jede Bedeutung verloren hat. Hingegen kann ein Seiendes mehr oder weniger zeughaft und daher weniger oder mehr vorhanden sein, je nachdem, in wie viele Bedeutungszusammenhänge (d. h. Gebrauchszusammenhänge im weitesten Sinne) es eingeht. Eine Bedeutung der Sonne beispielsweise besteht darin, nach ihrer Temperatur zu fragen und diese durch eine Messung herauszufinden. Heidegger zufolge können solche Messungen nur auf dem Hintergrund eines größeren Spektrums von Gebrauchszusammenhängen und Handlungen vorgenommen werden, die über das bloße Meßverfahren hinausgehen. Im Verhältnis zu diesem weiteren Gebrauchszusammenhang ist die isolierte Messung ein Grenzfall, von dem man sagen kann, daß er sich aus dem weiteren Zusammenhang heraus *konstituiert*, in den er eingeht und in dem er seinen bestimmten Platz hat. Da die Sonnentemperatur nur durch Messungen herausgefunden werden kann, können wir auch sagen, daß sie den weiteren Gebrauchszusammenhang schon voraussetzt, der es erst sinnvoll macht, von Sonnentemperatur zu sprechen. Das gleiche gilt für Ausdehnung, Masse usw. der Sonne. Alle (relativ gesehen) «vorhandenen» Eigenschaften der Sonne betreffen daher die (relativ gesehen) zuhandenen Züge der Sonne. Das alte Schema, nach dem wir zunächst und primär die Natur haben und darauf eine Kulturwelt aufbauen, muß daher aufgegeben werden. Der Natur kann nur Bedeutung zukommen, das heißt, die Natur kann nur sein, indem sie ein Bezugsganzes von Bedeutungen (Bedeutsamkeit)[46] voraussetzt, das ihr Sinn verleiht und sie als Spezialfall aller Gebrauchszusammenhänge, in die das Seiende eingeht, hervortreten läßt. Diese Bedeutsamkeit nennt Heidegger auch die *Welt*.

Der Weltbegriff und das Dasein als Sein-in-der-Welt

Heideggers Weltbegriff ist grundsätzlich verschieden von dem der traditionellen Philosophie, die die Welt versteht als Inbegriff alles Seienden[47], entweder als Inbegriff aller Dinge oder aller Sachverhalte wie bei dem jungen Wittgenstein[48]. Heidegger bestreitet nicht, daß der traditionelle Weltbegriff in mancher Beziehung durchaus brauchbar ist; er hebt jedoch hervor, daß sein eigener Weltbegriff ein fundamentaleres Phänomen erschließt als der gängige.

Ein Zeug wie mein Staubsauger kann nur sein, wenn es auf einen Funktionszusammenhang (Bedeutsamkeit) verweist, durch den es überhaupt erst eine Funktion oder eine Bedeutung erhält. In einer Welt, in der es keinen Sinn hätte, zwischen Staubigem und Sauberem zu unterscheiden, wäre es auch sinnlos, von einem Staubsauger zu reden. Der Funktionszusammenhang des Staubsaugers ist nicht identisch mit der Summe der Geräte, die beim täglichen Reinemachen benutzt werden. Der Reinigungszusammenhang ist dagegen eine Bedingung dafür, daß man sinnvollerweise überhaupt nach Putzmitteln und Geräten wie Staubsauger, Staubtücher, Schrubber usw. fragen kann. Es ist ein Teil der Bedeutung von Staubsaugern, daß diese in einen Reinigungszusammenhang eingehen, und dieser Zusammenhang kann daher nicht vom Staubsauger, Staubtuch, Schrubber usw. her definiert werden. Der Gebrauchszusammenhang ist «früher» [49] als das einzelne Zeug auf zweierlei Weisen, die bei Heidegger in eine Ganzheit zusammengehen: Teils trägt der Gebrauchszusammenhang dazu bei zu *definieren*, welche Bedeutung dem einzelnen Zeug beigelegt werden kann, teils ist der Bedeutungszusammenhang für das einzelne Zeug *konstituierend*, weil der Mensch das einzelne Zeug nur auf dem Hintergrund eines Verständnisses des Gebrauchszusammenhangs erfahren kann. Allgemein ausgedrückt: Das Dasein muß sich auf den Bedeutungsspielraum[50] als Bedingung dafür verstehen, daß es dem einzelnen Seienden eine Bedeutung zuweisen kann. Ein von einem anderen Zeug isoliertes Zeug gibt es schlicht nicht.[51] Jedes Zeug geht in einen Gebrauchs- oder, allgemeiner, in eine Bedeutsamkeit ein. An eben diesen denkt Heidegger, wenn er von der *Welt* spricht.

Hiermit ist der Grund für eine vierte Bestimmung des Daseins gelegt. Das Dasein, so stellten wir fest, ist erstens ein Seiendes, das nur sein kann, indem es sich zu seiner eigenen Existenz verhält. Aber dies ist nur möglich, wenn sich das Dasein auch zu allem übrigen Seienden verhält. Die zweite Definition lautet daher: Das Dasein ist das Seiende, das das Seiende intendiert und mit ihm umgeht. Das Dasein kann sich ferner nur zu seinem eigenen Sein verhalten und mit dem übrigen Seienden umgehen, weil sich das Dasein auf das Sein versteht. Die dritte Definition sagt: Das Dasein ist das Seiende, das die Seinsfrage stellen kann. Dazu kommt nun eine vierte Definition: Das Dasein ist das Seiende, das «in der Welt ist» und sich auf die Welt (die Bedeutsamkeit) versteht. Durch dieses In-der-Welt-sein ist das Dasein imstande, die Bedeutung auszulegen, die an das einzelne Zeug innerhalb dieser Welt geknüpft ist. Heidegger pflegt daher das Dasein als ein *In-der-Welt-sein* zu bezeichnen.[52]

Die dritte und die vierte Definition des Daseins sind nah verwandt, und es ist ein umstrittener Punkt in der Heidegger-Literatur, wie sie sich zueinander verhalten.[53] In beiden Fällen ist die Rede davon, daß das Dasein das Seiende überschreiten (transzendieren) muß, damit das Seiende entdeckt werden kann. Das Dasein muß für das Sein erschlossen sein, um das Seiende zu entdecken. (Zum Beispiel muß das Dasein offen dafür sein, was eine geometrische Größe eigentlich ist, damit es etwas als geometrische Figur erfahren kann.) Entsprechend muß für das Dasein die Welt (d. h. die Bedeutsamkeit), «in» der es sich befindet, erschlossen sein, damit es überhaupt die Möglichkeit hat, das Zeug, das sich in dieser Welt befindet, entdecken zu können. (Zum Beispiel muß das Dasein eine Kenntnis von der Welt der Informatik haben, um die Bedeutung der einzelnen Tasten eines Computers verstehen zu können.) Gelegentlich (namentlich in den späteren Werken) verwendet Heidegger die Wörter Sein und Welt, als bezeichneten sie das gleiche Phänomen: den Spielraum von Bedeutungen nämlich, innerhalb dessen das einzelne Seiende seine Bedeutung erlangt. Aber meistens identifiziert er die Welt mit dem Bedeutungszusammenhang, auf den sich das Dasein verstehen muß, um mit dem zuhandenen Zeug umgehen zu können. Das Dasein ist dadurch «in» der Welt, daß es sich auf das Sein versteht, welches dem zuhandenen Zeug zukommt.

Das Dasein ist nicht in dem Sinn «in» der Welt, daß es sich mit «im» «Haufen» (in der Summe) alles Seienden befände, auf gleiche Weise etwa, wie ein alter Stiefel sich ‹in einem Haufen› alter Wäsche befindet. Das Dasein ist auch nicht so «in» der Welt, wie sich eine Fliege im Glas befindet. Heidegger macht selbst darauf aufmerksam, daß «in/im» ursprünglich nicht nur eine bloß räumliche Bedeutung hatte, sondern von «innan» (= wohnen, sich aufhalten) herrührt.[54] Auf gleiche Weise sprechen wir alltagssprachlich davon, ‹in› der Tinte zu sitzen oder ‹in› eine unangenehme Situation zu geraten. Das Dasein kann nur existieren, wenn es sich auf die Situationen versteht, «in» denen es sich befindet, wenn es offen ist für die Welt, in der es ist. In-der-Welt-sein ist eben diese verstehende Offenheit für die Welt.

Heideggers Weltbegriff ist oft[55] mit Husserls Begriff der *Lebenswelt* verglichen worden. Der Vergleich ist insofern berechtigt, als es in beiden

Fällen um eine Konstitutionsproblematik geht. Eine genauere Betrachtung[56] zeigt jedoch, daß der Vergleich einer näheren Prüfung nicht standhält. Husserl hebt hervor, daß die rein wissenschaftliche, geometrisch beschreibbare, physikalische Welt in der vorwissenschaftlichen Lebenswelt gründet, die einen körperlich-wahrnehmenden Zugang zum Seienden voraussetzt. Heidegger dagegen behauptet, daß sowohl der wissenschaftliche als auch der körperlich-wahrnehmende Zugang zum Seienden einen gebrauchenden Umgang mit dem zuhandenen Zeug voraussetzen, und zwar auf der Grundlage einer Erschlossenheit für die Bedeutsamkeit, in den dieses Zeug eingeht. Mit anderen Worten: Während es Husserl darauf ankommt, die wissenschaftliche Welt aus der wahrnehmbaren Lebenswelt zu erschließen, konstituiert sich nach Heidegger die wissenschaftliche Welt wie auch Husserls Lebenswelt auf der Grundlage der Gebrauchs- und Bedeutungszusammenhänge als dem für uns am ursprünglichsten Gegebenen.[57]

Befindlichkeit und Verstehen

Daß das Dasein in der Welt ist, kann auch mit den Worten ausgedrückt werden, es ‹befinde sich in der Welt›, indem es sich auf die Welt versteht. In Anlehnung an diese Ausdrücke führt Heidegger eine neue philosophische Terminologie ein, indem er das Dasein durch Befindlichkeit und Verstehen charakterisiert.[58]

Mit *Befindlichkeit* könnte man den ‹passiven› Aspekt der Seinsweise des Daseins bezeichnen. Zum Beispiel sagen wir von einem Fernsehreporter, er befinde sich im Zentrum der Begebenheiten, oder ich kann von mir sagen, daß mein Befinden in meiner neuen Wohnung gut sei. In beiden Fällen geht es um eine Person in einer gegebenen Situation, in die sie sozusagen hineingeworfen ist. Die *Geworfenheit*[59], nach Heidegger die Tatsache, daß ich unentrinnbar den Umständen überantwortet bin, ist ein Grundzug jeder Situation – egal, wie ich im übrigen über sie denke oder ob ich sie zu verändern suche. Das Wort «Befindlichkeit» drückt diese beiden passiven Aspekte der Seinsweise des Daseins aus: teils, daß sich das Dasein immer schon in einer bestimmten Situation befindet, in die es nun einmal geworfen ist, teils, daß das Dasein durch sein Befinden zu der Situation emotional Stellung nimmt. Diese erfahrende Seite der Befindlichkeit korrespondiert im übrigen mit der Alltagssprache, etwa wenn wir uns nach dem Wohlbefinden von jemandem erkundigen oder wenn wir sagen, daß jemand empfindlich sei oder daß wir einen Plan für gut befinden.

Das ‹aktive› Gegenstück zur Befindlichkeit ist das *Verstehen*. Eine Person ist nicht nur in eine Situation geworfen – sie reagiert auch auf sie, indem sie sie entwirft. Dieser *Entwurf* ist das Gegenstück zur Geworfenheit, und man kann daher vom Dasein sagen, daß es «in die Seinsart des Entwerfens geworfen»[60] ist. Das Dasein ist entwerfende Geworfenheit, Aktivität und Passivität, verstehende Befindlichkeit. Diese Doppelheit erscheint wieder in all den Strukturen, die das Dasein kennzeichnen. Heidegger versucht diese Doppelheit mit einer zusammenfassenden Formel für das Sein des Daseins auszudrücken: Sich-vorweg-schon-sein (-in-der-Welt) als Sein-bei (innerweltlich begegnendem Seienden).[61] Diese Struktur wird von ihm auch *Sorge* genannt.

Das Dasein ist In-der-Welt-sein, indem es sich zu seiner Existenz verhält und auf dem Hintergrund einer Erschlossenheit seiner Bedeutsamkeit steht.[62] Diese komplexe Struktur ist auf allen Ebenen von der entwerfenden Geworfenheit, der verstehenden Befindlichkeit des Daseins, geprägt.

Heideggers eigene Beispiele mögen dies illustrieren. Eine Person befindet sich in einer Situation, in der sie *Furcht* verspürt. Sie kann sich vor einem Hund fürchten, der auf sie zukommt, vor einer bevorstehenden Prüfung, dem Ergebnis einer ärztlichen Untersuchung, einer Kündigung in der Firma usw. Diese Furcht ist durch eine Reihe typischer struktureller Züge charakterisiert[63]: erstens durch das Fürchten selbst, d. h. den Affekt, in dem sich das Dasein befindet. Ein Affekt ist aber nicht bloß ein psychologischer Zustand, losgelöst von allem anderen, sondern weist immer über sich selbst hinaus und auf etwas anderes hin. So gibt es immer etwas, wovor ich mich fürchte, im Beispiel vor einem Hund, meiner Prüfung, dem Ergebnis der ärztlichen Untersuchung oder der bevorstehenden Kündigung. Schließlich gibt es auch dasjenige, worum ich fürchte, mich selber nämlich, indem ich fürchte, daß mich der Hund beißt, daß meine Prüfung schiefgeht, daß durch die Untersuchung bei mir Krebs diagnostiziert oder daß ich entlassen werde. Das Wovor und Worum meiner Furcht ist ein Beispiel dafür, wie ich in der Befindlichkeit meine Situation erfahre. Umgekehrt ist meine Reaktion auf diese Erfahrung – die mit zur Erfahrung gehört – ein Beispiel meines Verstehens: Ich könnte meine Situation gar nicht als fürchterlich (passiv) erfahren, wenn ich nicht zugleich den Gegenstand der Furcht als etwas Fürchterliches (aktiv) auslegen würde. Diese Auslegung ist eine Folge, eine «Ausbildung» meines Verstehens.[64] Analog gilt: Wie könnte ich mich fürchten, wenn ich nicht gleichzeitig auf diese Situation reagieren würde und mich entschlösse, entweder zu bleiben, wegzulaufen, zu resignieren, den Kampf aufzunehmen oder das Beste daraus zu machen usw.? Offenbar gibt es verschiedene Weisen, auf welche ich mich zur Situation verhalten kann, indem ich die Dinge nicht nur geschehen lasse, sondern sie zu mir in Beziehung setze.

Die Furcht ist ein Beispiel für die Gerichtetheit auf das Seiende, mit dem das Dasein umgeht. Mit Husserl ausgedrückt: Die Furcht (intentio) ist auf den Gegenstand der Furcht (intentum) gerichtet oder, wie Heidegger sagen würde: In der Befindlichkeit der Furcht beziehe ich mich auf das Seiende, das ich als furchterweckend auslege (verstehe). Jeder Umgang mit dem Seienden ist befindlich und zugleich verstehend, indem das Dasein das auslegt, mit dem es umgeht. Mehr noch: Das Dasein nimmt in der Befindlichkeit die Situation nicht bloß als furchterweckend wahr; indem das Dasein bestimmt, ob die Situation aufrechterhalten oder verändert werden soll, verhält es sich zu seiner eigenen Existenz. Das verstehende Verhalten des Daseins zu seiner eigenen Existenz ist so das Gegenstück zu der befindlichen Erfahrung, die das Dasein macht.

Affekte wie Furcht sind nicht die einzigen Formen der Befindlichkeit, die Heidegger beschreibt. Alle Affekte sind durch ihre Gerichtetheit (Intentionalität) gekennzeichnet, oder genauer: Sie sind charakterisiert durch einen Umgang mit dem, was den Gegenstand des Affekts ausmacht. Stimmungen wie *Angst*[65] dagegen sind gegenstandslos. In der Alltagssprache gebrauchen wir zwar Sätze wie «Ich hatte Angst davor, daß der Hund mich beißt» oder «Du brauchst nicht soviel Angst vor deiner Prüfung zu haben, du hast dich ja gut vorbereitet». Diese Redensarten zeigen, daß wir hier das Wort «Angst» synonym mit dem Wort «Furcht» verwenden. Heidegger folgt jedoch einer von Kierkegaard ausgehenden Tradition in der kontinentalen Philosophie[66], die das Wort «Angst» als Bezeichnung für gegenstandslose Stimmungen verwendet. Die Angst selbst ist eine Art von Befindlichkeit; aber im Gegensatz zur Furcht hat die Angst kein Objekt, vor dem sie sich fürchtet. Heideggers Pointe ist die, daß ich mich in der Angst nicht um einen Gegenstand ängstige, sondern um «das In-der-Welt-sein als solches»[67]. Das *Wovor* meiner Angst ist identisch mit dem *Worum* meiner Angst.[68]

Die genaue Bedeutung dieser Angstanalyse ist in der Heidegger-Forschung umstritten. Eine mehr existenzphilosophisch betonte Interpretation legt Wert darauf, daß das Wovor und das Worum der Angst, das In-der-Welt-sein und das Dasein als solches identisch sind. Danach ist die angstvolle Stimmung eine Art Befinden, durch die das Ich (das Dasein) von allen Bindungen zum Seienden befreit und zu einer Erfahrung seiner selbst zurückgeführt wird, aufgrund deren es entscheiden kann, wie es existieren und sich zu den Dingen in der Welt verhalten will. Die Angst ermöglicht dem Ich, sich selbst zu verstehen, indem es aktiv in sein Leben eingreift. Diese existenzphilosophische Auslegung ist namentlich im Nachkriegsfrankreich unter dem Einfluß von Jean-Paul Sartre populär geworden und in den angelsächsischen Ländern (besonders in den USA) immer noch weit verbreitet.

Eine andere Interpretation dagegen betont, daß das Wovor der Angst ein In-der-Welt-sein ist, ja, daß Heidegger letztlich sogar meine, das Wovor der Angst sei *die Welt als solche*.[69] Durch die Angst werde der Mensch nicht bloß (wie bei Kierkegaard) aus seinem selbstzufriedenen Aufgehen in den Forderungen des Alltags herausgerissen, um in Freiheit ein neues Verständnis von dem, was er mit seinem Leben vorhat, zu entwerfen. In der Angst werde vielmehr dem Dasein vermittelt, daß alle Bedeutungen, die wir dem Seienden, das uns begegnet, zulegen, letzten Endes in dem Zusammenhang gründen, den Heidegger die Welt nennt. Aber damit werde auch deutlich, daß dieser Bedeutungszusammenhang nicht ein ein für allemal festgelegtes ‹Ding› ist, sondern gerade der Interpretationsrahmen, der alle ‹Dinge› verständlich machen soll. In der Angst verliere der Bedeutungsrahmen seine Selbstverständlichkeit, und damit verlören wir den Griff sowohl auf das Seiende im allgemeinen wie auf uns selbst. Erst aufgrund der Angst könnten wir ein neues Weltverständnis entwerfen, um das Seiende auszulegen und uns selber eine bestimmte Richtung im Dasein zu geben. Mit andern Worten: Nach dieser Interpretation ist die Angst nicht bloß ein Anlaß zu fragen, wie ich mein Leben leben will, sondern hat eine weitere Perspektive, indem sie die Frage stellt, wie es überhaupt möglich ist, den äußersten Interpretationsrahmen zu verstehen, innerhalb dessen dem Seienden die eine oder andere Bedeutung zugeschrieben werden kann. Die Befindlichkeit der Angst bedeutet also, daß das Dasein in eine Situation geworfen wird, in der es der Möglichkeit gegenübergestellt wird, ein neues Weltverständnis zu entwerfen.

Wird die Angst bei Heidegger in diesem zweiten Sinn interpretiert, dann besteht ihre eigentliche Bedeutung darin, daß sie uns in eine Situation entläßt, in der unser Verständnis des *Seins* des Seienden, mit dem wir uns bisher abgefunden haben und in das wir geworfen sind, problematisch wird.[70] Zugleich kann die Angst das Sein erschließen, indem sie uns die Möglichkeit eines neuen Entwurfs für ein Seins*verständnis* zuwirft. Der Begriff des Verstehens wird durch diese Interpretation zum zentralen Begriff in Heideggers Philosophie. Dieser ist nicht mehr wie in Diltheys *Hermeneutik* auf das Sich-selbst-Verstehen des Menschen und auf das Verstehen der kulturellen Geistesobjektivationen beschränkt und in Gegensatz gestellt zu den bloßen Naturerklärungen. Diltheys Hermeneutik geht, wie wir gesehen haben, davon aus, daß wir durch den Geist uns selbst erfahren, weil der Geist uns zu eigen ist, während die Natur etwas Fremdes bleibt. Der Geist kann daher verstanden, die Natur jedoch nur erklärt werden (vgl. S. 58f). Heideggers Philosophie dagegen geht davon aus, daß die angstvolle Erschlossenheit für das Sein (der Bedeutungsspielraum) eine Voraussetzung der Auslegung sowohl des geistigen wie des natürlichen Seienden ist. Während das hermeneutische Verstehen bei Dilthey auf die Auslegung des geistigen Seienden eingeschränkt wird, ist Heideggers Philosophie in einem weit grundlegenderen Sinn hermeneutisch. Weil alle Auslegungsformen die verstehende, angstvolle Erschlossenheit für das Sein des Seienden voraussetzen, ist es sinnvoll, von einer *hermeneutischen Philosophie* zu sprechen, deren Aufgabe es ist, diese angstvolle, verstehende Erschlossenheit festzuhalten.

Diese Interpretation von Heideggers Angstanalyse wird durch seine Antrittsvorlesung in Freiburg bestätigt, die am 24. Juli 1929 in der großen Aula gehalten wurde. Heidegger benutzte die Gelegenheit, sein philosophisches Programm oder, genauer: sein philosophisches Problem anzudeuten. Die Vorlesung *Was ist Metaphysik?* ist ein ausgesprochenes Paradestück: elegant aufgebaut, tiefsinnig, mehrdeutig – und vor allem nur für Heidegger-Experten verständlich. Sie nimmt den Faden aus *Sein und Zeit* wieder auf, hebt aber deutlicher als im Hauptwerk die ontologische Perspektive hervor. Heidegger nimmt seinen Ausgangspunkt in den Wissenschaften, die uns auf ihre je eigene Art etwas über diesen oder jenen Gegenstand, dieses oder jenes Seiende lehren. Die Wissenschaften geben uns vielerlei Bestimmungen dessen, was das Seiende ist und was es nicht ist.

Allen diesen ist jedoch gemeinsam, daß sie Bestimmungen *am* Seienden sind. Die Selbstverständlichkeit, mit der die Wissenschaften das Seiende für gegeben nehmen, wird in der Philosophie in Frage gestellt. Diese geht über das Seiende hinaus[71] und erschüttert die Vertraulichkeit, mit der dem Seienden in den Wissenschaften verschiedene Bestimmungen zu- oder abgesprochen werden. Die Philosophie will nicht mit den Wissenschaften konkurrieren, indem sie behauptet, daß diese oder jene Behauptung über das Seiende wahr oder falsch sei – das wäre ja nur eine neue Behauptung über das Seiende –, sondern geht radikal über das Seiende hinaus und beschäftigt sich mit dem schlechthin Nicht-Seienden[72], dem reinen *Nichts*. Wie aber erfahre ich dieses Nichts, wenn es kein Seiendes ist, auf das wir uns richten und dem wir Bestimmungen geben können? Durch die *Angst*, antwortet Heidegger. Die Angst, der bereits in *Sein und Zeit* für das Seinsverständnis eine zentrale Bedeutung zukommt, offenbart uns das Nichts, weil uns die Angst «in der Schwebe läßt»[73]. Durch die Angst wird offenkundig, daß alle Bestimmungen, die wir dem Seienden zulegen, letzten Endes auf einer Deutung des Seins des Seienden beruhen, ohne die sich unsere Interpretationen in nichts auflösen würden. Nur durch die Erfahrung des Nichts als Grund aller unserer Bestimmungen werden die Bestimmungen als solche deutlich.[74] Erst auf dem Hintergrund des Nichts wird es überhaupt möglich, das Seiende als Seiendes zu erfahren, weil es erst jetzt von Bedeutung ist, zwischen dem, was das Seiende «... ist ...» oder «... nicht ist ...», zu unterscheiden.

Natürlich ist dieses Nichts das Gegenstück zu dem, was Heidegger Sein nennt. «Nichts» ist eine Abkürzung für «... nicht sein ...», analog wie «Sein» eine Abkürzung für «... ist ...» ist.[75] Heideggers Pointe ist, daß die Angst offenbart, daß wir uns in einer Situation befinden, in der wir verstehen, was mit der Unterscheidung zwischen «... ist ...» (existieren, auf irgendeine Weise sein) und «... nicht ist ...» (fehlende Existenz, Fehlen dieser oder jener Bestimmung) gemeint ist. Nur unter dieser Voraussetzung können wir in konkreten Situationen dem Seienden Existenz oder Bestimmungen zusprechen bzw. absprechen. In der Erschlossenheit der Angst für das Verständnis dieser Unterscheidung zwischen «... ist ...» und «... ist nicht ...» wird uns die Möglichkeit zugeworfen, uns auf diese Weise zu überlieferten Meinungen zu verhalten.

Wahrheit und Eigentlichkeit

Heideggers Analyse von Befindlichkeit und Verstehen bekommt auch Bedeutung für seine Interpretation des Phänomens *Wahrheit*. Traditionell ist ‹Wahrheit› an Aussagen gebunden, zum Beispiel: Der Volvo meines Nachbarn ist mit einem Benzinmotor versehen. Was heißt hier aber, daß die Aussage wahr ist? Heidegger wendet sich gegen die alte (erkenntnistheoretische) Auffassung, daß eine Aussage dann wahr ist, wenn sich das erkennende Subjekt in Übereinstimmung mit dem erkannten Objekt befindet.[76] Die Aussage ist aber nicht schon deshalb wahr, weil einige «Gedanken» in meinem Bewußtsein mit irgend etwas «draußen» in der objektiven Wirklichkeit korrespondieren; denn die Struktur der Wahrheit darf nicht als eine *Beziehung* bzw. Übereinstimmung zwischen zwei vorhandenen Seienden verstanden werden: dem «Subjekt» (Erkennen) auf der einen und dem «Objekt» (Gegenstand) auf der anderen Seite.[77] Von dieser «‹guten› Tradition» wird nämlich übersehen, daß das Dasein («das Subjekt») immer schon «draußen» beim Gegenstand ist und dieses andere Seiende auslegt, indem es mit ihm verkehrt (umgeht).

Die Aussage über den Volvo meines Nachbarn ist symptomatisch für diesen Umgang mit dem Seienden. Behauptet wird, daß der Volvo mit einem Benzinmotor versehen ist. Dieser Satz trifft zu, wenn die Meinung über den Volvo, die die Aussage vorbringt, den Gegenstand so *entdeckt*, wie er selbst ist: «Die Aussage *ist wahr*, bedeutet: sie entdeckt das Seiende an ihm selbst.»[78] Der Sinn der Aussage ist keine psychische Vorstellung «in meinem Kopf», die mit dem Physischen draußen in der objektiven Wirklichkeit übereinstimmen soll. Ihr Sinn ist vielmehr *eo ipso* eine Meinung über den Volvo, und als solche ist mein Meinen über das Motorsystem – meine «Vermeinung», wie Husserl sagen würde – bereits «draußen» beim Volvo. Die Wahrheit der Aussage besteht darin, daß die Vermeinung, die ich vom Volvo habe, in einem direkten Zugang auf den (oder Umgang mit dem) Volvo bestätigt werden kann. Falls der Volvo fährt, wenn ich Benzin tanke, den Zündschlüssel betätige und auf das Gaspedal trete, hat es sich durch meinen gebrauchenden Umgang mit dem Seienden gezeigt, daß es meiner Vermeinung von ihm entspricht. Dadurch hat sich auch die Aussage über den Benzinmotor des Volvo als wahr erwiesen.

Diese Analyse des Wahrheitsphänomens hat Heidegger von Husserl übernommen (vgl. S. 81–86). Heideggers Ablehnung der traditionellen Definition der Wahrheit als einer besonderen Beziehung zwischen einer subjektiven Vorstellung und einer objektiven Wirklichkeit entspricht Husserls Bemerkung, daß die Wahrheit nicht die «Übereinstimmung» zwischen einem Psychischen (auf der Intentio-Seite) und einem Physischen (auf der Intentum-Seite) ausdrücke. Heidegger ist sich mit Husserl darüber einig, daß die Wahrheit in der Übereinstimmung der Meinung über den Gegenstand mit dem Gegenstand selbst besteht. Während jedoch Husserl die *wahrnehmende Anschauung* als das begreift, wodurch uns der Gegenstand, so wie er an sich (d. h. als Phänomen) ist, am ursprünglichsten begegnen kann, hält Heidegger daran fest, daß uns das Seiende, so wie es an sich ist, am ursprünglichsten im direkten *gebrauchenden Umgang* begegnet. Für Heidegger ist die wahrnehmende Entdeckung des Benzinmotors des Volvos, die Husserl als das Primäre ansehen würde, eine abgeleitete im Vergleich zu der Art und Weise, wie ich das Auto erfahre, wenn ich es benutze. Aber das ändert nichts daran, daß die Grundstruktur in ihrer Deutung des Phänomens «Wahrheit» ein und dieselbe ist.

Heidegger geht jedoch über Husserl hinaus, indem er nach den *Möglichkeitsbedingungen* fragt, unter denen eine Entdeckung des Seienden – z. B. in Form einer Aussage – wahr genannt werden kann. Jede entdekkende Auslegung des Seienden setzt eine verstehende Erschlossenheit für das Sein des Seienden voraus. Wenn ich sage, daß der Volvo meines Nachbarn ein benzingetriebenes Fahrzeug ist, liefere ich eine wahre Auslegung des Seienden. Diese ist jedoch nur möglich, weil ich mich auf Fahrzeuge, auf Benzinmotoren verstehe. Nur weil ich der Welt gegenüber, in der ich mich befinde, erschlossen bin, kann ich dem Seienden Bedeutungen verleihen, indem ich es auf eine bestimmte Weise auslege. Erst auf diesem Hintergrund kann es überhaupt sinnvoll werden zu fragen, ob meine Auslegung wahr oder falsch ist. Meine Erschlossenheit für die Welt – anders gesagt: für das Sein des Seienden – ist mithin eine Möglichkeitsbedingung dafür, meine auslegenden Entdeckungen des Seienden zu treffen oder nicht. Heidegger drückt dies so aus, daß wir erst mit der Erschlossenheit des Daseins für das Sein zum ursprünglichsten Wahrheitsphänomen gelangen.[79]

Für das Sein erschlossen zu sein, seinsverstehend zu sein heißt, daß ich für einen Spielraum möglicher Bedeutungen offen stehe, von denen ich in meiner Auslegung des Seienden Gebrauch machen kann. Das Gegenstück zu dieser verstehenden Erschlossenheit ist eine Verschlossenheit gegenüber möglichen Bedeutungen, die in meine Auslegung des Seienden hätten eingehen können. Eine Person, die erstmals ein Auto sieht und nie zuvor mit einer technifizierten Welt in Berührung gekommen ist, kann das Auto meines Nachbarn nicht als ein mit Benzin betriebenes Fahrzeug auslegen. Was diese Person über das Auto sagt, muß nicht falsch sein, ist aber auf jeden Fall mangelhaft. Viele der möglichen Bedeutungen, die ein Auto haben kann, entziehen sich ihrem Verständnis. Ihr Seinsverständnis ist der ganzen technischen Dimension beraubt, die wir in der sogenannten zivilisierten Welt als eine Selbstverständlichkeit betrachten. Auf der anderen Seite können wir infolge unseres technifizierten Seinsverständnisses gewisse Seiten des Autos verborgen bleiben, für die unser weniger aufgeklärte Freund einen Blick hat. Hier stoßen wir – und nicht er – auf Grenzen.

Soweit das Dasein immer schon für einen Spielraum von Bedeutungen als Bedingung der Möglichkeit für die Erzeugung wahrer oder falscher Auslegungen des Seienden erschlossen ist, kann man sagen, daß das Dasein *in der Wahrheit* ist. Soweit das Dasein geneigt ist, gewisse Bedeutungszusammenhänge und damit Auslegungsmöglichkeiten auszuschließen, kann man sagen, daß das Dasein in der Unwahrheit ist.[80] Damit ist nicht gemeint, daß das Dasein ab und zu etwas Richtiges sagt (daß der Volvo ein mit Benzin betriebenes Fahrzeug ist) und zu anderen Zeiten etwas Falsches (daß ein Rolls-Royce ein Pferdewagen ist). Gemeint ist vielmehr, daß das Dasein das Bedeutungsspektrum, welches dem Seienden zukommen wird, sowohl erschließt (öffnet) als auch verschließt.

Die verstehende Erschlossenheit des Daseins für neue Bedeutungsmöglichkeiten bezeichnet Heidegger als dessen *eigentliche* Seinsweise, das Sich-Sperren gegenüber Bedeutungsmöglichkeiten als die *Uneigentlichkeit* des Daseins.[81] Die extreme Form der Uneigentlichkeit wird als ein *Verfallen* des Daseins beschrieben.[82] Was Heidegger genau mit Eigentlichkeit und Uneigentlichkeit (Verfallenheit) meint, ist einer der großen Streitpunkte in der Forschung. Heideggers eigene Unklarheit zeigt schon der folgende Passus über «Verfallenheit» und «Unwahrheit» in *Sein und Zeit*:

«Zur Seinsverfassung des Daseins gehört das *Verfallen*. Zunächst und zumeist ist das Dasein an seine ‹Welt› verloren. Das Verstehen, als Entwurf auf die Seinsmöglichkeiten, hat sich dahin verlegt. Das Aufgehen im Man bedeutet die Herrschaft der öffentlichen Ausgelegtheit. Das Entdeckte und Erschlossene steht im Modus der Verstelltheit und Verschlossenheit durch das Gerede, die Neugier und die Zweideutigkeit. Das Sein zum Seienden ist nicht ausgelöscht, aber entwurzelt. Das Seiende ist nicht völlig verborgen, sondern gerade entdeckt, aber zugleich verstellt; es zeigt sich – aber im Modus des Scheins. Im gleichen sinkt das vordem Entdeckte wieder in die Verstelltheit und Verborgenheit zurück. *Das Dasein ist, weil wesenhaft verfallend, seiner Seinsverfassung nach in der ‹Unwahrheit›.*»[83]

Geheimnisvolle, fast pathetische Textstellen wie diese haben den extrem existenzphilosophischen Heidegger-Interpretationen Oberwasser gegeben. Sie betrachten die Eigentlichkeit als ein moralisch-religiöses Gebot, wonach mit dem Verfallen zu brechen und auf eine bestimmte, «ursprüngliche» Weise zu leben sei; Heideggers Vorliebe für das einfache, vorindustrielle Leben der süddeutschen Bauern mag zu dieser Lesart beigetragen haben. *Sein und Zeit* ist auf diesem Hintergrund als ein kulturpessimistisches Buch ausgelegt worden, das zu eigentlichem Existieren aufruft als Gegengewicht zu den Verfallserscheinungen der modernen Zeiten. Diese Auslegung widerspricht aber Heideggers eigenem Selbstverständnis [84], und sie hat auch kaum Anhänger unter den seriösen Heidegger-Interpreten gefunden. *Sein und Zeit* versucht weder Erklärungen dafür abzugeben, wie die Menschen soziologisch-historisch gesehen unter bestimmten kulturellen Umständen tatsächlich leben, noch liefert es normative Anweisungen, wie diese leben sollten. Mit anderen Worten, das Buch enthält weder existentielle Beschreibungen noch existentielle Gebote. Hingegen versucht es zu beschreiben, was mit ontologischer Notwendigkeit zum Sein eines verstehenden Seienden gehört, das die Frage nach dem Sein des Seienden stellen kann. Die ontologisch notwendigen Strukturen am Dasein nennt Heidegger *Existenzialien* [85], und die Analysen in *Sein und Zeit* können daher als existential, aber nicht als existentiell bezeichnet werden.

Selbst wenn wir dies akzeptieren, ist noch lange nicht klar, was Heidegger hier meint. Manche Interpretation nimmt ihren Ausgangspunkt in der Bestimmung des Verfallens als ein «An-seine-‹Welt›-verlorensein». Das Wort «Welt» ist nach Heidegger eine herkömmliche ontologische Bezeichnung für die Summe alles Seienden, das uns umgibt [86] (im Gegensatz zur *Welt* ohne Anführungszeichen, die den Bedeutungsspielraum bezeichnet, der es ermöglicht, das Seiende auszulegen). An seine «Welt» verloren zu sein bedeutet, von allem, was um uns herum vorgeht, in Anspruch genommen zu sein, ohne daß man selbst dazu Stellung nimmt. Das Dasein verstreicht dann in einem abgehetzten, oberflächlichen Umgang mit dem Seienden, ohne dem tieferen Sinn des Lebens irgendwelche Gedanken zu schenken. Statt den Dingen selber auf den Grund zu gehen, übernimmt das Dasein die Meinungen, die ‹man› hat, und dieses «man» tritt allmählich an die Stelle des individuellen Lebens. [87] Indem sich das Dasein auf diese Weise zufriedengibt, macht es alle Rede zu Geschwätz, jedes ursprüngliche Interesse zu platter Neugier und alle Klarheit zu Zweideutigkeit. Das Leben wird dadurch unwahr. Soll dieses Verfallen aufgehalten werden, muß sich das Dasein von seinen uneigentlichen Beschäftigungen (seinem Umgang mit dem Zuhandenseienden) und seiner Abhängigkeit von dem, was ‹man› meint, zurückziehen. Es muß sich statt dessen auf sich selbst besinnen, indem es sich zu seiner Existenz verhält und Stellung nimmt. Erst auf dem Hintergrund dieser selbstgewonnenen («eigentlichen») Stellungnahme kann das Dasein ein wahres Verhältnis zu den anderen und zu dem Zuhandenseienden erreichen.

Diese Auslegung der Rede vom Verfallen gibt ohne Zweifel eine Tendenz beim jungen Heidegger wieder: nämlich das Verhältnis des Daseins zu seiner eigenen Existenz zum Fluchtpunkt in der Seinsweise des Daseins werden zu lassen. Nichtsdestoweniger bringt die angedeutete Interpretation eine Reihe von Problemen mit sich, weil sie letzten Endes Heidegger auf einem ziemlich traditionellen subjektbezogenen Standpunkt festhält. Eine der Schwierigkeiten dieser Interpretation besteht darin, daß sie die Uneigentlichkeit des Daseins (das Verfallen) mit dem *Sein beim* Seienden im Sinne eines gebrauchenden Umgangs mit dem Zuhandenseienden identifiziert.[88] Aber da der Umgang mit dem Seienden ein Grundzug am Dasein (ein Existential) ist, wäre das Dasein mithin notwendigerweise verfallen – und notwendigerweise in der Unwahrheit. Eigentliche Existenz wäre nur noch möglich, wenn man sich von der «Welt» zurückzieht und sich der Meditation hingibt. In die gleiche Richtung zielte die Deutung des Verhältnisses zum Mitmenschen. Soweit es darum geht, sich die Wahrheit anzueignen, wäre das Verhältnis zum Mitmenschen von untergeordneter Bedeutung. Die Wahrheit wäre etwas, was sich der einzelne Mensch selber erwerben muß, und die Auffassung, daß der Mensch die Wahrheit nur durch Zusammenarbeit mit anderen finden könne, liefe auf die Forderung hinaus, daß er bloß die Meinungen des «man» zu übernehmen habe. Diese überaus pointierte Interpretation widerstreitet jedoch dem Ziel Heideggers, mit jeder Subjektivitätsphilosophie zu brechen.

Eine alternative Auslegung muß ihren Ausgangspunkt in Heideggers Absicht nehmen, die Erschlossenheit des Daseins für das Sein zum Grundzug des Daseins zu erheben.[89] Das Dasein kann sich zu seiner eigenen Existenz nur darum verhalten, weil es für das Sein überhaupt erschlossen ist. Für das Sein erschlossen sein heißt, für die Bedeutungsmöglichkeiten offen zu sein, die erst durch die Angst ermöglicht werden. In der Angst wird offenbar, daß die Auslegungen des Seienden, die ‹man› im allgemeinen akzeptiert, nicht die einzig möglichen sind. Mit der Angst eröffnet sich ein ganz neues Bedeutungsspektrum, welches bisher nicht bemerkt worden ist, und damit eine unendliche Reihe neuer Auslegungen. Diese Bedeutungen zu ergreifen, mit ihnen zu leben und im Gespräch mit anderen sowie in der Auslegung des Seienden anzuwenden, ist Ausdruck der eigentlichen Existenz. Vor den zugeworfenen Verstehensmöglichkeiten zurückschrecken und sich mit dem zu begnügen, was ‹man› meint, das ist Uneigentlichkeit, Verfall.

Gemäß dieser Heidegger-Auslegung macht nicht der Umgang mit dem Zuhandenseienden an sich das Verfallen aus. Das Gegenstück zum Verfallen ist kein Sich-von-der-«Welt»-zurückziehen in reine Innerlichkeit. Das Verfallen besteht vielmehr darin, daß die von der Angst hervorgerufenen neuen Bedeutungsmöglichkeiten nicht ernst genommen werden. Umgekehrt ist die Eigentlichkeit nicht ein Rückzug von der «Welt», sondern die Einsicht, daß alles Seiende ganz anders ausgelegt werden kann, als es nach gängiger Sicht ausgelegt wird. So muß zum Beispiel die gängige neuzeitliche Auffassung der Natur, welche diese mit Hilfe rein physikalischer und mechanischer Begriffe zu verstehen versucht, beängstigend sein, wenn ‹man› nur ein teleologisches, zielgerichtetes Weltbild kennt. Umgekehrt muß ein allein auf die Technik ausgerichteter Mensch erschauern, wenn ihm durch die ihm eigene Angst klar wird, daß die physikalische und mechanische Auslegung der Natur nicht die einzig mögliche ist, sondern im Gegenteil auf einem beschränkten Naturverständnis beruht, das beispielsweise von jeder Auslegung absieht, die die Natur als beseelte Ganzheit zu verstehen sucht. Jemand, der nur in biologischen Kategorien denkt, wird niemals im Grünen Anemonen pflücken, und an dem Tag, an dem er erkennt, daß es mehr im Dasein gibt als Photosynthese und Biochemie, spürt er die Angst, die er vielleicht dadurch dämpft, daß er Zuflucht sucht in oberflächlichen und allgemeinen Redensarten, welche alle echte Rede in Zweideutigkeiten auflöst.

Unsere Beziehung zum Mitmenschen erweist sich bei der Wahrheitssuche denn auch keineswegs als untergeordnet. Wenn sich das Sein auf eine ursprüngliche Weise offenbart, indem zwei oder mehr Menschen zusammen die Angst durchleben und sich dadurch einen neuen Bedeutungsspielraum des Seienden eröffnen, dann ist diese Zusammenarbeit eine *eigentliche*, die dem Verfallen und der Macht, die die Meinungen des ‹man› über das Dasein bestimmt, Einhalt gebietet. Das Entscheidende ist für Heidegger nicht, daß sich das Ich von den anderen isoliert – dies ist weder eine notwendige noch eine hinreichende Bedingung für den Erwerb der Wahrheit (der Eigentlichkeit). Unter Umständen kann eine solche Isolation diesem Wahrheitsstreben sogar schaden. Ausschlaggebend ist hingegen, ob das Verhältnis zum Mitmenschen das mit Angst erfüllte Seinsverstehen – den Bedeutungsspielraum – fördert oder hemmt, innerhalb dessen sich das Seiende erst erschließen kann.

Wahrheit und Seinsgeschichte

Das Buch, das Heidegger im Jahre 1927 unter dem Titel *Sein und Zeit* herausgab, war nur als erster, vorbereitender Teil eines breiter angelegten Werks geplant, das von Sein *und* Zeit handeln sollte; es ist jedoch ein Torso geblieben. In den Jahren unmittelbar nach *Sein und Zeit* veröffentlichte Heidegger sein Buch über *Kant und das Problem der Metaphysik* (1929), seine Antrittsvorlesung *Was ist Metaphysik* (1929) und den Artikel *Vom Wesen des Grundes* (1929). Die Fortsetzung von *Sein und Zeit*, in der Heidegger die Seinsfrage hatte behandeln wollen und nicht nur die Frage nach der Seinsweise (Existenz) des Daseins als Vorbereitung zur Seinsfrage, erschien jedoch nie. Heidegger hat zwar Skizzen zu einer solchen Fortsetzung angefertigt, aber er war mit dem Ergebnis nicht zufrieden und hat sie verbrannt. Dazu kommt, daß Heideggers Denken in den Jahren nach 1930 eine andere Richtung nahm, weg von dem Ausgangspunkt in *Sein und Zeit*. Diese Kehre in seinem Denken bedeutet nicht, daß er die Seinsfrage aufgab, im Gegenteil; doch die Frage stellte sich ihm später auf andere Weise.

Heidegger hat nach *Sein und Zeit* kein größeres Buch mehr veröffentlicht, das die gleiche systematische Geschlossenheit aufweist wie das Hauptwerk aus dem Jahre 1927. Es blieb bei Artikeln – gesammelt in Büchern wie *Der Feldweg* (1953), *Holzwege* (1950) und *Wegmarken* (1967). Deren Titel deuten schon an, daß Heidegger sein späteres Denken eher als zögernde Versuche auffaßte, die vielleicht zur Orientierung für andere dienen – oder auch nur in die Wildnis führen. Es ist deshalb eine ziemliche Anmaßung, eine Zusammenfassung seines späteren Seinsdenkens geben zu wollen. Einige Stichworte mögen aber angebracht sein.

In *Sein und Zeit* stehen sich zwei Grundströmungen gegenüber: auf der einen Seite eine *subjektivistische* («existenz-philosophische») Tendenz, wonach die Beziehung zu seiner eigenen Existenz als der entscheidende Zug am Dasein aufzufassen ist; auf der anderen Seite eine *seinsphilosophische* Tendenz, nach der das Verhältnis des Daseins zu seiner eigenen Existenz als Glied der fundamentaleren Erschlossenheit für das Sein (den Bedeutungsspielraum für alles Seiende, einschließlich des Daseins selbst) betrachtet wird. Beim späteren Heidegger gewinnt die seinsphilosophische Tendenz die Oberhand über die existenzphilosophische Neigung; zugleich versucht Heidegger eine andere Philosophie vom Sein und Seinsverstehen zu entwickeln als jene, die *Sein und Zeit* zugrunde zu liegen scheint. Das klingt kompliziert und wird auch dadurch nicht leichter, daß Heidegger selten deutlich macht, wann er die Gesichtspunkte von *Sein und Zeit* verläßt, uminterpretiert oder weiterführt.

Ein Beispiel dafür sind die Bemerkungen Heideggers zu «Existenz».[90] Ein Satz wie «Der Mensch existiert» wird übersetzt mit: «Der Mensch ist dasjenige Seiende, dessen Sein durch das offenstehende Innestehen in der Unverborgenheit des Seins, vom Sein her, im Sein ausgezeichnet ist.»[91] Die «Existenz» des Menschen ist Ausdruck der ek-statischen Seinsweise des Menschen, indem der Mensch als Dasein existiert[92], draußen im Sein steht, indem der Mensch für das Sein erschlossen ist. Diese tendenziöse Deutung des Wortes «Existenz» wird von einer seinsphilosophischen Deutung der Angst begleitet.[93] Alle existenzphilosophischen Interpretationen des Angstphänomens werden jetzt verlassen, indem betont wird, daß die Angst das Sein als etwas radikal Verschiedenes von allem Seienden offenbart. Und während es in *Sein und Zeit* mehrdeutig ist, welchen Status die von der Angst offenbarte Welt hat, behauptet der spätere Heidegger unverblümt, daß die Welt mit der Offenheit des Seins identisch ist.[94] Die Welt ist die Lichtung des Seins, in der der Mensch steht, indem er als In-der-Welt-sein existiert.

Dieser beinahe krampfhafte Versuch einer terminologischen Fixierung der Erschlossenheit des Daseins für das Sein besagt, philosophisch gesehen, nicht viel Neues und könnte zu dem Glauben verleiten, der spätere Heidegger unterscheide sich vom früheren bloß dadurch, daß er in höherem Maße die seinsphilosophische Deutung des Daseins hervorhob. Dies ist aber nicht der Fall; es kommt etwas Neues hinzu. Das Originelle ist – unter anderem –, daß dem Sein Geschichte zukommt, so daß Heidegger nun von einer *Seinsgeschichte* reden kann.

Daß die Natur eine Geschichte hat – von der Amöbe über den Affen zum Menschen –, ist wohlbekannt. Entsprechend können wir von der *Weltgeschichte* sprechen – vom Steinzeitmenschen bis zum Gleichgewicht der Supermächte. Heidegger betont nun, daß nicht nur das einzelne Seiende, sondern auch das Sein des Seienden eine Geschichte hat. Diese Seinsgeschichte ist durch ein fortschreitendes Verfallen charakterisiert, welches darin besteht, daß sich das Sein zunehmend verschleiert hat. Seit den Vorsokratikern (z. B. Anaximander und Heraklit) ist die Seinsfrage mehr und mehr in den Hintergrund getreten zugunsten einer Beschäftigung mit dem Seienden. Die Seinsgeschichte ist daher die Geschichte einer ständig zunehmenden *Seinsvergessenheit*.[95] Bereits bei Platon und Aristoteles kann das Verfallen konstatiert werden, insofern die Seinsfrage zugunsten der Frage nach dem höchsten Seienden in den

Hintergrund tritt. Das Sein wird im Lichte des höchsten Seienden interpretiert, sei dies die ewige Idee (Platon), das Eine (Plotin), die Monade (Leibniz), das Absolute (Hegel) oder der Wille zur Macht (Nietzsche). Während die Seinsfrage darauf abzielt, einen Bedeutungsspielraum zu erschließen, der das verschiedene Seiende in seiner Besonderheit hervortreten lassen kann, begreift die metaphysische Tradition alles andere Seiende von diesem höchsten Seienden her. Diese *reduktionistische* Tendenz der metaphysischen Tradition kulminiert in Hegel, bei dem zugleich ihre Auflösung angedeutet wird. Diese erreicht ihren Scheitelpunkt bei Nietzsche, der als letzter Metaphysiker, als der letzte Denker des Abendlandes betrachtet worden ist.[96] Heideggers eigene Philosophie darf demgegenüber als ein Versuch angesehen werden, aufs neue die Frage nach dem Sein zu stellen, aber jetzt im Lichte eines zweitausendjährigen Verfallens. Heideggers Denken ist denn auch nicht nur eine neue Philosophie unter anderen, sondern hat ihre eigene seinsgeschichtliche Bedeutung.

Um ein Gefühl dafür zu bekommen, wohin Heidegger mit seiner Rede von der Seinsgeschichte und dem Seinsvergessen zielt, ist es wichtig festzuhalten, daß das Sein für Heidegger immer mit dem Seinsverständnis verbunden ist. Wie es für Heidegger nur sinnvoll ist, von einem Seienden zu sprechen, wenn es letztendlich entdeckt werden kann, so ist es nur sinnvoll, vom Sein zu reden, wenn es mittels eines verstehenden Zugangs zum Sein möglich ist, für das Sein erschlossen zu sein. Hier liegt Heideggers Pointe: daß sich die prinzipielle Grenze für unser Seinsverständnis im Laufe der Geschichte geändert hat, die einer Veränderung des Seins entspricht. Heidegger kann deshalb von einer Seinsgeschichte sprechen, die unlösbar mit der Geschichte des Denkens zusammenhängt. Diese ist jedoch etwas anderes als die Geschichte der wechselnden Vorstellungen und Lehrsätze der Philosophen.[97] Die Geschichte, die Heidegger einzufangen sucht, ist mit der des Seinsverständnisses identisch, mit den Veränderungen in den generellen Strukturen, die den Bedeutungsspielraum ausmachen, innerhalb dessen das Seiende ausgelegt werden kann. In *Sein und Zeit* wurde vorausgesetzt, daß die äußersten (ontologischen) Grenzen unseres Bedeutungsspielraums immer und überall die gleichen seien, jedoch von den Menschen fehlinterpretiert werden können. Beim späteren Heidegger ist es der Bedeutungsspielraum selbst, der sich verändert.

Daß diese Veränderung die Form eines Seinsvergessens hat, ist kein Zufall, da das Seinsvergessen ein notwendiger Zug am Seinsverständnis selbst ist. Dieses wiederum ist eine Bedingung dafür, daß ich das Seiende thematisieren und innerhalb dieser Thematisierung auslegen kann. Das heißt: Mein Verständnis des Seins bestimmt den Spielraum möglicher Bedeutungen, dem ich erschlossen sein muß, wenn es überhaupt möglich sein soll, das Seiende zu thematisieren und ihm Bedeutung beizumessen. Jede Auslegung und Thematisierung des Seienden weist somit auf die Erschlossenheit des Seinsverständnisses für das Sein zurück. Und in dieser Erschlossenheit für das Sein liegt, daß ich nicht bloß das *Seiende* thematisiere, sondern auch das *Sein*. Das Seinsverständnis als Möglichkeitsbedingung aller Thematisierungen (des Seienden) ist demnach selber eine Thematisierung (des Seins). Aber das Sein (den Bedeutungsspielraum für alle möglichen Auslegungen) zu thematisieren bedeutet, daß das Sein als ein Seiendes (als etwas, das auf dem Hintergrund eines Bedeutungsspielraums ausgelegt werden kann) betrachtet wird. Die Erschlossenheit für das Sein (den Spielraum möglicher Bedeutungen) impliziert also eine Tendenz zur Verschlossenheit gegenüber dem Sein, indem das Sein als ein thematisierbares Seiendes betrachtet wird (dessen Bedeutungsspektrum durch einen vorgegebenen Bedeutungsspielraum festgelegt ist). In der erschließenden Unverborgenheit des Seins (dem Bedeutungsspielraum möglicher Bedeutungen) liegt eine Tendenz zur Verborgenheit des Seins, indem die Erschlossenheit für bestimmte Bedeutungsmöglichkeiten selbst andere Möglichkeiten ausschließt.[98] Die reine Erschlossenheit für das Sein in Form einer reinen Erschlossenheit für Bedeutungsmöglichkeiten ist unmöglich, weil die reine Möglichkeit unbestimmt ist. Und da das Sein eben dadurch gekennzeichnet ist, sich im Seinsverständnis als eine Erschließung eines Spielraums von Bedeutungsmöglichkeiten zu geben, ist die Tendenz des Seinsverstehens, Bedeutungsmöglichkeiten auszuschließen, mit der Tendenz identisch, das Sein zu verdrehen – was Heidegger mit Seinsvergessenheit bezeichnet.

Diese Doppelheit im Seinsverständnis in Form von Unverborgenheit und Verborgenheit, von Seinsoffenheit und Seinsvergessen übernimmt beim späteren Heidegger ganz und gar die Rolle, welche Eigentlichkeit und Uneigentlichkeit (Verfallenheit) in *Sein und Zeit* spielten. Und wie Eigentlichkeit und Uneigentlichkeit beim jungen Heidegger mit dem In-Wahrheit-sein und In-Unwahrheit-sein verknüpft wurden, so wird die seinsgeschichtliche Verbindung zwischen Unverborgenheit und Verborgenheit beim älteren Heidegger zum Ausdruck der Wahrheitsgeschichte des Seins. Dort taucht diese Doppelheit an allen zentralen Stellen unter verschiedenen Namen auf. Man trifft zum Beispiel auf Unterscheidungen wie Entbergung und Verbergung, Welt, d. h. erschlossenem Bedeutungsspielraum, und Erde, d. h. geschlossenem Bedeutungsspielraum.[99] (Im letzteren Fall degeneriert der Bedeutungsspielraum zu einem Seienden, das seine Bedeutung aus einem anderen gewinnen muß.) Das berührt ein überaus zentrales Problem bei Heidegger. Ob hier jedoch von einer konsequenten Weiterführung des ontologischen Ansatzes aus *Sein und Zeit* gesprochen werden kann oder ob Heidegger gerade durch seine Rede von der Seinsgeschichte und vom Seinsvergessen einen Relativismus einführt, der mit den methodischen Grundlagen der Ontologie bricht[100], ist die Grundfrage, die Heideggers Spätphilosophie seinen Nachfolgern und Interpreten hinterläßt.

Texte Heideggers

Gesamtausgabe. Band 1 ff. Frankfurt/M. 1975 ff. (Heideggers «Gesamtausgabe» ist in vier Teile aufgeteilt. Bd. 1–16: Überarbeitete und teilweise erweiterte Neuausgabe von Heideggers Werken, die zwischen 1914 und 1970 veröffentlicht worden sind; Bd. 17–55: Heideggers Vorlesungen in Marburg [1923–28] und in Freiburg [1928–1944], herausgegeben aufgrund seiner eigenen Vorlesungsmanuskripte und von Aufzeichnungen seiner Hörer; Bd. 56 ff: Abhandlungen, die noch nicht veröffentlicht worden sind, aber in Manuskriptform vorlagen und die zur Veröffentlichung nach Heideggers Tod [1976] bestimmt waren. Die vierte und letzte Abteilung schließlich wird Aufzeichnungen und Hinweise enthalten. Nach Heideggers eigenem Wunsch soll es nicht um eine textkritische Ausgabe gehen, sondern um eine Art geistiges Testament) *(=Gesamt)*.

Sein und Zeit. Halle a. d. S. 1927 (= *Gesamt* 2, Frankfurt/M. 1977), zit. nach der Niemeyer-Ausgabe, Tübingen 1972 (= *SZ*).

Holzwege (1935–46). Frankfurt/M. 1950 (= *Gesamt* 5, Frankfurt/M. 1977).

Wegmarken (1929–62). Frankfurt/M 1967 (= *Gesamt* 9, Frankfurt/M. 1976). Darin findet sich u. a. «Was ist Metaphysik?», «Einleitung zu ‹Was ist Metaphysik?›» und «Nachwort zu ‹Was ist Metaphysik?›».

Bibliographien

Franzen, W.: Martin Heidegger. Stuttgart 1976 (= Sammlung Metzler Band 141).
Feick, H.: Index zu Heideggers «Sein und Zeit». Tübingen ²1968.
Sass, H.-M.: Heidegger-Bibliographie. Meisenheim a. G. 1968.
–: Materialien zur Heidegger-Bibliographie 1917–1972. Meisenheim a. G. 1975.
–: Martin Heidegger: Bibliography and Glossary. Ohio 1982.

Literatur

Adorno, Th. W.: Jargon der Eigentlichkeit. Frankfurt/M. 1964.
Altwegg, J. (Hg.): Die Heidegger-Kontroverse. Frankfurt/M. 1988.
Biemel, W.: Martin Heidegger. Reinbek 1973, 1989.
Birault, H.: Heidegger et l'expérience de la pensée. Paris 1978.
Blust, F.-K.: Selbstheit und Zeitlichkeit. Würzburg 1987.
Bretschneider, W.: Sein und Wahrheit. Meisenheim a. G. 1965.
Ebeling, Hans: Martin Heidegger. Philosophie und Ideologie. Reinbek 1991.
Farias, V.: Heidegger und der Nationalsozialismus. Frankfurt/M. 1989.
Figal, G.: Martin Heidegger – Phänomenologie der Freiheit. Frankfurt/M. 1988.
Fresco, M. F. (Hg.): Heideggers These vom Ende der Philosophie: Verhandlungen des Leidener Heidegger-Symposiums April 1984. Bonn 1989.
Gadamer, H.-G.: Heideggers Wege. Studien zum Spätwerk. Tübingen 1983.
Gethmann-Siefert, A. (Hg.): Heidegger und die praktische Philosophie. Frankfurt/M. 1988.
Haeffner, G.: Heideggers Begriff der Metaphysik. München 1974.
Heidegger, Martin: Innen- und Außenansichten. Hg. vom Forum für Philosophie in Bad Homburg. Frankfurt/M. 1989.
Herrmann, F.-W. von: Die Selbstinterpretation Martin Heideggers. Meisenheim a. G. 1964.
–: Subjekt und Dasein. Interpretationen zu «Sein und Zeit». Frankfurt/M. 1974. 2., stark erweiterte Auflage 1985.
–: Hermeneutische Phänomenologie des Daseins. Eine Erläuterung von «Sein und Zeit». Band 1. Frankfurt/M. 1987.
Huch, K. J.: Philosophiegeschichtliche Voraussetzungen der Heideggerschen Ontologie. Frankfurt/M. 1967.
Klostermann, V. (Hg.): Durchblicke. Festschrift: Martin Heidegger zum 80. Geburtstag. Frankfurt/M. 1970.
Köchler, H.: Skepsis und Gesellschaftskritik im Denken Martin Heideggers. Meisenheim a. G. 1978.

Löwith, K.: Heidegger. Denker in dürftiger Zeit. Frankfurt/M. 1953; Göttingen 1960 (2., erweiterte Auflage).
Lübcke, P.: Die Zweideutigkeit der ‹Daseins-Formel› beim jungen Heidegger. In: Danish Yearbook of Philosophy, Band 18. Kopenhagen 1981, S. 97–124.
Müller, M.: Existenzphilosophie im geistigen Leben der Gegenwart. Heidelberg ³1964.
Neske, G. (Hg.): Antwort: Martin Heidegger im Gespräch. Pfullingen 1988.
Ott, H.: Martin Heidegger: unterwegs zu seiner Biographie. Frankfurt/New York 1988.
Pöggeler, O.: Der Denkweg Martin Heideggers. Pfullingen 1963, ²1983.
– (Hg.): Heidegger. Perspektiven zur Deutung seines Werks. Köln/Berlin 1969.
–: Philosophie und Politik bei Heidegger. Freiburg/München 1972, ²1974.
–: Heidegger und die hermeneutische Philosophie. Freiburg/München 1983.
Prauss, G.: Erkennen und Handeln in Heideggers «Sein und Zeit». Freiburg/München 1977.
Regvald, R.: Heidegger et le problème du néant. Phaenomenologica 101. Dordrecht/Boston/Lancaster 1987.
Rosales, A.: Transzendenz und Differenz. Phaenomenologica 33. Den Haag 1970.
Ryle, G.: «Sein und Zeit». In: Mind, Band 38. London 1929, S. 355–370.
Schaeffler, R.: Frömmigkeit des Denkens? Martin Heidegger und die katholische Theologie. Darmstadt 1978.
Schönleben, E.: Wahrheit und Existenz. Würzburg 1987.
Schürmann, R.: Le principe d'anarchie. Heidegger et la question de l'agir. Paris 1982.
Schwan, A.: Politische Philosophie im Denken Heideggers. Köln/Opladen 1965, ²1989.
Skowron, M.: Nietzsche und Heidegger: das Problem der Metaphysik. Frankfurt/Bern/New York/Paris 1987.
Steiner, G.: Martin Heidegger: Eine Einführung. München/Wien 1989.
Theunissen, M.: Der Andere. Studien zur Sozialontologie der Gegenwart. Berlin/New York ²1977.
Tugendhat, E.: Der Wahrheitsbegriff bei Husserl und Heidegger. Berlin 1967.
Wisser, R. (Hg.): Martin Heidegger – unterwegs im Denken: Symposium im 10. Todesjahr. Freiburg/München 1987.

Anmerkungen

1 Gadamer, H.-G.: Philosophische Lehrjahre. Frankfurt/M. 1977, S. 215.
2 Heidegger: Zur Sache des Denkens. Tübingen ²1976, S. 87f (1963).
3 Heidegger, SZ, S. 39f.

4 Cassirer, T.: Cassirer und Heidegger in Davos. In: Nachlese zu Heidegger. Hg. von G. Schneeberger. Bern 1962, S. 7 – Farias, V.: Heidegger und der Nationalsozialismus. Frankfurt/M. 1983. Vgl. die Besprechung der frz. Ausgabe («Heidegger et le nazime»), in DER SPIEGEL, 23. 11. 1987, 41. Jg., Nr. 48, S. 212–220.

5 Heidegger, Wegmarken, S. 159 (1946).

6 Heidegger, *SZ*, S. 28.

7 Heidegger, *SZ*, S. 34.

8 Heidegger, *Gesamt 20*, S. 152 (1925).

9 Heidegger, *SZ*, S. 42; vgl. *SZ*, S. 117, 223, 318 u. 323.

10 Vgl. Heidegger, *Gesamt 24*, S. 35–107, vor allem S. 51 (1927); Wegmarken, S. 273–307 (1962).

11 Vgl. Lübcke 1981, S. 99ff.

12 Lübcke 1981, Hinweise S. 99ff.

13 Heidegger, *SZ*, S. 47.

14 Vgl. Brief Heideggers an Edmund Husserl vom 22. 10. 1927. In: Husserliana 9. Den Haag 1962, S. 602.

15 Heidegger: Unterwegs zur Sprache. Pfullingen [7]1982, S. 90f (1953/54); Zur Sache des Denkens. Tübingen [2]1976, S. 87 (1963).

16 Heidegger: Kant und das Problem der Metaphysik. 4., erw. Auflage. Frankfurt/M. 1973, S. 217 (1929); vgl. *Gesamt 24*, S. 106 u. 109 (1927).

17 Kern, I.: Husserl und Kant. Phaenomenologica 16. Den Haag 1964, S. 189.

18 Heidegger, Gesamt 20, S. 159 (1925); vgl. auch Biemel, W.: Husserls Encyclopaedia-Britannica-Artikel und Heideggers Anmerkungen dazu. In: Tijdschrift voor Philosophie 12. Den Haag 1950, S. 246–280 (vor allem am Schluß).

19 Heidegger, *SZ*, S. 13, 17 u. 41.

20 Husserl, zitiert bei Kern: Husserl und Kant. Phaenomenologica 16. Den Haag 1964, S. 76.

21 Gemäß mündlicher Überlieferung.

22 Heidegger, *Gesamt 20*, Paragr. 5 (1925); *Gesamt 21*, S. 94 (1925/26); *Gesamt 24*, S. 80f (1927); Wegmarken, S. 31 (1929).

23 Heidegger, *Gesamt 24*, S. 90 u. 446 (1927).

24 Heidegger, *SZ*, S. 59 u. 208; *Gesamt 24*, S. 87 (1927).

25 Heidegger, *Gesamt 21*, S. 184 (1925/26); vgl. *Gesamt 24*, S. 84 (1927).

26 Heidegger, *SZ*, S. 85; *Gesamt 21*, S. 66 u. 98f (1925/26).

27 Heidegger, *Gesamt 24*, S. 99 (1927).

28 Heidegger, *Gesamt 24*, S. 89f, 230, 418 u. 423 (1927); Wegmarken, S. 31 (1929).

29 Heidegger, *Gesamt 24*, S. 22, 102, 106, 109 u. 170 (1927); Wegmarken, S. 30 (1929).

30 Heidegger, *SZ*, S. 7.

31 Heidegger, *SZ*, S. 68.
32 Heidegger, *SZ*, S. 67.
33 Heidegger, *Gesamt 21*, S. 104 (1925/26) und *Gesamt 24*, S. 96 (1927).
34 Heidegger, *SZ*, S. 69.
35 Heidegger, *SZ*, S. 68.
36 Heidegger, *Gesamt 24*, S. 414 (1927).
37 Heidegger, *SZ*, S. 68.
38 Heidegger, *SZ*, S. 69.
39 Heidegger, *SZ*, S. 80f.
40 Heidegger, *Gesamt 24*, S. 414 (1927); vgl. *SZ*, S. 66 u. 88 sowie *Gesamt 24*, S. 232 (1927).
41 Vgl. Heidegger, *SZ*, S. 71, 103 u. 412.
42 Heidegger, *SZ*, S. 69, 74ff, 87f u. 354; *Gesamt 20*, S. 50ff (1925).
43 Heidegger, *SZ*, S. 69ff.
44 Heidegger, *SZ*, S. 61f.
45 Heidegger, *SZ*, S. 318; *Gesamt 24*, S. 96 (1927).
46 Heidegger, *SZ*, S. 87 u. 147; *Gesamt 20*, S. 274 (1925); *Gesamt 24*, S. 235 u. 419f (1927). Vgl. im übrigen Dilthey, W.: Gesammelte Schriften. Band 7. Leipzig/Berlin 1927, S. 238f (1907/10).
47 Heidegger, *SZ*, S. 64f.
48 Vgl. ausführlich in Band 2 der «Philosophie im 20. Jahrhundert – Wissenschaftstheorie und Analytische Philosophie».
49 Heidegger, *SZ*, S. 84.
50 Vgl. Heidegger, *SZ*, S. 145, 355 u. 368f.
51 Heidegger, *SZ*, S. 68.
52 Heidegger, *SZ*, S. 53; *Gesamt 20*, S. 210 (1925); *Gesamt 24*, S. 234 (1927).
53 Vgl. z. B. von Herrmann 1964, S. 203; Tugendhat 1967, S. 272–277.
54 Heidegger, *SZ*, S. 54.
55 Z. B. Landgrebe, L.: Der Weg der Phänomenologie. Gütersloh 1963, S. 112f; Gadamer, H.-G.: Die phänomenologische Bewegung. In: Kleine Schriften III. Tübingen 1972, S. 171.
56 Vgl. von Herrmann [2]1985, S. 63f.
57 Vgl. Heidegger, *Gesamt 20*, S. 264 (1925).
58 Heidegger, *SZ*, Paragr. 29 u. 31.
59 Heidegger, *SZ*, S. 135.
60 Heidegger, *SZ*, S. 145.
61 Heidegger, *SZ*, S. 192.
62 Heidegger, *SZ*, S. 137; *Gesamt 24*, S. 395f (1927).
63 Heidegger, *SZ*, S. 140f.
64 Heidegger, *SZ*, S. 148.
65 Heidegger, *SZ*, S. 184–191.
66 Vgl. Søren Kierkegaard: Der Begriff Angst. Düsseldorf 1952.

67 Heidegger, *SZ* S. 186.
68 Heidegger, *SZ* S. 188. Vgl. S. Kierkegaard: Der Begriff Angst.
69 Heidegger, *SZ*, S. 187.
70 Heidegger, *SZ*, S. 250, 263f, 284, 325f, 343 u. 382ff; *Gesamt 24*, S. 391 u. 406 (1927).
71 Heidegger, Wegmarken, S. 12 (1929).
72 Heidegger, Wegmarken, S. 5 (1929).
73 Heidegger, Wegmarken, S. 8f (1929).
74 Heidegger, Wegmarken, S. 17 (1929).
75 Vgl. Tugendhat, E.: Die sprachanalytische Kritik der Ontologie. In: Das Problem der Sprache. Hg. von H.-G. Gadamer. München 1967, S. 483–493; Gethmann 1974, S. 63 u. 348 u. a.
76 Heidegger, *SZ*, S. 218f.
77 Heidegger, *Gesamt 21*, S. 164 (1925/26).
78 Heidegger, *SZ*, S. 218.
79 Heidegger, *SZ*, S. 220f.
80 Heidegger, *SZ*, S. 221f.
81 Heidegger, *SZ*, S. 42f.
82 Heidegger, *SZ*, S. 175ff.
83 Heidegger, *SZ*, S. 221f.
84 Siehe z. B. die Bemerkungen zum Terminus «Verfallen» bei: Heidegger, *SZ*, S. 175; und in: Heidegger, Kant und das Problem der Metaphysik. 4., erw. Auflage. Frankfurt/M. 1973, S. 229 (1929).
85 Heidegger, *SZ*, S. 44.
86 Heidegger, *SZ*, S. 65.
87 Heidegger, *SZ*, § 27.
88 Gegner sind z. B.: von Herrmann 1964, S. 158ff; von Herrmann ^{2}1985, S. 37 u. 83ff; Tugendhat 1967, S. 315.
89 Vgl. Lübcke 1981.
90 Heidegger, Wegmarken, S. 203f (1949).
91 Heidegger, Wegmarken, S. 204 (1949).
92 Heidegger, Wegmarken, S. 155ff (1947).
93 Heidegger, Wegmarken, S. 102f (1943).
94 Heidegger, Wegmarken, S. 180 (1947).
95 Heidegger: Zur Sache des Denkens. Tübingen ^{2}1976, S. 56.
96 Heidegger: Was heißt Denken? Tübingen 1954, S. 61.
97 Heidegger: Der Satz vom Grund. Pfullingen 1957, S. 147.
98 Heidegger, Wegmarken, S. 199f (1949).
99 Heidegger, Holzwege, S. 43f (1936).
100 Vgl. z. B. die Kritik bei Gethmann 1974, S. 317–334.

Poul Lübcke

Hans-Georg Gadamer: Wahrheit und Methode

Die Sprache und der hermeneutische Zirkel

Hans-Georg Gadamer (geb. 1900) gehörte zu den jungen Philosophiestudenten der 20er Jahre, für die die Bekanntschaft mit Heidegger eine lebenslange Bedeutung erlangen sollte. Noch vor Heideggers Berufung nach Marburg 1923 hatte Gadamer bei Hartmann und Natorp eine Dissertation über Platon geschrieben. Die Wahl eines philosophischen Themas war nicht selbstverständlich; von seinen ersten Studienjahren an hatte er sich nämlich eingehend mit Kunstgeschichte beschäftigt. Daß er sich schließlich für die Philosophie entschloß, war einer Reihe von Zufällen zu verdanken. Nicht zufällig war hingegen der Einfluß Heideggers. Dessen Fähigkeit, die Philosophie auf dem Hintergrund eines kritischen Dialogs mit der Tradition zu entwickeln – Platon, Aristoteles, Augustin, Luther usw.[1] –, mußte notwendigerweise Gadamers Interesse wecken; denn er suchte in der Philosophie sowohl eine geschichtliche als auch eine breit angelegte systematische Dimension. Im Gegensatz zu Husserl lehnt er die Auffassung ab, die Philosophie könne ohne ein geschichtliches Studium der Tradition zu ihren systematischen Angelegenheiten Stellung nehmen. Die Interpretation der geschichtlichen Überlieferung ist nicht bloß eine philosophiegeschichtliche Aktivität neben der systematischen Philosophie, sondern das Verhältnis zur Tradition ist ein Teil der Philosophie selbst, eine Grundhaltung, die in seinem Hauptwerk *Wahrheit und Methode* (1960) zum Ausdruck kommt.

Gadamer versteht hier sein eigenes Denken als eine Weiterführung der hermeneutischen Philosophie des jungen Heideggers, die wiederum mit der hermeneutischen Tradition von Schleiermacher und Dilthey in Verbindung gesetzt wird. In der Hermeneutik vor Schleiermacher nahmen die Bibel sowie die griechischen und römischen Werke der Antike eine zentrale Rolle ein, weil diese als privilegierte Texte betrachtet wurden, die ein besonderes Verhältnis zur *Wahrheit* haben. Man nahm daher stillschweigend an, daß eine Textinterpretation nicht nur etwas über den Text, sondern auch etwas Wahres über das Göttliche bzw. das menschliche Dasein aussagt. Im Zusammenhang mit der Bibelkritik des 17. und 18. Jahrhunderts und vor allem durch Schleiermacher in der ersten Hälfte des 19. Jahrhunderts wurde die Hermeneutik von ihrer ursprünglichen Bindung an die Theologie und die Sprachwissenschaft ‹gelöst› und entwikkelte sich zu einer allgemeinen Lehre vom Verstehen eines Textes, eines Menschen oder eines geschichtlichen Ereignisses. Die Erweiterung des Gegenstandsgebiets hatte freilich zur Folge, daß die Hermeneutik ihr nahes Verhältnis zu bestimmten Texten wie auch ihr privilegiertes Verhältnis zur Wahrheit verlor. Die Frage nach der Wahrheit oder Unwahrheit geriet daher in den Hintergrund. Nach Schleiermacher darf die Hermeneutik nicht von dem antiken oder christlichen *Inhalt* der interpretierten Texte her begriffen werden, sondern von der besonderen *Art und Weise*, in der man an Texte herangeht, die nicht unmittelbar verständlich sind oder die Möglichkeit von Mißverständnissen enthalten.[2] Die Aufgabe der Hermeneutik ist folglich nicht länger die, uns die Wahrheit über Gott und Mensch nahezubringen, indem sie uns das Lesen der Bibel und der Werke der antiken Tradition lehrt. Vielmehr soll sie *Methoden* entwickeln, mit deren Hilfe wir Mißverständnisse eines Textes, der Rede einer anderen Person oder eines geschichtlichen Ereignisses vermeiden können. Dazu müssen wir, nach Schleiermacher, «hinter» den Text zu jenem «Du» vordringen, das den Text geschaffen hat. Dies bedeutet, daß wir neben dem philologischen auch einen *psychologischen* Zugang brauchen.[3] Mit Hilfe einer psychologisierenden Deutung des Textes sollen wir uns in die psychische Verfassung des fremden Autors hineinversetzen und von hier aus den Text «reproduzieren».

Mit dieser Forderung hatte Schleiermacher einen neuen Textbegriff eingeführt. Ein Text ist nicht mehr primär Vermittlung einer wahren Lehre über Gott und den Menschen, sondern ein Lebensausdruck, ein psychologisches Erzeugnis. Infolgedessen versteht man erst dann einen Text, wenn man ihn als Bestandteil eines Lebenslaufs, eines ganzen Bildungsprozesses einer Persönlichkeit versteht. Dies ermöglicht uns schließlich, einen Autor besser verstehen zu können, als er sich selbst versteht; denn wir können seine einzelnen Bücher im Zusammenhang mit seinem ganzen Werk, ja seinem ganzen Leben und Zeitalter verstehen, während dem Autor dieser Überblick fehlt, da er selbst mitten im Leben steht.[4] Insofern psychologisiert und erweitert Schleiermacher jenes hermeneutische Grundprinzip, nach dem das Ganze aus den Teilen und die Teile aus dem Ganzen verstanden werden müssen.[5] Es gilt nun, nicht nur die Ganzheit eines Textes aus seinen Teilen zu verstehen und umgekehrt, sondern darüber hinaus das Werk mit seinen Teilen in Beziehung zu setzen zu dem Leben des Verfassers, welcher wiederum aus den einzelnen Phasen des Lebens verstanden werden soll und umgekehrt. Dilthey übernimmt diese psychologisierende Version des *hermeneutischen Zirkels*, stellt aber zugleich die Psyche und die Biographie des einzelnen in den geschichtlichen Zusammenhang (vgl. S. 60).[6]

Gadamer übernimmt Schleiermachers und Diltheys Befreiung der Hermeneutik aus ihrer Bindung an die Theologie und klassische Philologie. Aber ähnlich wie Husserl und Heidegger wendet er sich gegen die Auffassung von Texten als bloßen Manifestationen eines persönlichen Lebens. Ein Text kann natürlich Ausdruck eines psychologischen Zustands, einer individuellen Biographie und einer geschichtlichen Situation sein, aber er ist zugleich mehr als ein reines Ausdrucksphänomen.[7] Der Text enthält stets ein Mehr, weil er beansprucht, etwas Wahres über den Gegenstand auszusagen, von dem er spricht. Für die schriftliche wie für die mündliche Äußerung gilt, daß die Sprache nicht nur Lebensäußerung ist. In der Sprache wird etwas behauptet, und diese *Behauptung* kann nicht auf ein bloßes Symptom eines psychischen Lebens zurückgeführt werden. Das Gesagte verstehen bedeutet, daß wir die Behauptung mit ihrem Wahrheitsanspruch verstehen. Normalerweise verstehen und akzeptieren wir, was der andere sagt oder schreibt. Die ursprüngliche Form des Verstehens ist das Einverständnis.[8] Frage ich zum Beispiel einen Passanten, wieviel Uhr es ist, und antwortet dieser, es ist zwanzig nach eins, dann ist meine erste Reaktion nicht, diese Antwort in Frage zu stellen, sondern ich verstehe und akzeptiere bzw. vertraue darauf, was der andere sagt. Auf diese Weise lese ich im allgemeinen auch einen Text im Vertrauen darauf, daß seine Mitteilungen einen Wahrheitsanspruch erheben. Einen fremden Text verstehen heißt, etwas verstehen, das einen Anspruch auf mögliche Wahrheit erhebt, die als solche ernst genommen werden muß.[9] Im alltäglichen Umgang mit unseren Mitmenschen gehen wir auch davon aus, daß sie die Wahrheit sprechen. Erst wenn dieses natürliche Einverständnis unter den Menschen gestört ist, wird die Hermeneutik zu einem eigenen Problem. Sagt zum Beispiel jemand, es ist Mittag, obwohl es bereits dunkel wird, kann ich seine Antwort in Zweifel ziehen und darüber nachdenken, was er eigentlich gemeint hat. Doch selbst dann versuche ich, dem Gesagten irgendeinen Sinn abzugewinnen, indem ich etwa die Antwort als einen Scherz betrachte. Erst wenn alle Möglichkeiten, einen Gesprächspartner (oder Text) zu verstehen, ausgeschöpft sind, versuche ich, «hinter» den Text oder das Gesagte vorzudringen und zu untersuchen, wie es sich mit der Psyche und der individuellen Verhaltensweise des anderen verhält. Während Schleiermacher und Dilthey die Analyse des psychischen Lebens des anderen (z. B. des Autors) als Voraussetzung jeden Verstehens nehmen, handelt es sich für Gadamer nur um einen Grenzfall, von dem her das elementare Verstehen unter Menschen nicht erfaßt werden kann.

Im Gegensatz zu Schleiermacher und Dilthey bestreitet Gadamer, daß das Verstehen in einer «Rekonstruktion» des Fremdpsychischen durch «Einleben» in ein fremdes Bewußtsein besteht. Wenn wir einen Text verstehen wollen, versuchen wir nicht, uns in das Seelenleben des Autors hineinzuversetzen. Wenn es überhaupt sinnvoll sein soll, von einem ‹Sichhineinversetzen› zu sprechen, dann nur in dem Sinn, daß wir uns in die *Meinung* des Verfassers über die Sache, von der er spricht, hineinversetzen.[10] Insofern müssen wir die Sache selbst und ihren Wahrheitsanspruch[11] zu Wort kommen lassen. Verstehen wir einen Text aber nur dann richtig, wenn wir uns auf ihn einlassen und seinen Wahrheitsanspruch ernst nehmen, so können wir uns ihm gegenüber nicht nur «neutral» verhalten. Wir verstehen nie einen Text als Text, wenn wir ihn auf bloßes «Quellenmaterial», bloße «Überlieferung» oder eine «Meldung» über Geschehenes zurückführen; ein Text ist nicht nur eine Quelle, mit deren Hilfe wir den psychischen Verlauf eines anderen Menschenlebens rekonstruieren können. Ein Text ist primär eine Behauptung, die nur verstanden werden kann, wenn wir ihren Wahrheitsanspruch in bezug auf ihren Gegenstand (ihre «Sache») ernst nehmen. Ein Text kann aber nur dann wahr sein, wenn er eine «vollkommene Einheit» bildet, das heißt, wenn es zwischen den einzelnen Teilen und der Ganzheit keinen Widerspruch gibt.[12] Unsere Textinterpretation ist daher von einem Vorgriff der Vollkommenheit geleitet, in dem dieser Vorgriff ein Teil unseres *Vorverständnisses* ist als einer Bedingung dafür, daß wir überhaupt einen Text verstehen. Der Vorgriff der Vollkommenheit des Vorverständnisses ist ein ständiger Begleiter unseres Lesens. Durch diesen scheiden wir jene Lesarten aus, die den Text als widersprüchlich, unplausibel oder direkt falsch erscheinen lassen. Statt dessen versuchen wir den Text so auszulegen, daß dieser zunehmend besser unserem vorverstehenden Bestreben nach einem Verstehen eines vollkommenen Textes genügt und die betreffende Sache zur Vollkommenheit erläutert.

Mit seiner These vom Vorgriff der Vollkommenheit des Vorverständnisses öffnet Gadamer den Weg für einen neuen Begriff des *hermeneutischen Zirkels*. Alle Hermeneutiker vor Heidegger und Gadamer teilen die Auffassung, daß dieser Zirkel irgendwie «im» Objekt liegt, sei es im Text, im Leben des Verfassers oder in der Geschichte. Die Ganzheit, von der gesprochen wird, liegt «im» Objekt, und das Verhältnis zwischen Teil und Ganzem ist ein Verhältnis zwischen Teil und Ganzem «im» Objekt. Beispiele solcher Beziehungen sind die Beziehungen zwischen einer Aussage und dem Text als ganzem, zwischen dem Text und anderen Texten, zwischen dem Text als Ausdruck einer Lebenssituation und dem Werk als ganzem oder zwischen dem einzelnen Text und der Universalgeschichte. Das gegenseitige Bedingungsverhältnis – das «Zirkelverhältnis» – zwischen Teil und Ganzem befindet sich «im» Objekt, unabhängig von unserem Verständnis dieses Verhältnisses. Bei Heidegger und Gadamer ist unser Verstehen ein bedingender Teil des Zirkels. Um überhaupt einen Text zu verstehen, müssen wir durch ein Vorverstehen ein Sinnganzes entwerfen, auf dessen Hintergrund wir den Text beurteilen können. Dieses Sinnganze, das sich früher «im» Text selbst befand, entspricht nun dem Vorgriff der Vollkommenheit des Vorverständnisses. Nur auf dem Hintergrund dieses Vorgriffs eines Sinnganzen können wir dem Text begegnen und im Lichte des Ideals eines vollkommenen Textes interpretieren. Das Vorverständnis des Interpreten ist jetzt ein Teil des hermeneutischen Zirkels. Dieser ist das gegenseitige Bedingungsverhältnis zwischen dem, was der Text aussagt, und dem Sinnganzen, aus dem der Interpret den Text beurteilt und damit auslegt.

Gadamer geht wie Heidegger davon aus, daß der Mensch ein Dasein ist, indem er das Seiende auf dem Hintergrund eines Seinsverständnisses auslegt (oder «entdeckt»), das den Spielraum angibt, innerhalb dessen wir dem Seienden begegnen können. Der Mensch befindet sich in einer Welt (einem Bedeutungsspielraum), auf die er sich versteht, indem er das ihm begegnende Seiende auslegt. Sich in der Welt auskennen, den Unterschied zwischen dem Sinnlosen und dem Sinnvollen erkennen können, ist eine Bedingung für die Bildung einer Meinung über das Seiende. Da jede Erfahrung des Seienden die Form einer Auslegung hat, durch die wir irgendeine Meinung über das Seiende geltend machen, können wir sagen, daß jede Erfahrung des Seienden *sprachlich* bestimmt ist. Die Sprache ist das universale Medium, innerhalb dessen das Verstehen sich vollzieht.[13] Es ist daher auch kein unwesentliches, zufälliges Merkmal des Menschen, daß dieser Sprache hat, sondern Ausdruck der Tatsache, daß sich der Mensch in einer *Welt*[14] befindet. In ihr kennt sich der Mensch aus, weil er durch die Sprache imstande ist, auf dem Hintergrund einer Erschlossenheit für die Welt (den Bedeutungsspielraum) etwas über das Seiende auszusagen.

Die Sprachlichkeit der Welt bedeutet jedoch nicht, daß diese Gegenstand der Sprache ist.[15] Jede Vergegenständlichung setzt im Gegenteil voraus, daß wir mit einem Seienden zu tun haben, das innerhalb des Welthorizonts der Sprache ausgelegt wird. Wenn wir uns in diesem sprachlich bestimmten Welthorizont bewegen, also dem sprachlich ausgedrückten Bedeutungsspielraum, können unsere Auslegungen des Seienden die Form einer mündlichen Mitteilung oder eines geschriebenen Textes annehmen. Ein solcher Text ist nicht nur Ausdruck des psychischen Lebens eines Verfassers oder Manifestation bestimmter Geistesströmungen in einer bestimmten geschichtlichen Periode. Ein Text ist darüber hinaus ein sprachliches Phänomen, das etwas behauptet, indem es einen Wahrheitsanspruch in bezug auf die betreffende Sache erhebt. Es ist eine Bedingung der Wahrheit eines Textes, daß dieser die Sache, von der gesprochen wird, auf dem Hintergrund eines Sinnganzen angeht, das die einzelnen Aspekte zu ihrem Recht kommen läßt, ohne sie zu verfälschen. Wichtig ist nun, daß das Sinnganze des Textes einen Sinnhorizont, einen Bedeutungsspielraum, eine Welt darstellt, die den Rahmen abgibt, innerhalb dessen das Seiende befragt werden und der Text antworten kann. Der Text behauptet etwas über das Seiende, indem er auf Fragen antwortet, die auf der Grundlage eines Bedeutungsspielraums gestellt werden, in dem sich der Text bewegt. Das Sinnganze des Textes gibt die Richtung möglicher Fragen an.[16] Der vollkommene Text ist jener, der innerhalb des Bedeutungsspielraums stillschweigend eine Reihe von zusammenhängenden Fragen stellt und diese auf die richtige Weise beantwortet. Wenn wir einen Text auslegen, sind wir für das Sinnganze (den Bedeutungsspielraum) des Textes erschlossen, in dem sich dieser bewegt. In unserem Vorverständnis haben wir einen Maßstab für den vollkommenen Text, auf dessen Hintergrund wir den Text beurteilen, wie sich dieser in unseren Auslegungen darstellt. Wir brauchen mit dem Text nicht einig zu sein, um zu verstehen, was er behauptet; aber wir müssen den Wahrheitsanspruch des Textes ernst nehmen. Das tun wir, wenn wir die dem Text eigentümlichen Fragen stellen und seine Antworten auf dem Hintergrund des Fragespielraums diskutieren, den der Text und unser Bedeutungsspielraum erschließt.

Einen Text verstehen heißt, ihn als Antwort auf eine Reihe von Fragen zu verstehen. Das Verstehen einer Frage erfordert, daß wir die Frage stellen.[17] Wenn wir fragen, bewegen wir uns innerhalb eines bestimmten Fragerahmens und damit eines bestimmten Bedeutungsspielraums, der die Grenzen für das festlegt, was sinnvoll befragt und beantwortet werden kann. Diese Grenzen definieren das Ziel vollkommener Wahrheit der betreffenden Sache. In unserem Vorverständnis haben wir dieser Vollkommenheit vorgegriffen; denn wir sind dem Bedeutungsspielraum gegenüber erschlossen, der das Spektrum möglicher und unmöglicher Fragen definiert und bestimmt, welche Fragen gerechtfertigt und welche Antworten richtig sind, kurz: der bestimmt, was eine vollkommene Antwort und damit einen vollkommenen Text kennzeichnet.

Tradition und Wirkungsgeschichte

Solange ich bloß Texte aus meiner Zeit und meiner eigenen Umwelt lese, befinden sich der Verfasser und ich normalerweise in derselben Gedankenwelt und stellen bzw. geben im großen und ganzen dieselben Fragen und Antworten. Ich befinde mich in derselben Welt wie der Autor. Im Vorgriff der Vollkommenheit meines Vorverständnisses bewege ich mich innerhalb des gleichen Sinnspektrums und des gleichen Frageraums wie der Verfasser. Dies kommt darin zum Ausdruck, daß mir mein Vorverständnis des Textes auf eine zwangsfreie Weise ermöglicht, den Text zu interpretieren. Wende ich mich aber Texten aus anderen Kulturen oder einer fernen Vergangenheit zu, dann ändert sich die Situation. Der Text leistet einen bisher unbekannten Widerstand. Dieser Widerstand veranlaßt die eigentliche *hermeneutische Erfahrung* – eine Erfahrung, die ich bereits beim Lesen zeitgenössischer Texte und Texte aus meinem eigenen Milieu zu ahnen beginne, die aber erst voll zum Ausdruck kommt, wenn ich mich Texten zuwende, die mir sowohl kulturell als auch historisch fernstehen.

Ein alter Text – zum Beispiel Sophokles' Tragödie *König Ödipus* – hat eine doppelte Bedeutung. Einerseits ist er Zeugnis einer Überlieferung aus der Vergangenheit. Andererseits handelt es sich nicht nur um ein vorhandenes altes Ding, sondern um einen Text, der sich an einen Adressaten wendet, etwa mich selbst. Der Text spricht mich an: Er ist Ausdruck einer Mitteilung von einem Du an mich. Der alte Text hat dabei die gleiche Funktion wie ein zeitgenössischer. Er versucht, etwas auszusagen und gehört zu werden. Es gilt daher dasselbe für einen überlieferten Text wie für alle anderen Texte: Ich verstehe den Text nur dann, wenn ich ihm gegenüber erschlossen bin, wenn ich bereit bin zu hören, was er mir zu sagen hat.[18] Es genügt nicht, einen vergangenen Adressaten zu rekonstruieren; es wird immer auch gefordert, daß ich den Text als an mich adressiert zu verstehen versuche.[19] Für einen überlieferten Text gilt daher das gleiche wie für zeitgenössische Texte: Ich kann den überlieferten Text nur dann verstehen, wenn ich ihn als Antwort auf eine Frage verstehe, und ich verstehe ihn nur dann als Antwort auf eine Frage, wenn ich die betreffende Frage selbst stelle. Deshalb muß ich mich in den Fragebereich des Textes hineinbegeben, um zu verstehen, was er sagt. Wenn ich mir den *König Ödipus* von Sophokles aneignen möchte, muß ich mir Fragen über Schicksal und Schuld stellen. Es nützt nichts, den überlieferten Text als Teil eines abgeschlossenen, geschichtlichen Geschehens zu betrachten, das wie ein vorliegender Gegenstand behandelt werden kann. Der geschichtlich überlieferte Text ist Teil eines Geschehens, in dem ich mich selbst befinde. Was der Text sagt, betrifft auch mich. Will ich den Text verstehen, muß ich mich von ihm ansprechen lassen, indem ich mich auf seine Problematik einlasse, das heißt den Bedeutungshorizont, aus dem der Text Fragen stellt und antwortet.

Hier entsteht das eigentliche Problem. In der hermeneutischen Erfahrung treten wir in unserer eigenen *Geschichtlichkeit* in eine Beziehung zu der Geschichtlichkeit des überlieferten Textes. Der Text spricht aus seinem Horizont von Bedeutungen, Vorurteilen und Fragen, und das gleiche tun wir. Durch die hermeneutische Erfahrung werden der Text und unser Horizont (Bedeutungsspielraum, Fragebereich, Welt) zueinander in Beziehung gesetzt. Diese Beziehung bringt den Text in unseren Horizont, und wir können uns zu seinen Fragestellungen verhalten. Erst diese Beziehung ermöglicht es, daß ich mir die Fragen des Textes stellen und deren Antworten als den Sinn des Textes verstehen kann. Gadamer spricht hier von einer «Verschmelzung... vermeintlich für sich seiender Horizonte»[20]. Durch diese *Horizontverschmelzung* erlangen der Text und ich einen gemeinsamen Horizont – und zugleich erkenne ich den Text in seiner Andersheit.[21] Diese Doppelheit ist das eigentlich Interessante in der hermeneutischen Erfahrung.

Strenggenommen gibt es nur einen einzigen Horizont – ebenso wie es bei Heidegger nur eine einzige Welt, ein einziges Sein gibt. Dieser Horizont (Bedeutungsspielraum, Fragebereich, Welt) ist jedoch nur für Menschen «gegeben». Der Horizont ist damit in jene Geschichtlichkeit einbezogen, der die Menschen zugehören, zeigt sich allein innerhalb eines prinzipiell unabgeschlossenen, geschichtlichen Geschehens. Frühere Stadien dieses Geschehens müssen daher zunächst als ein Fremdes erscheinen, zu dem wir uns später, durch die hermeneutische Erfahrung, in Beziehung bringen können. Das Ergebnis der hermeneutischen Erfahrung ist eine Horizontverschmelzung, die eine neue Problemstellung erzeugt, die weder mit dem Problembereich, in dem sich Sophokles befand, identisch ist noch mit jenem, in dem ich mich befand, als ich zum erstenmal mit der Tragödie *König Ödipus* bekannt wurde. Es handelt sich hier um eine neue Problematik, die dadurch entstanden ist, daß sowohl der Horizont von Sophokles als auch mein eigener Horizont überschritten (transzendiert) worden sind. Die Begegnung mit dem Fremden hat mir eine tiefere Erfahrung gegeben. Je weiter weg sich die betreffende Problematik befindet, desto mehr muß sich mein Horizont verändern, damit die hermeneutische Erfahrung der Horizontverschmelzung möglich ist.

Die erste Bedingung für mein Verstehen eines fremdartigen Textes ist daher, daß mit mir etwas geschieht. Was geschieht, hängt von der Art der Begegnung ab, die ich nicht selbst bestimmen kann. Ich bin nicht Herr über die Art und Weise der Horizontverschmelzung. Andernfalls würde ich mich ja über das geschichtliche Geschehen, in dem ich mich befinde, hinwegsetzen können. Aber jeder Versuch, sich an den Haaren hochzuziehen und den Geschichtsprozeß «von außen» zu betrachten, ist wiederum eine neue Art von Geschichtlichkeit. Wir können niemals aus der Geschichte heraustreten, denn jede Auslegung befindet sich in einem geschichtlich bedingten Horizont. Versuche ich, mich gegen meinen eigenen Horizont zu wenden, um ihn auszulegen, als wäre er ein Gegenstand wie jeder andere, dann entgleitet er mir, und ich befinde mich in einem neuen, veränderten Horizont. Die Wahrheit über unsere Welt kann weder erfaßt noch klargelegt werden, sondern ist in all unserem Begreifen und Auslegen des Seienden vorausgesetzt. «Wir sind als Verstehende in ein Wahrheitsgeschehen einbezogen und kommen gleichsam zu spät, wenn wir wissen wollen, was wir glauben sollen.»[22] Nur durch die Begegnung mit dem Fremden, etwa in Form eines Textes aus einer fernen Vergangenheit, werde ich zu der Erfahrung provoziert, daß mein Horizont zu eng ist. Ich werde gezwungen, meine Vorurteile gegen den fremden Text auszuspielen und neue Fragen zu stellen. Dadurch überschreite ich den Rahmen meines früheren Verständnisses. Und durch diese Überschreitung wird es mir möglich, dem fremden Text zu begegnen, der gerade wegen seiner Fremdheit meine Eigenart hervortreten läßt.

Durch die Horizontverschmelzung[23] entsteht eine Problematik, die unseren eigenen Begriffen Sinn verleiht: Wir können diese Begriffe bei der Interpretation von Texten verwenden, weil wir den Text als Antwort auf eine Reihe von Fragen nehmen, die wir selbst als wirkliche Frage verstehen. Die Horizontverschmelzung ist in jeder Auslegung vorausgesetzt – auch in den trivialsten Alltagsinterpretationen der Aussagen meines Nachbarn. In den alltäglichen Situationen bemerken wir sie aber nicht, weil die Horizontverschmelzung gewöhnlich kaum bemerkt wird, während die Aneignung eines Textes aus einer fernen Kultur und einer fernen Vergangenheit harte Arbeit von uns verlangt. Die Horizontverschmelzung ist somit eine Bedingung der Möglichkeit für die Interpretation von Texten und für Gespräche mit anderen Menschen. Solche Bedingungen der Möglichkeit, die methodisch prinzipiell nicht zu erfassen sind, sondern allen Erfahrungen und jeder Methodik bereits innewohnen, nennt man traditionell *transzendentale* Voraussetzungen unseres Verstehens. Gadamers wichtigstes Werk, *Wahrheit und Methode,* ist insofern ein Versuch, die allgemeinen transzendentalen Bedingungen der Möglichkeit für das gegenseitige Verstehen, insbesondere für das Verstehen von Texten herauszuarbeiten. Im Titel liegt das Gewicht auf dem Begriff *Wahrheit*; denn Gadamer will in erster Linie auf das Wahrheitsgeschehen aufmerksam machen, an dem unser Verstehen mit transzendentaler Notwendigkeit teilhat. Der zweite Titelbegriff *Methode* ist mehr ironisch gemeint. Gadamer will nicht eine Methodenlehre entwikkeln, mit deren Hilfe wir eine ‹richtigere› Interpretation oder Auslegung vornehmen können, sondern auf die – transzendentalen – Elemente hinweisen, die in jeder Interpretation vorausgesetzt sind, gleichgültig ob es uns gefällt oder nicht.

Dieser Punkt hat zu einer polemischen Auseinandersetzung zwischen dem Italiener Emilio Betti (geb. 1890) und Gadamer Anlaß gegeben.[24] Betti geht von Gadamers Behauptung aus, daß wir beim Lesen eines Textes diesen zunächst als vollkommen betrachten und diese Voraussetzung erst dann bezweifeln, wenn der Text unsere Erwartungen nicht erfüllt. Genau hier wird das Verstehen des Textes zu einem besonderen Problem. Betti versteht Gadamer so, als ob der Interpret ein Monopol auf die Wahrheit der Sache besitzt, von der der Text handelt, und bestreitet, daß er – oder irgendein anderer Intepret – ein solches Wahrheitsmonopol habe. Nach Bettis Auffassung hat der Interpret die bescheidene Aufgabe, den Text selbst zu Wort kommen zu lassen – ganz gleich, ob dessen Aussagen ‹richtig› oder ‹falsch› sind. Hier handelt es sich vermutlich um ein

Mißverständnis; denn Gadamer behauptet keineswegs, daß wir als Interpreten ein Wahrheitsmonopol besitzen. Dies ändert aber nichts daran, daß wir beim Lesen eines Textes immer schon einen bestimmten Begriffsapparat mit uns bringen, eine Reihe von Vorurteilen über die Sache, von der der Text handelt, sowie einen Problemhorizont, der die Gesichtspunkte des Textes als Antworten auf Fragen verstehen läßt, die wir selbst an den Text stellen. Nur in dem Maße, in dem wir den Text in diesen Problembereich einordnen oder diesen Bereich durch die Begegnung mit dem fremden Text überschreiten (transzendieren) können, ist es uns überhaupt möglich, den Text zu verstehen. Wir haben es hier mit einer transzendentalen Bedingung der Möglichkeit jeder Textinterpretation zu tun. So erklärt Gadamer denn auch in einem Brief an Betti, daß die Rede von einem Vorgriff der Vollkommenheit niemals als Wahrheitskriterium dienen kann. Es geht im Gegenteil um die Bedingung der Möglichkeit der Aneignung eines Textes. Denn zum einen müssen wir uns das Problem des Textes aneignen, zum anderen davon ausgehen, daß uns der Text etwas Vernünftiges zu sagen hat, weil wir ihn sonst nicht lesen würden.

Dies bedeutet natürlich weder, daß wir sicher sein können, daß der Text wirklich vernünftig ist, noch daß wir ein Wahrheitsmonopol besitzen. Vielmehr können wir nur dann den Text verstehen, wenn wir die Frage stellen, ob dieser selbst, wir oder vielleicht ein anderer die ‹richtige› Auffassung von der Sache hat, von der der Text handelt. Betti glaubt, daß wir *methodisch* wählen können, ob wir davon ausgehen wollen, daß wir ein Wahrheitsmonopol haben, auf dessen Grundlage wir den Text beurteilen können, oder ob wir uns mit dem begnügen, was der Text selbst sagt. Gadamers Anliegen ist aber nicht methodisch. Er behauptet, daß selbst der bescheidenste Versuch, einen Text zu verstehen, eine Diskussion des Textes auf dem Hintergrund eines neuen Problemhorizonts erfordert, der eine transzendentale Bedingung der Möglichkeit des Textverstehens darstellt.[25] Natürlich kann man dies methodisch ausnutzen und fordern, daß der Interpret seinen Neutralitätsanspruch aufgeben und statt dessen eine Diskussion mit dem Text einleiten solle. Aber dieses methodische Ansinnen geht über Gadamer hinaus; denn er stellt sich die bescheidenere Aufgabe, das aufzudecken, was notwendigerweise Geltung haben muß, wenn wir etwas verstehen wollen.

Eine Folge der Philosophie Gadamers ist, daß das Überlieferte (die Texte) nie als endgültig interpretiert verstanden werden kann. Jede neue Generation muß von vorn anfangen und von neuem interpretieren. Das

Überlieferte zeigt sich daher durch immer neue Bedeutungsaspekte[26], das heißt als stets neue Antworten auf neue Fragen, die entstehen, indem sich im Verlauf der Geschichte neue Horizontverschmelzungen bilden, zu denen auch unsere Interpretationen gehören. Aber wir alle – der Autor und frühere wie zukünftige Interpreten – beziehen uns immer auf denselben Text.

Gadamer bezweckt hier zweierlei. Erstens wendet er sich gegen die Annahme, der Text habe eine von jeder Interpretation unabhängige Bedeutung «an sich». Es sei daher Einbildung, von einer «idealen» Interpretation des Textes, die es unabhängig von jeder Interpretation gäbe, zu sprechen.[27] Auch wenn wir der Auffassung sind, daß dieses Ideal zwar nie erreicht werden kann, wir uns ihm aber nähern können, hätten wir es immer noch mit einer Einbildung zu tun.

Zweitens möchte Gadamer einen relativistisch orientierten Subjektivismus vermeiden. Für ihn ist der Relativismus bzw. Subjektivismus lediglich ein auf den Kopf gestellter Objektivismus nach dem Prinzip: Gibt es keine Instanz, die unabhängig («an sich») von dem Verhältnis zu unseren Interpretationen existiert, dann ist jede Interpretation relativ beliebig, und jeder kann sagen, was er will. Wir sollten statt dessen einsehen, daß es sinnlos ist, von einem Text «an sich» unabhängig von unseren Interpretationsmöglichkeiten zu sprechen. Ein Text «ist» nur, insofern er in ein Spektrum möglicher Interpretationen eingeht. Wenn wir überhaupt von einem Text «an sich» reden wollen, dann nur im Rückgriff auf jene Sinnfülle, die alle vergangenen, gegenwärtigen und zukünftigen Interpreten in dem Text gefunden haben bzw. finden können. Der Text rekurriert auf das gesamte Spektrum dieser Interpretationen und ist wie alles andere Seiende auf seine Erfahrung im Rahmen eines Horizonts (Bedeutungsspielraums, Fragegebiets, einer Welt) verwiesen, der aus dem Wahrheitsgeschehen der Interpretationen entspringt. Außerhalb dieses Rahmens ist es nach Gadamer sinnlos, davon zu sprechen, der Text habe etwas «an sich Seiendes».

Texte Gadamers

Gesammelte Werke. Tübingen 1986ff (noch nicht alle Bände erschienen) *(= GW).*

Wahrheit und Methode. Frankfurt/M. 1960 *(= WM).*

Vom Zirkel des Verstehens. In: Martin Heidegger zum 70. Geburtstag. Pfullingen 1959, S. 24–34.
Philosophische Lehrjahre. Frankfurt/M. 1977.
Das Erbe Europas. Frankfurt/M. 1989.

Literatur

Bettendorf, Th.: Hermeneutik und Dialog: eine Auseinandersetzung mit dem Denken H.-G. Gadamers. Frankfurt/M. 1984.
Betti, E.: Die Hermeneutik als allgemeine Methodik der Geisteswissenschaften. Tübingen 1962.
Birus, H. (Hg.): Hermeneutische Positionen. Göttingen 1982.
Bubner, R. von et al. (Hg.): Hermeneutik und Dialektik. Festschrift für H.-G. Gadamer. Tübingen 1970.
Grondin, J.: Hermeneutische Wahrheit? Zum Wahrheitsbegriff H.-G. Gadamers. Königstein/Ts. 1982.
Hermeneutik und Ideologiekritik. Frankfurt/M. ²1975.
Pannenberg, W.: Hermeneutik und Universalgeschichte. In: Zeitschrift f. Theol. u. Kirche 60 (1963), S. 90–121.
Teichert, D.: Erfahrung, Erinnerung, Erkenntnis. Untersuchungen zum Wahrheitsbegriff der Hermeneutik Gadamers. Stuttgart 1991.
Turk, H.: Wahrheit oder Methode. In: Birus, H. von (Hg.): Hermeneutische Positionen. Göttingen 1982, S. 120–150.

Anmerkungen

1 Gadamer, Philosophische Lehrjahre, S. 24 (1977).
2 Gadamer, *GW 1*, S. 182 (1960).
3 Gadamer, *GW 1*, S. 190 (1960).
4 Gadamer, *GW 1*, S. 195/196 (1960).
5 Gadamer, *GW 1*, S. 180f, 190, 202, 221, 228, 296 (1960).
6 W. Dilthey: Gesammelte Schriften. Leipzig/Berlin 1914ff, Bd. V, S. 330 (1900).
7 Gadamer, *GW 1*, S. 200 (1960).
8 Gadamer, *GW 1*, S. 183 (1960).
9 Gadamer, *GW 1*, S. 398 (1960).
10 Gadamer, Vom Zirkel des Verstehens, S. 25 (1959).
11 Gadamer, *GW 1*, S. 200 (1960).
12 Gadamer, Vom Zirkel des Verstehens, S. 30 (1959).
13 Gadamer, *GW 1*, S. 392 (1960).

14 Gadamer, *GW 1*, S. 446f (1960).
15 Gadamer, *GW 1*, S. 454 (1960).
16 Gadamer, *GW 1*, S. 370 (1960).
17 Gadamer, *GW 1*, S. 380f (1960).
18 Gadamer, *GW 1*, S. 367 (1960).
19 Gadamer, *GW 1*, S. 343 (1960).
20 Gadamer, *GW 1*, S. 311 (1960).
21 Gadamer, *WM*, S. 390.
22 Gadamer, *WM*, S. 465.
23 Gadamer, *WM*, S. 356.
24 Betti 1962, S. 38–52.
25 Gadamer, Hermeneutik und Historismus, *GW 2*, S. 394f ([3]1972).
26 Gadamer, *WM*, S. 355.
27 Gadamer, *WM*, S. 375.

Jean-Claude Wolf

Hans Jonas: Eine naturphilosophische Begründung der Ethik

Hans Jonas wurde am 10. 5. 1903 in Mönchengladbach geboren. Als 84jähriger stellte er sich dem Schweizer Radio zu einem über zweistündigen Interview mit Andreas Isenschmidt. Im ersten Teil dieses Gesprächs gab er wichtige Aufschlüsse über sein Leben als Philosoph und deutscher Jude. Sein Vater war streng jüdisch, während seine Mutter Tochter eines liberalen Rabbiners war. In seinen letzten Gymnasialjahren wurde Jonas Zionist, lange bevor deutschen Juden diese Option von Hitler aufgezwungen wurde. Die Lektüre der Bibel und der Schriften Martin Bubers überzeugte ihn von der Bedeutung des jüdischen Erbes.

Seit dem Sommer 1921 studierte er bei Edmund Husserl und Martin Heidegger Philosophie. Der Kontrast zwischen den beiden Lehrern – «Bewußtsein hie, Dasein dort» – beeindruckte ihn. Die größte Faszination ging allerdings von Heidegger aus, den er zwar anfänglich nicht verstand, dem er jedoch 1924 nach Marburg folgte. Bei Heidegger konnte man etwas lernen, was über die traditionelle Universitätsphilosophie hinauswies. Als Heidegger 1933 aus dem Versteck heraustrat und sich zum Nationalsozialismus bekannte, war Jonas fassungslos. Erst allmählich und widerstrebend erkannte Jonas die Affinität von Heideggers Denken zum Nationalsozialismus. Dennoch blieb die philosophische Auseinandersetzung mit Heidegger zeitlebens wichtig. Für Jonas' kritische Distanzierung von Heideggers «Hermeneutik des Daseins» war die Einsicht in die innere Verwandtschaft des «geplagten», in die Welt geworfenen Ichs mit dem gnostischen Denken maßgebend.

In Marburg besuchte er auch das Seminar des Theologen Rudolf Bultmann, wo er die Heidegger-Schülerin Hannah Arendt kennenlernte. Mit der Dissertation über *Gnosis und spätantiker Geist* promovierte er bei Heidegger und Bultmann, und bei Heidegger verfaßte er eine Seminararbeit über *Augustin und das paulinische Freiheitsproblem*, die 1930 in einer von Bultmann herausgegebenen Schriftenreihe erschien.

1933 emigrierte Jonas nach London, von wo er ein Jahr später nach Palästina ging. 1938 folgte er einem Ruf an die Hebräische Universität Jerusalem, von 1940 bis 1945 trat er als Propagandist für den Militärdienst bei den Alliierten in die englische Armee ein. 1948/49 war er Artillerieoffizier bei der Haganah, der Selbstverteidigungsorganisation der Israelis gegen die Araber, und wirkte damit aktiv am Entstehungskampf des Staates Israel mit. Bei dem inzwischen verheirateten und 46jährigen Jonas stellte sich das Gefühl ein, nun habe er der Weltgeschichte ihren Zoll entrichtet. Noch hatte er keine Stelle als akademischer Lehrer und sehnte sich nach der «Langweiligkeit der Normalität», um sich ganz der philosophischen Arbeit zu widmen.

Die zweite Hälfte seines Lebens verbrachte er in Nordamerika. Zunächst folgte er 1949 mit seiner Frau einem Ruf seines Freundes Leo Strauss an die McGill University in Montreal, lehrte zwischen 1950 und 1954 an der Carleton University in Ottawa und schließlich zwischen 1955 und 1976 an der «New School for Social Research» in New York. Seit den 60er Jahren veröffentlichte er eine Anzahl von Büchern, die der Biologie, Technik und Philosophie gewidmet sind. Immer stärker tritt die ethische Verantwortung des Wissens in den Vordergrund. Zu den wichtigsten Werken gehören: *The Phenomenon of Life* (1966; dt. Organismus und Freiheit. Ansätze zu einer philosophischen Biologie); *On Faith, Reason and Responsibility* (1978; dt. Macht und Ohnmacht der Subjektivität?); *Das Prinzip Verantwortung. Versuch einer Ethik für die technische Zivilisation* (1979); *Technik, Medizin und Ethik. Zur Praxis des Prinzips Verantwortung* (1985).

Existenzphilosophie und Philosophie der Natur

Hans Jonas spricht «von drei Etappen meines theoretischen Lebensweges... Da war die Bemühung um die spätantike Gnosis im Zeichen der Existenzanalyse; dann die Begegnung mit den Naturwissenschaften auf dem Wege zu einer Philosophie des Organismus; zuletzt die Wende von der theoretischen zur praktischen Philosophie – d. h. zur Ethik – in Erwiderung auf die immer unüberhörbarer gewordene Herausforderung der Technik.»[1] Ein weiterer Bezugspunkt wäre hinzuzufügen: Jonas schöpft aus den Quellen des Judentums. Hintergrund seiner ganzen Ethik ist die Bewahrung des Lebens für Gott – einen leidenden und werdenden Gott.[2]

Obwohl Jonas die «Mythopoese des werdenden Gottes»[3] weiterspinnt, bezeichnet er sie ausdrücklich als persönliche Überzeugung oder Hypothese. Einerseits verzichtet Jonas auf eine theologische Begründung der Ethik und begnügt sich mit einem säkularen metaphysischen Fundament. Andererseits schwenkt er an manchen Stellen auf Konzeptionen («imago Dei», «Schöpfungsordnung» etc.) ein, die – wenn überhaupt – nur im theologischen Bezugsrahmen voll gerechtfertigt sind. Dadurch kommt es zu einem undurchsichtigen Nebeneinander von theologischer und philosophischer Argumentation; wir beschränken uns auf letztere.

Was die Gnosis betrifft, so spricht Jonas von «Gipfelpunkt, ja Ausschweifung alles Dualismus». Gemeint ist eine «Entzweiung von Mensch und Natur, Natur und Geist, Welt und Gott»[4]. Es ist vor allem die Entzweiung von Natur und Geist, die vernachlässigte Frage nach dem Sein der Natur, die ihn in der zweiten Phase seiner Lebensgeschichte beschäftigte.

Jonas hat ein Stück Existentialontologie Heideggers in die Gnosis zurückprojiziert – ein methodologisch nicht unbestrittener Zugang! Später hat er gerade umgekehrt gewisse Züge der Existenzphilosophie (Heideggers und Sartres) als «gnostisch» diagnostiziert[5] – etwa die «Weltangst», die «Geworfenheit» des Daseins in eine ihm wesensfremde Welt, das Pathos der subjektiven Entscheidung, die wert- und sinnmäßige Indifferenz der Natur, den vermeintlichen Hiatus zwischen den Menschen und selbst den höchst organisierten Tieren.[6] «Nie hat eine Philosophie sich so wenig um die Natur gekümmert wie der Existenzialismus, für den sie keine Würde behalten hat... Daß die Natur sich nicht kümmert [sich um nichts kümmert; Erg. von J.-C. W.], ist der wahre Abgrund.»[7]

Mit dieser Betrachtungsweise werden Selbstverständlichkeiten der Existenzphilosophie gleichsam in historische Distanz gebracht. Jonas reaktiviert damit Optionen der älteren Lebensphilosophie, zielt also auf etwas, was Otto Friedrich Bollnow «neue Geborgenheit» nannte.[8] Die Menschen könnten wieder heimisch werden in einer deutbaren Natur. Jonas spricht allerdings recht unbekümmert von der «Würde» oder «Verletzlichkeit» der Natur. Vom Extrem der Zurückhaltung, die Heidegger bezüglich einer Ontologie der Natur bzw. des Lebens übte, verfällt Jonas ins Extrem einer Leichtfertigkeit, die sich gelegentlich mit rednerischen Tricks über sachliche Schwierigkeiten hinwegsetzt. Großzügige Verwendung von Metaphern und Analogien – Jonas überträgt zum Beispiel Heideggers «Sorgestruktur des menschlichen Daseins» auf alle Organismen – ist ein Makel der Naturphilosophie seit Aristoteles bis zu

Schelling und Schopenhauer. Kühne Vergleiche zwischen Mensch und Amöbe werden begünstigt durch die Tatsache, daß Jonas in Konkurrenz zur Biologie von «Leben» spricht – er meint nicht oder nicht ausschließlich «Leben» im biologischen Sinn –, obwohl er sich auf Stoffwechsel, Kreislauf, Wahrnehmung und Motorik bezieht. Damit entstehen jene Ambiguitäten im Begriff Leben, die Heidegger zuvor bei den Lebensphilosophen auffiel. Diese Mehrdeutigkeiten haben aber auch für Jonas' Ethik verheerende Konsequenzen. Sie sorgen für Unsicherheit in der Frage, ob (menschliches) Leben als solches ein Wert oder Gut sei. Diese Unsicherheit tritt am sichtbarsten zutage in seinen Stellungnahmen zur Behandlung von Komapatienten. Hätte Jonas streng unterschieden zwischen «Leben» im biologischen Sinne (am-Leben-sein) und «Leben mit bestimmten Qualifikationen», so wäre er zum Nerv der folgenden Fragen vorgestoßen: Welche Merkmale oder Züge von Organismen sind moralisch relevant? Welche verdienen direkte moralische Beachtung? Welche Wesen lassen sich sinnvollerweise um ihrer selbst willen respektieren? Welche Rolle spielt die Zugehörigkeit menschlichen Lebens zur Spezies Homo sapiens? Zu diesen Fragen ist Jonas, wie gesagt, nicht vorgestoßen. Vielmehr suggeriert er, alles Leben sei als solches wertvoll, und dieser Wert oder dieses Gut sei naturgegeben. Diese «Biophilie» zehrt von den genannten Ambiguitäten im Begriff Leben.

Jonas' Naturphilosophie ist eine Deutung des Organismus am Leitbegriff der Freiheit. Der Begriff Freiheit, schreibt er, kann «als Ariadnefaden für die Deutung dessen dienen, was wir ‹Leben› nennen.»[9] Was menschliche Freiheit ist, wird in der Naturgeschichte «vorbereitet». Jonas scheint jedoch die Vieldeutigkeit und Vagheit des Ausdrucks «Freiheit» auszubeuten, wenn er nahelegt, der Stoffwechsel der einfachsten Organismen sei ein Vorspiel menschlicher Wahlfreiheit. Es wird nicht klar, mit welchem Recht Jonas, der an anderer Stelle[10] auf der Diskontinuität von lebloser Materie und Leben besteht und die Entstehung von Leben als «ontologische Revolution»[11] bezeichnet, innerhalb der Evolution des Lebens eine Kontinuität der Entwicklung des Lebens von der Amöbe zum Menschen unterstellt. Enthusiastisch begrüßt wurde diese Naturphilosophie von Reinhard Löw, der – gemeinsam mit Robert Spaemann – einer Erneuerung der Naturteleologie das Wort spricht.[12] Wichtig bleibt das Projekt einer Naturphilosophie – auf ihre Details wollen wir nicht eingehen –, welche der Tatsache Rechnung trägt, daß auch wir Organismen sind. «Der Beobachter des Lebens muß vorbereitet sein durch das Leben.»[13] «... dank dem Umstand, daß wir selber lebende Körper sind, verfügen wir über Kenntnis von innen her. Kraft der unmittelbaren Zeugenschaft unseres Leibes können *wir* sagen, was kein körperloser Zuschauer zu sagen imstande wäre.»[14]

Daß diese «subjektive Innenansicht» für das Verstehen menschlicher Handlungen fruchtbar ist, mag einleuchten. Mit Jonas könnte man zumindest einen Schritt über unsere Spezies hinaus wagen, nämlich angesichts jener Lebewesen, für deren mentales Leben, sei es noch so rudimentär, wir empirische Anhaltspunkte haben. Nicht nachvollziehbar scheint jedoch der Analogieschluß vom menschlichen Innenleben auf alle Organismen. Zum Innenleben gehören Empfindungsqualitäten wie Lust und Schmerz. Wir können solche Empfindungsqualitäten nur haben, solange unser Nervensystem intakt ist. Es spricht daher vieles für die Annahme, daß die Möglichkeiten, Empfindungen zu haben, von der Ausstattung des Organismus mit einem (zentralisierten) Nervensystem abhängig ist. Wenn wir unvorsichtigerweise Affizierbarkeit des Strebens mit Empfindungen gleichsetzen, unterschlagen wir die Empfindungsqualitäten.[15] Beobachtbare Reaktionsweisen wie Flucht, Zusammenzucken oder Erstarrung sind keine hinreichenden empirischen Indizien für das Vorhandensein von bewußten Empfindungen. So bewegen sich Spekulationen über Empfindungen bei Insekten und Pflanzen im Dunkeln. Ein begrenzter und kontrollierter Anthropomorphismus wäre hingegen legitim, und zwar mit Rücksicht auf das emotionale Ausdrucksverhalten von Menschen und Tieren. Einen epochalen Beitrag zur Erklärung der speziesübergreifenden Verwandtschaft des physiognomischen Expressionsbildes hat Charles Darwin geleistet.

Jonas übernimmt zwar die Gesamtperspektive einer biologischen Evolution, verzichtet aber auf eine darwinistische Theorie. Seine Kritik am Darwinismus basiert allerdings auf einer höchst tendenziösen «Beschreibung» von Mutation und Auslese.[16] Es ist jedoch richtig und für die Ethik bedenkenswert, «daß wir uns offen halten sollten für den Gedanken, daß die Naturwissenschaft nicht die ganze Wahrheit über die Natur aussagt.»[17]

Von den Zwecken in der Natur

Jonas richtet sich insbesondere gegen die «Ausschließung der Theologie» – die Annahme der neuzeitlichen Naturwissenschaften, es gebe keine Zwecke ohne Absichten (Bewußtsein), kurz: Es gebe keine Endursachen in der Natur, Zwecke seien per se menschliche Setzungen. Das Teleologieverbot ist Jonas ein Dorn im Auge. Er weist darauf hin, daß es sich dabei nicht etwa um ein Resultat der Forschung handelt, sondern eher um ein Vorurteil der Forscher. Er nennt es das Vorurteil der «Ungastlichkeit der Natur für Endursachen»[18]. Das Teleologieverbot führt in letzter Konsequenz zu einer Austreibung der Teleologie aus der menschlichen Natur[19], das heißt zur behavioristischen Psychologie.

Das naturphilosophische Hauptwerk *Organismus und Freiheit* endet mit einem Ausblick auf die Ethik: «... durch die Kontinuität des Geistes mit dem Organismus und des Organismus mit der Natur wird die Ethik ein Teil der Philosophie der Natur.»[20] Die erste Kontinuitätsthese behauptet, daß mit dem Leben auch so etwas wie ein nicht-bewußtes Innenleben beginnt. Diese These (mit ihrer stillschweigenden Gleichsetzung von Streben bzw. Affizierbarkeit und Empfindung) wurde bereits einer Kritik unterzogen. Die zweite Kontinuitätsthese steht dagegen in eklatantem Widerspruch zu seiner Absetzung von Whiteheads Panpsychismus, nämlich der Lehre, daß alles beseelt sei.

Für Jonas steht fest, «daß die Natur Werte hegt, da sie Zwecke hegt, und daher alles andere als wertfrei ist...» Es gibt eine «Immanenz von Zwecken im Sein», und mit ihrem Nachweis ist «für die Theorie der Ethik schon die entscheidende Schlacht gewonnen...»[21] Die Aufgaben der Menschheit – insbesondere das Gebot einer aktiven Vermeidung der totalen Selbstzerstörung – läßt sich direkt aus der Natur ablesen. Wir entdecken uns mit der Naturphilosophie als «unter eine Seinsverpflichtung gestellt, als Mandatur sozusagen eines Wollens der Natur.»[22] Es ist aber enttäuschend, daß sich, wenn überhaupt, nur gerade dieser eine Wert des Überlebens, des nackten Am-Leben-Seins, aus der Natur «ablesen» läßt. Überdies geht es Jonas gerade nicht um die Auszeichnung des menschlichen Lebens als solches.

Was Jonas ablehnt, ist eine Ethik, die nur auf Konventionen beruht. Er bestreitet dagegen nicht, daß Konventionen und Verträge moralisch relevant sind. Vielmehr vertritt er die Meinung, daß es neben einer «Vertragstheorie» der Ethik, die für ihn eigentlich eine Moral des wohlverstandenen Selbstinteresses bildet, auch eine Ethik der «selbstlosen Hingabe» gibt, gleichsam eine altruistische Seite der Ethik. Es gibt eben Werte und Zwecke in der Natur selber – so den Wert allen Lebens, das sich selber will. Das Gute ist nicht etwa deshalb gut, weil es gewünscht oder angestrebt wird, sondern es soll gewünscht oder angestrebt werden, weil es das Gute ist. Im Gegensatz zur Begründung des Guten in Neigungen oder Strebungen verlangt Jonas eine Begründung im Sein. Sie verleiht dem Guten Verbindlichkeit und Autorität. Was gut ist, ruft das Subjekt zu seiner Verwirklichung auf.[23]

Der Appell des Guten und das Gefühl der Verantwortlichkeit

Daß es *überhaupt* Leben und insbesondere *menschliches* Leben gibt und auch in *Zukunft* geben wird, ist ein solches Gut. Von ihm geht ein Appell aus, ein Anruf des Seienden an den Menschen, dem er antworten kann oder nicht. Die korrespondierende Antwort in unserem Gefühl nennt Jonas «das Gefühl der Verantwortlichkeit»[24].

Er glaubt, die von Hume beanstandete Schwierigkeit – wie gelangen wir vom Sein zum Sollen – überwunden zu haben. Hume hat nämlich konstatiert, daß Moralphilosophen bedenkenlos von Sätzen mit «ist» zu Sätzen mit «soll» übergehen und daß dieser oft unbemerkte Schritt alles andere als unproblematisch ist.[25] Wie Jonas andeutet, gehören die Werte zum Sein, aber nicht zur jeweiligen Aktualität des Daseienden.[26] Daraus folgt, daß Werte zum Teil real-möglich sind. Einfach, aber anschaulich ausgedrückt, scheint Jonas die Ansicht zu vertreten, daß Werte «schlafen» und darauf warten, «geweckt» zu werden. Die Metaphorik des Schlafens dürfte am besten zum Ausdruck bringen, daß Jonas das Werthafte nicht als bloße Fiktion, etwas Erdachtes oder Phantasiertes, sondern als etwas real Mögliches intendiert. Es geht jedoch aus den Schriften von Jonas nicht hervor, ob er sich der Tragweite einer Annahme von real Möglichem bewußt ist. Was seine Bemerkungen zum Sein-Sollen-Problem angeht, so gehören sie wohl nicht zu den gelungensten Passagen des großen Entwurfs. Zunächst ist es überhaupt keine Frage, daß wir *irgendwie* (d. h. durch informelle Schritte, die logisch nicht reglementiert sind) von Ist- zu Soll-Sätzen gelangen. Das ist ja das, was Hume zunächst beobachtet. Sind diese Schritte aber auch logisch einwandfrei? Zwei Feststellungen am Text von Jonas mögen genügen, um zu zeigen, daß ihm die erwünschte Transformation ohne zusätzliche normative Prämissen nicht gelungen ist. Freilich könnte es ja sein, daß es an sich gute Wesen gibt; aber müssen wir sie auch respektieren? Und sollen wir sie alle gleichermaßen achten? Die Norm, daß wir Wesen mit Selbstzweck achten sollen, fällt nicht vom Himmel – ebensowenig wie das Sittengesetz, das Vorschriften strukturiert und in einen Zusammenhang bringt. Jonas scheint das Problem zumindest zu ahnen, wenn er zwischen Werten und dem Guten unterscheidet.[27] Die subjektive Wertung, selbst wenn sie sich an «objektiven Wertgegebenheiten» orientiert, enthält eine *Entscheidung*.

Obwohl Jonas das logische Problem der Transformation von Ist- in Soll-Sätze nicht bewältigt, schlägt er eine raffiniertere Strategie ein, indem er nämlich die Verantwortung des Menschen für alle Wesen, die von seinen Handlungen betroffen sind, als eine Art Rollenpflicht konstruiert. Das Paradigma dieser Rolle ist das Verhältnis von Eltern zu ihren Kindern. Auch dieser Gedankengang muß sich allerdings die Rückfrage gefallen lassen, warum uns gewisse Rollen – etwa unsere Vormachtstellung in der Natur – sittlich verpflichten. Läßt sich aus der Natur nicht viel eher das Recht des Stärkeren ablesen? Warum soll uns ausgerechnet das Brutpflegeverhalten als Norm dienen und nicht vielmehr der Rivalitätskampf?

Jonas muß noch ausführen, wie der Typus der Kausalverantwortung «übergeht» in den Typus von Rollenverantwortung und inwiefern die Stellung des Menschen (nur des Technikers? nur der Mitglieder der industriellen Gesellschaft?) in der Natur sittliche und rechtliche Verantwortung «hervorbringt».[28] Die Rollenverantwortung ist üblicherweise gebunden an «distinkte Stellen oder Ämter in einer sozialen Organisation» (Hart) – im Kontrast dazu bezieht sich Jonas aber auf eine «von der Natur instituierte, das heißt von Natur aus bestehende Verantwortung»[29]. Damit wird die ohnehin diffuse soziologische Vokabel «Rolle» noch diffuser. Kein Wunder, daß hier wieder Theologie interferieren muß! Hinter der Rolle des Menschen in der Natur steht letztlich ein Auftrag im unabgeschlossenen Schöpfungsgeschehen. Jonas selber hat das traditionelle Verhältnis von Theologie und Philosophie als Störung, als Erfahrung des eindringenden Übergriffs thematisiert.[30] Er gibt selber zu, daß in der Bestimmung der Rolle des Menschen Theologie nachwirkt oder einsickert, nämlich das Bild des Verwalters oder Wächters der Schöpfung.[31] Von der deskriptiven Feststellung der Vormachtstellung zur wertenden Charakterisierung eines Verwalteramtes liegt ein erster logischer Sprung. Einen zweiten logischen Sprung braucht es, um die Tugenden und Aufgaben eines *guten* Verwalters zu spezifizieren. Wir haben es – ähnlich wie beim Bild des Hirten – mit einer offenen Metapher zu tun. Die möglichen Deutungen reichen vom selbstlosen Verwalter, der nur das Wohl der Verwalteten im Auge hat, über den durchschnittlichen Beamten bis hin zum korrupten Amtsträger, der in die eigene Tasche wirtschaftet oder – nach außen verantwortungslos – Aufträge eines ungerechten Chefs übernimmt. Diese kritischen Bemerkungen dürfen nicht mit billiger Polemik verwechselt werden. Vielmehr geht es darum, die Schwierigkeiten aufzuzeigen, mit denen Jonas ringt.

Der Übergang vom Wollen zum Sollen

Bereitet der Übergang vom Sein zum Sollen derart hartnäckige Schwierigkeiten, so gibt es vielleicht einen anderen Weg, nämlich den vom Wollen zum Sollen. Anknüpfungspunkt von Jonas' weiteren Überlegungen ist in der Tat das Wollen. (Insofern ist es ein Rätsel, daß Augustin, Schopenhauer, Nietzsche und Albert Schweitzer im *Prinzip Verantwortung* nicht ausführlich gewürdigt werden, denn sie gehören zu den geistigen Ahnen von Jonas' metaphysischer Ethik.) Dadurch, daß der Mensch will und Zwecke verfolgt, bezieht er sich selber auf Werte, ja ist in gewisser Weise «Wertquelle» oder «wertschaffend». Doch seine Zweckgerichtetheit oder Zielstrebigkeit ist in der Natur angelegt oder präfiguriert – es gibt in der Natur den objektiven «Naturzweck der Zweckhaftigkeit überhaupt»[32]. Wie kommt es nun von der allgemeinen Zwecknatur des Menschen, die er nach Jonas auch mit Tieren und Pflanzen teilt, zu spezifisch sittlichen Zwecken? Wie kommt es vom Wollen zum Sollen?

Jonas verweist auf die einzigartige Kombination von Macht und Wissen im Menschen, und zwar in der Weise, daß die Übermacht des Menschen aus seinem Wissen so bedrohlich und selbstzerstörerisch wird, daß nur das menschliche Wissen als Korrektur und Kontrolle dieser Macht in Frage kommt.[33] Mit hinreißender Rhetorik setzt sich Jonas über die Schwäche seiner Begründung hinweg. Wiederum bleibt unklar, von welcher Art dieser Übergang ist. Denn beim Vorkommen eines Wollens in der Natur handelt es sich ja ebenfalls um ein Faktum, und insofern wird nicht ersichtlich, inwiefern der Ausgangspunkt vom Wollen gegenüber dem Ausgangspunkt vom Sein methodologische Vorteile bietet. David Hume wäre mit den Ausführungen von Jonas wohl kaum zufrieden gewesen, nicht zuletzt deshalb, weil er von einer ganz anderen Konzeption der Moral ausgegangen ist. Ethik ist für Jonas in letzter Instanz eine Sache des Entdeckens und des Findens, nicht des «Erfindens». Diese Auffassung geht letztlich auf Platon zurück und setzt die Annahme eines Real-Guten voraus. Die Elemente eines «moralischen Realismus» – eine Bezeichnung, die gegenwärtig wieder häufig zu hören ist – lassen sich folgendermaßen charakterisieren:

1. Das Gute gehört zum Bestand des Seienden, zur Ausstattung des Universums – Axiologie ist ein Teil der Ontologie.[34] Der «moralische Irrealismus» – ein Ausdruck, den Jonas nicht verwendet – «...ist die grundsätzliche Leugnung jeglicher den Dingen selbst innewohnenden Ordnung von Rang oder Recht und somit überhaupt der Idee objektiver gültiger Verpflichtungen gegen sie, wovon sie selber die Quelle sein könnte.»[35]

2. «Sieh hin und du weißt»[36] – Ethik vermittelt angemessene Wahrnehmung von «Wertsachverhalten» – ein «Sehen der vollen Sache»[37] und «angemessene Antworten» (Gefühlseinstellungen, Handlungen). Für Jonas ist also Ethik nicht bloß Sache der persönlichen Einstellung, nicht bloße Gefühlsreaktion, sondern Wertwahrnehmung und Wertantwort.

3. Ein weiteres Kennzeichen des moralischen Realismus besteht darin, daß er auf beobachtbare moralische Eigenschaften abzielt. Unter Eigenschaften können wir in einem sehr weiten Sinne auch «Merkmale», «Züge» (z. B. Charakterzüge), ja sogar Relationen subsumieren. Vielleicht sollten wir uns auch von den Begriffen «Substanz» und «Träger von Eigenschaften» loslösen. Eine Mutter sieht etwa, daß ihr Kind an Hunger leidet. Was sie sieht, ist eine «Eigenschaft» des Kindes im weiteren Sinne. Sie hört es weinen oder sieht es strampeln; sie nimmt wahr, daß es an seinem Zustand leidet, «daß es ihm etwas ausmacht», daß es Hunger verspürt. Die Mutter vernimmt also etwas anderes als bloße Geräusche und Zuckungen, nämlich einen bedeutsamen Zusammenhang, der auch die Wertung einschließt, Hunger sei ein übler und vermeidenswerter Zustand. Damit ist Humes Sondierung von neutraler Beobachtung und einer «neuen Beziehung», welche durch Sollenssätze angesprochen wird, unterminiert. Moralische Wahrnehmung ist nach Jonas ein Amalgam von Konstatierung und Bewertung.

Diese drei Kennzeichen markieren den Gegensatz zu Hume und verwandten Ethikkonzeptionen.[38] Zweifellos gehört Jonas zu den Wertkognitivisten, für die es objektive Werterkenntnis gibt.

Urbild einer Wertsachverhaltwahrnehmung, in der Tatsachenkonstatierung und Wertung zu einer unauflösbaren Einheit verschlungen sind, ist die Wahrnehmung des Neugeborenen. Es ist wohl kein Zufall, daß einer der ersten phänomenologischen Ethiker, Max Scheler, wiederholt auf die einzigartige und eigenartige Liebe zwischen Mutter und Kind zu sprechen kommt.[39] Dem rein naturwissenschaftlichen Blick entzieht sich allerdings das Phänomen des Neugeborenen – anstelle eines Wertsachverhalts läßt die Biologie nur ein «Konglomerat von Zellen» sehen – die Physik gar nur ein «Konglomerat von Molekülen». Jonas bezweifelt, daß dies überhaupt der Säugling ist, der sich dem analytischen Blick zeigt.[40]

Jonas' Ausführungen über moralisch angemessene Wahrnehmung, das «Sehen der vollen Sache», stehen wiederum in engem Kontakt mit seiner Naturphilosophie – insbesondere mit seinen Ausführungen zur Frage: «Ist Gott ein Mathematiker?»[41] Diese Erörterungen dienen ihm nämlich zur Abgrenzung seines hermeneutischen Erkenntnismodells vom klassischen Modell vollkommener Erkenntnis. Die Sichtweise eines Mathematikergottes wäre der Sichtweise des endlichen Menschen insofern unterlegen, als der körperlose Gott nicht wüßte, wie es ist, «verkörpert zu sein». (Die Christologie könnte dem entgegenhalten, daß Gott in der Inkarnation von Jesus Christus genau diesen ‹Lernprozeß› vollzogen hat.) Ein verkörpertes Wesen hat ein «Wissen des Lebens von Innen». Genau diese Vertrautheit mit dem eigenen Leib und seinen Regungen ist auch für Arthur Schopenhauer Anknüpfungspunkt für die Erkennbarkeit oder zumindest Ausdeutbarkeit der (lebenden) Natur. Die prägnante Formel von Schopenhauers Materialismuskritik lautet: «... der Materialismus ist die Philosophie des bei seiner Rechnung sich selbst vergessenden Subjekts.»[42] Bei Jonas finden sich deutliche Anklänge an diese Formulierung.[43] Auch inhaltlich argumentiert Schopenhauer zum Teil ähnlich wie Jonas. Der Materialismus ist nicht etwa der Verzicht auf Metaphysik, sondern selber Metaphysik. Sobald der Materialist gezwungen wird, seine Metaphysik zu entwickeln, verwickelt er sich in einen Widerspruch zwischen dem, was er tut, und dem, was er sagt.

Daß wir Organismen sind, verbindet uns mit allen übrigen Organismen. Dem Mathematikergott würde also ausgerechnet diese «Innenseite des Lebens» und damit die Diskontinuität zwischen Anorganischem und Organischem entgehen.

Wenn für Ethik adäquate Wahrnehmung des Lebens ausschlaggebend sein soll, dann müßte moralische Erziehung auch ein «Wahrnehmungstraining» einschließen. Mit dieser Ergänzung läßt sich die Position von Jonas stärken; denn damit werden die Einwände gegen den «Intuitionismus» entkräftet, wonach Intuitionen, wenn es sie gäbe, unkorrigierbar und irrtumsfrei sein müßten. Das «Sehen der vollen Sache» ist zwar im Blick (der Eltern) aufs Neugeborene eine *unmittelbare* Intuition, ein «unwidersprechlicher Anruf». Dieses Sehen kann aber auch verkümmern oder sogar ganz aussetzen. Die Wahrnehmungstheorie des moralischen Realismus kann mithin der Möglichkeit von Irrtum, Fehlwahrnehmung, Verstellung des Blicks, oberflächlicher Wahrnehmung usw. Rechnung tragen. Die Hypothese des Mathematikergottes erfüllt sogar die Bedingung vollständiger «Wertblindheit», einer Unfähigkeit, komplexe Wertsachverhalte «auf einen Schlag und doch vollständig» zu erfassen. Verbesserung der moralischen Wahrnehmung ließe sich – bei allen wichtigen Unterschieden – vergleichen mit der Verbesserung ästhetischer Wahrnehmung. «Jemanden dazu bringen, ein Gemälde richtig zu sehen oder ein Musikstück richtig zu hören, mag eine ganze Menge von Diskussion und sonstiger Anleitung darüber hinaus involvieren... Verbesserung unserer moralischen Wahrnehmung sollte das Ergebnis von Dialog und gemeinsamer Anstrengung sein.»[44] Auch ist es keineswegs zwingend anzunehmen, der moralische Realismus statuiere objektive Werte als bizarre Gebilde, als «metaphysische Möbel». Damit soll nur gesagt werden, daß die intuitionistische Ethik von Jonas weder Unfehlbarkeit noch Privatheit der moralischen Wahrnehmung zu unterstellen braucht. Vielmehr bleibt sie (innerhalb gewisser Grenzen) korrekturfähig und mitteilbar.

Rechte und Pflichten

Das neugeborene Kind ist vollständig auf Hilfe angewiesen und unfähig zu adäquaten Gegenleistungen. Es ist zwar Subjekt, aber nicht Subjekt von Entscheidungen, sondern von Bedürfnissen. Es ist zwar möglicher Träger von Rechten, aber nicht möglicher Träger von Pflichten. Verpflichtungen der Eltern gegenüber dem Kind beruhen nicht auf Vertrag oder Erwartung von Leistungen. Das Kind-Eltern-Verhältnis ist mithin Urbild einer asymmetrischen moralischen Beziehung – es gibt in ihr keine ebenbürtige Gegenseitigkeit oder Reziprozität. Diese ist jedenfalls nicht die einzige Quelle elterlicher Verpflichtungen. Auch andere moralische Beziehungen sind einseitig. Jonas spricht an verschiedenen Stellen von einem «Fortfall der Reziprozität in der Zukunftsethik»[45].

Karl-Otto Apel vermag diese These vom Fortfall der Gegenseitigkeit nicht zu überzeugen. Er ist der Ansicht, «daß die prinzipielle Verantwortung der Menschen füreinander ein potentielles Verhältnis ist, das nur nach Maßgabe eines faktischen Machtvorsprungs aktuell wird. So verhält es sich ja auch schon mit der Verantwortung, die etwa Bergsteiger in einer Seilschaft füreinander haben.»[46] Die Gegenposition von Apel ist jedoch nicht attraktiv. Aus ihr folgt nämlich, daß das Lebensrecht eines

Neugeborenen nur deshalb zu achten sei, weil sich der Säugling erwartungsgemäß zu einem Diskussionspartner entwickeln wird. Wie stünde es dann mit dem Lebensrecht eines geistig schwerstbehinderten, aber prinzipiell lebensfähigen Säuglings? Ganz zu schweigen vom Lebensrecht der Tiere, die wir massenhaft und zu frivolen Genußzwecken töten, quälen und erniedrigen. Auf solche Fragen gibt Apels Diskursethik keine angemessene Antwort.

Jonas gibt jedoch auch seinerseits Anlaß zur Kritik, da er unter «Reziprozität» zum Teil ganz verschiedene Dinge versteht – etwa die Korrelation von Rechten und Pflichten, eigennützige Tauschverhältnisse, vollständige Statusgleichheit (die zwischen Herr und Knecht nicht besteht), Gleichheit zwischen moralischen Akteuren (die auch zwischen Herr und Knecht besteht) etc.[47] Wichtig ist dabei der Gedanke, daß wir Pflichten gegen, nicht nur in Ansehung von Wesen haben, die selber nicht (potentielle) moralische Akteure sind – Pflichten also, die ich zum Beispiel dem mir von meinem Nachbarn in Obhut gegebenen Hund selber schulde und nicht nur dem Nachbarn als Einlösung eines Versprechens. Die Kritik an Jonas besagt also, daß er einen pauschalen Begriff von Reziprozität hat und nicht unterscheidet zwischen «Pflichten in Ansehung von etwas» und «Pflichten, die wir jemandem schulden».

Das von Jonas hervorgehobene nicht-reziproke Verantwortungsverhältnis zu Neugeborenen läßt sich auch auf gewisse Tiere übertragen. Weit vorsichtiger zu beurteilen ist die Öffnung der Ethik für alle Lebewesen. Denn es ist moralisch anfechtbar, wenn ich eine Woche in die Ferien gehe und meinen Hund unversorgt zu Hause lasse, während es keine Frage der Moral ist, ob ich meine Blumenstöcke verkümmern lassen darf oder nicht. Kann Jonas diesen Unterschied begründen? Die Begründung des Wertes im Sein und die generelle Annahme, Sein sei besser als Nicht-Sein, scheint nicht auszureichen. Der Mensch als Treuhänder aller anderen Selbstzwecke – so lautet die Parole zur Überwindung des ethischen Anthropozentrismus. Diese Überwindung ist bereits im klassischen Utilitarismus vollzogen, aber im Sinne einer maßvolleren Ausweitung der unparteiischen Interessenerwägung auf alle empfindungsfähigen Lebewesen.[48]

Für Jonas ist die Verantwortung schon fast per definitionem Stellvertretung, Hilfeleistung, Schutzpflicht für bedrohtes und hilfloses Leben. Diese Verantwortung verschärft sich da, wo die Bedrohung von unserem eigenen Handeln ausgeht. Es ist jedoch unzutreffend, daß diese Art von Verantwortung das Urbild oder Paradigma *aller* moralischen Verbindlichkeit ist. Vielmehr ist sie Quelle für spezifische, nämlich maternalistische bzw. paternalistische Aufgaben, das heißt Entscheidungen im wohlverstandenen Interesse des Empfängers – eventuell auch *gegen* dessen faktische Impulse und Neigungen. Respekt vor der Autonomie, welche auch ein nahezu absolutes Verbot zumindest des starken Paternalismus einschließt[49], ist ein genuin selbständiges Moralprinzip, das sich aus dem «Prinzip Verantwortung» keineswegs ableiten läßt.

Unsere Verantwortung für den Fortbestand der Menschheit

Vielleicht ist der Titel «Prinzip Verantwortung» (als Kontrastprogramm zum ebenfalls unglücklich gewählten Titel «Prinzip Hoffnung» von Ernst Bloch) irreführend – denn Verantwortlichkeit und Hoffnung sind eher Haltungen als Prinzipien. Verantwortung ist eine übergeordnete Tugend. Jonas bedient sich öfters eines tugendethischen Vokabulars; doch es ist nicht etwa so, daß «Verantwortungsethik» die alten Schlüsselbegriffe von «Pflicht» und «Recht» zugunsten einer Tugendethik verdrängt. Die Haltung oder Tugend, die Jonas dekretiert, steht im Gegensatz zur Waghalsigkeit und zum Abenteurertum, das im Blick auf die Risiken der modernen Technik obsolet geworden ist. Was wir tun oder lassen, kann schlimme und unumkehrbare Folgen für unsere Nachkommen haben. Wir vermachen ihnen zum Beispiel ein Ozonloch und zwingen sie damit zu einseitigen Freiheitsbeschränkungen; wir wälzen die Lasten der Selbstbeschränkung auf künftige Generationen ab – für die Menschen in 200 oder 300 Jahren wird es sich jedoch nicht mehr um freiwillige Einschränkungen handeln, sondern um elementare Zwänge, die wir geschaffen haben. Schlimmstenfalls wird es dann keine Menschen und gar keine Biosphäre mehr geben. Doch was kümmern uns diese Spätgeborenen? Ein Pessimist, der sich die Leiden der Menschen lebhaft vorstellt, wird die Auffassung vertreten, «daß es ja nicht unbedingt Menschen geben muß... (Es ist eine Erweiterung des Arguments, das ich von verzweifelten Emigrantenpaaren der Hitlerzeit oft gehört habe, daß man in eine solche Welt keine Kinder bringen dürfe.)»[50] Eine Pflicht zur Prokreation (d. h. Kinder zu zeugen) läßt sich vermutlich nicht rational begründen.[51]

Was Jonas sicher ausschließen möchte, ist die Erlaubtheit des Exterminismus – eine Auffassung, welche besagt, daß es am besten wäre, wenn es keine Menschen gäbe (weil, wie man argumentieren könnte, das Ende der Menschheit auch das Ende einer Nettosumme von Leiden wäre). Jonas betont, daß es bei seiner Frage nicht (wie etwa bei Apel) um *konditionale* Rechte künftiger Generationen gehe – Rechte, die sie haben, wenn und sobald sie existieren –, sondern um den Wert oder Vorzug, daß sie überhaupt existieren werden. Offenbar geht es ihm um den Wert menschlichen Überlebens, des Am-Leben-Seins von Menschen sui generis. So weit ist seine Frage zumindest verständlich, selbst wenn sie unbeantwortbar sein sollte. Statt auf die Rechte künftiger Generationen sollten wir uns auf ihre *Fähigkeit* zur Pflichterfüllung und Humanität besinnen.[52]

An dieser Stelle drückt sich Jonas unklar aus – und das, obwohl er hier die Grundpflicht gegenüber künftigen Generationen zu begründen vermeint. Möchte Jonas – vielleicht unter dem Einfluß Kants – sagen, der Wert des Lebens künftiger Generationen bestehe letztlich in ihrer Befähigung zur Sittlichkeit? Das primäre Ziel wäre demnach nicht etwa die Ermöglichung der Erfüllung ihrer Wünsche, ja eigentlich auch nicht die Bewahrung ihres Lebens um seiner selbst willen, sondern eben die Ermöglichung von Moralität. Es ginge Jonas dann gar nicht vorrangig um die Erhaltung empirischer Menschen mit ihren faktischen Wünschen und Neigungen, sondern um die Bewahrung der «Idee des Menschen». Er spricht vom «ontologischen Imperativ aus der Idee des Menschen.»[53] Weil es besser ist, daß überhaupt etwas ist als nichts, ist es besser, daß es Menschen gibt und geben wird. Jonas greift auf ein Argument von Leibniz zurück, das er allerdings nur auf unzulängliche Weise auf sein Problem überträgt.[54] Denn wenn es besser ist, daß etwas ist, warum dann überhaupt Leben und nicht beispielsweise mehr und schönere Kristalle? Daß Jonas überhaupt eine Metaphysik in Betracht zieht, wonach jedes Etwas an sich wertvoll ist, bildet die Ursache dafür, daß er zwischen Biozentrismus und Holismus schwankt. Unter Holismus versteht man eine Position, die allem, was ist, einen gleichen Wert zuspricht. Der Biozentrismus dagegen bewertet nur Leben – und zwar Leben als solches, unabhängig von seinen Qualifikationen. Das Oszillieren zwischen Holismus und Biozentrismus wird insbesondere mit dem Ausdruck «Eigenrecht der Natur»[55] begünstigt. Das von Leibniz entliehene Argument spricht weder für den Vorzug von Leben noch für den Vorzug von menschlichem Leben. Auch Jonas vermag die Frage, ob die Existenz einer Biosphäre der Existenz einer Menschheit in 300 Jahren vorzuziehen ist, nicht mit stichhaltigen Gründen zu beantworten. Vielmehr fehlt es seinen Argumenten gegen eine Orientierung an den voraussichtlichen Präferenzen künftig lebender Menschen an Überzeugungskraft. Die Erfüllung dieser mutmaßlichen Präferenzen ist eine notwendige Bedingung einer sinnvollen, vielleicht auch sittlichen Lebensweise. Wenn überhaupt etwas zählt in der Ethik, dann sind es die «vitalen Interessen». Jonas' Rede von der «Idee des Menschen» scheint dagegen ähnlich kraftlos zu sein wie das traditionelle platonisch-christliche Argument für die Unmöglichkeit des Aussterbens von natürlichen Arten: Gott werde es nicht zulassen, daß Arten, die er geschaffen und für gut befunden hat, einfach verschwinden. Oder wenn er es zuläßt, dann nur so, wie er nach den Konstruktionen der Theodizee die Übel in der Welt zuläßt, nämlich ohne sie zu billigen. Das ist ein explizit theologisches Argument, und in dieser Form hätte es Jonas wohl zurückgewiesen. Fazit dieser Überlegungen ist, daß er sein Ziel, die Begründung einer Pflicht zur Erhaltung der Menschheit, nicht erreicht hat. Vielleicht ist die Aufgabe, die er sich gestellt hat, unlösbar.

Die «Idee des Menschen»

Jonas kommt wiederholt auf die «Idee des Menschen» zurück – sie ist für ihn das Äquivalent der ebenso schwer faßbaren Würde des Menschen. Alle Fälle von Rechtsverletzungen gehen auch gegen die Menschenwürde. Aber es gibt Fälle von Entwürdigung, die nicht Rechtsverletzungen, ja nicht einmal Interessenverletzungen implizieren. Am eindrücklichsten illustriert er das, was er unter «Gefährdung der ontologischen Idee der Menschen» versteht, am Humanexperiment. In ihm mache sich die Tendenz zur «Verdinglichung» des Menschen auf drastische Weise bemerkbar. Jonas wendet sich gegen eine «bloß utilitaristische Ansicht», welche ihre Aufmerksamkeit ausschließlich auf empirisch faßbare Schädigungen richtet.[56] Das wirksamste Mittel gegen Verdinglichung von Menschen im Humanexperiment ist die Selbstanwendung. Deshalb ist für Jonas die ideale Versuchsperson der Forscher selbst. Schließlich identifiziert er (oder sie) sich mit dem Forschungszweck wie sonst niemand. «Die Selbstrekrutierung hat per se das Zustimmungsproblem mit all seiner unauflöslichen Vieldeutigkeit umgangen.»[57] In seinem 1969 erschienenen Pionieressay *Philosophical Reflections on Experimenting with Human Subjects*[58] hat Jonas subtile Überlegungen angestellt, die in einer «Regel der absteigenden Reihe» kulminieren. Ihr gemäß kommen Wesen ohne Verständnis und Zustimmungsfähigkeit für Humanexperimente am wenigsten in Frage, während die Forscher selber am ehesten in Betracht kommen. Er nennt das die «Umkehrung eines sozialen Utilitätsstandards»[59]. Daß Jonas den Utilitarismus auf «niedrige» Nützlichkeit (d. h. Lust und Unlust) festnagelt und die «höhere» Nützlichkeit (d. h. Achtung und Selbstachtung) für sich monopolisiert, ist allerdings unverzeihlich. Für die Klassiker des Utilitarismus wie J. Bentham und J. St. Mill hatte nämlich die Sicherheit der Individuen einen vorrangigen sozialen Wert. Bei Lichte besehen ist aber Jonas' Regel nichts anderes als eine Sicherheitsvorkehrung gegen Mißbrauch von Wehrlosigkeit und Inkompetenz.

Im Blick auf Komapatienten hat sich Jonas in einem ebenfalls vielbeachteten Aufsatz *Against the Stream: Comments on the Definition and Redefinition of Death*[60] folgende Szenarien ausgedacht, mit denen er verdeutlichen will, daß uns die Gehirntod-Definition, welche den Patienten im Koma durch Sprachregelung als tot deklariert, auf eine abschüssige Bahn bringt: Er beschwört die Möglichkeit der Erhaltung des Körpers eines bewußtlosen Menschen als Organbank oder als chemisches Labor.[61] Der tieferliegende Grund für die Anstößigkeit dessen, was uns die «gruselige Phantasie» von Jonas vorführt, ist seines Erachtens der wesenhafte Anteil des extrazerebralen Leibes an der Identität der Person. «Der Leib ist so einzig der Leib dieses Hirns und keines anderen, wie das Hirn einzig das Hirn dieses Leibes und keines anderen ist.»[62] Diese Behauptung ist wenig überzeugend. Sie ließe sich ja auch auf andere individuelle Attribute eines Menschen ausweiten – etwa seinen Hut, seine Wohnung etc. Überdies wäre die enge Assoziation zwischen Person und Leib auch ein hemmender Faktor für die Verbrennung und Bestattung des Leichnams und ein Grund zur Einbalsamierung und Erhaltung desselben als eines Souvenirs. Jonas bringt auch keine neuen Argumente gegen die plausiblere Auffassung vor, daß die Identität der Person durch ihre Bewußtseinskontinuität und nicht durch ihre Körperkontinuität konstituiert wird. In einem anderen Beitrag zur Sterbehilfe sagt Jonas selber, der Patient im irreversiblen Koma sei «nicht einmal die Fiktion eines Entscheidungssubjektes ... Man könnte nicht eigentlich angeben, *wessen* Recht mit irgendeiner Entscheidung gewahrt oder verletzt würde: das der ehemaligen Person oder das des jetzigen unpersönlichen Überrestes.»[63] Im Unterschied zu Jonas könnte behauptet werden, daß seine Szenarien nicht die «Idee des Menschen» tangieren, sondern eventuell Gefühle von Angehörigen und weiteren Drittpersonen verletzen. Während Jonas nämlich zu begründen versucht, daß x Anstoß erregt, weil x unmoralisch ist, ließe sich eher dafür argumentieren, daß x moralisch bedenklich ist, sofern x Anstoß erregt. Ärgernis (Störung, Ekel u. ä.) läßt sich gelegentlich vermeiden – entweder durch Diskretion der Akteure oder durch Umgehung bestimmter Schauplätze. Die Testfrage lautet, ob die Szenarien von Jonas etwas sind, was wir nicht mitansehen möchten, oder etwas, das wir, selbst wenn es in geschlossenen Räumen und unter vielfachen Kontrollen stattfindet, absolut nicht akzeptieren dürfen.

Eine globale Bedrohung der Natur geht von unserer technischen Zivilisation aus. Angesichts der Dynamik der Technik empfiehlt Jonas eine «Heuristik der Furcht». Im Zweifelsfall ist nicht der Verheißung oder Beschwichtigung, sondern der Stimme der Kassandra zu vertrauen. Seine Ethik ist wie die Philosophie von Günther Anders [64] massive Kultur- und Technikkritik. Die technisch-zivilisatorische Dynamik, das ungeheure Tempo des sozialen Wandels sind kapitalistischen und kommunistischen Gesellschaften gemeinsam, denn das Maximierungsprinzip bzw. das Profitmotiv ist dem Marxismus ebenso eingeboren wie dem Kapitalismus. [65] Der Maximierung stellt Jonas freiwillige Mäßigung entgegen. Selbstbeschränkung erlaubt Verbesserungen, aber schreibt sie nicht generell vor. Verbesserungen sind unter normalen Umständen als fakultativ, nicht als obligatorisch zu betrachten. Krankheit und Tod bleiben nach Jonas individuelles Schicksal; die Verhütung einer Seuche dagegen bedeutet Abwendung eines vermeidbaren Notstands der Gesellschaft. Es ist – aus der Perspektive der «Heuristik der Furcht» – erlaubt, eine Verbesserung zu unterlassen, ein zweitbestes Ziel dem besten vorzuziehen, auf einen Fortschritt zu verzichten. Sie gehorcht einer genügsameren und bescheideneren Strategie. Sie kommt immer dann zum Zug, wenn es um Rettung in der Not, Abwendung von Katastrophen oder Einschränkung von Risiken geht. Nach Jonas fallen verschiedene Bereiche der medizinischen Forschung unter diese Kategorie der fakultativen Verbesserungen. [66] Er vertritt sogar die Ansicht, das ganze Fortschrittsunternehmen im Bereich der medizinischen Forschung sei fakultativ. [67] Diese Überlegung leuchtet wohl am ehesten ein, wenn man sich die weltweit ungerechte Verteilung von medizinischen Ressourcen vor Augen führt. Denn in Anbetracht der globalen Knappheit an medizinischen Ressourcen erscheint die Priorität der Verhinderung von Elend und Katastrophen vor jedem Fortschritt, der dagegen als bloßer Luxus empfunden wird, höchst plausibel. Weniger selbstverständlich ist der Verzicht auf Fortschritt dagegen, wenn man Medizin und Gesundheitsfürsorge in einem reichen Lande isoliert betrachtet.

Verhängnisvoll ist die Utopie des technisch-zivilisatorischen Fortschritts. Umweltzerstörung und Aggressivität der Medizin sind nur Symptome einer Gesamtentwicklung, in der ausschließlich menschliches Machen Werte setzt. Es ist naheliegend, diesen «Zivilisationswerten» Werte der Natur entgegenzustellen. Jonas' Naturkonzeption hat daher rousseauistische Untertöne.

Schlußbemerkung

Wir sind zweifellos mit neuen Gefahren konfrontiert. Brauchen wir zu ihrer Bewältigung eine neue Ethik? Hat Jonas eine solche neue Ethik geliefert? Sein moralischer Realismus, seine Kritik am Anthropozentrismus und Utopismus sind nicht neu. In seiner ethischen Kasuistik greift Jonas nicht nur auf traditionelle Unterscheidungen der Moraltheologie zurück, sondern auch auf die Konzepte der Schöpfung und der Ebenbildlichkeit. Seine «neue Ethik» ist in vielen Teilen eine neue Erinnerung an alte Ethik. Eine kritische Würdigung seiner gesamten Philosophie würde mehr Raum beanspruchen. Sie müßte davon ausgehen, daß seine Philosophie in allen Teilen auf Ethik angelegt ist. Insbesondere seine teleologische Naturphilosophie ist unter diesem Gesichtspunkt zu bewerten. «Zweckhaftigkeit» in der Natur mag zwar für die theoretische Erkenntnis kein fruchtbares Suchmuster sein, doch für eine ökologische Ethik bietet sie einen guten Ansatz.[68] Der moralische Realismus ist vielleicht nicht mehr als eine metaphysische Bürde, obwohl sich bei Jonas eine interessante Auffassung von Wertungen als angemessenen Reaktionen auf Züge der Wirklichkeit abzeichnet. Abgesehen von gewissen Schwächen in Jonas' Ausführungen hat er damit den Geist einer ökologischen Ethik getroffen, der es um die Rettung von Werten in der Welt und nicht bloß um die Rettung unserer Projektionen geht. Politisch wirksamer wäre allerdings eine Ethik, die auf metaphysische Letztbegründung verzichtet und sich mit «Zweitletztbegründungen» begnügt.

Die ethischen und naturphilosophischen Schriften von Jonas richten sich nicht ausschließlich an Fachkollegen, sondern suchen eine breite Öffentlichkeit, und sie haben sie auch gefunden. Die Botschaft seiner Warnungen und Mahnungen bedarf keines zusätzlichen Kommentars. Furchtbares steht bevor. Unser gegenwärtiges Verhalten hat zum Teil irreversible Folgen. Ob wir zur Bewältigung dieser Probleme eine neue Weltanschauung brauchen, ist zweifelhaft.[69] Hier wurden aber vor allem die Argumente von Jonas dargestellt und untersucht. Jonas' Philosophie mutet streckenweise wie eine metaphysische Rhapsodie an. Deutlicher, als er das tut, muß am Unterschied zwischen einer rationalen Argumentation und einer Unheilsverhütungsrezeptur festgehalten werden. Die Philosophen werden die Menschheit weder vor der «Banalität des technischen Fortschritts» noch vor der Selbstzerstörung retten. Wenn aber selbst Philosophen sich nicht um sparsame und glasklare Argumentation bemühen – wer wird es sonst tun?

Texte H. Jonas'

Der Gottesbegriff nach Auschwitz. Eine jüdische Stimme. Frankfurt/M. 1984 (= *GnA*).

Macht oder Ohnmacht der Subjektivität? Das Leib-Seele-Problem im Vorfeld des Prinzips Verantwortung. Frankfurt/M. 1981 (= *MOS*).

Materie, Geist und Schöpfung. Frankfurt/M. 1988 (= *MGS*).

Organismus und Freiheit. Ansätze zu einer philosophischen Biologie. Göttingen 1973 (= *OF*).

Philosophical Essays. From Ancient Creed to Technological Man. Chicago/London 1974 (= *PE*).

Das Prinzip Verantwortung. Versuch einer Ethik für die technologische Zivilisation. Frankfurt/M. 1979 (= *PV*).

Technik, Medizin und Ethik. Zur Praxis des Prinzips Verantwortung. Frankfurt/M. 1985 (= *TME*).

Wissenschaft als persönliches Erlebnis. Göttingen 1987 (= *WpE*).

Zwischen Nichts und Ewigkeit. Zur Lehre vom Menschen. Göttingen (1963) 1987 (= *ZNE*).

Erkenntnis und Verantwortung. Gespräche mit Ingo Hermann. In: «Zeugen des Jahrhunderts». Hg. von Ingo Hermann. Göttingen 1991.

Bibliographie

Aland, Barbara (Hg.): Gnosis. Festschrift für Hans Jonas. Göttingen 1978.

Spicker, Stuart F.: Organism, Medicine, and Metaphysics. Essays in Honor of Hans Jonas on His 75th Birthday May 10, 1978. Dordrecht (Holland) 1978.

Literatur

Culianu, Ioan P.: Gnosticismo et pensiero moderno: Hans Jonas. Rom 1985.
Löw, R.: Philosophische Aspekte der Medizin und Biologie. In: Philosophischer Literaturanzeiger 33 (1980), S. 194–206.
Müller, W. E.: Der Begriff der Verantwortung bei Hans Jonas. Frankfurt/M. 1988.
–: Zur Problematik des Verantwortungsbegriffs bei Hans Jonas. In: Zeitschrift für evangelische Ethik 33,3 (1989), S. 204–216.
Obermeier, O. P.: Technologisches Zeitalter und das Problem der Ethik. In: Philosophisches Jahrbuch 88 (1980), S. 426–444 (Buchbesprechung von PV).
Rath, M.: Intuition und Modell. Hans Jonas und die Ethik des wissenschaftlichen Zeitalters. Frankfurt/Bern/New York/Paris 1988.
Schäfer, L.: Selbstbestimmung und Naturverhältnis des Menschen. In: Information Philosophie 5 (1986), S. 4–19.
Schäfer, Wolf: Die Büchse der Pandora. Über Hans Jonas, Technik, Ethik und die Träume der Vernunft. In: Merkur 4,43 (April 1989), S. 292–304.

Anmerkungen

1 Jonas, *WpE*, S. 11.
2 Jonas, *OF*, S. 317–339; *ZNE*, S. 44–62; *GnA* passim.
3 Corti, W. R.: Der Mensch im Werden Gottes. Schaffhausen 1988.
4 Jonas, *WpE*, S. 17.
5 Jonas, *OF*, S. 292–316; *ZNE*, S. 5–25. Siehe auch Schulz, W.: Vernunft und Freiheit. Stuttgart 1981, S. 125–139.
6 Jonas, *OF*, S. 309 f, Anm. 13.
7 Jonas, *OF*, S. 314/315.
8 Bollnow, O. F.: Neue Geborgenheit. Das Problem einer Überwindung des Existenzialismus. Stuttgart 1955.
9 Jonas, *OF*, S. 14; vgl. S. 130.
10 Jonas, *OF*, S. 150.
11 Jonas, *OF*, S. 128.
12 Löw, R.: Philosophische Aspekte der Medizin und Biologie. In: Philosophischer Literaturanzeiger 33 (1980), S. 194–206, bes. S. 205 f. Siehe auch Löw, R./Spaemann, R.: Die Frage Wozu? Geschichte und Wiederentdeckung des teleologischen Denkens. München/Zürich 1981.
13 Jonas, *OF*, S. 129.
14 Jonas, *OF*, S. 124.
15 Hamlyn, D. W.: Schopenhauer. London/Boston/Henley 1980, S. 83 f.
16 Jonas, *OF*, S. 76 f.
17 Jonas, *PV*, S. 30.
18 Jonas, *OF*, S. 55.

19 Jonas, *OF*, S. 59.
20 Jonas, *OF*, S. 340.
21 Jonas, *PV*, S. 150.
22 Jonas, *TME*, S. 85.
23 Jonas, *PV*, S. 161.
24 Jonas, *PV*, S. 162 f.
25 Hume, D.: A Treatise on Human Nature (1739/40). Hg. von Selby-Bigge u. Nidditch. Oxford 1987, S. 469 f. – Siehe dazu auch Hudson, W. D. (Hg.): The Is-Ought-Question. London/Basingstoke 1969; Hudson, W. D.: Modern Moral Philosophy. 2. Auflage. New York 1983, S. 69 ff; Bruening, W. H.: The Is-Ought-Problem. Washington 1978.
26 Jonas, *PV*, S. 153.
27 Jonas, *PV*, S. 149.
28 Vgl. Hart, H. L. A.: Punishment and Responsibility. Essays in the Philosophy of Law. Oxford 1970, S. 210–230.
29 Jonas, *PV*, S. 178.
30 Jonas, *TME*, S. 47.
31 Jonas, *TME*, S. 47.
32 Jonas, *PV*, S. 232.
33 Jonas, *PV*, S. 232 f.
34 Jonas, *PV*, S. 153.
35 Jonas, *PV*, S. 167.
36 Jonas, *PV*, S. 235.
37 Jonas, *PV*, S. 236.
38 Mackie, J. L.: Ethics. Inventing Right and Wrong. Harmondsworth, Middlesex 1977.
39 Scheler, M.: Wesen und Formen der Sympathie. Bern/München 1974, S. 37 ff, 102 f, 172, 200 ff.
40 Jonas, *PV*, S. 236.
41 Jonas, *OF*, Kapitel 5.
42 Schopenhauer, A.: Die Welt als Wille und Vorstellung, Zweiter Band. In: Sämtliche Werke, Band 3. Leipzig 1922, S. 15; vgl. auch S. 356.
43 Jonas, *OF*, S. 197.
44 McNaughton, D.: Moral Vision. An Introduction to Ethics. Oxford 1988, S. 60 (meine Übersetzung).
45 Jonas, *PV*, S. 84, 176 ff.
46 Apel, K.-O.: Diskurs und Verantwortung. Das Problem des Übergangs zur postkonventionellen Moral. Frankfurt/M. 1988, S. 196 f.
47 Zur Vieldeutigkeit des Begriffs der Gegenseitigkeit vgl. Becker, L. C.: Reciprocity. London/New York 1986.
48 Regan, T./Singer, P. (Hg.): Animal Rights and Human Obligations. Englewood Cliffs (New Jersey) 1976, S. 129–132.

49 Starker Paternalismus besteht, vereinfachend gesagt, darin, daß eine Person einer anderen mündigen Person ihre Wertvorstellungen aufzwingt oder sie mit Zwang, Betrug oder Drohungen dahin bringt, ‹klüger› zu sein und aus eigenen Entscheidungen resultierende Fehler zu vermeiden. Vgl. Sartorius, R. (Hg.): Paternalismus. Minneapolis 1983.
50 Jonas, *PV*, S. 88.
51 Bayles, M. D.: Reproductive Ethics. Englewood Cliffs (New Jersey) 1984, S. 7–10.
52 Jonas, *PV*, S. 89.
53 Jonas, *PV*, S. 91.
54 Jonas, *PV*, S. 96–99. – Zur Kritik von Jonas' Leibniz-Verständnis siehe Müller, W. E.: Der Begriff der Verantwortung bei Hans Jonas. Frankfurt/M. 1988, S. 73–87.
55 Jonas, *PV*, S. 29.
56 Jonas, *TME*, S. 110f.
57 Jonas, *TME*, S. 132; siehe auch S. 134.
58 Jonas, *PE*, S. 105–131; TME, S. 109–145.
59 Jonas, *TME*, S. 136.
60 Jonas, *PE*, S. 132–140; TME, S. 219–241.
61 Jonas, *TME*, S. 231f.
62 Jonas, *TME*, S. 234.
63 Jonas, *TME*, S. 258.
64 Anders, G.: Die Antiquiertheit des Menschen. München (1956) 1980.
65 Jonas, *PV*, S. 272.
66 Jonas, *TME*, S. 127.
67 Jonas, *TME*, S. 133.
68 Obermeier, O. P.: Technologisches Zeitalter und das Problem der Ethik. In: Philosophisches Jahrbuch 88 (1981), S. 426–44 (Buchbesprechung von *PV*).
69 Schäfer, L.: Selbstbestimmung und Naturverhältnis des Menschen. In: Information Philosophie 5 (1986), S. 4–19.

Ulrich Dierse

Joachim Ritter und seine Schüler

Joachim Ritter

Joachim Ritter, geboren am 3. 4. 1903 in Geesthacht, studierte in Heidelberg, Marburg, Freiburg und Hamburg, promovierte dort 1925 bei E. Cassirer und habilitierte sich 1932; 1943 wurde er Professor in Kiel, konnte sein Amt wegen der Einziehung zum Wehrdienst jedoch nicht antreten. 1946 wurde er als Nachfolger von Gerhard Krüger nach Münster berufen und blieb dort bis zu seiner Emeritierung 1968. Von 1953 bis 1956 war er Gastprofessor in Istanbul, 1962/63 Rektor der Universität Münster. Er war Mitglied der Arbeitsgemeinschaft für Forschung des Landes Nordrhein-Westfalen und der Akademie der Wissenschaften und Literatur zu Mainz. Er starb am 3. 8. 1974 in Münster.

Das Werk Joachim Ritters ist erst relativ spät als selbständiger Beitrag zur Philosophie der Gegenwart anerkannt worden. Es liegt auch nicht als ausgestaltetes System vor, sondern in einer Reihe von einander ergänzenden kleineren Schriften und Aufsätzen.[1] In ihnen werden Themen der Philosophie- und Geistesgeschichte aufgenommen und interpretiert, um daraus Gewinn für das eigene Denken zu ziehen. Das historisch ausgebildete Denken wird weder in seinem Anderssein überspielt und unreflektiert in die Gegenwart übertragen noch als völlig Vergangenes abgelegt. Ritter geht es vielmehr darum, sowohl die Kontinuitäten als auch die Differenzen zur eigenen Zeit sichtbar zu machen, aus der Geschichte Entwicklungslinien zu ziehen, die in die Gegenwart führen, ohne die geistigen und politischen Umbrüche zu verleugnen. Eine Trennung von Historischem und Systematischem gilt deshalb für Ritter nie; es kommt ihm vielmehr darauf an, in Auseinandersetzung mit der geschichtlichen Welt zu philosophieren, ohne aus der Tradition fertige Antworten zu beziehen. Charakteristisch für ihn ist eine eher fragende und hinweisende Haltung, die sich in Formulierungen wie «Was geschieht hier? – Das muß man sehen» äußert. Die Geschichte bestimmt die Erfahrung und das Denken «und bringt sich durch sie zur Sprache» [2]. Darin sind für Ritter Aristoteles und Hegel Vorbild: Sie verfahren «hermeneutisch», indem sie reflektierend das, was geworden ist, aufnehmen und zum Begriff bringen, «aus ihm heraus sprechen» und nicht etwa zunächst eine Theorie aufstellen, um das Vergangene daran zu messen.[3] «In der Wirklichkeit, in der der Mensch als Mensch actu besteht und ist, liegt die Vernunft und die Wahrheit des gegenwärtigen Rechts, die daher den antithetisch fixierten Theorien verschlossen bleibt, die die geschichtliche und gesellschaftliche Natur des Menschen gegeneinander ausspielen.»[4]

Kennzeichnend für Ritter ist auch, daß er über die Grenzen der Philosophie hinaus den Kontakt zu anderen Wissenschaften suchte und von ihnen Anregungen bezog. So fanden sich in dem von ihm geleiteten Collegium Philosophicum neben Philosophen auch Theologen, Juristen, Soziologen, Historiker, Literatur- und Kunstwissenschaftler zusammen [5], von denen viele inzwischen in ihren Fächern fortgewirkt haben. Darüber hinaus lenkte Ritter sein Augenmerk stets auf die außerwissenschaftliche Welt und hielt die Philosophie so in der Nähe der gelebten Wirklichkeit. Auf den ersten Blick marginale Erscheinungen konnten für ihn aufschlußreich sein und eine grundsätzliche Bedeutung gewinnen. Lag Ritter die akademische Abkapselung fern (viele seiner Aufsätze sind nicht in den Fachpublikationen erschienen und behandeln Themen wie Lehrerbildung, akademische Preise, das Alter und die Aufgabe der Bibliotheken [6]), so sah er es andererseits als seine Verpflichtung an, in akademischen Gremien mehr als nolens volens mitzuwirken, als Rektor der Universität Münster, als Mitglied im Wissenschaftsrat und in den Gründungsausschüssen neuer Universitäten (Bochum, Dortmund, Konstanz). Aus dieser Arbeit gingen schon früh Vorschläge zur Universitätsreform hervor. Die Mitwirkung in solchen Institutionen war für ihn von der Überzeugung geleitet, daß diese dem Individuum nicht als äußere «Gehäuse» gegenüberstehen, sondern Freiheit und Willen des Subjekts ausdrücken, indem sie «die habituelle Verwirklichung rechten und sittlichen Handelns... gewährleisten.» Institutionen werden allgemein als «ethische Ordnungen freien Lebens» verstanden und nicht als Hindernisse zur Entfaltung der Subjektivität.[7]

Daß historisches Interpretieren seinen Gegenstand zunächst und vor allem in dessen bestimmten geschichtlichen Konstellation zu sehen hat, um dann die historischen Wandlungen und das Fortwirken in die Zukunft aufzuzeigen, wird schon an Ritters Dissertation über Nicolaus Cusanus erkennbar. Dessen «Theorie des Nichtwissens» bedeutet eine «Lockerung der mittelalterlichen und scholastischen Welt», ohne schon mit dieser zu brechen. Cusanus erweist sich «als rechter Geist der Renaissance», den vieles mit der Tradition verbindet und der gleichzeitig auf kommende Jahrhunderte vorausweist.[8] Ritters Habilitationsschrift sieht Augustinus in einer vergleichbaren historischen Stellung. Dessen Philosophie vollzieht sich in Auseinandersetzung mit dem Neuplatonismus, bedeutet Aneignung und Weiterführung dieser Tradition auf christlicher Grundlage, ist also zugleich Loslösung von dieser, indem sie das spätantike Denken «in sich aufnimmt und aufhebt.»[9] («Aufheben» meint also Bewahren und Verändern in einem.)

Ritters philosophiegeschichtliche Arbeiten erfolgen in dieser Zeit nicht ohne grundsätzliche Überlegungen zur Geschichtlichkeit des Erkennens überhaupt. Unter dem Eindruck von E. Cassirers *Philosophie der symbolischen Formen,* aber auch unter Einbeziehung von Diltheys Theorie der Geisteswissenschaften und der Arbeiten von Emile Durkheim und seiner Schule (L. Lévy-Bruhl) zum Denken der Primitiven, kommt Ritter zu der Überzeugung, daß die Philosophie keine überzeitlich gültige Erkenntnistheorie annehmen oder aufstellen könne, sondern die unabweisbare Geschichtlichkeit aller wissenschaftlichen und außerwissenschaftlichen Erkenntnis reflektieren müsse. «Geschichtlichkeit» bedeutet, daß die Wissenschaften nicht von einem kontinuierlichen Zuwachs ihrer Ergebnisse ausgehen können, die dann das jeweils Vergangene als überholt oder falsch hinter sich lassen. Das Vergangene wie auch das gegenwärtige Erkennen und Denken ist vielmehr Ausdruck seiner Zeit und Erfahrung; es gibt ein je verschiedenes Welt- und Wirklichkeitsverhalten wieder. Konnte Hegel noch die Einheit dieser einzelnen Erfahrungen darin erblicken, daß er in ihnen die Möglichkeiten des Geistes sich entfalten und fortschreiten ließ und damit die Geschichte der Philosophie als Zu-sich-selbst-Kommen des Geistes begriff, so ist heute eine solche Systematisierung, in der die spezifische Geschichtlichkeit zuletzt verschwindet, nicht mehr möglich. Der Zusammenhang der verschiedenen Erfahrungen ist vielmehr das Leben und Erlebnis der Individuen. Darin haben die mannigfaltigen Möglichkeiten des Verstehens von Welt und ihren Gegenständen ihren Grund. Die Weltanschauungen und die künstlerischen, philosophischen, religiösen Überzeugungen in ihrer jeweiligen kulturellen Bedingtheit sind selbst die konstitutiven Möglichkeiten des Gegenstandes, der sich in diesen Sinnzusammenhängen zeigt.[10] Die «jeweiligen Sinnwelten», wie sie den Menschen einzelner Epochen und Kulturen unterschiedlich «bedeutsam» werden (etwa das Weltbild der Primitiven oder das der modernen rationalen Wissenschaft) sind (mit Cassirer) als die «Schöpfungen einer im Wesen des Geistigen selbst liegenden Gestaltungsfunktion» zu begreifen und haben in ihm ihre Einheit.[11] Scheinen sich Sachbezogenheit und Geschichtlichkeit der Erkenntnis einander auszuschließen, so gehören sie im geschichtlichen Leben doch zusammen. (Die «Entstehung der Geisteswissenschaften» ist z. B. die «existentielle Antwort» auf die Ausbildung der exakten Naturwissenschaften.) Das heißt: Beide Momente, das der sachlich-gegenständlichen Wahrheit und das des Ausdrucks einer bestimmten historischen Epoche, haben ihre «übergreifende Einheit» im «Zusammenhang der Epochen», in der «Kontinuität des Wissens und Erkennens», in der Wahrheiten und Lehren immer neu durchforscht, «in Frage gestellt und zugleich wiedergewonnen» werden: Der Geist und mit ihm «das Seiende selbst» erweisen sich als geschichtlich, ohne daß seine historischen Teile zusammenhanglos auseinanderfallen müssen.[12]

Obwohl Ritter solche Grundlagenfragen später nicht weiterführte, bleibt doch vieles davon in seinen folgenden Arbeiten wirksam, wenn auch mit veränderter Betonung. Ritter hebt an Hegel hervor, daß dieser in seiner Philosophiegeschichtsschreibung versuchte, «den Gedanken der Einen (von Griechenland herkommenden) Philosophie noch einmal in einer Epoche zu vergegenwärtigen, welche sich anschickt, die Eine Philosophie preiszugeben.»[13] Vergleichbares gilt auch für Ritter: Wie schon Aristoteles «das Bedürfnis des Bewahrens, des Rettens und des überliefernden Fortpflanzens» der Philosophie der Vorsokratiker erfüllte[14], so kann die Besinnung auf Ursprung und Sinn der aristotelischen Theoria Erinnerung und Vergegenwärtigung einer «Einheit» von theoretischem und praktischem Leben auch dann noch sein, wenn die Zeit über die älteren Formen des Philosophierens hinweggegangen ist.[15]

Die Verwendung des Begriffs «Leben» in den frühen Arbeiten bedeutet nicht, daß Ritter in der Menschennatur den ursprünglichen Grund des Daseins suchte. Er kritisierte an Schelers und Heideggers Anthropologie, daß sie ihre Aussagen über den Menschen ohne Berücksichtigung der komplexen Vielfalt des geschichtlichen Lebens und seiner praktisch-konkreten Gegebenheiten machten. Sowohl Schelers Bestimmung des Menschen, die eine Vielzahl von Ergebnissen der anthropologischen Forschung verarbeitet, als auch Heideggers daseinsanalytische Kategorien «Alltäglichkeit», «Miteinandersein», «Sorge» usw. bleiben «formal» und somit «leer», weil sie das Wesen des Menschen in einer Eigentlichkeit suchen und dadurch von dem in der Wirklichkeit konkretisierten

Leben absehen. Dies führt in der Konsequenz zur unwissenschaftlichen «Weltanschauung», zum «Subjektivismus und Mystizismus». Die Philosophie kann aber nur dann ihre «Lebensbedeutung» behalten, wenn sie «den Sinn der objektiven Erkenntnis, der rationalen Klarheit und die Erweiterung unserer wissenschaftlichen Erfahrung sichert.»[16] Ritters Auseinandersetzung mit der Existenzphilosophie, besonders der Heideggers und Sartres, zielt in eine ähnliche Richtung. Diese erkennt zu Recht, daß in der modernen Arbeitswelt die Dinge zu bloßen Objekten herabgesunken, die Menschen dem Sein entfremdet sind. Deshalb bricht sie mit der überlieferten Metaphysik und verkündet das Zeitalter des Nihilismus, sucht aber gleichzeitig in der Existenz einen neuen Zugang zum Sein und zu sinnvollem Leben. Dabei läßt sie jedoch außer acht, daß «auch in der Arbeitswelt der Objekte der Mensch Existenz hat.» Die Gesellschaft steht dem einzelnen nicht bloß als äußerliche gegenüber; beide sind vielmehr miteinander vermittelt. «Die Bewahrung aller geistigen, sittlichen, menschlichen, mit der Seinswelt verbundenen Beziehungen des Menschen ist nur da möglich, wo der Einzelne als Person sein Selbstsein in der Gesellschaft bewahrt.»[17]

Die Existenz des Menschen in seinen konkreten Lebensvollzügen ist das Thema der praktischen Philosophie des Aristoteles. Dieser formulierte im Begriff der Theoria jene freie, von äußeren Zwecksetzungen unberührte Erkenntnis des Seienden, auf der «bis heute die Stellung der Wissenschaft... beruht»[18]. Er begründet weiterhin eine ethisch-politische Philosophie, die von der objektiven gesellschaftlichen Praxis und dem in ihr sich verwirklichenden menschlichen Guten ausgeht. In der Teilnahme am politischen Leben des griechischen Stadtstaates realisiert der Mensch als Bürger seine Freiheit, findet er zu seinem Ziel und damit zu seinem Glück. Er ist nicht ganz Mensch in seinem natürlichen Sein, sondern dadurch, daß er in seinem «Subjektsein inhaltlich auf die ethischen Institutionen verwiesen» ist, wie sie im Recht, in den Sitten und Gebräuchen der Polis vorliegen. «In dieser Vermittlung liegt das Leben der aristotelischen Theorie, das auch die moderne Ethik aus ihrer abstrakten Erstarrung zu neuem Leben wecken könnte, in die sie die Entfremdung des Einzelnen und der Gesellschaft... gebracht hat.» Obwohl die Geschichte die griechische Polis-Verfassung überholt hat, weiß die klassische Theorie um die Substanz des Menschen, sind «in diesem Wissen Maßstäbe überliefert, die dann für alle Staaten und Gesellschaften gelten.» Die fortwirkende Bedeutung der aristotelischen Politik liegt darin, daß sie die «Polis als eine Gemeinschaft von Freien» bestimmte, die «von jeder Form der Despotie» unterschieden war. Sie führte zwar noch die Unfreiheit der Sklaven mit sich; aber mit dem Christentum wurden prinzipiell und «mit der modernen Gesellschaft politisch konkret» alle Menschen als freie begriffen. Hieran ist gegen die heute üblich gewordene «ethische Neutralisierung des Politischen» zu erinnern. «Staat könnte dann als die Institution gelten, die im Verhältnis zu allen Gruppen und Institutionen die ihr eigentümliche politische Aufgabe hat, zu erreichen und zu gewährleisten, daß in ihnen der Mensch als er selbst in einem menschlichen Leben bestehen kann.» In der Moderne ist zwar die ursprüngliche Einheit von Ethik und Politik, Naturrecht und positivem Recht aufgelöst, und diese «notwendige Entzweiung» ist in ihrer Berechtigung anzuerkennen. Aber die von Aristoteles formulierte «allgemeine, nicht an die Polis gebundene Einsicht» ist, daß «ein auf die menschliche Natur gegründetes Recht nur da Begriff und Prinzip des Rechtes zu sein vermag, wo die menschliche Natur nicht unbestimmt, sondern in ihrer Verwirklichung und so als aktuale Natur zur Substanz einer bestehenden politischen wie rechtlichen Ordnung wird.»[19]

Ritters Arbeiten zu Hegel, besonders die Schrift *Hegel und die französische Revolution*[20], können als Weiterführung dieser Interpretationen verstanden werden. Hegel hat die Weltgeschichte als Universalwerden der Freiheit begriffen. Gegenüber der antiken Beschränkung der Freiheit auf die Polis-Bürger ist es die Leistung des Christentums und vor allem der Reformation, alle Menschen als im Glauben und Gewissen vor Gott freie anerkannt zu haben.[21] Die historische Bedeutung der Französischen Revolution ist nach Hegel (und Ritter) darin zu sehen, «die Forderung politischer Freiheit aufgeworfen» zu haben, d. h. die Freiheit und Gleichheit aller Menschen unabhängig von ihrem Stand, ihrer Geburt, Nationalität oder ihrem Glauben. Sie hat damit das Problem gestellt, «die Rechtsform der Freiheit zu finden und d. h. eine Rechtsordnung auszubilden, die der Freiheit des Selbstseins angemessen ist und ihr gerecht wird und es dem Einzelnen ermöglicht, ... zu seiner menschlichen Bestimmung zu kommen.» Während die Revolution hierin noch nicht zu einem Abschluß gelangte, versuchte Hegels Rechtsphilosophie, das Problem zu lösen. Die Revolution hat aber den Grund für «jede gegenwärtige und künftige Rechts- und Staatsordnung» gelegt, die «von dem universalen Freiheitsprinzip der Revolution ausgehen und es voraussetzen», d. h. die Subjektivität des Menschen, die Freiheit seines Denkens, seiner Religion und Lebensführung zu ihrem eigenen Prinzip machen muß.[22] Hegels politische Philosophie ist damit von allen restaurativen Bestrebungen und vom romantischen Rückzug in die Innerlichkeit unterschieden. Man kann deshalb Hegel nicht vorwerfen, den Staat zu vergotten oder Unterwürfigkeit unter die preußische Obrigkeit zu zeigen.[23]

Die Institutionen des Staates, der Familie und die der Gesellschaft (Korporation etc.) sind insofern sittliche, als sie dem Individuum nicht als fremde, «tote Gehäuse» gegenüberstehen, sondern die Verwirklichung von Freiheit und Subjektivität zum Inhalt haben. In ihnen objektiviert und konkretisiert sich das subjektive Wollen des Menschen, der sich so nicht in seine abstrakte Vereinzelung zurückziehen und von der Realität abkapseln muß. Damit überwindet Hegel Kants Dualismus von (bloß innerer) Moralität und (äußerlich-rechtlicher) Legalität, obwohl er von ihr ausgeht. Er nimmt Aristoteles' Bestimmungen der «ethischen Wirklichkeit individuellen Handelns und Lebens» auf, aber nicht als «einfache Erneuerung noch Fortführung», sondern so, daß die Moralität in die Sittlichkeit hineingenommen wird, d. h. in den Institutionen das Recht und der Wille der einzelnen zum Austrag kommen.[24] Hierin ist Hegels geschichtliche Bedeutung und Leistung zu sehen, die bis in die Gegenwart fortwirkt. Auch für Ritter gilt, daß die Individuen «objektive Zusammenhänge» benötigen, in denen der einzelne Mensch «arbeitet, lebt, Interessen hat, Verantwortung, Pflichten übernimmt»; aber das können die Institutionen nur, wenn sie ihm auch «gemäß sind», d. h., wenn sie «die Freiheit des Selbstseins, der Absicht, des Gewissens und so das sittliche Leben der Freien» zum Inhalt haben.[25]

Der Freisetzung aller Menschen durch die Revolution entspricht notwendig ihre Herauslösung aus allen überlieferten Bindungen des Standes und der Geburt. Als neues und bisher so nicht gekanntes Ereignis der Weltgeschichte emanzipiert die Französische Revolution den Menschen aus seiner «geschichtlichen Herkunft». Die Philosophie, die diesen historischen Prozeß ernst nimmt, muß das Auseinandertreten von Herkunft und Zukunft als «die Grundverfassung der neuen Zeit» denken. Für Hegel ist es aber nicht nur eine Zeit, die sich von historisch überholten Verhältnissen befreit, sondern eine, die den Menschen dadurch zum Subjekt und zur Person bildet, daß sie ihm die Gegenstände der äußeren Welt als Dinge zu seiner Verfügung zuordnet. Durch die aneignende Inbesitznahme werden die Dinge zu sachlichem Eigentum und aus ihrem vorherigen Zusammenhang etwa mit der göttlichen, geheiligten Natur gelöst. Damit gestaltet der Mensch sich zur Rechtsperson und entfaltet in der bürgerlichen Gesellschaft seine Freiheit.

In dieser Verwandlung der Natur zur «toten mechanischen Natur» wird die Natur verdinglicht, die Gesellschaft beschränkt sich auf die Bedürfnisbefriedigung durch Arbeit und grenzt alles Subjektive, Gefühl und Gesinnung aus. Aber Hegel begreift diese «Entzweiung des geschichtlichen Daseins in Subjektivität und Objektivität» positiv, weil er in ihr die Freisetzung aller Menschen in bezug auf Religion, innere Neigungen und Leidenschaften erkennt, so daß in der «Entzweiung selbst sich die in der Gegenwart vorhandene Vernunft zeigt.» («Entzweiung» ist nicht «Entfremdung»: In jener bleibt die Zusammengehörigkeit des Getrennten erhalten, während in dieser nur der Widerspruch gesehen wird, den es in neuer Einheit zu überwinden gilt.)[26] «Mit der Versachlichung aller Verhältnisse auf dem Boden der industriellen Gesellschaft wird so das persönliche Sein des einzelnen von seinem gesellschaftlichen Sein abgetrennt und aus diesem herausgelöst.» Das hat die positive Seite, daß der einzelne «in dem ganzen Reichtum seines religiösen, sittlichen persönlichen Seins in das Recht gesetzt (ist), in seinem Leben bei sich selbst und er selbst zu sein.» Dies hat Hegel «zuerst und im Grunde noch bis heute er allein» begriffen, und Ritter hat es jenen gegenüber eingewendet, die die moderne Welt «als Verfall schmähen» und «die Eilande einer wahren und eigentlichen Existenz suchen.»[27]

Die Herauslösung aus den traditionellen Verhältnissen der Herkunft ist inzwischen zu einem Problem auch der außereuropäischen Länder geworden. In deren Modernisierung wird ausgetragen, was Europa bereits vollzogen hat. Wo aber «die Kontinuität des Geistes zerreißt» und es «keine Macht der Versöhnung und Vermittlung gibt, da gehören die revolutionäre Verneinung der Herkunft und die Verneinung der Zukunft unlösbar zusammen.» Dies kann Mahnung auch für Europa selbst sein.[28] Ritter warnt davor, die Rettung aus gegenwärtigen Bedrängnissen in der Entscheidung für das eine oder andere Extrem zu suchen; dadurch werde «je eine Seite der Entzweiung zum Nichtsein gesetzt.» Die Zivilisationsflucht, die ihr Heil in der Natur sucht, hat keine Beziehung zur gesellschaftlichen Wirklichkeit und gerät damit selbst in «den Sog der Geschichtslosigkeit, der sie entzogen werden sollte.»[29]

Daß Ritter sowohl die Probleme als auch die Chancen der Moderne realistisch einzuschätzen suchte, zeigt besonders die Schrift *Die Aufgabe der Geisteswissenschaften in der modernen Gesellschaft*[30]. Seit dem 18. Jahrhundert haben sich die positiven, vor allem die Naturwissenschaften aus dem von der Antike überlieferten Zusammenhang mit der Philosophie emanzipiert und sind auf die praktische Anwendung und den Nutzen für den Menschen orientiert. Aufgabe der Philosophie ist es aber weiterhin, das zu bewahren und zu überliefern, was sich «nicht in Funktionen praktischer Zwecke auflösen läßt und so der Theorie bedarf.» Deshalb «gehört zur Naturwissenschaft die Naturphilosophie, zu Historie und Soziologie die Philosophie der Geschichte und der Gesellschaft.»[31] Die fixierte Antithese von Philosophie und Wissenschaften läßt sich vermeiden, wenn man fragt, was die Geisteswissenschaften «für die Gesellschaft sind und bedeuten.» Deren Erkenntnisse sind nicht auf Verwertbarkeit gerichtet, sondern haben «ihren Zweck in sich selbst», da sie «im Horizont der uns überhaupt zugänglichen geschichtlichen Zeit die Geschichte selbst, Sprache, Kunst, Dichtung, Philosophie, die Religionen, aber ebenso auch Dokumentationen persönlichen Lebens in historischer und hermeneutischer Methode zum Gegenstand haben und vergegenwärtigen», und zwar nicht als «Relikte und Überbleibsel aus der vorindustriellen Welt, sondern als zu ihr notwendig hinzugehörende Ergänzung.» Der «moderne ‹historische Sinn›», den sie zur Grundlage haben, geht nicht von einem bruchlosen Fortwirken der Vergangenheit aus, sondern setzt Differenz zu ihr und die Diskontinuität der Geschichte voraus. In den Geisteswissenschaften spiegelt sich wiederum die Entzweiung von «geschichtlicher Herkunftswelt» und Gegenwart. Sie übernehmen es, die «für die moderne Gesellschaft konstitutive und unaufhebbare Abstraktheit und Geschichtslosigkeit» zu «kompensieren» und «die geschichtliche und geistige Welt des Menschen offen und gegenwärtig zu halten», die in der Gesellschaft keinen Ort hat. Ritter wendet sich gegen die Vorstellung, die Geisteswissenschaften repräsentierten nur «das zusätzlich Geistige, das... sich wie der Feiertag zum Werktag des Lebens verhält.» Sie erfüllen vielmehr eine «elementare Funktion» dadurch, daß sie «die auf die Gesellschaft und ihre (verwissenschaftlichte) Natur nicht abbildbare oder reduzierbare geschichtlich-geistige Welt des Menschen in ihrer Zugehörigkeit zur Gesellschaft einholen.»[32]

Eine vergleichbare Aufgabe übernehmen in der Moderne Kunst und Ästhetik. Wenn in der Betrachtung der Landschaft die Natur als zweckfreie erfahren wird, so zeigt sich darin in verwandelter Form die frühere Theorie, die Anschauung des Weltganzen, in dem das Göttliche erscheint. In der Neuzeit kann es aber nicht mehr im philosophischen Begriff zugänglich sein, sondern «im ästhetischen Gefühl» und «genießenden Hinausgehen in die Natur.» Die Natur ist einerseits der Gegenstand der Wissenschaft und der praktischen Nutzung geworden. Dagegen hat die «Natur als Landschaft... die Funktion übernommen, in ‹anschaulichen›, aus der Innerlichkeit entsprungenen Bildern das Naturganze...

zu vermitteln und ästhetisch für den Menschen gegenwärtig zu halten.» Die Natur als Objekt des Physikers und Astronomen ist eine andere als die subjektiv gefühlte und empfundene Natur. Dem Menschen, der sich durch Arbeit «aus der Macht der Natur befreit» hat und sie verdinglicht, droht sie als ganze verlorenzugehen. Sie bleibt ihm erhalten in der «ästhetischen Vermittlung». Die Erfahrung der schönen Natur zeigt so ebenfalls die «Entzweiungsstruktur der modernern Gesellschaft.» Beide Vorgänge, die zunehmende Herrschaft über die Natur und ihre ästhetische Vergegenwärtigung, sind aufeinander bezogen, und man kann sich «nicht auf die eine oder andere Seite schlagen» und etwa in eine ‹heile› Natur flüchten. Der Philosophie kommt es zu, «die Einheit der sich äußerlich entgegensetzenden Mächte und so die unserer Welt an sich einwohnende Vernunft zu begreifen.»[33]

Was Ritter exemplarisch an der Landschaft und ihrer Darstellung in der Kunst herausarbeitet, hat Gültigkeit für die neuere Kunst allgemein. Diese entsteht erst dort, wo sie keine religiöse Funktion (mit der Götterstatue, dem Heiligenbild usw.) mehr erfüllt, sich aus der Bindung an den Hof löst und frei und autonom wird. Kunst als ästhetische Kunst gibt es erst, seit sie sich nicht mehr als Abbild einer Realität, sondern als freie Schöpfung des Genies und der ästhetischen Einbildungskraft versteht, seit sie sich nicht mehr an Regeln orientiert, sondern sich ihr eigenes Gesetz gibt, seit sie vom subjektiven Geschmack, dem Inneren des Gemüts und Herzens erfahren wird. Dieser Vorgang hat wiederum zur Voraussetzung die für «die moderne Welt» kennzeichende «Versachlichung aller Lebensbezüge und damit der Dinge und der Natur.» Dem Kunstwerk fällt nun «die universale Aufgabe zu, das in den sachlichen Bezügen der Nutzung und des Gebrauchs vergessene Wesen der Dinge zu bewahren.» Die Rationalität der Gesellschaft wird ästhetisch «kompensiert»; die Welt als schöne repräsentiert den vormals im philosophischen Begriff gefaßten Zusammenhalt der Dinge, z. B. die Vollkommenheit des Kosmos, und hält «ihre lebendige Substanz» gegenwärtig.[34]

«Wo die ganze Natur als Himmel und Erde des menschlichen Lebens philosophisch und im objektiven Begriff der kopernikanischen Natur ungesagt bleibt, übernimmt es die Subjektivität, sie im Empfinden und Fühlen gegenwärtig zu halten, und Dichtung und Kunst bringen sie ästhetisch zur Darstellung.»[35] Sie setzen die technisch-wissenschaftliche Welt voraus und zeigen zugleich, daß diese nur die eine Seite des Menschseins ausmacht, daß neben sie als notwendige Ergänzung die Sphäre des subjektiven Gefühls und Glaubens, des Religiösen und Göttlichen getreten ist.

An T. S. Eliots Dichtung wird erkennbar, daß die Kunst an vergangene Lebensformen erinnert, die sonst vergessen zu werden drohen. Der «Erkenntnisanspruch» der Kunst liegt darin, daß sie «Kundgabe dessen (ist), was sonst nicht gesehen» werden kann, weil das Ganze des Seins nicht mehr durch Metaphysik und Theorie zugänglich ist: «Das Religiöse lebt unter den Bildern und Begriffen des Anderen», bei Eliot z. B. in der «Wintersonne auf dem Eis, einer Hecke mit den ‹vergänglichen Blüten von Schnee›».[36] Kunst wird damit in gewissem Grad Substitut für die alte Metaphysik, auch wenn Ritter Hegels Einwände gegen diese vor allem von der Romantik vorgenommene Hypostasierung der Kunst teilt.

Wenn im Lachen von jeher die «geheime Zugehörigkeit» des Abseitigen, Nichtigen und sonst vom Dasein Ausgegrenzten zum Ausdruck kam, so gewinnt es wie das Komische eine sehr viel fundamentalere Dimension in einer Zeit, die mehr und mehr von der Ratio bestimmt wird. An ihm wird «die Grenze der Vernunft» sichtbar, weil es «im Widerspruch gegen die rationell gewordene und verendlichte Welt das Unendliche des Seins und Lebens von dort aus leuchten läßt, wohin die Ratio es verbannt hat als das Lächerliche und wesentlich Abseitige.»[37]

Die Kunst vermag so das «Andenken des sonst Entgleitenden» in einer Welt des Verstandes zu bewahren, sie macht gerade an den gewöhnlichsten und unnützen Dingen etwas sichtbar, was anderes nicht zu sehen ist, sie bemerkt noch im Geringsten die «Spur» des «Übergreifenden», dessen, «was Goethe den zusammenhaltenden Himmel nennt.» «Solche Frommheit ist vielfach bezeugt von Cézanne bis zu Kandinsky und Marc.» Die Kunst wäre aber nur die romantische Verklärung vergangener Lebensformen, wenn sie nur an diese Verhältnisse, «worüber die Geschichte hinweggegangen ist» («die Mühle im Tal, den Eisenhammer im Wald und die Idylle des ländlichen Lebens») erinnerte. Sie kann heute aber auch die Aufgabe übernehmen, «die dem Zeitalter selbst gestellt ist.» Wenn nämlich gegenwärtig «die Zeit selbst das Ungedeutete und Unbewältigte» ist, so kann sich auch die Kunst dem Entdecken und Experimentieren öffnen, neue Sehweisen und Deutungen gewinnen, die in der Welt selbst nicht bereitliegen, und so erst «die bleibende Ordnung und Wahrheit sichtbar machen, in der die Gesellschaft nicht weniger gründet, als es die Lebensformen früherer Jahrhunderte getan haben.»

«Wenn die Kunst Kunst bleiben und ihre Aufgabe der Bewahrung in der Gesellschaft erfüllen soll, so wird sie in die gegenwärtige Wirklichkeit hineingetrieben und gerät damit notwendig auch auf den Weg des Experiments und der Neuerung, um das ungesehene Sein und die ungesagte Wahrheit sichtbar zu machen... Kunst kann in der Vielfalt ihrer Erscheinung und gerade auch in der Radikalität des Experiments als der Versuch erscheinen, in dem Strom der Neuerungen und Umwälzungen das nicht preiszugeben, was die alte Kunst in gültiger Weise ins Bild zu bringen und zu übersetzen wußte.»

Ritter sieht bei den Künstlern des 19. und 20. Jahrhunderts, z. B. in P. Klees Experimentieren mit der Formenwelt der Mathematik, Anzeichen dafür, «daß die moderne Kunst selbst in diesem Sinn ihre Aufgabe verstanden und gedeutet hat.»[38] – Joachim Ritter konnte die hier entworfene Ästhetik nicht mehr zu Ende führen. Einige grundlegende Artikel des Historischen Wörterbuchs der Philosophie wie «Ästhetik» und «Genie» sind aber mehr als nur historische Vorarbeiten dazu, sie deuten die Gesamtkonzeption wenigstens an. Denn die Begriffsgeschichte ist «nicht mehr nur als antiquarische Forschung» zu verstehen, sondern «positiv zur erinnernden Vergegenwärtigung geworden.»[39]

Schüler J. Ritters

J. Ritter hat keine Schule im engeren Sinn gebildet. Seine Mitarbeiter, darunter «Thomisten, evangelische Theologen, Positivisten, Logiker, Marxisten und Skeptiker»[40], hatten nicht nur von vornherein unterschiedliche Interessen und Arbeitsgebiete, sie entwickelten diese auch in verschiedene Richtungen weiter. Gemeinsam ist ihnen die Verbindung von historischer Forschung[41] mit systematischem Anspruch des Denkens, allerdings mit divergenter Schwerpunktbildung. Einige bemühen sich mehr, auch die bislang wenig berücksichtigten Felder der Philosophiegeschichte zu bearbeiten[42], andere ziehen aus ihren historischen Beiträgen in erster Linie Schlußfolgerungen für die Diagnose der Gegenwart. Häufig genannter Bezugspunkt ist Ritters Hegel-Deutung und die darin implizierte Theorie von der Entzweiungsstruktur der Moderne, aber auch seine Funktionsbestimmung der Geisteswissenschaften, die von einigen weitergebildet wird, und Ritters Ästhetik, die jedoch nur in wenigen Publikationen fortgeführt wird.[43] Interpretationen unter dem Blickwinkel der Geschichtsphilosophie wurden anfänglich auch an Autoren vor und nach Hegel durchgeführt[44]; später jedoch melden sich bei den einen deutliche, bei anderen verhaltene Zweifel, ob die Konzeption einer einheitlichen Weltgeschichte als Fortschrittsgeschichte noch aufrechterhalten und in die Zukunft verlängert werden könne. Deshalb wird jetzt, wo man nicht mehr unbedingt hoffen kann, die Welt werde zum Besseren fortschreiten, auch das Problem des Bösen und Üblen wieder dringlich: Die Theodizee-Frage wird zwar in ihrer traditionellen Form kritisiert[45] und als kaum lösbar angesehen, sollte aber als Frage «offengehalten» werden, da sich in ihr die «Empörung über die Wirklichkeit» artikuliert.[46] An die Stelle der einlinigen, universalen Geschichte tritt deshalb oft das Plädoyer für die vielen einzelnen Geschichten. Da aber bei Ritters Schülern, wie bei diesem selbst, immer ein Bewußtsein für die Ambivalenz von Modernisierungs- und Emanzipationsprozessen vorhanden war, die neuzeitliche Aufklärungsgeschichte weder in allen ihren Elementen verteidigt noch als Verfall gebrandmarkt war, braucht sie auch nicht, etwa unter postmodernem Vorzeichen, aufgegeben zu werden. Deshalb können sich Ritters Schüler, wenn auch unterschiedlich stark ausgeprägt, für die Anerkennung der Aufklärung aussprechen, wenn diese neben Traditionskritik zugleich Traditionsbewahrung ist, nämlich Bewahrung eines «geschichtlich erreichten Standes... sittlicher und politischer Errungenschaften.»[47] So votiert H. Lübbe im Namen der Aufklärung gegen ihre Übersteigerung, plädiert O. Marquard für die «bürgerliche Aufklärung... durch Zustimmung zur eigenen Bürgerlichkeit, auch zur eigenen Bildungsbürgerlichkeit.»[48]

Am ehesten hat noch L. Oeing-Hanhoff[49] Ritters geschichtsphilosophische Deutung von Vergangenheit und Gegenwart fortgeführt. Er hält am «aufweisbaren Sinn» der Geschichte als Fortschritt im Bewußtsein der Freiheit fest, wenn auch mit der Einschränkung, daß die Geschichte nicht in ihr selbst die Erfüllung findet.[50] Das «Reich der Freiheit» ist zwar schon in dieser Welt angelegt und konkret geworden in freiheitlichen Institutionen wie dem Staat, es ist aber nur «geschichtstranszendent vollendbar»[51]. Der unaufhebbare Hintergrund für alle Einzelarbeiten Oeing-Hanhoffs ist denn auch die Metaphysik und philosophische Theologie. Das mittelalterliche Denken wird durch die Neuzeit nicht etwa überwunden, sondern hat dieser bereits viele Perspektiven eröffnet, die diese weiterführen kann, so mit der Metaphysik der Sprache, der Person und ihrer Freiheit. Die Freiheit des Menschen besteht in der Unabhängigkeit von der Naturnotwendigkeit, sie erfüllt sich in der Bejahung einer erkannten Wahrheit und im sittlichen Handeln. Gott hat, so begreift Oeing-Hanhoff das Problem der Theodizee, die Freiheit seiner Geschöpfe gewollt, damit diese sich ihm in Liebe, das heißt frei, zuwenden können.[52] Thomas von Aquin und Hegel miteinander ins Gespräch bringend, versucht Oeing-Hanhoff die Trinität des christlichen Gottes philosophisch «verständlich, zumindest plausibel» zu machen. Gott ist darin «ein dreipersönliches Leben in der Einheit des einen identischen Wesens», daß er als Vater natürliches Sein ist, als Sohn sich sprechend und wollend an die Welt entäußert und als Heiliger Geist die Verbindung von beiden ist. In dieser Dreiheit ist Gott Urbild für alles geistige und personhafte Sein, den Menschen.[53]

Die in der Neuzeit fortdauernden, auch verborgenen Bezüge zwischen Philosophie und Theologie aufzuzeigen ist auch das Bemühen von K. Gründer.[54] Dazu gehört die Erforschung von Denkern wie J. G. Hamann, für den eine Trennung zwischen den beiden Fächern nie bestanden hat[55], die Erarbeitung der Wirkungsgeschichte des Pietismus, besonders F. Ch. Oetingers, und des Judentums.[56] Die Beachtung verschütteter oder wenig beleuchteter historischer Zusammenhänge, die Aufdeckung der geschichtlichen Voraussetzungen bekannter Philosophen und ihrer Werke wie von Nietzsches Tragödientheorie, Heideggers Wissenschaftskritik oder der neueren Sprachphilosophie[57] kann zu einem besseren Verständnis und zu angemessenerer Einschätzung führen als die Isolierung dieser und ähnlicher Theoreme aus ihrem geschichtlichen Element. Historische Einzelforschung, die um die Grenzen der Philosophie wenig bekümmert ist und ihren Blick auf Theologie, Philologie und andere Fächer richtet, kann wissenschaftsgeschichtliche «Funktionszusammenhänge» in und unter den einzelnen Fächern wie auch als Antwort auf die «Bedürfnisse der Zeit» ans Licht fördern, die häufig als «Reduktion» und «Kompensation», «Restriktionen» und «Surrogate» zu verstehen sind.[58] Sieht man etwa, daß Aufklärung auch Aufklärungskritik, Hinwendung zu Religion und neuem Mythos etc. hervorbringt, so erkennt man, daß ihre Surrogate nicht nur Ersatz für Verlorenes sind, sondern auch «vergessene Bestände» des Denkens bewahren und auf Umwegen tradieren. Die Darlegung solcher Zusammenhänge wird damit zur «rettenden Kritik»; sie ist «Sache eines geschichtlichen Philosophierens», das vielleicht auch das Originäre vom bloßen Ersatz scheiden kann.[59] In der Berücksichtigung biographischer, zeit-, begriffsgeschichtlicher und vieler anderer Details geht es Gründer immer darum zu zeigen, daß das Denken vielfältige gesellschaftliche, politische, geistige und alltägliche Voraussetzungen hat, von denen es nicht nur abhängt, sondern auf die es immer bezogen ist, in denen «das Denken... seine Gegenständlichkeit hat», entsprechend dem Wort Yorcks von Wartenburg: «Denken als lebendiger Akt setzt das Leben voraus, auch inhaltlich.»[60] Die geschichtlichen Wissenschaften müssen sich so weit wie möglich auf die Geschichtlichkeit und Bedingtheit ihrer ‹Gegenstände› einlassen; sie können sie nicht von einem einheitlichen, meist erst viel später entstandenen Konzept aus zu begreifen suchen. «Man kann nicht mehr *über* Geschichte reden, sondern nur *aus* ihr.»[61] Seit W. Dilthey[62] haben die Geisteswissenschaften und ihre Theorie ein Sensorium dafür entwickelt, daß in der geschichtlichen Welt nicht, wie in den Naturwissenschaften, feste Gegenstände, Objekte, bereitliegen, sondern «Subjekte», die «selber reden» und zu «vernehmen» sind (im Doppelsinn von ‹hören› und ‹befragen›). Sie sind uns zwar fremd geworden und deshalb schwierig zu verstehen («Hermeneutik ist Theorie des Verstehens unter den Schwierigkeiten von Emanzipation»); sie gehören aber doch «zu meinem Leben», und so muß ich in meiner Gegenwart mich in ein Verhältnis zu ihnen setzen. «Im geschichtlichen Verstehen aktualisiere und reflektiere ich ein Kontinuum, in dem meine Lebenspraxis eingelassen ist.» Insofern ist historisches Forschen als «Kommunikation» zu beschreiben, in der ich erfahre, «daß es noch andere Motive gibt als die mir vollziehbaren, mich gegenwärtig bestimmenden.» Andererseits besteht Geschichte wesentlich aus Veränderungen und Umbrüchen, bestimmt sie nicht mehr unmittelbar die Gegenwart. Deshalb heißt «geschichtliche Erfahrung» nicht nur Kommunikation, sondern in eins damit Reflexion, nämlich «Reflexion einer gebrochenen Kontinuität»[63].

Robert Spaemann

Robert Spaemann, geboren am 5. 5. 1927 in Berlin, studierte in Münster, München, Fribourg und Paris, promovierte in Münster 1952, war bis 1956 Verlagslektor und danach bis 1962 Assistent in Münster. 1962 habilitierte er sich dort und wurde Professor für Philosophie und Pädagogik in Stuttgart, 1969 in Heidelberg. Seit 1973 lehrt er an der Universität München.

Die Verbrechen des Nationalsozialismus lehrten Spaemann früh, welche Folgen die Auflösung ethischer Grundprinzipien hat. Seitdem bilden Fragen der Ethik das zentrale Thema in seiner Philosophie. Im Studium prägt ihn die Lektüre von Adorno/Horkheimer, Marx, Thomas von Aquin u. a., besonders aber J. Ritter[64], ohne daß er dessen ‹funktionale› Geschichtsinterpretation teilt.[65] Vielmehr sucht er häufig aus den Werken von Aristoteles, Augustinus, Thomas u. a., vor allem von Platon[66], unmittelbar Antworten auf heute bewegende Fragen zu gewinnen. Das hat seinen Grund darin, daß er deutlicher als manch andere Schüler Ritters und mehr auch als dieser selbst die Philosophie auf ihre (zeitlosen) metaphysischen Grundlagen verpflichtet sieht. Dabei wird zwar der fundamentale Wandel der Neuzeit gegenüber Antike und Mittelalter nicht übergangen; aber er reicht für Spaemann, so scheint es, doch nicht bis in die metaphysischen Wurzeln des Denkens hinein. Der Umbruch zur Moderne dokumentiert sich vor allem im Leben und Werk J. J. Rousseaus, der alle «Antinomien der Moderne» durchlebt und in seinen Schriften austrägt.[67] Aber diese Antinomien bedeuten für Spaemann gerade, daß auch das gegenwärtige Denken der Metaphysik als ihrer sicheren Basis bedarf: «Es gibt keine Ethik ohne Metaphysik.»[68]

In seiner Dissertation deutet Spaemann den französischen Restaurationsphilosophen L. G. A. de Bonald als denjenigen, der als erster die frühere Bindung der Gesellschaft an die Sittlichkeit zugunsten der bloßen Selbsterhaltung der Menschen aufgegeben und damit «das reine Funktionieren des gesellschaftlichen Mechanismus» thematisiert habe.[69] Die Habilitationsschrift führt dies fort: Fénelons Theorie der reinen Gottesliebe ist nur vor dem Hintergrund eines grundlegenden Wandels des Naturbegriffs in der frühen Neuzeit verständlich: Die Natur ist nicht mehr teleologisch auf ein vollkommeneres, höheres Sein gerichtet, sondern hat ihre reine Selbsterhaltung zum einzigen Inhalt. Die Menschennatur hat nun ihre berechtigten innerweltlichen Interessen, die nach Fénelon nur in der uneigennützigen Gottesliebe überwunden werden können.[70]

Die universale Zielgerichtetheit der Natur, des Menschen und seiner Welt, die Teleologie alles Seienden, bildet fortan ein zentrales Thema in Spaemanns Denken. Die alte Metaphysik von der Antike bis in die frühe Neuzeit war davon überzeugt, daß alle Wesen von Natur aus nach einem Ziel, einem Guten streben, das höher ist als sie selbst (in der griechischen Philosophie: die Teilhabe am Ewigen; christlich: die Selbsttranszendenz auf Gott hin). Diese Sicht wird für die außermenschliche Natur bereits im Spätmittelalter brüchig und verliert mit der neuzeitlichen Naturwissenschaft und deren philosophischer Grundlegung seit Descartes mehr und mehr an Bedeutung. Den Menschen hat Rousseau als erster radikal nicht von seinem Telos her, etwa dem sozialen sittlichen Stand (Aristoteles), sondern von seinem Anfang her, der reinen Natur, zu begreifen versucht. Dieser Prozeß des «Teleologieabbaus» setzt sich über die Evolutionstheorie bis heute fort, wo Biologen und Systemtheoretiker nicht nur Leben, sondern auch die Subjektivität des Menschen und seine Moral als bloße Anpassungsleistung zum Zwecke des Überlebens definieren, das heißt naturalistisch funktionalisieren. Spaemann beharrt nun darauf, daß damit der Mensch und sein Weltverhältnis inadäquat beschrieben werden (der Mensch kann nämlich aufgrund seiner «Reflexionsfähigkeit... Naturzwecke distanzieren und sich noch einmal zu ihnen affirmativ oder negativ verhalten»), daß sein Selbstverständnis als eines Subjekts, das «nur durch Kommunikation mit einem personalen Gegenüber» Person wird, nicht getroffen wird und daß die menschliche Natur erst dadurch als menschliche verstanden werden kann, wenn sie durch das, «was sie selbst nicht ist», begriffen wird, als Hinordnung auf eine sie transzendierende «Unbedingtheit», eine Hinordnung aber, die in ihr schon angelegt ist.[71] Leben existiert nur, wenn ihm ein Endzustand gesetzt ist, der nicht von seiner Willkür abhängt: «Das aber heißt Naturteleologie.» Sie bleibt jedoch ein theoretisches Problem und ist letztlich «ein Postulat der sinnverstehenden Vernunft», vor allem in der Gegenwart, wo «der Prozeß blinder Expansion der Naturbeherrschung an sein Ende kommt» und man sich bewußt wird, daß die ungehemmte Naturausbeutung unerwünschte Folgen hat.[72] «Entweder es gelingt, das Herrschaftsverhältnis über die Natur zu integrieren in ein neues, sich erst in vagen Zügen abzeichnendes Verhältnis von Mensch und Natur, oder der Mensch wird zu einem Opfer seiner eigenen Naturbeherrschung.»[73]

Allein von hier aus behält das Naturrecht heute noch seinen Sinn und seine Aktualität, nicht als «Normenkatalog», sondern als «alle rechtlichen Handlungslegitimationen noch einmal kritisch prüfende Denkweise», die der Natur nicht durch immer größere Naturbeherrschung «entkommen zu können» glaubt.[74] Eine «menschenwürdige Existenz» ist nur zu bewahren, wenn der «Reichtum des Lebendigen als ein Wert an sich respektiert» wird. Daraus folgt, daß der Staat die Folgen von technischen Eingriffen in die Natur bedenken muß, «jeden Einbau einer irreversiblen Gefahrenquelle» zu vermeiden und «seine Zweckverfolgung so einzuschränken (hat), daß nicht Risiken auf andere, insbesondere aber auf kommende Generationen abgewälzt werden.»[75]

Vor allem kann der Begriff der Menschenwürde nur stichhaltig begründet werden, wenn der Mensch nicht als Wert für anderes, sondern als «Selbstzweck ‹an sich›», als Sein, das auf das Absolute hin angelegt ist, angesehen und anerkannt wird. In dieser Würde wird der Mensch in seinem «absoluten Subjektstatus respektiert» und ist er Person. «Der Begriff ‹Würde› meint etwas Sakrales: Er ist im Grunde ein religiös-metaphysischer.»[76] Das heißt nicht, daß die Politik ihre Maximen aus der Theologie ableiten könne. Die christliche Botschaft vom Reich Gottes läßt sich nicht in politisch-soziales Handeln ummünzen. Eine politische Theologie überschreitet die Grenzen zwischen Theologie und Politik und ist deshalb ebenso zu kritisieren wie jede andere Utopie, die des guten Herrschers oder gar der Herrschaftsfreiheit, die doch nur «unkontrollierte Herrschaft legitimiert», und schließlich die sich «geschichtsphilosophisch legitimierende revolutionäre Gewalt», die «das Moralische preisgibt», weil sie nur auf das ideale Endziel gerichtet ist.[77] Denn moralisches Handeln besteht gerade darin, daß ihre «elementaren Regeln» auf kein anderes Ziel als die Moral selbst hin funktionalisiert werden kann. Es bedeutet, alles, mit dem wir umgehen, nie nur als Mittel zu einem ‹höheren› Ziel zu gebrauchen.[78] Es besteht ferner darin, daß die Vernunft das ihr Fremde, die Unvernunft, nicht eliminieren darf, sondern sie, wenn auch als ihren Gegner, anerkennen muß. Ansonsten wird sie «irrational», da sie nur als partikularer und nicht gemeinsamer Wille auftritt.[79]

Wenn Spaemann immer wieder auf den Wert und, in gewissem Grad auch, den Selbstzweck der Natur hinweist, so will er damit nicht zur Rückkehr zur Natur auffordern, die schon Rousseau für unmöglich hielt. Für die Menschen als vernünftige Wesen folgt daraus vielmehr, die Vernunft als das Telos ihrer Natur zu bestimmen, das allen Menschen gemeinsame Vernünftige zu enthüllen und schließlich alles Seiende «in einem sympathetischen Lebenszusammenhang» bestehen zu lassen («Seinlassen des Seienden»). Vernunft und Natur sind dann nicht einander ausschließende, sondern «streng korrelative Begriffe»: «Vernunft heißt Versöhnung mit dem, was vor ihr ist: Natur». Die Anerkennung anderer Menschen als Personen ist mehr als «die bloße Solidarität der Gattung.» Spaemann findet die angemessene Bezeichnung dafür in dem alten Begriff des «amor benevolentiae», der zugleich Bestehenlassen des anderen und Zuwendung zu ihm meint.[80]

Den entsprechenden deutschen Begriff «Wohlwollen» hat Spaemann in den Mittelpunkt seiner Ethik gestellt und andere Begründungen der Moral kritisiert. Der Utilitarismus ist unzureichend, da er letztlich den Unterschied zwischen technischen und sittlichen Normen aufhebt und so aus ihm kein für alle Moral gültiges Prinzip, wie das der Gerechtigkeit, gewonnen werden kann.[81] Nur eine Ethik, die am Absoluten und Unbedingten des Guten festhält, es nicht relativiert oder durch andere Bestimmungen wie Nützlichkeit ersetzt, wird dem Sinn des Sittlichen, dem menschlichen Selbstverständnis und der Wirklichkeit aller Menschen gerecht. Wird der Mensch nicht als Selbstzweck gesehen, wird die «Würde der Person» verletzt, so ist eine Tat auf jeden Fall schlecht, obwohl sonst die «Gesamtheit der Umstände» eines Handelns und die «objektive Rangfolge der Güter», die sich im Gewissen geltend macht, zu berücksichtigen ist. Sich moralisch zu verhalten heißt so, jeden Menschen, aber auch alles andere Lebendige in seiner «Wirklichkeit» zu respektieren und nicht zu instrumentalisieren. Sittliches Handeln führt so zur «gelassenen Annahme der Wirklichkeit» und ist die Bedingung für glückliches Leben, da sonst leicht «der subjektive Lebenssinn durch die Realität Lügen gestraft» wird.[82]

Glück und gelingendes Leben (griech. eudaimonia) sind zwar philosophisch-ethische Grundbegriffe, können aber nie direkt intendiert werden und für sich Zweck des Handelns sein. Glück stellt sich ein und wird nicht rein als solches angestrebt. Gelingendes Leben ist nicht «maximales subjektives Wohlbefinden», es wäre das Zusammenfallen von äußerer Realität und subjektiv-persönlichem Wollen und Erleben, die «Aufhebung des Unterschiedes von Innen und Außen». Die Dualität von Lebenskontingenz und «optimaler Findung» des Menschen bleibt aber in jedem gelingenden Leben erhalten; ein Glück der dauerhaften Erfüllung ist unerreichbar, weil die Menschen an ihre Endlichkeit gebunden sind und «vom Schmerz des Ungenügens» nicht losgelöst werden können. Menschliches Glück jedoch, «relatives Gelingen des Lebens beruht auf einer von inneren und äußeren Faktoren abhängigen Balance» und bleibt eine «labile Einheit», die vor «endgültigem Scheitern» nicht gefeit ist.[83] Alle nähere Bestimmung von Glück bleibt so zweideutig oder gerät in Antinomien. Dies hat seinen Grund darin, daß sich menschliches Leben nicht selbst genügt, sondern «sich selbst transzendiert» auf sein letztes «Umwillen» hin. «Diese Selbsttranszendenz des Lebens ist das Vernünftige: In ihrer elementarsten Form sprechen wir von Gerechtigkeit, in ihrer höchsten von Liebe.» Der Andere wird damit in seiner Person, als Selbst und Subjektivität geachtet. Er wird als etwas von uns Unabhängiges und Wirkliches erfahren. Die «unbedingte Zustimmung» zu ihm und zu dem, «was für den Anderen das Zuträgliche ist», «nennen wir Wohlwollen». Es zeigt sich vor allem in der «Bereitschaft, dem bedrohten Leben zu Hilfe zu kommen.» Wir versuchen darin, das andere Leben zu «verstehen», das heißt, «dieses Andere zu sein» und zum Beispiel «seinen Schmerz als etwas zu betrachten, das... nicht sein soll.» Dadurch erst ist gelingendes Leben möglich, weil jetzt «das Leben zur Vernunft erwacht ist», Vernunft zur «Form des Lebens» geworden ist. Hieraus folgen dann Verzeihung, Scheu und Ehrfurcht, vor allem «Verantwortung für sich selbst und Verantwortung für das Leben des Anderen», aber auch für alles übrige Lebendige.[84]

Hermann Lübbe

Hermann Lübbe, geboren am 31. 12. 1926 in Aurich, studierte in Göttingen, Münster und Freiburg/Br., promovierte dort 1951 mit einer (ungedruckten) Dissertation über «Die Vollendung der Ding-an-sich-Problematik im Werke Kants», habilitierte sich 1956 in Erlangen mit einer (ebenfalls ungedruckten) Arbeit über «Die Transzendentalphilosophie und das Problem der Geschichte», in der die Geschichtsphilosophien Kants, Fichtes und Schellings untersucht werden. Er war Dozent in Erlangen, Hamburg, Münster und Köln, 1963 bis 1969 Professor in Bochum, 1969 bis 1973 in Bielefeld. Von 1971 bis 1991 lehrte er in Zürich. 1967 bis 1970 war er Staatssekretär für das Hochschulwesen in der (von der SPD geführten) Regierung von Nordrhein-Westfalen.

Lübbe veröffentlichte zunächst Aufsätze über E. Mach, W. Schapp und L. Wittgenstein[85], in denen das der Phänomenologie und dem Positivismus gemeinsame Thema des aller wissenschaftlichen Ratio zugrunde liegenden lebensweltlichen und geschichtlichen Subjekts behandelt wird. Gleichzeitig gilt Lübbes Interesse bis heute der praktischen Philosophie, besonders der politischen Theorie, ihrer Geschichte und ihrem Fortwirken bis in die Gegenwart. Kennzeichnend für seine Argumentationsweise ist es, Theoreme nicht von ihren historisch-sozialen Zusammenhängen zu isolieren, sondern immer ihren weltanschaulichen und politischen Ort mitzubedenken. Zu ihrer Funktionsbestimmung wird deshalb ihre spezifische geistige und politische Konkretion berücksichtigt. Charakteristisch für Lübbes Zeitdiagnose ist auch, daß sie anhand einer Vielzahl von Phänomenen der alltäglichen Welt (nicht selten auch an Beispielen aus seiner ostfriesischen Heimat) Entwicklungen und Tendenzen aufzeigt, die eine Ortsbestimmung der Gegenwart ergeben sollen und häufig korrigierend in aktuelle Diskussionen eingreifen wollen.[86]

Die politische Philosophie der Neuzeit durchzieht nach Lübbe der Gegensatz von (typisiert) liberalen und totalitären Tendenzen. So gilt ihm Hobbes' Staatstheorie als liberal und «potentiell demokratisch», da sie den Zweck des Staates auf Frieden und Sicherheit beschränkt, während Marxismus und Technokratie auch das Glück der Bürger verwirklichen wollen: «Es ist für die Unterscheidungen des Politischen von fundamentaler Bedeutung, ob politische Herrschaftspraxis sich an der Selbsterhaltung oder am Glück als an ihrem Zweck letzter Instanz orientiert.»[87] Politische Philosophien sind nicht ohne ihre Verflechtung zu verstehen, können aber auch nicht auf diese reduziert werden. So werden wichtige Stationen der deutschen politischen Theorie des 19. Jahrhunderts, die der Hegelschen Rechten, des neukantianischen Sozialismus, des weltanschaulichen Materialismus und der Ideen von 1914 in der «wechselseitigen Durchdringung des Prinzipiellen und Aktuellen» untersucht.[88] In geistigen Kämpfen und «ideenpolitischen Frontenbildungen»[89] geht es nie allein um den sachlichen Aussagegehalt, sondern auch um ideologische Positionen und praktische Einflußnahmen.[90] Ein Streit um Begriffe und Ideen gehört deshalb zu den gesellschaftlichen Auseinandersetzungen und läßt sich nicht völlig durch Ideologie- und Sprachkritik außer Kraft setzen, da es gerade Begriffe und Theoreme sind, die eine Integration zu einem gemeinsamen politischen Willen leisten, Richtungen und Meinungen festlegen und so politisches Handeln erst ermöglichen. Dort, wo es um Interessendurchsetzung geht, lassen sich Wortgebräuche also schwerlich festlegen, läßt sich Wortstreit höchstens vermindern[91], anders als im relativ entpolitisierten akademischen Bereich, obwohl auch dort ein Kampf ums «So-und-nicht-anders-Heißen» entbrennen kann, wie die verschiedene Inanspruchnahme der Begriffe «Voraussetzungslosigkeit» und «Positivismus» zeigt.[92]

Stets tritt Lübbe für die Beachtung der Eigenständigkeit der praktischen Vernunft und des Politischen ein, da sie sich allen Sachzwängen und aller Rationalisierung entziehen. Ohne den Wert von Planung und Wissenschaft für die Politik zu leugnen, konstatiert er zwischen den beiden Sphären doch einen unaufhebbaren Hiatus, weil es in der Politik immer um divergente Interessen und strittige Ziele geht, über die wohl debattiert, aber zuletzt entschieden (in der Demokratie: ein Mehrheitsbeschluß herbeigeführt) werden muß. Während die Technokratie den Staat entpolitisiert, da sie alle praktischen Fragen zu solchen der Wissenschaft deklariert und so totalitär wirkt, bewahrt Politik die Freiheit der Bedürfnis- und Zwecksetzung; sie orientiert sich zwar auch an Argumenten, weiß aber, daß sie dafür nicht schlechthinnige Gültigkeit beanspruchen kann. Planung, Futurologie und Wissenschaft sollten sich deshalb an überschaubaren, in begrenzten Zeiträumen lösbaren Fragen, das heißt «pragmatisch» orientieren und der Politik unterordnen. Es wäre verhängnisvoll, wenn sie auf das Ganze der Gesellschaft und geschichtliche Endzwecke ausgreifen würden. Eine solche bedingte Trennung von Politik und Wissenschaft (hier appliziert Lübbe Max Weber), von Theorie und Praxis, hat die Rehabilitierung der Kategorie Entscheidung im Dienst des originären politischen Handelns zur Folge. Geschichtsphilosophien können danach unterschieden werden, ob sie die Geschichte bewußtlos, also ohne ein identifizierbares Subjekt verlaufen lassen und so niemanden ermächtigen, die Rolle des revolutionären Subjekts zu übernehmen, oder ob sie, wie besonders bei Marx, die zukünftige Geschichte als ganze prognostizieren und ihr Handlungsanweisungen für ein solches Subjekt entnehmen lassen (liberale und totalitäre Geschichtsphilosophien).[93]

Daß die zweite Form der Geschichtsphilosophie scheitern muß, hat für Lübbe in einem weiteren Schritt seiner Überlegungen auch geschichtstheoretische Gründe: Geschichte ist schon deshalb nicht vorhersehbar und planbar, weil wir «eines gerade mit Sicherheit nicht wissen können, was wir nämlich künftig wissenschaftlich wissen werden»; auch weil die Menschen nie nur das Produkt ihres rationalen Willens sind, nie allein das geschieht, was sie sich vorgenommen haben, sondern ein geschichtlicher Zustand sich aus einer Vielzahl unterschiedlicher und gegenläufiger Handlungsabläufe erklären, insofern auch höchstens im nachhinein als zweckmäßig begreifen läßt.[94] Da die Geschichte aus einer «Gemengelage» von sich «überkreuzenden Handlungen verschiedener Subjekte» besteht, da sich in ihr keine Kausalgesetze erkennen lassen, können die ihr eigenen dysfunktionalen Elemente nur als Ergebnis sehr differenter Intentionen, mithin «historisch» erklärt werden.[95] Es wäre deshalb «sinnlos» und «praktisch riskant», der Geschichte ein «angebbares, als Zukunftsprojektion ihre Gegenwart transzendierendes Ziel» zu unterstellen und auf einen gerichteten Prozeß zu bauen, der global «steuerbar» wäre.[96] Wir können der Geschichte nicht völlig mächtig sein; sie widerfährt uns vielmehr, «weil zu ihr mehr gehört als das, was einer wollte, nämlich das, was er darüber hinaus übersah oder in Kauf nahm», was so zu ungewollten Nebenfolgen führt. Es kann deshalb kein definierbares Handlungssubjekt der Geschichte geben, es sei denn die Menschheit als ganze. Wer sich aber mit ihr identifizieren wollte, wäre doch nur ein Teil von ihr und schlösse viele andere (mindestens die nach ihm Lebenden) von ihr aus; er wirkt in der Konsequenz totalitär.[97]

Die Geschichte unterliegt keiner einheitlichen Gesetzmäßigkeit; sie besteht vielmehr aus singulären, unverwechselbaren Ereignissen und einzelnen «Geschichten». Diese lassen sich nicht nach Art naturwissenschaftlicher Prozesse miteinander verknüpfen, sondern nur «erzählen». Durch die Geschichte erlangen Personen, aber auch Kollektive wie Völker, Staaten, Nationen ihre individuelle Identität, in die vieles eingeht, was nicht Resultat ihres Willens ist, sondern sich dazu zufällig verhält, aber als Bestandteil dieser Identität anzunehmen ist. Aus ihr sind keine Normen ableitbar und läßt sich nichts lernen. Ihre «praktische Relevanz» liegt darin, daß sie unseren Horizont durch die Erfahrung des Fremden und Vergangenen erweitert, daß sie eigene und fremde Identität repräsentiert. Für die Geschichte läßt sich demnach kein auf ein bestimmtes Ziel gerichteter Sinn angeben, da sie eher aus widersprüchlichen Abläufen, Kontingenzen, Zufälligkeiten besteht. «Die Geschichte belehrt uns über die ungewissen Grenzen der Reichweite unserer Handlungsmacht» und macht so resistent gegen Planungs- und utopische Reformfreudigkeit.[98] Die Antwort auf die Kontingenz der Geschichte ist die Religion, in der das, was nicht einem rationalen Handlungssinn gehorcht und nicht in der Macht des Menschen steht, anerkannt und integriert wird, besonders die Bedingungen unserer Existenz, das Leiden und der Tod: Religion ist «Kontingenzbewältigungspraxis». Im Aufweis der (mit Schleiermacher ausgedrückt) «schlechthinnigen Abhängigkeit» des Menschen von Gott bewährt sich die Religion auch heute noch, wo sie ihre frühere kulturelle Stellung in der Öffentlichkeit weitgehend eingebüßt hat. Ja, jetzt zeigt sich erst ihre «Kernfunktion», die gegen alle Entlarvungs- und Säkularisierungsversuche immun ist.[99]

Wie erklärt sich dann aber das heute zu beobachtende wachsende Interesse an der Geschichte? Es entsteht nicht aus dem Bedürfnis, Handlungsmaximen aus ihr zu gewinnen oder Traditionen zu restituieren bzw. zu sichern (diese werden ja erst interessant, wo ihre Geltung gebrochen ist), sondern als Antwort auf die zunehmende «Änderungsgeschwindigkeit» der Gegenwart, als Kompensation (so Lübbe mit Ritter) auf deren Geschichtslosigkeit.[100] Die Reaktion auf die wachsende Dynamik unserer Lebensverhältnisse und den immer schnelleren sozialen Wandel, auf die Enthistorisierung und daraus folgende Einheitskultur, das Auseinandertreten von «Herkunft und Zukunft», sind allgemein

ein größer werdendes historisches Bewußtsein und speziell die Neugründungswelle von Museen (in denen mehr und mehr auch die gerade erst veralteten technischen Geräte ausgestellt werden), die gesteigerte Sensibilität für den Denkmalschutz, die Pflege kultureller und regionaler Besonderheiten u. ä. Sie wollen die Homogenisierung und den Modernitätsdruck der Zivilisation ausgleichen.[101]

Die Folgen der gewachsenen Komplexität der Lebensbedingungen, der Überinformation und des beschleunigten sozialen Wandels sind der Schwund an Vertrautheit und die zunehmende Schwierigkeit, «Innovationen produktiv zu verarbeiten», sich angesichts des Veraltens der Lebenserfahrungen in der Gegenwart und der mangelnden Gewißheit für die Zukunft in der Welt zu orientieren.[102] Unter dem Eindruck von Wachstumsgrenzen und «Grenznutzenerfahrung» von Wissenschaft und Technik, dem Verlust an geltenden Traditionen wird die Kategorie des Fortschritts ambivalent und erhält das konservative Bewahren von Kultur («von der Alltagsmoral bis zur Religion») eine neue Berechtigung. Jedenfalls sollte gelten, daß das Bestehende die Vermutung, vernünftig zu sein, trägt und die Beweislast bei dem liegt, der verändern will.[103] Das heißt nicht, Fortschritt, Rationalität, Wissenschaft und Technik völlig zu verabschieden. Sie bleiben vielmehr unerläßlich und bedürfen nur differenzierter Bewertung bezüglich ihrer Kosten und Nebenfolgen als bisher, weil sie nicht mehr mit Gewißheit begrüßenswerte Verbesserungen erbringen. Zivilisationsmüdigkeit, Verweigerungshaltung und Untergangsprophetie aber führen leicht zu Nostalgie oder utopischer Heilsgewißheit, die gleichermaßen eine Flucht aus der Gegenwart sind, weil sie sich nach einer Welt sehnen, in der der ungebremste Fortschritt zum Stillstand gebracht ist.[104]

Gegenüber Zukunftsängsten wie auch übersteigerter Zukunftshoffnung plädiert Lübbe für die Erhaltung bewährter Bestände in Politik und Kultur, etwa der Institutionen der formalen Demokratie, Liberalität, bürgerliche Rechte und Freiheiten, auch der Marktwirtschaft, und warnt vor der ideologischen «Gegenaufklärung», um die «politische und kulturelle Aufklärung gegen sich selbst», gegen ein Über-sich-selbst-Hinaustreiben und das Vergessen erreichter Erfolge zu verteidigen.[105] Aufklärung ist nur dann erfolgreich, wenn von ihr nicht Weltverbesserungen erwartet oder sie für politische Zielsetzungen in Anspruch genommen wird, sondern allein das humane Interesse am Wissen-Wollen zur Geltung kommt. Auch Wissenschaft bleibt auf Dauer nur relevant, wenn sie allein der uninteressierten «theoretischen Neugierde» folgt.[106] Auch darf Aufklärung nicht dazu führen, alle Maßstäbe und Traditionen zugunsten vermeintlicher Kritikfähigkeit abzubauen. «Das vollemanzipierte, universal kommunikationskompetente Subjekt», so gibt Lübbe gegenüber Habermas zu bedenken, «verfügt über nichts mehr, worüber sich sinnvollerweise Diskurse noch führen ließen.» [107]

Die Philosophie und die «kritische Intelligenz» sollten nicht «neue Zielprojektionen» entwerfen; sie haben dazu auch gar kein Monopol und keine «Sonderkompetenz»; denn «in bezug auf das gute Leben» hat jeder «das gleiche Recht des praktischen und politischen Urteils». Solche Zielprojektionen werden auch gar nicht benötigt, da der «common sense» (Gemeinsinn) bereits die Ziele definiert, die eines allgemeinen Konsenses sicher sein können (etwa Gesundheitsfürsorge, Wohlfahrt, soziale Sicherheit und Frieden), und es nur schwieriger wird, sie in einer interdependenten Zivilisation ohne schädliche Nebenfolgen zu realisieren. [108]

Philosophie hilft auch nicht, die Wirklichkeit besser zu beschreiben und kennenzulernen – dies leisten vielmehr die Fachwissenschaften –, sondern sie hat die Aufgabe, Hilfen an die Hand zu geben, damit sich die Menschen in einer komplexer werdenden Welt und in sich schneller verändernden Zeiten besser zurechtfinden: «Die Philosophie ist eine intellektuelle Kunst der Reflexion mit dem Ziel der Lösung von Orientierungskrisen... Philosophen sind professionelle Konfusionsspezialisten, Fachleute für Orientierungskrisenmanagement.» [109] Die Philosophie kann sich dabei auf den common sense berufen, weil «eine verläßlichere Instanz auch gar nicht zur Verfügung stünde» [110]. Für öffentlich relevante Normen lassen sich zwar immer gute Gründe anführen, aber sie können und dürfen deswegen nicht mit dem Anspruch auf Wahrheit verbindlich gemacht werden. Über sie kann letztlich nur in einem als legitim anerkannten Verfahren dezisionistisch abgestimmt werden mit dem Vorbehalt, über sie unter anderen Verhältnissen neu zu befinden. Liberalismus ist die Anerkennung nicht-wahrheitsfähiger Elemente in den Normen; er begrenzt politische Herrschaft auf das Nötige und setzt nicht eigene Interessen mit kollektiven gleich. Immer bleibt, so Lübbe mit Max Weber, eine Kluft zwischen der argumentativen Begründung von Normen und ihrer sozialen Geltung. Sonst wäre der «Machthaber» auch der «Rechthaber», was totalitäre und schließlich sogar terroristische Auswirkungen haben könnte. [111] Denn der Terror trägt die eigene Überzeugung von Moral und Tugend in die Politik und verlangt über das Befolgen der Normen hinaus auch moralische Zustimmung zu ihnen. Er handelt nicht aus pragmatischer Vernunft, sondern aus Gesinnung und Moralismus und verfolgt seine Ziele skrupellos im vermeintlichen Recht der guten Sache.[112] Aufgabe der Politik kann es nicht sein, Ziele für die Verwirklichung von Lebensglück und Selbstbestimmung vorzugeben. Sonst verliert sie die Fähigkeit, die Freiheit eben dazu zu ermöglichen und zu gewährleisten.[113]

Odo Marquard

Odo Marquard, geboren am 26. 2. 1928 in Stolp (Pommern), studierte in Münster und Freiburg/Br., promovierte dort 1954, habilitierte sich 1963 in Münster, lehrt seit 1965 an der Universität Gießen.

In seiner Dissertation stellt er die Frage, ob die von Kant und im nachkantischen Denken zunächst kritisierte, dann wieder restituierte Metaphysik «Ausweis einer Fülle», «Verwirklichung» ist oder nur «Surrogat», Ersatz für Nicht-Erreichtes. Metaphysik wäre dann Surrogat, wenn sie an die Stelle der Geschichtsphilosophie träte: Wo diese die Hoffnung auf eine zukünftige bessere Welt enttäuscht, flüchtet man sich in die Metaphysik. Mit Kant wurde die einstmals göttliche Vernunft (Theoria) zur Vernunft der exakten Wissenschaften, auch um für eine neue, gereinigte Metaphysik bereitzustehen. Als eine solchermaßen restringierte Vernunft («Kontrollvernunft») kann sie aber nur schlecht das vormals von der Metaphysik verwaltete Ganze präsent halten: Metaphysik ist also Surrogat, wo sie als bloße Kontrollvernunft die Totalität denken will. Der Mangel dieser ohnmächtigen Vernunft wird bei Kant durch die Kunst kompensiert. Die Ästhetik ist das «Provisorium», in dem der Mensch «seinen Freiheits- und Vollendungsbedarf» deckt. Aber wo Vernunft und Metaphysik keine erfüllte Wirklichkeit antreffen, «hat die nach sich selbst suchende Vernunft vielleicht unvermeidlich in Surrogaten zu leben.»[114]

Manches von Marquards späteren Themen ist hier schon berührt, besonders die Frage nach der Leistung der Geschichtsphilosophie und die nach der Theodizee; in beiden übernimmt statt Gott der Mensch die Verantwortung für die Welt; die Theodizee, das «neuzeitliche Problem vom Dienst»[115], bleibt für Marquard immer eine «ernsthafte Frage»[116]. Vor allem wird hier bereits Marquards Denkmodus sichtbar: Er überprüft die Philosophiegeschichte daraufhin, auf welche Fragen und Probleme neue Begriffe und Disziplinen (wie die Ästhetik oder die Anthropologie) eine

Antwort geben wollen[117], was sie ersetzen und ob sie dies recht oder schlecht tun. Solche Themen stehen mithin in einem funktionalen Zusammenhang. Die Kategorie der Kompensation, mit der Marquard noch sehr viel häufiger als Ritter operiert, gibt Aufschluß darüber, was die neuen Theorien möglich und nötig gemacht hat.

Dieses «genealogische» Verfahren, die Aufdeckung der Entstehungsbedingungen von Theoremen, ihres Ersatzes, ihrer Ablösung und Wiederkehr, praktiziert Marquard in seiner Habilitationsschrift mit der Frage nach dem Grund für den neuen Aufschwung von Psychologismus und Anthropologie in der Philosophie des 20. Jahrhunderts.[118] Diese reflektieren auf die gleichbleibende Natur des Menschen, weil das Vertrauen in die Vernünftigkeit der Geschichte erschüttert ist. Ebenso bestimmt der Historizismus den Menschen als geschichtliche Existenz, weil er keinen Endzweck der Geschichte mehr zu projektieren vermag. Marquard entwirft eine Genealogie der Philosophie seit Kant: Die Transzendentalphilosophie hat die vormalige Metaphysik abgelöst. Mit ihr übernimmt das Ich anstelle Gottes die Verantwortung für die Welt (Theodizee); sie ist somit «Metamorphose der metaphysischen Seinslehre», indem sie sich zur praktischen Philosophie wandelt. Sie beinhaltet aber noch zuviel Metaphysik, um sich voll zur Geschichtsphilosophie umbilden zu können; sie muß «geschichtsfern» bleiben, weil sie die zukünftige Verwirklichung der Geschichte gegenüber der erinnerten Vergangenheit hintanstellt. Die Geschichtsphilosophie kann sich nicht vollenden, sie sieht das Geschichtsziel in unendliche Ferne gerückt, wendet sich von der Politik ab und führt schließlich zum Geschichtspessimismus. Ihren Mangel sucht sie mit der Ästhetik und Naturphilosophie, endlich, nachdem die romantische Natur entzaubert und zur bloßen Triebnatur wurde, in der Psychoanalyse zu kompensieren. So erklärt sich die gegenwärtige Attraktivität Freuds, da die «Unbereitschaft oder Unfähigkeit, ‹die Vernunft in der Geschichte› zu begreifen», «durch eine Wende zur ‹Natur›» ausgeglichen werden muß. Der Psychoanalyse ermangelt es ebenso wie früher der Transzendentalphilosophie an einem «zureichenden Zukunftsverhältnis». Sie vermag die Vergangenheit wohl genealogisch aufzuarbeiten, ist aber gegenüber der Zukunft hilflos.[119] Marquard weiß, daß dies auch für sein eigenes Werk gilt, das ebenfalls Genealogie betreibt, ohne einen Entwurf in die Zukunft zu unterbreiten. Es muß auch unentschieden bleiben, solange eine wirkliche Versöhnung und Auflösung der Widersprüche noch nicht absehbar sind. Marquards Stellung bekennt sich als «unvermeidlich anfechtbar».[120]

In einer Reihe von Aufsätzen[121] hat Marquard diese Thematik weiter ausgeführt: Aus der Resignation der geschichtlichen Vernunft erfolgt der Rekurs auf Ästhetik und Medizin[122], die Wende zur Natur in Gestalt der Anthropologie[123] oder die Flucht in Weltanschauungstypologie dort, wo die Geschichtsphilosophie versagt.[124] Marquard kritisiert diese Surrogatformen und appliziert Hegels Geschichtsphilosophie, die nicht eine des perennierenden Forderns und Sollens ist, sondern «des Sinns für das schon Erreichte» und der «Empfindlichkeit gegen Regressionen».[125]

Diese Aufgabe wird aber für Marquard um so dringlicher, je mehr in der Gesellschaft die Neigung zunimmt, die Gegenwart zu überholen, erreichte Vorteile zu gefährden und sich utopische Zukunftshoffnung und apokalyptische Untergangsstimmung abwechseln[126], je mehr auch, etwa in der Diskurstheorie von Habermas und Apel, alle Gegebenheiten als kritisch zu überprüfende und legitimationsbedürftige angesehen werden.[127] Unter diesem Eindruck nimmt Marquard «Abschied von der Geschichtsphilosophie», denn in diesem «Mythos der Neuzeit» ist die Neuzeit nicht etwa gerechtfertigt, sondern «mißlingt» sie, weil die Menschen mit der für die Geschichte übernommenen Verantwortung überfordert sind, weil die erhoffte Erfüllung der Geschichte ausbleibt oder in unendliche Ferne gerückt ist. Die vermeintlichen Beweger der Geschichte müssen die Verantwortung anderen anlasten, sie benötigen ein «Alibi»: die Natur oder wieder Gott bzw., soweit dieser nicht zur Verfügung steht, den Klassenfeind oder die ‹bestehenden Verhältnisse›. Die Geschichtsphilosophie bringt also «keine wirkliche Emanzipation», sie enttäuscht unvermeidlich. Damit erfolgt aber «die entstellte Wiederkehr des verdrängten Gottes»: Die prätendierte, aber gescheiterte Autonomie schlägt in eine neue Heteronomie um.[128] Marquard entwirft im Prinzip dieselbe Abfolge von «drei Stadien» wie bisher[129]: In der Theodizee wird Gott von den Übeln der Welt freigesprochen; in der Geschichtsphilosophie, der «einzigen Theologie, bei der bisher die Säkularisierung mißlang»[130], erklärt sich der Mensch zum Täter der Geschichte; da sie aber versagt, suchen die Menschen nach Surrogaten, üben sich in der Kunst, «es nicht gewesen zu sein»[131]; und diese Surrogate sind unterschwellig immer vorhanden; denn Menschen sind immer «in hohem Maße gezwungen und in der Lage, etwas stattdessen zu tun», und erweisen sich darin gerade als «menschlich».[132]

Um aber dem erneuten Wechsel von Zukunftshoffnung und Flucht in die Vergangenheit zu entgehen, plädiert Marquard nun für eine «Mäßigung der Geschichtsphilosophie», etwa durch Ausbildung des «historischen Sinns»[133], durch die Hinwendung zu den vielen einzelnen «Geschichten» statt zur universalen «Fortschritts- und Vollendungsgeschichte»[134]. Obwohl er auch seine neue Position als durchaus «anfechtbar» bezeichnet[135], votiert er jetzt mit Nachdruck gegen einen Anspruch der Philosophie auf Prinzipielles und absolute Wahrheit, gegen die angesichts der Kürze des Lebens hypertrophe Forderung nach Begründung aller Lebensverhältnisse, für «das Recht der nächsten Dinge gegenüber den letzten», für «Üblichkeiten» und «Normalitäten»; denn auch für ihn gilt: «die Beweislast hat der Veränderer». Das bedeutet auch, daß anstelle des einen umfassenden Mythos die vielen, einander durch «Gewaltenteilung» neutralisierenden Mythen gepflegt werden sollten, anstelle des «Monotheismus» der «Polytheismus», daß Neuerungen begrenzt und Kontinuitäten bewahrt, das in der Hermeneutik geübte «Anknüpfen» an die «geschichtliche Herkunft» betrieben werden sollte, in einer Hermeneutik der vielen Lesarten und Interpretationen, da das Bestehen auf dem absoluten Textverständnis in der Vergangenheit, zum Beispiel in den konfessionellen Bürgerkriegen, zu ruinösen Folgen für alle führte.[136] Dies schließt Kritik und Veränderung nicht aus, sondern ermöglicht sie erst; denn «stets müssen mehr Üblichkeiten aufrechterhalten werden als verändert, sonst ruiniert man unser Leben»[137]. Deshalb kann Marquard auch an der Aufklärung festhalten und die Moderne gegen postmodernistische Kritiker verteidigen.[138]

Dieses Plädoyer gilt nicht nur für die Philosophie, sondern auch für vor- und außerwissenschaftliche Lebensbereiche: Wo der Mensch bemerkt, daß er endlich ist und seine Handlungskapazitäten beschränkt sind, empfehlen sich die «provisorischen Lebensorientierungen», die Annahme des zu unserem Dasein gehörigen «Schicksals», des «Zufälligen» und «Unverfügbaren», also alles dessen, was sich der menschlichen Machbarkeit entzieht.[139] Das bedeutet wiederum nicht quietistische Fügung in alle gegebenen Umstände, sondern soll gerade den Blick lenken auf die überschaubaren und deshalb lösbaren Probleme, auf die alltäglichen, die «‹kleinen› Sinnantworten» statt auf die umfassende und «direkte Sinnintention», auf die «zweitbesten Möglichkeiten» anstelle von Perfektionserwartung.[140] Nur in der Abstinenz von absoluten Problemstellungen kann sich eine «Buntheit der menschlichen Lebenswirklichkeit», damit Individualität und Freiheitsspielraum erhalten, nur in einer gewissen «Wandlungsträgheit», nur in der Einsicht in die Grenzen der Veränderbarkeit wird Menschlichkeit bewahrt, braucht der Kontinuitäts- und Vertrautheitsbedarf des Menschen nicht mit Realitätsblindheit oder Weltfremdheit kompensiert zu werden.[141] In den Geisteswissenschaften bleiben uns die «Farbigkeit» der Lebenswelt, die Vielfalt der Kultur und der historischen Herkunftswelt präsent.[142]

So kann man auch einer Welt zustimmen, die nicht auf Vollkommenheit hin tendiert, denn ihre Fehler werden durch andere Vorzüge kompensiert: «Die Welt... als moderne, als bürgerliche Welt, ist mehr Nichtkrise als Krise, weil sie eine Welt der zwar nicht perfekt, aber leidlich kompensierten Mängel ist.»[143]

Marquard bezeichnet sich resümierend als «Skeptiker», der sich weder der Geschichtsphilosophie noch der Anthropologie ganz verschreiben will, sondern in vielen und verschiedenen Philosophien und Geschichten leben will, der «zögert» und auch das Zögern nicht eindeutig empfehlen mag[144], der die endgültigen Antworten scheut und lieber die «tugendhafte Mitte zwischen zwei Lastern: dem absoluten Wissen und dem absoluten Nichtwissen» einnimmt und die halben Lösungen vorzieht.[145] Zu den Vorteilen des Skeptikers gehört es auch, daß er unter seinen «Tarnkappen» nicht ganz festzulegen ist, daß er seine Einzelheit und «Ineffabilität» bewahrt.[146] – Es mag sein, daß auch vieles von Marquards Pointen, Anspielungen und oft witzigen Formulierungen eine Tarnung für tieferen Ernst ist, den aber preiszugeben hieße, ihn durch Festlegung zu entstellen; denn durch Erweckung von Heiterkeit und Lachen wird der «Ernst zum Moment heruntergespielt» und dem Autor erlaubt, «im Verborgenen zu leben».[147] Darin hat auch jede Beschreibung von Marquards Denken seine Grenze.

Texte Ritters

Docta Ignorantia. Die Theorie des Nichtwissens bei Nicolaus Cusanus. Leipzig 1927.

Mundus Intelligibilis. Eine Untersuchung zur Aufnahme und Umwandlung der neuplatonischen Ontologie bei Augustinus. Frankfurt/M. 1937.

Metaphysik und Politik. Studien zu Aristoteles und Hegel. Frankfurt/M. 1969 u. ö.

Subjektivität. Sechs Aufsätze. Frankfurt/M. 1974.

Historisches Wörterbuch der Philosophie (Hg.), Band 1 ff. Basel/Stuttgart 1971 ff.

Texte Spaemanns

Der Ursprung der Soziologie aus dem Geist der Restauration. Studien über L. G. A. de Bonald. München 1959.

Reflexion und Spontaneität. Studien über Fénelon. Stuttgart 1963, 1990.

Zur Kritik der politischen Utopie. Zehn Kapitel politischer Philosophie. Stuttgart 1977.

Einsprüche. Christliche Reden. Einsiedeln 1977.

Rousseau – Bürger ohne Vaterland. München 1980.

Die Frage Wozu? Geschichte und Wiederentdeckung des teleologischen Denkens (zus. mit R. Löw). München 1981.

Moralische Grundbegriffe. München 1982.

Philosophische Essays. Stuttgart 1983.

Das Vernünftige und das Natürliche. Essays zur Anthropologie. München 1987.

Glück und Wohlwollen. Versuch über Ethik. Stuttgart 1989.

Bibliographie

Löw, R. (Hg.): Oikeiōsis. Festschrift für Robert Spaemann. Weinheim 1987, S. 321–339.

Texte Lübbes

Politische Philosophie in Deutschland. Basel/Stuttgart 1963, ²1974.

Theorie und Entscheidung. Studien zum Primat der praktischen Vernunft. Freiburg 1971.

Bewußtsein in Geschichten. Freiburg 1972.

Fortschritt als Orientierungsproblem. Aufklärung in der Gegenwart. Freiburg 1975.

Geschichtsbegriff und Geschichtsinteresse. Analytik und Pragmatik der Historie. Basel/Stuttgart 1977.

Praxis der Philosophie. Praktische Philosophie. Geschichtstheorie. Stuttgart 1978.

Philosophie nach der Aufklärung. Von der Notwendigkeit pragmatischer Vernunft. Düsseldorf/Wien 1980.

Zwischen Trend und Tradition. Zürich 1981.

Zeit-Verhältnisse. Zur Kulturphilosophie des Fortschritts. Graz/Wien/Köln 1983.

Religion nach der Aufklärung. Graz/Wien/Köln 1986, ²1990.

Fortschrittsreaktionen. Über konservative und destruktive Modernität. Graz/Wien/Köln 1987.

Die Aufdringlichkeit der Geschichte. Graz/Wien/Köln 1989.

Der Lebenssinn der Industriegesellschaft. Über die moralische Verfassung der wissenschaftlich-technischen Zivilisation. Berlin 1990.

Texte Marquards

Skeptische Methode im Blick auf Kant. Freiburg/München 1958, [3]1982.
Schwierigkeiten mit der Geschichtsphilosophie. Frankfurt/M. 1973, [3]1987.
Abschied vom Prinzipiellen. Stuttgart 1981, [4]1987.
Apologie des Zufälligen. Stuttgart 1986.
Transzendentaler Idealismus. Romantische Naturphilosophie. Psychoanalyse. Köln 1987.
Aesthetica und Anaesthetica. Paderborn etc. 1989.

Anmerkungen

1 Die wichtigsten gesammelt in den beiden Bänden Metaphysik und Politik. Frankfurt/M. 1969 u. ö., und Subjektivität. Frankfurt/M. 1974.
2 K. Gründer: Erfahrung der Geschichte. In: Gedenkschrift Joachim Ritter. Münster 1978, S. 21f.
3 Metaphysik und Politik, S. 64, 77, 171, 266. Man kann deshalb mit einem gewissen Recht Ritters Denken der hermeneutischen Philosophie zurechnen, wenn man den Unterschied zu Gadamers Hermeneutik beachtet und sieht, daß Ritter seine Philosophie keinesfalls unter den Oberbegriff Hermeneutik stellte; vgl. O. Pöggeler (Hg.): Hermeneutische Philosophie. München 1972, S. 46ff.
4 Metaphysik und Politik, S. 178.
5 Vgl. die Beiträge in: Collegium Philosophicum. Studien. Joachim Ritter zum 60. Geburtstag. Basel/Stuttgart 1965.
6 Nachweise in der Bibliographie Ritters in: Gedenkschrift..., dort Nr. 55, 71, 75, 76.
7 Institution ‹ethisch›. Bemerkungen zur philosophischen Theorie des Handelns. In: Zur Theorie der Institution. Hg. von H. Schelsky. Düsseldorf 1970, S. 59–65.
8 Docta ignorantia. Die Theorie des Nichtwissens bei Nicolaus Cusanus. Leipzig 1927, S. 6, 7, 9; vgl. Nicolaus von Cues. In: Das Deutsche in der deutschen Philosophie. Hg. von Th. Haering. Stuttgart/Berlin 1941, S. 69–88, bes. S. 86. – Th. Weber (Joachim Ritter und die «metaphysische Wendung». In: Deutsche Philosophen 1933. Hg. von W. F. Haug. Berlin 1989, S. 219–243) sieht in Ritters Neubewertung des Nicolaus Cusanus eine Konzession an den Nationalsozialismus.
9 Mundus intelligibilis. Eine Untersuchung zur Aufnahme und Umwandlung der neuplatonischen Ontologie bei Augustinus. Frankfurt/M. 1937, S. 5.
10 Die Geschichtlichkeit der Philosophie als philosophisches Problem. Ungedr. Vortrag 1928; vgl. W. Diltheys Weltanschauungslehre. Ungedr. Vortrag 1931 (s. Anm. 6, Nr. 7).

11 Ernst Cassirers Philosophie der symbolischen Formen. In: Neue Jahrbücher für Wissenschaft und Jugendbildung 6 (1930), S. 593–605, zit. 598 f.
12 Über die Geschichtlichkeit wissenschaftlicher Erkenntnis. In: Blätter für deutsche Philosophie 12 (1938/39), S. 175–190, bes. S. 186–189.
13 Metaphysik und Politik, S. 35.
14 Ebd., S. 56.
15 Ebd., S. 31 f; vgl. Leitgedanken und Grundsätze des Historischen Wörterbuchs der Philosophie. In: Archiv für Begriffsgeschichte 11 (1967), S. 79: Begriffsgeschichte kann auch in der «Entgegensetzung der Schulen und Richtungen» das der «Einen perennierenden Philosophie... immanente Prinzip vernünftigen Begreifens» aufzeigen.
16 Über den Sinn und die Grenze der Lehre vom Menschen. Potsdam 1933, auch in: Subjektivität (s. Anm. 1), S. 36–61, zit. S. 55 f, 59–61.
17 Zum Problem der Existenzphilosophie: Vorträge der Philosophischen Fakultät Istanbul, 4 (türk.-dt.). Istanbul 1954, zit. S. 50, 51, 53.
18 Metaphysik und Politik, S. 11; vgl. Freiheit der Forschung und Lehre. In: Studium Generale 18, H. 3 (1965), S. 143–150.
19 Metaphysik und Politik, S. 85, 105, 118 f, 132, 176 f; vgl. ferner S. 87, 109, 153 f, 164, 168 f. Siehe auch Zur Grundlegung der praktischen Philosophie bei Aristoteles. In: Archiv für Rechts- und Sozialphilosophie 46 (1960), S. 179–199.
20 Zuerst Köln/Opladen 1957, auch in: Metaphysik und Politik, S. 183–255.
21 Vgl. dazu Metaphysik und Politik, S. 310–317: Hegel und die Reformation.
22 Ebd., S. 196, 199–201, 209.
23 Ebd., S. 185 ff, 210 f, 295.
24 Ebd., S. 281–309: Moralität und Sittlichkeit, bes. S. 287 f, 290 f, 298, 300 f, 304–307; die grundlegende Differenz zu Aristoteles' Praxisbegriff betont Ritter mehrmals, u. a. in «Subjektivität», (s. Anm. 1), S. 135 ff; Ritters Denken und das seiner Schüler kann deshalb kaum als «Neoaristotelismus» mit einem «nahtlosen» Übergang zu Hegel genannt werden, dem auch ein «systematisches Mißtrauen gegen das Individuum» entspreche; so H. Schnädelbach: Was ist Neoaristotelismus? In: W. Kuhlmann (Hg.): Moralität und Sittlichkeit. Frankfurt/M. 1986, S. 38–63, zit. S. 42, 54; vgl. aber J.-E. Pleines: Zur Sache des sogenannten Neoaristotelismus. In: Zeitschrift für philosophische Forschung 43 (1989), S. 133–157.
25 Ebd., S. 306, 308; darin liegt der Unterschied von Ritters Institutionenlehre zu der von A. Gehlen.
26 Metaphysik und Politik, S. 190 f, 213-215, 252, 224, 228–231; vgl. S. 256–280: Person und Eigentum. Zu Hegels ‹Grundlinien der Philosophie des Rechts›, §§ 34 bis 81.
27 Subjektivität und industrielle Gesellschaft. In: Subjektivität, S. 11–35, zit. S. 31, 32, 34.

28 Europäisierung als europäisches Problem. In: Metaphysik und Politik, S. 321–340, zit. S. 333, 335, 339.
29 Die große Stadt. In: ebd., S. 341–354, zit. S. 352f.
30 Münster 1963, auch in: Subjektivität, S. 105–140.
31 Wesen der Philosophie, in: Aufgaben deutscher Forschung. Hg. von L. Brandt. Köln/Opladen 1956, S. 69f.
32 Subjektivität, S. 119, 120f, 128f, 131f, 134, 137. J. Habermas kritisiert an Ritters Bestimmung der Geisteswissenschaften, daß mit ihr das «reflektierte Aneignen wirkender Traditionen» verhindert und «eine Musealisierung von Geschichte» betrieben werde (Zur Logik der Sozialwissenschaften. Frankfurt/M. 1970, S. 95). Das verkennt Ritters Definition des modernen Geschichtsbewußtseins als «dialektische Einheit realen Entfernens und geistigen Einholens» (Subjektivität, S. 132). Eine Ableitung von Normen aus der Geschichte hält Ritter allerdings für unmöglich; er nennt es eine «Überforderung», wollte man von den Wissenschaften und vom «Geist selbst» erwarten, die bedrohte sittliche Substanz «in der Realität zu retten» (ebd., S. 138).
33 Landschaft. Zur Funktion des Ästhetischen in der modernen Gesellschaft. Münster 1963, auch in: Subjektivität, S. 141–163, zit. S. 150, 153, 161, 163.
34 Experiment und Wahrheit im Kunstwerk. In: Stahl und Eisen 73 (1953), Nr. 2, S. 92–99, zit. S. 94f.
35 Art. «Ästhetik, ästhetisch». In: Historisches Wörterbuch der Philosophie. Bd. 1. Basel/Stuttgart 1971, S. 558.
36 Dichtung und Gedanke. In: Subjektivität, S. 93–104, zit. S. 97, 101.
37 Über das Lachen. In: Subjektivität, S. 62–92, zit. S. 76, 90.
38 Experiment und Wahrheit im Kunstwerk, a. a. O., S. 95–99.
39 Vorwort zu Historisches Wörterbuch der Philosophie. Bd. 1, S. VI.
40 R. Spaemann: Philosophie zwischen Metaphysik und Geschichte. In: Neue Zeitschrift für systematische Theologie und Religionsphilosophie 1 (1959), S. 313. O. Marquard aber konstatiert eine «Schulkonvergenz als langfristige Spätwirkung» (Abschied vom Prinzipiellen. Stuttgart 1981, S. 8). Trotzdem lassen sich gewichtige Differenzen unter Ritters Schülern nicht übersehen. Sie zeigen sich u. a. in der Funktionsbestimmung der Philosophie und speziell der Metaphysik. H. Lübbe sieht die Aufgabe der Philosophie darin, öffentliche und wissenschaftsinterne «Orientierungskrisen zu bewältigen» (Wozu Philosophie? Aspekte einer ärgerlichen Frage. In: Wozu Philosophie? Stellungnahmen eines Arbeitskreises. Hg. von H. Lübbe. Berlin/New York 1978, S. 143f). O. Marquard würde das nicht bestreiten (Philosophen «erstellen Fundamentalgutachten zur Lage des Weltlaufs»), weiß aber doch, daß die Philosophie die letzten, die metaphysischen Fragen nicht beantworten kann, obwohl sie von ihnen nie ablassen darf: «Die Metaphysik ist... eine Isolierstation für gefährliche Fundamentalprobleme, mit denen man nicht fertig wird, insbesondere in den aktuellen Situationen» (Skepti-

sche Betrachtungen zur Lage der Philosophie. In: ebd., S. 85, 89). R. Spaemann aber will diese «letzten Fragen» nicht nur gestellt und aufbewahrt wissen, sondern bestimmt Philosophie als «kontinuierlichen Diskurs» über sie, der allerdings immer kontrovers geführt werden wird, weil Philosophie nur das Denken «bestimmter einzelner Individuen» ist (Die kontroverse Natur der Philosophie. In: Philosophische Essays. Stuttgart 1983, S. 106, 117; vgl. Der Streit der Philosophen. In: Wozu Philosophie?..., S. 91–106).

41 Vgl. die Konzeption und Weiterführung des Historischen Wörterbuchs der Philosophie mit verschiedenen eigenen Artikeln der Herausgeber; weitere begriffsgeschichtliche Untersuchungen: H. Lübbe: Säkularisierung. Freiburg/München 1965; Zur Geschichte des Ideologie-Begriffs. In: Theorie und Entscheidung. Freiburg 1971, S. 159–181; O. Marquard: Zur Geschichte des philosophischen Begriffs ‹Anthropologie› seit dem Ende des 18. Jahrhunderts. In: Schwierigkeiten mit der Geschichtsphilosophie. Frankfurt/M. 1973, S. 122–145; R. Spaemann: Genetisches zum Naturbegriff des 18. Jahrhunderts. In: Archiv für Begriffsgeschichte 11 (1967), S. 59–74; «Fanatisch» und «Fanatismus», ebd. 15 (1971), S. 256–274; K. Gründer: Acedia. Zum Potential eines verlorenen Begriffs im Blick auf Mitscherlichs «Die Unfähigkeit zu trauern». In: Philosophische Tradition im Dialog mit der Gegenwart. Festschrift für H. A. Salmony. Basel etc. 1985, S. 87–95; von allen auch mehrere eingestreute Hinweise.

42 So besonders in dem umfangreichen Werk von Wilhelm Goerdt: Russische Philosophie. Zugänge und Durchblicke. 2 Bde. Freiburg/München 1984–89; vgl. ders.: Vergöttlichung und Gesellschaft. Studien zur Philosophie von Ivan V. Kireevskij. Wiesbaden 1968; Fragen der Philosophie. Ein Matrialbeitrag zur Erforschung der Sowjetphilosophie. Köln/Opladen 1960.

43 Vgl. Willi Oelmüller: Friedrich Theodor Vischer und das Problem der nachhegelschen Ästhetik. Stuttgart 1959; Hegels Satz vom Ende der Kunst. In: Philosophisches Jahrbuch 73 (1965/66), S. 75–94; (Hg.): Kolloquium Kunst und Philosophie. 3 Bde. Paderborn 1981–83; zu den Beiträgen von Marquard s. u.

44 K. Gründer: J. G. Hamanns ‹Biblische Betrachtungen› als Ansatz einer Geschichtsphilosophie. Freiburg/München 1958; K. Gründer/R. Spaemann: Art. ‹Geschichtsphilosophie›. In: Lexikon für Theologie und Kirche (2. Aufl.), Bd. 4. Freiburg 1960, S. 783–791; zu Lübbes und Marquards Arbeiten s. u.

45 W. Oelmüller: Philosophische Antwortversuche angesichts des Leidens. In: Theodizee – Gott vor Gericht? Hg. v. W. Oelmüller. München 1990, S. 67–86.

46 O. Marquard: Schwierigkeiten beim Ja-Sagen. In: Theodizee..., a. a. O., S. 89, 102.

47 W. Oelmüller: Die unbefriedigte Aufklärung. Frankfurt/M. 1969 (Neuausg. 1979), S. VII; vgl. Was ist heute Aufklärung? Düsseldorf 1972.

48 H. Lübbe, s. u.; O. Marquard: Diskussionsbemerkung. In: R. Löw (Hg.): Moderne oder Postmoderne? Weinheim 1986, S. 54; vgl. jedoch R. Spaemann, ebd., S. 19–43.

49 Ludger Oeing-Hanhoff, geb. 22. 12. 1923 in Marl, studierte in Münster, Tübingen, Fribourg und Löwen, promovierte 1951 in Münster mit der Arbeit «Ens et unum convertuntur». Stellung und Gestalt des Grundsatzes in der Philosophie des hl. Thomas von Aquin (Münster 1953), habilitierte sich dort 1961 mit einer (ungedruckten) Schrift: Descartes und der Fortschritt der Metaphysik, lehrte seit 1966 in Gießen, seit 1974 in Tübingen, wo er am 6. 5. 1986 verstarb. Würdigung von Th. Kobusch in: Philosophisches Jahrbuch 94 (1987), S. 1–10 (mit Bibliographie).

50 Der Beitrag des Christentums zu einer menschlicheren Welt. Zur Aktualität der Geschichtsphilosophie Hegels. In: Metaphysik und Freiheit. München 1988, S. 231–261, zit. S. 238; vgl. Konkrete Freiheit. Grundzüge der Philosophie Hegels in ihrer gegenwärtigen Bedeutung. In: ebd., S. 302–322.

51 Das Reich der Freiheit als absoluter Endzweck der Welt. In: ebd., S. 339–356, zit. S. 352.

52 Thesen zum Theodizeeproblem. In: ebd., S. 81–90; zum weiteren vgl. auch W. Oelmüller: Statt Theodizee. In: Teodicea oggi? Archivio di Filosofia 56 (1988), N. 1–3, S. 635–645.

53 Trinitarische Ontologie und Metaphysik der Person. In: ebd., S. 133–165, zit. S. 135 f; vgl. ebd., S. 91–120, 121–132.

54 Karlfried Gründer, geb. 23. 4. 1928 in Marklissa/Niederschlesien, studierte in Münster und Freiburg, promovierte 1954 in Münster mit einer Arbeit über Hamann (s. Anm. 44), habilitierte sich dort 1966 mit einer Arbeit über Yorck von Wartenburg (s. Anm. 60), wurde 1970 Professor in Bochum, 1979 an der Freien Universität Berlin. Bibliographie in: Disiecta Membra. Studien. K. Gründer zum 60. Geburtstag. Basel/Stuttgart 1989.

55 Figur und Geschichte (s. Anm. 44); Nachspiel zu Hegels Hamann-Rezension. In: Hegel-Studien 1 (1961), S. 89–101; Geschichte der Hamann-Deutungen. In: J. G. Hamann: Hauptschriften erklärt, Bd. 1. Gütersloh 1956, S. 9–140; Art. «Hamann». In: Neue deutsche Biographie, Bd. 7. Berlin 1966, S. 573–577; Hamann in Münster. In: R. Wild (Hg.): J. G. Hamann. Darmstadt 1978, S. 264–298; Sprache und Geschichte. Zu J. G. Hamanns ‹Metakritik über den Purismum der Vernunft›. In: Gründer: Reflexion der Kontinuitäten. Göttingen 1982, S. 48–54.

56 Vgl. M. Graetz/K. Gründer (Hg.): Hebräische Beiträge zur Wissenschaft des Judentums, Bd. 1 ff. Heidelberg 1985 ff.

57 Einleitung zum Neudruck von J. Bernays: Grundzüge der verlorenen Abhandlung des Aristoteles über Wirkung der Tragödie. Hildesheim 1970,

S. V–XI; Jacob Bernays und der Streit um die Katharsis. In: Epirrhosis. Festgabe für Carl Schmitt. Berlin 1968, Bd. 2, S. 495–528; Zur Philosophie... (s. Anm. 58), S. 92 ff; Martin Heideggers Wissenschaftskritik in ihren geschichtlichen Zusammenhängen. In: Archiv für Philosophie 11 (1962), S. 312–335, auch in: Reflexion der Kontinuitäten, S. 29–47; Sprache und Geschichte. In: ebd., S. 48–54.

58 Diskussionseinleitung zu: Philologie und Hermeneutik im 19. Jahrhundert. Hg. von H. Flashar, K. Gründer u. A. Horstmann. Göttingen 1979, S. 326 f.

59 Aufklärung und Surrogate. In: Oikeiōsis. Festschrift für Robert Spaemann. Hg. von R. Löw. Weinheim 1987, S. 55–68, zit. S. 68.

60 Zur Philosophie des Grafen Paul Yorck von Wartenburg. Göttingen 1970, S. 92 ff.

61 Bericht über die Fortführung des ‹Archivs für Begriffsgeschichte›. In: Jahrbuch der Akademie der Wissenschaften und der Literatur. Mainz 1967, S. 76; vgl. Reflexion der Kontinuitäten, S. 87, 117.

62 Der erneuerten Bedeutung Diltheys dient nicht zuletzt die Erschließung seines Nachlasses. So hat Gründer die Fortsetzung der Dilthey-Ausgabe ab Bd. 15 (Göttingen 1970) besorgt.

63 Reflexion der Kontinuitäten, S. 78 f, 83, 98 f, 132 ff; vgl. Verständiges Leben in der Geschichte. In: Spiegel und Gleichnis. Festschrift für Jacob Taubes. Hg. von N. W. Bolz und W. Hübener. Würzburg 1983, S. 239–251; Erfahrung und Theorie in den geschichtlichen Wissenschaften. In: Begriffswandel und Erkenntnisfortschritt in den Erfahrungswissenschaften. Kolloquium an der TU Berlin WS 84/85. Hg. von F. Rapp und H.-W. Schütt. Berlin 1987, S. 1–17.

64 Philosophische Essays. Stuttgart 1983, S. 8, 10.

65 Interview mit C. Leggewie. In: ders.: Der Geist steht rechts. Berlin 1987, S. 159.

66 Philosophische Essays, S. 13.

67 Ebd., S. 11 f; Rousseau – Bürger ohne Vaterland. München 1980.

68 Glück und Wohlwollen. Versuch über Ethik. Stuttgart 1989, S. 11, 150.

69 Der Ursprung der Soziologie aus dem Geist der Restauration. Studien über L. G. A. de Bonald. München 1959, S. 200 f, 204 f, 208.

70 Reflexion und Spontaneität. Studien über Fénelon. Stuttgart 1963, bes. S. 52–64; vgl. Philosophische Essays, S. 11.

71 Das Vernünftige und das Natürliche. Essays zur Anthropologie. München 1987, S. 13–39, 43–73, zit. S. 32, 65, 68, 34.

72 Philosophische Essays, S. 41–59, zit. S. 52 f.

73 Die Frage Wozu? Geschichte und Wiederentdeckung des teleologischen Denkens (zus. mit R. Löw). München 1981, S. 288.

74 Philosophische Essays, S. 78; Zur Kritik der politischen Utopie. Zehn Kapitel politischer Philosophie. Stuttgart 1977, S. 198.

75 Technische Eingriffe in die Natur als Problem der politischen Ethik. In: D. Birnbacher (Hg.): Ökologie und Ethik. Stuttgart 1980, S. 180–206, zit. S. 190f, 198f; deshalb lehnt Spaemann die Nutzung der Kernenergie ab. Auch gegen die atomare Bewaffnung hat er schon früh gestritten.

76 Das Vernünftige und das Natürliche, S. 77–106, zit. S. 87f, 91, 97. Auch ist niemand befugt, darüber zu befinden, ab wann dem Menschen die Würde der Person zukommt (ebd., S. 37). Deshalb wendet sich Spaemann auch gegen die strafrechtliche Freigabe der Abtreibung und gegen genetische Manipulationen am Menschen; vgl. Philosophische Essays, S. 76ff; Kein Recht auf Leben? Köln 1974; Die Unantastbarkeit des menschlichen Lebens. Freiburg etc. 1987; Glück und Wohlwollen, S. 220f.

77 Zur Kritik der politischen Utopie, S. 57ff, 93, 104ff, 127ff, 124; zu den Kriterien gewaltsamen Widerstandes und den Bedingungen eines moralischen Kampfes vgl. ebd., S. 95–103.

78 Ebd., S. 182; entsprechend hat Spaemann (u. a. gegen H. Lübbe) die Funktionalisierung der Religion kritisiert. Gott kann per definitionem nicht von seiner Funktion her gedacht werden oder zu irgendeiner Bedürfniserfüllung dienen; vgl. Einsprüche. Christliche Reden. Einsiedeln 1977, S. 18f, 57f; Funktionale Religionsbegründungen und Religion. In: Die religiöse Dimension der Gesellschaft. Hg. von P. Koslowski. Tübingen 1985, S. 9–25.

79 Zur Kritik der politischen Utopie..., S. VIII, 12ff, 18ff, 37ff; zu den Gefahren der Emanzipationsideologie und des Strebens nach totaler Gleichheit vgl. ebd., S. 142–157, 158–166.

80 Das Vernünftige und das Natürliche, S. 109–135, zit. S. 125f, 132, 130, 134f.

81 Über die Unmöglichkeit einer universalteleologischen Ethik. In: Philosophisches Jahrbuch 88 (1981), S. 70–89. Der Utilitarismus unterfordert außerdem das Gewissen und überfordert die Fähigkeit des einzelnen, die langfristigen Folgen seines Handelns abzuschätzen.

82 Moralische Grundbegriffe. München 1982, S. 20ff, 39, 72, 75, 87f, 90, 93, 107.

83 Glück und Wohlwollen, S. 32ff, 60ff, 85ff, 100, zit. S. 60, 62, 84, 92, 94; vgl. Philosophische Essays, S. 80–103.

84 Glück und Wohlwollen, S. 116ff, 122, 124f, 129, 133ff, 136ff, 222ff, 235; vgl. S. 145, 153ff. – Zum ganzen vgl. auch das Gespräch zwischen R. Spaemann und F. Rötzer, in: Denken, das an der Zeit ist. Hg. von F. Rötzer Frankfurt/M. 1987, S. 278–284.

85 Gesammelt in: Bewußtsein in Geschichten. Freiburg 1972.

86 So hat Lübbe vehement vor Fehlentwicklungen in Bildung und Politik gewarnt; vgl. bes. Hochschulreform und Gegenaufklärung. Freiburg 1973; Unsere stille Kulturrevolution. Zürich 1976; Endstation Terror. Rückblick auf lange Märsche. Stuttgart 1978.

87 Typologie der politischen Theorie. In: Das Problem der Ordnung. Sechster deutscher Kongreß für Philosophie, München 1960. Hg. von H. Kuhn/F. Wiedmann. Meisenheim am Glan 1962, S. 77–94, zit. S. 80, 89.

88 Politische Philosophie in Deutschland. Basel/Stuttgart 1963, ²1974, S. 14.

89 Säkularisierung. Geschichte eines ideenpolitischen Begriffs. Freiburg/München 1965, ²1975, S. 22.

90 Vgl. auch Wissenschaft und Weltanschauung. Ideenpolitische Fronten im Streit um Emile Du Bois-Reymond. In: Philosophisches Jahrbuch 87 (1980), S. 225–241.

91 Der Streit um Worte. Sprache und Politik. Bochum 1967, auch in: Bewußtsein in Geschichten, a. a. O., S. 132–167.

92 Fortschritt als Orientierungsproblem. Freiburg 1975, S. 134–153: Sein und Heißen.

93 Theorie und Entscheidung. Studien zum Primat der praktischen Vernunft. Freiburg 1971; zu Max Weber vgl. auch: Die Freiheit der Theorie. Max Weber über Wissenschaft als Beruf. In: Archiv für Rechts- und Sozialphilosophie 58 (1962), S. 343–356. Gegenüber den Kritikern der bloß «instrumentellen Vernunft» (Max Horkheimer) und der Technokratie hat Lübbe aber eingewendet, daß eine technologische Vernunft, die sich konkrete, naheliegende Problemlösungen setzt, nicht eo ipso zum Verzicht auf weitergehende gesellschaftliche Ziele führen muß (Fortschritt..., a. a. O., S. 75 ff).

94 Theorie und Entscheidung, S. 92, 119 f.

95 Fortschritt..., a. a. O., S. 154–168: Was heißt «Das kann man nur historisch erklären»?, zit. S. 156; Geschichtsbegriff und Geschichtsinteresse. Basel/Stuttgart 1977, S. 35–47, 54–68; zur Gesetzmäßigkeit in der Geschichte vgl. ebd., S. 127 ff (Würdigung K. R. Poppers).

96 Fortschritt..., S. 130 f.

97 Geschichtsbegriff..., S. 73, 75, 80 f, 86, 89.

98 Geschichtsbegriff..., S. 128, 152 ff, 203, 204 ff, 236, 239 f, 275 ff; Unsere stille Kulturrevolution, a. a. O., S. 20, 33; vgl. Philosophie nach der Aufklärung, S. 115–141: Wieso es keine Theorie der Geschichte gibt.

99 Fortschritt..., S. 169–181: Vollendung der Säkularisierung – Ende der Religion? Geschichtsbegriff..., S. 290 f; Philosophie nach der Aufklärung. Düsseldorf/Wien 1980, S. 59–85; Religion nach der Aufklärung. Graz/Wien/Köln 1986, bes. S. 144 ff; Handlungssinn und Lebenssinn. In: Phänomenologische Forschungen, Bd. 10. Freiburg/München 1987, S. 32 f.

100 Geschichtsbegriff..., S. 306 f, 331–334; vgl. Philosophie nach der Aufklärung, a. a. O., S. 115–141.

101 Zeit-Verhältnisse. Zur Kulturphilosophie des Fortschritts. Graz/Wien/Köln 1983, S. 9 ff; Philosophie nach der Aufklärung, S. 143–158; Der Fortschritt und das Museum. London 1982; Die Aufdringlichkeit der Geschichte. Graz/Wien/Köln 1989.

102 Fortschritt..., S. 32–74; Zeit-Verhältnisse..., S. 33ff, 49ff, 70; Der Mensch als Orientierungswaise? Beiträge von H. Lübbe (u. a.). Freiburg/München 1982, S. 16ff, 145–168.

103 Fortschritt..., S. 24, 68; Zeit-Verhältnisse..., S. 142ff; Zwischen Trend und Tradition. Zürich 1981, S. 15, 60–67, 83; vgl.: Wer will überhaupt diesen Fortschritt? Ein Gespräch mit H. Lübbe, in: Information Philosophie Jg. 1991, Heft 2, S. 18: «Die Kosten des Fortschritts scheinen in gewissen Lebensbereichen rascher zu wachsen als die Lebensvorzüge.»

104 Zwischen Trend und Tradition, S. 12, 48; Fortschritt..., S. 56; Zeit-Verhältnisse..., S. 42ff, 105ff, 121ff.

105 Fortschrittsreaktionen. Über konservative und destruktive Modernität. Graz/Wien/Köln 1987, S. 9, 23–26; der liberale Verfassungsstaat ist zwar gegenüber den Religionen neutral, aber «Zivilreligion», die Verantwortung des Staates vor Gott, ist ein «Liberalitätsgarant», weil der Staat sich darin als «nicht-autarker» weiß: Staat und Zivilreligion. Wolfenbüttel 1983, S. 24f; Religion nach der Aufklärung, S. 321f.

106 Ebd., S. 174f; Philosophie nach der Aufklärung, S. 54ff, 92ff; Geschichtsbegriff..., S. 292ff; Fortschritt..., S. 25ff.

107 Aufklärung und Gegenaufklärung. In: M. Zöller (Hg.): Aufklärung heute. Bedingungen unserer Freiheit. Zürich 1980, S. 27.

108 Unsere stille Kulturrevolution, S. 68f; Zeit-Verhältnisse, S. 87ff, 138f; Politischer Moralismus. Der Triumph der Gesinnung über die Urteilskraft. Berlin 1987, S. 69, 89; Philosophie nach der Aufklärung, S. 237; Die Wissenschaften und ihre kulturellen Folgen. Über die Zukunft des common sense. Opladen 1987 (Rheinisch-westfälische Akademie der Wissenschaften, Vorträge G 285). Auch die Moralphilosophie hat keine exklusive Kompetenz zur Lehre von Moral, sondern vergegenwärtigt nur diejenige, «die unsere Lebensverhältnisse ohnehin schon verfügt und regelt»: Moral und Philosophie der Moral. In: Der Mensch und die Wissenschaften vom Menschen. XII. Deutscher Kongreß für Philosophie. Innsbruck 1983, Bd. 2, S. 554.

109 Unsere stille Kulturrevolution, S. 76, 78, 80; Philosophie nach der Aufklärung, S. 35f.

110 Der Mensch als Orientierungswaise?, S. 28f.

111 Philosophie nach der Aufklärung, S. 56, 174ff, 179–195, 264; Fortschrittsreaktionen, S. 41–55, 75ff.

112 Politischer Moralismus..., passim; Fortschrittsreaktionen, S. 85–92; Praxis der Philosophie. Praktische Philosophie. Geschichtstheorie. Stuttgart 1978, S. 78–96. Philosophie nach der Aufklärung, S. 239–272; zu «pragmatischer Vernunft» ebd., S. 197–208.

113 Fortschrittsreaktionen, S. 215f; Aufklärung und Gegenaufklärung, S. 23.

114 Skeptische Methode im Blick auf Kant. Freiburg/München 1958, bes. S. 11, 14f, 54f, 109f; zur Funktion von Kants Ästhetik vgl. auch Kant und die

Wende zur Ästhetik. In: Zeitschrift für philosophische Forschung 16 (1962), S. 231–243, 363–374.

115 Skeptische Methode..., S. 99.

116 Idealismus und Theodizee. In: Schwierigkeiten mit der Geschichtsphilosophie. Frankfurt/M. 1973, S. 65.

117 Vgl. dazu Abschied vom Prinzipiellen. Stuttgart 1981, S. 118.

118 Transzendentaler Idealismus. Romantische Naturphilosophie. Psychoanalyse. Köln 1987, S. 13, 26–28; vgl. Kompensation. Überlegungen zu einer Verlaufsfigur geschichtlicher Prozesse. In: K. G. Faber/Ch. Meier (Hg.): Historische Prozesse. München 1978, S. 330–362.

119 Transzendentaler Idealismus..., S. 41–45, 60, 71, 77ff, 98f, 102f, 141ff, 145ff, 210ff, 267f, 272.

120 Ebd., S. 277ff; vgl. S. 481: Hinweis auf eine noch ausstehende Arbeit von J. Ritter zu Hegels Staatstheorie und ihrer gegenwärtigen Bedeutung.

121 Gesammelt in: Schwierigkeiten... (s. Anm. 116).

122 Ebd., S. 85–106; zur Ersetzung der historischen Realität durch Kunst vgl. auch Gesamtkunstwerk und Identitätssystem. In: Der Hang zum Gesamtkunstwerk. Europäische Utopien seit 1800. Aarau/Frankfurt. 1983, S. 40–49; Identität: Schwundtelos und Mini-Essenz. In: O. Marquard/K. Stierle (Hg.): Identität. München 1979, S. 366–369; Kunst als Kompensation ihres Endes. In: W. Oelmüller (Hg.): Ästhetische Erfahrung (Kolloquium Kunst und Philosophie 1). Paderborn etc. 1981, S. 159–168.

123 Schwierigkeiten..., S. 122–138 mit Nachbericht S. 138–144.

124 Ebd., S. 107–121; vgl. bereits Skeptische Methode..., S. 56.

125 Ebd., S. 50; Marquard nimmt damit nicht nur Ritters Hegel-Interpretation, sondern auch dessen «hermeneutisches Verfahren», das «hypoleptische» Anknüpfen an bereits vorliegendes Denken, auf und führt es seinerseits weiter; er ist sich dabei bewußt, Ritters Intention, die Versöhnung in der Entzweiung, nicht voll zu teilen; vgl.: Abschied..., S. 78, 119.

126 Apologie des Zufälligen. Stuttgart 1986, S. 87–89.

127 Das Über-Wir. Bemerkungen zur Diskursethik. In: K. Stierle/R. Warning (Hg.): Das Gespräch. München 1984, S. 29–44.

128 Schwierigkeiten..., S. 13–33, 66–82, zit. S. 14, 16, 19, 78f; vgl. Beitrag zur Philosophie der Geschichte des Abschieds von der Philosophie der Geschichte. In: R. Koselleck/W.-D. Stempel (Hg.): Geschichte – Ereignis und Erzählung. München 1973, S. 241–250, 463–469; Abschied..., S. 4ff: Biographische Einleitung. – Die Absage an die Geschichtsphilosophie fällt Marquard um so leichter, als er sich «nicht eindeutig» mit ihr identifiziert hatte. Ihre Schwächen ließen so langsam Sympathie zu ihren Widersachern erwachsen; Schwierigkeiten..., S. 20–27.

129 Apologie..., S. 89.

130 Abschied..., S. 133.

131 Apologie..., S. 11–32; Abschied..., S. 39–66.
132 Schwierigkeiten..., S. 31, 81.
133 Ebd., S. 81.
134 Apologie..., S. 70ff.
135 Schwierigkeiten..., S. 144.
136 Abschied..., S. 14, 16f, 98ff, 120ff; Apologie..., S. 94, 125ff.
137 Apologie..., S. 125; vgl. Abschied..., S. 125: «Zukunft braucht Herkunft»; Identität... (s. Anm. 122), S. 358; Freiheit und Zeit. In: Prinzip Freiheit. Festschrift für H. Krings zum 65. Geburtstag. Hg. von H. M. Baumgartner. Freiburg/München 1979, S. 322–341: Transzendentale Begründungsphilosophie benötigt Hermeneutik als historische Stütze.
138 Apologie..., S. 94f; Nach der Postmoderne. In: P. Koslowski/R. Spaemann/R. Löw (Hg.): Moderne oder Postmoderne? Weinheim 1986, S. 45–54.
139 Abschied..., S. 67–90; Apologie..., S. 117–139; zur Bewältigung von Kontingenzen dient, wie bei H. Lübbe, die Religion, aber auch die Kunst; ebd., S. 130.
140 Apologie..., S. 29, 46ff, 51ff.
141 Sola divisione individuum – Betrachtungen über Individuum und Gewaltenteilung. In: M. Frank/A. Haverkamp (Hg.): Individualität. München 1988, S. 21–34; Apologie..., S. 64–72, 76ff, 93f.
142 Apologie..., S. 98–116.
143 Schwierigkeiten beim Ja-Sagen. In: Theodizee – Gott vor Gericht? Hg. v. W. Oelmüller. München 1990, S. 87–102, zit. S. 101; zur Kritik des Kompensationsbegriffs vgl. D. und R. Groh: Vize-Glück im Unglück? Zur Entstehung und Funktion der Kompensationsthese. In: Merkur 44 (1990), S. 1054–1066.
144 Beitrag... (s. Anm. 128), S. 250; Schwierigkeiten..., S. 28–33; Abschied..., S. 117, 138; Skeptiker. In: Archiv für Begriffsgeschichte 26 (1982), S. 218–221.
145 Apologie..., S. 6–10, 28f.
146 Identität, Autobiographie, Verantwortung. In: Identität (s. Anm. 122), S. 695; Abschied..., S. 8; vgl. Apologie..., S. 6.
147 Exile der Heiterkeit. In: W. Preisendanz/R. Warning (Hg.): Das Komische. München 1976, S. 136, 151.

Ulrich Dierse

Hans Blumenberg

Hans Blumenberg wurde am 13. 7. 1920 in Lübeck geboren, studierte zunächst 1939/40 an den Philosophisch-theologischen Hochschulen in Paderborn und St. Georgen bei Frankfurt, mußte aufgrund der politischen Verhältnisse sein Studium unterbrechen, das er erst 1945 in Hamburg und Kiel fortsetzen konnte. 1947 promovierte er in Kiel und habilitierte sich dort 1950. 1958 wurde er a. o. Prof. in Hamburg, 1960 o. Prof. in Gießen, 1965 in Bochum, 1970 in Münster, wo er bis zu seiner Emeritierung 1985 lehrte. Seit 1963 ist er Mitglied der Akademie der Wissenschaften und der Literatur zu Mainz.

Blumenberg hat, anfänglich in Orientierung an der Phänomenologie, umfangreiche historische Untersuchungen zum Verständnis der Neuzeit vorgelegt. Sie lassen eine gewisse Nähe zur hermeneutischen Philosophie erkennen, verstehen sich mehr und mehr aber als Beiträge zur Erhellung der menschlichen Daseinsverhältnisse, als Versuche zur Bestimmung der Stellung des Menschen in der Welt, in der Geschichte und zu Gott.

Heidegger und die Frage nach der Geschichtlichkeit des Seins

In seiner (ungedruckten) Dissertation[1] fragt Blumenberg mit Martin Heidegger nach der Geschichtlichkeit des Seins, sieht aber, anders als dieser, auch in der christlichen Ontologie des Mittelalters einen genuinen, «ursprünglichen» Zugang zum Sein, etwa bei Augustinus, aber auch in der Hochscholastik Thomas von Aquins, bei Bonaventura und Johannes Duns Scotus. Der Unterschied zum neuzeitlichen Seinsverständnis wird als Umkehrung der Frage- und Blickrichtung auf das Sein bestimmt: Sieht die scholastische Ontologie das Sein der Schöpfung als Teilhabe am göttlichen Sein, so befragt die Neuzeit «vom Menschen aus die Welt und nicht von der Welt aus den Menschen»; das neuzeitliche Seinsverständnis ist nicht «illuminativ-methektisches», sondern «projektiv-absolutes» Seinsverständnis.[2] In seiner (ebenfalls ungedruckten) Habilitationsschrift[3] geht Blumenberg das Problem der Geschichtlichkeit des Seins noch umfassender an. In der Neuzeit klammern Descartes und die Phänomenologie Edmund Husserls die Geschichte aus und finden die Gewißheit des Denkens im radikalen Neuanfang der Philosophie. Neuzeit heißt «Selbstbehauptung der Vernunft» unter Absehung von der vorangegangenen Geschichte. Die Welt wird wissenschaftlich und technisch beherrschbar; damit steht das Sein dem Subjekt gegenüber («Gegenständigkeit»). Zugleich entsteht aber in der Aufklärung der geschichtliche Sinn; an der Geschichte bricht sich der neuzeitliche Gewißheitsanspruch. Geschichte kann, recht verstanden, nicht kausal erklärt werden wie etwa die Welt der Naturwissenschaften, sondern ist Betroffenheit, «Sich-Stellen», mithin «Geschick» («Inständigkeit»). Der Mensch erfährt nun, daß alle Wissenschaft in einer «originären Bedeutsamkeit für das menschliche Dasein» wurzelt. Husserl selbst sah in seiner Krisis-Schrift die Grenze der phänomenologischen Methode. Ihr «Scheitern» hat seinen Grund in der «Verkennung des Hineinreichens der Geschichte in das Sein.» Heidegger mußte sich deshalb von der Phänomenologie lösen und verfuhr in seiner Untersuchung der «durchschnittlich-alltäglichen Uneigentlichkeit... radikal gegen-phänomenologisch.» Seine Analyse der Faktizität als In-der-Welt-Sein ist «daher die grundgebende Möglichkeit dafür, daß das Dasein geschichtlich ist und Geschichte verstehen kann.» Es zeigt sich jetzt, daß das Denken «durch den unendlichen Gewißheitsentwurf» überfordert war und die «Endlichkeit des Menschen» verkannte. Heideggers Bedeutung liegt darin, daß er, anders als Descartes und viele andere, nicht die absolute Neubegründung des Wissens anstrebte, sondern das Dasein als «Sein zu Möglichkeiten» verstand, die es «als die seinen in der Faktizität seines Seins übernimmt» und als Geschick annimmt.[4]

Blumenberg hat diese Analysen später nicht direkt wiederaufgenommen. Er bewahrt zwar eine, wenn auch häufig kritische Affinität zur Phänomenologie[5], greift jedoch Heidegger nur noch bei geeigneter Gelegenheit auf. Neben einigen Interpretationen zur neueren angloamerikanischen Dichtung[6] widmet er sich zunächst verschiedenen einzelnen Bereichen der Philosophiegeschichte, macht deren Leistung, Grenze und Bedeutung für die Gegenwart deutlich.[7] Sein besonderes Interesse gilt den Phänomenen der Epochenschwellen und -umbrüchen, zum Beispiel von der Antike zum Christentum, vom Mittelalter zur Neuzeit, weil an ihnen gezeigt werden kann, wie neue Weltauffassungen möglich wurden, was rezipiert und was umgedeutet wurde und daß, häufig unter Berufung auf alte Autoritäten wie Platon, sich doch Transformationen zu neuem Denken vollziehen.[8] Solche Transformationen werden vor allem an der Tradierung und Umdeutung von Begriffen wie dem der theoretischen Neugierde sinnfällig, an dem ein «Strukturkomplex unserer eigenen komplexen Welt durch Erhellung seiner Genesis» verdeutlicht wird[9], oder am Funktionswandel der unser Leben und Denken prägenden Metaphern, besonders der «absoluten Metaphern», das heißt jener «Grundbestände der philosophischen Sprache», für die es keine unmetaphorischen, rein begrifflichen Äquivalente gibt, die sich also «nicht ins Eigentliche, in die Logizität zurückholen lassen.» Der Geist kann sich ohne die Bilder der Metaphern nicht äußern. «Dem historisch verstehenden Blick indizieren sie also die fundamentalen, tragenden Gewißheiten, Vermutungen, Wertungen, an denen sich die Haltungen, Erwartungen, Tätigkeiten und Untätigkeiten, Sehnsüchte und Enttäuschungen, Interessen und Gleichgültigkeiten einer Epoche regulierten.»[10] Vor allem die Begriffe für Totalitäten wie «Welt», «Leben», «Zeit», «Geschichte» u. a. scheinen sich nicht anders als durch Metaphern veranschaulichen zu lassen. «Der Raum der Metapher ist der Raum der unmöglichen, der fehlgeschlagenen oder der noch nicht konsolidierten Begriffsbildungen.» Metaphern liefern «vorgreifende Orientierungen»; sie sind kein «sich im Prozeß selbst aufzehrendes genetisches Vorfeld» für die Begriffsbildung.[11]

So hat Blumenberg die Geschichte vom Licht als Metapher für Wahrheit beschrieben und an ihr aufgezeigt, wie die neuzeitliche Technik das Sehen verändert, indem das künstliche Licht eine «Optik oktroyiert» und die «Herrschaft des Präparats» die Freiheit des Blicks einschränkt.[12] Am Begriff der wissenschaftlichen Methode zeigt sich die Umkehrung des Verhältnisses von Philosophie und Methode: Ursprünglich (bei Descartes) von der Philosophie zur Sicherung der Gewißheit der Erkenntnis entworfen, werden die streng methodisch vorgehenden Wissenschaften autonom und weisen nun umgekehrt «der Philosophie ihre Stelle im Zusammenhang der Wissenschaften von deren Bedürfnissen» aus zu; der wissenschaftliche Fortschritt verselbständigt sich, verliert damit sogar seinen Sinn, und die Methode greift auf andere Bereiche, «z. B. der politischen Macht», über.[13] Vergleichbare Beobachtungen lassen sich am Wandel der Begriffe Natur und Technik von ihrem griechischen Ursprung als ζύσις und τέχνη bis zu ihrer modernen Fassung anstellen: Die Technik, zunächst nur Hilfsmittel, ist selbst in den Rang einer «zweiten Natur» erhoben worden und droht die eigentliche, die «erste» Natur, von der sie ausgegangen war und die sie, wie noch in der Antike, nachahmen sollte, aufzuheben.[14] Während in der antiken und mittelalterlichen Welt das, was ist, den Vorrang hatte, fragt die Neuzeit nach dem, was sein soll, und verfertigt aus der Natur, die nur mehr «Rohstoff» ist, ihre Welt und wird deren Schöpfer, während die Technik «unvermerkt den Charakter des Naturhaft-Notwendigen annimmt. Der Typus des modernen Menschen ist weithin geprägt durch die Naturierung des Technischen, durch das Bewußtsein der Selbstverständlichkeit und Unvermeidlichkeit dessen, was doch von seiner eigenen Freiheit ausgegangen ist.»[15] Die Bewahrung der Freiheit ist für Blumenberg in diesen Aufsätzen eine Frage und ein «Gesetz» der Selbstwahrung der Existenz des Menschen, «der radikale Grund des Daseins, als die Möglichkeit, sich selbst zu wollen, zu sich selbst zu stehen.»[16]

Diese Äußerungen klingen wie die gleichzeitigen Heideggers technikkritisch; Blumenberg will aber die Technik nicht dämonisieren und die Natur als ihren heilen Widerpart darstellen. «Natur... kann nicht Gegenbegriff der Technik sein, weil im Naturbegriff selbst schon eine Verformung und eben Pointierung der ursprünglichen Weltstruktur vorliegt.» Technik ist nicht ein Sündenfall des Menschen, sondern erwächst aus «Antrieben der Lebenswelt selbst», ist «ein Zustand des menschlichen Weltverhältnisses selbst.» In den technischen Apparaten und Maschinen, deren sich der Mensch bedient, verliert der Mensch die Einsicht in deren reale Vorgänge, werden diese ihm selbstverständlich in seiner Lebenswelt, wird sie ihm fraglos und «beginnt ihrerseits, die Lebenswelt zu regulieren, indem jene Sphäre, in der wir *noch* keine Fragen stellen, identisch wird mit derjenigen, in der wir keine Fragen *mehr* stellen.» Die verlorengegangene Einsicht in die Zusammenhänge der Technik ist jedoch kein «Sinnverlust», sondern ein «Sinnverzicht». Während die Phänomenologie Husserls sich noch die Aufgabe stellte, alle Selbstverständlichkeiten der Lebenswelt zu durchleuchten, zeigt sich jetzt, daß die Unendlichkeit dieser Aufgabe sich schlecht mit «der als konstant gegebenen vorgefundenen Daseinskapazität des Menschen» verträgt. «Die Phänomenologie... hat diese Antinomie nicht aufgelöst, sondern verschärft, für unsere geistige Situation spürbar und wirksam gemacht.»[17]

Die großen geschichtlichen Umbrüche

Blumenberg hat den Wandel des Naturbegriffs von der Antike zur Neuzeit wiederholt beschrieben: Während Antike und Mittelalter davon überzeugt waren, daß die menschliche Kunst (τέχνη) immer das in der Natur (oder platonisch: in den Ideen) Vorgegebene wiederholen und nachahmen könne (auch die biblische Schöpfungslehre ging davon aus, daß nach der Erschaffung der Welt durch Gott nichts Neues «von essentieller Ursprünglichkeit mehr hervorgebracht werden» kann), ist es das Kennzeichen der Neuzeit, produktiv tätig zu werden. «An der Grenze von Mittelalter und Neuzeit» bricht «das schöpferische Selbstbewußtsein» auf, ist dieses davon überzeugt, die Wirklichkeit durch die möglichen Welten zu ersetzen. «Herstellbarkeit aller Phänomene ist die universelle Antizipation der experimentellen Naturforschung... Die Natur ist folgerichtig zum Inbegriff möglicher Produkte der Technik geworden.» Die Natur ist in ihrem «Seinsrang für den Menschen nivelliert», weil sie «für den Techniker... mehr und mehr zum bloßen Substrat» geworden ist. Blumenberg deutet aber an, daß die Epoche «der gewalttätigen Selbstbetonung des Konstruktiven und Authentischen» zu Ende geht und, wie etwa in der Kunst Paul Klees erkennbar, wieder «das Uralte, Immer-Gewesene eines Urgrundes der Natur» entdeckt wird. Aber es ist etwas anderes, «das Gegebene als das Unausweichliche hinzunehmen» oder es als «Kern der Evidenz im Spielraum der Möglichkeiten wiederzufinden und in freiwilliger Einwilligung anzuerkennen.» [18]

Der Anspruch der Neuzeit, schöpferisch Neues hervorzubringen, dokumentiert sich besonders in der Kunst: Wie der Mensch «in seinen Kulturwerken» mit Gott konkurriert, so will der neuzeitliche Roman nicht mehr «*die* Welt nachbildend darstellen, sondern *eine* Welt realisieren»; so schafft er aus der Vielzahl der möglichen Welten eine in sich konsistente Welt. Die «potentielle Unendlichkeit des Romans» verweist auf die unendlichen Möglichkeiten, die der Neuzeit gegeben sind. Der Roman ist deshalb die «welthaltigste und welthaftigste Gattung» der neuzeitlichen Kunst und deren Repräsentant.[19] Daraus folgt auch die «Unbestimmtheit» und «Unbestimmbarkeit» des modernen Kunstwerks, auch seine «Vieldeutigkeit». «Kunst ist Reflexion des Bewußtseins in seiner Welttranszendenz und Weltautonomie. Darin liegt der Vorrang des Formalen in der Kunst begründet; es variiert nicht die Faktizität, sondern reflektiert die Möglichkeit selbst.» [20]

Blumenbergs Beiträge zum Verständnis der Technik und deren veränderten Stellenwert zielen nicht auf eine Infragestellung von Wissenschaft und Technik.[21] Sie wollen vielmehr darauf hinweisen, daß in aller Sprache, auch noch in der dem Ideal der Exaktheit und Formelhaftigkeit verpflichteten Wissenschaftssprache, ein Bestand an Mustern, Bildern und Metaphern vorhanden ist, der nicht in Formeln aufgeht. Allein die Sprache liefert ein Paradigma zur Wahrnehmung der Welt, das, wie schon Lichtenberg erkannte, jedem wissenschaftlichen Paradigma vorausgeht und uns immer schon einen in bestimmter Weise vorgeprägten Zugang zur Welt mitgibt.[22] «Der Glaube, durch eine logische Idealisierung, die von der Existenz solcher Fachsprachen ausgeht, die Tendenz auf Eindeutigkeit in eine rationale Gemeinsprache wenigstens aller Wissenschaften untereinander überführen zu können, wird sich als Illusion erweisen.» Gegenüber dem uneinlösbaren Anspruch der Wissenschaftssprachen auf Klarheit und Deutlichkeit ist die philosophische Sprache von vornherein durch «kontrollierte Mehrdeutigkeit» gekennzeichnet; sie weiß um die Unmöglichkeit sprachlicher Präzision und «entfaltet sich in dem Raum zwischen der idealisierenden Programmierung der Sprache auf das Sagbare und der Sprengung der Sprachstruktur zugunsten des Unsagbaren.» Die Philosophie hat dies mit der Sprache der Poesie gemeinsam, daß sie sich nicht in reiner «Verweisungsfunktion» erschöpft, nicht nur Träger von Nachrichten oder Bedeutungen ist, sondern mit Mehr- und Vieldeutigkeiten spielt, Unbestimmtheiten nicht ausschließt, vielmehr sie als «Zugewinn» betrachtet, um sich so an das kaum oder gar nicht Ausdrückbare anzunähern. Eine solche «ästhetische Sprache» ist um so nötiger, «je mehr das öffentliche Sprachbewußtsein in dem Anspruch auf Eindeutigkeit vermeintlich oder reell sich bestätigt findet.»[23]

Wo es an Evidenz, Genauigkeit und Präzision mangelt, gewinnen die Mittel der Rhetorik um so größeren Raum. Die Rhetorik wird auch dort nötig, wo keine endgültige Sicherheit des Handelns erreicht werden kann: «Sich unter dem Aspekt der Rhetorik zu verstehen heißt, sich des Handlungszwanges ebenso wie der Normentbehrung in einer endlichen Situation bewußt zu sein. Alles, was hier nicht Zwang ist, gerät zur Rhetorik, und Rhetorik impliziert den Verzicht auf Zwang.» Denn rhetorische Mittel zu benutzen heißt, statt des direkten Zugriffs auf die Wirklichkeit (deren man sich doch nicht endgültig versichern kann) den «metaphorischen Umweg» zu wählen; dieser blickt nämlich von dem eigentlichen Gegenstand auf einen anderen, nimmt «das Andere als das vertrauter und handlicher Verfügbare.» Rhetorik ist also nicht nur ein sprachliches Mittel, sondern deutet auf ein Anthropologicum (der

Mensch als «animal symbolicum»). «Der Mensch kann nicht nur das eine anstelle des anderen vorstellen, sondern auch das eine anstelle des anderen tun.» In der Rhetorik wird das Ziel nicht auf direktem Weg angegangen, sondern aus Furcht vor Übereilung, dem Zweifel in problematischen Situationen u. ä., der Umweg über Kontrollorgane, umständliche Prozeduren und Vermittlungen gewählt. Diese «implizieren den Zweifel daran, daß die kürzeste Verbindung zweier Punkte auch der humane Weg zwischen ihnen sei.» Daß der Mensch ein symbolisches Wesen ist und sich «potentiell metaphorisch» verhält, bedeutet, daß er seine Identität nicht in sich und seiner Innerlichkeit findet, sondern «nur über das, was er nicht ist, hinweg.» Auch wenn er in der «kühnsten Metapher» Gott als den Ganz-Anderen denkt und von sich zu entfernen sucht, begreift er darin sich selbst zugleich und will «sich mit diesem Gott vergleichen.»[24]

Die Deutung der Neuzeit

Blumenbergs Untersuchungen zu den geistesgeschichtlichen Epochenumbrüchen[25] arbeiten besonders nachdrücklich den spezifischen Charakter der Neuzeit heraus. In der Neuzeit versteht sich der Mensch einmal als sich selbst erhaltender und sich behauptender, ohne daß diese Selbsterhaltung als solche teleologisch auf ein Ziel ausgerichtet wäre. Dadurch wird die frühere Erhaltung der Schöpfung durch Gott ersetzt. Zugleich wird Gott von der Verantwortung für diese Welt, insbesondere ihre Übel, entlastet («Verklammerung von Theodizee und Anthropologie, Apologie Gottes hinsichtlich der moralischen Übel und Apotheose des Menschen hinsichtlich seiner Stellung gegenüber der Welt»).[26] Dieses neuzeitliche Prinzip der Selbstbehauptung ist die Antwort auf einen mit dem Nominalismus des Spätmittelalters einsetzenden «Ordnungsschwund», auf den Verlust einer «verbindlichen Ordnung der Dinge», die in der Antike und im Mittelalter noch als teleologisch geprägte Schöpfung der Welt vorherrschte. Wenn Descartes den Menschen zum Herrn über die Natur einsetzt, so wird dieser damit autonom und aus den «rezeptiven Bindungen an eine vorgegebene und den Bereich der Möglichkeiten ausschöpfende Welt» entlassen. Daß die überlieferte Teleologie der Welt in die Krise gerät und der Mensch statt dessen «seine eigenen Werke» auf ihren Sinn befragt, ist «das Kernstück» des «geistigen Prozesses», der sich seit dem Spätmittelalter vollzieht, «die Basispräsumtion der Neuzeit und ihrer wesentlichen Technizität.» In dem Maße aber, wie eine vorgegebene Ordnung und eine vertraute Welt schwindet, tritt der Mensch als sich betätigender und schöpferisch in technischen Produktionen äußernder Mensch gleich mächtig mit der Natur auf. Somit wird «die Unordnung zum immanenten Potential der Ordnungsbildung.» [27]

Die Neuzeit ist auch nicht, wie eine häufig (besonders von Karl Löwith) vertretene These behauptet, Säkularisierung und damit illegitime Aneignung ursprünglich christlicher Themen, wie etwa die neuzeitliche Geschichtsphilosophie als Säkularisierung der christlichen Eschatologie gedeutet werden könnte. Das Christentum selbst mußte sich von der anfänglichen baldigen Erwartung des Wiederkommens des Reiches Gottes auf die spätere Langzeiterwartung umstellen und damit eine andere Einstellung zur Welt und ihrer Geschichte einnehmen. Es gibt auch nicht eine Konstanz der Themen und Fragen vom Mittelalter zur Neuzeit, wohl aber eine solche «der Hypothek der Probleme», die der Neuzeit hinterlassen wurden; die man schon gelöst glaubte, die aber in der Neuzeit erneut aufbrechen. So ist die «Idee des Fortschritts» «ganz unabhängig» von der Eschatologie entstanden und hat ihre «empirische Grundlage in der Erweiterung der theoretisch zugänglich und verfügbar gewordenen Realität und in der Leistungsfähigkeit der dabei effektiven wissenschaftlichen Methodik.» Indem sie für «die religiöse Geschichtsdeutung» einspringt und die «Frage nach dem Ganzen der Geschichte» zu beantworten sucht, ist sie allerdings eine Überbeanspruchung und Überforderung. Auch das in der Neuzeit oft verhandelte Problem der Theodizee, die Frage nach der Rechtfertigung Gottes angesichts des Bösen und Üblen in der Welt, ist nicht einfach aus dem Mittelalter übernommen, ist nicht «Theologie mit anderen Mitteln», sondern tritt erst da auf, wo die Verantwortung für das Übel nicht mehr Gott, sondern dem Menschen aufgeladen wird. Das Interesse der Theodizee ist somit die menschliche «Selbstbehauptung gegen den theologischen Absolutismus», die «*indirekte* Vertretung des humanen Interesses». So wird der Neuzeit vom Mittelalter, wie zuvor schon dem Christentum von der Antike, ein «systematischer Rahmen» hinterlassen, dessen «vakant gewordene Positionen von Antworten» durch «Umbesetzung» neu ausgefüllt werden mußten. So unternimmt die Neuzeit die «zweite», die «endgültige Überwindung des gnostischen Erbes», nachdem die erste Überwindung bei den Kirchenvätern mißlungen war. Sie tut dies mit dem Anspruch des radikalen Neuanfangs; die Vernunft tritt selbstbewußt gegen alle bisherigen Lösungsversuche der Theologie auf und wird «weltlich». Die Neuzeit bricht also mit der Tradition und behauptet ihre Autonomie durch die «Umkehrung des Lastverhältnisses der Verschuldung»: Wo die Religion die «Erwartungen und Ansprüche» enttäuscht hat, reklamiert nun der Mensch die Verantwortung für die Welt für sich. «Selbstbehauptung» wird «Daseinsprogramm, unter das der Mensch in einer geschichtlichen Situation seine Existenz stellt und in dem er sich vorzeichnet, wie er es mit der ihn umgebenden Wirklichkeit aufnehmen und wie er seine Möglichkeiten ergreifen will.»[28]

Derjenige, der am Beginn der Neuzeit am entschiedensten ein in sich selbst begründetes Fundament des Wissens zu gewinnen suchte, war Descartes. Er wird zum «Begründer des neuen Gewißheitsanspruchs aus der Evidenz des Cogito», auch wenn er mit seinem Gedankenexperiment eines täuschenden Gottes die Loslösung aus dem spätmittelalterlichen Nominalismus noch verfehlte, diesen vielmehr «bis in seine absurden Konsequenzen» verschärfte und damit «für die Destruktion reif gemacht hat.» Weitere Indizien für die «Preisgabe des antiken Kosmos» und die wissenschaftlich-technisch ausgerüstete Herrschaft des Menschen über die Welt sind die Vermutung einer «Pluralität der Welten» und der Wandel des Theoriebegriffs von einer den Menschen beseligenden Schau zur wissenschaftlichen Hypothese. Der den Menschen der Neuzeit auszeichnende «Selbstbehauptungssinn» erweist sich darin, «Ereignisse vorauszusehen, ihnen zuvorzukommen, sie zu verändern oder hervorzubringen.» Je weniger die Ordnung der Welt vorgegeben ist, desto mehr wird es nötig, sie zu konstruieren und diesen «konstitutiven Mangel» an Ordnung auszugleichen.[29]

Schließlich ist es die die mittelalterlichen Beschränkungen sprengende und sich emanzipierende theoretische Neugierde, durch die sich die Neuzeit auszeichnet. War sie von Augustinus noch in den Katalog der Laster eingereiht und so bis zum Ausgang des Mittelalters verworfen, wird sie seit der Renaissance das eigentliche Organ des der Welt nicht mehr gelassen zusehenden Zuschauers, sondern das zur Entdeckung des Neuen, des sich auf alles ohne Unterschied richtenden Wissenstriebs. Dieser «Umschlag» vollzieht sich im «Jahrhundert der kopernikanischen Reform», vor allem bei Francis Bacon, der die Wißbegierde rechtfertigt und nicht mehr zwischen bevorzugten und unwürdigen Gegenständen der Erkenntnis unterscheidet; er zeigt sich aber auch bei Galilei und in der Aufklärung und wird bei Kant «zu einem Abschluß gebracht, der als systematische Explikation nicht mehr überboten oder revidiert werden sollte.»[30]

Wenn Blumenberg so die Epoche der Neuzeit von den vorangehenden abgrenzt, weiß er doch sehr wohl, daß Epochenwenden «an kein prägnantes Datum oder Ereignis evident gebunden» sind. Die historische Forschung kennt keine «absoluten Anfänge», sondern nur stufenweise Übergänge. So sind auch Nicolaus Cusanus und Giordano Bruno keine «Epochenstifter», aber sie sind «ausgezeichnet durch ihr Verhältnis zur Epochenschwelle», nämlich der zwischen ihnen sich vollziehenden «kopernikanischen Reform.» Cusanus suchte, vor Kopernikus, «die Wirklichkeit noch einmal in einen konsequent mittelalterlichen Zugriff zu nehmen», während Bruno, der dem Weltbild des Kopernikus zustimmt, «die neue Wirklichkeit eher postuliert und feiert als begreift.» Für beide indiziert die kopernikanische Reform einen «systematischen Bezugspunkt…, der zugleich ihre unvertauschbare geschichtliche Position kenntlich macht.»[31]

Die herausragende Figur für die Veränderungen im naturwissenschaftlichen und besonders astronomischen Weltbild ist neben Kopernikus Galilei. Dieser vertraut nicht mehr den eigenen Sinnesorganen und dem, was sich diesem sichtbar darbietet, sondern schaut durch das Fernrohr und entdeckt bislang unsichtbare Sterne. Seine «Mechanik bedeutet so nicht nur die Begründung einer neuen Wissenschaft, sondern die Fundierung eines neuen Selbstbewußtseins der technischen Leistung des Menschen für die Neuzeit» im Dienst der «legitimen Teilnahme» an der «Gesetzlichkeit» der Natur. Galilei ist trotz seiner «aristotelischen Rudimente» der «Begründer der neuzeitlichen Naturforschung» und die «Schlüsselfigur des neuzeitlichen Selbstverständnisses des Menschen.»[32]

In dem «über Jahrhunderte sich hinziehenden Prozeß der Transformation» von der «mittelalterlichen Demut» gegenüber Gottes Schöpfung zur neuzeitlichen Belebung «der Neugierde gegenüber der Natur» kommt gerade Kopernikus eine «paradigmatische Bedeutung» zu, weil mit seiner astronomischen Reform der Mensch aus dem Mittelpunkt des Weltalls gerückt und die Erde zu einem mit anderen Sternen gleichwertigen, nicht mehr bevorrechtigten Weltkörper wird. Mit der «Erniedrigung des Menschen» geht aber seine «Steigerung» einher, insofern seine Vernunft jetzt die Welt wissenschaftlich-technisch zu beherrschen lernt. Sie gelangt dabei aber auch zu dem Eingeständnis, daß eine «Gesamtvorstellung von der Welt», etwa eine Deutung ihrer durchgehenden Teleologie, sich nicht mehr erstellen läßt. Der Reform des Kopernikus kommt neben seiner wissenschaftsgeschichtlichen auch eine Bedeutung für die

«Stellung des Menschen in der Welt» zu; sie wird zur «absoluten Metapher» für die Beantwortung der Frage, «was es mit dem Menschen in der Welt auf sich hat.»[33]

Immer wieder von neuem hat Blumenberg darauf hingewiesen, wie bedeutsam für das Selbstbewußtsein des Menschen sein «Verhältnis zur kosmischen ‹Umwelt›» ist: Für die Griechen vermag der Aufblick zum Kosmos, zum wohlgeordneten Himmelsgebäude, das menschliche Dasein zu rechtfertigen, das sonst nur als unglücklich empfunden wird. Für das Christentum dagegen, das noch gnostische Bestände tradiert, ist es anstößig, daß der Mensch sich durch die Betrachtung des Weltalls von seinem Heil ablenken läßt: Die «Erlösung des Menschen kann nur gegen den Kosmos vollzogen werden.» Seit der Renaissance aber bemächtigt sich der Mensch «kraft seiner autonomen Vernunft» des Himmels, und damit zerbricht die antike «Einheit des theoretischen und ästhetischen Sehens»: «Begreifen und Genießen können, spätestens seit Kopernikus, nicht mehr in *einem* Akt vollzogen werden.» Der Mensch wird in seinem Harmoniebedürfnis und in seiner «Ordnungserwartung» vom Kosmos enttäuscht. Die Frage nach der Zweckmäßigkeit der Natur wird sinnlos: «Die Natur ist freigestellt von der Nötigung, dem Menschen Signale für sein Selbstverständnis zu geben.» Nur dadurch aber wird sie ihm «dienstbar»; zugleich aber kann sich der Mensch, wie sich etwa an Feuerbach und Nietzsche zeigt, nicht damit zufriedengeben, es nicht aushalten, «für die Welt bedeutungslos zu sein, nicht die Verantwortung für sie zu haben». Deshalb sucht er nach Gegenmitteln, um die Welt wieder ästhetisch genießen zu können: «Es ist... sehr schwer, ein Gott zu sein.»[34]

Die Astronautik hat dagegen dem Menschen wieder zum Bewußtsein gebracht, daß die Erde, auf der er lebt, eine kosmische Ausnahme ist. Die Annahme einer Vielzahl von Welten mit vernunftbegabten Wesen erwies sich als falsch. Da «nichts von dem, was da oben leuchtet, das Leben zu ertragen scheint», ist die Erde «die kosmische Oase... inmitten der enttäuschenden Himmelswüste», der einzige Stern, «der diesen Namen zu verdienen scheint.» Damit vollziehen wir, wie sich exemplarisch in der Epoche der Raumfahrt, aber auch in allem «Verhältnis zur Wirklichkeit» erweist, «eine verborgene Rückwendung auf uns selbst», eine «implikative Reflexion.» «Nur als Erfahrung einer Rückwendung wird akzeptiert werden, daß es für den Menschen keine Alternativen zur Erde gibt wie keine Alternativen der Vernunft zur menschlichen.»[35]

Das Zeitalter des Kopernikus hat nicht nur einen neuen Raumbegriff heraufgeführt, sondern auch eine veränderte Vorstellung von Zeit. Die Antike orientierte sich in ihrem Verständnis von Zeit an dem manifesten stetigen Umlauf der Gestirne und empfand sich selbst als ruhenden Mittelpunkt inmitten des ewigen Bewegungsablaufs. In der Neuzeit ist diese sichtbare Garantie für den Zeitablauf hinfällig geworden, die Zeit wurde «entkosmiert». Entsprechend zum Begriff des absoluten Raums ergibt sich nun, von Newton formuliert, der der absoluten Zeit ohne Stütze an einer anschaulichen, realen Bewegung.[36] Dies betrifft nicht nur den abstrakten Zeitbegriff, sondern die Erfahrung des neuzeitlichen Menschen allgemein: die «Divergenz von Lebenszeit und Weltzeit». Je mehr die Möglichkeiten, die Wirklichkeit zu gestalten und die Welt zu erfahren, zunehmen, desto mehr wird man sich schmerzlich bewußt, daß dazu die Zeit des eigenen Lebens nicht ausreicht: «Immer weniger Zeit für immer mehr Möglichkeiten und Wünsche.» Um diese Situation, das Auseinanderklaffen von Lebenszeit und Weltzeit, das Zurückbleiben hinter den gesteckten Zielen, erträglich zu machen, sind Arrangements nötig, etwa die «Relativierung des eigenen Lebens» und als Ausgleich die Gewinnung eines «Welthorizonts», das Vertrauen in «Institutionen», die «gerade darauf beruhen, daß die Lebenszeit nicht das Maß aller Dinge ist, vielmehr Verfügungen über deren Grenzen hinaus getroffen, Traditionen über sie hinweg gesetzt und angenommen werden müssen». Trotzdem bleibt es ein Ärgernis, daß die «Schere von Lebenszeit und Weltzeit» sich immer weiter öffnet, daß die Welt gegenüber dem Menschen gleichgültig ist, «sogar in einem Paradies.» Um dies Ärgernis zu vermeiden, wäre es ein «gangbarer Weg», die Lebenszeit von der Weltzeit abzukoppeln und Zeit «nicht als etwas fertig Vorgegebenes», sondern «als etwas im Bewußtsein Entstehendes» und «von ihm fundamental zu Leistendes» zu begreifen, wie es die Phänomenologie unternimmt.[37]

Alle Erfahrung von Geschichte, die das Ganze der Weltzeit umfassen will, beruht darauf, daß die Frist der eigenen Zeit mit der der Welt nicht zusammenfällt. Fortschrittstheorien und Geschichtsphilosophien erklären nun optimistisch die eigene Zeit «zur bloßen Vorstufe der folgenden», treten die Erfüllung ihrer Erwartungen an die Zukunft ab, weisen also «dem Ganzen der Geschichte einen Sinn» zu, «den sie zuvor jedem ihrer Teile genommen» haben. Der Prozeß der Geschichte darf für sie aber nicht unendlich sein: Die Aufklärung ist eine Aufklärung über «endliche Bestände an Irrtümern, Vorurteilen, Dogmen, Meinungen»; ja, die alten Irrtümer müssen «zum Leitfaden der Erkenntnisse» des Aufklärers genommen werden, wenn er davon überzeugt ist, daß sich die Vernunft gegen die Irrtümer durchsetzen werde. Die «Antinomie im Vernunftbegriff der Aufklärung» liegt aber darin, daß der über das Individuum hinausgehende Prozeß der Realisierung der Weltvernunft dem einzelnen nicht zu seinem subjektiven Glück verhelfen kann. Geschichtsphilosophien machen das Auseinanderklaffen von Lebenszeit und Weltzeit erträglich, indem sie einen «formalen Grundriß» der Geschichte entwerfen, mittels dessen die zukünftige Vernunft «durch Methode, Organisation und Institution vorangebracht und durch Beschleunigung zusammengedrängt werden kann.» Das Fazit lautet: «Der Mensch macht nicht die Geschichte; er macht das Tempo der Geschichte... Das Antreiben des Tempos setzt die anderweitig abgesicherte Zwangsläufigkeit der Abfolgen voraus. Kein erbauliches Resultat; aber... das angesichts der Zeitdimension Zukunft offenbar tröstlichste.» Doch auch diese Tempobeschleunigung ist «eine nicht ausschließlich erfreuliche Konvergenz» dann, wenn die Geschwindigkeit so groß wird, daß man «vom Wechsel der herrschenden Wahrheiten – ereilt und von den Folgen solcher Veränderungen», nämlich «bedrückenden Anpassungsschwierigkeiten», «betroffen werden kann.» Gegenwärtig hat das Tempo der Veränderung so zugenommen, daß der Mensch den Vertrautheitsschwund kaum noch bewältigen kann. Zwar versucht die Phänomenologie, sich mit der «Gleichgültigkeit der Welt» auseinanderzusetzen und einen Ausgleich «zwischen Resignation und Erfüllung, Verzicht und Anspruch zu finden.» Sie will die Subjekte miteinander durch das «Konstrukt» der Lebenswelt, die «eine Form der schmerzlosen Anerkennung des Vorlebens und Überlebens» sein könnte, verbinden. Aber auch sie vermag «das Mißverhältnis von Lebenszeit und Weltzeit nicht zu entspannen»; auch sie kann die Furcht vor dem Tod nicht zu einem Einwilligen darin unter dem Aspekt verändern, daß andere das eigene Werk fortsetzen werden.[38]

Die Geschichte der Neuzeit und ihrer selbstbewußt auftretenden Vernunft ist keineswegs die Geschichte ununterbrochener Erfolge. Zu viele Probleme bleiben ungelöst, zu viele hochgespannte Erwartungen werden enttäuscht. So muß man feststellen, daß viele Unternehmungen der Theorie, die darauf ausgehen, das Ganze der Erfahrbarkeit zu begreifen, eine Formel für die Welt in toto zu finden, in der Vergeblichkeit enden und höchstens ein «kurzes Interim» der «Befriedigung» gewähren. «Wo die Wahrheit nahe geglaubt wird, ist es auch der Schmerz.» So ist die Geschichte der Metapher vom Buch des Lebens und der Natur (vom biblischen Anfang bis zur Redeweise von der Lesbarkeit des genetischen Codes) Ausdruck des hartnäckig sich wiederholenden Wunsches nach «Sinnverlangen an die Realität», des Anspruchs, «die Welt möge sich in anderer Weise als der der bloßen Wahrnehmung und sogar der exakten Vorhersagbarkeit ihrer Erscheinungen zugänglich erweisen.» Wenn «Natur, Leben, Geschichte» lesbar werden sollen, heißt dies, daß sie «als ein Ganzes... sinnspendend sich erschließen» sollen. Mit den verschiedenen Ausformungen der Metapher von der Lesbarkeit der Welt und der immer wieder enttäuschten Erwartungen will Blumenberg wiederum nicht Wissenschaftskritik üben, sondern als lebendig halten, was «für den Menschen einen Grenzwert seines Weltverhältnisses ausmacht»: den «Anspruch auf Sinnhaltigkeit der Welt». Die Geschichte der uneingelösten Versprechungen soll nicht entmutigen, sondern höchstens vor Überforderung der Theorie warnen. Sie unterstellt, daß «diesseits gegenständlicher Bestimmtheit dennoch nicht die völlige Unbestimmtheit des Ganzen» liegen muß; in ihr geht es um «bestimmte Unbestimmtheit».[39] Kants Fragen «Was können wir wissen?» und «Was dürfen wir hoffen?» transformieren sich für Blumenberg nach den historischen Erfahrungen solcher Enttäuschungen zu den Fragen: «Was war es, was wir wissen wollten?» bzw. «Was war es, was wir erhoffen durften?»[40]

Mythen, Metaphern und Geschichten

Blumenberg bestreitet, die Erforschung der Geschichte müsse durch ein Interesse geleitet werden, und dieses müsse die Auswahl des zu erforschenden Gegenstandes rechtfertigen. Das, was vom Historiker gegenwärtig gehalten wird, ist dessen würdig allein aus der «Ubiquität des Menschlichen»; sonst verfällt man der «Beliebigkeit des Wißbaren», die man gerade vermeiden wollte. Auch hat Blumenberg «den Vorwurf des ‹Historismus› immer als ehrenvoll empfunden»; denn der Antihistorismus versucht nur, «die Kontingenz der eigenen Zeitstelle zumindest zu vergessen.»[41] Trotzdem sind die von Blumenberg erzählten Geschichten nicht ohne Bedeutsamkeit. So beschreibt er die Geschichte vom Lachen der thrakischen Magd über den beim Aufblick zu den Sternen in einen Brunnen fallenden Thales (und die unterschiedlichen Weiterführungen dieser Geschichte) als die Geschichte des Befremdens, das die Theorie immer bei denjenigen hervorrufen muß, die nur in der Lebenswelt verankert sind. Philosophie und Theorie sind immer ein «exotisches Verhalten»; deshalb ist «Schadenfreude» über die sie begleitenden Mißerfolge «erlaubt», besonders gegenwärtig, wo die Wissenschaft für die Nicht-Eingeweihten immer undurchschaubarer, der Gegenstand der Wissenschaft immer abstrakter wird, so daß «der moderne Erzeuger des Produkts ‹Theorie›» noch «viel komischer» geworden ist «als sein antiker Urahn» Thales. In dessen Schicksal ist so «ein Muster vorgebildet..., das in einer Geschichte der Theorie nicht abgeschüttelt werden kann.»[42]

Eine bestimmte philosophische Haltung, wie sie Stoiker und Epikureer eingenommen haben, bewahrt andererseits vor allzu gewagten Unternehmungen, bei denen man leicht Schiffbruch erleiden kann. In der Metapher von Seefahrt und Schiffbruch, wie sie zuerst von Lukrez verwendet und seither in vielerlei Variationen eingesetzt wurde, dokumentiert sich eine menschliche Grenzerfahrung und -verletzung: das Wagnis, vom festen Land ins Ungewisse und der gewöhnlichen Ordnung Zuwiderlaufende hinauszufahren und sich Gefährdungen auszusetzen. Im Schiffbruch, dem Preis für solch risikoreiche Unternehmungen, lernt der Mensch, sich selbst zu retten und zu bewahren. Er kann aber auch lernen, sich fortan als dem Weltbetrieb abgewandter Philosoph mit dem sicheren Standort am Ufer zu begnügen und der Seenot anderer nur noch zuzuschauen. In anderer historischer Konstellation kann er auch zu der Erfahrung gelangen, eine feste Position lasse sich nie erreichen, und man habe «sich auf das Treiben im Meere dauerhaft einzurichten», bis hin zu der Überzeugung, nie einen absoluten philosophischen Nullpunkt des Anfangs gewinnen zu können, von dem aus nun mit einem besser konstruierten Schiff eine neue Fahrt gelänge. Das Material für solche Konstruktionen könnte doch nur «aus früheren Schiffbrüchen» stammen.[43]

Blumenberg hat aus den von ihm erzählten Metaphergeschichten die Einsicht gewonnen, Metaphern seien mehr als störende «Fremdkörper» in der Theorie, die allenfalls hingenommen werden, bis sie durch klare und exakte Begriffe ersetzt werden. Sie sind mehr als eine «Anomalität», werden vielmehr «in eine höhere Normalität einbezogen», die der «lebensweltlichen Einstellung vor aller Theorie und außerhalb aller Theorie». Sie verweisen auf einen Bereich des Unbegreiflichen und Nicht-Abbildbaren, der nicht anders als in der Substitution durch Metaphern aussagbar werden kann. In ihnen zielen wir auf «Totalhorizonte», «die für unsere Erfahrung nicht mehr zu durchschreiten und abzugrenzen sind», außer in der Unbestimmtheit der Metaphern. Diese werden um so nötiger, je mehr die Gegebenheiten der Welt sonst (durch die Wissenschaft) in abstrakte Formeln gekleidet werden; sie sind insofern eine «Spätform».[44]

Daß die in der Geschichte sich durchhaltenden und immer wieder neu geformten Metaphern, Bilder und Motive notwendige Hilfen sind, auch wenn sie nicht in die Klarheit einer Formel überführt werden können, zeigt Blumenberg auch an der wiederkehrenden Faszination des Mythos, an den Wiederholungen und Variationen, die mythologische Figuren der Antike in der nachfolgenden Geschichte bis heute erfahren haben. «Auch im Mythos sind Fragen lebendig, die sich theoretischer Behandlung entziehen, ohne durch diese Einsicht verzichtbar zu werden.»[45] Mit seiner «Leichtigkeit, seiner Unverbindlichkeit und Plastizität, seiner Spielbarkeit im weitesten Sinne» bringt der Mythos immer wieder «Leitfiguren elementarer Selbst- und Weltbestimmung» hervor. Er ist, anders als das Dogma, unfähig, Ketzer von Rechtgläubigen zu trennen; er ist nicht «Norm und Bekenntnis», sondern wird «nur gespielt, durchgespielt, nur momentan geglaubt.» Mit der Vielfalt seiner Geschichten und deren Verwandlungen in der Rezeption ist der Mythos ein Fundus nicht alter Antworten auf «vorgeblich zeitlose Menschheitsrätsel», sondern zur Gewinnung eines «Horizonts», innerhalb dessen neu aufkommende Fragen untergebracht werden können. Damit entspricht der Mythos einem auch sonst zu beobachtenden Verhältnis zwischen Text und Interpret: Der Interpret hält einen Text für «bedeutsam», ohne schon zu wissen, welche Antworten dieser auf welche Fragen bereithält. Er «hält das Unverstandene für eine alte Antwort, zu der nur noch die passende Frage gesucht werden muß.» Dieser Umkehrung von Frage und Antwort entspricht der Mythos in besonderem Maße: Er impliziert in seiner Vieldeutigkeit immer erneut Fragen, die sich in der fortwährenden Geschichte seiner Rezeption stellen.[46]

Zwar hebt der Mythos aus der diffusen Menge des Unbestimmten einzelnes als bedeutsam hervor, lädt einzelne «Bestandstücke der menschlichen Welt mit Bedeutsamkeit» auf und wehrt somit die Indifferenz, auch die Angst vor dem «Ungeheuerlichen und Unerträglichen» ab und schafft Distanz zu ihm, erzeugt also eine Vertrautheit der Welt. Aber er will damit nicht alles mit letzter vernünftiger Gewißheit durchdringen. Das von ihm Erzählte wird nicht weiter hinterfragt, sondern bleibt als solches stehen. «Was dem Bewußtsein versichert wird, ist, was es ein für alle Mal hinter sich wissen soll.» Der Mythos will nicht «Antworten auf Fragen» geben, sondern «Unbehagen und Ungenügen vertreiben, aus denen allererst Fragen sich formieren können.» Die von Blumenberg des öfteren bei der Interpretation historischer Texte gestellte Frage «Was war es denn, was wir wissen wollten?» ist also mehr als ein hermeneutisches Prinzip; sie formuliert auch eine Empfehlung für das menschliche Verhalten in der Welt allgemein: nicht von Grund auf neue und kritikresistente Antworten zu erwarten. Man ist zu sehr daran gewöhnt, nur Fragen zu erfinden und «an den Antworten Kritik zu üben und sie sogar mit dem quasi-ethischen Anspruch zu versehen, kritisiert zu werden gehöre zur immanenten Intention aller vermeintlichen Antworten ... Dem Mythos sind solche Lasten fremd.» Wenn er die Rede vom Göttlichen in alte Geschichten einkleidet, so geschieht dies auch, um das «Risiko der menschlichen Daseinsform» zu bewältigen; denn «die ‹nackte Wahrheit› ist nicht das, womit das Leben leben kann.»[47]

Der Mythos ist keineswegs durch den Logos überwunden. Es gibt keine fixe Grenze zwischen beiden; «der Mythos selbst ist ein Stück hochkarätiger Arbeit des Logos.» Dadurch, daß er spielerisch mit der Realität umgeht, ist er «Manifestation einer Überwindung, eines Distanzgewinns, einer Abmilderung des bitteren Ernstes.» Denn im Mythos erwehrt sich der Mensch des «Absolutismus der Wirklichkeit» und erwirbt statt dessen eine Welt, einen «Horizont» als «Inbegriff der Richtungen, in denen Vorgriffe und Ausgriffe auf Möglichkeiten orientiert sind.» «Der Mythos läßt den Menschen leben, indem er die Übermacht depotenziert», ohne allerdings die Gewißheit zu vermitteln, die «Übermacht der Realität» sei «umgeschlagen in die Suprematie des Subjekts.» Deshalb bleibt ihm die Arbeit am Mythos aufgegeben. Damit wird den in der Welt herrschenden Mächten die «reine Willkür» entzogen, durch «Kodifikation der Zuständigkeiten», «Gewaltenteilung» oder «Verrechtlichung der Beziehungen» zwischen Göttern und Menschen. Blumenberg ist skeptisch gegenüber dem Anspruch der Aufklärung, alle Unvernunft und Vorurteile endgültig überwinden zu können oder schon besiegt zu haben.[48] Der Zweifel Descartes' am Beginn der Neuzeit wurde zwar riskiert, um «ihn ein für allemal aus der Welt zu schaffen.» Aber «das konnte nicht gelingen, und so geriet die Neuzeit auf ihre Bahn: mit der halben Gewißheit, durch Wissen alles erreichen zu können, und der halben Ungewißheit, am Ende dem ganz großen Trug zu erliegen.»[49] Die Wiederkehr des Mythos spricht gegen den Überschwang der Rationalität. Der Mythos zeugt von «gebändigtem Unwesen, von geläuterter Herrschaft. Die geschichtliche Erfahrung scheint gegen alle Endgültigkeit erreichter und zu erreichender Mäßigungen zu sprechen. Wir haben

‹Überwindungen› von diesem und jenem mit Mißtrauen zu betrachten gelernt, vor allem seitdem es die Vermutung oder den Verdacht von Latenzen gibt. Wir kennen Regressionen auf Frühzustände, Primitivismen, Barbarismen, Brutalismen, Atavismen. Sollten da Untergänge ausgeschlossen sein?» Vernunft wird fraglich, wenn sie mit dem Anspruch letzter und endgültiger Begründungen, mit dem «letzten Widerspruch gegen alles Vorherige» auftritt; denn «Rationalität ist nur allzu zerstörungswillig, wenn sie die Rationalität des Unbegründeten verkennt.» Schon die Begrenzung der eigenen Lebenszeit verbietet, sich den unbegrenzten «Begründungsluxus» zu leisten, der doch nicht an eine andere Vernunft delegiert werden kann. Deshalb kann es «vernünftig sein, nicht bis zum Letzten vernünftig zu sein.»

Damit will Blumenberg nicht behaupten, der Mythos solle die Stelle von Vernunft und Wissenschaft einnehmen, das Vertrauen in die Neuzeit müsse durch die Wiederbelebung uralter Bestände der Geistesgeschichte ersetzt werden. «Denn die Geschichte ist... auch ein Prozeß der Optimierung.» «Nur eine Betrachtungsweise, die sich zum generellen und historischen Rückblick absichtsvoll unfähig gemacht hat, kann bestreiten, daß es objektiven Fortschritt gegeben hat und gibt.» Aber unter Bedingungen zunehmender Beschleunigung von geschichtlichen Veränderungen ist eine «Langzeit-Selektion von Konstanten» geradezu notwendig dafür, «daß partiell Risiken von ‹trial and error› eingegangen werden können!» Und es kann kein plausibles Argument mehr sein, «etwas könne nicht mehr hingenommen werden, weil es schon zu sehr lange ungeprüft hingenommen worden» ist. Wie für Hermann Lübbe gilt deshalb auch für Blumenberg die Regel: «Die Beweislast liegt immer bei dem, der gegen die mit ihr gegebene Regelung aufsteht..., der die Wiederaufnahme des Verfahrens fordert.»[50]

Blumenberg erzählt die Geschichte vom Mythos des Prometheus und die seiner Um- und Neudeutungen, um an diesem «Grundmythos», in dem nichts «ungesagt» bleibt und der deshalb «radikal» ist, das Verhältnis der Götter zu den Menschen exemplarisch darzustellen: Prometheus raubt den Göttern das Feuer und gibt es den Menschen, die sich nun selbst zu erhalten lernen. Er zieht sich damit den Zorn des Zeus zu, erweist sich aber noch als reueloser «Gefangener und Gepeinigter» als der «Stärkere», da Zeus den Frevel nicht mehr rückgängig machen kann. Während Zeus die Menschen vernichten wollte, macht Prometheus sie «allererst... zu Menschen», zu Kulturschöpfern. «Das Prometheus-Mythologem ist die Reindarstellung der archaischen Gewaltenteilung.»

Die Reihe seiner Variationen reicht bis zu Franz Kafka und André Gide, die ihn zu Ende bringen, die Rezeptionsgeschichte abschließen wollen, dabei aber nicht umhin können, dies wiederum mit der «Metapher des Mythos» zu vollziehen. So zeigt sich, daß «jede prätendierte Zuendebringung eines Mythos» noch einmal einen letzten Mythos vorweisen muß, der Mythenproduktion also nicht Einhalt geboten werden kann. So hat die Neuzeit zwar «keine Götter und kaum noch Allegorien» mehr erfunden, an ihre Stelle aber «hochabstrakte Titel» wie «das Ich, die Welt, die Geschichte, das Unbewußte, das Sein» gesetzt, auch neue Mythen bereitgestellt wie «Schopenhauers Seelenwanderung, Nietzsches ewige Wiederkehr des Gleichen, Schelers Totalentwurf vom werdenden Gott und Heideggers Seinsgeschichte.» Sie sind «gerade darin mythisch, daß sie... zwar keine Antworten auf Fragen geben, sich aber so ausnehmen, als bliebe nichts zu fragen übrig.» Deshalb folgert Blumenberg: «Es gibt kein Ende des Mythos, obwohl es die ästhetischen Kraftakte des Zuendebringens immer wieder gibt.» Blumenberg geht es aber ersichtlich nicht allein um Ende oder Fortbestehen des Mythos, sondern ebensosehr um die Hervorhebung einer menschlichen Grundbefindlichkeit. Denn wenn im Mythos nichts ungesagt bleibt, so fragt sich: «Was wäre nach diesem noch möglich?» oder: «Weshalb sollte die Welt fortbestehen müssen, wenn nichts mehr zu fragen ist?» Blumenbergs Antwort kann wiederum nur eine Frage sein: «Wie aber, wenn doch noch etwas zu sagen ist?»[51]

Die Deutung menschlicher Daseinsverhältnisse und die Frage der Theodizee

Daß es Blumenberg in seinen ausgreifenden historischen Interpretationen immer wieder um die Hervorhebung menschlicher Lebens- und Daseinsverhältnisse geht, zeigen besonders seine kürzeren Beiträge und Reflexionen, in denen er Geschichten, Parabeln, Fabeln und Anekdoten aufgreift und fortschreibt, Metaphern auf ihren Aufschlußwert hin befragt, scheinbar nebensächliche Berichte aus der Geschichte bedeutsam macht und Überliefertes neu durchdenkt, indem er das in ihm Verborgene und Unausgesagte zur Sprache bringt. So beleuchtet er die Metaphorik von ‹Grund›, ‹Boden›, ‹Gründlichkeit›, ‹Fundament› etc. in Theorie und Alltagssprache, um zu zeigen, daß diese Metaphern, in «lebensnaher Anschaulichkeit» und «gesättigt mit Imagination», auf ein kaum zu negierendes Bedürfnis des Menschen verweisen, einen sicheren Halt im Erkennen und Handeln zu finden, auch wenn es dann «zum metaphorischen Vollzug des Bauens nie gekommen» ist. Umgekehrt stellen uns die Metaphern vom ‹schwankenden Schiff› und ‹Schiffbruch› die Grenzerfahrung des Scheiterns vor, aber nur als «Berührung, nicht Überschreitung der Grenze» des Scheiterns; denn wenn es keine Rettung aus dem Schiffbruch gegeben hätte, hätte diese Erfahrung nicht vermittelt werden können. Ähnlich treffen die einfachen Weltformeln wie ‹Alles hat seinen Preis› auf «heimliche, verstohlene, verleugnete Zustimmung», weil durch sie das Leben «aus sich selbst» legitimiert wird, weil sie, wenigstens ersatzweise, Trost zu gewähren scheinen in einer Zeit, in der alles dem Verdacht der Sinnlosigkeit ausgesetzt ist. Denn «der Mensch ist ein trostbedürftiges Wesen», gerade weil ihm die ganze und volle Erfüllung versagt bleiben muß, weil die Erlangung der umfassenden und letzten Wahrheit unerreichbar ist, «sie als Ziel höchsten Ranges... tot» ist. Auch wäre es wohl keine erfreuliche Aussicht, von allem den genauen Sinn und Stellenwert angeben zu können. Vielleicht müssen wir froh sein darüber, nicht zu wissen, «was es mit allem und jedem auf sich hat. Das soll man erst zu ertragen bereit sein können.»[52]

Obwohl also die Frage nach dem Sinn des Lebens und der Welt unbeantwortet bleiben muß, weil sie «schon Phänomen einer Defizienz» ist, «deren Therapie nie den ursprünglichen Zustand» der fraglosen Sinnerfülltheit «wiederherstellen» könnte[53], dürfen doch die nach dem Sinn Fragenden nicht auf das bloße Unverständnis, die Verweigerung der Befragten stoßen; sonst fordert man die «Pantomime der ‹Wut auf die Welt› heraus, mit der das Jahrtausend zu Ende zu gehen scheint.» Deshalb ist es gut, wenn der Mensch als symbolisches Wesen sich noch einen «Sachverhalt» vorstellen kann, der wenigstens «so aussieht, *als ob* es doch eines jener Zeichen in der Welt und am Himmel gäbe, die das Ganze als zugunsten des Menschen bestimmt ausweisen – und sei es auch nur, um ihn für das zu trösten, was ihm zuvor durch dieses Ganze, beziehungsweise dessen Theorie, angetan worden war.» Der Mensch ist ein Lebewesen, das nicht den «kürzesten Weg zu einem Ziel» einschlagen muß, sondern vor dem direkten Zugriff auf die Welt zögert und «Distanz zur Sache» halten kann und nicht von der Wirklichkeit überwältigt werden muß; denn er kann «Umwege» beschreiten, eine «Kultur» ausbilden, die das Leben humanisiert und vor «Barbarei» schützt. Wenn man weiß, daß es nicht nur *einen* gangbaren Weg gibt, sondern noch andere offenstehen, wird mehr als nur das Nötigste erlebbar: «Die Welt bekommt ihren Sinn durch die Umwege der Kultur in ihr.» Dies heißt nicht, daß damit doch noch das letzte Ziel erreichbar wird. Gerade das «Unerreichbare hat eine Kostbarkeit», die aufzubrauchen hieße, «Massenträgheit des Bewußtseins» und «Langeweile» zu erzeugen, was wiederum «eine Quelle zahlloser Übel» würde. So kann es vernünftig sein, die Vernunft sorgfältig zu dosieren, ist es wohl «unser Glück, daß wir nicht wissen, was Glück ist»; denn sonst würde es keiner erreichen, «weil alle dasselbe haben wollten». So wird es auch gut sein, nicht aller Sorge entledigt zu werden, denn sie «entlastet davon, sich mit sich selbst zu beschäftigen», und wir hätten keine Subjektivität mehr. Ein Subjekt richtet sich nämlich notwendig auf etwas außerhalb seiner, hat ein ihm gegenüberstehendes Objekt. «Das Paradox besteht darin, daß das Dasein Sorge ist und diese nur um den Preis abwerfen kann, nichts mehr zu sein, um das es sich sorgen könnte.»[54]

Damit richtet sich Blumenberg nicht einseitig gegen die Leistungen der Vernunft und der neuzeitlichen Wissenschaft. Es entspricht aber seinem fundamentalen Denkstil, neben den Vorteilen der Rationalität auch deren Nebenfolgen und Kehrseiten aufzuzeigen. Wenn er deshalb schließlich Platons Höhlengleichnis, diese «philosophische Grundfabel», auf seine Leistung und sein Mißlingen hin untersucht und dann die Bilder von Höhle, geschlossenem Raum, Gefangenschaft und Befangenheit, die in unterschiedlicher Form in der Philosophiegeschichte ausgeprägt worden sind, überprüft, so geht es ihm darum zu zeigen, daß zum Ausgang aus der Scheinwelt der Höhle hin zum Licht und zu den Dingen selbst auch das Leben in ihr als einem Zufluchtsraum symmetrisch hinzugehört, daß Aufklärung an Grenzen stoßen oder neue Gehäuse des vertrauten Aufenthalts ausbilden muß. (Freilich ist eine Akzentverschiebung in Blumenbergs Denken nicht zu übersehen: Die Ambivalenz von Rationalität und Aufklärung wird von ihm in letzter Zeit stärker in den Blick gerückt als früher.)

Platons Höhlengleichnis wirkt auf uns deshalb vertraut, weil wir alle anfänglich aus dem Dunkel (des Mutterschoßes) ans Licht getreten sind und auch phylogenetisch aus umschlossenen Räumen (der Höhle, dem Urwald) in einen offenen Raum übergegangen sind. Das Geburtstrauma erinnert an diese frühe Trennung; der frühgeschichtliche Mensch kehrte häufig in die sichere Behausung der Höhle zurück. Ein Verlassen der Höhle ist also unumgänglich (als Jäger findet der Mensch seinen Lebensunterhalt nur außerhalb ihrer), aber sie bleibt ihm ein fortwährender Zufluchtsort. Auch konnten die Zurückbleibenden, vor allem die Mütter, nur in ihr phantasievolle Geschichten, Mythen, Bilder schaffen, die als «Überschuß» der bloßen Daseinserhaltung, als «Kompensation» zu ihr fungieren: «Ohne den Schonraum der Höhle und die Macht der Mütter in der Höhle wäre die Entstehung der kulturell typischen Figuren in der Menschheitsgeschichte undenkbar.» «Höhlenverborgenheit und Höhlenausgang» verhalten sich komplementär zueinander. Ein endgültiges Verlassen der Höhle wäre unter dem Gesichtspunkt, daß erst in ihr Kultur entstehen kann, gar nicht wünschbar. Die Aufklärung zur Realität und zum Licht zieht deshalb notwendig das «Nicht zu viel Licht!» nach sich; dafür spricht auch der Bau neuer Schutzräume (heiliger Bezirke, Kultstätten, Tempel, auch Städte, deren «Antizipation» die Höhle war). Nicht zuletzt sind auch Theorien neue «Gehäuse, auf dem Rücken des geschichtlichen Schneckenganges mitgetragen», in deren «Gehege», ja «Nest» man sich behaglich einrichten kann.[55]

Platons Versuch, ein Mittel an die Hand zu geben, wie die an die Schattenwelt der Höhle gebundenen, unaufgeklärten Menschen befreit und zur Erkenntnis des wahrhaft Seienden heraufgeführt werden könnten, mißlingt aus mehreren Gründen: Wer erfolgreich die Höhlenwelt verlassen soll, muß schon eine Ahnung von der besseren Welt draußen, der Realität, besitzen. Der Befreier wird von den Zurückgebliebenen getötet werden, da diese ihm nicht glauben und als ihren Befreier erkennen können (eine Vorwegnahme von Sokrates' Tod und der Unbelehrbarkeit der Athener). Schließlich besteht das Dilemma eines jeden Aufklärers darin, daß er das sein muß, was er eigentlich nicht sein darf: intellektueller Vormund der zu Belehrenden, «Machthaber» über die, die doch selber sehen sollen, aber dies als Gefangene in ihrer Welt nicht können. Platon muß deshalb die Herrschaft der tugendhaften Philosophen im Staat installieren, weil sie sonst an der Vermittlung der Wahrheit scheitern müßten. Da es keine eindeutige «Anlage zur Philosophie» gibt, das heißt nach Platons eigener Aussage kein natürliches Verlangen zur philosophischen Erkenntnis, kein «Ungenügen an den Schatten», zeigt sich hier der «Zirkel Platons unverkennbar: Es muß schon Philosoph sein, wer Philosoph soll werden können.» Und auch der ideale Staatsaufbau der *Politeia* wird durch den Schlußmythos, die Zuteilung der Lebensschicksale an die einzelnen Bürger, «überflüssig» gemacht.[56]

Platons Versuch, die Menschen zur einzig wahren Erkenntnis zu bewegen, muß aber auch deswegen scheitern, weil der Befreier, der in die Höhle zurückkehrt, um sie vom außerhalb der Höhle Geschauten zu überzeugen, die Zurückgebliebenen nicht wirklich überzeugen kann, weil sie nicht verstehen, was «Leben-in-der-Höhle heißt», sondern sich voll und ganz mit ihrer Höhlenwelt begnügen: «Der Rückkehrer ist mit leeren Händen gekommen», und damit ist das Problem jedes nachfolgenden Platonikers in der Geschichte «präformiert». Zudem werden die Erkenntnismöglichkeiten in der Höhle von Platon unterschätzt: Die Erforschung der Schattenwelt leistet mehr, als ihr zugestanden wird, wie es vor allem die neuzeitliche Wissenschaft zeigt. Diese begnügt sich mit den Erscheinungen, weiß sie als relativ verläßliche und verzichtet auf das Seiendseiende. «Denn was wissenschaftliche Theorie in der Neuzeit zu leisten vermag, ist gerade nach der Identifizierung von Phänomenen die Feststellung ihrer Regelmäßigkeit, ihrer Verhältnisse und damit die Voraussage ihres Auftretens für jeden beliebigen Zeitpunkt. Vom ‹Wesen› ihrer Gegenstände weiß sie nichts und betrachtet dies als den angemessenen Preis für die Sicherheit dessen, was sie weiß.» Die «Diskriminierung der Schatten» kann beendet werden, weil sich die Höhle «als Lebenswelt», als «eine verteidigungsfähige Welt» erweist, der gegenüber das sokratische Fragen vergeblich bleiben muß. So fehlt es denn auch in der Geschichte nicht an Versuchen, die Wahrheit durch Rückkehr in die Höhle zu finden: Auch und gerade in der Neuzeit wird der absolute Raum, der «Drang ins Freie, in die Landschaft» immer wieder durch den Rückzug in «abgeschlossene Wirkungsräume» ausgeglichen, etwa durch «Konzentration des Subjekts auf sich und seine Welt» oder die Schaffung neuer gegeneinander abgeschlossener Welten wie den utopischen Inseln u. ä. So erstreckt sich das Wirkungspotential des Höhlenmythos bis zum «Urgleichnis der Neuzeit, Descartes' Verirrten im Walde», bis zu Kierkegaards Fuchsbau der unendlichen Reflexion, Zarathustras Höhle bei Nietzsche und bis zu Wittgenstein, dessen Denken vom Bild der Gefangenschaft in den Fesseln der Sprache durchzogen ist. «Die Philosophie der Neuzeit ist auch dort, wo sie von Triumphen des menschlichen Geistes zu handeln scheint, weithin eine Beschreibung von Gefangenschaften.» So kann Platons Höhlengleichnis nicht dazu auffordern, noch einmal die Paideia der endgültigen Befreiung zu unternehmen. Eine Philosophie, die sich die «Erfüllung» versagen muß, wird eher zur «Kunst der Resignation» und des «Weltverzichts», «um den großen Schlägen zu entgehen.» Aber zugleich sollte sie weiterreden von dem, «was man sich nicht mehr leisten kann – etwa: den Überschwang, ans Seiendseiende zu denken, weil und wenn man es nicht in die Konfiguration der Bedingungen von Selbsterhaltung zu bringen vermag.»

Erst der Rückhalt am sicheren Ort der Höhle ermöglicht das Herausgehen aus ihr: «Die Menschheit konnte nicht in den Höhlen bleiben, aber sie konnte auch nicht ‹einsehen›, daß ihr dies zum Verhängnis würde.» Das bedeutet auch: «Die Höhleninsassen brauchen nicht mehr Höhlenzöglinge und nicht einmal Höhlengefangene zu sein», nicht zuletzt deshalb, weil ihnen die Institutionen einerseits «Zuverlässigkeit und Stabilität», andererseits «Erweckungseffekte noch unbestimmter Verheißungen» bieten.[57]

So wie Blumenbergs Untersuchungen zum Verständnis der Neuzeit, zum Mythos und zur Höhlen-Metapher auch eine Bestimmung der Stellung des Menschen in der Welt geben, implizieren sie ebenso, anfangs noch sporadisch, später explizit, auch eine Reflexion über das Verhältnis des Menschen und der Welt zu Gott als ihrem Schöpfer und Lenker. Die unter dem Titel der Theodizee in der Neuzeit oft verhandelte Frage nach dem Grund des Bösen und Üblen in der Welt[58] erhält bei Blumenberg eine neue Wendung und Brisanz: Einerseits scheint Gott die Welt als sein Gegenüber nötig zu haben: Da auch das «absolute Subjekt seine Sorglosigkeit nicht ertragen kann», muß Gott schon «aus Selbstliebe seine intentionale Erfüllung» in der Schöpfung suchen, so daß diese sich geradezu als «Kompensation eines göttlichen Evidenzmangels» erweist.[59] So bedeutet die Erschaffung der Welt, daß Gott sich nicht mit sich selbst begnügte: «Mit der Welt spielt die Allmacht gegen sich selbst.» Andererseits muß Gott nun die Verantwortung dafür tragen, daß er «sich das Endliche gönnte»[60], besonders deshalb, weil sich die Schöpfung nicht als so vollkommen herausstellte, wie es Gottes Allmacht hätte erwarten lassen, sondern gerade der Erlösung bedürftig wurde: «Je dringender die Erlösung, um so fraglicher die Qualität der Schöpfung.»[61]

Das Christentum hat aber den Grundkonflikt zwischen «Schöpfungslehre und Erlösungsdogma» nie gelöst[62]; deshalb mag der Lösungsversuch der Gnosis einige Plausibilität für sich haben, daß in der Welt ein guter und ein böser Gott miteinander im Kampf liegen. In abgewandelter Form hat dieser gnostische Dualismus seine «Erklärungsmacht... nie ganz verloren»: Daß Gott die «Eigenmacht und Aufsässigkeit» des Menschen zu fürchten hat und gegen sie seine «Heilsveranstaltungen» einsetzt, bildet den «Tenor» von Blumenbergs «‹Theologie›..., sofern sie diesen Namen verdient», einer Theologie, die sich durchaus in der «guten Gesellschaft von Häretikern» angesiedelt sieht.[63] Die Mängelhaftigkeit der Welt widerlegt Gottes Allmacht; Gott ist mit der Schöpfung «gescheitert», hat «mit der Welt die gotteswürdige Intention verfehlt.» Warum sonst bedarf sie der Nachbesserung durch die Erlösung; warum kann Gott durch die Sünde des Menschen so unendlich beleidigt werden, daß er nur durch das Opfer seines Sohnes versöhnt werden konnte? Offensichtlich hat sich Gott in die Welt verstrickt, «wußte er nicht, was er tat, als er die Welt erschuf.» So versagte er dem Menschen den Einblick in seine Heilspläne (in denen auch der Teufel seinen Platz hat), wollte er sich schon im Paradies nicht durchschauen lassen, als er ihm den Baum der Erkenntnis verbot. Deshalb durfte auch die Erlösung durch den Messias nicht die «spektakuläre Heilswende» bringen, durfte sie nicht alles von Grund auf erneuern, denn sonst hätte sie das Schöpfungswerk zu offensichtlich diskreditiert.[64] Blumenberg kann sich des Eindrucks nicht erwehren, daß Gott selbst «mit der Schöpfung zum ersten Verführer und Unruhestifter geworden» ist, daß der Teufel «unentbehrlich» in Gottes Heilsökonomie ist, weil er «einen unschätzbaren Dienst zur Entlastung» des Schöpfers und zudem des Menschen leistet, da diesem die Verantwortung für das Böse aufgeladen wird und er «den Menschen sich in seiner Bosheit ertragen läßt.»[65] Und noch eine weitere «Eskalation» des Gottesbegriffs riskiert Blumenberg: Wenn Gott versagte, mußte er dann nicht sterben und, wie Nietzsche konsequent meinte, dem «Übermenschen weichen»? Denn «nur Einer» konnte die «Kompetenz für die Welt im ganzen und alle ihre Schicksale» tragen unter den Bedingungen, daß der Mythos mit der Verlagerung der Schuld auf viele Götterschultern verloren ist. Aber wenn auch dieser Übermensch «eines Tages im Weltlauf» sterben muß oder vielleicht schon dabei ist, weil auch er die «Weltschuld nicht abzuwerfen oder zu vermeiden weiß», so ist nicht zu befürchten, daß die Stelle des für die Welt Verantwortung Tragenden unbesetzt bleiben wird: «Es gibt die Vakanz nicht; der geschichtliche horror vacui ist übermächtig.» Der Mensch betreibt, wenn er Gottes Sache betreibt und ihm die Schuld an der Welt überträgt, nicht zuletzt «seine eigene Sache», seine Entschuldigung.[66]

Texte Blumenbergs

Paradigmen zu einer Metaphorologie. In: Archiv für Begriffsgeschichte, Bd. 6 (1960), S. 7–142.
Die kopernikanische Wende. Frankfurt/M. 1965.
Die Legitimität der Neuzeit. Frankfurt/M. 1966.
Die Genesis der kopernikanischen Welt. Frankfurt/M. 1975.
Arbeit am Mythos. Frankfurt/M. 1979.

Schiffbruch mit Zuschauer. Frankfurt/M. 1979.
Die Lesbarkeit der Welt. Frankfurt/M. 1981.
Wirklichkeiten, in denen wir leben. Stuttgart 1981.
Lebenszeit und Weltzeit. Frankfurt/M. 1986.
Das Lachen der Thrakerin. Frankfurt/M. 1987.
Die Sorge geht über den Fluß. Frankfurt/M. 1987.
Matthäuspassion. Frankfurt/M. 1988.
Höhlenausgänge. Frankfurt/M. 1989.

Bibliographie

In: Zeitschrift für philosophische Forschung Bd. 44 (1990), S. 647–661.

Anmerkungen

1 Beiträge zum Problem der Ursprünglichkeit der mittelalterlich-scholastischen Ontologie. Diss. masch. Kiel 1947.
2 Ebd., S. 4ff, 88f.
3 Die ontologische Distanz. Eine Untersuchung über die Krisis der Phänomenologie Husserls. Habil.-Schrift masch. Kiel 1950.
4 Ebd., S. 7f, 21, 30ff, 35, 91ff, 95f, 99, 102, 141, 149f, 185, 189, 194, 199, 204, 210.
5 Lebenswelt und Technisierung unter Aspekten der Phänomenologie. In: Filosofia, Bd. 14 (1963), S. 855–883; The Life-World and the Concept of Reality. In: Life-World and Consciousness. Essays for Aron Gurwitch, ed. by L. E. Embree. Evanston 1972, S. 425–444.
6 Eschatologische Ironie. Über die Romane Evelyn Waughs. In: Hochland, Bd. 46 (1953/54), S. 241–251; Die Peripatie des Mannes. Über das Werk Ernest Hemingways. In: ebd., Bd. 48 (1955/56), S. 220–233; Rose und Feuer. Lyrik, Kritik und Drama T. S. Eliots. In: ebd., Bd. 49 (1956/57), S. 109–126; Mythos und Ethos Amerikas im Werk William Faulkners. In: ebd., Bd. 50 (1957/58), S. 234–250.
7 Das Recht des Scheins in den menschlichen Ordnungen bei Pascal. In: Philosophisches Jahrbuch, Bd. 56/57 (1946/47), S. 413–430; Kant und die Frage nach dem «gnädigen Gott». In: Studium Generale, Bd. 7 (1954), S. 554–570.
8 Epochenschwelle und Rezeption. In: Philosophische Rundschau, Bd. 6 (1958), S. 94–120; Kritik und Rezeption antiker Philosophie in der Patristik. In: Studium Generale, Bd. 12 (1959), S. 485–497; Pseudoplatonismen in der Naturwissenschaft der frühen Neuzeit. In: Akademie der Wissenschaften und der Literatur Mainz. Abhandlungen der geistes- und sozialwissenschaftlichen Klasse, Jg. 1971, Nr. 1. Mainz 1971, auch in: Le Néoplatonisme. Colloque Royaumont, 9–13 juin 1969. Paris 1971, S. 447–471.

9 Augustins Anteil an der Geschichte der theoretischen Neugierde. In: Revue des Études Augustiniennes, Bd. 7 (1961), S. 35–70, zit. S. 35; Die Vorbereitung der Aufklärung als Rechtfertigung der theoretischen Neugierde. In: Europäische Aufklärung. Herbert Dieckmann zum 60. Geburtstag. Hg. von H. Friedrich u. F. Schalk. München 1967, S. 23–45, auch in: Blumenberg: Die Legitimität der Neuzeit. Frankfurt/M. 1966, S. 380–404.

10 Paradigmen zu einer Metaphorologie. In: Archiv für Begriffsgeschichte, Bd. 6 (1960), S. 7–142, zit. S. 9, 20.

11 Beobachtungen an Metaphern. In: Archiv für Begriffsgeschichte, Bd. 15 (1971), S. 161–214, zit. S. 171.

12 Licht als Metapher der Wahrheit. In: Studium Generale, Bd. 10 (1957), S. 432–447, zit. S. 447.

13 Philosophischer Ursprung und philosophische Kritik des Begriffs der wissenschaftlichen Methode. In: Studium Generale, Bd. 5 (1952), S. 133–142, zit. S. 141 f.

14 Das Verhältnis von Natur und Technik als philosophisches Problem. In: Studium Generale, Bd. 4 (1951), S. 461–467, zit. S. 467.

15 Technik und Wahrheit. In: Actes du XIème Congrès International de Philosophie Bruxelles, 20–26 août 1953, vol. II: Épistémologie. Amsterdam/Louvain 1953, S. 113–120, zit. S. 120.

16 Ist eine philosophische Ethik gegenwärtig möglich? In: Studium Generale, Bd. 6 (1953), S. 174–184, zit. S. 184.

17 Lebenswelt und Technisierung unter Aspekten der Phänomenologie (s. o. Anm. 5), auch in: Wirklichkeiten, in denen wir leben. Stuttgart 1981, S. 7–54, zit. S. 20, 29, 32, 37, 42, 51.

18 «Nachahmung der Natur». Zur Vorgeschichte der Idee des schöpferischen Menschen. In: Studium Generale, Bd. 10 (1957), S. 266–283, auch in: Wirklichkeiten..., a. a. O., S. 55–103, zit. S. 79, 92, 93 f.

19 Wirklichkeitsbegriff und Möglichkeit des Romans. In: Nachahmung und Illusion. Kolloquium Gießen 1963. Hg. von H. R. Jauß (Poetik und Hermeneutik I). München 1964, S. 9–27, zit. S. 21, 19. Der Roman wird also erst durch einen gegenüber der Antike und dem Mittelalter veränderten Wirklichkeitsbegriff ermöglicht, dem der «Realisierung eines in sich stimmigen Kontextes», der die Verläßlichkeit der Wirklichkeit nicht voraussetzt, sondern erst sukzessive realisiert, aber nie endgültig (ebd., S. 12 f); vgl. Wirklichkeitsbegriff... (s. u. Anm. 46), S. 36, und: Vorbemerkungen zum Wirklichkeitsbegriff. In: Zum Wirklichkeitsbegriff. Abhandlungen der Akademie der Wissenschaften und der Literatur Mainz, Jg. 1973, Nr. 4. Mainz 1974, S. 3–10.

20 Sokrates und das ‹objet ambigu›. Paul Valérys Auseinandersetzung mit der Tradition der Ontologie des ästhetischen Gegenstandes. In: Epimeleia (Festschrift für H. Kuhn). Hg. von F. Wiedmann. München 1964, S. 285–323, zit. S. 322; Die essentielle Vieldeutigkeit des ästhetischen Gegenstandes. In: Kri-

tik und Metaphysik. Studien. Heinz Heimsoeth zum 80. Geburtstag. Berlin 1966, S. 174–179.
Bei allen Unterschieden zur Kunst bedeutet auch das Geld eine Form, sich eine Vielzahl von Möglichkeiten zu erschließen; es ist die «Zurücknahme der enttäuschenden Wirklichkeit in die Schwebe der bloßen Möglichkeit.» Geld oder Leben. Eine metaphorische Studie zur Konsistenz der Philosophie Georg Simmels. In: Ästhetik und Soziologie um die Jahrhundertwende: Georg Simmel. Hg. von H. Böhringer u. K. Gründer. Frankfurt/M. 1975, S. 121–134, zit. S. 132.

21 Vgl. Die Lesbarkeit der Welt. Frankfurt/M. 1981, S. 11f; Wirklichkeiten... (s. o. Anm. 17), S. 167; Der Prozeß der theoretischen Neugierde. Frankfurt/M. 1973, S. 8ff.

22 Paradigma, grammatisch. In: Wirklichkeiten... (s. o. Anm. 17), S. 157–162, bes. S. 161.

23 Sprachsituation und immanente Poetik. In: Immanente Ästhetik – ästhetische Reflexion. Lyrik als Paradigma der Moderne. Hg. von W. Iser (Poetik und Hermeneutik II). München 1966, S. 145–155, auch in: Wirklichkeiten... (s. o. Anm. 17), S. 137–156, zit. S. 143f, 145, 147f, 152.

24 Anthropologische Annäherung an die Aktualität der Rhetorik. In: Il Verri, Bd. 35/6 (1971), S. 49–72, auch in: Wirklichkeiten ... (s. o. Anm. 17), S. 104–136, zit. S. 113, 116, 122, 134f.

25 Zur Epochenwende und -schwelle vgl. Unernst als geschichtliche Qualität. In: Das Komische. Hg. von W. Preisendanz u. R. Warning (Poetik und Hermeneutik VII). München 1976, S. 441–444.

26 Selbsterhaltung und Beharrung. Zur Konstitution der neuzeitlichen Rationalität. In: Akademie der Wissenschaften und der Literatur Mainz. Abhandlungen der geistes- und sozialwissenschaftlichen Klasse Jg. 1969, Nr. 11. Mainz 1970, bes. S. 39ff, zit. S. 9.

27 Ordnungsschwund und Selbstbehauptung. Über Weltverstehen und Weltverhalten im Werden der technischen Epoche. In: Das Problem der Ordnung. Sechster deutscher Kongreß für Philosophie. München 1960, Hg. von H. Kuhn u. F. Wiedmann. Meisenheim am Glan 1962, S. 37–57, zit. S. 39, 51f, 56.

28 Die Legitimität der Neuzeit. Frankfurt/M. 1966, S. 35f, 39f, 42f, 78f, 94, 50f, 90f. Teil 1 und 2 neu bearb. und erw. als: Säkularisierung und Selbstbehauptung. Frankfurt/M. 1974. Zum Begriff der «Umbesetzung» vgl. auch: Genesis... (s. u. Anm. 34), S. 596; Wirklichkeiten... (s. o. Anm. 17), S. 129; Das Lachen der Thrakerin (s. u. Anm. 42), S. 42ff; Höhlenausgänge (s. u. Anm. 55), S. 183ff. Zu «Theodizee» vgl. auch Das dritte Höhlengleichnis. In: Filosofia N. S. Bd. 11 (1960), S. 705–722, bes. 713; Arbeit am Mythos (s. u. Anm. 47), S. 39.

29 Die Legitimität der Neuzeit (1966), S. 153, 163, 167, 169f, 178, 192f.

30 Ebd., Teil 3, zit. S. 359, 431. Dieser Teil neu bearb. als: Der Prozeß der theoretischen Neugierde. Frankfurt/M. 1973.

31 Ebd., Teil 4; neu bearb. als: Aspekte der Epochenschwelle: Cusaner und Nolaner. Frankfurt/M. 1976, zit. S. 20ff, 31f; über G. Bruno vgl. auch Einleitung zu: G. Bruno: Das Aschermittwochsmahl. Übers. von F. Fellmann. Frankfurt/M. 1969, S. 7–51, und: Genesis (s. u. Anm. 34), S. 416ff.

32 G. Galilei: Siderius Nuncius. Nachricht von neuen Sternen. Hg. von H. Blumenberg. Frankfurt/M. 1966, S. 5–73, zit. S. 18, 46, 72f.

33 Die kopernikanische Wende. Frankfurt/M. 1965, S. 9, 11, 123, 126f, 163; Paradigmen... (s. o. Anm. 10), S. 108.

34 Die Genesis der kopernikanischen Welt. Frankfurt/M. 1978, S. 17, 36, 48, 51ff, 53, 75, 88, 108, 130.

35 Ebd., S. 722, 792–794.

36 Ebd., S. 506, 566, 600f.

37 Lebenszeit und Weltzeit. Frankfurt/M. 1986, S. 78, 73, 83f, 75f, 87f.

38 Ebd., S. 116, 198f, 216, 239f, 242, 260f, 263, 306, 311f. – Schon der Begriff der «Lebenswelt» als dem Gegensatz zur Reflexion durch die Wissenschaft ist nicht geklärt: Man kann nicht nach ihr fragen, ohne sie schon verlassen, die Unwissenheit schon aufgegeben zu haben. Auch sie ist eine absolute Metapher; ebd., S. 54f, 59f.

39 Die Lesbarkeit der Welt. Frankfurt/M. 1981, S. 409, 12, 10, 16.

40 Ebd., S. 9; Wirklichkeiten... (s. o. Anm. 17), S. 164; Lebenszeit... (s. o. Anm. 37), S. 85.

41 Wirklichkeiten... (s. o. Anm. 17), S. 170f.

42 Das Lachen der Thrakerin. Eine Urgeschichte der Theorie. Frankfurt/M. 1987, S. 9ff, 12, 2, 45.

43 Schiffbruch mit Zuschauer. Paradigma einer Daseinsmetapher. Frankfurt/M. 1979, S. 9ff, 12ff, 28f, 70, 74.

44 Ebd., S. 78, 80ff, 87, 89; vgl. Die Genesis... (s. o. Anm. 34), S. 97: «Die Metapher konserviert oder restauriert den lebensweltlichen Motivationszusammenhang, in dem ein theoretisches Interesse seinen Ursprung hat.»

45 Paradigmen... (s. o. Anm. 10), S. 84.

46 Wirklichkeitsbegriff und Wirkungspotential des Mythos. In: Terror und Spiel. Probleme der Mythenrezeption. Hg. von M. Fuhrmann (Poetik und Hermeneutik IV). München 1971, S. 12, 17f, 23, 34f, 57; vgl. Lebenszeit... (s. o. Anm. 37), S. 85.

47 Arbeit am Mythos. Frankfurt/M. 1979, S. 77f, 125, 131f, 127, 203–205, 303; zu «Bedeutsamkeit» vgl. auch: Wirklichkeitsbegriff, a. a. O., S. 35.

48 Ebd., S. 18, 23, 13, 15f, 32, 38, 40f, 49f, 132, 186f.

49 Die Sorge geht über den Fluß. Frankfurt/M. 1987, S. 204.

50 Arbeit am Mythos, a. a. O., S. 61, 189, 180f, 183f; Blumenberg macht aber sonst aus seiner Skepsis gegenüber einer fortschrittsoptimistischen

Geschichtsphilosophie keinen Hehl; vgl. z. B. Wirklichkeiten... (s. o. Anm. 17), S. 111.

51 Ebd., S. 193, 331, 338, 681, 319, 685, 689; vgl. S. 129, 294f.

52 Die Sorge geht über den Fluß. Frankfurt/M. 1987, S. 97f, 104, 124f, 133f, 153, 156f, 29, 73, 80f; zu Bescheidenheit im Wahrheitsanspruch vgl. bes.: Arbeit am Mythos, a. a. O., S. 256.

53 Lebenszeit und Weltzeit (s. o. Anm. 37), S. 85.

54 Die Sorge..., a. a. O., S. 59, 61f, 183, 156f, 18, 22, 137, 82, 209, 215, 217, 220.

55 Höhlenausgänge. Frankfurt/M. 1989, S. 190, 25, 21, 29f, 32f, 41, 53, 55, 77, 61f.

56 Ebd., S. 89f, 144, 149f, 130ff, 137, 180.

57 Ebd., S. 707, 162, 154f, 167f, 303f, 423f, 450ff, 517, 593ff, 613ff, 775, 791, 794, 804, 800, 809f, 812ff, 816; zum Philosophiebegriff vgl. auch ebd., S. 22: «Philosophie ist der Inbegriff von unbeweisbaren und unwiderlegbaren Behauptungen, die unter dem Gesichtspunkt ihrer Leistungsfähigkeit ausgewählt worden sind.» S. 23f: «Dichter beweisen nichts. Darin sind sie den Philosophen nicht unähnlich, obwohl ihre Auswahlbestimmungen fürs Unbewiesene nicht ganz so streng sind: Wo Verstehen sich nicht einstellt, genügt allemal das Vergnügen.» S. 131: «Philosophie ist keine Gewähr für Lebensglück.»

58 Vgl. Die Sorge... (s. o. Anm. 54), S. 142: «Theodizee ist ein Teilstück der größeren und die Neuzeit weiter umspannenden Anstrengung des Denkens, die Welt zur Selbsterhaltung zu befähigen.»

59 Matthäuspassion. Frankfurt/M. 1988, S. 126; vgl. Arbeit am Mythos (s. o. Anm. 47), S. 238: «Die Welt und der Mensch sind die Umständlichkeit schlechthin im Verfahren Gottes mit sich selbst.»

60 Matthäuspassion, a. a. O., S. 11f.

61 Die Lesbarkeit der Welt (s. o. Anm. 39), S. 34.

62 Die Genesis... (s. o. Anm. 34), S. 392f; vgl. S. 440; Das Lachen der Thrakerin (s. o. Anm. 42), S. 145.

63 Matthäuspassion, a. a. O., S. 20, 29f.

64 Ebd., S. 13–15, 19f, 23, 94, 273, 292.

65 Sollte der Teufel erlöst werden? In: Frankfurter Allgemeine Zeitung vom 27.12.1989, S. N 3f.

66 Matthäuspassion, a. a. O., S. 305–307.

KRITISCHE THEORIE

Die Philosophen der Frankfurter Schule
und ihr Umkreis

Günter Figal

Die Entwicklung der Frankfurter Schule

Philosophische Schulen werden selten als solche geplant. Irgendwann gibt es sie, und zwar oft dadurch, daß sie von Außenstehenden zu solchen ernannt werden. So gesehen sind philosophische Schulen Erfindungen zur Verbesserung der historischen Übersichtlichkeit. Wenn die Mitglieder einer philosophischen Schule die Etablierung derselben noch erleben, reagieren sie darum manchmal überrascht: Sie selbst wären eben nicht auf die Idee gekommen, daß ihre Arbeit als Teil einer geschlossenen Formation erscheinen könnte, auch wenn diese Arbeit in einigen Motiven mit der Arbeit von Kollegen, Lehrern oder Schülern verwandt ist. Spricht man hingegen von der «Frankfurter Schule» und der von ihr vertretenen «kritischen Theorie», muß man nicht befürchten, es nur mit einer philosophiegeschichtlichen Erfindung zu tun zu haben, im Gegenteil: Die Frankfurter Schule verdient wohl von allen philosophischen Gruppierungen und Richtungen im Deutschland des 20. Jahrhunderts am ehesten, eine ‹Schule› genannt zu werden. Als eine solche war sie, zumindest für einige Zeit, nicht nur in Fachkreisen, sondern auch in einer breiteren Öffentlichkeit bekannt. Ende der 60er Jahre, zur Zeit der Studentenbewegung also, gab es wohl kaum einen Leser größerer Zeitungen, dem die Namen Max Horkheimer, Theodor W. Adorno, Herbert Marcuse und Jürgen Habermas nicht geläufig waren. Bei Habermas ist das, nicht zuletzt durch seine eigene publizistische Tätigkeit, bis heute so geblieben. Der Name der Frankfurter Schule steht dabei, sehr vage formuliert, für ein zwar durch Karl Marx geprägtes, aber doch nicht dogmatisch marxistisches Denken. Er steht, genauer gesagt, für eine Philosophie, die die gesellschaftlichen Verhältnisse der Gegenwart zum Thema macht und auch ihre eigene gesellschaftliche Bedingtheit berücksichtigt. Diese Analyse der gesellschaftlichen Verhältnisse soll Formen des Denkens überwinden, in denen die Gesellschaft so, wie sie ist, lediglich stabilisiert wird; sie soll als «kritische Theorie» an Macht und Herrschaft ein möglicher Weg zur Emanzipation vom Bestehenden und insofern praktisch sein. Dadurch setzt sie sich ausdrücklich von einem Typ philosophischer Theorie ab, der – sei es seinem Selbstverständnis nach, sei es gemäß der Diagnose der kritischen Theorie – diese Voraussetzungen nicht teilt.

Wie auch immer sich die einzelnen Ausarbeitungen dieses Programms voneinander unterscheiden mögen, der Schulcharakter der Frankfurter Schule scheint allein schon darin begründet, daß ihre Mitglieder mit dem «Institut für Sozialforschung» über eine eigene Forschungsstätte verfügten. Die Arbeitsperspektiven dieses Instituts waren außerdem durch ein Programm umrissen, das von Horkheimer zuerst in seinem Vortrag *Die gegenwärtige Lage der Sozialphilosophie und die Aufgaben eines Instituts für Sozialforschung* (1931)[1] entworfen und in seinen späteren Aufsätzen variiert worden war. Und schließlich konnte das Institut seine Arbeitsergebnisse in eigenen Organen wie der Zeitschrift für Sozialforschung (1932–1939), den Studies in Philosophy of Social Science (1940–1941) und später den Frankfurter Beiträgen zur Soziologie (1955–1971) veröffentlichen. All dies darf jedoch nicht darüber hinwegtäuschen, daß die Philosophie der Frankfurter Schule keineswegs nur als eine Durchführung des Horkheimerschen Programms verstanden werden darf. So ist die philosophische Konzeption Horkheimers und Adornos nach 1940 wesentlich von Walter Benjamin beeinflußt worden, der zwar 1937 offiziell zum Mitarbeiter des Instituts wurde, aber doch nie zum engeren Kreis um Horkheimer gehörte, während die Arbeit von Institutsmitgliedern wie Erich Fromm und Leo Löwenthal für diese philosophische Konzeption unerheblich geblieben ist. Die Arbeiten Benjamins und Adornos wiederum sind in vielen Punkten der Philosophie Ernst Blochs vergleichbar, der zum Institut für Sozialforschung nie offiziellen Kontakt hatte.[2] Dasselbe gilt für Karl-Otto Apel, dessen philosophischer Ansatz eine Reihe von Gemeinsamkeiten mit demjenigen von Habermas aufweist. So gesehen ist das, was man die Frankfurter Schule nennt, eher durch ein Geflecht von Familienähnlichkeiten bestimmt, die man nur beschreiben kann, wenn man auch einen entfernten und ungeliebten Verwandten wie Ernst Bloch nicht außer acht läßt und ebenso Apels Variation von Gedanken berücksichtigt, die sich ähnlich auch bei Habermas finden. Die Geschichte des Instituts für Sozialforschung ist darum nicht mehr als ein roter Faden, den man benutzen kann, um sich im Labyrinth der einzelnen philosophischen Konzeptionen nicht zu verlieren. Alle diese Konzeptionen sind freilich Nischen und Gänge des einen Labyrinths, und nur weil das so ist, darf man überhaupt von der Frankfurter Schule und der von ihr vertretenen kritischen Theorie sprechen.

Die Gründung des Frankfurter Instituts für Sozialforschung wurde durch eine Stiftung des Unternehmersohns Felix Weil ermöglicht. Dieser war während seines Studiums der Volkswirtschaft von den Ideen des Marxismus begeistert worden, ohne dadurch zu einem Parteigänger der Kommunistischen Partei Deutschlands zu werden. Sein Interesse galt vielmehr einer von der Parteilinie unabhängigen marxistischen Theorie; da eine solche Theorie an den Universitäten so gut wie nicht vertreten war, sollte sie in einem unabhängigen Institut ihren Ort finden. Gegründet wurde das Institut für Sozialforschung bereits 1923; sein für die folgenden Jahre charakteristisches Profil erhielt es jedoch erst, als Max Horkheimer den ersten Direktor, den Wirtschaftshistoriker Carl Grünberg, 1930 ablöste. Horkheimer, der im selben Jahr zum Ordinarius für Sozialphilosophie an der Universität Frankfurt ernannt worden war, verstand es von Anfang an, durch organisatorisches und diplomatisches Geschick die Eigenständigkeit des Institutes zu sichern: Erfolgreich hielt er an den marxistischen Grundlinien der wissenschaftlichen Arbeit fest, ohne die politischen Konsequenzen des Marxismus zu übernehmen; er wahrte die wissenschaftliche Reputation des Instituts, ohne sich dem universitären Wissenschaftsbetrieb anzupassen. Horkheimers Umsicht war es auch zu danken, daß bereits 1930 eine Zweigstelle des Instituts in Genf eingerichtet wurde und es nach der Emigration der Institutsmitglieder in die USA zu einer ähnlich hilfreichen Zusammenarbeit mit der Columbia University in New York kam wie zuvor in Deutschland mit der Universität Frankfurt.

Horkheimer, der in seinen organisatorischen Aufgaben von dem mit ihm befreundeten Ökonomen Friedrich Pollock unterstützt wurde, war freilich auch von Anfang an für die Arbeit des Instituts mehr als nur ein erfolgreicher Koordinator verschiedener wissenschaftlicher Projekte; die Mitglieder des Instituts für Sozialforschung waren nicht nur finanziell von seinen Entscheidungen abhängig. Während die Arbeit des Instituts ursprünglich der interdisziplinären Erforschung wirtschaftlicher Zusammenhänge, psychischer Entwicklungen in der kapitalistischen Gesellschaft und der für diese Gesellschaft charakteristischen kulturellen Phänomene gelten sollte, traten in den Jahren der Emigration Horkheimers eigene philosophische Interessen immer mehr in den Vordergrund. Für Horkheimers Projekt einer «dialektischen Logik» erwiesen sich die meisten der Institutsmitglieder nicht als die geeigneten Gesprächspartner. So nahm Herbert Marcuse, der dem Institut seit 1932 angehört hatte, im Jahr 1942 eine Stelle beim Bureau of Intelligence of the Office of War

Information an; der Psychoanalytiker Erich Fromm, Institutsmitglied seit 1930, hatte auf seine Mitarbeit bereits 1939 verzichtet. Unterstützung seines philosophischen Projekts versprach sich Horkheimer demgegenüber von Theodor W. Adorno, mit dem er seit 1941 eng zusammenarbeitete. Das ursprüngliche Programm einer interdisziplinären, undogmatisch marxistischen Forschung wurde ersetzt durch eine geschichtsphilosophische Konzeption, in die, vor allem durch Adorno, wesentlich Anregungen Walter Benjamins eingegangen sind. Obwohl das Institut auch weiterhin größere Forschungsprojekte verfolgte, so eine 1950 erschienene Studie über Antisemitismus[3], wurde die Arbeit von Horkheimer und Adorno doch nun durch die gemeinsam verfaßte und 1944 abgeschlossene *Dialektik der Aufklärung* repräsentiert, auf die ehemalige Mitglieder des Instituts wie Marcuse befremdet reagierten.

Die zentralen Gedanken der *Dialektik der Aufklärung* blieben auch für Horkheimer und Adorno bestimmend, als sie nach Deutschland zurückkehrten. 1949 wurde Horkheimer zum Ordinarius, Adorno zum außerordentlichen Professor an der Universität Frankfurt ernannt; zwei Jahre später konnte das Institut für Sozialforschung neu eröffnet werden. Die Rückkehr der beiden nach Deutschland erfolgte freilich nicht ohne Zögern. So hatte Adorno 1949 an Horkheimer geschrieben, außer der «für unsere Produktion ungeheuer wichtigen Erlangung von Sekurität» sei in Deutschland nicht viel zu erwarten, denn das Denken sei «hier erstaunlich hinter dem unseren zurückgeblieben»[4]. Um so erstaunlicher ist es, daß die nunmehr einzigen repräsentativen Vertreter der neu etablierten Frankfurter Schule sich philosophisch zunächst kaum äußerten. Horkheimer beschränkte sich weitgehend auf die Lehre und engagierte sich zunächst als Dekan, dann als Rektor an der Universität; Adorno, der 1957 zum Ordinarius ernannt wurde, beteiligte sich an den Debatten in der Soziologie und trat vor allem als Literatur- und Musikkritiker hervor.[5] Erst 1966 erschien die *Negative Dialektik*, erst 1970, ein Jahr nach Adornos Tod, die *Ästhetische Theorie*. Seit Mitte der 60er Jahre wurde das Bild der Frankfurter Schule jedoch entscheidend von Jürgen Habermas geprägt, der 1956 als Assistent Adornos nach Frankfurt gekommen war und 1964 den Lehrstuhl Horkheimers übernahm. Neben Habermas gehören gegenwärtig Philosophen wie Oskar Negt, Alfred Schmidt und Albrecht Wellmer zu den Repräsentanten der kritischen Theorie.

Max Horkheimer (1895–1973)
(Quelle: Die blaue Mappe)

Theodor W. Adorno (1903–1969),
1968 (Quelle: Ullstein Bilderdienst)

Walter Benjamin (1892–1940)
(Quelle: Suhrkamp Verlag)

Ernst Bloch (1885–1977) porträtiert von Willy Geiger, 1921
(Quelle: Karola Bloch)

Karl-Otto Apel (geb. 1922) in den 60er Jahren (Quelle: Die blaue Mappe)

Jürgen Habermas (geb. 1929) (Quelle: Ullstein – Felicitas Timpe)

Herbert Marcuse (1898–1979) (Quelle: Politikens Forlag)

Karikatur von Volker Kriegel, im Hintergrund: Max Horkheimer (von links nach rechts): Marcuse, Adorno und Habermas (Quelle: Volker Kriegel)

Günter Figal

Max Horkheimer und Theodor W. Adorno

Da Philosophen, so gesellig sie privat auch sein mögen, in ihrer Arbeit meist Einzelgänger sind, fällt auf, daß Horkheimer und Adorno in der Regel zusammen genannt werden. Dafür gibt es trotz der Verschiedenheit ihres Denkstils und ihrer Arbeiten einen guten Grund: Horkheimer und Adorno waren eng miteinander befreundet, haben etliche Jahre ihres Lebens intensiv zusammengearbeitet und als Resultat dieser Zusammenarbeit mit der *Dialektik der Aufklärung* (1947) ein Buch vorgelegt, das immer noch als repräsentativ für die philosophische Position beider gilt; ihre späteren Schriften bleiben den Grundgedanken dieses Buches verpflichtet. Dennoch hat man die philosophische Beziehung zwischen Horkheimer und Adorno unterbestimmt, wenn man sie einfach nur eine ‹Zusammenarbeit› nennt. Horkheimer war der Programmatiker, der bereits um 1930 ein großes Buch über «dialektische Logik» geplant hatte; und Adorno war entschieden der Vielseitigere und Produktivere, der Horkheimer erst eine Perspektive darauf eröffnete, wie dieses Buch zu konzipieren und zu schreiben sei. So verschieden der Beitrag von Horkheimer und Adorno zum Entstehen der *Dialektik der Aufklärung* war, so verschieden waren auch beide in ihrer Persönlichkeit. Horkheimer, für den eine ausgeprägte Neigung zu großbürgerlicher Lebensweise charakteristisch war, hatte die Begabung, Macht auszuüben und darzustellen. Adorno war demgegenüber ein Intellektueller und Künstler, der, wie Jürgen Habermas es formuliert, nie imstande gewesen ist, sich «realitätsgerechte Immunisierungs- und Anpassungsstrategien anzueignen», so daß man ihm gegenüber immer und «umstandslos die Rolle des ‹richtigen› Erwachsenen ausspielen konnte.»[6] Die unterschiedlichen Persönlichkeiten Horkheimers und Adornos wiederum sind Ausprägungen zweier höchst unterschiedlicher Lebensgeschichten.

Max Horkheimer wurde 1895 als Sohn eines Textilfabrikanten in Zuffenhausen (Stuttgart) geboren. Er wuchs in einem zwar nicht orthodoxen, aber doch konservativen jüdischen Milieu auf und sollte nach dem Wunsch seines Vaters später einmal dessen Fabriken übernehmen. In der Tat wurde Horkheimer 1914 Juniorchef der väterlichen Unternehmen, aber es fiel ihm schwer, sich mit dieser Rolle zu identifizieren. Tagebuchaufzeichnungen und Novellen, die er als junger Mann schrieb[7], zeigen, wie stark ihn die soziale Situation der Arbeiter beschäftigte. Schließlich entschied sich Horkheimer für ein Studium der Psychologie, Philosophie und Nationalökonomie, das er, zusammen mit seinem Freund Friedrich Pollock, in München begann und dann ab 1920 in Frankfurt fortsetzte. Zu seinem wichtigsten Lehrer dort wurde Hans Cornelius, ein Philosoph, der von der Gestaltpsychologie beeinflußt war und zu den Vertretern des Neukantianismus gehörte. Bei Cornelius wurde Horkheimer mit einer Arbeit zu Kants *Kritik der Urteilskraft* promoviert.[8] Nachdem Cornelius ihm eine Assistentenstelle anbot, war die Entscheidung für eine akademische Karriere und gegen ein Leben als Fabrikant gefallen. Bereits 1925 wurde Horkheimer mit einer Schrift ebenfalls über die *Kritik der Urteilskraft* habilitiert.[9] Für seine eigene philosophische Entwicklung wurden jedoch zwei andere Autoren mindestens ebenso wichtig wie Kant: Karl Marx und Arthur Schopenhauer. Aufgrund dieser gewiß erstaunlichen Verbindung konnte Horkheimer von Marx zwar die Diagnose der kapitalistischen Produktionsweise übernehmen, nicht aber den Gedanken, durch eine proletarische Revolution sei es möglich, die «Entfremdung» der Arbeiter als der wahren Produzenten des gesellschaftlichen Reichtums von ihren Produkten aufzuheben. Die Lektüre Schopenhauers hat Horkheimer gegenüber diesem in seinem Kern auf Hegels Geistphilosophie zurückgehenden Gedanken skeptisch bleiben lassen; er mißtraute bereits früh dem Versuch, die Lösung gesellschaftlicher Probleme nach dem Muster einer Versöhnung des Menschen mit seiner ihm zunächst als Objekt entfremdeten Welt zu denken. Statt im Entwurf einer solchen Versöhnungsmöglichkeit sah Horkheimer die Aufgabe der Philosophie darin, den natürlichen Anspruch der Menschen auf Glück festzuhalten und in der Analyse von Zuständen, die diesen Anspruch unterdrücken und unkenntlich werden lassen, immer wieder zu formulieren. Aus diesem Gedanken entwickelte er in den 30er Jahren als Direktor des Instituts für Sozialforschung sein Konzept einer «kritischen Theorie».

Auch Adorno, mit vollständigem Namen Wiesengrund-Adorno, stammte aus großbürgerlichen Verhältnissen. Er wurde 1903 in Frankfurt geboren. Sein Vater, Oscar Wiesengrund, war Weingroßhändler, seine Mutter, Maria Calvelli-Adorno della Piana, vor ihrer Ehe eine erfolgreiche Sängerin. Bereits mit 17 Jahren immatrikulierte sich Adorno an der Universität Frankfurt und studierte Philosophie, Musikwissenschaft, Psychologie und Soziologie. Kompositionsunterricht hatte der musikalisch Hochbegabte bereits als Gymnasiast erhalten. Wie Horkheimer wurde auch Adorno – und zwar im Jahr 1924 – von Hans Cornelius promoviert; das Thema seiner Dissertation war *Die Transzendenz des Dinglichen und Noematischen in Husserls Phänomenologie.*[10] Wie Horkheimer bezog auch Adorno entscheidende Anregungen aus anderen Bereichen als dem der akademischen Philosophie. Als Schüler hatten ihn Ernst Blochs *Geist der Utopie* und die *Theorie des Romans* von Georg Lukács beeindruckt, und unter der Anleitung von Siegfried Kracauer, dem späteren Feuilletonredakteur der «Frankfurter Zeitung», hatte er auf höchst unkonventionelle Weise Kant gelesen. Nach seiner Promotion ging Adorno für zwei Jahre nach Wien, um bei Alban Berg Komposition zu studieren. Dort lernte er auch Arnold Schönberg und Anton von Webern kennen und hörte Vorlesungen bei Karl Kraus. Bei seiner Rückkehr nach Frankfurt ist ihm die Musik der «Neuen Wiener Schule» endgültig zu derjenigen Kunst geworden, an der sich die Begriffsarbeit der Philosophie zu bewähren hat: Philosophie war für Adorno fortan in ihrem Zentrum Philosophie der Kunst. Das Konzept zu einer solchen Philosophie hatte Adorno freilich nicht allein und auch nicht zunächst aus seiner eigenen Beschäftigung mit der Musik gewonnen; vielmehr ist er hier nachhaltig von Walter Benjamin beeinflußt worden, den er 1923 in Frankfurt kennenlernte und nach seiner Rückkehr aus Wien häufig in Berlin traf. Deutlich unter dem Einfluß Benjamins steht auch die Arbeit über Kierkegaard, mit der Adorno 1930 in Frankfurt habilitiert wurde.[11] Entsprechend der Benjaminschen Überzeugung, daß die Wahrheit einer Sache nicht in dem zu suchen sei, was sich auf Anhieb zeigt, sondern im Abseitigen und scheinbar Nebensächlichen, versucht Adorno hier, die Schriften Kierkegaards nicht in der Orientierung an ihren begrifflichen Unterscheidungen, sondern in der Orientierung an ihren dichterischen Schilderungen und Metaphern aufzuschlüsseln. Und gemäß der These Benjamins, daß die Wahrheit im Schein des Schönen erfahrbar sei, wenn dieser zum Gegenstand philosophischer Kritik werde, will Adorno im Konzept des Ästhetischen bei Kierkegaard entgegen dessen eigener Intention die Wahrheit seines Denkens freilegen. Aus Adornos Überlegungen zum Verhältnis der Wahrheit und des Ästhetischen entwickelt sich sein Beitrag zur Geschichtsphilosophie in der *Dialektik der Aufklärung.*

Adorno und Horkheimer hatten sich zwar bereits 1922 kennengelernt[12]; ihre philosophischen Interessen berührten sich jedoch zunächst nicht wesentlich, und auch mit dem Institut für Sozialforschung hatte Adorno zunächst nichts zu tun. Während Horkheimer 1933 Deutschland verließ, versuchte Adorno noch, bei der «Vossischen Zeitung» in Berlin eine Stelle als Musikkritiker zu bekommen. Seine Lehrbefugnis an der Universität Frankfurt war ihm entzogen worden, weil er, wie es in der Sprache der Nationalsozialisten hieß, Halbjude war. Nachdem sich für Adorno auch die Chance einer gesicherten publizistischen Tätigkeit zerschlagen hatte, versuchte er, seine akademische Karriere in England fortzusetzen. Es gelang ihm jedoch nur, advanced student am Merton College in Oxford zu werden. Er beabsichtigte, den Grad eines Doctor of Philosophy zu erwerben, und machte sich an die Ausarbeitung eines Projekts zur Erkenntnistheorie, das erst nach dem Zweiten Weltkrieg beendet und unter dem Titel *Zur Metakritik der Erkenntnistheorie*[13] veröffentlicht wurde. Adornos Supervisor in der Oxforder Zeit war Gilbert Ryle. Der Kontakt mit Horkheimer wurde freilich nicht unterbrochen; seit 1934 arbeitete Adorno vielmehr aus England intensiv an der Zeitschrift für Sozialforschung mit. Nachdem er schließlich 1938 in die USA übergesiedelt war, wurde er zu einem regulären Mitglied des Instituts für Sozialforschung. Kurz darauf begann gemeinsam mit Horkheimer die Arbeit am Projekt über «dialektische Logik». Grundlage dieser Arbeit ist jedoch das Konzept einer «kritischen Theorie», wie es Horkheimer in den 30er Jahren entwickelt hatte.

Kritische Theorie

Kritische Theorie ist ein Kontrastbegriff. Was dieser Begriff meint, versteht man darum auch nur, wenn man sich zunächst klarmacht, was ‹nichtkritische› oder, wie Horkheimer sagt, traditionelle Theorie ist. Allein so kann man auch ein Mißverständnis vermeiden, das der Titel von Horkheimers berühmtem Aufsatz aus dem Jahr 1937 nahelegt. Liest man nämlich den Titel *Traditionelle und kritische Theorie* allein und versteht ihn als Versprechen eines philosophischen Programms, so denkt man leicht, es solle die traditionelle Form philosophischer Theorie einer kritischen Philosophie entgegengesetzt werden. Aber das ist nicht gemeint. «Traditionelle Theorie» ist vielmehr nur die Form von Theorie, wie sie für die Naturwissenschaften und die sich an den Naturwissenschaften orientierten Geisteswissenschaften charakteristisch ist. Theorien dieses Typs sind für Horkheimer Systeme von Sätzen, in denen einige Sätze so allgemein formuliert sind, daß andere aus ihnen abgeleitet werden können; die allgemeinen Sätze geben außerdem die Grundregeln oder Prinzipien dafür an, wie andere Sätze zu bilden und miteinander zu kombinieren sind.[14] Horkheimer ist in seiner Bestimmung dessen, was er unter einer Theorie verstehen will, recht ungenau. Er sagt weder, was Prinzipien sind, noch gibt er eine klare Bestimmung dessen, was man unter der Ableitung von Sätzen aus anderen Sätzen zu denken hat. Wichtiger als dies ist ihm die Frage, welche *Funktion* Theorien haben, und eine Antwort auf diese Frage gewinnt er daraus, daß die abgeleiteten Sätze einer Theorie mit den Tatsachen zusammenstimmen[15] und in welchem Sinne auch immer richtige Beschreibungen der Dinge in der Welt sein müssen. Weil Theorien Systeme solcher Sätze sind, stellen sie Zusammenhänge zwischen den Tatsachen her und ermöglichen es so, mit den Tatsachen im Zusammenhang umzugehen. Weil die abgeleiteten Sätze einer Theorie immer nur allgemein sind, beschreiben sie jedoch die Tatsachen nicht nur, sondern sind immer auch mögliche Beschreibungen von Tatsachen ähnlicher Art.[16] Theorien eröffnen deshalb einen Spielraum für den Umgang mit solchem, was erst als eine Tatsache entdeckt werden kann; sie sind so gesehen Prognosen von möglichen und bis zu einem gewissen Grad wahrscheinlichen Ereignissen, so daß sie nicht nur den Umgang mit den Tatsachen im Zusammenhang ermöglichen, sondern auch eine Orientierung für den zukünftigen Umgang bieten. Ohne Theorien ist demnach der planende Umgang mit der Natur, aber ebenso die Bewältigung von komplexen ökonomischen und sozialen Zusammenhängen nur schwer möglich.

Der entscheidende Gedanke Horkheimers ist, daß Theorien dieses Typs zwar Zusammenhänge von Tatsachen und möglichen Tatsachen eröffnen, selbst aber auch in Zusammenhängen stehen. Anders wäre seiner Meinung nach nicht zu erklären, wieso Theorien nicht nur immer wieder ergänzt oder teilweise korrigiert, sondern auch als ganze durch andere ersetzt werden können und tatsächlich auch ersetzt werden. Erklären kann man dies nur, wenn man «die Grundlagen der gesellschaftlichen Praxis»[17] einer Epoche berücksichtigt und etwa sieht, wie durch industrielle Entwicklungen die Konstruktion neuer Theorien erforderlich wird. Horkheimer läßt die Frage offen, inwieweit solche industriellen Entwicklungen ihrerseits die Folge bestimmter Theorien sein können. Er glaubt wohl, diese Frage nicht diskutieren zu müssen, weil der Konstruktion von Theorien *immer* bestimmte gesellschaftliche Zusammenhänge vorgegeben sind; außerdem ist die Konstruktion von Theorien als Aufgabe der Wissenschaft in einer arbeitsteiligen Gesellschaft lediglich einer bestimmten Gruppe – eben den Wissenschaftlern – zugeordnet. Das Problem der «traditionellen» Wissenschaft aber besteht darin, daß sie in ihren Wissenschaften ihre eigene gesellschaftliche Rolle nicht reflektieren können.[18] Mit dieser Behauptung will Horkheimer natürlich nicht die Existenz von – in seinem Sinne traditionellen – Sozialwissenschaften bestreiten. Er will vielmehr sagen, in den traditionellen Theorien sei es grundsätzlich unmöglich, die in ihnen hergestellten Zusammenhänge daraufhin zu befragen, ob sie vernünftig sind. Traditionelle Theorien sind für Horkheimer wesentlich dadurch charakterisiert, daß sie diese Frage nicht stellen, ja nicht stellen können. Und dies wiederum liegt seiner Überzeugung nach daran, daß die traditionellen Theorien auf Tatsachen bezogen sind und darum die Tatsachen selbst nicht mehr problematisieren können. Was den traditionellen Theorien als Tatsache gilt, ist aber in Wahrheit «Produkt der allgemeinen gesellschaftlichen Praxis»[19]. Die gesellschaftliche Praxis, das Handeln der Gesellschaft als ganzer also, wird von den Individuen, sofern sie Teile der Gesellschaft sind, nicht durchschaut und kann auch von ihnen zumindest in der bürgerlichen Gesellschaft nicht durchschaut werden. Die bürgerliche Gesellschaft ist nämlich vor allem in ihrer «Wirtschaftsweise ... bei allem Scharfsinn der konkurrierenden Individuen von keinem Plan beherrscht, nicht bewußt auf ein allgemeines Ziel gerichtet.»[20] Nun ist auch klar: Daß die traditionellen, oder wie man jetzt genauer sagen sollte: die bürgerlichen Theorien die Zusammenhänge der Tatsachen nicht auf ihre Vernünftigkeit befragen können, liegt daran, daß sie die Herstellung der Tatsachen selbst als vorgegeben hinnehmen müssen. Außerdem ist für Horkheimer auch die Weise, in der Tatsachen erfahren werden, durch die gesellschaftliche Praxis erst geformt[21]; sofern der Konstruktion traditioneller Theorien diese Erfahrung jedoch vorgegeben ist, kann in ihnen auch niemals eingeholt werden, was sie bedingt. Die Herstellung der Tatsachen selbst und ebenso die Herstellung ihrer Erfahrung aber ist es, was in einem prägnanten Sinne vernünftig sein kann oder nicht.

Die gesellschaftliche Praxis auf ihre Vernünftigkeit und Unvernünftigkeit hin zu befragen, ist Sache der «kritischen Theorie».[22] Diese unterscheidet sich demnach von den traditionellen Theorien nicht einfach darin, daß sie zu ihnen eine Alternative ist, sondern vor allem darin, daß sie den gesellschaftlichen Zusammenhang der traditionellen Theorien zum Thema macht und so ihre Begrenztheit aufdeckt. Die kritische

Theorie nimmt so gesehen eine Aufgabe wahr, die seit jeher als Aufgabe der Philosophie verstanden wurde, und darum ist es auch nicht unplausibel, wenn Horkheimer von ihr sagt, sie bewahre das Erbe der Philosophie schlechthin. Spezifisch für die kritische Theorie soll jedoch sein, daß sie die gesellschaftliche Produktion zu ihrem Thema macht und darin Kritik der Ökonomie ist.[23] Als Kritik der Ökonomie stellt sie die Unvernünftigkeit der bürgerlichen Wirtschaftsweise heraus und weist damit nicht nur auf eine mögliche vernünftige Wirtschaftsweise hin, sondern ist selbst ein aktiver Beitrag zu ihrer Etablierung. Kritische Theorie ist so gesehen praktisch, und zwar in einem ausgezeichneten Sinne. Während auch andere Theorien eine Form des Handelns sind, indem sie den Umgang mit den Tatsachen im Zusammenhang ermöglichen, entspricht die Praxis der kritischen Theorie der gesellschaftlichen Praxis selbst, von der traditionelle Theorien immer nur ein Teil sind: Der Vollzug des kritischen Denkens ist durch dieselbe Ungebundenheit an vorgegebene Tatsachen charakterisiert wie die Praxis der Gesellschaft, in der ja Tatsachen überhaupt erst hergestellt werden. Durch die Kritik der bestehenden und unvernünftigen Produktionsverhältnisse eröffnet die kritische Theorie einen Blick auf die bessere, weil vernünftige Zukunft der Gesellschaft. In ihrer Ungebundenheit durch die Tatsachen wird an der kritischen Theorie so eine Freiheit erfahrbar, die die Freiheit einer zur Vernunft gekommenen gesellschaftlichen Praxis ist. Indem sich das kritische Denken in dieser Freiheit vollzieht, ist es ein Verhalten, das, auf «Emanzipation gerichtet, die Veränderung des Ganzen zum Ziel hat.»[24]

Gerade aber, weil die kritische Theorie die Veränderung des Ganzen zum Ziel hat, kann sie der bestehenden Gesellschaft kein bestimmtes, mit den Mitteln dieser Gesellschaft erreichbares Ziel nennen. Würde die kritische Theorie dies tun, so hätte sie sich ja wieder an die Tatsachen der bestehenden Gesellschaft gebunden. Die kritische Theorie entwickelt deshalb weder politische Perspektiven noch vertraut sie darauf, daß bestimmte gesellschaftliche Gruppen oder Klassen die Veränderung des Ganzen vorantreiben können.[25] In Horkheimers Konzeption der kritischen Theorie ist zwar die Marxsche Analyse der kapitalistischen Produktionsweise aufgenommen; aber diese Konzeption schließt andererseits eine entschiedene Absage an das Marxsche Vertrauen auf die proletarische Revolution ein. Gerade weil die Freiheit, in der sich Horkheimer zufolge das kritische Denken vollzieht, der Freiheit einer zur Zukunft gekommenen Gesellschaft entsprechen soll, darf das kritische

Denken kein vom Bestehenden abhängiges Bild einer vernünftigen Gesellschaft entwerfen.

Das Konzept einer kritischen Theorie, wie Horkheimer es in seinem programmatischen Aufsatz von 1937 vorgelegt hat, provoziert damit zwei Fragen. Es sind Fragen, denen Horkheimer in den folgenden Jahren einen großen Teil seiner Arbeit widmete und die, in der Zusammenarbeit mit Adorno, schließlich zur *Dialektik der Aufklärung* führten. Zum einen ist unklar, worin eigentlich die spezifische Unvernünftigkeit der kritischen Theorie besteht: Woher nimmt diese Theorie den Maßstab für ihre Diagnose der bestehenden Gesellschaft in ihrer Vernünftigkeit, wenn sie sich nicht mehr wie Marx am Gedanken einer ihren Produkten entfremdeten lebendigen Arbeit orientieren und dementsprechend mit der Aneignung der Produktionsmittel durch die Produzenten das Bild einer vernünftigen Gesellschaft entwerfen will? Dieser Gedanke von Marx spielt in der Konzeption von Horkheimer ja keine Rolle, weil er das Proletariat nicht mehr als diejenige Klasse versteht, die eine vernünftige gesellschaftliche Praxis vollziehen könnte. Zum anderen artikuliert sich das kritische Denken selbst in einer Theorie. In der einen oder anderen Weise ist dieses Denken darum auch durch die Tatsachen der bestehenden Gesellschaft geprägt: Läßt sich also die Behauptung, das kritische Denken sei von den Tatsachen unabhängig, überhaupt aufrechterhalten? Indem Horkheimer sich mit diesen Fragen beschäftigt und Antworten auf sie auszuarbeiten versucht, wird die «kritische Theorie» zu einer «selbstkritischen Theorie».

Selbstkritische Theorie

Im Jahr 1942 haben Horkheimer und Adorno eine nur in vervielfältigten Exemplaren veröffentlichte Gedenkschrift für Walter Benjamin herausgegeben, der sich 1940 auf der Flucht aus dem besetzten Frankreich das Leben genommen hatte. Diese Gedenkschrift enthält unter dem Titel *Vernunft und Selbsterhaltung* einen Aufsatz von Horkheimer, in dem seine Arbeiten zum Projekt einer «dialektischen Logik» erstmals in ausgearbeiteter Form zusammengefaßt werden. Von Horkheimers früherem Programm einer kritischen Theorie unterscheidet sich dieser Aufsatz vor allem dadurch, daß in ihm eine radikal vernunftkritische Perspektive vertreten und so der Vernunftanspruch der kritischen Theorie in Frage gestellt wird. Vernunft, so will Horkheimer hier zeigen, ist das

Vermögen, die Beziehungen der Menschen zu regeln und die Leistungen, die von ihnen abverlangt werden, zu rechtfertigen. So schafft sie einen Ausgleich zwischen dem individuellen Nutzen und dem Nutzen der Gesellschaft.[26] Dieser Ausgleich aber ist in sich selbst von zweideutiger Art; denn er ist nur dadurch möglich, daß den Individuen Gewalt angetan wird, sofern sie genötigt sind, ihre Triebe zu hemmen oder gar zu unterdrücken. Andererseits können sich die Individuen im Zusammenleben miteinander immer nur erhalten und ihre Ziele durchsetzen, wenn ihnen der Ausgleich mit den anderen gelingt. Anders als in seinem früheren Aufsatz versteht Horkheimer hier also die bestehende Gesellschaft nicht mehr als unvernünftig, sondern gerade als vernünftig. Und sofern in den totalitären Gesellschaften die Erhaltung des Ganzen über die Erhaltung der Individuen gestellt wird, von denen man letztlich verlangt, sich für das Ganze zu opfern[27], kommt in solchen Gesellschaften die wahre Natur der Vernunft ans Licht: «Die neue, faschistische Ordnung ist die Vernunft, in der die Vernunft selber als Unvernunft sich enthüllt[28].» Die faschistische Ordnung ist demnach keine Perversion der Vernunft; in ihr zeigt sich vielmehr das Wesen der Vernunft nur in der besonderen Ausprägung, daß die Erhaltung der Gesellschaft den Tod der Individuen fordert. Damit aber wird für Horkheimer nur der problematische Charakter der im Dienst der Selbsterhaltung stehenden Vernunft offenbar. Wenn Gesellschaft immer vernünftig und Vernunft immer selbsterhaltend ist, so bleibt als Alternative zum Bestehenden für die Menschen nur, anstelle der Selbsterhaltung Selbstverzicht[29] zu üben und «ohne Eigentum, ohne Ort, ohne Zeit, ohne Volk zu leben»[30]. Horkheimer ist sich durchaus darüber im klaren, daß diese Alternative eine Zumutung ist; er muß es offenlassen, ob sie als «der Rückfall in die Barbarei oder als der Anfang der Geschichte»[31] zu verstehen wäre.

Mit der Formulierung vom Anfang der Geschichte deutet sich bereits hier eine theologische Perspektive an, wie sie der spätere Horkheimer immer entschiedener einnehmen wird. Aber gleichviel, ob die Alternative zum schlechten Bestehenden als die Erlösung der Welt durch Gott noch zu benennen ist oder nicht, festzuhalten bleibt, daß Horkheimer die Frage nach einer spezifischen Vernünftigkeit des kritischen Denkens negativ beantwortet: Eine spezifische Vernünftigkeit des kritischen Denkens gibt es nicht. In seinen späteren Schriften, vor allem in seinem Buch *Eclipse of Reason* (1947) – deutsch: *Zur Kritik der instrumentellen Vernunft* –, hat Horkheimer dann auch nur noch an eine von der selbsterhaltenden unterschiedene «objektive Vernunft» erinnern wollen, in welcher sich eine geordnete Ganzheit der Welt zeigt und die so einen Maßstab für das individuelle und gesellschaftliche Handeln abgibt. Diese Vernunft aber ist die Vernunft der – vergangenen – großen Philosophien, wie sie in der klassischen Antike, in der Scholastik und zuletzt im Deutschen Idealismus entworfen wurden.[32] Weit entfernt davon, das Erbe dieser Philosophien antreten zu können, soll das kritische Denken nur mehr die Leistung dieser Philosophien gegenwärtig halten und so dazu beitragen, in der heutigen Welt das Schlimmste zu verhindern. Horkheimer entwickelt sich zu einem pessimistischen und skeptischen Mahner, der nicht mehr an die Veränderung der Gesellschaft im Ganzen denkt, sondern sich für das kleinere Übel der westlichen Demokratie gegenüber den totalitären Systemen stark macht.[33]

Wenn jedoch das kritische Denken nicht mehr der gesellschaftlichen Praxis entsprechen kann, weil diese Praxis in ihrer selbsterhaltenden Vernünftigkeit eigentlich unvernünftig ist, so hat es auch nicht mehr die Möglichkeit, sich in einer eigenständigen kritischen Theorie auszubilden: Jede Theorie wäre, wenn es die «objektive Vernunft» nicht mehr gibt, unvermeidbar durch die selbsterhaltende Vernunft geprägt. Bereits in *Vernunft und Selbsterhaltung* sieht Horkheimer darum für die Philosophie vor allem die Aufgabe, in einer Kritik der selbsterhaltenden Vernunft deren Unvernünftigkeit aufzudecken und damit zugleich den Blick auf das zu richten, was durch diese Vernunft gehemmt und unterdrückt wird. Wenn, so lautet sein Argument, die Vernunft in sich gewaltsam ist, bleibt in ihr immer auch das aufgehoben, dem Gewalt angetan wird. Und weil außerdem der gewaltsame Zugriff der Vernunft nur möglich ist, indem dieser Zugriff sich auf etwas der Vernunft Vorgegebenes richtet, hat ein vernunftkritisches Denken das Verhältnis der Vernunft zu dem ihr Vorgegebenen derart nachzuzeichnen, daß es den gewaltsamen Zugriff der Vernunft auf das ihr Vorgegebene in seinem Vollzug und seiner Entwicklung beschreibt. Die Aufgabe des kritischen Denkens ist es, die Geschichte der selbsterhaltenden Vernunft zu schreiben, und damit ist der entscheidende Schritt von der Konzeption der kritischen Theorie zur Konzeption der Geschichtsphilosophie gemacht, wie sie in der *Dialektik der Aufklärung* ausgearbeitet ist. Wenn die Geschichte der selbsterhaltenden Vernunft mit dem Anspruch auftritt, eine Geschichte der Vernunft überhaupt zu sein, so schließt sie freilich aus, daß es so etwas wie die «objektive Vernunft» je gegeben hat. In seinen späteren Schriften fällt Horkheimer demnach hinter den Stand der *Dialektik der Aufklärung* zurück. Seinen Rückfall kann man vielleicht dadurch erklären, daß die zentralen Gedanken der *Dialektik der Aufklärung* auch weniger seine Grundgedanken als diejenigen Adornos gewesen sind. Adorno hat den Stand der *Dialektik der Aufklärung* auch in seinen späteren Schriften festzuhalten und weiterzuentwickeln versucht.

Dialektik der Aufklärung

Die *Dialektik der Aufklärung* ist weniger ein einheitliches Buch als vielmehr eine Sammlung recht unterschiedlicher Texte, die als Variationen eines durchgehaltenen Themas gemeint sind. Der im engeren Sinne philosophische erste Teil des Buches ist dem «Begriff der Aufklärung» gewidmet, der an zwei Exkursen, über Homers Odyssee und die Romane des Marquis de Sade, illustriert wird. Einer Diagnose der für die Verfasser gegenwärtigen Welt sind die beiden Abhandlungen zu «Kulturindustrie, Aufklärung als Massenbetrug» und «Elemente des Antisemitismus» gewidmet. Das Buch hat ein offenes Ende in einer Reihe von kürzeren «Aufzeichnungen und Entwürfen». Der bezeichnende Untertitel des Ganzen lautet: «Philosophische Fragmente». Selbst einem gewissenhaften Leser fällt es nicht leicht, die verschiedenen Texte des Buches als Variationen eines Themas zu erkennen. Dieses Thema selbst ist jedoch in der ersten Abhandlung zum Begriff der Aufklärung klar entfaltet. Es geht um die Verstrickung einer sich als Herrschaft vollziehenden Vernunft in ihre eigenen Netze. Auf diese Verstrickung zielt im Titel des Buches der Ausdruck «Dialektik».

Aber was ist Aufklärung? Für Horkheimer und Adorno ist sie nicht einfach dasselbe wie Vernunft in dem Sinne, wie Horkheimer sie in seinem Aufsatz über *Vernunft und Selbsterhaltung* erläutert hatte; Aufklärung ist also nicht nur das Vermögen, um den Preis der Selbstbeherrschung die eigenen Interessen mit denen der Gesellschaft auszugleichen. Aufklärung ist damit auch nicht einfach dasselbe wie Selbsterhaltung; sie ist vielmehr der Vollzug der selbsterhaltenden Vernunft, sofern dieser ausdrücklich und bewußt auf das in der selbsterhaltenden Vernunft Unterdrückte bezogen ist: Wer sich «aufgeklärt» verhält, unterdrückt nicht nur etwa seine eigenen Triebe, um seine Interessen im Ausgleich mit den anderen in der Gesellschaft besser verfolgen zu können; er ist auch mehr oder weniger deutlich der Meinung, daß er nun in seinen Trieben nicht mehr befangen ist. Aufklärung ist nicht nur Vernunftherrschaft, sondern selbstbewußte Vernunftherrschaft, in der die Unterdrückung seiner selbst als ein Fortschritt begrüßt wird, weil man durch die Unterdrükkung meint, vom Unterdrückten frei zu sein. Frei sein will man jedoch nur von dem, was einen befängt, indem es als bedrohlich erscheint. Und dies wiederum ist Horkheimer und Adorno zufolge die Natur. «Natur» ist der Inbegriff all dessen, wovon man sich in der Aufklärung zu befreien trachtet und das, wenn die Befreiung gelingt, als das zu Recht Unterdrückte und nun nicht mehr Bedrohliche erscheint.

Zur Erläuterung und zum Beleg dieser These skizzieren Horkheimer und Adorno das Leben der Menschen in der Zeit vor der Aufklärung, der «Vorvergangenheit»[34]. In diesem Leben erschien die Natur als belebt, Gewächse, Elemente wie Wasser, Feuer und Wind, aber auch die Gestirne, waren Dämonen und Geister, die in vielfältiger Verwandtschaft, Freundschaft und Feindschaft zueinander standen. Das Leben in einer solchen Natur artikulierte sich dann späterhin im Erzählen von Geschichten, im Mythos. Mit der Aufklärung aber werden die Mythen zerstört, die Welt wird entzaubert. An die Stelle der Geschichten treten die Begriffe, mit denen die zum Objekt der Begriffe gewordene Natur geordnet und so im Zusammenhang verfügbar gemacht werden kann. In den ersten Gestalten der Aufklärung kündigen sich also bereits die «traditionellen» Theorien an, wie Horkheimer sie in seinem Aufsatz von 1937 charakterisiert hatte. Aber während Horkheimer früher der Meinung gewesen war, die ordnende Verfügung über die Natur sei nur so lange problematisch, wie sie nicht im Rahmen einer vernünftigen Praxis der Gesellschaft vollzogen werde, besteht die Pointe der *Dialektik der Aufklärung* darin, daß eine solche ordnende Verfügung nie wirklich gelingt. Das aber heißt: Die Aufklärung gelingt nicht.

Um plausibel zu machen, warum die Aufklärung nicht gelingt und nicht gelingen kann, verweisen Adorno und Horkheimer auf das ursprüngliche Leben in der Natur: Nur auf den ersten Blick nämlich ist dieses Leben ihrer Meinung nach dem aufgeklärten Leben entgegengesetzt, und dementsprechend besteht dann auch zwischen dem mythischen Denken und dem begrifflich geprägten Denken der Aufklärung kein grundsätzlicher Unterschied. Nur auf den ersten Blick ist das Leben in der «Vorvergangenheit» im Einklang mit der Natur; in Wahrheit hat man es auch bereits hier mit einer Form der Naturbeherrschung zu tun; denn wo die Natur in der Gestalt von Geistern und Dämonen erscheint, gibt es die Möglichkeit, durch Zauberei und Opfer die Natur zu bannen und zu beschwichtigen.[35] Und wo die Natur in die verschiedenen Erscheinungen von Geistern und Dämonen gegliedert ist, hat sie schon ihren unmittelbar bedrohlichen Charakter verloren. Die Erzählungen des Mythos sind Vorformen des begrifflichen Redens: Sie bilden die Brücke zwischen der unmittelbaren Naturerfahrung und den «abstrakten» Begriffen, wo sie an die Stelle der belebten Natur die von dieser unterschiedenen Götter setzen. Was die Naturbeherrschung selbst angeht, so wird sie ursprünglich in einer Weise vollzogen, die man «Sieg durch Anpassung» nennen kann: Der Zauberer läßt sich auf die Geister und Dämonen ein, indem er sich ihnen ähnlich macht; um die Geister und Dämonen zu erschrecken oder zu besänftigen, gebärdet er sich selbst schreckhaft oder sanft. Diese Angleichung an die Natur zum Zweck ihrer Beherrschung nennen Horkheimer und Adorno «Mimesis»[36]. Wo die Natur mimetisch erfahren wird, ist sie noch kein bloßes Objekt wie dann später für das begriffliche Denken; sie ist freilich auch nichts, das man so, wie es ist, einfach nur sein läßt, sondern etwas, an das man sich ausdrücklich bindet, um nicht hilflos in es eingebunden zu sein.

Ihren entscheidenden Gedanken über das Wesen der Aufklärung gewinnen Horkheimer und Adorno nun daraus, daß sie die Aufklärung als weiterentwickelte Mimesis verstehen. Wenn es zwischen der Mimesis und der Aufklärung keinen grundsätzlichen Unterschied gibt, so ist auch die Aufklärung ebenso wie die Mimesis noch durch eine Angleichung an die Natur charakterisiert: Auch in der Beherrschung der Natur, wie sie im begrifflichen Denken vollzogen wird, bleibt man an die Natur gefesselt, und wenn das so ist, dann erreichen die Menschen in der Aufklärung eben nicht, was sie in ihr doch erreichen wollen, nämlich Unabhängigkeit von der Natur. Darin, daß Aufklärung Naturbeherrschung und Naturverfallenheit zugleich ist, besteht ihre «Dialektik».

Die These, daß Naturbeherrschung und Naturverfallenheit zusammengehören, versuchen Horkheimer und Adorno in den Einzeluntersuchungen ihres Buches zu erläutern und zu belegen. So soll der Exkurs über die Odyssee Homers zeigen, wie der Held Odysseus in seinem Verhalten bereits ein früher Aufklärer ist. Odysseus liefert sich der Natur in Gestalt der verlockenden und Verderben bringenden Sirenen ausdrücklich aus, jedoch so, daß die Macht ihres Gesanges für ihn nicht zerstörerisch sein kann.[37] Die Romane des Marquis de Sade sollen zeigen, wie sehr die Sinnenfeindlichkeit einer aufgeklärten Moral und sinnliche Exzesse nur verschiedene Aspekte derselben Sache sind. Die von der «Kulturindustrie» hergestellte und organisierte Unterhaltung in Film und Rundfunk verspricht zwar Entspannung und Freizeit von einer die Menschen gleichförmig wie die Natur beherrschenden Arbeitswelt; in Wahrheit aber liefert die Kulturindustrie Entspannung und Freizeit in denselben Formen, wie sie auch für die Arbeitswelt charakteristisch sind.[38] Der von Anfang an christlich geprägte Antisemitismus schließlich wird von Horkheimer und Adorno als eine Haltung gedeutet, in der sich das aufklärerische Denken gegen die Unverfügbarkeit eines Heilsversprechens in der jüdischen Religion richtet und als Haß artikuliert; der christliche Antisemitismus ist Ausdruck eines Herrschaftsanspruchs im Hinblick auf das göttliche Heil.[39]

Man kann bezweifeln, ob es Horkheimer und Adorno gelungen ist, ihre zentrale These von der «Dialektik» der Aufklärung in den einzelnen Untersuchungen ihres Buches wirklich zu belegen. Unbestreitbar ist jedoch, daß sie in dieser These ihre verschiedenen Denkmotive eindrucksvoll miteinander verknüpft haben. Im Konzept einer Naturbeherrschung, die ebenso Naturverfallenheit ist, findet sich der Gedanke Horkheimers aus *Vernunft und Selbsterhaltung* wieder, dem zufolge in der selbsterhaltenden Vernunft immer das «aufgehoben» bleibt, was durch die selbsterhaltende Vernunft unterdrückt wird. Daß dieses Unterdrückte freilich grundsätzlich als «Natur» gefaßt wird, geht sicher auf Adorno zurück. Bereits 1932 hatte dieser in einem Vortrag die Idee einer «Naturgeschichte» entwickelt und den letztlich mythischen Charakter von Vernunft aufzuweisen versucht.[40] Weil die Vernunft letztlich mythisch ist, läßt sich Vernunftgeschichte immer nur als Naturgeschichte schreiben. Eine solche Naturgeschichte bietet die *Dialektik der Aufklärung* nicht in dem Sinne, daß sie erzählen würde, wie sich die Beherrschung der Natur durch die an die Natur gebundene Vernunft in einzelnen Stadien wirklich zugetragen hat. Vielmehr wollen Horkheimer und Adorno ihre Leser davon überzeugen, daß ein angemessenes Verständnis von Vernunft immer nur zusammen mit dem Gedanken der Natur entwickelt werden kann, und zwar so, daß die einzelnen Stadien des Verhältnisses von Natur und Vernunft in ihrer sich aus diesem Verhältnis selbst ergebenden Aufeinanderfolge bestimmbar sind: Weil die Natur die Menschen bedroht, müssen sie auf diese Bedrohung reagieren, und ihre Reaktion versuchen sie folgerichtig immer perfekter zu gestalten. Die einzelnen Untersuchungen des Buches sollen die verschiedenen Stadien des Verhältnisses von Natur und Vernunft lediglich beispielhaft belegen; mit ihnen wird nicht der Anspruch einer ausgearbeiteten Weltgeschichte erhoben.

Die Naturgeschichte, die zugleich Vernunftgeschichte ist, hat mit jeder anderen erzählten Geschichte freilich eine entscheidende Gemeinsamkeit: Sie hat einen Anfang. Am Anfang dieser Geschichte steht eine Natur, auf welche die Menschen noch nicht reagiert haben. So gesehen gehört zwar alles, was man über die Vernunft sagen kann, in den Entwurf einer Geschichte der Natur; umgekehrt aber läßt sich die Natur, weil sie der Anfang dieser Geschichte ist, nicht vollständig in ihrem Verhältnis zur Vernunft, in der Naturgeschichte also, fassen: Als Anfang der Naturgeschichte ist die Natur nicht nur Moment dieser Geschichte. Für die philosophische Entwicklung von Horkheimer und Adorno ist es entscheidend, wie sie jeweils mit diesem Gedanken umgehen. Die spätere Position Horkheimers entwickelt sich aus der in der *Dialektik der Aufklärung* formulierten These, daß es in der jüdischen Religion eine Ausprägung aufgeklärten Denkens gibt, in der dieses Denken sich wirklich aus seiner Gebundenheit an die Natur löst[41]; die ursprüngliche Bezogenheit der Menschen auf die Natur wird hier ersetzt durch die Bezogenheit auf Gott, der nichts Natürliches an sich hat und deswegen gegenüber allem Naturgebundenen nur als das «ganz Andere» gelten kann. In der Religion liegt, so gesehen, zumindest die Chance zum Anfang einer Geschichte, die nicht Naturgeschichte ist. Vor allem im Alter hat Horkheimer immer wieder auf die spezifische Wahrheit der Religion hingewiesen[42] und dabei auch die dem Christentum gegenüber kritischen Thesen der *Dialektik der Aufklärung* stillschweigend zurückgenommen. Mit seiner theologischen Haltung bleibt er im Grunde seiner frühen Position treu, der zufolge es darauf ankommt, sich von den «Tatsachen» unabhängig zu machen, mit dem Unterschied freilich, daß er dies nun nicht mehr einer von der traditionellen unterschiedenen kritischen Theorie zutraut. Demgegenüber bleibt bei Adorno das theologische Motiv der *Dialektik der Aufklärung* eher untergründig wirksam. Seine philosophische Arbeit widmet er auch später der Frage nach dem Verhältnis der Naturgeschichte zur Natur, sofern sie der Anfang dieser Geschichte ist. Dabei sucht er nach einer Form philosophischen Denkens und Sprechens, in der es möglich ist, dem Gedanken der anfänglichen Natur gerecht zu werden, und weil das die Abwendung von einer Philosophie einschließt, die durch eine naturgeschichtlich charakterisierbare Vernunft bestimmt ist, setzt er das vernunftkritische Programm der *Dialektik der Aufklärung* fort. Ebenso aber will Adorno klären, unter welchen Bedingungen die anfängliche Natur sich doch in der Geschichte zeigen kann; er fragt nach einer Gestalt der naturbeherrschenden Vernunft, die sich als Naturbeherrschung zugleich widerruft und dadurch zum geschichtlichen Ort für die Erfahrung der anfänglichen Natur wird. Diese Gestalt der naturbeherrschenden

Vernunft aber ist die Kunst. Als Vernunftkritik wird die Philosophie Adornos zur «negativen Dialektik», als Frage nach dem geschichtlichen Ort der anfänglichen Natur zur «ästhetischen Theorie».

Negative Dialektik

«Negative Dialektik» lautet zwar auch der Titel des 1966 erschienenen Buches, in dem Adorno sich so ausführlich wie sonst nirgends auf die Fachphilosophie einläßt, um seine Sache zu vertreten; da dieses Buch jedoch als eine «Methodologie» der musikalischen, literarischen und soziologischen Arbeiten Adornos gemeint war, steht «negative Dialektik» vor allem für das Verfahren seines eigenen Denkens. Indem Adorno darüber Rechenschaft gibt, legt er «die Karten auf den Tisch»; aber das ist, wie er betont, «keineswegs dasselbe wie das Spiel»[43]. Folgt man dieser Selbstdeutung, wird man in der *Negativen Dialektik* auch nicht so etwas wie ‹die Philosophie› ihres Verfassers suchen dürfen; diese Philosophie findet in den Arbeiten ihren Ausdruck, deren Methode Adorno in der *Negativen Dialektik* lediglich aufdecken will. Die Auseinandersetzung mit anderen Philosophen wie Kant, Hegel und Heidegger hat dann auch nicht den Zweck, eine von ihren Konzeptionen unterschiedene Theorie anzubieten, welche sich diesen Konzeptionen gegenüber als die bessere Alternative erweist; wo er andere Philosophen kritisiert, will Adorno vielmehr auf das Verfahren seines eigenen Denkens verweisen und deutlich machen, wieso dieses Denken sich nicht in einer ausgearbeiteten Theorie artikuliert. Die *Negative Dialektik* ist ein philosophisches Buch, das einsichtig machen soll, wieso sein Autor sich dem philosophischen Denken im üblichen Sinne verweigert.

Natürlich liegt dieser Verweigerung eine bestimmte Meinung über das philosophische Denken im üblichen Sinne zugrunde. Es ist begriffliches Denken, das sich seiner Gegenstände dadurch versichert, daß es diese in dem bestimmt, was sie sind. Nennt man den Vollzug eines solchen Denkens «dialektisch», weil in ihm die unmittelbare Gegebenheit von etwas negiert wird, damit es sich, indem es bestimmt wird, in einer durch das Begreifen «vermittelten» Gegebenheit zeigen kann, so ist ein Denken «negativ dialektisch», wenn in ihm das begreifende Denken seinerseits negiert wird, damit sich der Vorrang des unmittelbar Gegebenen gegenüber dem begreifenden Denken zeigt. Es ist nicht schwer zu sehen, wie stark Adornos Verständnis von «negativer Dialektik» der *Dialektik der*

Aufklärung verpflichtet ist. Auch hier geht es wieder um den Herrschaftscharakter der Vernunft. Aber anders als in der *Dialektik der Aufklärung* geht es Adorno nun nicht mehr um eine als Naturgeschichte zu schreibende Geschichte der Vernunft, sondern darum zu klären, wie man im Denken der Natur Rechnung tragen kann, sofern sie Anfang der Naturgeschichte ist. Weil die anfängliche Natur sich nicht mehr unmittelbar zeigt, nachdem die Welt einmal vernünftig eingerichtet ist, ist dies nicht anders möglich als durch eine Negation des bestimmenden Denkens; indem das bestimmende Denken gleichsam seinen eigenen Anspruch bestreitet, schafft es Raum für die Erfahrung des Besonderen, des nicht im Begreifen Identifizierten, mit Adornos Wort: des «Nichtidentischen». Nichtidentisch sind die Dinge, sofern sie als individuelle die Menschen betreffen und irritieren können. Ein Denken, das durch negative Dialektik geprägt ist, steht damit selbst wesentlich im Zusammenhang von Erfahrungen der Betroffenheit und Irritation; dieses Denken läßt sich nicht artikulieren, ohne daß solche Erfahrungen mit zur Sprache kommen, und allein schon darin unterscheidet sich Adornos Denken seinem Selbstverständnis nach grundsätzlich von philosophischen Konzepten, die ihre sprachliche Gestalt in allgemeinen Begriffen haben. In seinen Schriften zu Musik und Literatur hat Adorno immer wieder eigene Erfahrungen zum Ausgangspunkt seines Denkens gemacht; am besten aber ist ihm dies wohl in der Aphorismensammlung *Minima Moralia*[44] gelungen.

Die Rechenschaft über ein durch negative Dialektik geprägtes Denken, wie Adorno sie in seinem Buch geben wollte, bleibt allerdings unvollständig, wenn sie nicht auch der Frage nachgeht, wie die denkende Erfahrung des Individuellen, des «Nichtidentischen» selbst möglich ist. Einerseits nämlich schafft die Negation des bestimmenden Denkens ja nur Raum für eine solche Erfahrung; und wenn andererseits das Erfahrene nicht wesentlich individuell und also «nichtidentisch» wäre, würde es ja sogleich wieder zum Gegenstand des bestimmenden Denkens werden können. Nun hat die Erfahrung von Kunstwerken für Adorno immer eine zentrale Bedeutung gehabt; sie ist ihm der Maßstab dafür, was Erfahrung des Individuellen und Nichtidentischen genau ist. Die Rechenschaft über ein durch negative Dialektik geprägtes Denken führt so gesehen zur Rechenschaft darüber, was ein Kunstwerk ist: Sie führt zur «ästhetischen Theorie».

Ästhetische Theorie

Adornos *Ästhetische Theorie* bietet dem Leser keinen auf Anhieb leicht durchschaubaren Gedankengang. Konsequenter noch als in anderen Schriften setzt Adorno hier seine Leitbegriffe als eine Vielzahl von Zentren ein, um die sich seine Reflexionen bilden, so daß sich ein Zusammenhang des Ganzen ergibt, indem man diese Zentren aufeinander bezieht. Ein solches Verfahren entspricht nach Adornos Überzeugung dem Thema der *Ästhetischen Theorie*: Kunst hat, wie er sagt, «ihren Begriff in der geschichtlich sich verändernden Konstellation von Momenten; er sperrt sich der Definition»[45]. Trotz seiner offenen Darstellungsform und obwohl sich nicht definieren lassen soll, was Kunst ist, hat das Buch eine klare These, und die immer wieder neu ansetzenden Reflexionen haben den Sinn, diese These unter verschiedenen Aspekten zu präsentieren. Kunst, so will Adorno zeigen, muß als eine Form der naturbeherrschenden Vernunft verstanden werden. Zwar sind Kunstwerke keine Theorien, die einen Umgang mit der Natur ermöglichen, und auch keine philosophischen Systeme, in denen die Natur als das bestimmt wird, was sie ist; aber Kunstwerke kommen nur dadurch zustande, daß in ihnen das «Material», die Klänge, die Farben, das Holz, das Metall, die Worte also, zu einer Einheit zusammengestellt werden. Die in der Kunst eine solche Zusammenstellung bewirkende Macht nennt Adorno «Rationalität»[46]; jedes Kunstwerk ist das Ergebnis einer rationalen Konstruktion. Wäre es anders, so würde man die Kunstwerke nicht als in sich stimmige, vernünftige Gebilde erfahren und sich mit ihnen auseinandersetzen können.

Entscheidend für Adorno ist jedoch, daß in der Kunst die rationale Konstruktion des Materials so radikal vorangetrieben ist, daß die Werke bei aller Stimmigkeit nicht mehr ohne weiteres verstanden werden können. Weil die verschiedenen Momente des Materials vielfältig aufeinander bezogen sind, läßt sich die rationale Konstruktion der Kunstwerke im einzelnen vom Leser, Hörer oder Betrachter nicht einfach nachvollziehen; statt dessen ist er mit der Vielfältigkeit des Materials selbst konfrontiert, und er erfährt es in seiner sich der einfachen Beschreibung entziehenden Individualität. Wer versucht, etwa den Stellenwert einer Farbe in einem Bild genau zu beschreiben, muß dabei von den mannigfaltigen Nuancen dieser Farben und ihren Bezügen zu anderen Farben absehen; aber solange er das Bild wirklich betrachtet, ist er genau dazu nicht imstande. Auch wenn Künstler nur mit wenigen und sehr einfachen Mitteln arbeiten, lassen sich gelungene Bilder nicht einfach durch die Aufzählung dieser Mittel erfassen. Weil in den Kunstwerken das Material in seiner Individualität freigesetzt wird, bewirkt die Kunst eine Rettung des Nichtidentischen. Die Kunstwerke sind sozusagen Stellvertreter der anfänglichen, noch nicht beherrschten Natur, und zwar gerade dadurch, daß in ihnen eine radikal ausgeprägte Rationalität am Werke ist.[47]

Die ins Extreme getriebene Rationalität der Kunstwerke läßt damit zur Erscheinung kommen, was ansonsten immer nur rational unterdrückt wird. Entsprechend können die Kunstwerke auch nur angemessen erfahren werden, wenn man sich auf ihre Nichtidentität einläßt und, wie Adorno im Anschluß an die *Dialektik der Aufklärung* sagt, mimetisch zu ihnen verhält. Anders als die Mimesis der Zauberer in der «Vorvergangenheit» ist diese Mimesis jedoch keine Form von Herrschaft: Die Kunstwerke erscheinen in ihrer Nichtidentität nicht als bedrohlich, denn sie sind ja schließlich rational konstruiert. Aufgrund ihrer rationalen Konstruktion können sie auch nicht einfach für Natur gehalten werden; daß sie nur Stellvertreter der Natur sind, liegt an ihnen offen zutage. Kunst ist also für Adorno eine Möglichkeit, aufgrund der Rationalität die Erfahrung des Nichtidentischen zu machen. Kunstwerke bieten sich damit nicht nur für die Erfahrung des Individuellen an, von der in der *Negativen Dialektik* gesprochen wurde; sie zeigen auch die Rationalität erst im Zusammenhang mit der Natur und geben so Aufschluß über das Wesen der Rationalität.

Zu einer solchen Leistung ist die Kunst für Adorno freilich nicht generell und zu allen Zeiten imstande gewesen. Die *Ästhetische Theorie* wäre selbst nur eine begriffliche Konstruktion, wenn sie nicht auf bestimmte Kunstwerke und ihre Erfahrung bezogen wäre. Adorno orientiert sich vor allem an der Kunst dieses Jahrhunderts; auch wo er sich in generellen Begriffen artikuliert, denkt er doch vor allem an die Musik von Arnold Schönberg, Anton von Webern, Alban Berg und auch von Gustav Mahler, an die Dichtung Samuel Becketts und Paul Celans, an die Malerei seit dem französischen Impressionismus. Adorno verfährt so gesehen wie jeder Philosoph, der über Kunst schreibt: Er kann seine Reflexionen nur aus der eigenen Kunsterfahrung gewinnen. Daß für ihn die Musik eine besonders wichtige Rolle spielt, erklärt sich allein schon aus seiner Biographie, und darum ist es auch kein Zufall, daß zentrale Gedanken der *Ästhetischen Theorie* bereits in der 1949 erschienenen *Philosophie der neuen Musik*[48] vorgetragen wurden. Adornos Orientierung an der spezifisch «modernen» Kunst ist jedoch nicht in erster Linie Ausdruck seiner persönlichen Vorlieben. Vielmehr kann man Adorno zufolge über Kunst nicht angemessen reden, wenn man ihre historische Entwicklung unberücksichtigt läßt, und dies wiederum soll nicht heißen, man müsse in einer philosophischen Ästhetik der Kunstgeschichte Rechnung tragen. Vielmehr hat die künstlerische Rationalität selbst sich erst in der «Moderne» vollständig entwickelt und ist insofern eine Form der spezifisch modernen gesellschaftlichen Rationalität. Kunst muß nicht dadurch gesellschaftsbezogen sein, daß sie gesellschaftliche Phänomene gestaltet; sie ist es bereits durch die Formen und Mittel von Gestaltung.[49] Nur wenn man Adornos These vom gesellschaftlichen Charakter der Kunst berücksichtigt, kann man auch verstehen, wieso er die *Ästhetische Theorie* als Fortführung der Kritik einer wesentlich immer gesellschaftlich wirksamen Vernunft verstehen konnte. Während die *Dialektik der Aufklärung* versucht, diese Vernunft in ihrer Naturgeschichte zu entwikkeln, geht es der *Ästhetischen Theorie* darum, über den gegenwärtigen Stand dieser Vernunft in einer Reflexion auf die Kunst Klarheit zu gewinnen. Und während die *Negative Dialektik* nach der Möglichkeit des Philosophierens heute fragte, soll die *Ästhetische Theorie* Aufschluß über die Erfahrungsgrundlage eines Philosophierens geben, das sich der Welt gegenüber, wie sie in ihrer rationalen Prägung heute ist, kritisch verhält. Der künstlerische Avantgardismus Adornos hat letztlich also ein philosophisches Motiv, und diesem Motiv gegenüber ist es zweitrangig, daß die *Ästhetische Theorie* auch Maßstäbe entwickelt, nach denen sich, wenn man Adorno folgt, beurteilen läßt, was heute noch als «authentische» Kunst gelten kann und was nicht. Wichtiger als dies ist Adornos Überzeugung, an der Kunst ließe sich eine Wahrheit erfahren, die auch für das Philosophieren heute verbindlich ist. Aber was kann die Philosophie mit dieser Wahrheit anfangen?

An einer wichtigen Stelle der *Ästhetischen Theorie* hat Adorno eine Bestimmung des Verhältnisses der philosophischen Wahrheit zur Wahrheit der Kunst gegeben. «Unverhüllt», so heißt es dort, «ist das Wahre der diskursiven Erkenntnis, aber dafür hat sie es nicht; die Erkenntnis, welche Kunst ist, hat es, aber als ein ihr Inkommensurables».[50] Demzufolge ist eine diskursive, also sich in begrifflichen Bestimmungen artikulierende Erkenntnis zwar dadurch charakterisiert, daß etwas in ihr «unverhüllt» ist; nur wenn etwas sich in seiner Unverhülltheit zeigt und so erfahren wird, kann man ja überhaupt von «Erkenntnis» sprechen. Wenn aber diese Erkenntnis das Wahre nicht «hat», so läßt sich das Verhüllte, welches sie hat, im Grunde nicht als das Wahre bezeichnen. In der diskursiven Erkenntnis wird dann das Unverhüllte lediglich als das

Wahre genommen, ohne daß es doch das Wahre ist. Demgegenüber «hat» die Kunst das Wahre, und da ja in der Kunst das Individuelle und Nichtidentische zum Vorschein kommt, ist dieses Individuelle und Nichtidentische das Wahre, um das es Adorno hier geht. Die Kunst aber hat das Wahre «als ein ihr Inkommensurables», als etwas, das mit demselben Maß wie die Kunst nicht zu messen ist; sie hat das Wahre nur, indem sie es durch die rationale Konstruktion freisetzt, ohne über es zu verfügen: Gerade in seiner Unverfügbarkeit ist das Individuelle und Nichtidentische das Wahre, das so der Unwahrheit der Naturbeherrschung entgegengesetzt ist. Unwahr ist die Naturbeherrschung deshalb, weil in ihr doch letztlich nicht beherrscht werden kann, was beherrscht werden soll: Die naturbeherrschende Vernunft ist, wie die *Dialektik der Aufklärung* demonstriert hatte, zugleich der Natur verfallen. Wenn nun aber die naturbeherrschende Vernunft in der Form der diskursiven Erkenntnis dadurch charakterisiert ist, daß sich in ihr etwas als unverhüllt zeigt, und dieses Unverhüllte zugleich doch nicht das Wahre ist, so muß die Wahrheit, wie die Kunst sie «hat», verhüllt sein. Wahrheit ist in der Kunst nicht einfach präsent; sie zeigt sich allein daran, daß die Individualität und Nichtidentität des Materials sich einer begrifflichen Bestimmung entzieht. Der Kunstcharakter der Kunstwerke besteht dann gerade in ihrer Unausdeutbarkeit. Die Kunstwerke sind, wie Adorno auch sagt, «Rätsel», und: «Das Rätsel lösen ist soviel wie den Grund seiner Unlösbarkeit angeben»[51].

Eine Philosophie, die sich als ästhetische Theorie auf die Kunstwerke einläßt, muß in letzter Konsequenz darauf verzichten, die Wahrheit der Kunstwerke begreifen zu wollen. Alle Begriffe, die in einer solchen Philosophie entwickelt werden, sind deshalb auch dazu angetan, die Sache, um die es ihr geht, wieder zu verdecken. Aber mehr noch: Die Philosophie kann als «ästhetische Theorie» noch nicht einmal einsichtig machen, wieso das, was an den Kunstwerken erfahren wird, die Wahrheit ist; als Erkenntnis, die sich in Begriffen artikuliert und darin diskursiv ist, hat es auch die Philosophie immer nur mit dem Unverhüllten, nicht aber mit dem Wahren zu tun. Als «ästhetische Theorie» kann sich die Philosophie nur noch in Kunsterfahrung zurücknehmen und in ihrem mimetischen Verhalten zu den Kunstwerken darauf vertrauen, daß sich in ihnen Wahrheit zeigt. Sofern sich die Philosophie in Kunsterfahrung zurücknimmt und ihre eigenen Begriffe nur noch als notwendigerweise unzureichende Artikulationsversuche dieser Erfahrung einsetzen kann, wird die Philosophie selbst ästhetisch: «Ästhetische Theorie» ist für

Adorno wesentlich keine «Theorie des Ästhetischen», sondern ästhetische Erfahrung, die sich als Theorie nur darstellen läßt, wenn zugleich die Unangemessenheit einer Theorie gegenüber dem Ästhetischen eingeräumt wird. Wie die *Negative Dialektik* lediglich Methodologie eines nicht mehr theoretischen Philosophierens sein sollte, so ist auch die *Ästhetische Theorie* nicht mehr als ein Versuch, auf die Erfahrung des Individuellen und Nichtidentischen in der Kunst aufmerksam zu machen.

Die *Ästhetische Theorie* wurde durch Adornos Tod zu seinem philosophischen Vermächtnis. Als ein solches Vermächtnis war sie nicht von ihm geplant. Adorno hätte dem Text in einer letzten Überarbeitung nicht nur seine endgültige Gestalt gegeben, sondern sich außerdem an die Arbeit zu einem Buch über Moralphilosophie gemacht.[52] Trotzdem ist es nicht unangemessen, die *Ästhetische Theorie* als Hauptwerk Adornos anzusehen. Wie in keiner anderen seiner Schriften sind hier die zentralen Motive seiner Arbeit reflektiert und zusammengefaßt. Außerdem läßt sich die *Ästhetische Theorie* als sein anspruchsvollster und am meisten ausgearbeiteter Versuch lesen, das Programm der kritischen Theorie in seinen Konsequenzen zu entwickeln und sich den diesem Programm immanenten Schwierigkeiten zu stellen. Darum ist es auch kein Zufall, daß die Frage, wie die kritische Theorie nach Horkheimer und Adorno fortzuführen sei, sich immer wieder an der *Ästhetischen Theorie* entzündet hat. So bemerkt Jürgen Habermas, nicht ohne Irritation, das Eingedenken der Natur, von dem die *Ästhetische Theorie* handelt, gerate in eine «schockierende Nähe zum Andenken des Seins»[53], in die Nähe eines Denkers also, der von der Frankfurter Schule immer als Intimfeind angesehen worden ist: Martin Heidegger. Habermas hat sich denn auch entschlossen, mit seiner eigenen Arbeit an das frühe Programm Horkheimers wieder anzuknüpfen. Von Adorno inspiriert ist demgegenüber bei Habermas zwar der Versuch, Ansätze zu einer Theorie der Moderne zu entwickeln.[54] Aber wer Adorno wirklich folgen will, sieht sich von ihm selbst nur an die Erfahrung der modernen «authentischen» Kunstwerke verwiesen.

Günter Figal

Walter Benjamin

Über Walter Benjamin hat Hannah Arendt einmal geschrieben, er habe sich in seinen jungen Jahren auf nichts anderes vorbereitet als auf den «Beruf» des Privatsammlers und Privatgelehrten.[55] In der Tat hat Benjamin nie einen Beruf im bürgerlichen Sinn gehabt. Zeit seines Lebens blieb er von der Unterstützung anderer abhängig, zunächst seiner Eltern, dann von den regelmäßigen Zahlungen des Instituts für Sozialforschung. Benjamin ist zwar in Philosophie promoviert worden und hat später versucht, sich mit seiner Schrift über den *Ursprung des deutschen Trauerspiels* (1928) zu habilitieren. Die Habilitation scheiterte zwar, aber Benjamin hat einen erfolgreichen Abschluß und die mit ihm verbundene Lehrverpflichtung auch eher gefürchtet als erhofft. Man kann sich Benjamin schlecht in der Rolle eines Philosophiedozenten vorstellen; hätte man ihn nach dem ihm liebsten Autor gefragt, so hätte er wohl kaum Philosophen, sondern Schriftsteller wie Marcel Proust, Charles Baudelaire und wahrscheinlich auch Goethe genannt. Benjamin war ein homme de lettres, der mit Büchern lebte, ohne sie lesen, geschweige denn über sie schreiben zu müssen. Bekannte und Freunde schildern ihn als einen Mann, mit dem sich faszinierende Gespräche führen ließen, zu dem man privat jedoch nur schwer Zugang fand; als einen Melancholiker, der seine Scheu und Lebensunsicherheit hinter formvollendeter Höflichkeit verbarg. Wirklich befreundet war er wohl nur mit dem Judaisten Gershom Sholem[56] und – wenigstens eine Zeitlang – mit Ernst Bloch. Der Persönlichkeit Benjamins entspricht auch seine besondere Intelligenz; mehr als in präzisen Argumenten vollzog sich diese in genauen, oft überraschenden Beobachtungen und Sentenzen. Zu seinen gelungensten Schriften gehören neben den Abhandlungen, von denen Adorno so viel gelernt hat, auch das Erinnerungsbuch *Berliner Kindheit um Neunzehnhundert*[57] und die Aphorismensammlung *Einbahnstraße*[58] sowie kurze Texte, die er selbst «Denkbilder»[59] nannte.

Walter Benjamin wurde 1892 in Berlin geboren und wuchs dort als

Sohn eines wohlhabenden Antiquitätenhändlers auf. Zwei Jahre seiner Kindheit verbrachte er in einem Landerziehungsheim (Haubinda in Thüringen), wo er mit den Ideen der Jugendbewegung bekannt wurde. Während seines Studiums hat sich Benjamin noch stark in dieser Bewegung engagiert.[60] Er studierte Philosophie, zunächst in Freiburg und Berlin, während der Jahre des Ersten Weltkriegs in München und dann in Bern, wo er 1919 mit einer Arbeit über den *Begriff der Kunstkritik in der deutschen Romantik* promoviert wurde. Danach lebte Benjamin als Übersetzer, Literaturkritiker und freier Schriftsteller. Die wichtigsten Arbeiten aus dieser Zeit sind der von Hugo von Hofmannsthal bewunderte Aufsatz *Goethes Wahlverwandtschaften* (1924) und die Abhandlung über den *Ursprung des deutschen Trauerspiels*, die dem Drama der Barockzeit gewidmet ist. Auf Anregung von Ernst Bloch las Benjamin im Jahr 1923 – dem Jahr, in dem er auch Theodor W. Adorno kennenlernte – *Geschichte und Klassenbewußtsein* von Georg Lukács. Unter dem Einfluß dieses Buches und ebenso seiner Freundschaft mit der Kommunistin Asja Lacis wurde Benjamin zu einem – freilich undogmatischen – Marxisten. Ein wichtiger Gesprächspartner für Fragen der marxistischen Politik und Kunsttheorie war für ihn seit 1929 Bertolt Brecht, dessen Werk er bewunderte und dem er einige kleinere Arbeiten widmete.[61] Nach der nationalsozialistischen Machtübernahme emigrierte Benjamin nach Paris, das er vorher schon gut kannte und mehr noch als Berlin zu ‹seiner› Stadt wurde. In diese Zeit fällt auch sein engerer Kontakt zum Institut für Sozialforschung. Für dessen Zeitschrift schrieb er einige Aufsätze, unter anderem über *Das Kunstwerk im Zeitalter seiner technischen Reproduzierbarkeit* (1936). Ein im Jahr 1938 abgeschlossener Aufsatz über Baudelaire[62] gehört in den Zusammenhang eines Projekts, dem Benjamin in den Emigrationsjahren den größten Teil seiner Arbeitskraft widmete: Unter dem Titel *Pariser Passagen* wollte er, angeregt durch ein Buch von Louis Aragon[63], die Kunst des 19. Jahrhunderts und die ihr entsprechenden Formen der Erfahrung sozialgeschichtlich darstellen. Die Passagen-Arbeit ist ein umfangreiches Konvolut von Materialien und Entwürfen geblieben.[64] Wie alle männlichen Emigranten in Frankreich wurde Benjamin nach dem Nichtangriffspakt zwischen Hitler und Stalin interniert. Als er wieder in Freiheit war, entschloß er sich, zunächst zögernd, zur Ausreise in die USA. Ein Leben dort konnte Benjamin sich nur als das Leben des von allen bestaunten und herumgezeigten «letzten Europäers» vorstellen.[65] Nach der Invasion der deutschen Wehrmacht floh Benjamin zunächst nach Marseille und versuchte, von dort aus zusammen mit einer Gruppe anderer Emigranten die Grenze nach Spanien zu überqueren. Weil die Gruppe vom Zoll aufgehalten wurde und Benjamin eine Auslieferung an die Gestapo fürchtete, nahm er sich am 29. September 1940 das Leben.

Von den Schriften Benjamins sind auch diejenigen, die man auf Anhieb für Beiträge zur Philosophie und Literaturwissenschaft halten könnte, keine im üblichen Sinne. Philosophisch ist Benjamin keiner bestimmten akademischen Richtung zuzuordnen; an den philosophischen Debatten seiner Zeit hat er, wenigstens in seinen Texten, nicht teilgenommen. Auch sein Zugang zur philosophischen Tradition ist eigentümlich. Am ehesten ist Benjamin durch einige Grundgedanken Platons geprägt, welche er freilich in sehr unkonventioneller Weise übernahm; die Hochschätzung, die er Kant entgegenbrachte, hat jedoch nie zu einem eingehenden Studium geführt. Als er noch die Absicht hatte, eine Dissertation über Kant zu schreiben, schob er dieses Studium immer wieder auf.[66] Andererseits sind Benjamins Arbeiten zur Literatur durch eine philosophische Konzeption bestimmt, die er zuerst in seinen frühen sprachphilosophischen Arbeiten[67] formuliert und dann in der «Erkenntniskritischen Vorrede» zur Abhandlung über den *Ursprung des deutschen Trauerspiels* ausgearbeitet hat. Charakteristisch für seine Philosophie ist es, daß sie nicht in erster Linie in einer begrifflichen Darstellung zu finden ist; ihre eigentliche Gestalt gewinnt sie erst in der Kritik von Kunstwerken, und dies wiederum hat seinen Grund darin, daß in der philosophischen Konzeption Benjamins dem Begriff der Darstellung eine zentrale Rolle zukommt.

Darstellung der Wahrheit

Für Benjamin ist Philosophie als solche Darstellung der Wahrheit. Was Darstellung in diesem Zusammenhang heißen soll, macht Benjamin zunächst deutlich, indem er «Darstellung» von «Erkenntnis» unterscheidet und eine Erkenntnis der Wahrheit für unmöglich erklärt.[68] Erkenntnis ist für ihn nämlich dadurch charakterisiert, daß sie sich auf einen Gegenstand richtet und dieser im Bewußtsein «gehabt» oder «besessen» wird. Sofern man in der Erkenntnis des erkannten Gegenstandes gewiß ist, läßt sich also die Erkenntnis als ein Besitzverhältnis oder zumindest doch wie ein Besitzverhältnis bestimmen. Alles, was erkannt wird, hat seinen Zusammenhang jedoch lediglich im Bewußtsein und nicht an ihm selbst;

der Zusammenhang oder, wie Benjamin selbst sagt, die «Einheit» des Erkannten wird im Bewußtsein erst gebildet und ist so unterschieden von der Einheit der Dinge, wie sie unabhängig von der einheitsstiftenden Tätigkeit des Bewußtseins ist. Nur die letztere Einheit aber kann als «wahr» bezeichnet werden, und darum kommt alles darauf an zu klären, wie sie sich zeigen kann. Die wahre Einheit der Dinge zeigt sich Benjamin zufolge nur, indem sie sich selbst darstellt, und eine solche Selbstdarstellung der wahren Einheit der Dinge zu ermöglichen, ist die Aufgabe der Philosophie. [69] Diese wird ihrer Aufgabe gerecht, indem sie die Dinge in eine neue Konstellation treten läßt, so daß sie in einer für den gewohnten Erkenntniszusammenhang neuen und überraschenden Weise gesehen werden können. Philosophie ist die sprachliche Darstellung von Dingen in ihrem Zusammenhang, in ihrer Einheit, aber eine Darstellung, der die Erfahrung eines neuen und überraschenden Zusammentretens der Dinge zu einer Einheit vorgegeben ist. Was der Philosophie derart zur Betrachtung vorgegeben ist, nennt Benjamin «Ideen» [70]; und die begriffliche Darstellung der Philosophie hat nur den Sinn, die Ideen sich zeigen zu lassen. Wo die Ideen sich selbst zeigen, indem sie sich in den philosophischen Begriffen darstellen, werden die Dinge im Augenblick durchsichtig auf ihr Geschaffensein durch Gott; die profane Ordnung der Welt, die Ordnung des Bewußtseins, wird durchbrochen, so daß die wahre göttliche Ordnung aufscheinen kann.

Es ist freilich kennzeichnend für Benjamins Denken, daß er sich theologischer Spekulationen weitgehend enthält. Sein Grundgedanke einer sich selbst darstellenden Wahrheit schließt solche Spekulationen ebenso aus, wie er die Ausarbeitung einer philosophischen Theorie verbietet. Die Ideen, die sich in der Philosophie darstellen sollen, sind als jeweils neue und überraschende Einheit der Dinge einzig. Die Philosophie kann sich darum auch nicht zu einem die einzelnen Begriffe auseinander entwickelnden System ausbilden; sie hat vielmehr mit ihren «beschreibenden Entwürfen» der Ideen immer wieder aufs neue anzusetzen. An die Stelle von logischen Folgerungen und Argumenten treten in den Texten Benjamins darum auch komplizierte und oft dunkle Metaphern. Sachliche Zusammenhänge werden meist nicht ausdrücklich genannt; sie ergeben sich aus der wohldurchdachten Kombination von Zitaten. Von der Philosophie, wie er sie versteht, sagt Benjamin selbst, sie halte sich in der Mitte zwischen Forschung und Kunst. [71] Während es nämlich in der Arbeit des Forschers darum geht, die Dinge nicht einfach zu beschreiben, sondern in einen Zusammenhang zu bringen, betrachtet es der Künstler als seine Aufgabe, den Zusammenhängen der Dinge eine eigenständige Gestalt zu verleihen. Der Philosoph bringt die Dinge in einen Zusammenhang, indem er sich an der eigenständigen Gestalt solcher Zusammenhänge orientiert.

Kunstkritik

Weil der wahre Zusammenhang der Dinge in den Werken der Kunst jeweils eine Gestalt findet, ist die Philosophie, wie Benjamin sie versteht, auf diese Werke verwiesen. Das heißt jedoch nicht, philosophisch könne man sich nun ohne weiteres an die Kunstwerke halten. Würde nämlich in den Kunstwerken der wahre Zusammenhang der Dinge ohne weiteres offenbar werden, so bliebe für die Philosophie nichts mehr zu tun, und sie könnte auf ihre beschreibenden Entwürfe der Ideen verzichten. Benjamin ist jedoch der von Platon inspirierten Überzeugung[72], daß die Schönheit der Kunstwerke zwar ein Sichdarstellen der Wahrheit ist, aber dieses Sichdarstellen noch von der Wahrheit selbst unterschieden werden muß. Dies wiederum heißt nicht, die Wahrheit könne für uns anders offenbar werden als dadurch, daß sie sich darstellt; es heißt allein, daß die Darstellung nur dann vom Sichdarstellenden nicht ablenkt, wenn sie als solche durchsichtig ist[73]: Die Darstellung muß die Eigenständigkeit ihrer Gestalt verlieren, um so erst die Funktion als Darstellung eigentlich zu erfüllen. Eigenständig ist die Gestalt der Darstellung nämlich immer dann, wenn sie sich gegenüber dem Zusammenhang einer Welt behauptet, obwohl doch die «Realien», die Phänomene dieser Welt, in sie eingegangen sind. Das aber ist für Benjamin bei den Kunstwerken der Fall. Jedes Kunstwerk gehört zu einer Welt, in der es entstanden ist, und wenn es dieser Welt gegenüber als eigenständig erscheint, so ist diese Eigenständigkeit doch nur Schein. Durchsichtig wird nun der Scheincharakter der Kunstwerke durch die Philosophie. Die Philosophie ist zwar zunächst an den eigenständigen Gestalten der Kunstwerke orientiert; aber erst, indem sie deren Eigenständigkeit und mit dieser ihre Bezogenheit auf eine Welt negiert, kann sie ihre eigene Aufgabe erfüllen, Darstellung der Wahrheit zu sein. Ihre eigentümliche Form findet die Philosophie so gesehen in der Kunstkritik. Benjamin hat viele seiner Arbeiten als philosophische Kunstkritik in diesem Sinne verstanden.

Zu seiner Konzeption philosophischer Kunstkritik ist Benjamin im Anschluß an den romantischen Gedanken der Reflexionspoesie gelangt.

Während dieser Gedanke, wie Benjamin ihn in seiner Dissertation entwickelt hat[74], jedoch besagt, daß in den Kunstwerken selbst ihr Scheincharakter durchsichtig werden kann, wenn dieser in ihnen reflektiert und ausdrücklich gemacht ist, spielt in Benjamins eigener Konzeption eine solche Selbstreflexion des Kunstwerks keine Rolle. Die Reflexion der Kunstwerke wird vielmehr allein der Philosophie zugewiesen. Wie Benjamin vor allem in seiner Abhandlung über *Goethes Wahlverwandtschaften* zeigen will, sind nämlich die Kunstwerke zunächst immer nur als eigenständige Gestalten möglich. Erst wenn sie in der Zeit überdauern und dadurch dem späteren Publikum immer befremdlicher werden, fordern sie zur Kritik heraus.[75] Bei einem zeitgenössischen Kunstwerk ist es demgegenüber naheliegend, sich nur auf seinen «Sachgehalt» zu beziehen und das Werk für ein Bild der Welt zu halten, in der es entstanden ist; erst später, wenn der Sachgehalt der Werke nicht mehr den «Realien» einer Welt entspricht, kann ihr «Wahrheitsgehalt» durch den Kritiker freigesetzt werden, indem er die verschiedenen Momente des Sachgehaltes in ihrer Einheit als Idee benennt. Die Einheit dieser Momente zeigt sich erst als Idee, wenn die Momente nicht mehr im vertrauten Zusammenhang der Welt erfahren werden können.

Sofern die Kunstwerke zur Zeit ihrer Entstehung immer auf den vertrauten Zusammenhang einer Welt bezogen sind, haben sie für Benjamin mythischen Charakter. Mythisch ist für ihn nämlich alles, dessen Eigenständigkeit insofern scheinhaft ist, als es an einen Zusammenhang gebunden bleibt, dem gegenüber es seine Eigenständigkeit behauptet. Allerdings verlieren die Kunstwerke ihren mythischen Charakter, wenn sie durch die Kritik als Darstellungen der Wahrheit «gerettet» werden[76], und diese Rettung wiederum ist möglich, weil sich die Kunstwerke durch ihr Überdauern in der Zeit vom Zusammenhang ihrer Welt lösen. Das haben die Kunstwerke mit den großen philosophischen Konzeptionen, etwa Platons und Hegels, gemeinsam, die um so mehr als Darstellungen der Wahrheit begriffen werden können, je weniger sie noch Beschreibungen einer Welt sind.[77] Bei allen nicht in der Zeit überdauernden Gestalten bleibt demgegenüber ihr mythischer Charakter bis zu ihrem Untergang erhalten. Solche Gestalten sind denn auch durch philosophische Kritik nicht zu retten, sondern nur in ihrem mythischen Charakter zu benennen. Ihre Rettung läßt sich für Benjamin nur als göttliche Erlösung denken.

Theologie der Geschichte

Allein daran, daß die kritische Benennung von dauerhaft mythischen Gestalten überhaupt möglich ist, zeigt sich, wie sehr Benjamins Konzeption einer philosophischen Kunstkritik in den größeren Rahmen einer theologischen Konzeption von Geschichte eingebettet ist. Selbst wenn sich die Aufgabe der Philosophie für ihn nur als Kunstkritik erfüllt, ist die Kunstkritik ihrerseits auf die Geschichte bezogen: Wo sich etwa dem Blick des Kunstkritikers das barocke Trauerspiel als Idee zeigt, werden ja historische «Realien» in die Wahrheit gerettet, indem sie in einer gegenüber ihrer ehemaligen Welt und gegenüber dem vertrauten Bild der Geschichte neuen und überraschenden Einheit präsentiert werden. Und wie Benjamins Konzeption des Kunstwerks in eine Theologie der Geschichte integriert ist, so gewinnt er umgekehrt aus einer kunstkritischen Konzeption die Mittel, um die geschichtliche Welt insgesamt einer Kritik zu unterziehen. Eine solche nicht rettende, sondern nur benennende Kritik hat Benjamin wohl am genauesten in seinem Aufsatz *Zur Kritik der Gewalt* (1921) ausgearbeitet. Dem Grundgedanken dieses Aufsatzes zufolge sind alle Gestalten des Rechts mythisch, die sich einer Gewalt verdanken und die durch eine Gewalt erhalten werden, von welcher sie sich doch gerade zu lösen scheinen. Jedes Recht, so will Benjamin zeigen, wird zunächst als Vorrecht gegenüber anderen Menschen behauptet, und ein solches Vorrecht kann selbst nicht rechtens sein; jedes bestehende Recht ist also an eine nicht rechtliche Gewalt gebunden, und diese Bindung bestimmt das Recht auch in seinem Bestand, weil es gegen die Gefahr einer erneuten gewaltsamen Rechtssetzung gesichert werden muß.[78] Beendet werden kann der mythische Zusammenhang von Rechtssetzung und Rechtserhaltung gegen eine erneute Rechtssetzung letztlich nur durch die göttliche Gewalt, welche sich allerdings in der Gewalt einer auf Rechtssetzung verzichtenden Revolution zeigen kann. Gerechtfertigt ist die Revolution allein in der göttlichen Gewalt.[79]

Benjamins Verständnis von Revolution ist in seinem Aufsatz *Zur Kritik der Gewalt* noch nicht marxistisch geprägt, sondern an der anarchistischen Revolte orientiert.[80] Dieses Verständnis zeigt allerdings, wie sehr Benjamins Wendung zum Marxismus in seinem frühen Denken vorbereitet war. Andererseits ist Benjamins Marxismus eher das Resultat einer politischen als einer theoretischen Entscheidung; seine späteren Schriften dokumentieren weniger die Veränderung seiner frühen Konzeption aufgrund eines Studiums der Marxschen Theorie als vielmehr die Integration von Marxschen Begriffen und von politischen Vorstellungen des Kommunismus in die frühe Konzeption. Adorno hat Benjamin denn auch vorgeworfen, er denke nicht «dialektisch» genug[81], und Brecht hielt vieles von dem, was Benjamin unter marxistischen Vorzeichen schrieb, für «Mystik»[82].

Materialistische Kunstkritik

Mit seiner Wendung zum Marxismus entdeckt Benjamin freilich neue Themen. Sein Interesse gilt nun verstärkt der Kunst «im Zeitalter des Hochkapitalismus»[83] und den durch neue Techniken veränderten künstlerischen Darstellungsformen. In seinen Arbeit zur Lyrik Baudelaires, in den Fragmenten der Passagen-Arbeit, vor allem aber in dem Aufsatz *Das Kunstwerk im Zeitalter seiner technischen Reproduzierbarkeit* will Benjamin zeigen, daß die Befremdlichkeit der Kunstwerke unter kapitalistischen Produktionsbedingungen nicht erst ein Resultat ihres Überdauerns in der Zeit ist. Indem die Kunstwerke zu Waren werden, haben sie nicht mehr wie ehemals einen «Kultwert», sondern sind durch «Ausstellungswert» charakterisiert.[84] Damit ist ihre Gebundenheit an die Realien der vertrauten Welt von vornherein gelöst. Die Kunstwerke sind nicht mehr in den Zusammenhang einer Tradition eingebettet und werden auch nicht mehr als Bilder einer Welt verstanden. Zugleich haben sie damit den Schein der Eigenständigkeit gegenüber der Welt verloren. Was so unter den Bedingungen der kapitalistischen Warenwirtschaft verlorengegangen ist, nennt Benjamin die «Aura» der Kunstwerke.[85]

Als Waren müssen die Kunstwerke gegenüber anderen Waren konkurrenzfähig sein, und das wiederum sind sie nur, wenn ihre Präsenz auf dem Markt hinreichend gesichert ist. Eine Bedingung dafür ist es, daß Kunstwerke problemlos dahin transportiert werden können, wo es Bedarf für sie gibt. Vor allem müssen sie in großer Anzahl produziert werden können, wenn sich das Geschäft mit ihnen lohnen soll. Kunstwerke aber, die es wie beispielsweise Graphiken in großer Anzahl gibt, haben für Benjamin keine Aura, das heißt eben, keinen Schein der Eigenständigkeit mehr. Jedes Blatt einer Lithographie ist schließlich wie das andere.

Selbst wenn der Verlust der Aura in der Kunst allein dadurch einsetzt, daß die Kunstwerke den Gesetzen des Marktes unterstehen, radikalisiert sich diese Entwicklung für Benjamin erst in den vollständig technischen

Kunstformen der Photographie und des Films. Benjamin sieht nur in den ersten Porträtphotographien noch einen auratischen Rest, und zwar darin, daß dem abgebildeten menschlichen Antlitz die Einzigkeit und Eigenständigkeit traditioneller Kunstwerke zukommt. Wo aber das menschliche Antlitz aus der Photographie verschwindet, werden die Bilder «Beweisstücke im historischen Prozeß»[86]; sie sind nicht mehr auf den Zusammenhang einer Welt bezogen, sondern dienen dazu, eine kritische Einstellung gegenüber dieser Welt auszubilden. Mehr noch als die Photographie erfüllt der Film diese Funktion, und zwar nicht erst dadurch, daß in ihm gesellschaftskritische Themen behandelt werden, sondern allein schon durch seine Form. Filme sind keine eigenständigen Gestalten. Sie sind vielmehr aus den Fixierungen isolierter Momente der Welt montiert; der plötzliche Wechsel, in dem die einzelnen Bildsequenzen durch den Schnitt erfahren werden, läßt, wie Benjamin meint, beim Zuschauer den Eindruck eines zusammenhängenden Bildes der Welt gar nicht erst aufkommen, sondern bringt die Momente der Welt in eine gegenüber der vertrauten Einstellung neue und überraschende Konstellation. So verstanden bedürfte der Film eigentlich keiner Kritik; der Philosoph könnte sich anders als bei den traditionellen Kunstwerken darauf beschränken, die kritische Funktion des Films ausdrücklich zu benennen. Aber nun gibt es für Benjamin einen anderen Grund, aus dem die Arbeit des Kritikers erforderlich wird: Die Kunstform des Films ist nämlich insofern zweideutig, als sie sowohl kommunistisch wie auch faschistisch genutzt werden kann. Einerseits kann der Film zur «Anpassung der Menschen an die sie bedrohenden Gefahren»[87] dienen und eine revolutionäre Einstellung der Massen vorbereiten. Andererseits können die Massen sich mit der Darstellung begnügen, die sie selbst im Film finden, ohne die kritische Funktion dieser Kunstform ernst zu nehmen. Darum ist es auch hier wieder die Aufgabe des Kritikers, die Darstellungsform gegenüber ihrer Gebundenheit an die Welt zu retten. Der Kritiker hat Benjamin zufolge die Aufgabe, gegen die «Ästhetisierung der Politik» durch den Faschismus die «Politisierung der Kunst» durch den Kommunismus geltend zu machen.[88] Die filmische Darstellung der Wahrheit ist so auf die Revolution zu beziehen, und der Kritiker nimmt selbst an der Überwindung des bestehenden Zusammenhangs von rechtserhaltender und rechtssetzender Gewalt teil.

Theologischer Materialismus

Ebensowenig wie sich Benjamin in der marxistischen Phase von den Grundlinien seiner kunstkritischen Position trennt, gibt er auch die theologischen Motive der früheren Arbeiten auf. In seiner wohl letzten Schrift, den Thesen *Über den Begriff der Geschichte*, findet sich gleich zu Anfang der Gedanke, daß es der historische Materialismus mit jedem politischen und theoretischen Gegner aufnehmen kann, wenn er die Theologie in seinen Dienst nimmt, «die heute bekanntlich klein und häßlich ist und sich ohnehin nicht blicken lassen darf.»[89] Wie bereits in seinem Aufsatz *Zur Kritik der Gewalt* besteht der Dienst der Theologie in einer Rechtfertigung der Revolution. Aber anders als früher versteht Benjamin die Revolution jetzt nicht mehr nur als anarchistische Revolte, in der sich die «reine», nicht auf die Erhaltung bestimmter Gestalten bezogene göttliche Gewalt manifestieren kann; die Revolution ist nun vielmehr von einer messianischen Zeit her gedacht, welche den Charakter vollständiger Gegenwärtigkeit hat.[90] Wohlgemerkt ist die Revolution eine solche vollständige Gegenwärtigkeit nicht selbst; sie ist nur deren Erscheinung in der durch Gegenwart, Vergangenheit und Zukunft bestimmten Zeit der Geschichte. Entsprechend bricht mit der Revolution die messianische Zeit nicht gewiß an; in ihr gibt es lediglich die Chance für den Anbruch der messianischen Zeit. Der politische und theoretische Gegner, mit dem es der Materialismus, unterstützt von der Theologie, vor allem aufnehmen soll, ist für Benjamin die Sozialdemokratie. Während nämlich diese das Bild eines allmählichen, unabschließbaren und unaufhaltsamen Fortschritts in der Geschichte des Menschengeschlechts entwirft, soll die Revolution das Kontinuum der Geschichte gerade «aufsprengen»[91]; während die sozialdemokratische Fortschrittsidee allein von der Orientierung an der Zukunft lebt, bezieht die historisch-materialistisch verstandene Revolution ihre Energien aus der Vergangenheit: Sie ist Rache, «die das Werk der Befreiung im Namen von Generationen Geschlagener zu Ende führt»[92]. Für den historischen Materialismus, wie Benjamin ihn versteht, ist die Revolution einerseits ein Werk der Zerstörung; weil sie andererseits ihre Energien aus der Vergangenheit bezieht, ist sie der Bruch in der Geschichte, durch den allein allen bisherigen Opfern Gerechtigkeit widerfahren kann. Damit ist sie auch eine Rettung.

Zusammen mit dem Begriff der Revolution entwirft Benjamin in seinen Thesen auch ein Konzept der Geschichtsschreibung und setzt sich dabei entschieden von den Vorstellungen des Historismus ab. Während der Historismus die Ereignisse der Vergangenheit wie die Perlen einer Kette aufreiht, um die «leere» Zeit des bloßen Nacheinanders zu füllen[93], und, wie Benjamin meint, durch keine ausgewiesene Methode geleitet ist, liegt der materialistischen Geschichtsschreibung ein «konstruktives Prinzip»[94] zugrunde. Sie vollzieht einen «Tigersprung ins Vergangene», indem sie die Ereignisse der Geschichte in der gleichen Weise zitiert «wie die Mode eine vergangene Tracht»[95]. Das Vergangene wird so wieder aktuell und bietet für die Gegenwart eine Möglichkeit, eine neue Gestalt und ein neues Selbstverständnis zu finden. Obwohl die materialistische Geschichtsschreibung daran, wie etwas in seinem Zusammenhang einmal war, nicht interessiert ist, hat sie in ihrem zitierenden Verfahren doch nicht den Charakter der Willkür. Vielmehr soll in dem zitierten und aus der Kontinuität des Geschehens herausgesprengten Moment der Vergangenheit letztlich der ganze Geschichtsverlauf «aufbewahrt und aufgehoben»[96] sein.

Unschwer läßt sich darin das Grundmotiv der rettenden Kritik aus Benjamins Konzeption der Darstellung wiedererkennen, wie er sie in der «Erkenntniskritischen Vorrede» seines Trauerspiel-Buches entwickelt hatte. Von der frühen Konzeption unterscheidet sich die Geschichtsphilosophie der Thesen freilich darin, daß nun die Arbeit des Kritikers lediglich als Vorwegnahme der Revolution gedeutet wird. Der «Tigersprung ins Vergangene», wie ihn der materialistische Geschichtsschreiber vollzieht, findet «in einer Arena statt, in der die herrschende Klasse kommandiert», und: «Derselbe Sprung unter dem freien Himmel der Geschichte ist der dialektische als den Marx die Revolution begriffen hat.»[97] Ganz abgesehen von der Frage, ob Benjamins Verständnis der Revolution als einer die Zukunft offen lassenden Rache für die Vergangenheit den Realitäten der Politik wirklich entspricht, kann man jedoch bezweifeln, ob der rettende Blick des Kritikers und die zerstörende Aktion des Revolutionärs wirklich von derselben Art sind, wie Benjamin behauptet. Sein Schüler Adorno zumindest ist ihm in diesem Punkt nicht gefolgt.

Adorno vor allem ist es zu danken, daß die Schriften Benjamins nach dem Zweiten Weltkrieg Aufmerksamkeit gefunden haben. Er hat nicht nur eine erste Sammlung mitherausgegeben und immer wieder auf deren Bedeutung hingewiesen, sondern in seinen eigenen Arbeiten versucht, Gedankenfiguren Benjamins aufzunehmen und weiterzuentwickeln. Dabei hat er sich freilich in der Hauptsache an Benjamins frühe Konzeption der Darstellung gehalten, während er zu seinen Überlegungen über die technische Kunstform des Films entschieden auf Distanz ging. Das wiederum provozierte Kritik und den Vorwurf, Adorno wolle den marxistischen Benjamin unterdrücken.[98] Spätestens seitdem die noch von Adorno mitvorbereitete Ausgabe der Gesammelten Schriften Benjamins vorliegt, müßte klar sein, daß dieser Vorwurf unberechtigt ist. Bei der Frage, ob Benjamins Überlegungen zum «Kunstwerk im Zeitalter seiner technischen Reproduzierbarkeit» sich für eine marxistisch geprägte Theorie der Kunst fruchtbar machen lassen oder nicht, ist außerdem die grundsätzliche Frage zu berücksichtigen, ob sich die Arbeiten Benjamins überhaupt für irgendeine Art von Theorie fruchtbar machen lassen. Immerhin ist der ausführlichste Text Benjamins, über seine Art zu denken und zu arbeiten, die Vorrede zu einem Buch über das deutsche Trauerspiel der Barockzeit; und sofern die Thesen *Zum Begriff der Geschichte* von der Geschichtsschreibung handeln, bieten sie lediglich methodische Bestimmungen, die sich, ebenso wie die Bestimmungen der frühen «Erkenntniskritischen Vorrede», in der Arbeit des Kritikers selbst auszuweisen haben. Darüber, wie Benjamin sich eine materialistische Geschichtsschreibung dachte, geben die Materialien und Fragmente des Passagen-Projekts letztlich besser Aufschluß als die Thesen, und was es mit der Konzeption der Darstellung aus der «Erkenntniskritischen Vorrede» auf sich hat, läßt sich eigentlich nur an den kunstkritischen Arbeiten prüfen. Wer Benjamin wirklich kennenlernen will, muß sich weniger an seine philosophische Konzeption als vielmehr an die Texte halten, denen diese Konzeption nach Benjamins Selbstverständnis zugrunde liegt. Dessen Leistung zeigt sich – und nach seinem Selbstverständnis – weniger in seiner Konzeption, sondern in seiner Kraft, das einzelne aufzuschließen und oft auf neue und überraschende Weise in einem Zusammenhang erscheinen zu lassen.

Günter Figal

Ernst Bloch

Nachdem Ernst Bloch von seinem Freund Georg Lukács in das Heidelberger Haus des Soziologen Max Weber eingeführt worden war, notierte Webers Frau Marianne: «Gerade war ein neuer jüdischer Philosoph da – ein Jüngling mit enormer schwarzer Haartolle und ebenso enormem Selbstbewußtsein, er hielt sich offenbar für den Vorläufer eines neuen Messias und wünschte, daß man ihn als solchen erkannte» [99]. Wenn auch die «enorme Haartolle» mit den Jahren grau und dann weiß geworden ist – Bloch hat sie während seines langen Lebens ebenso behalten wie das Selbstbewußtsein. Ein enormes Selbstbewußtsein muß schon haben, wer als Dreizehnjähriger ins Schulheft eine Abhandlung mit dem Titel schreibt: «Das Weltall im Lichte des Atheismus – Renaissance der Sinnlichkeit» [100] – und dann später in seinen Schriften nahezu kein Thema ausläßt: Bloch verhandelte die Philosophie von Heraklit bis Heidegger, die Literatur von Homer bis James Joyce, die Musik, die Malerei, die Bibel und die Russische Revolution, Politik überhaupt und die moderne technische Welt sowie eine Fülle von Alltagssituationen und Alltagserfahrungen. Er scherte sich nicht um die Spezialisten, sondern baute all dies und mehr in die gigantische Erzählung seines Lebenswerkes ein. Dieses dokumentiert Blochs schriftstellerisches Talent, seine Vitalität und die Lust an der Polemik ebenso wie seine außerordentliche Belesenheit. Bloch kannte fast alles, wenn auch in der Regel nicht mit der Genauigkeit und Sorgfalt, die für die Kenntnis des Spezialisten charakteristisch ist. Der eigentümliche Stil seines Denkens und Schreibens zeigt weniger die Liebe zum Detail als vielmehr die Kraft zur Integration. Bloch hat einmal gesagt, er ließe eigentlich nur Karl May und Hegel gelten, alles andere sei «unreine Mischung» [101]. In der Tat bilden diese beiden Autoren gleichsam die Eckpfeiler seines Philosophierens, das von einer naiven Lust am Abenteuer, einem unstillbaren Hunger auf das Neue und noch Mögliche in Gang gehalten wird und sich doch als Spekulation artikuliert, der es darum geht, die eigene Zeit und Welt in Gedanken zu fassen.

Ernst Bloch wurde 1885 als Sohn eines Eisenbahnbeamten in Ludwigshafen geboren. Sein Vater, der mit der Absicht des Sohnes, Philosophie zu studieren, anfangs ganz und gar nicht einverstanden war, ließ sich, wie Bloch einmal erzählt hat, überzeugen, als der Sohn ihn zu einem Denkmal führte, das König Maximilian II. von Bayern als Zeichen seiner Dankbarkeit und Freundschaft für Schelling hatte errichten lassen[102]: Wenn ein König für einen Philosophen ein Denkmal setzen läßt, dann muß man es auch mit der Philosophie im Leben zu etwas bringen können. Es dauerte allerdings recht lange, bis Bloch es mit der Philosophie in diesem Sinne zu etwas gebracht hat; erst 1948 wurde er auf einen Lehrstuhl für Philosophie an die Universität Leipzig berufen. Nach dem Studium in München und Würzburg – seine Nebenfächer waren Physik und Musik – hatte er zunächst an verschiedenen Orten als freier Schriftsteller gelebt. Über die Zwischenstationen Zürich, Wien, Paris und Prag emigrierte er mit seiner dritten Ehefrau und seinem kleinen Sohn 1938 in die USA. Dort arbeitete er an seinem umfangreichsten Werk, dem *Prinzip Hoffnung* (1954–1959), während seine Frau als Architektin für den Unterhalt der Familie sorgte. Seinen Lehrstuhl in Leipzig behielt Bloch bis 1961. Anfangs war er in der DDR zwar hoch angesehen und wurde auch mit dem Nationalpreis ausgezeichnet. Recht bald jedoch geriet er in Konflikt mit der Parteiführung; seine Philosophie war den offiziellen Marxisten nicht orthodox genug und damit unerwünscht. Nach dem Bau der Berliner Mauer im Jahr 1961 entschloß sich Bloch, von einer Reise in die Bundesrepublik nicht in die DDR zurückzukehren. Er nahm eine Gastprofessur an der Universität Tübingen an. Dort lebte und arbeitete er bis zu seinem Tod im Jahr 1977.

Wie Walter Benjamin, mit dem er während des Ersten Weltkriegs und in den 20er Jahren gut befreundet war, und wie Theodor W. Adorno, der ihn als junger Mann bewunderte, hat auch Bloch seine entscheidende philosophische Prägung nicht durch die akademische Philosophie erfahren. Bereits als Schüler las er in der kurfürstlichen Bibliothek des Mannheimer Schlosses Hegel und Schelling. Seinem eigenen Zeugnis nach bildete sich auch bereits in dieser Zeit die Frage aus, die ihn während seiner Lebensarbeit beschäftigt hat, nämlich wie sich die Strukturen menschlicher Erfahrung, das Thema der philosophischen «Psychologie», und die Strukturen der natürlichen Welt, das Thema der «Kosmologie», miteinander in Einklang bringen lassen.[103] Der erste große Entwurf, in dem Bloch dieses Problem ausarbeitete, ist *Geist der Utopie*. Mit diesem zuerst 1918, dann in einer zweiten Fassung 1923 erschienenen Buch wurde Bloch bekannt. Wie kaum ein anderes Werk seiner Zeit vermochte es, dem Bedürfnis nach ‹Metaphysik› Befriedigung und in seiner pathetischen und überbordenden Sprache dem Lebensgefühl seiner Leser Ausdruck zu verschaffen. Den pessimistischen Verfallstheorien seiner Zeit, deren bekannteste Spenglers *Untergang des Abendlandes* war, setzte es allein schon durch seinen Titel einen neuen Anfang entgegen. *Geist der Utopie* hat im Gesamtwerk Blochs freilich nicht nur eine besondere Stellung, weil es sein erster systematischer Entwurf war. Dieser ist für Bloch immer verbindlich geblieben. Das sehr viel umfangreichere *Prinzip Hoffnung* baut ebenso wie die anderen philosophischen Schriften auf den Grundgedanken von *Geist der Utopie* auf; Bloch hat diese Grundgedanken später im Zusammenhang anderer Themen variiert und an denselben Themen anders dargestellt, so daß man über sein erstes Buch einen Zugang zu seinem Philosophieren generell finden kann.

Aber nicht erst Blochs spätere Schriften sind Variationen seiner Grundgedanken; auch der *Geist der Utopie* selbst bietet bereits eine solche Variation, und auf Anhieb wird man sich als Leser vielleicht fragen, was die verschiedenen hier verhandelten Themen miteinander zu tun haben sollen: Der Meditation über einen alten Krug folgt eine Erörterung, die der «Erzeugung des Ornaments» gewidmet ist; im Anschluß an diese wird man mit einer Philosophie der Musik konfrontiert, welche nahezu die Hälfte des Buches einnimmt. Unter dem Titel «Die Gestalt der unkonstruierbaren Frage» vereinigt Bloch sodann Überlegungen zu Kant, Hegel und Kierkegaard mit solchen über die Christologie, den Sexus und das Tragische. Der abschließende Teil des Buches trägt die barocke Überschrift: «Karl Marx, der Tod und die Apokalypse oder über die Weltwege, vermittelst derer das Inwendige auswendig und das Auswendige wie das Inwendige werden kann». Ein erster Hinweis auf den gedanklichen Aufbau des Ganzen besteht nun darin, daß dieser Teil von allen anderen Teilen abgesetzt ist; alle vorhergehenden sind unter einem Titel zusammengefaßt, nämlich «Selbstbegegnung». Mit diesem Titel ist zugleich der erste Grundgedanke Blochs genannt.

Das Dunkle des gelebten Augenblicks

Blochs Konzeption der Selbstbegegnung ist zunächst eine Konzeption vom «Dunklen des gelebten Augenblicks». Mit dieser Formel ist gemeint, daß es unmöglich ist, unmittelbar von sich selbst zu wissen. Wir sind uns, wie Bloch sagt, selbst «zu nah»[104], sofern wir uns nie im Augenblick eines Erlebnisses auf dieses Erlebnis beziehen können. Das Erleben ist zwar in unterschiedlichen Graden bewußt, aber doch selbst ein unbewußter Akt: Im Bewußtsein präsent hat man von sich selbst nur seine vergangenen Erlebnisse, und dieses Vergangene ist nicht mehr das Erleben selbst, wie es vollzogen wird. Hält man sich, wie es anders gar nicht möglich ist, an die vergangenen Erlebnisse, so erfährt man demnach nichts über sich, wie man lebendig ist.

Daß man in der Dunkelheit des gelebten Augenblicks nicht erreicht, was man doch will, nämlich die Erfahrung seiner eigenen Lebendigkeit zu machen, wird nun als Ungenügen erfahren. Dieses Ungenügen wird noch dadurch gesteigert, daß die vergangenen Erlebnisse die gegenwärtige Lebendigkeit belasten. In dieser ist das Vergangene nämlich nicht nur präsent, sofern man sich bewußt auf es richtet; auch im Traum kehrt es wieder und bemächtigt sich der Gegenwart. Die gegenwärtige Lebendigkeit bleibt so an dasjenige gebunden, was ihr doch zugleich fremd geworden ist.

Ausgehend vom Grundgedanken der Dunkelheit des gelebten Augenblicks deutet Bloch nicht nur den Versuch, sich selbst zu erfahren. Auch die gesellschaftliche Arbeit, die Einzelwissenschaft und ebenso die Philosophie der Tradition sind für ihn von dieser Dunkelheit gezeichnet. Was die gesellschaftliche Arbeit angeht, so schließt Bloch an die auf Aristoteles zurückgehende und von Marx aufgenommene Beobachtung an, daß jedes Produkt der lebendigen Arbeit abgelöst von dieser, also selbständig vorliegt, sobald es fertiggestellt ist. Dieser Beobachtung gibt Bloch freilich eine kulturkritische Wendung: So wie die Welt aussieht, müssen nach seiner Meinung Badezimmer und Klosett als die «fraglosesten und originalsten Leistungen dieser Zeit»[105] angesehen werden. Wo die «Abwaschbarkeit» regiert und Häuser wie Wohnräume nur noch funktional bestimmt sind, findet man sich nicht wieder, genausowenig wie da übrigens, wo die Dinge in übermäßiger Weise verschnörkelt und stilisiert sind. Erst die maschinelle Herstellung von «funktionalen» Dingen aber schafft eine Gleichförmigkeit, die das Leben in seinem Vollzug nichts angeht und zugleich doch beherrscht. Demnach kommt es Bloch nicht so sehr darauf an, wie über die Produkte einer Gesellschaft verfügt wird; entscheidend ist für ihn vielmehr, daß sie in keinem positiven Verhältnis zur Lebendigkeit ihrer Hervorbringung stehen.

Mit der Einzelwissenschaft verhält es sich ähnlich. Da sie auf Fakten gerichtet ist, hat sie es nur mit dem Vergangenen zu tun, und je mehr sie sich auf dieses einläßt, desto schwächer werden die Entwürfe der Fakten, die Hypothesen, von denen die Wissenschaft zunächst geleitet war; Einzelwissenschaft ist, wie Bloch sagt, «durch Schaden klug gewordene Phantasie»[106], die, wenn sie klug geworden ist, von den Fakten beherrscht wird. Eine solche Herrschaft der Fakten gibt es in der Philosophie zwar nicht; wie Bloch im *Geist der Utopie* an Kant[107] demonstriert, drängt die Philosophie mit dem Gedanken einer praktischen Vernunft, die in der Natur nicht aufzufinden ist, gerade über das bloß Faktische hinaus. Aber der Nachweis einer unbedingten Geltung des «Sollens» gegenüber dem, was ist, geschieht um den Preis, daß die praktische Vernunft nun überhaupt nichts mehr hat, woran sie sich selbst erfahren könnte. Indem die Welt der Fakten gegenüber der unbedingten Geltung der praktischen Vernunft eingeschränkt wird, hat diese Vernunft zugleich mit den Fakten nichts zu tun, so daß es für eine als praktische Vernunft verstandene Lebendigkeit noch nicht einmal mehr zu einem scheiternden Versuch der Beziehung auf sich selbst kommen kann. Anders als für Kant besteht die Aufgabe der Philosophie für Hegel[108] zwar darin, die Welt der Fakten zu begreifen und auf diese Weise ihre Herrschaft über die lebendige Vernunft zu verhindern. In einer begriffenen Welt aber geht die Lebendigkeit der Vernunft verloren; mit dem Gedanken, daß die Vernunft sich in allem, was ist, wiederfinden kann, wird die lebendige Bewegung der Beziehung auf sich stillgestellt, da diese Bewegung immer einen Widerstand braucht, um in Gang zu kommen. Man versucht nur, sich in seiner Lebendigkeit zu erfahren, wenn man sich nicht von vornherein schon in seiner Lebendigkeit erfährt. Daß die Vernunft sich außerdem in allem Faktischen wiederfinden kann, ist lediglich ein Gedanke, in dem davon abgesehen wird, daß das Faktische zumindest auch unvernünftig ist; die Welt, in der die Vernunft sich umstandslos wiederfindet, kann so für Bloch die wirkliche nicht sein. Seine Hegel-Kritik hat Bloch späterhin[109] durch einen Einwand ergänzt, mit dem er die Philosophie der Tradition überhaupt nach dem Modell einer scheiternden Beziehung auf sich denkt, wie er es im *Geist der Utopie* entworfen hat. Alle traditionelle Philosophie denkt das Erkennen als Erinnerung, und damit bindet sie die Philosophie an die Vergangenheit; die lebendige Gegenwart bleibt außer Betracht. Die Philosophie als solche ist für Bloch trotzdem nie problematisch geworden. Im Anschluß an Hegel bleibt er der Überzeugung, daß die philosophische Vernunft die Welt in ihrer Vernünftigkeit zu begreifen hat. Vernünftig sind für ihn in der Welt allerdings nicht die Fakten, sondern die verschiedenen Formen einer gelingenden Beziehung der Lebendigkeit auf sie.

Hoffnung als gelingende Selbstbegegnung

Eine wirklich gelingende Selbstbegegnung findet für Bloch da statt, wo man sich nicht auf die Vergangenheit, sondern im Hoffen auf die Zukunft richtet.[110] Dieser Gedanke ist zunächst erstaunlich, denn immerhin ist das Zukünftige der gegenwärtigen Lebendigkeit ja genauso entzogen wie das Vergangene. Vom Vergangenen aber unterscheidet sich das Zukünftige darin, daß es nicht als etwas Faktisches gegeben, sondern als etwas noch Bevorstehendes aufgegeben ist. Wer sich etwas vornimmt und sich daranmacht, es zu verwirklichen, oder einfach nur etwas erwartet, ist im gegenwärtigen Vollzug seines Lebens durch dieses geprägt. Weil das Zukünftige so den *Vollzug* des Lebens bestimmt, kann es auch anders als das Vergangene im gegenwärtigen Leben nicht als fremd erscheinen. Anders als das Vergangene kann das Zukünftige das gegenwärtige Leben nicht beherrschen; denn was man sich vorgenommen hat, ist ja das Resultat eines Entschlusses, und was man erhofft, steht dem Vollzug des eigenen Lebens gerade nicht im Wege. Das Zukünftige überfällt nicht wie ein nächtlicher Traum, sondern wird im «Wachtraum» entworfen.[111]

Mit dem Gedanken, daß die gegenwärtige Lebendigkeit durch das Zukünftige in ihrem Vollzug geprägt ist, schließt Bloch an Aristoteles an. Für Aristoteles läßt sich eine Bewegung immer nur bestimmen, wenn man berücksichtigt, worin sie ihr Ziel hat.[112] Nun gibt es zwar Bewegungen, die in dem Sinn ihr Ziel in sich selbst haben, daß man sie – wie etwa das Spazierengehen – nur um ihrer selbst willen betreibt und jederzeit beenden, aber auch noch weiter fortsetzen könnte; allen anderen in der Zeit fortlaufenden Bewegungen steht ihr Ziel jedoch bevor, und solange es sie gibt, sind die gleichwohl als Bewegungen zu ihrem Ziel durch dieses bestimmt. Aristoteles nennt die Bestimmtheit von Bewegungen durch ihr Ziel Entelechie, und sofern Bloch den Vollzug des Lebens in seiner Bezogenheit auf das Zukünftige denkt, ist nach dem Gedanken der Selbstbegegnung sein zweiter Grundgedanke der Gedanke der Entelechie.

Wenn Bloch sagt, die Bezogenheit des gegenwärtigen Lebens auf das Zukünftige finde eigentlich im Hoffen statt, so zeigt sich bereits daran, daß es ihm nicht um die Verwirklichung des Lebens in seinem Ziel geht. Jedes verwirklichte Ziel stünde dem gegenwärtigen Leben ja wieder als ein dann Vergangenes gegenüber, so daß die Selbstbegegnung letztlich doch zum Scheitern verurteilt wäre. Was man aber erhofft, das plant man nicht, und entsprechend kann man sich auch nicht daranmachen, es zu verwirklichen. Andererseits ist nicht ohne weiteres klar, wieso sich gerade in der Hoffnung eine gelingende Selbstbegegnung ereignen kann. Wenn die Hoffnung nämlich keine Verwirklichung und so gesehen keine Form der Wirklichkeit ist, dann scheint das gegenwärtige Leben nur eine Flucht aus der faktischen Welt zu sein; das gegenwärtige Leben bliebe dieser Welt ebenso entgegengesetzt, wie die praktische Vernunft es Bloch zufolge in der Konzeption Kants bleibt. Hoffnung ist jedoch für Bloch keine weltflüchtige und unverbindliche Träumerei von einem besseren Leben. Vielmehr kommen die Wachträume vom Zukünftigen im gegenwärtigen Leben *zum Ausdruck*, und in diesem Ausdruck findet das Leben zugleich die ihm entsprechende Wirklichkeit: Die mannigfaltigen Ausdrucksformen der Wachträume können im Leben nicht faktisch und fremd werden, weil sie immer auf die Zukunft bezogen sind; an ihnen kann man sich darum auch wirklich selbst begegnen. Neben dem Gedanken der Selbstbegegnung und dem Gedanken der Entelechie ist Ausdruck der dritte Grundgedanke Blochs.

Im Anschluß an diesen Gedanken versteht Bloch auch die Aufgabe der Philosophie. In der Philosophie geht es darum, die Welt in ihrer Vernünftigkeit zu begreifen, und vernünftig ist nicht das Faktische, sondern der Ausdruck von Wachträumen. Philosophisch will Bloch die Welt daraufhin befragen, was in ihr als ein solcher Ausdruck gelten kann und was nicht. Das wiederum ist jedoch in bloßer Betrachtung und Beschreibung der Welt unmöglich, denn den Ausdruck von Hoffnungen erkennt man nur, wenn man selbst hoffend auf die Zukunft bezogen ist. So gesehen ist die Philosophie nicht nur eine kritische, also unterscheidende Befragung der Welt, sondern ebensosehr muß sie die Möglichkeit eines besseren Lebens im Blick behalten, ohne den Plan eines solchen Lebens zu entwerfen. Würde die Philosophie ein besseres Leben planen, hätte sie sich auf die Verwirklichung des Plans festgelegt, und damit wiederum würde sie der wirklichen Selbstbegegnung in der Hoffnung nicht gerecht.

Was nun die mannigfaltigen Ausdrucksformen der Hoffnung angeht, so findet Bloch sie im *Geist der Utopie* vor allem in der Kunst; am Ornament als der Linie, in der sich die Bewegtheit des Lebens manifestiert, am «ausdrucksvollen Überschwang»[113] der Malerei Franz Marcs und Wassily Kandinskys, vor allem in der tönenden Bewegtheit der Musik. Daß ihm dabei die Sehnsuchts- und Erlösungsdramen Richard Wagners letztlich am liebsten sind, versteht sich beinahe von selbst. Im *Prinzip Hoffnung* ist der Kreis von Ausdrucksformen der Hoffnung beträchtlich erweitert. Die bunten Versprechungen des Jahrmarktes, die Wunschbilder des Kinos, der Entdecker- und Reiseliteratur und vieles mehr trägt Bloch hier zusammen.

Für all diese Ausdrucksformen der Hoffnung gilt jedoch, daß sie nicht deutlich sprechen, sie kommen aus einer mehr oder weniger undeutlichen Sehnsucht zustande und sagen nicht, welcher Hoffnung sie sich verdanken. Das tun erst die Tagtraumbilder der Religion; in ihnen ist das Zukünftige entworfen, aber doch so, daß es nicht zum Ziel einer Planung gemacht wird. Keines dieser Bilder hat Bloch denn auch so fasziniert wie das Bild der Apokalypse, das Bild eines Weltendes also, das zugleich Bild von der am Ende offenbar werdenden göttlichen Wahrheit der Welt ist. Bei aller Faszination ist Bloch allerdings immer auch Religionskritiker geblieben, dem es freilich darum ging, die spezifische Wahrheit der Religion gegen ihre orthodoxen oder vermeintlich orthodoxen Vertreter zu retten; Bloch hat sich darum auch immer mehr für die Ketzer – zum Beispiel Thomas Münzer – als für die Kirchenväter interessiert.[114] Man versteht seiner Überzeugung nach insbesondere das Bild von der am Ende offenbar werdenden Wahrheit der Welt nur angemessen, wenn man festhält, daß es ein im Leben entworfenes Hoffnungsbild ist: Zwar ist die wahre Welt nirgends zu finden, und ihr Bild ist darum utopisch; die Utopie muß jedoch als eine «konkrete Utopie» verstanden werden, und dies geschieht genau dann, wenn man sie auf die gegenwärtige Lebendigkeit bezieht. Verdankt sich der utopische Entwurf einer wahren Welt freilich der gegenwärtigen Lebendigkeit, so kann er nur an der Oberfläche das Bild einer göttlichen Offenbarung sein. Die Lebendigkeit entwirft in ihren Bildern letztlich nichts anderes als die Utopie ihrer selbst; und weil man seiner Lebendigkeit nur im Ausdruck begegnen kann, sind konkrete Utopien Bilder einer Welt, in der es nichts Faktisches mehr gibt, sondern alles immer wieder zum Ausdruck wird.

In einer solchen Welt ist, mit den Worten Blochs gesagt, das Inwendige, die Lebendigkeit also, auswendig und das Auswendige wie das Inwendige. In einer Selbstdeutung aus dem Jahr 1974 hat Bloch auf dieses «wie» großen Wert gelegt.[115] Könnte man nämlich jemals das Auswendige als das Inwendige bezeichnen, hätte die Lebendigkeit nichts mehr, an dem sie ausdrücklich werden könnte; die lebendige Bewegung wäre stillgestellt, und ein solcher Stillstand läßt sich nur denken, wenn man, wie Bloch es Hegel vorgeworfen hat, vom Vollzug der Lebendigkeit abstrahiert. Wird aber das Auswendige «wie» das Inwendige, so ist es auch als lebendige Bewegung zu verstehen, ohne mit dem Inwendigen einfach identisch zu sein. Die konkret utopische Welt ist demnach dadurch charakterisiert, daß es in ihr nur noch Lebendigkeit gibt, die an anderer Lebendigkeit ihren Ausdruck findet. Mit diesem Gedanken hat Bloch eine Antwort auf die Frage gefunden, die ihn seinem eigenen Zeugnis nach schon als Schüler beschäftigte, wie sich also die Strukturen menschlicher Erfahrung und die Strukturen der natürlichen Welt miteinander in Einklang bringen lassen. Ausgearbeitet hat er diese Antwort, indem er der Frage nach dem Verhältnis von Natur und Selbstbegegnung nachgegangen ist. Sofern die Natur in diesem Verhältnis zur Sprache kommt, wird sie nun ebenfalls als Ausdruck verstanden. Aus dem Gedanken der Selbstbegegnung erwächst für Bloch seine Behandlung des «Materialismusproblems»[116].

Natur und Selbstbegegnung

Indem er auch die Natur als Ausdruck versteht, will Bloch nicht sagen, diese könne sich in derselben Weise selbst begegnen wie die Menschen. Weil es jedoch letztlich die Natur ist, an der die Menschen für sich «ausdrücklich» werden können, und weil die Möglichkeit des Ausdrucks immer davon abhängt, daß es für die Lebendigkeit ein letztlich nicht zu bewältigendes Gegenüber gibt, muß dieses Gegenüber auch in sich zur Ausgestaltung immer neuer Formen fähig sein; anders würde es kein Gegenüber bleiben und die Lebendigkeit nicht immer wieder aufs neue zum Ausdruck herausfordern. Ist aber die Natur dadurch charakterisiert, daß sie ständig neue Formen herausbildet, so muß man sie als eine Kraft denken, die sich in keiner Wirklichkeit erschöpft. Als Kraft wiederum ist die Natur in sich nicht bewußt, jedoch nichtsdestoweniger in sich auf die Zukunft bezogen. Ein solches Verständnis der Natur läßt sich freilich nur entwickeln, wenn man die Materie nicht nur als Stoff, als Rohstoff für die menschliche Arbeit denkt. «Stoff» und «Rohstoff» sind Begriffe, die in den Zusammenhang einer Bezogenheit auf das Faktische gehören; denn was bearbeitet wird, liegt irgendwann in seiner neuen Gestalt als Resultat des Arbeitsprozesses fertig und selbständig vor. Das andere Verständnis der Natur als einer Kraft wird demgegenüber für Bloch freigesetzt von der Orientierung an der sich selbst begegnenden und ausdrücklich werdenden Lebendigkeit. Sofern andererseits die gelingende Selbstbegegnung voraussetzt, daß man sich nicht mehr auf Faktisches bezieht, gehören die konkrete Utopie einer allseitigen Lebendigkeit und Ausdrücklichkeit, der Gedanke der gelingenden Selbstbegegnung also, und der Gedanke von der Natur als einer Kraft zusammen.

Blochs Konzept der konkreten Utopie ist in seinem naturphilosophischen Aspekt deutlich durch die Naturphilosophie Schellings beeinflußt worden. Auch Schelling denkt die Natur als eine sich immer wieder in neuen Formen manifestierende Kraft. Aber während Schelling sich in seinen naturphilosophischen Schriften vor allem mit der mechanistischen und mathematischen Naturkonzeption der neuzeitlichen Physik auseinandersetzt und zu dieser eine Alternative entwickeln will, stellt Bloch den Gedanken von der Natur als einer Kraft in den Zusammenhang des historischen Materialismus von Marx. Indem er in den Materialismus integriert, was sich von einem «Idealisten» wie Schelling lernen läßt, will Bloch den marxistischen Materialismus weiterentwickeln und dabei auch den utopischen Kern dieses Materialismus erst wirklich entfalten. Wie Bloch denkt, hat Marx nämlich mit seinem Entwurf einer Aufhebung der kapitalistischen Produktionsweise nur die Voraussetzung eines «Reiches der Freiheit»[117] geltend gemacht und über die Lebendigkeit dieses Reiches nichts oder zumindest doch zu wenig gesagt. Erst im Gedanken der konkreten Utopie kommt der historische Materialismus zu seiner angemessenen Gestalt.

Nach seiner Rückkehr aus dem amerikanischen Exil ist die Philosophie Blochs vor allem von zwei Gruppen diskutiert worden: von den Marxisten und von den Theologen. Für die Marxisten konnte die theologische Seite an Blochs Materialismus anstößig und erregend sein, für die Theologen die materialistische Seite an Blochs Theologie. Den orthodoxen Vertretern beider Gruppen mußte Bloch dabei unweigerlich als ein Ketzer erscheinen, und bei seiner Vorliebe für die Ketzer wird sich Bloch in dieser Rolle nicht unwohl gefühlt haben. Anregend und anstößig sind Ketzer allerdings immer nur, wo es eine offizielle Doktrin gibt, und daran mag es liegen, daß sich nach Blochs Umzug aus der DDR in die Bundesrepublik die Philosophen weniger für ihn interessiert haben. Wo es keine offizielle Version des Marxismus gibt, verlieren seine unorthodoxen Varianten von ihrer Spannung; und wo in erster Linie die gesellschaftskritischen Aspekte der Marxschen Konzeption interessant sind, kann seine naturphilosophisch-theologische Variante eigentlich nur noch irritierend wirken. So hat Jürgen Habermas die Philosophie Blochs «spekulativ» genannt und das nicht als Kompliment gemeint. Wenn außerdem der Stil philosophischen Schreibens nüchterner wird, bekommt auch Blochs Sprache einen befremdlichen Charakter. Das «bruststarke Atemholen dithyrambischer Klänge»[118] erscheint Habermas denn auch ebenso veraltet wie das Pathos der Sehnsucht nach dem abenteuerlichen Neuen. Weil dieser Eindruck indes selbst im Zusammenhang eines spezifischen und nicht allgemein verbindlichen Philosophierens artikuliert ist, muß er nicht als das letzte Wort über das philosophische Interesse an Bloch gelten und erst recht natürlich nicht über das theologische. Was schließlich den Gestus und die Sprache Blochs angeht, so kann man nur darauf hinweisen, daß auch Karl May bis heute seine Leser gefunden hat und vermutlich auch weiterhin finden wird. Über diesen Vergleich hätte sich Bloch wahrscheinlich gefreut.

Günter Figal

Herbert Marcuse

In den 60er Jahren, als Herbert Marcuse der bundesdeutschen Öffentlichkeit allmählich bekannt wurde, verwechselte man ihn zunächst öfter mit dem Essayisten Ludwig Marcuse. Das änderte sich jedoch bald; denn anders als seine ehemaligen Kollegen aus dem Institut für Sozialforschung, Max Horkheimer und Theodor W. Adorno, anders auch als Jürgen Habermas wurde Marcuse recht bald zur Leitfigur der Studentenbewegung. Bevor sich die linken Studenten immer entschiedener auf die klassischen marxistischen Texte beriefen, war nicht nur ihr Vokabular von den Schriften Marcuses geprägt. Marcuse hat seine Wirkung zwar durch einige spektakuläre öffentliche Auftritte verstärkt, sich aber nicht vorbehaltlos mit den Interessen der Studenten identifiziert; vor allem verweigerte er die von ihm erwarteten politischen Perspektiven und blieb damit seinen philosophischen Überzeugungen treu. Zur politischen Leitfigur hätte sich Marcuse wohl auf Dauer auch kaum geeignet; allein schon seine von Habermas bewunderte «Immunität gegen falschen Beifall» [119] ist mit politischem Erfolg schwer zu vereinbaren. Andererseits ist es kein Zufall, daß man sich von Marcuse und nicht von Adorno oder Habermas genauere politische Perspektiven erhoffte. Von allen Vertretern der kritischen Theorie hat er seine Analysen mit der größten Direktheit formuliert und immer wieder mit offenen politischen Stellungnahmen verknüpft.

Marcuse bekam freilich nicht erst durch seine späte politische Wirkung die Rolle eines Außenseiters im Kreis der Vertreter kritischer Theorie. Daß er 1933 zum Mitglied des Instituts für Sozialforschung wurde, war letztlich einer Initiative Edmund Husserls zu verdanken, zu der er sich veranlaßt sah, weil Martin Heidegger seinen Schüler und ehemaligen Assistenten Marcuse nicht habilitieren wollte. Nichtsdestoweniger war Marcuse, als er nach Frankfurt kam, durch die Philosophie Heideggers geprägt, und er hat sich von dieser Philosophie, wie er sie verstand, auch nie vollständig gelöst; noch in seinem 1964 erschienenen Buch über den «eindimensionalen Menschen» konnte er, was keinem anderen kritischen Theoretiker eingefallen wäre, Heidegger zustimmend zitieren.

Marcuse wurde 1898 als Sohn eines Unternehmers in Berlin geboren. Nach dem Ende des Ersten Weltkriegs, in dessen letztem Jahr er Dienst in einer Luftschiff-Ersatz-Abteilung leisten mußte und sich der Sozialdemokratie anschloß, war Marcuse kurze Zeit Mitglied eines Soldatenrates. Von der Sozialdemokratie distanzierte er sich nach der Ermordung von Rosa Luxemburg und Karl Liebknecht. Er begann, deutsche Literaturgeschichte, Philosophie und Nationalökonomie zu studieren. Sein Studium schloß Marcuse 1922 mit der Promotion ab, für die er eine Dissertation über den deutschen Künstlerroman vorgelegt hatte.[120] Bis er 1928 zu Heidegger nach Freiburg ging, lebte er in Berlin von der Teilhaberschaft an einem Verlag und Antiquariat. Dem Institut für Sozialforschung, mit dessen anderen Angehörigen Marcuse in die USA emigrierte, hat er von 1933 bis 1942 angehört. Danach arbeitete er bis 1950 zunächst als Angestellter, dann als Abteilungsleiter im Office of Strategic Services and Department of State. Nach einigen Jahren als Lektor und Senior Fellow an den Universitäten Columbia und Harvard wurde Marcuse 1954 Professor für Politikwissenschaft an der Brandeis University in Waltham (Mass.); dann, nachdem er von 1961 bis 1962 Studienleiter an der Ecole Pratique des Hautes Etudes in Paris gewesen war, erhielt er eine Professur für Sozialphilosophie an der University of California in San Diego. Dort lehrte er bis zu seiner Emeritierung. Marcuse ist 1979 während eines Aufenthalts in Deutschland gestorben.

Revolution als eigentliche Existenz

Als Marcuse nach Freiburg ging, um bei Heidegger zu studieren, verstand er sich bereits als Marxist; dementsprechend konnte sein Verhältnis zu Heidegger von vornherein nicht ohne Spannung sein. Von der Philosophie Heideggers versprach Marcuse sich jedoch, was er bei Marx selbst vermißte: die begrifflichen Mittel für die Ausarbeitung einer Theorie der Revolution. Heidegger hatte in der «Daseinsanalyse» von *Sein und Zeit* die Grundzüge unserer Seinsweise beschrieben und dabei zwischen dem «eigentlichen» und dem «uneigentlichen» Existieren unterschieden. Unter «eigentlichem Existieren» verstand er dabei die Weise zu sein, in der die Grundzüge unseres Seins selbst durchsichtig sind und von uns akzeptiert werden. Da wir aber wesentlich durch eine offene Zukunft bestimmt sind und dies als bedrohlich erfahren, haben wir die Tendenz, dieser Bedrohung auszuweichen und uns an die Bestimmtheit unseres Lebens im Zusammenhang mit anderen zu halten; unsere Bestimmtheit haben wir darin, daß wir uns mit diesen vergleichen und von ihnen absetzen.[121] Für Marcuse bedeuteten die Analysen Heideggers einen «Wendepunkt in der Philosophie»; die «bürgerliche Wissenschaft» löst sich in ihnen, wie er sagt, von innen her auf und macht den Weg zu einer neuen, «konkreten» Wissenschaft frei, in welcher der Mensch in seinem «konkreten» Dasein das Zentrum bildet.[122] Marcuse hält Heidegger jedoch entgegen, daß er diesen Weg nicht konsequent genug beschritten habe. Denn während für Heidegger das eigentliche Existieren dadurch charakterisiert ist, daß die eigene Weise zu sein in der jeweils geschichtlichen Situation akzeptiert wird, ist Marcuse der Überzeugung, eigentliches Existieren könne nur in einer «konkret verändernden Tat»[123] bestehen, durch welche die Welt, wie sie heute ist, radikal verändert wird. Heideggers Inkonsequenz liegt für ihn darin, daß in *Sein und Zeit* das konkrete Dasein nur in seiner allgemeinen Struktur thematisiert wird und dieses Buch so an die Tradition der akademischen Philosophie gebunden bleibt. Die Welt, in der wir miteinander sind, wird nicht auf ihre bestimmte historische Gestalt hin untersucht, und eben darum bleibt auch das eigentliche Existieren unbestimmt. Berücksichtigt man hingegen die jeweilige historische Gestalt der Welt, so wird Marcuse zufolge auch klar, daß ein eigentliches Existieren erst unter bestimmten historischen Bedingungen möglich ist; möglich ist es für ihn genau dann, wenn die Welt so beschaffen ist, daß die Bedürfnisse der Menschen in ihr massiv unterdrückt sind und so eine Befreiung von der Unterdrückung provoziert wird. In der konkret verändernden Tat verstehen die Menschen ihre «eigentlichen» Bedürfnisse und bringen diese zur Geltung. Vollzogen wird diese Tat von der «eigentlich» produzierenden Klasse, dem Proletariat, so daß in der Revolution auch die «eigentliche» Verfaßtheit der Gesellschaft erst zutage tritt.

Diese Überlegungen hat Marcuse in seinem 1928 erschienenen Aufsatz *Beiträge zu einer Phänomenologie des Historischen Materialismus* formuliert. Von ihnen hat er sich auch in seinen späteren Arbeiten nie gelöst und so etwa seine in der Zeitschrift für Sozialforschung gedruckten Aufsätze[124] als «konkrete» Analysen der heutigen Welt im Sinne seines Aufsatzes verstanden. Im Zusammenhang dieser Analysen wurde ihm allerdings das ursprüngliche Konzept der konkret verändernden Tat immer fraglicher. Man kann, wie er später denkt, die kapitalistische Gesellschaft nicht einfach so verstehen, daß sie die Bedürfnisse der eigentlich produzierenden Menschen unterdrückt und dabei unverändert läßt. Je perfekter sich diese Gesellschaft ausbildet, desto mehr formt sie auch die Bedürfnisse der Menschen derart, daß der Bestand und die Steigerung der kapitalistischen Verhältnisse gewährleistet sind. Damit wird aber eine Befreiung aus den bestehenden Verhältnissen in der Revolution höchst unwahrscheinlich. Daraus folgert Marcuse jedoch keineswegs, der Gedanke einer solchen Befreiung müsse nun aufgegeben werden. Im Gegenteil, er macht sich daran, die Frage nach ihrer Möglichkeit und Realisierung neu zu stellen und nach anderen Antworten zu suchen. Für die «Theorie vom Menschen», wie er sie nun zu entwickeln versucht, wird vor allem die Psychoanalyse Sigmund Freuds wichtig.

Psychoanalyse der Befreiung

Marcuse knüpft vor allem an die Kulturtheorie von Freud an. Aus ihr übernimmt er den Begriff des «Realitätsprinzips», um mit ihm die Formung der menschlichen Bedürfnisse durch die Gesellschaft zu bezeichnen. Auch Freud selbst hatte ja die These vertreten, daß Kultur sich ausbildet, indem die Triebe des Menschen sich nicht frei entfalten, sondern geformt und in bestimmte Bahnen gelenkt werden; ohne eine zumindest grundsätzliche Unterdrückung der natürlichen Triebe und Bedürfnisse ist Kultur für ihn unmöglich.[125] Mit der Kritik an dieser These setzt Marcuse ein. Er will zeigen, daß Freuds Entgegensetzung des sich in Trieben und Bedürfnissen manifestierenden «Lustprinzips» und des «Realitätsprinzips» insofern zu kurz greift, als sie dem Lustprinzip die Fähigkeit zu einer Gestaltung der Welt abspricht. Freud hat Marcuse zufolge zwar richtig gesehen, daß das Lustprinzip nicht nur unbewußt wirkt, sondern in der Phantasie eine differenzierte und bewußte Ausprägung findet; aber er hat die Phantasie als bloßes Spiel der Tagträumerei charakterisiert und sich damit die Einsicht verstellt, daß die Phantasie eine ernsthafte Alternative zur «Vernunft» des Realitätsprinzips sein kann.[126]

Um die Phantasie als eine solche Alternative einsichtig zu machen, hält sich Marcuse vor allem an Friedrich Schillers Konzept einer «ästhetischen Erziehung». Er deutet Schillers Gedanken eines «Spieltriebs»[127] als Hinweis auf eine Phantasie, durch welche die Welt eine herrschaftsfreie Gestalt bekommt, indem an die Stelle von Lohnarbeit ein spielerischer Umgang mit der Natur tritt, wie er in den bestehenden Verhältnissen lediglich in der Kunst am Werk ist. Daß es Kunst gibt und die Gesellschaft insgesamt wie ein immer wieder neu geschaffenes Kunstwerk gedacht werden kann, ist für Marcuse demnach der Garant für die Möglichkeit der «konkret verändernden Tat» geworden. Auf die Frage, wie und von wem diese Tat vollzogen werden soll, gibt die kritische Freud-Interpretation Marcuses freilich keine Antwort.

Revolutionäre Skepsis

Den Gedanken einer zur Gestaltung der Welt fähigen Phantasie hat Marcuse zwar auch späterhin nicht aufgegeben; aber er bezweifelt immer entschiedener, daß es eine Brücke zwischen ihren bestehenden Ausprägungen in der Kunst und einer wirklich freien Gesellschaft geben kann; dagegen spricht für ihn allein schon die Eingebundenheit bestehender Ausprägungen von Phantasie in die bestehende Gesellschaft. Andererseits wird jedoch die Phantasie trotz dieser Eingebundenheit nicht zu einem Teil des «vernünftigen» Realitätsprinzips. Weil die hochentwikkelte kapitalistische Konsumgesellschaft außerdem Bedürfnisse freisetzt, die in ihr nicht zu befriedigen sind, kommt es für Marcuse nicht zu einer wirklich erfolgreichen Stabilisierung der bestehenden Verhältnisse. Zwar gibt es für ihn keine einheitliche revolutionäre Klasse mehr, die die «konkret verändernde Tat» vollziehen könnte; unterdrückte Minderheiten, Randgruppen und solche, die wie die Studenten noch nicht wirklich in die bestehende Gesellschaft integriert sind, können sich jedoch immerhin der Vernünftigkeit des Realitätsprinzips verweigern und in den verschiedenen Formen der Subkultur eine «neue Sensibilität» ausbilden.[128] An dieser Sensibilität wird für Marcuse wenigstens die Tendenz zu einer Veränderung der Gesellschaft im ganzen erkennbar. Seine These, daß die «Große Weigerung» gegenüber der bestehenden Gesellschaft auch gewaltsam vollzogen werden dürfe, weil die «repressive Toleranz» der Gewaltlosen nur die Gewaltsamkeit der Gesellschaft stärke, hat Marcuse allerdings wieder zurückgenommen. Anders als in dem Aufsatz *Repressive Toleranz* (1965) erscheint ihm in seinem *Versuch über die Befreiung* (1969) die Gewalt von Protestaktionen lediglich «verständlich», weil sie nach seiner Meinung nichts anderes als ein Ausdruck der unterdrückenden Gewalt ist.[129] Damit aber gehört sie gerade nicht zu den Aspekten der bestehenden Gesellschaft, die über diese hinausweisen.

Im *Versuch über die Befreiung* hat Marcuse sich nicht darauf beschränkt, den Protest und die Subkultur einzelner Gruppen als Tendenz zur Veränderung der Gesellschaft insgesamt zu deuten. Damit wäre ja noch nichts darüber gesagt, wie es von der bloßen Tendenz zu einer Veränderung der Gesellschaft im ganzen wirklich kommen kann. Ohne daß die Arbeiterklasse selbst davon weiß, bleibt für Marcuse die «konkret verändernde Tat» ihre Aufgabe.[130] Weil die Arbeiterklasse jedoch in die bestehende Gesellschaft integriert ist und den Aktivisten des Protestes darum sogar feindlich gegenübersteht, kann sie ein Bewußtsein ihrer revolutionären Aufgabe nur erlangen, wenn die bestehende Gesellschaft aufgrund ihrer eigenen Unzulänglichkeiten zusammenbricht. Revolutionäre Bewegungen in den Ländern der Dritten Welt sind zwar imstande, den Zusammenbruch des westlichen Kapitalismus zu begünstigen, nicht aber dazu, ihn herbeizuführen. Auch ihr Erfolg hängt letztlich von den inneren Unzulänglichkeiten der bestehenden kapitalistischen Gesellschaft ab. Von hier aus wird es verständlich, weshalb Marcuse die protestierenden Studenten nicht für Träger einer Revolution hält und ihnen keine politische Perspektive anbietet.

Angesichts dieses Ergebnisses kann es kaum verwundern, daß Marcuses Theorie der Revolution als Dokument ihrer Krise interpretiert worden ist.[131] Marcuse hat sich wie kein anderer Vertreter der kritischen Theorie auf die Frage nach einer umfassenden Veränderung der bestehenden Gesellschaft eingelassen und dabei an der Überzeugung festgehalten, daß diese Veränderung aus menschlicher Kraft zu bewirken sei. Theologische Gedanken sind ihm, anders als Benjamin und dem späten Horkheimer, fremd. Die ästhetische Erfahrung und die Kunst haben für ihn nicht denselben Stellenwert wie für Adorno, sofern die Kunst bei ihm immer auf die «konkret verändernde Tat» der Revolution bezogen bleibt. Weil diese Tat jedoch am Ende nur noch durch die Gesellschaft bewirkt werden kann, gegen die sie gerichtet ist, hat sie den Charakter einer Brücke zwischen dem «Bestehenden» und der Utopie einer herrschaftsfreien Welt verloren. Sie ist selbst zur Utopie geworden.

Günter Figal

Jürgen Habermas

Zweifellos ist Jürgen Habermas der bekannteste deutsche Philosoph der Gegenwart, und gewiß ist er einer der wichtigsten. Daß Habermas bekannter ist als seine gleichaltrigen Kollegen, hat dabei nicht nur mit seinen philosophischen Arbeiten zu tun. Immer wieder hat er sich auch als Publizist zu Wort gemeldet und sich an politischen Diskussionen nicht nur beteiligt, sondern oft solche Diskussionen erst in Gang gebracht. Bereits der 24jährige Student erregte Aufsehen mit einem in der «Frankfurter Allgemeinen Zeitung» erschienenen Artikel[132], dessen Anlaß die Veröffentlichung von Heideggers 1935 gehaltener Vorlesung *Einführung in die Metaphysik* war. Heidegger hatte dabei auch einen Satz unverändert gelassen, in dem von der «inneren Wahrheit und Größe» der nationalsozialistischen Bewegung die Rede ist.[133] Durch den unkommentierten Abdruck dieses Satzes sah sich Habermas zu der Bemerkung provoziert, Heidegger verrate seine eigene philosophische Überzeugung, nach der die Vergangenheit als etwas Bevorstehendes in Frage zu stellen sei, und kam zu dem Ergebnis, es sei an der Zeit, mit Heidegger gegen Heidegger zu denken. Ihn beunruhigte die Frage, ob der Nationalsozialismus nicht doch mehr mit der deutschen Überlieferung zu tun habe, als man gemeinhin wahrhaben wolle, und es schien ihm erforderlich, vor einer philosophischen Stilisierung des Nationalsozialismus zu warnen. Wie seine Beiträge zum sogenannten Historikerstreit[134] belegen, sieht Habermas seine publizistische Aufgabe immer noch darin, «die verantwortlichen Taten der Vergangenheit zu klären und das Wissen darum wachzuhalten»[135]. Als einer, für den das Ende des Krieges eine Befreiung war und der den neuen Anfang in der Bundesrepublik weiterhin als durch die nationalsozialistische Vergangenheit geprägt erlebte, konnte er zum Sprecher einer den Vätern gegenüber kritischen Generation werden. Wie wenig er sich allerdings mit den radikalen Vertretern dieser Generation vorbehaltlos identifizierte, zeigen seine Stellungnahmen im Zusammenhang der Studentenbewegung; Reaktion darauf war ein Sammelband unter dem programmatischen Titel *Die Linke antwortet Jürgen Habermas*. Obwohl er sich selbst der Linken zurechnet, hat Habermas nie auf eine Revolution gesetzt, sondern sich immer dem Ideal konsequenter Demokratie verpflichtet gefühlt.

Dieser Verpflichtung unterstehen auch die wissenschaftlichen Arbeiten von Habermas, und darin kann man einen weiteren Grund für seine Bekanntheit und auch für seine Wichtigkeit sehen. Habermas hat sich nie nur an einen Kreis philosophischer Spezialisten wenden wollen, sondern philosophische Theorie immer als Beitrag zu einem Disput zwischen den Wissenschaften verstanden und diesen Disput wiederum als eine Erscheinung gesellschaftlicher Öffentlichkeit aufgefaßt. Darum hat ihn auch schon früh die Frage nach einer gesellschaftlich wirksamen Form von Wissenschaft interessiert; in seinen großen Arbeiten, vor allem in *Erkenntnis und Interesse* (1968), will er die Hauptlinien einer solchen Form von Wissenschaft entwickeln; dabei läßt er sich sehr weit auf die Terminologien und Probleme einzelner Wissenschaften, in der Hauptsache der Sozialwissenschaften, ein. Unter anderem dies macht die Lektüre der Arbeiten von Habermas nicht eben leicht. Die Grundzüge seines Programms sind zwar im allgemeinen klar erkennbar; dargestellt aber wird dieses Programm oft in der Orientierung an den inneren Problemen einzelner Wissenschaften, so daß man mit diesen wenigstens ein Stück weit vertraut sein muß, wenn man die Pointen von Habermas verstehen will. Auch wo er philosophisch argumentiert, bewegt er sich zumeist im Rahmen vorgegebener Theorien und Diskussionen; er entfaltet seine Gedanken zumeist nicht in einer eigenen Systematik, sondern in der Interpretation anderer Autoren, deren Konzepte er sich anverwandelt, die er weiterentwickelt und von denen er sich absetzt.

Wie breit die intellektuellen Interessen von Habermas gestreut sind, dokumentiert bereits die Wahl seiner Studienfächer. Von seinem 20. Lebensjahr an studierte der 1929 in Düsseldorf geborene Habermas bis 1954 in Göttingen, Zürich und Bonn Philosophie, Geschichte, Psychologie, Deutsche Literatur und Ökonomie. Nachdem er sein Studium mit einer Dissertation über Schelling[136] bei Erich Rothacker in Bonn abgeschlossen hatte, ging Habermas nach Frankfurt, wo er Mitglied des Instituts für Sozialforschung und Assistent Adornos wurde. Adorno konnte freilich seine Absicht, Habermas in Frankfurt zu habilitieren, gegen den Widerstand Horkheimers nicht durchsetzen; die Arbeiten, die Habermas für das Institut für Sozialforschung geschrieben hatte, waren Horkheimer in einer zu ausgeprägten Weise politisch, so daß er es nicht für ratsam hielt, Habermas auf Dauer an das Institut zu binden. Habilitiert wurde Habermas in Marburg auf Initiative des Sozialwissenschaftlers Wolfgang Abendroth mit einer Arbeit zum *Strukturwandel der Öffentlichkeit*. Im selben Jahr, 1961, war er noch vor seiner Habilitation als außerordentlicher Professor nach Heidelberg berufen worden. Hans-Georg Gadamer, der dies zusammen mit Karl Löwith vorgeschlagen hatte, faßte seinen Eindruck von Habermas später in der Bemerkung zusammen, daß jemand schon etwas sein müßte, der es vermocht hatte, Max und Teddy «auch nur ein wenig in ihrer geistigen Waffenbrüderschaft auseinanderzubringen»[137]. 1964 kehrte Habermas nach Frankfurt zurück und übernahm dort den Lehrstuhl Horkheimers. Von 1971 bis 1980 war er neben Carl-Friedrich von Weizsäcker Direktor am «Max-Planck-Institut zur Erforschung der Lebensbedingungen der wissenschaftlich-technischen Welt» in Starnberg, von 1980 bis 1982 am «Max-Planck-Institut für Sozialwissenschaften» in München. Während dieser Zeit hatte er in Frankfurt eine Honorarprofessur behalten; seit 1982 ist er in Frankfurt wieder Ordinarius. Für seine wissenschaftliche Arbeit wurde Habermas 1973 mit dem Hegel-Preis der Stadt Stuttgart geehrt. 1976 folgte der Sigmund-Freud-Preis, 1980 der Theodor-W.-Adorno-Preis der Stadt Frankfurt.

Öffentlichkeit

Daß Habermas nach seiner Zeit in Starnberg und München nach Frankfurt zurückkehrte, obwohl ihm auch andere Möglichkeiten offenstanden, ist sicherlich kein Zufall und kaum in seiner persönlichen Neigung zu einer Stadt und ihrer Universität begründet. Seitdem er Assistent Adornos und Mitglied des Instituts für Sozialforschung geworden war, hat sich Habermas der Frankfurter Schule und ihrem Programm einer kritischen Theorie verpflichtet gefühlt. In seiner Frankfurter Antrittsvorlesung *Erkenntnis und Interesse* aus den Jahr 1965 beruft er sich ausdrücklich auf Horkheimers grundlegenden Aufsatz über *Traditionelle und kritische Theorie*[138]; an diesen knüpft er ausdrücklich an in seiner *Theorie des kommunikativen Handelns.*[139] Für seine Zeit an den Max-Planck-Instituten von Starnberg und München hatte er sich erhofft, Horkheimers Projekt einer durch die Philosophie angeleiteten gemeinsamen Arbeit verschiedener Wissenschaften aufs neue und unter günstigeren Bedingungen realisieren zu können. Trotz alledem ging es Habermas nie um eine bloße Wiederholung des frühen Ansatzes zu einer kritischen Theorie. Mit dessen weiterer Entwicklung durch Horkheimer, Adorno und Marcuse war Habermas vertraut, und deshalb konnte er auch, anders als die kritischen Theoretiker der ersten Generation, aus den inzwischen zutage getretenen Abwegen und Sackgassen des ursprünglichen Konzeptes lernen.

Vor allem aus einer Schwierigkeit der früheren kritischen Theorie hat Habermas entscheidende Konsequenzen gezogen: Während Horkheimer in den 30er Jahren die Aufgabe der kritischen Theorie in einer Kritik der gesellschaftlich eingebundenen Wissenschaften sah und so der kritischen Theorie selbst jede gesellschaftliche Gebundenheit absprechen mußte, will Habermas die Grundzüge einer kritischen Theorie gerade im Rekurs auf die Struktur der Gesellschaft entwickeln; und während Horkheimer schließlich zu der Überzeugung kam, daß es eine gesellschaftlich ungebundene Theorie nicht gibt und so nur noch die Möglichkeit bleibt zu zeigen, wie unvernünftig die Vernunft in sich letztlich ist, gewinnt Habermas aus seiner Korrektur die Chance, gegen alle Fehlentwicklungen der Gesellschaft auf deren Struktur hinzuweisen und herauszuarbeiten, wie die Struktur der Gesellschaft sich in einer kritischen Theorie zeigen kann. Sowohl die Struktur der Gesellschaft als auch die kritische Theorie werden dabei nicht unhistorisch verstanden. Habermas ist vielmehr der Überzeugung, daß erst die neuzeitliche bürgerliche Gesellschaft eine Struktur herausgebildet hat, die so etwas wie kritische Theorie ermöglicht. Erst in der bürgerlichen Gesellschaft nämlich gibt es eine Öffentlichkeit, die am Maßstab eines vernünftigen Gesprächs zwischen grundsätzlich allen Bürgern orientiert ist und politische Entscheidungen zumindest grundsätzlich ebenso als Ergebnisse dieses Gesprächs auffaßt, wie sie politische Macht nur dann als gerechtfertigt ansieht, wenn sie im Zusammenhang des vernünftigen Gesprächs begründbar ist. Erst in einer modernen Ausprägung der Demokratie wird, so für Habermas, ein Verständnis von Öffentlichkeit verbindlich, das im Ideal der griechischen Polis lediglich vorgeprägt ist.[140]

In seiner Habilitationsschrift zum *Strukturwandel der Öffentlichkeit* will Habermas zeigen, daß die reale bürgerliche Gesellschaft ihrem Maßstab nicht entspricht. Im öffentlichen Gespräch, wie es etwa in der Form der parlamentarischen Debatte institutionalisiert ist, geht es vielmehr recht bald darum, vor allem eigene Interessen durchzusetzen, indem man sie mit den Interessen anderer ausgleicht; und je mehr die Interessen der Mitglieder einer Gesellschaft organisiert und von Organisationen vertreten werden, desto weniger kommt es im öffentlichen Gespräch auf eine wirkliche Einigung an, sondern dieses Gespräch dient in erster Linie einer möglichst wirksamen Darstellung der Organisationen, während die Entscheidungen nicht öffentlich getroffen werden.[141] Die Öffentlichkeit entwickelt sich dadurch allmählich zum Publikum der Massenmedien. Aber trotz dieses Verfalls bleibt für Habermas die bürgerliche Gesellschaft durch das Prinzip des vernünftigen Gesprächs strukturiert: Es ist in dieser Gesellschaft möglich, sich kritisch gegen die Darstellung von organisierten Interessen in der ‹öffentlichen Meinung› zu wenden und so im Konflikt an das Prinzip des vernünftigen Gesprächs zu erinnern; dadurch wird auch die Möglichkeit einer wirklichen Einigung aufs neue eröffnet.[142] Weil die kritische Theorie für Habermas selbst durch das bürgerliche Prinzip des vernünftigen Gesprächs strukturiert ist, muß diese Theorie sich nun auch nicht mehr gegen die Gesellschaft als ganze wenden oder resignieren, weil sie letztlich in diese Gesellschaft eingebunden ist. Zwischen der Hoffnung auf eine Veränderung der Gesellschaft im ganzen und der Resignation steht ihr der dritte Weg einer kritischen Rolle inmitten der Gesellschaft offen.

Kritische Sozialwissenschaft

Eine Antwort auf die Frage, wie die kritische Theorie inmitten der Gesellschaft genau aussehen soll, hat Habermas in seinen unter dem Titel *Theorie und Praxis* (1963) gesammelten sozialphilosophischen Studien vorbereitet und in seiner Frankfurter Antrittsvorlesung *Erkenntnis und Interesse* erstmals als eigenständigen Entwurf formuliert. Dieser Entwurf wiederum ist von Habermas in seinem mit der Frankfurter Antrittsvorlesung gleichnamigen Buch ausgearbeitet worden. Die Studien zu *Theorie und Praxis* sind durchweg philosophiegeschichtlich orientiert. Habermas versucht hier, die Entwicklungslinie der politischen Philosophie von Aristoteles bis zur Sozialwissenschaft dieses Jahrhunderts nachzuzeichnen, und will dabei die These einsichtig machen, daß sich die politische Philosophie immer mehr aus ihrer Gebundenheit an eine selbstverständlich vorgegebene Praxis löst.[143] Während die politische Philosophie für Aristoteles noch ganz der Frage nach den Formen richtigen politischen Handelns verpflichtet war und die Aufgabe hatte, zur Herausbildung und Bewahrung solcher Formen beizutragen, geht es in den Theorien der frühen Neuzeit, etwa bei Hobbes, darum, wie die Bedingungen solchen Handelns überhaupt erst geschaffen werden können; die Gesellschaft wird als ganze zum Gegenstand der Sozialphilosophie und in der Folge auch zum Gegenstand gezielter Beeinflussung, so daß die Sozialphilosophie und die von ihr entworfene gesellschaftliche Praxis sich nun zur Gesellschaft verhalten wie die moderne Naturwissenschaft und die Technik zur Natur. Gerade dadurch aber ist die Sozialphilosophie, ebenso wie ihre Nachfolgerin, die sich im 19. Jahrhundert ausbildende Sozialwissenschaft, nicht mehr imstande zu berücksichtigen, daß sie auf ganz andere Weise als die aristotelisch verstandene politische Wissenschaft in die gesellschaftliche Praxis eingebunden ist. Die Planung gesellschaftlicher Prozesse ist nämlich im Grunde nichts anderes als die technologisch verstandene Verfolgung von Zielen im Sinne der bestehenden, durch Industrie und Technik geprägten Gesellschaft.[144]

Habermas plädiert allerdings nicht dafür, die moderne Sozialphilosophie und Sozialwissenschaft in der Orientierung an Aristoteles zu kritisieren und gegen sie das aristotelische Verständnis gesellschaftlicher Praxis erneut ins Spiel zu bringen. Vielmehr hält er die Frage der modernen politischen Theorien, wie neue Bedingungen gesellschaftlichen Handelns hervorgebracht und Handlungsprozesse selbst geplant werden können, gegenüber Aristoteles für einen Fortschritt[145]; kritikbedürftig an diesen Theorien ist allein, daß sie ihre eigene gesellschaftliche Eingebundenheit nicht durchschauen und so auch außerstande sind, die von ihnen entworfenen Handlungsbedingungen und Handlungsprozesse auf ihre Vernünftigkeit oder Unvernünftigkeit hin zu befragen und zur Diskussion zu stellen. Nur in einer solchen Diskussion aber könnten die bestehenden gesellschaftlichen Verhältnisse ihre Selbstverständlichkeit verlieren; sie würden die vergesellschafteten Menschen nicht mehr einfach prägen, sondern die Menschen könnten bewußt im Hinblick auf ihre Lebensverhältnisse Möglichkeiten abwägen und Entscheidungen treffen. Dabei hätten sie an erster Stelle zu berücksichtigen, durch welche Faktoren in der bestehenden Gesellschaft eine diese auf ihre Vernünftigkeit und Unvernünftigkeit hin erörternde Diskussion selbst behindert wird.

Eine kritische Sozialwissenschaft hat sich also darin zu bewähren, daß sie Diskussionen über die bestehenden gesellschaftlichen Verhältnisse in Gang bringt und so einen aktiven Beitrag zu ihrer Veränderung leistet. Sie ist weder in selbstverständlich erscheinende gesellschaftliche Verhältnisse eingebunden, noch steht ihr die Gesellschaft in vergegenständlichter Weise gegenüber, so daß sie auch keine Erscheinungsform des wissenschaftlich-technischen Zugriffs auf die Welt ist. Sie ist vielmehr selbst zu einer gesellschaftlichen Praxis geworden, die darauf zielt, einem vernünftigen öffentlichen Gespräch Geltung zu verschaffen. Damit aber ist sie Praxis im Sinne des Prinzips, dem die bürgerliche Gesellschaft als solche schon untersteht.

In den Studien über *Theorie und Praxis* hat Habermas die Kritik der politischen Ökonomie von Marx für eine Konzeption gehalten, die den Ansprüchen an eine kritische Sozialwissenschaft gerecht wird.[146] In der Frankfurter Antrittsvorlesung über *Erkenntnis und Interesse* spielt Marx dann keine Rolle mehr, und das drei Jahre später erschienene, mit der Antrittsvorlesung gleichnamige Buch enthält eine Marx-Kritik, die, gemessen an Habermas' Verständnis einer kritischen Sozialwissenschaft, härter kaum ausfallen kann. Dieser Kritik zufolge hat Marx zwar in einer eindrucksvollen Analyse gezeigt, wie die Gesellschaft sich in ihrer Arbeit erst herausbildet. Damit hat er jedoch nur den Bereich des «instrumentalen», also auf die Verwirklichung von Zielen bezogenen Handelns berücksichtigt und die Wirklichkeit einer Gesellschaft allein als die Wirklichkeit ihrer Produkte gedacht. Unberücksichtigt bleibt dabei, daß Gesellschaft ihre Wirklichkeit zumindest auch im «kommunikativen» Handeln des öffentlichen Gesprächs findet und dieses Gespräch außerdem über die Vernünftigkeit und Unvernünftigkeit der gesellschaftlichen Produktion befinden sollte. Die Marxsche Kritik der politischen Ökonomie ist demnach für Habermas wenigstens einseitig, im Grunde mehr als nur dies: Sofern Marx seine Theorie der Gesellschaft allein als Theorie der gesellschaftlichen Arbeit entwickelt, «verdunkelt»[147] er die Idee einer kritischen Sozialwissenschaft, in der es gerade um die Möglichkeit eines öffentlichen Gesprächs über den jeweiligen Stand der durch Arbeit herausgebildeten Gesellschaft gehen müßte. Bei aller Sympathie, die Habermas dem Entwurf von Marx entgegenbringt, sieht er in ihm für die Ausarbeitung seiner eigenen Konzeption keine geeignete Grundlage.

Kritische Sozialwissenschaft und Hermeneutik

Eine solche Grundlage glaubt Habermas Ende der 60er Jahre in der philosophischen Hermeneutik Hans-Georg Gadamers gefunden zu haben, die ihm wohl bereits aus seiner Heidelberger Zeit vertraut war. Gadamers Buch *Wahrheit und Methode* (1960) bot ihm eine ausgearbeitete Konzeption des Verstehens im Gespräch und konnte so Anlaß dafür sein, den Gedanken einer kritischen Sozialwissenschaft genauer zu fassen. Dabei liest Habermas die Hermeneutik Gadamers als eine fruchtbare Alternative zu den Versuchen einer Analyse der Umgangssprache, wie sie in der Linguistik und der sprachanalytischen Philosophie entwickelt worden sind, aber auch zu der Konzeption von Wittgensteins *Philosophischen Untersuchungen.* Während Linguistik und philosophische Sprachanalyse nämlich die Umgangssprache zu einem Gegenstand machen und nicht mehr klären können, welchen Status die Sprache hat, in der über die Umgangssprache gesprochen wird, beschränkt sich Wittgenstein darauf, die jeweilige Umgangssprache als einen nicht mehr hintergehbaren Zusammenhang zu deuten. Gegenüber beiden Ansätzen erweist sich für Habermas die Überlegenheit der Hermeneutik darin, daß sie sprachliches Verstehen als Übersetzen begreift: Wer eine sprachliche Äußerung versteht, ohne immer schon mit ihr vertraut gewesen zu sein, ist imstande, seinen eigenen sprachlichen Horizont zu überschreiten, ohne deshalb einen idealen – und fiktiven – Standpunkt jenseits der Umgangssprache einnehmen zu wollen. Aber trotz ihrer Attraktivität hält Habermas die philosophische Hermeneutik nicht für eine kritische Sozialwissenschaft. In seinem Literaturbericht *Zur Logik der Sozialwissenschaften* (1967) kritisiert er vielmehr, daß die Hermeneutik Gadamers ihre «Wahrheit» des Verstehens der «Methode» wissenschaftlicher Forschung lediglich entgegensetze, obwohl sich diese Wahrheit doch gerade im Bereich des wissenschaftlich Erkannten zu bewähren habe.[148] Nach Habermas bleibt in der Hermeneutik Gadamers außerdem unberücksichtigt, daß alles Verstandene im Verstehen immer auch verändert werden kann: Wer etwas bewußt versteht, bedenkt auch sein Verhältnis zum Verstandenen und hat insofern nicht mehr nur die Möglichkeit, das Verstandene einfach unbefragt zu übernehmen. Für Habermas kommt die philosophische Hermeneutik Gadamers darin an ihre Grenze, daß sie die entscheidende Rolle der Selbstreflexion im Verstehen übersieht. Die verstehende Selbstreflexion wiederum muß durch Wissenschaftlichkeit charakterisiert sein. Das Modell einer Wissenschaft aber, die Verstehen und Selbstreflexion in einem ist, glaubt Habermas in der Psychoanalyse gefunden zu haben.[149]

Psychoanalyse und Ideologiekritik

Psychoanalyse ist für Habermas eine Form wissenschaftlichen Erkennens, die an Mündigkeit interessiert ist. Durch dieses Interesse ist sie den Erfahrungswissenschaften wie auch den verstehenden, hermeneutischen Wissenschaften überlegen, denn anders als bei diesen ist ihr Interesse eindeutig und unbezweifelbar. Habermas gelangt zu seiner These unter der Voraussetzung, daß alle Wissenschaften ebenso wie die traditionelle Philosophie eine Funktion bei der Herausbildung und Erhaltung menschlicher Lebensformen haben; der spezifische Aspekt, unter dem die Wissenschaften diese Funktion erfüllen, ist ihr «Interesse». Ohne diesen Terminus zu verwenden, hatte Habermas bereits in seiner Charakterisierung der modernen Sozialwissenschaft dieselbe Sache im Blick gehabt, wo er die Bedeutung der Sozialwissenschaft für eine technologische Planung von Handlungsprozessen und Handlungszusammenhängen herausgearbeitet hatte. In seiner Frankfurter Antrittsvorlesung nun bestimmt Habermas das Interesse aller Erfahrungswissenschaften als «technisch», während er das Interesse der hermeneutischen Wissenschaften «praktisch» nennt. Während es in den Erfahrungswissenschaften um die «Sicherung und Erweiterung erfolgskontrollierten Handelns»[150] geht, zielen die hermeneutischen Wissenschaften auf die Erhaltung und Erweiterung von Verständigungsmöglichkeiten innerhalb einer Gesellschaft.

Damit sind die Erfahrungswissenschaften dem Bereich des instrumentalen, die hermeneutischen Wissenschaften dem Bereich des kommunikativen Handelns zugeordnet. Beide Typen von Wissenschaft sind dadurch charakterisiert, daß sie immer schon unter vorgegebenen gesellschaftlichen Bedingungen praktiziert werden: Die Erfahrungswissenschaften sind ebenso in einen ökonomisch und politisch bestimmten Zusammenhang eingebettet, dem sie ihre Ziele entnehmen, wie die hermeneutischen Wissenschaften in einen Zusammenhang von Überlieferung und bereits erfolgter Verständigung gehören. Obwohl beide Typen von Wissenschaft durch gesellschaftliche Bedingungen bestimmt werden, ist ihnen nicht auf Anhieb anzusehen, inwieweit ihre Ergebnisse durch das Interesse an der Erhaltung dieser Bedingungen geprägt sind. Wenn aber dieses Interesse in die Ergebnisse der Wissenschaft auf eine so wenig ersichtliche Weise eingeht, dann haben die Wissenschaften beider Typen auch die Tendenz, das sie erst in Gang setzende Interesse in ihren Selbstdarstellungen zu verdecken. Eine solche Verdeckung ist, wie Habermas bemerkt, aus der Alltagserfahrung bekannt: Was gesagt wird, dient oft dazu, den Handlungen «rechtfertigende Motive anstelle der wirklichen zu unterschieben»[151]. Während die Verdeckung der wahren Motive im Hinblick auf individuelle Handlungen «Rationalisierung» genannt wird, heißt sie im Hinblick auf das gesellschaftliche Handeln «Ideologie»[152]. Rationalisierung aber ist ein Terminus der Psychoanalyse. Dem Abbau von Rationalisierungen in der Psychotherapie entspricht auf der Ebene der Gesellschaft die Ideologiekritik der kritischen Sozialwissenschaft; darum läßt sich auch, wie Habermas denkt, durch eine Darstellung der Psychoanalyse die Gestalt einer kritischen Sozialwissenschaft im Vergleich herausarbeiten.

Wenn die Psychoanalyse durch den Abbau von Rationalisierungen charakterisiert ist, dann ergibt sich allein schon daraus, daß sie selbst keine Rationalisierung und keine Ideologie sein kann, und wenn Habermas sagt, daß sie durch das Interesse an Mündigkeit charakterisiert ist[153], so meint er damit genau dies: Mündigkeit ist nichts anderes als Freiheit von vormals undurchschauten Bindungen, die sich im Durchschauen dieser Bindungen, in der Selbstreflexion vollzieht. Das Interesse an Mündigkeit unterscheidet sich darum von den anderen «erkenntnisleitenden» Interessen darin, daß es niemals durch die von ihm angeleitete Erkenntnis verdeckt zu werden vermag, und so kann Habermas auch sagen, die Selbstreflexion sei durch die Einheit von Erkenntnis und Interesse charakterisiert. Wenn das Interesse an Mündigkeit nicht verdeckt werden kann, braucht es auch nicht eigens freigelegt zu werden, sondern ist ohne weiteres und unmittelbar einzusehen. Dies wiederum liegt daran, daß die Idee der Mündigkeit mit der Sprache selbst gegeben ist: Wer überhaupt zu sprechen anfängt, unterstellt bereits, es sei möglich, sich allgemein und ungezwungen zu einigen. Die Psychoanalyse arbeitet ebenso wie die Ideologiekritik auf die allgemeine Möglichkeit eines freien Gesprächs hin, indem sie seine Hemmnisse kritisiert und so zu ihrer Überwindung beiträgt. Wenn kritische Wissenschaft derart auf die verdeckende Sprachform der Rationalisierung und der Ideologie bezogen ist, geht es in ihr weniger um eine direkte Benennung individueller Leiden oder gesellschaftlicher Mißstände; sie setzt vielmehr an der nicht wirklich einsehbaren Rechtfertigung von Lebensgeschichten und gesellschaftlichen Verhältnissen an und erfüllt so ihr kritisches Programm als Sprachkritik; sie ist «Kritik des Verständigungsverhältnisses»[154].

Wenn Habermas in *Erkenntnis und Interesse* versucht, die Psychoanalyse als Sprachkritik zu lesen, so kann er dabei ihrem klassischen Vertreter, Sigmund Freud, nicht ohne weiteres folgen. Vor allem ist seine Deutung mit dem Selbstverständnis Freuds insofern nicht vereinbar, als Freud gemeint hat, mit der Psychoanalyse einen Beitrag zur naturwissenschaftlich verstandenen Medizin zu liefern. Habermas plädiert denn auch dafür, sich von diesem «Selbstmißverständnis» zu lösen, sich weniger an Freuds Konzeption der Psyche als eines durch Triebe bewegten «Apparats» zu orientieren, sondern eher nach der eigentümlichen Form des Verstehens im psychoanalytischen Gespräch zu fragen. Die Psychoanalyse ist für Habermas eine besondere Ausprägung der Kunst des Verstehens. Sie richtet sich nicht auf das von einem Sprecher bewußt Gemeinte, sondern betrachtet seine Äußerungen sozusagen als Sätze eines verdorbenen Textes, dessen Sinn nicht einfach rekonstruiert werden kann, indem man ihn an einigen Stellen ergänzt oder den fehlenden Zusammenhang einzelner Äußerungen erschließt. Vielmehr versucht sie, den Sinn des verdorbenen Textes zu gewinnen, indem sie nach dem Sinn der Zerstörung eines Zusammenhangs fragt. Es geht ihr darum, den Vorgang der Selbsttäuschung eines Sprechers aufzudecken und ihn so im psychoanalytischen Gespräch darüber aufzuklären, wie er etwa seine Wünsche durch das, was er sagt, verdeckt.

Um dies leisten zu können, hat der Analytiker an Äußerungen anzusetzen, die sich dem Zusammenhang des alltäglichen Redens nicht fügen. Er interessiert sich darum besonders für sprachliche Fehlleistungen und für Traumerzählungen. In solchen mit dem Zusammenhang des alltäglichen Redens unvereinbaren Äußerungen wird nämlich deutlich, welche Wünsche und Bedürfnisse der Sprecher verdrängt hat, um den Anforderungen des alltäglichen Kommunikationszusammenhangs gerecht zu werden. Die psychische Krankheit ist, so gesehen, nichts anderes als Anpassung an den alltäglichen Kommunikationszusammenhang um den Preis der Kommunikationsstörung. Indem die Psychoanalyse diese Kommunikationsstörung ins Bewußtsein des Sprechers hebt, ist sie eine Anleitung zur Selbstreflexion; sie verhilft dem Patienten dazu, das Verdrängte wieder anzunehmen und sich so in einer Weise zu äußern, die nicht mehr durch den Anpassungsdruck des alltäglich bestehenden Kommunikationszusammenhangs bestimmt ist. Auf diese Weise bereitet sie eine unzensierte und darum nicht mehr entstellte Kommunikation mit vor.

Wenn Habermas die Psychoanalyse als eine besondere Ausprägung der Kunst des Verstehens interpretiert, so meint er damit nicht, sie sei lediglich ein Spezialfall allgemeinen Verstehens und könne deshalb im

Rahmen einer allgemeinen philosophischen Hermeneutik abgehandelt werden. Eine besondere Ausprägung des Verstehens ist die Psychoanalyse vielmehr darin, daß sie von vornherein auf Selbstreflexion abzielt, und da der Aspekt der Selbstreflexion in der philosophischen Hermeneutik vernachlässigt ist, müßte diese, wie Habermas denkt, ihren «Universalitätsanspruch»[155] gerade dort zurücknehmen, wo sie mit dem psychoanalytischen Verstehen konfrontiert wird. Diese These hat begreiflicherweise zu Einwänden von seiten der philosophischen Hermeneutik geführt. So hat Hans-Georg Gadamer gegen Habermas zu bedenken gegeben, ob das psychoanalytische Verstehen nicht doch nur ein Spezialfall allgemeinen Verstehens sei, weil es in ihm ja gerade darum ginge, gestörte Verständigungsverhältnisse wieder zu normalen zu machen[156]; dann aber hätte das psychoanalytische Verstehen am normalen alltäglichen Verstehen seinen Maßstab und wäre diesem gegenüber keine kritische Alternative. Und weil Habermas die Psychoanalyse als Modell einer kritischen Sozialwissenschaft versteht, hat Gadamer ebenso begreiflicherweise gefragt, ob sich die kritische Reflexion von gesellschaftlichen, also ideologischen Kommunikationsstörungen wirklich mit dem therapeutischen Gespräch vergleichen läßt.[157] Immerhin findet das therapeutische Gespräch unter sehr spezifischen Bedingungen statt; es ist der Leidensdruck des Patienten, der ihn zum Arzt führt, und für dieses Motiv scheint es im gesellschaftlichen Zusammenhang keine Entsprechung zu geben, ebensowenig wie für die Heilung des Patienten.

Diese Einwände treffen Habermas freilich nur dann, wenn er für seine Konzeption eines auf Selbstreflexion zielenden Verstehens den Anspruch erhebt, mit ihr auch die praktische Wirkung der Selbstreflexion in der Gesellschaft berücksichtigt zu haben. Wie sich der Entgegnung auf seine Kritiker entnehmen läßt, ist aber gerade dies nicht der Fall. So betont Habermas, daß die kritische Selbstreflexion kein bestimmtes Handeln in der Gesellschaft rechtfertigt und noch nicht einmal bestimmte Handlungen des Aufgeklärten als ihr Ergebnis vorwegnehmen kann: Welche Konsequenzen ein Patient aus der Analyse für sein Handeln zieht, kann der Arzt nicht bestimmen, und entsprechend hat auch die kritische Sozialwissenschaft nicht die Aufgabe, zu bestimmten Handlungen anzuleiten.[158] Sie ist zwar ebenso wie das therapeutische Gespräch eine Praxis, aber keine Praxis, die sich in irgendwelchen Resultaten manifestiert; und darum gibt es auch keinen bestimmten Zustand der Gesellschaft, den die kritische Sozialwissenschaft herbeiführen möchte: Sie unterscheidet sich von den technisch geprägten, planenden Erfahrungswissenschaften grundlegend. Indem Habermas so argumentiert, sagt er allerdings auch, daß die Idee der Mündigkeit, welche die Selbstreflexion erst ermöglicht und in Gang bringt, nicht in einer bestimmten Gesellschaft realisiert werden kann: Sie ist eben darin eine Idee, und gesellschaftliches Handeln kann auf diese Idee nur derart bezogen sein, daß es immer wieder an ihr gemessen und durch sie in Frage gestellt wird. Daß die aufklärerische Selbstreflexion nie an ein Ziel kommt, hängt wiederum damit zusammen, daß die Idee der Mündigkeit mit der Sprache gegeben, aber im Sprechen nicht vollständig einholbar ist. Das Konzept einer kritischen Sozialwissenschaft läßt sich darum auch nur als Antwort auf die Frage ausarbeiten, welche sprachliche Form diese Wissenschaft haben müßte. Das Habermassche Projekt einer kritischen Sozialwissenschaft entwickelt sich so zu einer Sprachtheorie, der es um eine Klärung der «kommunikativen Kompetenz» geht.

Kommunikative Kompetenz

In seiner Untersuchung der kommunikativen Kompetenz[159] will Habermas klären, wie die Idee der Mündigkeit in der Sprache selbst verankert ist. Daß er diese Frage stellt, dokumentiert einerseits, mit welcher Konsequenz er den Grundgedanken seiner Frankfurter Antrittsvorlesung in seinen späteren Arbeiten verfolgt; es dokumentiert freilich auch, welche Erweiterung der frühere Ansatz einer kritischen Theorie inmitten der Gesellschaft in den späteren Arbeiten erfahren hat. War Habermas in seiner Habilitationsschrift noch der Meinung gewesen, der Gedanke eines freien Gesprächs sei als Prinzip der bürgerlichen Gesellschaft zu bestimmen, so sieht er sich jetzt zu einem «linguistic turn» genötigt, um diesen Gedanken zu entfalten. Zu seinem nun zentralen Begriff der kommunikativen Kompetenz gelangt Habermas im Anschluß an die Sprachtheorie Noam Chomskys.[160] Chomsky hat zwischen Sprachkompetenz und Sprachperformanz unterschieden und mit ersterem die Fähigkeit eines Sprechers gemeint, die Regeln einer Sprache zu beherrschen und aufgrund dieser Beherrschung eine grundsätzlich unendliche Menge von Sätzen bilden zu können; Sprachperformanz ist demgegenüber die Bildung und Äußerung solcher Sätze selbst. Habermas nimmt diese Unterscheidung auf und ergänzt sie durch einen Gedanken, welchen er den sprachanalytischen Konzeptionen John Austins[161] und John Searles[162] verdankt. Diesem Gedanken zufolge sind Sätze nicht nur Verlautbarungen, die, wie auch immer, auf Sachverhalte in der Welt Bezug nehmen, sondern sie haben auch einen institutionellen Sinn: Sätze werden immer in bestimmten Situationen verwendet und geben zu verstehen, welche Rolle der Sprecher in solchen Situationen übernommen hat: Wer etwa einen Fragesatz äußert, gibt damit zu verstehen, daß er jetzt in dieser Situation ein Fragender ist, vorausgesetzt, er zitiert diesen Satz nicht nur. Mit «kommunikativer Kompetenz» meint Habermas nichts anderes als die Fähigkeit, Sätze in bestimmten Situationen zu äußern und dabei eine bestimmte Rolle zu übernehmen; es ist die Fähigkeit, Regeln von Handlungen zu beherrschen, die sprachlich vollzogen werden.

Der entscheidende Gedanke von Habermas ist, daß die Regeln des sprachlichen Handelns entweder schlicht angewendet oder aber selbst zum Thema eines Gesprächs gemacht werden können.[163] Letzteres geschieht dann, wenn man aus irgendwelchen Gründen bezweifelt, daß ein Sprecher zu Recht im Hinblick auf seine Äußerung den Anspruch erhebt, sie müsse als Handlung nach einer bestimmten Regel anerkannt und durch eine ihr entsprechende Handlung beantwortet werden. So kann sich etwa jemand durch die Äußerung eines Befehls als ein Befehlender darstellen, ohne daß man ihn in dieser Rolle akzeptiert. In diesem Fall fordert man ihn auf, seine Rolle zu rechtfertigen, und wird dabei auf die entsprechende Regel sprachlichen Handelns selbst aufmerksam: Man fragt zwar nicht, ob die Äußerung ein korrekt gegebener Befehl ist, wohl aber, ob man sie als Befehl gelten lassen will oder nicht. Indem man diese Frage stellt, verhält man sich anders, als wenn man einen Befehl befolgt oder sich ihm widersetzt. Man verweigert sich der Situation, wie sie durch die Anwendung einer Regel sprachlichen Handelns geschaffen worden ist, und versucht zu klären, unter welchen Bedingungen man bereit wäre, sich auf die Anwendung einer solchen Regel einzulassen.

In der Sprache von Habermas gesagt, verläßt man so die Ebene des kommunikativen Handelns und führt einen «Diskurs»[164]. Diskurse sind keine sprachlichen Handlungen im engeren Sinne; sobald sie geführt werden, ist vielmehr die ansonsten wirksame Nötigung zum Handeln außer Kraft gesetzt. Wer an einem Diskurs teilnimmt, muß lediglich bereit sein, sich mit anderen darüber zu verständigen, welche kommunikativen Handlungen akzeptiert werden sollen, oder anders gesagt: auf welche Anwendungen von Regeln des sprachlichen Handelns man sich einlassen will. In Diskursen wird darüber entschieden, wie die Wirklichkeit des kommunikativen Handelns beschaffen sein soll. Weil die Regeln des sprachlichen Handelns – Habermas nennt sie «pragmatische Universalien»[165] – dieses Handeln lediglich ermöglichen, wird in einem Diskurs über ihre Anwendung der Zusammenhang des kommunikativen Handelns selbst in seiner Möglichkeit erfahren.

Aber selbst, wenn in ihnen über die Wirklichkeit des kommunikativen Handelns entschieden wird, haben Diskurse doch nicht die Aufgabe, das kommunikative Handeln zu planen. Von Diskursen soll Habermas zufolge vielmehr nur die Rede sein, wenn die Verständigung in ihnen wenigstens prinzipiell als unverzerrt und allgemein aufgefaßt wird, als unbeeinträchtigt von partikularen Handlungszielen also. Gerade weil Diskurse nicht unter Handlungszwang geführt werden, kann man ihren Teilnehmern unterstellen, daß sie mit dem, was sie sagen, nicht bloß ihre Interessen durchsetzen oder den Erwartungen anderer entsprechen wollen, sondern sich mündig verhalten; und das Ergebnis eines Diskurses kann nur dann akzeptiert werden, wenn man unterstellt, daß es grundsätzlich die Zustimmung aller möglichen Handlungspartner finden würde.

Die Mündigkeit der Diskursteilnehmer und die allgemeine Gültigkeit des in einem Diskurs Entschiedenen bildet nun ein Modell für das kommunikative Handeln. Man läßt sich auf bestimmte Situationen des kommunikativen Handelns ein, weil man unterstellt, daß sie gerechtfertigt sind, und man akzeptiert andere als Handlungspartner, indem man ihre Mündigkeit unterstellt. Umgekehrt kann man nur dann wissen, daß man sich in einem Diskurs befindet und die Nötigung zum Handeln außer Kraft gesetzt ist, wenn sich die Diskursteilnehmer nach dem Modell des kommunikativen Handelns wechselseitig als Partner verstehen, die aufeinander verwiesen sind. Das kommunikative Handeln ist also im Idealfall ein erfolgreicher Diskurs, sofern es keine Handlungen gibt, die nicht gebilligt und nur unter Handlungszwang vollzogen werden; und der Diskurs ist der Idealfall des kommunikativen Handelns, weil nur in ihm die verbindliche Bezogenheit der Handlungspartner aufeinander gewährleistet ist.[166]

Das kommunikative Handeln muß demnach immer in einem Diskurs zu rechtfertigen sein, und in Diskursen geht es um die Frage, inwieweit das kommunikative Handeln gerechtfertigt ist. In diesem Gedanken von Habermas ist unschwer sein früheres Konzept einer kritischen Selbstreflexion wiederzuerkennen. Aber anders als in diesem ist für Habermas nun die Selbstreflexion im kommunikativen Handeln bereits wirksam: Dieses Handeln ist überhaupt nur möglich, weil es auf die Selbstreflexion der Handelnden im Diskurs hin angelegt ist; ohne die Mündigkeit der

Handlungspartner zu unterstellen, könnte man überhaupt nicht handeln, und diese Mündigkeit erweist sich erst im Diskurs. Außerdem bedarf es nicht mehr der Verzerrung von Kommunikationszusammenhängen, damit die Selbstreflexion einsetzen kann; sie ist vielmehr immer dann möglich, wenn der alltägliche Zusammenhang des kommunikativen Handelns durch einen seiner Teilnehmer unterbrochen wird, weil ihm das Handeln eines anderen nicht akzeptabel erscheint.

Andererseits vertritt Habermas weiterhin die Überzeugung, daß das Modell eines idealen kommunikativen Handelns im Sinne eines allgemeinen und vollständig durchgeführten Diskurses nicht wirklich ist. Sobald ein Diskurs abgeschlossen ist, fallen die kommunikativ Handelnden in ihre vormalige Selbstverständlichkeit zurück, und Diskurse werden faktisch nie in der Weise geführt, daß eine strikt allgemeine Einigung in ihnen tatsächlich zustande käme. Trotz dieses Vorbehalts versteht Habermas die «ideale Sprechsituation» nicht bloß als ein Prinzip, an dem die kommunikativ Handelnden sich orientieren, ohne es je zu erreichen.[167] Als notwendige Unterstellung ist das Modell einer idealen Sprechsituation in jeder faktischen Situation des kommunikativen Handelns wirksam, und außerdem muß man die Möglichkeit einer Verwirklichung der idealen Sprechsituation in der Zukunft offenlassen. Nur so scheint Habermas die Kritik bestehender Sprechsituationen gerechtfertigt werden zu können, und da er auch nach seiner linguistischen Wendung am Gedanken einer solchen Kritik festhält, bekommt seine zunächst unhistorische Analyse der kommunikativen Kompetenz doch wieder einen historischen Sinn. Im Zusammenhang dieses historischen Verständnisses wird die Analyse des kommunikativen Handelns zu einer Theorie der sich in der Geschichte entwickelnden Rationalität.

Rationalität

In den zwei Bänden seiner bislang umfangreichsten Veröffentlichung, der *Theorie des kommunikativen Handelns*, hat Habermas seine Konzeption der kommunikativen Kompetenz zwar in einigen Punkten anders akzentuiert und auch in zum Teil anderen Begriffen entfaltet; wesentlich verändert aber wird diese Konzeption nicht. Wenn Habermas nun allerdings die Fähigkeit zum kommunikativen Handeln als «Rationalität» versteht, so verschafft er sich damit die Möglichkeit, an das Projekt einer historischen Soziologie anzuknüpfen, wie es vor allem von Max Weber entworfen worden ist. Habermas läßt sich auf dieses Projekt derart ausführlich ein, daß seine Darstellung und Interpretation Max Webers fast den ganzen ersten Band der *Theorie des kommunikativen Handelns* beansprucht. Dabei kommt es ihm vor allem darauf an, Webers Gedanken einer fortschreitenden «Rationalisierung» in der abendländischen Geschichte als Herausbildung kommunikativer Handlungsformen einsichtig zu machen.[168] Bei Weber selbst ist der Begriff der Rationalität nach Habermas weitgehend ungeklärt geblieben oder allein im Sinne der «Zweckrationalität», der eigentümlichen Verständigkeit des instrumentalen Handelns also, entfaltet worden; die *Theorie des kommunikativen Handelns* erhebt so den Anspruch, Webers begriffliche Unschärfe und Enge zu korrigieren und damit zugleich seine kulturhistorische Perspektive plausibler zu machen, als sie es in Webers eigener Darstellung sein kann. Habermas versteht zwar im Anschluß an Weber unter «Rationalität» die «entzaubernde» Befreiung aus mythischen und religiösen Weltbildern; er deutet diese Befreiung jedoch wie alle historischen Lernprozesse als Ergebnis von Diskursen, in denen ein vormals selbstverständliches Weltbild fraglich geworden ist.

Diskurse, die zu historischen Veränderungen führen, stellen jene Überzeugungen in Frage, die in ihrer selbstverständlichen Geltung die «Lebenswelt» der Menschen bilden. Dieser diskursive Lernprozeß ist für Habermas freilich nicht nur ein Fortschritt; denn er führt nicht nur zu einer besseren Verständigung über die Lebenswelt, sondern ebenso zu ihrer Gefährdung: Je mehr die Lebenswelt ihre vormalige Selbstverständlichkeit verliert, desto mehr werden die Menschen auch damit belastet, sich neu verständigen zu müssen, und wo sie zu einer solchen Verständigung nur eingeschränkt imstande sind, bilden sie Organisationsformen der Gesellschaft aus, die durch die Tendenz charakterisiert sind, sich gegenüber der Lebenswelt zu verselbständigen. Solche Organisationsformen sind für Habermas Geld und Macht. Mit diesem Gedanken gelingt es ihm, auch die Konzeption von Marx in seine Theorie der Rationalisierung einzupassen und der Systemtheorie Niklas Luhmanns, die der Untersuchung selbständiger Organisationsformen gewidmet ist, ihre Stelle anzuweisen. Im zweiten Band der *Theorie des kommunikativen Handelns* beschäftigt sich Habermas denn auch vor allem mit der Struktur und den Formen der «funktionalistischen Vernunft».

Die Verselbständigung von Organisationsformen in der modernen Gesellschaft ist für Habermas zwar die größte Gefährdung der einheitlichen Lebenswelt, aber nicht die einzige. So macht es auch die Ausbildung von Expertentum in den Wissenschaften und im Bereich der Kunst immer schwieriger, wenn nicht gar unmöglich, die verschiedenen Aspekte der modernen Gesellschaft noch in alltäglicher Selbstverständlichkeit als Einheit zu erfahren. Habermas hält es ferner für unmöglich, daß dieser Verlust eines einheitlichen Lebenszusammenhangs durch eine umfassende philosophische Theorie in der Art des Hegelschen Systems wettgemacht wird. Wenn die moderne Gesellschaft dennoch nicht nur und nicht in erster Linie Anlaß zum Pessimismus bietet, so ist das für Habermas in seinem Modell der diskursiven Verständigung begründet. Diskurse können nicht nur über die ehemals selbstverständlichen Momente einer Lebenswelt geführt werden, sondern sind auch zwischen den Wissenschaften und den verschiedenen Expertenkulturen überhaupt möglich. Entsprechend plädiert Habermas noch einmal nachdrücklich für ein Gespräch zwischen den Wissenschaften, weil nur in diesem die vielfältigen Aspekte der modernen Gesellschaft berücksichtigt werden können. Daß die *Theorie des kommunikativen Handelns* in diesem Gespräch eine besondere Rolle einnimmt, ist für Habermas in ihrem kritischen Ansatz begründet: Sie deckt schließlich die Gefährdung der Lebenswelt durch die verselbständigten «Systeme» erst auf und kann zeigen, wieso es zu dieser Gefährdung kommt. Aus dieser Perspektive kann die Gefährdung der Lebenswelt freilich auch eine Chance sein, ihre Zugänglichkeit für die Menschen erst verständlich zu machen; denn ihre Zugänglichkeit besteht eben darin, daß die Menschen sich sprachlich artikulieren und auf ihre ausgesprochenen Überzeugungen diskursiv Bezug nehmen können. So gilt am Ende für Habermas der von Heidegger in seinen späteren Texten gern zitierte Vers Hölderlins, dem zufolge dort, wo Gefahr ist, auch das Rettende wächst.[169]

Bei der Darstellung seiner Konzeption ist Habermas durchweg der These gefolgt, daß Diskurse nur zustande kommen, wo es keine selbstverständliche Übereinstimmung mehr gibt. Er hat sich Gegner gesucht, in der Auseinandersetzung mit ihnen allerdings nicht selten die Ebene einer diskursiven Einigung verlassen. Allein schon daraus wird klar, daß seine Konzeption des Diskurses und des kommunikativen Handelns selbst Gegenstand der Auseinandersetzung und dabei nicht immer Gegenstand eines zur Einigung führenden Diskurses wurde. Habermas hat allerdings einige der Einwände gegen seine Konzeption bereits aufgenommen, und es bleibt abzuwarten, inwieweit dies zu einer Einigung mit seinen Diskurspartnern führt, die sich dann in einer neuen systematischen Ausarbeitung seiner Konzeption niederschlägt. Die bisherige Diskussion um seine Arbeit hat freilich gezeigt, wie wirkungsvoll es ihm gelungen ist, das Konzept einer kritischen Theorie unter den gegenwärtigen Bedingungen von Gesellschaft und Philosophie zu vertreten.

Günter Figal

Karl-Otto Apel

Nennt man den Namen Karl-Otto Apels im Zusammenhang der kritischen Theorie, so hat das einerseits eine gewisse Berechtigung: Sein philosophisches Konzept ist dem von Habermas in wesentlichen Punkten ähnlich, und nicht umsonst hat Habermas sich auch immer wieder auf die Arbeiten von Apel bezogen. Aber obwohl Apel heute Philosophie an der Universität Frankfurt lehrt, gehört er doch nicht zur Frankfurter Schule. Horkheimer, Adorno, Marcuse oder Benjamin haben ihn nicht beeinflußt, und obwohl er selbst für die späteren Arbeiten seines Studienfreundes und Kollegen Habermas Sympathie empfindet, unterscheidet er sich von ihm doch in einer entscheidenden Hinsicht: Apel hat nie Schwierigkeiten damit gehabt, sich ‹nur› als Philosoph zu verstehen. Auch wenn er in seinen Schriften wissenschaftstheoretische Fragen nicht nur am Rande erörtert, ist für ihn der Gedanke einer Eingliederung der Philosophie in einen Forschungszusammenhang mit anderen Wissenschaften wenig attraktiv. Mehr noch: Apel hat nie Schwierigkeiten gehabt, sich als akademischer Philosoph zu verstehen. Er zieht eine klare Trennungslinie zwischen Philosophie und Politik und kann sich ein politisches Mandat der Philosophie oder der Wissenschaft überhaupt nur so vorstellen, daß sie in einer demokratisch organisierten Universität betrieben wird und, uneingeschränkt durch den Staat, ihren eigenen Beitrag zur Aufklärung leistet. Diesen Beitrag wiederum versteht Apel rein philosophisch und wissenschaftlich: Philosophie und Wissenschaft sollen sich darum bemühen, unausgewiesene dogmatische Überzeugungen abzubauen und sich nicht einfach auf die Autorität ‹großer Denker› stützen. Apel hat denn auch nicht die Wirkung in einer breiteren Öffentlichkeit gesucht und sich den politischen Zielen der Studentenbewegung gegenüber distanziert verhalten.

Entsprechend ist Apels Biographie die eines akademischen Philosophen. Er wurde 1922 in Düsseldorf geboren. Sein Studium der Philosophie in Bonn bei Erich Rothacker schloß er 1950 mit einer Dissertation über Martin Heidegger ab; sie trägt den Titel *Dasein und Erkennen: eine erkenntnistheoretische Interpretation der Philosophie M. Heideggers.* Habilitiert wurde Apel an der Universität Mainz. Seine 1963 erschienene Habilitationsschrift hatte *Die Idee der Sprache in der Tradition des Humanismus von Dante bis Vico* zum Thema. Von 1962 bis 1969 war Apel ordentlicher Professor an der Universität Kiel, von 1969 bis 1972 an der Universität Saarbrücken; seitdem lehrt er in Frankfurt.

Transformation der Philosophie

Apel hat außer seiner Habilitationsschrift eine Reihe von Aufsätzen veröffentlicht und eine Auswahl aus den Schriften des amerikanischen Pragmatisten Charles Sanders Peirce herausgegeben und ausführlich eingeleitet (1967 / 1970); die beiden Einleitungen zu dieser Ausgabe sind unter dem Titel *Der Denkweg von Charles S. Peirce* (1975) zu einem Buch vereinigt worden. Ein weiteres Buch, *Die Erklären:Verstehen Kontroverse in transzendentalpragmatischer Sicht* (1979), entstand aus seinem Beitrag zu einem Kolloquium über G. H. von Wrights Buch *Explanation and Understanding.* Für das philosophische Programm Apels wichtiger als diese Arbeiten ist jedoch die zweibändige Sammlung von Aufsätzen *Transformation der Philosophie* (1973). Der Titel bezeichnet bereits das Programm, und wer die in einem Zeitraum von beinahe zwei Jahrzehnten entstandenen Aufsätze der Sammlung liest, kann dem Autor nur zustimmen, wenn er einleitend bemerkt, daß dieses Programm mit den Jahren selbst eine Transformation erfahren habe.[170] Andererseits dokumentiert Apel allein durch die Vereinigung seiner Arbeiten unter einem programmatischen Titel, wie wenig er mit den späteren Aufsätzen glaubt, die früheren einfach überholt zu haben. Die Kontinuität seiner philosophischen Konzeption erweist sich nun daran, daß er in der Auseinandersetzung mit den verschiedensten Autoren einen Grundgedanken artikulieren will und sich umgekehrt bei der Artikulation dieses Grundgedankens genötigt sieht, die verschiedensten Autoren miteinander ins Gespräch zu bringen. Für Apels Philosophieren ist die Abbildung verschiedener Konzepte aufeinander eigentümlich; in der Transformation der Philosophie will er, um nur die wichtigsten zu nennen, Heidegger und Wittgenstein, Kant und Peirce für die Ausarbeitung seines eigenen Programms fruchtbar machen, und dabei setzt er sich mit einer Vielzahl anderer Autoren auseinander. Entsprechend hat Apel vom Darstellungsmittel der Fußnote ausgiebigen Gebrauch gemacht, und da er sich meist selbstverständlich in den Terminologien der von ihm behandelten Autoren bewegt, ist die Lektüre seiner Schriften, vor allem der späteren, nicht eben leicht.

Wenn Apel eine Vielzahl philosophischer Konzeptionen aufeinander abbildet, so geschieht das freilich nicht nur, um seinen eigenen Grundgedanken zu artikulieren; es entspricht auch diesem Grundgedanken selbst. Apel ist nämlich davon überzeugt, daß Philosophie sich erst in einer Kommunikationsgemeinschaft der Philosophen bildet und man sich darum auch nicht an philosophischen Konzeptionen orientieren darf, als seien sie «Ein-Mann-Weltanschauungen» [171]. Philosophie ist für ihn kein einsames Forschen nach Wahrheit, sondern ein großes Gespräch, in dem experimentiert und interpretiert wird, wobei am Ende nur die größere Überzeugungskraft des besseren Arguments von grundsätzlich allen anderen einsehbaren gilt. Das Verständnis von Philosophie als einer Kommunikationsgemeinschaft hat Apel von Peirce übernommen [172], und dieses Verständnis gibt auch einen ersten Aufschluß darüber, was er mit «Transformation der Philosophie» meint: Weil die Philosophen sich seiner Überzeugung nach selbst nicht immer als Teilnehmer an einem großen Gespräch verstanden haben, kommt es darauf an, ihre Gedanken in ein solches Gespräch einzuführen. Außerdem hat sich das monologische Selbstverständnis der Philosophen oft in ihren Konzeptionen niedergeschlagen; deshalb gilt es, auch diese Konzeptionen am Maßstab des großen Gesprächs zu messen und in der Orientierung am Maßstab des großen Gesprächs ‹umzuformen›. «Transformation der Philosophie» ist demnach etwas grundsätzlich Anderes als die Überführung der Philosophie in Wissenschaft oder Politik; in der Transformation kommt die Philosophie für Apel vielmehr erst zu ihrer angemessenen Gestalt und kann in dieser ein Modell für das Gespräch in Wissenschaft und Politik sein.

Transformation der Daseinsanalyse und der Hermeneutik

Auf den Peirceschen Gedanken einer Kommunikationsgemeinschaft von Forschern ist Apel freilich nicht schon am Anfang seiner philosophischen Entwicklung aufmerksam geworden, und demnach läßt sich sein Programm auch nicht in erster Linie von diesem Gedanken her verstehen. Am Anfang seiner philosophischen Entwicklung steht vielmehr der Eindruck, den Heidegger auf ihn gemacht hat, und es ist charakteristisch für Apel, wie er bereits in seinen frühen Arbeiten zwei Gedanken Heideggers miteinander kombiniert. Es ist eine der wichtigsten Thesen von *Sein und Zeit*, daß Menschen keine in der Welt vorkommenden Lebewesen sind, die sich kraft ihrer Wahrnehmung und ihres Verstandes in vielfältiger Weise auf Gegenstände beziehen; Menschen sind vielmehr dadurch charakterisiert, daß ihnen der offene Spielraum einer Welt «erschlossen» ist und sie in diesem Spielraum «da» sind. Nur weil sie derart sind, können Menschen sich auch auf einzelne Gegenstände beziehen, die im immer schon eröffneten Spielraum der Welt «entdeckt» werden.[173] Zur Welt, wie Heidegger sie denkt, gehört auch, daß sie immer schon «Mitwelt» ist; Menschen dürfen darum nicht als zunächst vereinzelte Lebewesen betrachtet werden, die dann miteinander Kontakt aufnehmen können; sie sind vielmehr immer schon aufeinander verwiesen und in ihrem Verhalten zueinander bestimmt. Während Heidegger darum in *Sein und Zeit* auch die Sprache als ein Strukturmoment der Welt begreift, hat er in einer späteren Phase seines Denkens die Sprache selbst als Eröffnung eines Spielraums verstanden, der in den Artikulationen der Philosophie[174] und den Werken der Kunst[175] jeweils eine besondere Gestalt gewinnt. Für Apel nun gehören der Gedanke der Welt und der Gedanke der selbst einen Spielraum eröffnenden Sprache enger zusammen als für Heidegger selbst: Ihm zufolge eröffnet erst die Sprache den Spielraum der Welt, so daß Welt und Sprache im Grunde eines sind[176]; Menschen sind als Sprecher aufeinander verwiesen und beziehen sich aufgrund ihrer Sprachlichkeit auf Gegenstände. Mit dieser These aber ist der Gedanke einer «Kommunikationsgemeinschaft» bereits eingeführt, ohne daß vom großen Gespräch der Wissenschaftler im Sinne von Peirce die Rede gewesen wäre.

Apel hätte nicht durch Peirce angeregt und beeinflußt werden können, wenn das, was Peirce ihm zu sagen hatte, bei ihm selbst nicht bereits vorbereitet gewesen wäre. Zwar geht es ihm zunächst vor allem darum, das Ergebnis seiner Heidegger-Lektüre im Zusammenhang anderer sprachphilosophischer Konzeptionen zu bewähren. Dabei tritt jedoch zum ersten Mal hervor, was Apel späterhin im Anschluß an Peirce als die Kommunikationsgemeinschaft von Forschern bezeichnet. In seiner Auseinandersetzung mit anderen sprachphilosophischen Konzeptionen ist für Apel Wittgenstein besonders wichtig, weil er seiner Überzeugung nach eine Reihe von Gemeinsamkeiten mit Heidegger hat. Trotz dieser Gemeinsamkeiten ist für Apel Heidegger in einem entscheidenden Punkt überlegen.[177] In den *Philosophischen Untersuchungen* hatte Wittgenstein zeigen wollen, daß man sprachliche Ausdrücke versteht, wenn man weiß, wie sie gebraucht werden, und gebraucht werden sie immer in einem Zusammenhang, einem «Sprachspiel». Zwar hat Wittgenstein solche Sprachspiele als «Lebensform»[178] bezeichnet, aber doch nicht weiter geklärt, wie das Leben in ihnen genauer zu verstehen ist; er hat außerdem die Frage offengelassen, wie sich die Sprachspiele in ihrer Vielzahl zueinander verhalten. Beide Fragen scheinen Apel mit Heideggers Bestimmung der Welt beantwortet. Was die erste Frage angeht, so gibt Heidegger eine ausführliche Analyse dessen, was es für den einzelnen heißt, in der Welt zu sein und dieses In-der-Welt-sein zu vollziehen; auf die zweite Frage findet Apel bei Heidegger eine Antwort, weil er dessen Analyse der Welt mit Heideggers Konzeption der Sprache zusammenliest und die Welt als in der Sprache eröffnet versteht. Die einzelnen Sprachspiele bilden zwar immer nur einen Teil der Welt; aber die Menschen sind imstande, die Sprachspiele, an denen sie jeweils teilnehmen, zum Thema zu machen, aufeinander zu beziehen und miteinander zu vergleichen, weil die Welt als ganze sprachlich eröffnet ist. Der Sprachlichkeit der Welt im ganzen wiederum tragen die Menschen Rechnung, indem sie ein fortwährendes und unabgeschlossenes Gespräch führen: das Gespräch der Philosophie. Erst in der Philosophie zeigt sich also für Apel die sprachliche Welt im ganzen, und weil das so ist, wird auch verständlich, weshalb sich die Philosophie davor zu hüten hat, zu einer Wissenschaft unter anderen oder unmittelbar politisch zu werden: Sie würde dadurch ihre besondere Aufgabe verlieren und könnte nicht mehr in einem einzigen, unabgeschlossenen Experiment die verschiedenen Weltformen aufeinander beziehen. Philosophie, wie Apel sie auffaßt, untersteht der unabschließbaren und darin unendlichen Aufgabe, in ihrem Gespräch die Einheit und Ganzheit der Welt auszubilden, und darum hat sie gegenüber den einzelnen Ausprägungen dieser Welt Distanz zu halten.

Transformation der Ideologiekritik

Daß die Philosophie zu den einzelnen Ausprägungen der Welt in den Sprachspielen Distanz halten muß, heißt für Apel freilich nicht, sie stünde diesen gleichgültig gegenüber. Philosophisch soll vielmehr diskutiert und geprüft werden, ob die einzelnen Sprachspiele und die in ihnen artikulierten Überzeugungen gerechtfertigt sind oder nicht. Weil Apel das Gespräch der Philosophie als den Ort einer solchen kritischen Prüfung ansieht, hält er auch die Konzeption Heideggers für ebenso ergänzungsbedürftig wie die an Heidegger anschließende philosophische Hermeneutik Hans-Georg Gadamers. Seiner Meinung nach ist es Heidegger zwar gelungen, das Sein der Menschen in der Welt zu analysieren und als Grundzug des Seins in der Welt das Verstehen herauszuarbeiten. Aber Heidegger wie Gadamer, bei dem Apel eine eingehendere Erörterung des Verstehens im Sinne Heideggers findet als bei diesem selbst, haben es versäumt, zwischen angemessenem und unangemessenem Verstehen zu unterscheiden und nach einem Maßstab für diese Unterscheidung zu fragen.[179] Ohne einen solchen Maßstab aber sei es unmöglich, von Fortschritten beim Verstehen der Welt zu sprechen. Unmöglich wäre damit auch eine Transformation der Philosophie, wie Apel sie im Sinn hat; man könnte niemals für sich in Anspruch nehmen, einen Philosophen besser zu verstehen, als er sich selbst verstanden hat, und Fragen und Lösungsvorschläge in einem neuen Zusammenhang erst wirklich zur Geltung bringen.

Wenn Apel deshalb vorschlägt, das unendliche Gespräch der Philosophie im Anschluß an Peirce als Kommunikationsgemeinschaft der Forscher zu bestimmen, so gliedert er damit nicht einfach den Gedanken von Peirce in seine eigene Version von Heideggers Weltanalyse ein. Erst dadurch, daß die Philosophie als ein unendliches Gespräch von Forschern begriffen wird, könne man dem sprachlichen Charakter der Welt eigentlich gerecht werden. Sofern die Welt nämlich eine in der Sprache eröffnete Mitwelt ist, sind die Menschen als Sprachwesen dazu «verdammt», sich zu einigen[180]; jedes Gespräch ist auf Einigung hin angelegt, und eine wirkliche Einigung kann es nur geben, wo die Überzeugungskraft des besseren Arguments zählt. Aber auch jemand, der sich dem Austausch von Argumenten entzieht und einfach beschließt, in einer bestimmten Weise zu handeln, dokumentiert für Apel noch, daß er der Unumgänglichkeit des Argumentierens untersteht: Er argumentiert eben, indem er seine Überzeugung vor den anderen durch das begründet, was er tut. Die grundsätzliche Notwendigkeit, sich zu einigen, wird nicht dadurch in Frage gestellt, daß jemand der Meinung ist, unter bestimmten Umständen sei eine Einigung nicht möglich. Im Gegenteil, die jeder Erfahrung vorausgehende «apriorische» Kommunikationsgemeinschaft der Mitwelt ist für Apel nicht dadurch charakterisiert, daß man in der einen oder anderen Weise bereits miteinander verständigt ist und bestimmte Überzeugungen teilt; sie ist, wie er sagt, kein «Common-Sense-Apriori»[181]. Man kann sich zwar aus der Kommunikationsgemeinschaft nicht wirklich «herausreflektieren», weil man eben kein einsames «Subjekt» ist, das dann mit den anderen «Subjekten» erst in Beziehung tritt. Sehr wohl aber ist es in der Kommunikationsgemeinschaft selbst angelegt, alle artikulierten Überzeugungen grundsätzlich für widerlegbar zu halten, wie es etwa in der experimentierenden Wissenschaft geschieht.

Ebenso kann man in einer bestimmten gesellschaftlichen Situation Vorbehalte gegen die allgemein vertretenen Überzeugungen haben. In diesem Fall unterstellt man, daß die allgemein vertretenen Überzeugungen nicht durch eine wirkliche Einigung zustande gekommen sind, und hält sie darin für «ideologisch». Diese Unterstellung wiederum läßt sich philosophisch artikulieren, so daß die Philosophie für Apel auch als Ideologiekritik[182] auftreten kann. In dieser Hinsicht kommt Apel der Position von Habermas recht nahe; aber anders als für diesen ist für Apel die Philosophie nicht in erster Linie Ideologiekritik sowie deren kommunikationstheoretische Begründung. Vielmehr bleibt für ihn die Ideologiekritik lediglich eine Aufgabe der Philosophie, die der grundsätzlichen Aufgabe einer auf Einigung und darin auf Darstellung der einen und ganzen Welt zielenden Kommunikation untergeordnet ist. Ideologien sind, so gesehen, lediglich ein Anlaß dafür, sich dieser Aufgabe im gemeinsamen Vollzug des philosophischen Argumentierens zu stellen, und darin unterscheiden sie sich nicht von den ‹leibhaftigen› Handlungen der Menschen in der Welt, die auch einen solchen Anlaß immer wieder geben.

Transformation der Transzendentalphilosophie

Weil die Philosophie für Apel nicht dazu bestimmt ist, als kritische Theorie gesellschaftlich wirksam zu werden, bleibt auch ihre Darstellung der einen und ganzen Welt im argumentierenden Gespräch noch in den Zusammenhang einer anderen Aufgabe eingeordnet. Die Philosophie hat, wie Apel denkt, eine «Letztbegründung» ihres eigenen argumentativen Vollzugs zu geben, und erst damit kommt auch sein Programm einer Transformation der Philosophie ins Ziel. Eine solche Letztbegründung wiederum ist erst dann geleistet, wenn man plausibel gemacht hat, daß die traditionellen philosophischen Disziplinen der Erkenntnistheorie und der Ethik nur im Rückgang auf das Apriori der Kommunikationsgemeinschaft zu verstehen sind. Was die Erkenntnistheorie angeht, so will Apel zeigen, daß sie sich von der Orientierung am Modell einer Außenwelt[183], auf die das Bewußtsein in welcher Weise auch immer bezogen ist, zu lösen hat. Es gibt für ihn keine außenweltlichen «Dinge an sich», die das Bewußtsein beeinflussen und so eine Erkenntnis in Gang setzen. Von den Dingen an sich weiß man schließlich nur, indem man über sie spricht, und insofern ist auch der Gedanke eines Dinges an sich sprachlich vermittelt. Apel zufolge kann man den Gedanken einer Außenwelt nur aufrechterhalten, indem man die Außenwelt als das in der Sprache Aufgewiesene versteht, und da die Dinge nur sprachlich zugänglich sind, läßt sich auch die Gewißheit der Erkenntnis nur so denken, daß sie der Wahrheit von Aussagen entspricht. Die Wahrheit von Aussagen wiederum hat ihren einzigen Maßstab daran, daß die Aussagen einer umfassenden Kommunikation standhalten und deshalb allgemein akzeptiert werden. Unter jeweils begrenzten Umständen der Kommunikation ist Erkenntnis dann auch nur begrenzt gültig. Der Prozeß des Erkennens ist nichts anderes als der Prozeß einer «sprachvermittelten Hypothesenbildung»[184].

Mit der philosophischen Ethik verhält es sich ähnlich. Moralische Normen sind dadurch charakterisiert, daß sie allgemein anerkannt werden, und allgemein anerkannt sind sie wiederum dann, wenn sie einer umfassenden Kommunikation standhalten. Da alle Mitglieder einer Kommunikationsgemeinschaft auch persönliche Ansprüche stellen, sind sie als Mitglieder der Kommunikationsgemeinschaft immer schon die Verpflichtung eingegangen, die Ansprüche anderer anzuerkennen; anders könnten sie die Formulierung ihrer Ansprüche nicht rechtfertigen. Immer schon verpflichtet sind sie außerdem dazu, vor den anderen über ihre eigenen Ansprüche Rechenschaft zu geben. Jede Rechenschaftsabgabe erfolgt zu dem Zweck, sich mit den anderen über die eigenen Ansprüche zu einigen, ebenso wie man zum Zweck der Einigung von den anderen Rechenschaft fordert. Die Koordination der verschiedenen Ansprüche erfolgt in moralischen Normen, und weil Einigkeit die oberste Norm einer Kommunikationsgemeinschaft sein muß, ist eine bestimmte Übereinkunft dann moralisch, wenn sie den kommunikativen Prozeß der Einigung weiterhin sicherstellt und auf die Verwirklichung einer umfassenden Einigung hinzielt.

In seinen erkenntnistheoretischen wie in seinen ethischen Erörterungen hat sich Apel immer wieder auf die Philosophie Kants bezogen, und diese Philosophie gilt es vor allem zu transformieren. Apel will plausibel machen, daß die Stelle, die bei Kant das Bewußtsein innehatte, nun mit der apriorischen Kommunikationsgemeinschaft zu besetzen ist. Weil die

Kommunikationsgemeinschaft ebenso wie das von Kant gedachte Bewußtsein vor aller Erfahrung liegt und als Bedingung der Möglichkeit von Erfahrung «transzendental» ist, kann Apel sein Konzept der Philosophie auch als Konzept einer kommunikationstheoretisch gefaßten Transzendentalphilosophie verstehen. Weil es in dieser Philosophie um die Bedingung der Möglichkeit sprachlichen Handelns geht, kann Apel sie ebenso als «Transzendentalpragmatik» bezeichnen.

Apels Hochschätzung des Argumentierens innerhalb einer Gemeinschaft von Forschern ist nicht zuletzt durch seine eigenen Texte dokumentiert. Diese Texte sind nie mit dem Gestus der Lehre vorgetragen, die letzte Gültigkeit für sich in Anspruch nimmt; obwohl es Apel um philosophische Letztbegründung geht, will er eher Vorschläge machen als Gewißheiten verkünden. Für seinen Stil ist denn auch kaum etwas anderes so charakteristisch wie die immer wieder verwendete Abkürzung «m. E.». Andererseits ist die Kombination verschiedener philosophischer Ansätze unverwechselbar. Gerade darin, wie Apel Heidegger und Wittgenstein, Peirce und Kant, Habermas und Gadamer aufeinander bezieht, ist die Darstellung seines philosophischen Programms selbst eine eigenständige Philosophie, und es dürfte unmöglich sein, diese Philosophie so zum Thema eines auf Einigkeit zielenden argumentierenden philosophischen Gesprächs zu machen, daß sie als ganze in eine neue Gestalt zu transformieren wäre. An Apels eigenen Arbeiten zeigt sich mithin, daß bei allen Versuchen der Transformation ein nicht transformierbarer Rest bleibt und das philosophische Gespräch nur immer wieder neu in Gang kommt, weil mit der Unverwechselbarkeit seiner Teilnehmer bei allem Streben nach Einigkeit eine wesentliche und schätzenswerte Uneinigkeit bleibt.

Texte

Adorno, Theodor W.: Schriften. Frankfurt/M. 1970ff.

Apel, Karl-Otto: Die Idee der Sprache in der Tradition des Humanismus von Dante bis Vico. Bonn 1963.

– (Hg.): Charles S. Peirce. Schriften. 2 Bde. Frankfurt/M. 1967 u. 1970.

–: Der Denkweg von Charles S. Peirce. Frankfurt/M. 1975.

–: Transformation der Philosophie. 2 Bde. Frankfurt/M. 1973.

–: Die Erklären:Verstehen Kontroverse in transzendentalpragmatischer Sicht. Frankfurt/M. 1979.

Benjamin, Walter: Gesammelte Schriften. Unter Mitwirkung von Th. W. Adorno und G. Sholem hg. von R. Tiedemann u. H. Schweppenhäuser. Frankfurt/M. 1972ff.
–: Briefe. Hg. von G. Sholem u. Th. W. Adorno. Frankfurt/M. 1966.
–: Beroliana. Mit 36 historischen Photos von Günther Beyer. Berlin 1987.
Bloch, Ernst: Gesamtausgabe. Frankfurt/M. 1959ff.
–: Briefe 1903–1975. Hg. v. K. Bloch u. a. 2 Bde. Frankfurt/M. 1985.
Habermas, Jürgen: Das Absolute in der Geschichte. Von der Zwiespältigkeit in Schellings Denken. Bonn 1954.
–: Strukturwandel der Öffentlichkeit. Neuwied 1962.
–: Technik und Wissenschaft als Ideologie. Frankfurt/M. 1968.
–: Erkenntnis und Interesse. Frankfurt/M. 1968.
–: Der Universalitätsanspruch der Hermeneutik. In: Hermeneutik und Dialektik. Hg. von R. Bubner, K. Cramer u. R. Wiehl. Bd. 1. Tübingen 1970, S. 73–104.
–: Vorbereitende Bemerkungen zu einer Theorie der kommunikativen Kompetenz. In: Habermas, Jürgen/Luhmann, Niklas: Theorie der Gesellschaft oder Sozialtechnologie – Was leistet die Systemforschung? Frankfurt/M. 1971, S. 101–141.
–: Theorie und Praxis (1963). Frankfurt/M. 1971.
–: Bewußtmachende und rettende Kritik – die Aktualität Walter Benjamins. In: Zur Aktualität Walter Benjamins. Aus Anlaß des 80. Geburtstages von Walter Benjamin hg. von S. Unseld. Frankfurt/M. 1972, S. 173–223.
–: Philosophisch-politische Profile (1971). Frankfurt/M. 1973.
–: Zur Logik der Sozialwissenschaften. Frankfurt/M. 1977.
–: Theorie des kommunikativen Handelns. 2 Bde. Frankfurt/M. 1981.
–: Der philosophische Diskurs der Moderne. Frankfurt/M. 1985.
–: Die neue Unübersichtlichkeit. Frankfurt/M. 1985.
–: Eine Art Schadensabwicklung. Frankfurt/M. 1987.
–: Nachmetaphysisches Denken. Frankfurt/M. 1988.
Horkheimer, Max: Gesammelte Schriften. Hg. von A. Schmidt u. G. Schmid Noerr. Frankfurt/M. 1985ff.
–: Eclipse of Reason. New York 1947. Dt: Zur Kritik der instrumentellen Vernunft. Frankfurt/M. 1967.
– u. Flowerman, Samuel H. (Hg.): Studies in Prejudice. New York 1949f.
Marcuse, Herbert: Schriften. Frankfurt/M. 1978ff.
–: One Dimensional Man. Studies in the Ideology of Advanced Industrial Society. Boston 1964. Dt.: Der eindimensionale Mensch. Neuwied 1967.

Literatur

Abendroth, Wolfgang u. a.: Die Linke antwortet Jürgen Habermas. Frankfurt/M. 1968.

Alternative. Zeitschrift für Literatur und Kritik. Heft 56/57 (1967), Heft 59/60 (1968).

Aragon, Louis: Pariser Landleben (Le Paysan de Paris, 1926). München 1969.

Arendt, Hannah: Walter Benjamin, Bertolt Brecht. Zwei Essays. München 1971.

Aristotle's Physics. A revised Text with Introduction and Commentary by W. D. Ross. Oxford 1936.

Arnold, Heinz Ludwig (Hg.): Theodor W. Adorno. München 1983.

–: Ernst Bloch. München 1985.

Austin, John L.: How to Do Things with Words? Cambridge (Mass.) 1962. Dt.: Zur Theorie der Sprechakte. Stuttgart 1972.

Bernstein, Richard J. (Hg.): Habermas and Modernity. Cambridge/Oxford 1985.

Bogner, Artur: Zivilisation und Rationalisierung. Die Zivilisationstheorien Max Webers, Norbert Elias' und der Frankfurter Schule im Vergleich. Opladen 1989.

Bolz, Norbert/van Reijen, Willem: Walter Benjamin. Frankfurt/New York 1991.

Bolz, Norbert/Faber, Richard (Hg.): Walter Benjamin. Profane Erleuchtung und rettende Kritik. Würzburg [2]1985.

Brecht, Bertolt: Arbeitsjournal, 1. Bd. 1938–1942. Hg. von W. Hecht. Frankfurt/M. 1974.

Breuer, Stefan: Die Krise der Revolutionstheorie. Negative Vergesellschaftung und Arbeitsmetaphysik bei Herbert Marcuse. Frankfurt/M. 1977.

Brodersen, Momme: Walter Benjamin. Bibliographia critica generale (1913–1983). Palermo 1984.

Brunkhorst, Hauke: Theodor W. Adorno, Dialektik der Moderne. München 1990.

Chomsky, Noam: Aspects of the Theory of Syntax. Cambridge (Mass.) 1965 (dt.: Aspekte der Syntax-Theorie. Frankfurt/M. 1969).

Clausen, Detlev: Spuren der Befreiung – Herbert Marcuse. Darmstadt 1981.

Danielzyk, Rainer/Volz, Fritz Rüdiger: Vernunft der Moderne? Zu Habermas' Theorie des kommunikativen Handelns (Parabel Band 3). Münster 1986.

Dietschy, Beat: Gebrochene Gegenwart: Ernst Bloch – Ungleichzeitigkeit und Geschichtsbild der Moderne. Frankfurt/M. 1988.

Dubiel, Helmut: Kritische Theorie der Gesellschaft. Eine einführende Rekonstruktion von den Anfängen im Horkheimer-Kreis bis Habermas. Weinheim/München 1988.

Figal, Günter: Theodor W. Adorno. Das Naturschöne als spekulative Gedankenfigur. Bonn 1977.

–: Selbsterhaltung und Selbstverzicht. Zur Kritik der neuzeitlichen Subjektivität bei Max Horkheimer und Walter Benjamin. In: Zeitschrift für philosophische Forschung 37 (1983), S. 161–179.
–: Martin Heidegger – Phänomenologie der Freiheit. Frankfurt/M. 1988.
Flego, Gvodzden/Schmied-Kowarzik, Wolfdietrich (Hg.): Ernst Bloch – utopische Ontologie, Band II des Bloch-Lukács-Symposions 1985 in Dubrovnik. Bochum 1986.
Freud, Sigmund: Das Unbehagen an der Kultur (1930). In: Studienausgabe. Hg. von A. Mitscherlich, A. Richards u. J. Strachey. Bd. IX. Frankfurt/M. 1974, S. 191–270.
Friedeburg, Ludwig von/Habermas, Jürgen (Hg.): Adorno-Konferenz 1983, Frankfurt. Frankfurt/M. 1985.
Früchtl, Josef: Mimesis. Konstellation eines Zentralbegriffs bei Adorno. Würzburg 1986.
Früchtl, Josef/Calloni, Maria: Geist gegen den Zeitgeist. Erinnern an Adorno. Frankfurt/M. 1991.
Fürnkäs, Josef. Surrealismus als Erkenntnis: Walter Benjamin – Weimarer Einbahnstraße und Pariser Passagen. Stuttgart 1988.
Fuld, Werner: Walter Benjamin – Zwischen den Stühlen. Eine Biographie. München/Wien 1979.
Gadamer, Hans-Georg: Wahrheit und Methode. Grundzüge einer philosophischen Hermeneutik (1960). Gesammelte Werke, Bd. 1. Tübingen 1986.
–: Wahrheit und Methode. Ergänzungen. Gesammelte Werke, Bd. 2. Tübingen 1986.
Gamm, Gerhard: Angesichts objektiver Verblendung. Über die Paradoxien kritischer Theorie. Tübingen 1985.
–: Eindimensionale Kommunikation – Vernunft und Rhetorik in Jürgen Habermas' Deutung der Moderne. Würzburg 1987.
Geuss, Raymond: Die Idee einer kritischen Theorie. Königstein/Ts. 1983.
Geyer, Carl-Friedrich: Max Horkheimer und Theodor W. Adorno. Freiburg/München 1982.
Gmünder, Ulrich: Kritische Theorie. Horkheimer, Adorno, Marcuse, Habermas. Stuttgart 1985.
Görtzen, Rene: Jürgen Habermas. Eine Bibliographie seiner Schriften und der Sekundärliteratur 1952–1981. Frankfurt/M. 1982.
Gripp, Helga: Theodor W. Adorno. Erkenntnisdimensionen negativer Dialektik. Paderborn/München/Wien/Zürich 1986.
Gumnior, Helmut/Ringguth, Rudolf: Max Horkheimer. Reinbek 1973.
Heidegger, Martin: Vorträge und Aufsätze. Pfullingen 1954.
–: Sein und Zeit (1927). Gesamtausgabe, Bd. 2. Frankfurt/M. 1976.
–: Wegmarken. Gesamtausgabe, Bd. 9. Frankfurt/M. 1976.

–: Holzwege. Gesamtausgabe, Bd. 5. Frankfurt/M. 1977.
–: Einführung in die Metaphysik (1953). Gesamtausgabe, Bd. 40. Frankfurt/M. 1983.
Henrich, Dieter: Kritik der Verständigungsverhältnisse. Laudatio für Jürgen Habermas. In: Habermas. Jürgen/Henrich Dieter: Zwei Reden. Aus Anlaß der Verleihung des Hegel-Preises 1973 der Stadt Stuttgart an Jürgen Habermas am 19. Januar 1974. Frankfurt/M. 1974, S. 9–22.
Historikerstreit – Die Dokumentation der Kontroverse um die Einzigartigkeit der nationalsozialistischen Judenvernichtung. München/Zürich 1987.
Honneth, Axel: Kritik der Macht. Reflexionsstufen einer kritischen Gesellschaftstheorie. Frankfurt/M. 1985.
– /Joas, Hans (Hg.): Kommunikatives Handeln. Beiträge zu Jürgen Habermas' «Theorie des kommunikativen Handelns». Frankfurt/M. 1988.
– /McCarthy, Thomas/Offe, Claus/Wellmer, Albrecht (Hg.): Zwischenbetrachtungen – Jürgen Habermas zum 60. Geburtstag. Frankfurt/M. 1989.
Horster, Detlef: Habermas zur Einführung. Hamburg 1988.
–: Jürgen Habermas. Stuttgart 1991.
Kager, Reinhard: Herrschaft und Versöhnung. Einführung in das Denken Theodor W. Adornos. Frankfurt/New York 1988.
Katz, Barry: Herbert Marcuse and the Art of Liberation. An Intellectual Biography. London 1982.
Kaulen, Heinrich: Rettung und Destruktion. Untersuchung zur Hermeneutik Walter Benjamins. Tübingen 1987.
Kellner, Douglas. Herbert Marcuse and the cirisis of Marxism. London u. a. 1984.
Kimmerle, Gerd: Verwerfungen. Vergleichende Studien zu Adorno und Habermas. Tübingen 1986.
Kuhlmann, Wolfgang/Böhler, Dietrich (Hg.): Kommunikation und Reflexion: Zur Diskussion der Transzendentalpragmatik. Antworten auf Karl-Otto Apel. Frankfurt/M. 1982.
Kunneman, Harry (Hg.): Die Aktualität der Dialektik der Aufklärung zwischen Moderne und Postmoderne. Frankfurt/New York 1989.
Landmann, Michael: Ernst Bloch im Gespräch. In: Ernst Bloch zu Ehren. Beiträge zu seinem Werk. Hg. von S. Unseld. Frankfurt/M. 1965, S. 345–371.
Lindner, Burkhart/Lüdke, Martin (Hg.): Materialien zur ästhetischen Theorie Theodor W. Adornos. Frankfurt/M. 1985.
–: Walter Benjamin im Kontext. Königstein/Ts. 1985.
Löbig, Michael/Schweppenhäuser, Gerhard (Hg.): Adorno-Symposion 1984, Hamburg. Lüneburg 1984.
Löwenich, Friedhelm: Paradigmenwechsel – Über die Dialektik der Aufklärung in der revidierten Kritischen Theorie. Würzburg 1990.

Lukács, Georg: Theorie des Romans (1920). In: Werke. Frühschriften Bd. II. Neuwied/Berlin 1967.
–: Geschichte und Klassenbewußtsein (1923). In: Werke. Frühschriften Bd. II. Neuwied/Berlin 1968.
Markun, Silvia: Ernst Bloch. In Selbstzeugnissen und Bilddokumenten dargestellt. Reinbek 1977.
Marx, Karl: Das Kapital, Band III (= Marx/Engels: Werke, Bd. 25). Berlin (Ost).
McCarthy, Thomas: Kritik der Verständigungsverhältnisse. Zur Theorie von Jürgen Habermas. Frankfurt/M. 1989.
Menninghaus, Winfried: Schwellenkunde. Walter Benjamins Passage des Mythos. Frankfurt/M. 1986.
Mörchen, Hermann: Adorno und Heidegger. Untersuchung einer philosophischen Kommunikationsverweigerung. Stuttgart 1981.
Müller, Ulrich: Erkenntniskritik und Negative Metaphysik bei Adorno. Eine Philosophie der dritten Reflektiertheit. Frankfurt/M. 1988.
Münster, Arnold (Hg.): Tagträume vom aufrechten Gang. Sechs Interviews mit Ernst Bloch. Frankfurt/M. 1977.
– (Hg.): Verdinglichung und Utopie: Ernst Bloch und Georg Lukács zum 100. Geburtstag. Beiträge des internationalen Kolloquiums in Paris, März 1985. Frankfurt/M. 1987.
Notter, Werner: Die Ästhetik der Kritischen Theorie. Frankfurt/Bern/New York 1985.
Recki, Birgit: Aura und Autonomie. Zur Subjektivität der Kunst bei Walter Benjamin und Theodor W. Adorno. Würzburg 1988.
Reese-Schäfer, Walter: Jürgen Habermas. Frankfurt/New York 1991.
Reijen, Willem van/Schmid Noerr, Gunzelin (Hg.): Vierzig Jahre Flaschenpost. Dialektik der Aufklärung 1947–1987. Frankfurt/M. 1987.
–: Adorno zur Einführung. Hamburg 1987.
–: Horkheimer zur Einführung. Hannover 1982.
–(Hg.): Allegorie und Melancholie. Frankfurt/M. 1991.
Roderick, Rick: Habermas und das Problem der Rationalität. Eine Werkmonographie. Hamburg 1989.
Scheible, Hartmut: Theodor W. Adorno. Mit Selbstzeugnissen und Bilddokumenten. Reinbek 1989.
Schiller, Friedrich: Über die ästhetische Erziehung des Menschen. In einer Reihe von Briefen. Werke. Vollständige historisch-kritische Ausgabe. Hg. von O. Güntter u. G. Wittkowski. Bd. 18. Leipzig 1911, S. 5–116.
Schmidt, Alfred/Altwicker, Norbert (Hg.): Max Horkheimer heute – Werk und Wirkung. Frankfurt/M. 1986.
Schmidt, Burghard (Hg.): Materialien zu Ernst Blochs «Prinzip Hoffnung». Frankfurt/M. 1978.
–: Ernst Bloch. Stuttgart 1985.

–: Benjamin zur Einführung. Hannover 1984.
Searle, John R.: Speech Acts. Cambridge 1969 (dt.: Sprechakte. Frankfurt/M. 1971).
Sholem, Gershom: Walter Benjamin – Geschichte einer Freundschaft. Frankfurt/M. 1975.
Spengler, Oswald: Der Untergang des Abendlandes. Bd. 1. Wien/Leipzig 1919; Bd. 2. München 1922.
Steiner, Uwe: Die Geburt der Kritik aus dem Geiste der Kunst. Würzburg 1989.
Stoessel, Marleen: Aura – Das vergessene Menschliche. Zu Sprache und Erfahrung bei Walter Benjamin. München/Wien 1983.
Theunissen, Michael: Kritische Theorie der Gesellschaft. Zwei Studien. Berlin/New York 1981.
Thompson, John B./Held, David (Hg.): Habermas. Critical Debates. Cambridge (Mass.) 1982 (darin eine ausführliche Bibliographie englischsprachiger Literatur zu Habermas).
Thyen, Anke: Negative Dialektik und Erfahrung. Zur Rationalität des Nichtidentischen bei Adorno. Frankfurt/M. 1989.
Tiedemann, Rolf: Studien zur Philosophie Walter Benjamins. Frankfurt/M. 1973.
–: Dialektik im Stillstand. Versuche zum Spätwerk Walter Benjamins. Frankfurt/M. 1983.
Trautje, Franz: Revolutionäre Philosophie in Aktion: Ernst Blochs politischer Weg. Hamburg 1985.
Unseld, Siegfried (Hg.): Zur Aktualität Walter Benjamins. Aus Anlaß des 80. Geburtstages von Walter Benjamin. Frankfurt/M. 1984.
Weber, Marianne: Max Weber – ein Lebensbild. Tübingen 1926.
Wellmer, Albrecht: Zur Dialektik von Moderne und Postmoderne. Vernunftkritik nach Adorno. Frankfurt/M. 1987.
White, Stephen K.: The recent work of Jürgen Habermas. Reason, justice and modernity. Cambridge 1988.
Wiggershaus, Rolf: Die Frankfurter Schule. Geschichte, Theoretische Entwicklung, Politische Bedeutung. München 1986.
–: Theodor W. Adorno. München 1987.
Witte, Bernd: Walter Benjamin. Mit Selbstzeugnissen und Bilddokumenten dargestellt. Reinbek 1985.
Wittgenstein, Ludwig: Philosophische Untersuchungen (1953). Schriften 1. Frankfurt/M. 1969.
Von Wright, Georg H.: Explanation and Understanding. London 1971. Dt.: Erklären und Verstehen. Frankfurt/M. 1974.
Würger, Wolfgang: Kritische Theorie und Weltveränderung: Der Praxisbegriff in der Philosophie Max Horkheimers. Gießen 1988.

Zimmermann, Rolf: Utopie – Rationalität – Politik. Zu Kritik, Rekonstruktion und Systematik einer emanzipatorischen Gesellschaftstheorie bei Marx und Habermas. Freiburg/München 1985.

Anmerkungen

1 Horkheimer, Ges. Schr. Bd. 3, S. 20–35 (1988).
2 Bloch, Briefe, S. 675 ff (1985).
3 Studies in Prejudice (1950).
4 Zit. nach Wiggershaus, Frankf. Schule, S. 452 (1986).
5 Adorno, Schr. Bd. 8 (1980) und Bd. 9 (1975).
6 Habermas, Profile, S. 189 (1971, 1973).
7 Horkheimer, Ges. Schr. Bd. 1 (1988).
8 Horkheimer, Ges. Schr. Bd. 2, S. 13–72 (1987).
9 Horkheimer, ebd., S. 73–146.
10 Adorno, Schr. Bd. 1, S. 7–77 (1973).
11 Adorno, Schr. Bd. 2 (1979).
12 Adorno, Schr. Bd. 20. I, S. 155–163 (1986).
13 Adorno, Schr. Bd. 5, S. 7–245 (1956, 1971).
14 Horkheimer, Ges. Schr. Bd. 4, S. 163 f (1988).
15 Horkheimer, ebd., S. 162.
16 Horkheimer, ebd., S. 167 f.
17 Horkheimer, ebd., S. 169.
18 Horkheimer, ebd., S. 170 f.
19 Horkheimer, ebd., S. 173.
20 Horkheimer, ebd., S. 177.
21 Horkheimer, ebd., S. 175.
22 Horkheimer, ebd., S. 169.
23 Horkheimer, ebd., S. 169.
24 Horkheimer, ebd., S. 182.
25 Horkheimer, ebd., S. 187 f.
26 Horkheimer, ebd., S. 324.
27 Horkheimer, ebd., S. 329 f.
28 Horkheimer, ebd., S. 348.
29 Figal, Selbsterhaltung (1983).
30 Horkheimer, Ges. Schr. Bd. 5, S. 350 (1987).
31 Horkheimer, ebd., S. 350.
32 Horkheimer, Kritik d. instr. Vernunft, S. 153 ff (1967).
33 Horkheimer, Ges. Schr. Bd. 7, S. 363 ff (1985).
34 Horkheimer, ebd., S. 28.
35 Horkheimer, ebd., S. 31 f.

36 Horkheimer, ebd., S. 33.
37 Horkheimer, ebd., S. 55 ff.
38 Horkheimer, ebd., S. 144 ff.
39 Horkheimer, ebd., S. 205 ff.
40 Adorno, Schr. Bd. 1, S. 345–365 (1973).
41 Horkheimer, Ges. Schr. Bd. 5, S. 46 f (1987).
42 Horkheimer, Ges. Schr. Bd. 7, S. 297–404 (1985).
43 Adorno, Schr. Bd. 6, S. 9 (1973).
44 Adorno, Schr. Bd. 4 (1951, 1980).
45 Adorno, Schr. Bd. 7, S. 11 (1970).
46 Adorno, ebd., S. 72 ff.
47 Figal, Adorno, S. 83 ff (1977).
48 Adorno, Schr. Bd. 12 (1948, 1975).
49 Adorno, Schr. Bd. 7, S. 56 (1970).
50 Adorno, ebd., S. 191.
51 Adorno, ebd., S. 185.
52 Adorno, ebd., S. 537.
53 Habermas, Theorie d. komm. Handelns I, S. 516 (1981).
54 Habermas, Diskurs d. Moderne (1985).
55 Arendt, Benjamin, S. 33 (1971, 1986).
56 Sholem, Freundschaft (1975).
57 Benjamin, Ges. Schr. Bd. IV.1, S. 235–304 (1972).
58 Benjamin, ebd., S. 83–148.
59 Benjamin, ebd., S. 305–438.
60 Benjamin, Briefe (1966).
61 Benjamin, Ges. Schr. Bd. II.2, S. 511–572 (1977).
62 Benjamin, Ges. Schr. Bd. I.2, S. 509–604 (1974).
63 Aragon, Paysan (1926, 1969).
64 Benjamin, Ges. Schr. Bd. V (1982).
65 Arendt, Benjamin, S. 26 (1971, 1986).
66 Benjamin, Briefe, S. 137 (1966).
67 Benjamin, Ges. Schr. Bd. II.1, S. 105–117 (1977).
68 Benjamin, Ges. Schr. Bd. I.1, S. 209 f (1974).
69 Benjamin, ebd., S. 209 f.
70 Benjamin, ebd., S. 214 f.
71 Benjamin, ebd., S. 212.
72 Benjamin, ebd., S. 210 f.
73 Benjamin, ebd., S. 126.
74 Benjamin, ebd., S. 62 ff.
75 Benjamin, ebd., S. 125 f.
76 Habermas, Kritik (1972).
77 Benjamin, Ges. Schr. I.1, S. 212 (1974).

78 Benjamin, Ges. Schr. II.1, S. 190 (1977).
79 Benjamin, ebd., S. 199f.
80 Benjamin, ebd., S. 193f.
81 Benjamin, Briefe, S. 672 (1966).
82 Brecht, Arbeitsjournal Bd. 1, S. 14 (1974).
83 Benjamin, Ges. Schr. I.2, S. 509 (1974).
84 Benjamin, ebd., S. 443.
85 Benjamin, ebd., S. 479.
86 Benjamin, ebd., S. 445.
87 Benjamin, ebd., S. 503.
88 Benjamin, ebd., S. 508.
89 Benjamin, ebd., S. 693.
90 Benjamin, ebd., S. 701.
91 Benjamin, ebd., S. 701.
92 Benjamin, ebd., S. 700.
93 Benjamin, ebd., S. 704.
94 Benjamin, ebd., S. 702.
95 Benjamin, ebd., S. 701.
96 Benjamin, ebd., S. 703.
97 Benjamin, ebd., S. 701.
98 Alternative 56/57 (1967) und 59/60 (1968).
99 Weber, Max Weber, S. 476 (1926).
100 Markun, Ernst Bloch, S. 18 (1977).
101 Landmann, Ernst Bloch, S. 358 (1965).
102 Münster, Tagträume, S. 24f (1977).
103 Münster, ebd., S. 28.
104 Bloch, Gesamtausg. Bd. 3, S. 17 (1923, 1964).
105 Bloch, Gesamtausg. Bd. 3, S. 21 (1923, 1964).
106 Bloch, ebd., S. 241.
107 Bloch, ebd., S. 219ff.
108 Bloch, ebd., S. 226ff.
109 Bloch, Gesamtausg. Bd. 8, S. 473ff (1962).
110 Bloch, Gesamtausg. Bd. 3, S. 254ff (1923, 1964).
111 Bloch, ebd., S. 239.
112 Aristoteles, Phys., 225^{b} 1–3.
113 Bloch, Gesamtausg. Bd. 3, S. 23 (1923, 1964).
114 Bloch, Gesamtausg. Bd. 2 (1921, 1969).
115 Münster, Tagträume, S. 169 (1977).
116 Bloch, Gesamtausg. Bd. 7 (1972).
117 Marx, Kapital Bd. III, S. 828 (1894, 1969).
118 Habermas, Profile, S. 147 (1971, 1973).
119 Habermas, ebd., S. 174.

120 Marcuse, Schr. Bd. I, S. 7–344 (1978).
121 Figal, Martin Heidegger (1988).
122 Marcuse, Schriften I, S. 358 (1978).
123 Marcuse, ebd., S. 364.
124 Marcuse, Schr. Bd. 3 (1979).
125 Freud, Unbehagen a. d. Kultur (1930, 1974).
126 Marcuse, Schr. Bd. 5, S. 19ff (1955, 1979).
127 Schiller, Werke Bd. 18, S. 52ff (1911).
128 Marcuse, Schr. Bd. 8, S. 261ff (1984).
129 Marcuse, ebd., S. 282ff.
130 Marcuse, ebd., S. 285f.
131 Breuer, Krise (1977).
132 Habermas, Profile, S. 67–75 (1971/1973).
133 Heidegger, Gesamtausg. Bd. 40, S. 208 (1983).
134 Historikerstreit (1987).
135 Habermas, Profile, S. 75 (1971/1973).
136 Habermas, Das Absolute (1954).
137 Gadamer, Ges. Werke Bd. II, S. 493 (1986).
138 Habermas, Technik u. Wiss., S. 147 (1968).
139 Habermas, Theorie d. komm. Handelns Bd. 1, S. 517f (1981).
140 Habermas, Öffentlichkeit, S. 15 (1962).
141 Habermas, ebd., S. 200ff.
142 Habermas, ebd., S. 256ff.
143 Habermas, Theorie u. Praxis, S. 48–88 (1963, 1969).
144 Habermas, ebd., S. 75–79.
145 Habermas, ebd., S. 78.
146 Habermas, ebd., S. 228–289.
147 Habermas, Erkenntnis u. Inter., S. 85 (1968).
148 Habermas, Logik, S. 281f (1970/71).
149 Habermas, Erkenntnis u. Inter., S. 262ff (1968).
150 Habermas, Technik u. Wiss., S. 157 (1968).
151 Habermas, ebd., S. 159.
152 Habermas, ebd., S. 160.
153 Habermas, ebd., S. 163f.
154 Henrich, Verständigungsverh. (1974).
155 Habermas, Universalitätsanspruch, S. 73–104 (1970).
156 Gadamer, Ges. Werke Bd. 2, S. 115 (1986).
157 Gadamer, ebd., S. 251–275.
158 Habermas, Theorie u. Praxis, S. 43f (1969).
159 Habermas, Komm. Kompetenz, S. 101–141 (1971).
160 Chomsky, Aspects (1965).
161 Austin, Words (1962).

162 Searle, Speech Acts (1969).
163 Habermas, Komm. Kompetenz, S. 106 (1971).
164 Habermas, ebd., S. 115.
165 Habermas, ebd., S. 109.
166 Habermas, ebd., S. 138.
167 Habermas, ebd., S. 136.
168 Habermas, Theorie d. komm. H., S. 225 ff (1981, 1985).
169 Heidegger, Vortr. u. Aufs., S. 36 (1954).
170 Apel, Transformation Bd. 1, S. 7 (1973, 1976).
171 Apel, ebd., S. 12.
172 Apel, Transformation Bd. 2, S. 157–177 (1973, 1976).
173 Figal, Heidegger (1988).
174 Heidegger, Gesamtausg. Bd. 9, S. 361 (1976).
175 Heidegger, Gesamtausg. Bd. 5, S. 61 ff (1977).
176 Apel, Transformation Bd. 1, S. 225–275 (1973, 1976).
177 Apel, ebd., S. 250 ff.
178 Wittgenstein, Schr. Bd. 1, S. 296 (1953, 1969).
179 Apel, Transformation Bd. 1, S. 35 ff (1973, 1976).
180 Apel, Transformation Bd. 2, S. 247 (1973, 1976).
181 Apel, ebd., S. 63.
182 Apel, Transformation Bd. 2, S. 120 ff.
183 Apel, ebd., S. 175 f.
184 Apel, Transformation Bd. 2, S. 355 (1973/1976).

FRANZÖSISCHE PHILOSOPHIE

Arne Grøn

Der Aufbruch: die Wende «zum Konkreten»

Die Auseinandersetzung mit der Tradition

Die Diskussion, die die französische Philosophie des 20. Jahrhunderts bestimmt hat, beginnt mit einer Auseinandersetzung mit der traditionellen Philosophie in den 30er Jahren. Maßgebend war damals eine akademische, neukantianische Philosophie, die aber wiederum in einem größeren Zusammenhang gesehen werden muß.

Die klassische Tradition in der französischen Philosophie geht auf Descartes (1596–1650) zurück. Descartes fragt nach einer sicheren Grundlage für die Erkenntnis. Seine Antwort lautet, diese Grundlage sei dadurch gegeben, daß sich das erkennende Subjekt seiner selbst gewiß ist, indem es sich selbst – als zweifelndes, denkendes Wesen – begreift. Der Bezugspunkt wird, mit anderen Worten, in einem ‹reflexiven› Akt, dem Denkakt, erreicht, in dem das Subjekt sich selbst zuwendet. Diese Selbstreflexion ist unmittelbar, da es kein vermittelndes Zwischenglied gibt. Das, was ‹dazwischen› kommen könnte, ist gerade durch den methodischen Zweifel eliminiert worden. Das Ausgeschiedene ist das, was etwas ‹Anderes› ist als das Subjekt. Und zu diesem ‹Anderen› gehören nicht nur die äußeren Dinge, sondern auch mein Körper und mit ihm meine Zugehörigkeit zur Welt.

Dieses Grundverfahren von Descartes ist daher zweideutig. Es hebt zwar das Subjekt als solches hervor, aber in der Weise, daß es im Selbstbewußtsein einen direkten, unvermittelten Zugang zu sich selbst hat. Das Subjekt, das sich in diesem direkten Zugang durch das Selbstbewußtsein erschließt, wird damit zu etwas Abstraktem, Punktuellen gemacht. Das *Subjekt* wird hervorgehoben, indem es zugleich von seiner *Welt* getrennt wird.

Die cartesianische Tradition wird im Neukantianismus fortgesetzt, der seit dem Ende des 19. Jahrhunderts bis in die 30er Jahre mit Léon

Brunschvicg (1869–1944, Professor an der Sorbonne) als der zentralen Gestalt die Universitätsphilosophie dominierte. Sie war, nach einem Wort Gabriel Marcels, «die offizielle Philosophie». In Frankreich wurde die Parole ‹Zurück zu Kant!› mit einer Erneuerung der cartesischen Tradition verbunden. Diese Erneuerung bedeutete einen philosophischen Idealismus, der den absoluten Ausgangspunkt in den Denk- und Erkenntnisakten des Subjekts ansiedelt und die Welt auf ein Korrelat dieser Akte reduziert. Aber damit stellt sich das schwierige Problem: Wo bleibt die Existenz des *Anderen*? Der ‹Andere›, der andere Mensch, das andere Subjekt, gehört mit zu den Gegenständen, auf die ich in der Welt stoße, und wird damit ebenfalls zum Gegenstand meines Erkennens gemacht. Und dies bedeutet, daß der Andere in meine Perspektive eingeschlossen ist.

Mit dem Aufbruch in den 30er Jahren wird dem herrschenden Idealismus vorgeworfen, er sei ein abstrakter Rationalismus, der die Wirklichkeit der Vernunft behauptet, indem er das übersehe oder reduziere, was diese Wirklichkeit zum Problem macht. Diese Kritik wird in einem zweiten Schritt so formuliert, daß der neukantianische Idealismus keinen Sinn für Geschichte habe. Dies mag merkwürdig erscheinen, da der Geschichtsbegriff bei Brunschvicg eine herausragende Rolle spielt; aber es handelt sich hier um Geschichte im Sinne von ständigem Fortschritt in Erkenntnis und Moral. Dieser ‹Idealismus› wurde von der Generation der 30er Jahre – der Generation Sartres und Merleau-Pontys – als hohler Optimismus verstanden, der auf einem reduktiven Geschichtsverständnis beruht. Aber die Kritik am neukantianischen Idealismus zeigt zugleich die Hauptthemen des Aufbruchs auf: die Situation (das Engagement), die Körperlichkeit, der Andere, die Geschichte.

Die Wende «zum Konkreten»

Der Aufbruch kann mit dem Titel eines Buches von Jean Wahl aus dem Jahre 1932 als Wende «hin zum Konkreten» (*Vers le concret*) bezeichnet werden. Was meint diese Richtungsbestimmung?

Ein markanter Zug der französischen Philosophie seit den 30er Jahren ist deren Abhängigkeit von der deutschen Philosophie. So hat man die Generation, die in den 30er Jahren begann, sich Geltung zu verschaffen, die der drei H genannt: Husserl, Heidegger und Hegel waren die Autoritäten, auf die man zurückging und an denen man sich orientierte. Insofern kann der Aufbruch als eine Übertragung der deutschen Existenzphilosophie und der deutschen Phänomenologie auf französischen Boden verstanden werden.

Aber gerade an dieser Abhängigkeit läßt sich das Besondere des französischen Aufbruchs verdeutlichen. Die Wende hin zur faktischen Existenz, die in der deutschen Philosophie der 20er Jahre zum Durchbruch kommt, wird übernommen, zugleich aber als eine Wende «zum Konkreten» akzentuiert. In beiden Fällen fragt man: Wie verhält es sich mit diesem Subjekt, auf das der Idealismus zurückgreift? Was charakterisiert das Sein dieses Subjekts? Und in beiden Fällen wird gegen die idealistische Tradition eingewendet, daß das Subjekt faktisch existent ist, genauer: daß es jeweils schon in einer gegebenen Situation existiert, freilich so, daß es sich zu dieser Situation verhält.

Die Akzentuierung besteht darin, die folgenden drei Züge dieser Existenz in einer Situation zu betonen: Erstens handelt es sich um eine *körperliche* Existenz. Eben durch diese Körperlichkeit befindet sich das Subjekt je schon in einer bestimmten Situation. Zweitens handelt es sich um eine Existenz in Beziehung zu einer *anderen* Existenz, einer anderen Person. Und drittens handelt es sich um eine *engagierte* Existenz. Diese letzte Bestimmung faßt in gewisser Weise die beiden ersten zusammen. Das Subjekt *ist* in der Weise, daß es stets in eine Situation verwickelt oder in ihr ‹engagiert› ist – nämlich durch seine Körperlichkeit und seine Relation zu anderen. Zugleich befindet es sich in der Situation so, daß es sich durch sein Handeln für eine Sache einsetzen oder ‹engagieren› kann.

Diese Akzentuierung wendet sich polemisch gegen eine Tradition, die das menschliche Subjekt begreifen will, indem sie es von seiner Welt isoliert. Aber wie wir gesehen haben, ist das Grundverfahren bei Descartes zweideutig. Das spiegelt sich in der Auseinandersetzung wieder. Denn diese besteht nicht darin, daß man den Menschen nicht mehr als Subjekt bestimmt. Vielmehr hält man an dieser Bestimmung fest und vertieft sie. Es geht darum zu verstehen, was es heißt, ein Subjekt zu sein.

Bisher ist die Wende zum Konkreten durch die drei Grundbestimmungen: Körperlichkeit, der Andere, das Engagement charakterisiert worden. In der Betonung dieser Aspekte liegt die Wende hin zur ‹konkreten› Existenz. Aber wir können weiter fragen, was das Konkrete besagen will. Mit dem Schlagwort einer ‹konkreten Philosophie› ist zunächst nur die Aufgabe gestellt, das Konkrete zu deuten. In diesem Zusammenhang kann man zwischen zwei Phasen der Wende unterscheiden, die durch zwei unterschiedliche Interpretationen des Konkreten gekennzeichnet sind.

Die erste Auslegung läuft darauf hinaus, daß das Konkrete das *Unmittelbare* ist, verstanden als das, was vor aller Reflexion gegeben ist. Ehe wir uns selbst in einem reflexiven Akt ergreifen, sind wir schon in eine bestimmte Situation verwickelt oder in ihr engagiert. Diese Bedeutung des Konkreten ergibt sich aus der Auseinandersetzung mit der cartesianischen Tradition. Und sie kann sich – wie wir sehen werden – in gewisser Weise auf Bergson berufen.

Nach der zweiten Auslegung ist das Konkrete der *Vermittlungszusammenhang*, den das menschliche Subjekt durchlebt, nämlich die soziale, geschichtliche und sprachliche Welt, in der es existiert.

Mit diesen beiden Deutungen ist die Achse angegeben, um die sich die Wende zum Konkreten vollzieht. Allerdings kommt es bald zu einem Bruch, der aus einem unterschiedlichen Verständnis dessen resultiert, was ‹konkret› heißt. Verkürzt formuliert, geht es darum, daß sich die Philosophie des Engagements zu einer Praxisphilosophie entwickelt. Nach der zweiten Auslegung des Konkreten handelt es sich zwar um die soziale, geschichtliche und sprachliche Situation, in der das Subjekt verwickelt und engagiert ist; aber an dieser Situation ist das Subjekt durch seine ‹Praxis› oder sein Handeln beteiligt.

Diese Entwicklung, die in den 30er Jahren einsetzt, erreicht ihren Höhepunkt mit Sartres *Critique de la raison dialectique* (dt. Kritik der dialektischen Vernunft) aus dem Jahre 1960. Im Vorwort erwähnt Sartre, daß Jean Wahls *Vers de la concret* für seine Generation in den 30er Jahren viel bedeutete, aber erst allmählich klar wurde, was ‹das Konkrete› eigentlich besagt. Die Antwort, die Sartre nun gibt, ist diese: Das Konkrete ist die *Geschichte*.[1] Diese Antwort beruht auf einer langen Entwicklung. Die *Critique de la raison dialectique* bezeichnet insofern einen Schlußpunkt, als das Buch den großen Versuch darstellt, diesen zweiten Begriff des Konkreten als der geschichtlichen und sozialen Welt, in der wir leben, zu entfalten und dadurch die dialektische Philosophie zu begründen, die die zweite Phase der Wende bestimmte.

Diese zweite Phase, die Ende der 40er Jahre Gestalt annimmt und bis etwa 1960 reicht, gibt der Geschichte eine zentrale Bedeutung. In einem großen Artikel zum Gedenken Merleau-Pontys aus dem Oktober 1961 benennt Sartre selbst diese Wende, die seine Generation in der Auseinandersetzung mit der Tradition herbeiführte, indem er bemerkt, daß «unsere Lehrer die Geschichte übersehen haben»[2]. Ähnlich schreibt Jean

Hyppolite – auch ein Vertreter der Generation der drei H – in einer Einführung in die Geschichtsphilosophie Hegels aus dem Jahre 1948:

«Unsere Philosophen haben von der Freiheit in einer ganz anderen Weise (als Hegel) gedacht. Von Descartes bis Bergson scheint unsere Philosophie die Geschichte zu ignorieren; statt dessen ist sie dualistisch und sucht die Freiheit in einer Reflexion, die das Subjekt über sich selbst anstellt.» [3]

Indem das Konkrete nun als die soziale und geschichtliche Welt verstanden wird, wird Bergson in die klassische Tradition einbezogen, mit der man sich auseinandersetzt. Diese zweite Wende ist mit einer Wiederentdeckung Hegels verbunden. Die Rezeption Hegels in der französischen Philosophie ist durch einige deutliche Einschnitte gekennzeichnet, die als eine Art Leitfaden dienen können, wenn man die philosophische Entwicklung in Frankreich im 20. Jahrhundert darstellen will.

Der Aufbruch in der französischen Philosophie ist u. a. dadurch gekennzeichnet, daß man die moderne deutsche Phänomenologie (Husserl und Heidegger) mit der Phänomenologie Hegels verknüpft. Die französische Existenzphilosophie, die sich mit der Phänomenologie verbindet, ist in hohem Maße durch Hegel beeinflußt, der andernorts als Prügelknabe der Existenzphilosophie dient. Diese Hegel-Renaissance spielt für die besondere Entwicklung der französischen Existenzphilosophie und Phänomenologie zu einer dialektischen Sozial- und Geschichtsphilosophie eine entscheidende Rolle. Denn der ‹zweite› Begriff des Konkreten, der hier entfaltet wird, ist in erster Linie ein hegelscher Begriff.

Nach dem Zweiten Weltkrieg wurde der Aufbruch in der französischen Philosophie lange Zeit mit Existentialismus gleichgesetzt. Man unterschied zwischen einem atheistischen und einem christlichen Existentialismus mit Sartre und Gabriel Marcel als Gegenspielern. Eine solche Einteilung ist jedoch nicht besonders fruchtbar – allein schon wegen des diffusen Begriffs Existentialismus. ‹Existentialismus› wurde zu einer Modebezeichnung, die verschiedene Formen von Existenzphilosophie zusammenfassen sollte.

Die verschiedenen Existenzphilosophien stimmen darin überein, daß sie nach den Grundzügen fragen, die das menschliche Sein bestimmen. Alle finden den Grundzug der menschlichen Existenz in der Freiheit. Aber gerade hier zeigen sich die entscheidenden Unterschiede. Um diese zu verdeutlichen, erscheint es zweckmäßig, die gemeinsame Bezeichnung *Existenzphilosophie* für eben den Versuch zu verwenden, die charakteristischen Züge der menschlichen Existenz zu bestimmen und *Exi-*

stentialismus im engeren Sinn als eine besondere Form von Existenzphilosophie zu verstehen, nämlich die Sartres. Dieser ‹Existentialismus› ist näher zu bestimmen als ein Subjektivismus, und als solcher unterscheidet er sich markant zum Beispiel von der Existenzphilosophie Merleau-Pontys, die eher als eine existentielle Phänomenologie zu bezeichnen ist (auch wenn Merleau-Ponty selbst die Bezeichnung Existentialismus gebrauchte).

Das, was man Existenzialismus nannte, ist nach dem Zweiten Weltkrieg als eine Philosophie des Engagements entstanden; doch das Engagement ist schon in den 30er Jahren bei Gabriel Marcel und im Personalismus[4] ein philosophisches Hauptthema. Ein anderer wichtiger Vorläufer ist Maurice Blondel (1861–1949), der in *L'Action* aus dem Jahre 1893 Körperlichkeit und Engagement im Begriff des körperlichen Handelns miteinander verbindet.

Bei Gabriel Marcel (1889–1973) vollzieht sich sozusagen ein Aufbruch vor dem ‹Aufbruch›. Tatsächlich läßt sich die Wende zum Konkreten als ein Prozeß in einem einzelnen Werk verfolgen, nämlich dem ersten Hauptwerk Marcels, *Journal métaphysique* (Tagebuch der Metaphysik), das 1927 erschienen ist.

Literatur

Bréhier, Emile: Transformation de la philosophie française. Paris 1950.
Châtelet, François (ed.): La philosophie au XXe siècle. Paris 1973, Verviers 1979.
Gurvitch, Georges: Les tendances actuelles de la philosophie allemande. Paris 1930.
Lacroix, Jean: Panorama de la philosophie française contemporaine. Paris 1966, 1968.
Lavelle, Louis: La philosophie française entre les deux guerres. Paris 1942.
Robinet, André: La philosophie française. 1966.
Smith, Colin: Contemporary French Philosophy. London 1964.
Taureck, Bernhard: Französische Philosophie im 20. Jahrhundert. Reinbek 1988.
Trotignon, Pierre: Les philosophes français d'aujourd'hui. Paris 1967.
Wahl, Jean: Vers le concret. Études d'histoire de la philosophie contemporaine. Paris 1932.
–: Études kierkegaardiennes. Paris 1938.
–: Les philosophes de l'existence. Paris 1954.

Anmerkungen

1 J.-P. Sartre: Critique de la raison dialectique. Paris 1957/60 (dt. in: Marxismus und Existentialismus. Reinbek 1964, S. 20).

2 J. P. Sartre: Situations IV. Paris 1961, 1964 (dt. in: Freundschaft und Ereignis. Frankfurt/M. 1962, S. 6).

3 J. Hyppolite: Introduction à la philosophie de l'histoire de Hegel. Paris 1948 (zit. 1968), S. 123.

4 Vgl. z. B. den Nachruf auf E. Mounier, in: Les temps modernes 54. Paris 1950, S. 1906.

Arne Grøn

Henri Bergson: Das unmittelbar Gegebene

«Die neue Philosophie»

Um 1910 sprach man von der Philosophie Bergsons als der «neuen Philosophie» [1], und zwar in Übereinstimmung mit Bergson selbst, der seine Philosophie als einen Bruch mit der Tradition auffaßte. Der Bergsonismus triumphierte – und wurde während seines Höhepunkts auf eine Verehrung des Irrationalen, eine Intuitionsmystik, reduziert. Aber bevor sich der Bergsonismus als die ‹neue Philosophie› etablierte, war er ein Suchen nach einer unmittelbaren Erfahrung hinter der philosophischen Tradition, mit den Worten Merleau-Pontys: ein Kampf um die Wiederherstellung der Philosophie *(refaire la philosophie)*.[2] Mit diesem Traditionsbruch ist Bergson der französischen Philosophie des 20. Jahrhunderts zuzurechnen, ja, er kündigt sie in gewisser Weise an. Aus einer anderen Perspektive heraus ist Bergson wiederum deutlich vom späten 19. Jahrhundert geprägt; das gilt insbesondere von seiner Diskussion der Evolutionstheorie, die ihren unproblematischen Charakter mit der Erfahrung des Ersten Weltkriegs verloren hat.

Henri Bergson wurde 1859 in Paris von polnisch-englischen Eltern geboren. Von 1878 bis 1881 ging er in die École normale supérieure, u. a. zusammen mit Jean Jaurès (1859-1914), dem späteren Führer der sozialistischen Partei. In den 1880er und 90er Jahren unterrichtete Bergson an Gymnasien in der Provinz und in Paris. Sein erstes Hauptwerk, die Doktorarbeit *Essai sur les données immédiates de la conscience* (dt. Zeit und Freiheit, 1911) wurde im Jahre 1889 veröffentlicht. 1896 folgte *Matière et memoire* (dt. Materie und Gedächtnis, 1907). Vorher hatte Jean Jaurès in seiner Dissertation *De la realité du monde sensible* aus dem Jahre 1892 eine Kritik der *Essais* geliefert, welche zu der Verschiebung Anstoß gegeben hat, die mit *Matière et memoire* stattfindet.

Von 1900 bis 1921 war Bergson Professor am Collège de France. Die

Rede vom Bergsonismus muß dieser Periode zugerechnet werden. Der internationale Ruhm kam vor allem mit dem Buch *L'évolution créatrice* (dt. Schöpferische Entwicklung, 1912) aus dem Jahre 1907. Während des Ersten Weltkriegs wirkte Bergson als diplomatischer Abgesandter, 1916 in Spanien, 1917 und 1918 in den USA. Mitte der 20er Jahre folgte eine stille Periode, geprägt von Krankheit und den Vorbereitungen zu der letzten größeren Arbeit *Les deux sources de la morale et de la religion,* welche 1932 erschien. 1928 erhielt Bergson den Nobelpreis für Literatur.

Die Werke Bergsons wurden im Jahre 1914 von der katholischen Kirche auf den Index gesetzt. Aber nach und nach näherte sich Bergson, der von jüdischer Abstammung war, dem Katholizismus an. In seinem Testament von 1937 schrieb er: «Ich hätte konvertiert, wenn ich nicht die seit Jahren sich vorbereitende enorme Welle des Antisemitismus gesehen hätte, die im Anrollen war. Ich wollte bei denen verbleiben, die morgen verfolgt werden.» [3] – Bergson starb 1941 im besetzten Paris.

Der qualitative Unterschied

Bergson kritisiert an der philosophischen Tradition, daß sie die Bedeutung des eigentlichen, nämlich qualitativen *Unterschieds* [4] vergessen habe; denn sie habe den qualitativen Unterschied auf einen bloß quantitativen reduziert. Die Tradition verwische diesen Unterschied aus zwei Gründen: weil sie Raum und Zeit durcheinanderbringt und weil sie die Differenz zwischen den einzelnen Momenten gelebter oder erlebter Zeit übersieht. Die einzelnen Bewußtseinszustände, die aufeinander folgen, sind nach Bergson qualitativ voneinander verschieden. Der Unterschied zwischen ihnen besteht nicht nur darin, daß der eine von größerer oder geringerer Stärke ist als der andere, indem er zum Beispiel ein Erlebnis größerer Wärme, größeren Schmerzes oder größerer Freude ist; sondern vor allem darin, daß es verschiedene Zustände [5] sind, mit jeweils besonderen Zügen in Abweichung von anderen Zuständen. Dies wird deutlich, wenn wir die Wiederholung einer früheren Erfahrung betrachten.

Laßt uns beispielsweise annehmen, daß ich einen Stadtrundgang mache und die gleiche Route wähle wie zuvor. Obwohl man hier von einer beinahe mechanischen Wiederholung sprechen kann, sind bei näherer Betrachtung neue Züge hinzugekommen, etwa wenn ich nach längerer Abwesenheit in die Stadt zurückkehre und den gleichen Spaziergang mache. In der Zwischenzeit ist einiges geschehen, sowohl mit der Stadt wie mit mir selbst. Ein anderes Beispiel: Ich schaue mir zum zweiten Mal ein Theaterstück an. Ich erinnere mich Wort für Wort, Szene für Szene. Ich erinnere mich, das Stück früher gesehen zu haben. Aber die Situation ist nicht die gleiche. Zum Beispiel sehe ich das Stück nun mit anderen Menschen und werde von anderen Dingen bewegt als früher – ich erlebe es sozusagen aus einer anderen Situation heraus: Ich selbst bin nicht mehr der gleiche wie früher. Das wiederholte Erlebnis kann nicht das gleiche sein, weil ich selbst ‹in der Zwischenzeit gelebt› habe *(vécu dans l'intervalle).*[6]

Die wiederholte Erfahrung ist also nicht die gleiche wie die frühere, sondern eine im Zusammenhang – qualitativ – andere.[7] Gerade die Wiederholung macht den Unterschied aus, indem sie später ist. Eben weil sie später ist, erfolgt die Wiederholung in einer anderen Perspektive. Der zeitliche Unterschied bedeutet, daß die wiederholte Erfahrung anders ist als die ursprüngliche. Mit anderen Worten: Der Zeitunterschied ist ein Wesensunterschied, kein Gradunterschied.

Das Vergessen des qualitativen Unterschieds besteht, näher betrachtet, in einem falschen Zeitverständnis. Der übliche Zeitbegriff, mit dem wir leben, ist über den Raumbegriff konstruiert. Der Zeitunterschied wird zu einem Zeitintervall gemacht. Dadurch wird die Zeit behandelt, als hätte sie räumlichen Charakter. Und da die Dinge, die sich im Raum befinden, in ihrer Verschiedenheit meßbar sind, wird der Zeitunterschied folglich auch zu etwas Meßbarem, zu etwas Quantitativem. Aber das eigentliche Zeitphänomen ist die erlebte Zeit, oder genauer: die Zeit, die gelebt wird. Die Verfälschung des Zeitbegriffs bedeutet, daß der Unterschied zwischen den Erlebnissen zu einem quantitativen Unterschied gemacht, das heißt nivelliert und ausgeglichen wird. Diese Nivellierung erfolgt dadurch, daß die verschiedenen Bewußtseinszustände wie Punkte auf einer Zeitlinie nebeneinander gestellt werden. Die Dinge im Raum existieren nebeneinander. Indem die verschiedenen Bewußtseinszustände gleichsam wie Perlen auf einer Schnur aneinandergereiht werden, wird auf sie der äußere mechanische Zusammenhang, der das Verhältnis zwischen Dingen charakterisiert, übertragen.

Aber die Verschiedenheit der Bewußtseinszustände ist von anderer, nämlich innerer Art. Die verschiedenen Zustände ‹durchdringen› einander, sie begründen einander so, daß sie zusammen eine organische *Ganzheit* bilden. Sie gehören zueinander in einem zusammenhängenden Verlauf. Bildlich gesprochen folgen sie nicht wie Punkte einer Zeitlinie, sondern wie Töne in einem Musikstück. Die Wirkung der einzelnen

Töne hängt von den anderen, vom Verlauf, von der Ganzheit ab, während diese umgekehrt durch die einzelnen Töne gebildet wird. Diese können nicht ausgewechselt werden, ohne daß das Ganze sich verändert. Das Stück verläuft durch die einzelnen Töne, die jeweils ihre besondere Qualität haben, und das gerade in ihrem Verhältnis zueinander.

Das Dauern des Bewußtseins

Bergsons Kritik der Tradition läuft also darauf hinaus, das ursprüngliche Zeitphänomen freizulegen, welches er selbst als das ‹Dauern› (*durée*) bezeichnet. Hierin liegt vor allem, daß das Bewußtsein ständig Synthesen schafft oder Zusammenhalte stiftet.[8] Die einzelnen Bewußtseinszustände hängen, wie gesagt, in ihrer Verschiedenheit zusammen. Aber dieser ‹Zusammenhang› ist aktiv: Das Bewußtsein hält die ganze Zeit über den aktuellen Zustand mit der Vergangenheit zusammen. Damit wird die Vergangenheit bewahrt, sie dauert an oder verlängert sich. Sie ist in jedem Moment gegenwärtig, obwohl dies unbemerkt bleibt. Sie hinterläßt ständig Spuren, aber diese Spuren der Vergangenheit bestehen nur für ein Bewußtsein, das diese in dem, was es jetzt erlebt, festhalten kann: indem es das Erlebte im Lichte dessen interpretiert, was es erinnert. Gleichzeitig ist das Bewußtsein eine Vorwegnahme *(anticipation)* der Zukunft, also eine ständige Bewegung nach vorn. Diese Vorwegnahme, *«l'élan de conscience»*[9], macht sich zum Beispiel geltend, wenn wir einen Satz hören oder lesen: Wir hören oder lesen die einzelnen Worte, aber suchen durch sie den Sinn des ganzen Satzes; von Anfang an versuchen wir, diesen Sinn zu rekonstruieren: Nur durch diese fortlaufende Rekonstruktion können wir die einzelnen Wörter, die wir hören oder lesen, in Zusammenhang bringen.

Die einzelnen Bewußtseinszustände folgen also nicht auf die Weise nacheinander, daß jeder einzelne von ihnen an einem Punkt beginnt und an einem anderen aufhört; sie existieren also nicht nebeneinander. Das bedeutet ferner, daß unsere Existenz nicht aus getrennten Zuständen besteht, die dann von unserem Ich, das außerhalb des Zustandsverlaufs steht, in einer Synthese zusammengebracht werden müssen.[10] Im Gegenteil: Unsere Existenz ist ein ‹konkretes Dauern›, ein Zusammenhalten. Unser Sein konstituiert sich in diesem Dauern, welches in dem ständigen Bewahren der Vergangenheit in der Erfahrung des jetzt Geschehenden besteht.[11] Wir könnten sagen: Dieses Bewahren oder Zusammenhalten ist selbst die Art und Weise, wie wir als Bewußtsein ‹andauern› oder leben. Es ist keine Eigenschaft, die zu unserer Existenz selbst noch hinzukäme. Die Synthese geschieht vielmehr gleichzeitig mit diesem Bewahren. Das Bewußtsein ist als solches ein Zusammenhalten: Es ist sowohl Gedächtnis, das heißt Bewahrung der Vergangenheit, als auch Vorwegnahme der Zukunft.[12]

Das bedeutet, daß wir immer mit unserer ganzen Vergangenheit handeln, wollen und begehren. Wir sind, mit den Worten Bergsons, die Verdichtung der Geschichte, die wir gelebt haben. Diese Verdichtung erfolgt in unseren Entscheidungen. Dem Gedächtnis *(mémoire)* wird damit eine grundlegende Bedeutung zuerkannt: Es ist «kein Vermögen ... zur Klassifizierung von Erinnerungen in Fächern oder Eintragung in Listen»[13]. Es ist auch keine Fähigkeit *(faculté)*, von der wir Gebrauch machen können oder auch nicht. Unser Leben besteht aus nichts anderem als einer ständigen Akkumulierung von Erfahrung, einer sich ununterbrochen ereignenden Geschichte.

Mit diesem Begriff der Zeit als Dauern versucht Bergson, den traditionellen Substanzbegriff neu zu interpretieren, nämlich als das ‹Andauern› der Dinge trotz der Veränderungen, die mit ihnen geschehen. Das eigentliche Dauern ist das Andauern des Bewußtseins durch ständige qualitative Veränderungen hindurch. Nur indem es sich ständig verändert, dauert das Bewußtsein an. Das Radikale an Bergsons Neuinterpretation ist, daß es hier Substanz – ein Andauern, ein In-sich-selbst-verbleiben – nur geben kann durch ein ständiges Sich-verändern, das heißt durch ein ständiges Von-sich-selbst-verschieden-bleiben. ‹Dauern› bedeutet folglich sowohl ein Bewahren als auch ein Entstehen von etwas Neuem, also Kontinuität wie ständige innere Veränderung.[14] Diese beiden Grundzüge des Dauerns sind nicht voneinander zu trennen: Vergangenheit gibt es als solche nur durch die ständige Entstehung eines Neuen, und sie kann nur in der Erfahrung des Neuen bewahrt werden. Umgekehrt ist die Einbeziehung des Neuen eine Verlängerung des Vergangenen. Das Andauern des Bewußtseins ist ein kontinuierlicher Verlauf, aber dieser Verlauf ist ein ständiges Sich-verändern. Es gibt keinerlei Substanz, welche die Grundlage des Verlaufs ausmacht, kein ‹Ich›, welches sich wie ein Faden durch die einzelnen Zustände bewegt, ohne selbst verändert zu werden, also ohne selbst in den Verlauf mit einbezogen zu werden. Die Substanz des Ich ist vielmehr sein Dauern[15], ein ständiges Sich-verändern.

Der Bruch mit der Tradition erfolgt auf markante Weise im *Essai*.

Bergson beginnt hier mit einer Kritik an der zeitgenössischen Psychophysik, welche er als letzte Konsequenz einer verfehlten Tradition betrachtet. Diese Psychophysik behandelt psychische Zustände, als wären es meßbare, physische Zustände. Die Voraussetzung für diese Betrachtungsweise ist die Auffassung, Bewußtseinszustände seien quantitative Größen, welche wie Punkte auf einer Zeitlinie zusammenhängen. Diese Auffassung führt dazu, daß die Bewußtseinszustände aufgesplittert werden und den sie charakterisierenden inneren Zusammenhang gerade verlieren. Ihr gegenseitiges Verhältnis bekommt einen äußeren, mechanischen Charakter. Bergsons Traditionskritik richtet sich daher nicht nur gegen eine Zeitströmung, sondern gegen die Idee einer universellen mechanistischen Anschauungsweise, die bis auf Descartes zurückgeht.

Aber selbst diese Perspektive wird noch einmal erweitert. Letzten Endes kritisiert Bergson die ganze metaphysische Tradition seit Platon. Der grundlegende Fehler dieser Tradition bestehe in einem mangelnden Verständnis der lebendigen Wirklichkeit als Werden, Veränderung, Bewegung.[16] Die philosophische Tradition unterwerfe die Veränderung einem unzeitlichen Sein, der Idee als der unveränderlichen Form der Dinge, der Substanz als dem Andauern des Dings trotz Veränderung und Zeit. Sie scheide zwischen dem Ding an sich, der Substanz und deren Veränderung. ‹Unter› der Veränderung gebe es ein Etwas, ein Ding, an dem die Veränderung erfolge. Die Substanz als die feste Grundlage der Veränderung werde von der Veränderung ausgeschlossen.[17] Daraus folgt nach Bergson, daß das Neue auf das im Grunde immer Gleiche zurückgeführt wird. Mit diesem Substanzbegriff kann die Veränderung nicht als eine eigentliche qualitative Veränderung verstanden werden.

Bergson möchte allerdings mit dem Begriff des Dauerns an einem Substanzbegriff festhalten.[18] Auch er redet von einer Substanz, einem Andauern, dem eine ständige Veränderung zugrunde liegt, und das bedeutet umgekehrt, daß das Ergebnis dieser Veränderung kein ständiges Verschwinden oder Vergehen ist, sondern im Gegenteil ein ständiges Bewahren. Die Substanz ist dieses Bewahren durch die Veränderung.

Die Freiheit

Das Dauern des Bewußtseins ist ein Andauern durch ständiges Werden oder Erzeugen. Die Freiheit muß aus dem Dauern heraus als das Moment des Erzeugens begriffen werden. Die Tatsache, daß es qualitative Unterschiede zwischen aufeinanderfolgenden Bewußtseinszuständen gibt, bedeutet, daß der einzelne Zustand nicht von vornherein von den vorhergehenden abgeleitet werden kann. Das Bewußtsein entfaltet sich in einer als nicht voraussehbar zu kennzeichnenden Geschichte. Sie ist ständiges Werden eines Neuen.

Bergson illustriert dies anhand des folgenden Beispiels: Ein fertiges Porträt kann aus den Gesichtszügen des Modells, aus den Farben der Palette, aus der Natur des Künstlers erklärt werden. Aber selbst wer alle diese Fakten kennt, einschließlich des Künstlers selbst, hätte nicht voraussehen können, wie das Porträt wird. Denn das vorauszusehen wäre gleichbedeutend mit: das Porträt herzustellen, noch bevor es angefertigt wurde. Auf gleiche Weise ist jeder Moment unseres Lebens eine Art Erzeugung. Zugleich wirkt das, was wir hervorgebracht haben, auf uns zurück: Unsere Zustände gehen von uns aus, aber gleichzeitig formen – verändern – sie uns als Personen. «Mit Recht also sagt man, unser Tun hänge von dem ab, was wir sind: nur daß noch hinzugefügt werden müßte, daß wir in gewissem Grad auch sind, was wir tun, und daß wir uns selbst unaufhörlich erschaffen.» [19]

Wir handeln mit unserer Vergangenheit und sind darum an sie gebunden. Was wir tun, hängt davon ab, was wir in unserer Geschichte geworden sind, also von unserem Charakter. Aber gerade dies bedeutet, daß das, was wir (geworden) sind, umgekehrt davon abhängt, was wir machen oder gemacht haben. Die Vergangenheit, die uns geformt hat, ist ihrerseits wiederum eine Zeit, in der wir gehandelt haben. Wir formen (oder deformieren) uns ständig selbst durch unsere Handlungen.

Bergsons Bild und Beispiel soll zeigen, daß das Entscheidende in dem *Unterschied* liegt zwischen der Zeit, die vergangen ist *(écoulé)*, und der Zeit, die vergeht *(s'écoule)*. [20] Durch die Art und Weise, wie die Tradition die Frage nach der Freiheit des Willens stellt, wird die Abgeschlossenheit, die die Vergangenheit kennzeichnet, auf die geschehende Handlung übertragen. Aber die freie Handlung geschieht in der Zeit, die vergeht, nämlich in einer offenen Perspektive. Bergson macht hier gleichsam die ‹Endlichkeit› geltend, die das Bewußtsein charakterisiert: Die Zeitperspektive, der Zeitunterschied als solcher, bekommt eine entscheidende Bedeutung. Wir sind nicht über die Zeitperspektive erhoben. Bergson will also nicht das Freiheitsproblem durch Auflösung zum Verschwinden bringen, sondern nachweisen, daß die Problemstellung auf verkehrten Voraussetzungen beruht, auf einem ‹Mißverständnis›, auf einer Verwirrung der Begriffe (Raum und Zeit, quantitativer und qualitativer Unterschied). Aber wie soll denn die Freiheit näher bestimmt werden? Bergson zufolge sind wir frei, wenn unsere Handlungen aus unserer ganzen Persönlichkeit hervorgehen, «wenn sie jene undefinierbare Ähnlichkeit mit ihr haben, wie man sie zuweilen zwischen dem Kunstwerk und seinem Schöpfer findet».[21] Das Verhältnis kann nicht näher bestimmt werden, eben weil wir frei sind. Die Freiheit ist nicht gegeben, wie ein Ding gegeben ist. Sie bedeutet nämlich: nicht von vornherein festlegen können. Nach Bergson können wir unsere eigene Freiheit direkt, als etwas unmittelbar Gegebenes erfahren.[22] Aber auch wenn Freiheit meint: nicht von vornherein festlegen können, kann man denn nicht etwas Näheres über sie sagen? Ist sie nur ein unmittelbares Faktum *(fait)*, das sich begrifflicher Bestimmung entzieht?

Das unmittelbare Bewußtsein

Bergsons Philosophie gipfelt in dem Beweis einer grundlegenden Verfälschung des Zeitbegriffs und damit im Verständnis unserer Seinsweise als Bewußtsein. Sie wendet sich gegen ein Vergessen der konkreten Zeit. Aber wie ist es möglich, gegen dieses Vergessen, mit dem wir leben, anzugehen? Worauf können wir uns stützen? Was heißt hier ‹konkret›?

Die Methode im Kampf gegen die Verfälschung des Zeitbegriffs besteht im Rückzug auf die Erfahrung des unmittelbar Gegebenen. Das bedeutet erstens, daß die Instanz, welche die Korrektur vornimmt, das unmittelbare Bewußtsein ist. Zweitens versteht sich die Methode als eine Intuition, das heißt als ein direktes Hineinversetzen dieses Bewußtseins in sich selbst als Objekt.

Die Instanz, auf die Bergson zurückgeht, ist das *Bewußtsein*, näher bestimmt: «das konkrete Bewußtsein», das die Zeit lebt.[23] Die wirkliche Zeit, das Dauern, ist dem Bewußtsein gegeben, und zwar – das ist das Entscheidende – unmittelbar. Gerade dieses unmittelbar Gegebene jedoch – das, was uns am nächsten ist – übersehen wir in unserer ausschließenden Beschäftigung mit den Dingen, die uns umgeben. Dennoch ist es uns möglich, dieses unmittelbar Gegebene in den Blick zu bekommen, nämlich wenn wir nach dem Gegebenen fragen, so wie es unmittelbar von unserem Bewußtsein erfahren wird – mit anderen Worten: indem wir uns an das halten, was uns das Bewußtsein unmittelbar gibt.

Hier ist also die Rede von einem Zurückgehen zum unmittelbar Gegebenen im Sinne von: dem Bewußtsein unmittelbar gegeben, in einem unmittelbaren Bewußtsein gegeben. Aber diesem Begriff des unmittelbar Gegebenen haftet eine Zweideutigkeit an: Das, wozu wir hin oder zurück sollen, ist ja nicht ohne weiteres gegeben (das bloß Vorliegende). In diesem Sinn ist es gerade nicht das unmittelbar Gegebene. Es ist im Gegenteil etwas, dessen Erlangung eine bewußte Anstrengung, eine Methode erfordert, das erst entdeckt werden soll. In welchem Sinne ist es denn unmittelbar gegeben? Eine Antwort darauf können wir bekommen, wenn wir den Charakter der Methode genauer betrachten.

Die *Intuition* bei Bergson ist eine methodische Anstrengung, um sich in das, was dem Bewußtsein unmittelbar gegeben ist, hineinzuversetzen, das heißt in den zusammenhängenden Verlauf verschiedener Zustände, in das Dauern.[24] Das unmittelbar Gegebene ist primär das eigene Dauern des Bewußtseins. Das bedeutet, daß die Intuition vor allem die Selbstauffassung des Ich ist. Ihr Zielpunkt ist meine direkte Gegenwärtigkeit für mich selbst, in der sich nicht mehr länger etwas dazwischenschiebt *(plus rien d'interposé)*: Ich bin mir hier ohne «Brechung» *(réfraction)*, also ohne Vermittlung gegeben.[25]

Die Intuition als Methode läßt sich daher charakterisieren als ein Eliminieren des Vermittelnden, alles dessen also, durch das das Gegebene ‹gebrochen› wird. Auf diese Weise ‹gereinigt›, kann sich das Bewußtsein sich selbst zuwenden: Es erfährt sich nun unmittelbar so, wie es in seiner ‹ursprünglichen Reinheit› gegeben, wie es unmittelbar ist.

Wir können nun auch verstehen, in welchem Sinn das Gegebene, zu dem wir in diesem methodischen Akt zurückgehen, unmittelbar gegeben ist: als direkt, gereinigt von jedem Zwischenglied, also ohne Vermittlung.

Der methodische Akt, die Intuition, mit der wir diese Unmittelbarkeit gewinnen, muß stets von neuem wiederholt werden. Zunächst gilt es, die innere Verschiedenheit, die wir unmittelbar erleben, wiederzugewinnen, also das Konkrete, verstanden als das unmittelbar Erlebte/Gelebte *(vécu)*.[26] ‹Unmittelbar› in diesem Wortsinn ist zu verstehen als: so, wie es erlebt/gelebt wird, im Gegensatz zu dem, was daraus gemacht wird, also zum Konstruierten, zum bloß Vorgestellten oder Gedachten. Die konkrete Zeit ist die gelebte Zeit im Gegensatz zur abstrakten Zeit, mit der wir beliebig operieren können. So nehmen die verschiedenen Operationen, durch die ein Zeitraum gemessen wird, selber eine – konkrete – Zeit in Anspruch. Sie werden von einem Bewußtsein vorgenommen, welches selbst ‹dauert› oder lebt.

Bergson interpretiert diese Rückkehr zur gelebten Zeit als Aufgabe, ‹das innere Leben› wiederzugewinnen.[27] Es sei zurückzukehren zu dem Konkreten als dem Unmittelbaren im Sinne des Nicht-Vermittelten. Dies erreiche ich, indem ich das, was in meinem Verhältnis zu mir selbst ‹dazwischenkommt›, auszuschalten versuche.

Instanz (das Bewußtsein) wie Methode (die Intuition) zeichnen sich durch ihren unmittelbaren Charakter aus. Im ersten Fall hat sich eine Zweideutigkeit im Begriff des unmittelbar Gegebenen herausgestellt. Im zweiten Fall bleibt die Frage, wie die Intuition als Unmittelbarkeit wie auch als Methode charakterisiert werden kann. Eine Antwort hierauf ist mit der Bestimmung der Methode gegeben: Diese ist ein direktes, sich in das unmittelbar Gegebene Hineinversetzen, nämlich durch ein Eliminieren, ein Ausschalten des vermittelnden Zusammenhangs. Beide Themen, das Dauern als das unmittelbar Gegebene und die Intuition als die philosophische Methode, gehören zusammen. In einem Brief an Harald Höffding beschreibt Bergson seinen Grundgedanken als «die Intuition vom Dauern».[28]

Aber was ist das Vermittelnde, das hier eliminiert wird? Was in der Intuition ausgeschieden wird, ist das ‹Äußere›: die äußere Welt, das ‹oberflächliche Ich›, das in diese Welt involviert ist. Die Pointe im Intuitionsbegriff ist der direkte Zugang des Ich zu sich selbst. Das Dauern und damit das Bewußtsein wird nicht über einen Umweg *(détour)* erreicht, sondern durch ein Ausschalten des Äußeren, das (dazwischen) kommt, in einer direkten Erfahrung also.[29]

Bei dieser grundlegenden Gegenüberstellung der ‹inneren› und der ‹äußeren› Perspektive wertet Bergson jedoch die ‹Äußerlichmachung›, die Objektivierung des Ich in einem äußeren Zusammenhang allzusehr ab. So wird insbesondere die Räumlichkeit, die Tatsache, daß wir in einem Raum existieren, zu etwas ‹Äußerem› gemacht, einer Abwesenheit qualitativer Verschiedenheit, gegenüber der Zeit als ‹innerem Dauern›. Hier lenkt *Matière et mémoire* indessen ein. Während das Interesse im *Essai* darin bestand, scharf zwischen dem, was im Laufe der Zeit vermischt worden war, nämlich Raum und Zeit, zu unterscheiden, stellt *Matière et mémoire* die Frage nach dem Verhältnis zwischen Leib und Bewußtsein und entwickelt einen Begriff vom Körper als dem Zentrum des Wahrnehmens und Handelns. Der Raum, den wir wahrnehmen, erleben, ist ebenfalls eine Frage der qualitativen Unterschiede.

«Das gemeinsame Feld»

Trotz einzelner Modifikationen hält Bergson an der grundlegenden Abwertung der ‹Äußerlichmachung› fest. Aufgrund seiner Gegenüberstellung des Äußeren und des Inneren unterschätzt er den Problemkomplex, der mit seinem eigenen Ausdruck das gemeinsame Feld genannt werden könnte: die gemeinsame, praktische Welt, die Geschichte, die Sprache.

Zunächst wird der Zusammenhang, an dem wir durch unsere Praxis (Handeln) teilnehmen, als ein Äußeres unserem inneren Ich gegenübergestellt. Die Verfälschung des Zeitverständnisses wird auf die Forderungen nach Verwendbarkeit zurückgeführt, die sich aus diesem praktischen Zusammenhang ergibt. Zwar bleibt Bergson bei dieser bloß äußerlichen Gegenüberstellung nicht stehen, sondern integriert sie in das Ich, indem er zwischen dem ‹oberflächlichen› Ich und dem tiefen, eigentlich schaffenden Ich unterscheidet. Aber das oberflächliche, äußere Ich ist, wie gesagt, gerade das in der äußeren, praktischen Welt involvierte Ich. Mit diesem Gedanken widerspricht Bergson der späteren Philosophie des Engagements: Das Sich-Involvieren – Sich-Engagieren – in der äußeren Welt ist für ihn etwas Äußeres. Im *Essai* beschreibt er dies als Verfall, als Vergessen des inneren ‹fundamentalen› Ich[30], und in *Matière et mémoire* reduziert er die Frage nach der menschlichen Praxis auf die Frage nach dem praktischen Nutzen und Interesse. Ein Begriff der gemeinsamen Welt, in der diese Praxis stattfindet, wird nicht entwickelt. Der andere Mensch gehört zur äußeren Welt; insofern spielt das Problem des Anderen keine systematische Rolle bei Bergson.

In einem zweiten Schritt bestimmt Bergson eine Reihe charakteristischer Züge der Geschichte: Er bezeichnet sie als Werden eines nicht voraussehbaren Neuen, als ständige Unabgeschlossenheit. Aber eine eigentliche Geschichtsphilosophie hat er nicht ausgearbeitet.[31] Die Geschichte, von der Bergson spricht, ist vorzüglich eine individuelle, innere Geschichte.

Schließlich versucht er, zu einem unmittelbar Gegebenen hinter der Sprache vorzudringen. Bergson behauptet, daß eine Verfälschung in der Sprache stattfindet infolge ihrer Eigenart, das Innere äußerlich zu machen. Sie lasse das Einzigartige, das ausgedrückt werden soll, in einem Allgemeinen, Gemeinsamen aufgehen. Indem sie das innere Dauern fixiert und aufteilt, könne die Sprache zum Instrument nützlichen Handelns werden. Im Gegensatz zum objektivierenden Charakter der Sprache ist nach Bergson die Intuition bemüht, sich in das unmittelbar Gegebene, in dessen unausdrückbare, besondere, individuelle Verschiedenheit hineinzuversetzen.[32] Dies könnte dahin gehend gelesen werden, daß Bergson das Spannungsverhältnis zwischen der Sprache und dem Vorsprachlichen, welches die Sprache selbst voraussetzen muß, hervorheben möchte. Er eliminiert jedoch gerade dieses Spannungsverhältnis, indem er teils die sprachliche Objektivierung auf eine Verfälschung der unmittelbaren Erfahrung zurückführt, teils die Möglichkeit reklamiert, hinter die Vermittlung der Sprache zurückzugehen. Aber auch der Kampf gegen die Verfälschung in der Sprache ist eine sprachliche Aktivität, ein Versuch, das Verdeckte, Vergessene auszudrücken und zu begreifen.

Diese drei Punkte präzisieren den Sinn von Bergsons Unmittelbarkeitsphilosophie. Der vermittelnde Zusammenhang, der ausgeschaltet werden soll, ist der soziale, geschichtliche und sprachliche Zusammenhang, in dem wir uns selbst äußerlich (veräußerlicht) werden.

Bergsons Versuch, mit der cartesischen Tradition zu brechen, resultiert mit seinem Begriff der Freiheit in einem neuen Dualismus nach ‹cartesischem› Muster. Die Freiheit kann nur von innen her erfaßt werden in einem direkten Zugang, also durch Ausschalten des vermittelnden Zusammenhangs als eines Äußeren.

Diese Unmittelbarkeitsphilosophie zeigt sich auch in der Art und Weise, wie der Schlüsselbegriff des Dauerns bestimmt wird. Nach Bergson gibt es keine ‹Äußerlichkeit› *(exteriorité)* zwischen den verschiedenen Momenten des inneren Dauerns. Sie unterscheiden sich nach äußeren Kriterien nicht voneinander, es gibt keine Distinktion zwischen ihnen. Aber was bedeutet das?

Das Bewußtsein, das dauert, ist zugleich ‹identisch› und ‹verändernd›.[33] Das konkrete Dauern ist ein Zusammenhalten des qualitativ – im eigentlichen Sinn – Verschiedenen. Dies scheint einen dialektischen Begriff des Verhältnisses zwischen Identität und Unterschied nahezulegen. Wenn man diese These in Zusammenhang bringen will mit dem angeblichen Fehlen äußerer Unterschiede, stellt sich freilich ein doppeltes Problem. Erstens: Daß die wiederholte Erfahrung eine *andere* Erfahrung ist, muß bedeuten, daß sie von anderen Erfahrungen, mit denen sie zusammengehört, unterschieden werden kann. Aber diese Unterscheidung (Distinktion) ist nach Bergson eine Auflösung des inneren Zusammenhangs im Dauern. Das zusammenhängende Dauern soll offenbar als ein Verlauf ohne Bruch und ohne Abstand, also als unmittelbar gegeben verstanden werden. Die unmittelbare Kontinuität des Dauerns kann zwar aufgebrochen werden, aber nur, indem es seinen Charakter ändert und veräußerlicht wird, wodurch es gerade den Zusammenhang verliert. Die verschiedenen Erfahrungen können somit nicht ohne Verfälschung in ihrer Verschiedenheit hervorgehoben und zueinander in Beziehung gesetzt werden. Mit anderen Worten, das Verschiedene kann als solches nicht bestimmt werden. Wie kann man dann von einem eigentlichen *Unterschied* sprechen?

Zweitens wird behauptet, daß jede Erfahrung, wenn sie wiederholt wird, eine andere Erfahrung sei. Aber in welchem Sinn ist die zweite Erfahrung die gleiche wie die erste? Das Dauern des Bewußtseins ist ein ständiges Sich-von-sich-selbst-Unterscheiden. Aber gleichzeitig soll es ein ständiges Sich-Bewahren durch das Sich-Verändern sein. Die Redeweise vom Dauern als einem ‹Sich-Verändern› und von einem ‹Sich-Bewahren› wirft die Frage auf nach seiner *Identität.* Wie sollen wir den Zusammenhang zwischen den verschiedenen Erfahrungen bestimmen, wenn diese nicht in ihrer Verschiedenheit bestimmt werden können? Der Zusammenhang zwischen ihnen ist ja ein Zusammenhang inmitten ihrer Verschiedenheit. Die Pointe im Begriff des Dauerns war ja die, daß die einzelnen Erfahrungen in ihrer inneren Verschiedenheit zusammenhängen. Aber dieser Zusammenhang soll als ein ungebrochener Verlauf, als eine unmittelbare Kontinuität ohne Differenzierung verstanden werden.

Dieses doppelte Problem von dem ‹Anderen› *(l'autre)* und dem ‹Gleichen› *(le même)*[34] ist kennzeichnend für Bergsons Unmittelbarkeitsphilosophie; denn sie schließt jede dialektische Vermittlung aus. Die Dialektik gehört nach Bergson gerade in die Tradition abstrakten Denkens, mit der er brechen möchte: Sie arbeitet mit Gedankenformen, die der Sprache zugehören, mit allgemeinen Prinzipien und Begriffen, das heißt: Sie lebt aus zweiter Hand, erfaßt die Dinge nur mittelbar, von außen her, statt in einem direkten Zugang.[35] Diese Frontstellung gegen eine dialektische Vermittlungsphilosophie ist der tiefe Grund dafür, daß Bergson seine Kritik des traditionellen Substanzdenkens nicht mit Hegels Kritik der metaphysischen Tradition verbindet. Das wäre durchaus naheliegend gewesen: Hegel kritisiert das Substanzdenken der Tradition vom Grundsatz her, daß die Substanz auch als Subjekt, das heißt als Bewegung, als Veränderung gedacht werden soll. Aber trotz dieser auffallenden Gleichheit besteht zwischen Bergson und Hegel ein radikaler Unterschied: Bergson setzt der Vermittlungsphilosophie die *unmittelbare* Einheit von Substanz und Subjekt entgegen.

Die Impulse, die über Bergson hinauswirken, sind bereits angedeutet worden. Am wichtigsten ist seine Interpretation des Konkreten als des Unmittelbaren im Gegensatz zur Idee einer dialektischen Vermittlung. Ferner finden sich bei ihm, insbesondere in *Matière et mémoire*, Ansätze zu einer Theorie des leiblichen Subjekts und des körperlichen Handelns. Hier gibt es eine Verbindungslinie von Bergson zu Marcel und Merleau-Ponty sowie teilweise zu Mounier – eine Linie, die auch weit in die Geschichte der französischen Philosophie zurückreicht bis hin zu Maine de Biran (1766–1824) und Malebranche (1638–1715).

Das Verhältnis zur Phänomenologie ist ein Kapitel für sich. Der Bergsonismus hat nicht nur zur Rezeption der deutschen Phänomenologie in Frankreich beigetragen. Die Phänomenologie konnte sich ihrerseits auf Bergsons Philosophie stützen (Scheler) oder sich von ihr abgrenzen (Heidegger). Husserl soll – als Alexandre Koyré, der bei ihm in Göttingen studierte, Bergson erwähnte – erklärt haben: «Wir sind die wahren Bergsonianer.»[36] Gemeint ist, daß Bergson schon vor der modernen Phänomenologie phänomenologische Themen anschlägt, ohne sie aber methodisch konsequent durchzuführen. Die deutsche Phänomenologie konnte daher in den 30er Jahren in Frankreich als eine entscheidende Alternative nicht nur zum Neukantianismus, sondern auch zum etablierten Bergsonismus betrachtet werden.

Bergson beschreibt in gewisser Weise eine ‹Reduktion›, nämlich ein Zurückgehen zum unmittelbar Gegebenen. Dieses Unmittelbare ist dem Bewußtsein gegeben als das unmittelbar Erlebte/Gelebte. Die naheliegende Folge dieses Zurückgehens auf das unmittelbar Erlebte wäre die Entwicklung eines Begriffs der Welt, wie sie unmittelbar erlebt wird, die menschliche Lebenswelt. Trotz verschiedener Ansätze wird ein solcher Weltbegriff von Bergson nicht ausgearbeitet. Es gibt jedoch weitere entscheidende Unterschiede zwischen dem Bergsonismus und Husserls Phänomenologie. Vor allem ist die Phänomenologie in Husserls Version gerade das, wogegen Bergson generell seine Kritik richtet, nämlich eine Lehre von Wesensformen.

Texte Bergsons

Œuvres. Paris 1959, 3. Auflage 1970.

Essai sur les données immédiates de la conscience. Paris 1889. In: Œuvres, S. 1–157 (dt. Zeit und Freiheit. 2. Auflage. Meisenheim a. G. 1949) *(= ZF)*.

Matière et mémoire. Paris 1896. In: Œuvres, S. 159–379 (dt. Materie und Gedächtnis. Jena 1919) *(= MG)*.

Le rire, Paris 1900, in: Œuvres, S. 381–486 (dt. Das Lachen. Darmstadt 1988).

Introduction à la métaphysique. Paris 1903. In: Œuvres, S. 1392–1432 (dt. in: Denken und schöpferisches Werden. Frankfurt/M. 1985, S. 21–109) *(= DW)*.

L'évolution créatrice. Paris 1907. In: Œuvres, S. 487–809 (dt. Schöpferische Entwicklung. Jena 1921) *(= SE)*.

Les deux sources de la morale et de la religion. Paris 1932. In: Œuvres, S. 979–1247 (dt. Die beiden Quellen der Moral und der Religion. Olten/Freiburg i. B. 1980 – Reprint der Ausgabe Jena 1932).

Ecrits et paroles, I–III. Paris 1957–1959 *(= EP)*.

L'énergie spirituelle. Paris 1919. In: Œuvres, S. 813–977 (dt. Die seelische Energie. Aufsätze und Vorträge. Jena 1928) *(= E)*.

Bibliographie

Gunter, P. A. Y.: Henri Bergson. A Bibliography. Bowling Green (Ohio ^{2}1986.

Literatur

Austermann, Maria: Die Entwicklung der ethischen und religionsphilosophischen Gedanken bei Henri Bergson. Frankfurt/M. 1981.

Deleuze, Gilles: Le bergsonisme. Paris 1966.

–: Bergson zur Einführung. Hamburg 1989.

Les études bergsoniennes. Paris 1948 ff.

Gorsen, Peter: Zur Phänomenologie des Bewußtseinsstroms. Bergson, Dilthey, Husserl, Simmel und die lebensphilosophischen Antinomien. Bonn 1966.

Ingarden, Roman: Intuition und Intellekt bei Henri Bergson. Darstellung und Versuch einer Kritik. In: Jahrbuch für Philosophie und phänomenologische Forschung, Bd. 5. Halle 1922, S. 285–461.

Kolakowski, Leszek: Henri Bergson. Ein Dichterphilosoph. München 1985 (mit Auswahlbibliographie).

Mossé-Bastide, Rose-Marie: Bergson éducateur. Paris 1955.

Pflug, G.: Henri Bergson. Quellen und Konsequenzen einer induktiven Metaphysik. Berlin 1959.
Romanos, Konstantinos P.: Heimkehr. Henri Bergsons Ansätze zur Heilung von erstarrtem Leben. Frankfurt/M. 1988.
Thiel, Manfred: Bergson-Rickert. Heidelberg 1984.

Anmerkungen

1 A. de Waelhens: Existence et signification. Louvain 1958; zit. 1973, S. 75.
2 M. Merleau-Ponty: Signes. Paris 1960, S. 230.
3 R.-M. Mossé-Bastide: Bergson éducateur. Paris 1955, S. 352.
4 Vgl. Deleuze, Le bergsonisme, sowie «La conception de la différence chez Bergson». In: Les études bergsoniennes IV (1956), S. 77–112.
5 Bergson, *ZF*, S. 43.
6 Bergson, *E*, S. 127 f.
7 Bergson, *ZF*, S. 109 f.
8 Bergson, *ZF*, S. 103 ff, vgl. auch S. 91 f, 93 f, 100 f, *MG*, 58 f, 140, *E*, 28.
9 Bergson, *E*, S. 131–136.
10 Bergson, *SE*, S. 10 f.
11 Bergson, *DW*, S. 187 f, 201.
12 Bergson, *E*, S. 5 f, 10 f.
13 Bergson, *SE*, S. 11.
14 Bergson, *SE*, S. 6 Anm.
15 Bergson, *DW*, S. 88.
16 Bergson, *SE*, S. 302 ff.
17 Bergson, *DW*, S. 89 f (1922) und S. 167 (1911).
18 Bergson, *DW*, S. 211.
19 Bergson, *SE*, S. 13.
20 Bergson, *ZF*, S. 182.
21 Bergson, *ZF*, S. 143 f.
22 Bergson, z. B. *E*, S. 32.
23 Bergson, vgl. z. B. *ZF*, S. 98.
24 Bergson, *DW*, S. 44–47 (1922), 201, 208 (1903).
25 Bergson, *DW*, S. 44; vgl. auch S. 190 f sowie S. 39 (1922).
26 Bergson, *ZF*, S. 136 f, 181, 196 f, *MG*, S. 57, 131 f, *DW*, S., 202 f.
27 Bergson, *DW*, S. 88, 108 (1922).
28 Bergson, *EP* III, S. 456 (1916).
29 Bergson, vgl. z. B. *ZF*, S. 129 f, *SE*, S. 302.
30 Bergson, *ZF*, S. 107.
31 Vgl. Merleau-Ponty: Signes. Paris 1960, S. 235–38.
32 Bergson, *ZF*, S. 107–110, 137 f, *MG*, S. 188, 206, *DW*, S. 57 f.

33 Bergson, *ZF*, S. 68.
34 Bergson, *ZF*, S. 102.
35 Bergson, *DW*, S. 108 (1922).
36 J. Héring: La phénoménologie d'Edmund Husserl il y a trente ans. In: Revue internationale de philosophie 1 (1939), S. 368.

Arne Grøn

Gabriel Marcel: Existenz und Engagement

Leiblichkeit und Engagement

Marcels Position ist in mehrfacher Hinsicht bemerkenswert: Man kann bei ihm von einer Bewegung hin zur faktischen Existenz sprechen, die sich parallel zur Entwicklung der deutschen Philosophie der 20er Jahre vollzieht. Es bestehen hier grundlegende Ähnlichkeiten mit der Dialogphilosophie (besonders Martin Bubers) wie auch mit der Philosophie von Jaspers und Heidegger. Marcels Abkehr von der Tradition erfolgt jedoch unabhängig von der deutschen Existenzphilosophie, die auch auf Kierkegaard zurückgeht. Wenn überhaupt eine gemeinsame Inspirationsquelle genannt werden kann, dann ist es eher die Wende des späten Schelling zum ‹Positiven›, zur faktischen Existenz. Geschichtlich gesehen greift Marcel das Thema der Existenz auf im Anschluß an den Zusammenbruch des neuhegelianischen Idealismus, von dem er anfänglich beeinflußt war.[1] Diesen Prozeß des Scheiterns und den Versuch, darauf eine Antwort zu geben, können wir in dem *Journal métaphysique* von 1927 verfolgen.

Daß die von Marcel eingeleitete Umkehr unabhängig von der in Deutschland erfolgt, zeigt sich auch daran, daß sie nicht zum gleichen Ort hinführt und – in Vorwegnahme der später erfolgten französischen Wendung zur faktischen Existenz – auf andere Weise vorgenommen wird. Marcels Denken kreist dabei vor allem um folgende drei Themen: das Engagement, die Leiblichkeit und das Verhältnis zum Anderen. Dies sind die Grundmotive seiner Wendung zum Konkreten.

Bereits der Form nach nimmt das *Journal métaphysique* eine Sonderstellung ein. Es besteht aus datierten (fragmentarischen) Aufzeichnungen, die Marcel ursprünglich als Vorbereitung zu einem größeren Werk benutzen wollte. Aber im Zuge der Arbeit erwies es sich als zunehmend schwierig, eine systematische Abhandlung vorzulegen. Nach einigem

Zögern beschloß Marcel, die ursprünglichen Aufzeichnungen herauszugeben. Das Werk hat deshalb in hohem Maße Prozeßcharakter. Wir können mitverfolgen, wie die Wendung zur faktischen Existenz, zur konkreten Erfahrung langsam Gestalt annimmt. Die Wendung wird sozusagen vorgeführt.

Die Veröffentlichung dieser Werkstattaufzeichnungen mit ihren ständig unterbrochenen, in sich kreisenden und schwer durchschaubaren Gedankengängen entspringt keineswegs der Abneigung gegen eine dichte, systematische Darstellungsform. Marcel hatte vorher schon in konzentrierter Form den Grundgedanken dargestellt, zu dem er allmählich vorgedrungen war, und zwar in dem für sein Werk zentralen Artikel *Existence et objectivité* aus dem Jahre 1925, der als Beilage zum *Journal métaphysique* nachgedruckt wurde. 1928 nahm Marcel die Arbeit am «Metaphysischen Tagebuch» wieder auf. Sein zweites Hauptwerk *Être et avoir* (dt. Sein und Haben, 1954) aus dem Jahre 1935 bestand zum größten Teil aus der Fortsetzung seiner Aufzeichnungen von 1928 bis 1933. Allmählich erlangte diese Arbeitsweise für Marcel jedoch methodologische Bedeutung: Das «Metaphysische Tagebuch» kennzeichnet Marcels Art und Weise, philosophische Untersuchungen anzustellen. Diese Methode kann als Folge der umfassenden Wendung hin zur ‹konkreten Philosophie› gesehen werden, mit immer neuen Versuchen, die konkreten Phänomene einzukreisen.

Das *Journal métaphysique* (1927) besteht aus zwei Teilen. Der erste Teil enthält Aufzeichnungen vom Januar bis Mai 1914, also aus den Monaten vor dem Ausbruch des Ersten Weltkriegs. Der zweite Teil besteht aus Aufzeichnungen, die sich von 1915 bis 1923 erstrecken. Der erste Teil ist durch Marcels Versuch geprägt, sich von der idealistischen Tradition zu befreien. Aber wie er selbst in dem Vorwort zum *Journal métaphysique* bemerkt, ist er hier noch einer idealistischen Denkweise verpflichtet, von der er freizukommen versucht. Erst im zweiten Teil reagiert er auf den Zusammenbruch des Idealismus. In einem Rückblick schreibt Marcel: «Die Veränderung in Ton oder Register, die man im zweiten Teil des ‹Tagebuches› bemerkt, erklärt sich fast ausschließlich aus der Erschütterung, die mir der Krieg zutrug.»[2]

Nehmen wir zum Ausgangspunkt eine konkrete Situation, in der wir etwas wahrnehmen, einen Duft zum Beispiel, der von einem Blumenbeet kommt. Wie kann eine solche Situation erklärt werden? Eine verbreitete Erklärung ist folgende: Ein Gegenstand (hier das Blumenbeet) sendet eine Art ‹Mitteilung›, die ich als Subjekt entgegennehme. In mir erfolgt dann ein Umsetzen oder Übersetzen des Empfangenen. Dieses Modell operiert also mit einem ‹Sender›, der die ‹Mitteilung› verschickt, und einem ‹Empfänger›, der die ‹Mitteilung› aufnimmt und übersetzt. Die Übersetzung besteht darin, daß ein Gegebenes (die physische Begebenheit) auf eine andere Ebene (den sinnlichen Eindruck) gebracht wird. Die Schwierigkeit ist jedoch die, daß das erste ‹Gegebene› von uns gar nicht wahrgenommen wird. Wir haben die beiden Größen, von denen die eine in die andere übersetzt werden soll, überhaupt nicht vor uns.[3]

Das bedeutet für Marcel: Die Wahrnehmung ist eine unmittelbare Teilnahme (*participation immédiate*)[4] des Subjekts an der Umwelt. Es gibt letztlich keine Grenze, die das Subjekt von der Welt trennt. Das Subjekt bildet keinen mehr oder weniger geschlossenen Kreis, so daß auch nicht die Frage aufkommen kann, wie es denn zu den Dingen hinausgelange. Die Teilnahme ist unmittelbar, weil es kein Bindeglied gibt, keine Instanz, die zwischen mich und den Gegenstand treten würde. Damit stoßen wir auf eine grundlegende Voraussetzung des obigen Modells.[5]

Bei der gängigen Interpretation der Wahrnehmung als einer Übersetzung wird der Leib als Zwischenglied zwischen dem Gegenstand und dem Subjekt gedeutet. Der Leib ist ein ‹Apparat›, mit dessen Hilfe ich wahrnehme und handle, ein Instrument, das ich gebrauche. Marcel geht über diese verbreitete Interpretation des Verhältnisses von Leib und Subjekt hinaus, wonach der Leib als ein Etwas vorgestellt wird, das sich ‹zwischen› mich und den Gegenstand ‹stellt› (*interposé*). Wir nehmen damit zwei getrennte Glieder wahr: den Gegenstand und meinen Leib als ein anderes Ding, als Empfänger. Aber da ‹ich selbst› kein Ding bin, muß das Ich einen Schritt weiter zurückgenommen werden aus diesem Regelkreis: Das Ich ist dasjenige, das den Leib instrumentalisiert.

Der Leib wird somit als ein Instrument, das ich gebrauche, vorgestellt. Aber was heißt, etwas sei ein Instrument? Ein Ding ist ein Instrument, indem es eine Fähigkeit oder Möglichkeit, eine Funktionsweise verlängert: Das Fahrrad erweitert den Radius, sich zu bewegen, das Telefon die Möglichkeit, miteinander zu sprechen, das Mikroskop die Fähigkeit zu sehen usw. Jedes Instrument verweist daher auf leibliche Möglichkeiten, auf einen Leib, für welchen es Instrument ist. Wir können ein Instrument gebrauchen, weil wir von vornherein – wegen unserer Leiblichkeit – die und die Möglichkeit haben.

Der Leib selber kann aber nur ein Instrument sein, indem er auf ein Ich zurückverweist, das den Leib gebraucht. Dieses Ich muß selbst mit den

Möglichkeiten ausgestattet gedacht werden, die den Leib instrumentalisieren, das heißt, es muß selbst wie eine Art Leib gedacht werden, welcher wiederum als ein Instrument gedacht wird usw.

Gleichgültig, ob wir die Wahrnehmung als den Transfer einer ‹Mitteilung› zwischen zwei getrennten Gliedern verstehen oder den Leib als ein Instrument: Wenn die Voraussetzungen des Modells durchdacht werden, brechen sie zusammen. Dadurch werden indirekt zwei Grundzüge unserer Existenz sichtbar:

Existenz besagt zunächst eine unmittelbare Teilnahme an der Umwelt, welche Marcel mit dem Begriff *Engagement* umschreibt. Für ihn bedeutet Engagement ein immer bereits in einer Situation Involviertsein wie auch, sich in einer Situation für etwas einzusetzen, sich zu binden und zu verpflichten. Die Bestimmung der Existenz als ein Sein in einer Situation (*être en situation*) verbindet Marcel später mit dem phänomenologischen Begriff der Existenz als In-der-Welt-sein.

Ferner umfaßt das Engagement unsere ganze Leiblichkeit. Die menschliche Existenz ist eine inkarnierte (fleischgewordene), die nicht von kontingenten (zufälligen) Faktoren beeinflußt wird. Von unserer Leiblichkeit können wir nicht abstrahieren und uns zugleich ein davon unberührtes Ich bewahren (im Sinne von: ‹wenn ich anderswo mit einer anderen Konstitution von anderen Eltern usw. geboren worden wäre›).[6] Hier stellt sich wieder die Frage nach dem Verhältnis zwischen dem Leib und dem Ich. Um noch einmal auf das Modell zurückzukommen, das den Leib als Instrument für das Ich interpretiert. Ein Instrument ist etwas, das wir vor uns haben, das sich außerhalb von uns befindet. Aber der Leib ist nicht etwas, das wir auf gleiche Weise ‹haben› wie ein Instrument; er steht uns nicht auf gleiche Weise zur Verfügung. Im Gegenteil, er ist die Bedingung[7] dafür, daß wir Instrumente überhaupt gebrauchen können. Er ist nicht, wie andere Dinge, ein Gegebenes, sondern die Bedingung dafür, daß uns etwas gegeben sein kann. Der These, daß der Leib ein Instrument für uns sei, müssen wir entgegenhalten, daß wir den Leib nicht ‹haben›, sondern daß wir Leib sind.

Diese *Identität* kann wie folgt beschrieben werden: Die Wahrnehmung ist ein unmittelbarer Zugang zur Welt. Sie liegt jeder ‹Übersetzung› von Eindrücken bereits zugrunde. Dem entspricht, daß der Leib als mein Leib eine grundlegende Perspektive der Welt darstellt. Er hat für mich eine Sonderstellung, ist das Zentrum, vom dem her sich meine Erfahrung und mein Universum ordnen.[8] Was Marcel hier hervorheben will, ist die Zweideutigkeit des Leibbegriffs[9]: Auf der einen Seite ist der

Leib der meinige, er ist eine besondere Perspektive der Welt. Auf der anderen Seite kann der Leib natürlich als ein Objekt wie alle anderen Objekte (z. B. als ein physiologisches) betrachtet werden. Die Pointe aber ist, daß selbst diese Betrachtungsweise eine leibliche Perspektive voraussetzt. Sie weist auf eine immer schon vorausgesetzte Leiblichkeit zurück: Indem wir ein leibliches Objekt betrachten, setzen wir unsere eigene Leiblichkeit voraus (wir sehen, merken, bewegen uns, gebrauchen Instrumente usw.). Mit anderen Worten: Das Objekt ist uns immer nur perspektivisch gegeben – wir leben als Leib, während wir ihn betrachten. Man kann daher nicht von einem einfachen Zusammenfallen von Leib und Selbst sprechen wie im strikten Materialismus, welcher den Menschen auf die körperliche Existenz reduziert; denn dem Materialismus fehlt der Gedanke des Leibes als meines eigenen.

Das Dialogverhältnis

Durch die Bestimmung des dritten Grundzugs der menschlichen Existenz, dem Verhältnis zum Anderen, geht Marcel in seiner Traditionskritik nochmals einen Schritt weiter. Seine Absicht ist auch hier, eine übersehene Voraussetzung sichtbar zu machen.

Marcel hat auf seine Erfahrungen im Ersten Weltkrieg verwiesen; er leitete einen Informationsdienst für das Rote Kreuz, dessen Aufgabe es war, Informationen über vermißte Soldaten einzuholen und den Angehörigen zu überbringen. Dadurch kam er in die Situation, Fragen beantworten zu müssen, die von Menschen «aus Fleisch und Blut» gestellt wurden, «deren Angst sich mir fast unmittelbar durch ihren Blick, ihre Stimmen mitteilte...» Diese Erfahrung mit anderen, «die bei der Ankunft für mich X und Y waren und deren Angst ich nach wenigen Augenblicken zu spüren bekam und auf eine Weise zu meiner eigenen machte, hat – davon bin ich überzeugt – eine fundamentale Rolle in der Ausarbeitung meines Denkens gespielt.»[10]

Marcel geht in einer Aufzeichnung vom August 1918 von folgender Situation aus: «Ich begegne einem Unbekannten in der Eisenbahn; wir sprechen vom Wetter, vom Kriegsdienst usw., indes, selbst insofern ich mich an ihn wende, bleibt er für mich ‹Jemand›, ‹dieser Mann da›.»[11] – Das Merkwürdige ist jedoch: Je mehr mein Gesprächspartner ‹irgend jemand›, ein für mich ‹Äußeres› ist, desto mehr befinde auch ich mich selbst außerhalb von mir; für den Anderen, mit dem ich spreche, bin ich selbst ‹irgend jemand› und werde dadurch für mich selbst ‹irgend jemand› anderer, kurz: In dem äußerlichen Verhältnis zu einem Anderen werde ich selbst ein Anderer.

Nun kann sich im Laufe des Gesprächs eine Verbindung zwischen dem Anderen und mir ergeben, etwa, wenn ich entdecke, daß wir eine bestimmte Erfahrung gemeinsam haben (daß wir uns beide mit gleichen Gebieten beschäftigt haben, der gleichen Gefahr ausgesetzt waren, beide das gleiche Buch gelesen haben usw.). Wir fangen an, einander kennenzulernen. Auf dieser Grundlage ist eine Vertiefung unseres Verhältnisses möglich. Und je tiefer diese Verbindung geht, desto mehr hört der andere auf, ‹irgend jemand› zu sein; er wird statt dessen ein Du (*toi*) für mich. Es bildet sich eine Einheit, in der der Andere und Ich ein Wir (*nous*) bilden. Erst hier kann von einem eigentlichen Gespräch oder Dialog die Rede sein, in dessen Verlauf wir uns einander mitteilen (*communiquons*). Aber wir können noch einen Schritt weiter gehen: Daß der Andere immer mehr ein ‹Du› für mich wird, bedeutet, daß meine Perspektive gebrochen wird. Der Andere hört auf, in den Kreis, den ich mit mir selbst bilde, eingeschlossen zu sein. Mehr noch, der Andere, mit dem ich in einer Gemeinschaft verbunden bin, «enthüllt mich für mich selber» (*me découvre à moi-même*)[12], bringt mich für mich selbst hervor. In diesem Sinne komme ich erst zu mir selbst durch andere. Mein Verhältnis zu mir selbst kann nur in dem Gegenseitigkeitsverhältnis zum Anderen (*l'autre*) entfaltet werden. Mit anderen Worten: Das Dialogverhältnis ist Bedingung, Voraussetzung dafür, daß das Selbst-Verhältnis verwirklicht werden kann.

Marcel wählt dieses Beispiel, um die Bewegung von dem Verhältnis zum Anderen, das von einer gegenseitigen ‹Andersheit› oder Äußerlichkeit geprägt ist, zu dem eigentlichen Gegenseitigkeitsverhältnis zu skizzieren. Das Entscheidende ist, daß ich sowohl ein Anderer im Verhältnis zum Anderen werden kann als auch in diesem Verhältnis, also aus dem anderen heraus, zu mir selber zurückkommen kann. Bereits im ersten Verhältnis gibt es einen gewissen Bruch in meiner Perspektive, indem ich mir selbst äußerlich, sozusagen als Zentrum abgesetzt werde; zugleich aber ist der Andere immer noch in meine Perspektive eingeschlossen (ich ‹unterhalte mich mit› dem Anderen, ich gebrauche den Anderen, um gewisse Auskünfte zu bekommen usw.). Die eigentliche Überschreitung meiner Perspektive erfolgt erst in dem Verhältnis zum Anderen als einem ‹Du›, dem ich gegenüberstehe. Dieses Verhältnis bedeutet nämlich, daß ich ihn als Freiheit betrachte: Erst als solche ist er wirklich ein *Anderer* für mich.[13] Und erst diese andere Freiheit kann mich zu mir selbst bringen, weil sie eine andere Handlungsfreiheit mir gegenüber und weil sie eine Freiheit als Ich ist.

Diese Entdeckung des Dialogverhältnisses als bisher übersehene Voraussetzung trifft das traditionelle Subjekt-Objekt-Modell, dem zufolge das Objekt als Objekt von einem Subjekt gesetzt wird. Die Unzulänglichkeit des Modells zeigt sich insbesondere in der Frage nach der Existenz des Anderen. Wie kann der Andere sich mir, also in meiner Perspektive, auf einem Gebiet zeigen, welches von vornherein von jeglicher wirklichen ‹Andersheit› gereinigt ist? Mit dieser Frage wird der Andere auf eine Idee oder Vorstellung des Subjekts über den Anderen reduziert. Es wird unmöglich, den Kreis, den man um das Ich zu ziehen begann, zu durchbrechen.[14]

Jetzt kann auch der Adressat von Marcels Traditionskritik bestimmt werden. Die Kritik gilt dem Idealismus, primär der cartesischen Tradition: Marcel will aber ebenso den zeitgenössischen neukantianischen Idealismus (besonders Brunschvicg) treffen, den er als «die offizielle Philosophie» bezeichnet.[15] Ausgangspunkt des philosophischen Denkens ist nicht, wie der Idealismus unterstellt, ein in sich zurückgezogenes, abstraktes Subjekt, sondern ein Ich, welches unmittelbar – durch seine Leiblichkeit – der Welt teilhaftig und in ihr engagiert ist, also eine ‹inkarnierte› Existenz.[16] Die cartesische Tradition geht aus von dem unmittelbaren Selbstbewußtsein des Ich als absoluter Größe. Demgegenüber behauptet Marcel die Notwendigkeit eines Umwegs über den Anderen. Nur durch oder aus dem Anderen, im Dialogverhältnis, kann ich zu mir als meinem eigentlichen Selbst zurückkehren.

Zusammenfassend ist der Idealismus für Marcel ein abstraktes Denken, in dem die Vernunft die faktische Wirklichkeit aus der Idee, also aus sich selber heraus, begreift. Marcel stellt dieser These das Konkrete als das unmittelbar Gegebene entgegen. Dieses unmittelbar Gegebene versteht er als das Voraus-Gegebene: das, was vor der Reflexion gegeben ist und von dieser vorausgesetzt werden muß, nämlich die faktische Existenz. Als Voraus-Gegebenes kann das Konkrete durch unsere Begriffsbestimmungen nicht völlig erfaßt werden (*l'inépuisable concret*)[17]. Aus diesem Grunde bezeichnet Marcel seine Antwort auf die idealistische Tradition als Versuch einer konkreten Philosophie. In einem Artikel aus dem Jahre 1938, *Ébauche d'une philosophie concrète*, sieht er diesen Versuch als Teil eines umfassenden Aufbruchs.[18]

Das *Journal métaphysique* wurde jedoch geschrieben, bevor dieser

Aufbruch Gestalt angenommen hatte. Die naheliegendste Stütze, die Marcel für seine Auseinandersetzung mit der Tradition fand, war Bergson. Marcel hat selbst die Rolle präzisiert, die die Philosophie Bergsons für ihn gespielt hatte: Sie gab ihm den Mut, eine Tradition zu korrigieren, die zu diesem Zeitpunkt das Denken beherrschte.[19] Bei Bergson wie bei Marcel gilt die Traditionskritik einem ‹abstrakten› Denken. Dem Abstrakten als dem bloß Gedachten, dem (Re-)Konstruierten, stellen beide das Konkrete als das unmittelbar Gegebene gegenüber. Im Unterschied zu Bergson aber bestimmt Marcel das Konkrete als eine Situation, an der wir durch unsere Leiblichkeit teilhaben und die wir mit anderen gemein haben.

Person, Engagement, Geschichte (Mounier und Landsberg)

Marcels Grundthemen – Leiblichkeit, Engagement und Dialogverhältnis – wurden in den 30er Jahren von der personalistischen Bewegung, deren führende Gestalt Emmanuel Mounier (1905–1950) war, wieder aufgenommen. Diese Bewegung hatte sich um die Zeitschrift *Esprit* gesammelt, die im Jahre 1932 begründet wurde.

Der Personalismus der 30er und 40er Jahre ist von einem geschärften zeitdiagnostischen Bewußtsein geprägt. Er sieht sich mit einer Gefahr konfrontiert, die zu dieser Zeit neue Dimensionen erreicht hat: der ‹Entpersonalisierung› des Menschen. Philosophische Alternative ist nach Mounier der Idealismus auf der einen Seite, der das ‹Innere› des Menschen aus einer Welt entfernt, die mit der zunehmenden technischen Beherrschung für das Individuum immer fremder erscheint, und der Materialismus auf der anderen Seite, der den Menschen zu einem Teil einer beherrschten, dinglichen Welt macht. Dieses Entweder-Oder kann in ein Sowohl-als-Auch transformiert werden: Die Krise, die Ende der 20er Jahre durchbricht, ist politisch-wirtschaftlicher und moralischer Natur; sie ist strukturell und auch geistig.[20] Der Individualismus übersieht, daß der Mensch in eine Situation gestellt ist, die von kollektiven Strukturen bestimmt ist und dadurch eine Gemeinschaft zwischen Personen möglich und notwendig macht. Wenn der Mensch umgekehrt zum Träger anonymer Strukturen oder Mechanismen degradiert wird, verschwindet er als Persönlichkeit und kann nicht mehr länger als verantwortlich Handelnder verstanden werden. Die Zeitdiagnose erfordert daher eine philosophische Anthropologie mit der entscheidenden Einsicht, daß die beiden Verhältnisse, die man willkürlich getrennt hat, das geistige und das materielle, in der Seinsweise des Menschen zusammengehören.

Die Person ist dasjenige an einem Menschen, das nicht als ein Objekt genommen werden kann.[21] Wer zum Beispiel mir im Zug gegenübersitzt, erfährt seinen Leib auf eine Weise, wie ich ihn nicht erfahren kann. Das bedeutet aber nicht, es gäbe einen besonderen inneren Bereich, der anderen nicht mitgeteilt werden kann. Ich erfahre meinen Leib, meine besondere Perspektive, ebenfalls als etwas, das nicht wie andere Objekte zu einem Objekt gemacht werden kann. Das Personsein fällt nicht neben die Leiblichkeit, sondern ist im Gegenteil an diese gebunden. Meine Existenz als Person ist eine inkarnierte; dadurch bin ich mir selbst, der Welt und den anderen aus-gesetzt (*ex-posé*).[22] Die Person ist keine abgesonderte Stelle (*retraite*), kein ‹Inneres›, dem sich die Handlung als ein Äußeres hinzufügt. Positiv ausgedrückt heißt dies: Die Existenz als Person ist gekennzeichnet durch das Engagement.

Engagement[23] bedeutet hier: immer schon in eine Situation einbezogen zu sein aufgrund seiner Leiblichkeit, wie auch: sich für das, was man tut, einzusetzen. Das zweite Moment betont die menschliche Existenz als Handeln (*action*). Der Mensch ist nicht nur in eine Situation gestellt, er stellt sich auch selbst in sie durch seine Handlungen.

Die Situation, in der wir uns immer schon befinden, ist grundlegend durch ihr Verhältnis zum Andern bestimmt. Mounier weist hier auf Marcels Begriff vom Andern als einem ‹Du› hin.[24] Wenn das Verhältnis zum Anderen zerstört wird, verliere ich mich selbst: Der Andere (lat. *alter*) wird ein Anderer in der Bedeutung von ‹Fremder› (lat. *alienus*), und in diesem Verhältnis zum Anderen werde ich mir selbst fremd (*aliéné*: zu einem Andern, Fremden gemacht, entfremdet).[25]

Marcels Grundthemen (Leiblichkeit, Engagement, Dialogverhältnis zum Andern) werden so bei Mounier wiederholt, und wie bei Marcel geschieht dies in einer Auseinandersetzung mit der idealistischen Tradition, allerdings mit einer gewichtigen Erweiterung. Erstens entfaltet Mounier die Analyse des Verhältnisses zum Andern in einer sozialen Perspektive. Damit entsteht eine fundamentale Spannung zwischen der Hervorhebung der Person als einer absoluten Größe und dem Begriff einer gemeinsamen Welt, die als solche über den einzelnen hinausgeht. Mounier berührt hier die Frage nach dem Verhältnis zwischen kollektiven Strukturen (technischen Instrumenten, Institutionen) und persönlichem Handeln. Nach seiner Auffassung sind diese mehr oder weniger anonymen Strukturen eine Gefahr, aber auch eine notwendige Stütze: Sie dienen der Vermittlung von Gemeinschaft und Individuum.[26]

Zweitens wird der Zusammenhang zwischen dem geschichtlichen Charakter des Engagements und der Existenz hervorgehoben. Das geschieht vor allem bei dem Deutschen Paul-Louis Landsberg (1901–1944). Landsberg, Schüler von Max Scheler, war Gegner des Nationalsozialismus und flüchtete im Jahre 1933 aus Deutschland, zuerst nach Spanien, dann nach Frankreich. Hier schloß er sich der Gruppe um die Zeitschrift *Esprit* an, auf welche er einen entscheidenden Einfluß ausübte. Im März 1943 wurde er von der Gestapo verhaftet und starb ein Jahr später im Konzentrationslager Oranienburg nördlich von Berlin.[27]

Die Zweideutigkeit im Engagementbegriff kann schließlich als eine Akzentuierung des existenzphilosophischen Begriffspaars Faktizität und Transzendenz verstanden werden. Daß ich als ein geschichtliches Wesen lebe, bedeutet erstens, daß ich mich immer in einer bestimmten Situation befinde. Dem entspricht das Engagement in der ersten Bedeutung des Wortes, nach der ich mich durch meine Leiblichkeit immer schon in eine bestimmte Situation eingefügt sehe. Zweitens aber bin ich in der Situation auf solche Weise, daß ich sie zugleich verändern möchte, indem ich mich auf eine Zukunft hin entwerfe. Das Engagement bedeutet insofern auch: durch Handeln eine Verantwortung für das zu übernehmen, was in der Zukunft verwirklicht werden soll, und dadurch sich selbst als Person zu bestimmen. Das Engagement drückt in diesem Sinn den geschichtlichen Charakter unserer Existenz aus.

Gleichzeitig wird der Begriff der ‹Geschichtlichkeit› erweitert. Dieser meint nicht nur den geschichtlichen Charakter der individuellen Existenz. Die Situation, in der wir uns befinden, ist Teil einer kollektiven Geschichte. Unsere Existenz ist in so hohem Grad in ein gemeinschaftliches Schicksal verwoben, daß ihr nur Sinn zukommt durch die Geschichte der kollektiven Phänome, denen wir angehören.[28] Mit dieser Erkenntnis ist der Personalismus auf dem Weg zu einem Begriff der menschlichen Praxis als Handeln in sozialem und geschichtlichem Zusammenhang.

Texte Marcels

Existence et objectivité. Revue de Métaphysique et de Morals. Paris 1925.
Journal métaphysique. Paris 1927 (dt. Metaphysisches Tagebuch. München/Wien 1966) (= *MT*).
Positions et approches concrètes du mystère ontologique. Paris 1933.
Être et avoir. Paris 1935 (dt. Sein und Haben. Paderborn [2]1968) (= *SH*).
Du refus à l'invocation. Paris 1940. Neu hg. unter dem Titel «Essai de philosophie concrète». Paris 1967 (= *EPC*).

Literatur

Berning, V.: Die Metaphysik der schöpferischen Treue. In: Grundprobleme der großen Philosophen. Philosophie der Gegenwart Bd. V. Hg. von J. Speck. Göttingen 1982, S. 213–252.
–: Das Wagnis der Treue. Freiburg/München 1973.
Foelz, S.: Gewißheit im Suchen. Gabriel Marcels konkretes Philosophieren auf der Schwelle zwischen Philosophie und Theologie. Leipzig 1979.
Kampits, P.: Gabriel Marcels Philosophie der zweiten Person. Wien/München 1975.
Landsberg, P.-L.: Problèmes du personnalisme. Paris 1952. Vgl. v. a. S. 28–48, Réflexions sur l'engagement personnel (auch in: Esprit, Nov. 1937), sowie S. 99–124, Le sens de l'action (auch in: Esprit, Oct. 1938).
Mounier, E.: Œuvres I–IV. Paris 1961–1963.
–: Le personnalisme. Paris 1949. In: Œuvres III, S. 427–525.

Anmerkungen

1 P. Ricœur: Gabriel Marcel et Karl Jaspers. Paris 1947, S. 435.
2 G. Marcel: Regard en arrière. In: Gilson: Existentialisme chrétien. Paris 1947, S. 311.
3 Marcel, *MT*, S. 437 ff.
4 Marcel, *MT*, S. 443.
5 Marcel, *MT*, S. 443 ff, 351 f, 373 ff.
6 Ricœur, S. 103 f.
7 Marcel, *MT*, S. 334, 337 f, 348 f, 377 f.
8 Marcel, *MT*, S. 446 f.
9 Marcel, *MT*, S. 379; vgl. auch S. 424 f, *EPC*, S. 43 f.
10 Marcel, *EPC*, S. 53.
11 Marcel, *MT*, S. 207 f; vgl. auch *EPC*, S. 55 f.
12 Marcel, *EPC*, S. 56.

13 Marcel, *SH*, S. 115.
14 Marcel, vgl. z. B. *SH*, S. 112.
15 Marcel, *EPC*, S. 92, 97.
16 Marcel, *MT*, S. 365, *EPC*, S. 21–61, 102 f.
17 Marcel, *EPC*, S. 104, 109; vgl. auch *MT*, S. 440.
18 Marcel, *EPC*, S. 92.
19 Vgl. z. B. die Diskussion in: Entretiens autour de Gabriel Marcel. Neuchâtel 1976, S. 80.
20 Mounier, Œuvres III, S. 183, 208–214 (1947), 509 (1949).
21 Mounier, Œuvres III, S. 430 (1949).
22 Mounier, Œuvres III, S. 447; vgl. auch I, S. 178 (1935), S. 526 (1936).
23 Mounier, z. B. Œuvres I, S. 305 (1935), S. 526 (1936), III, S. 191 (1947), S. 491, 498–506 (1949).
24 Mounier, Œuvres I, S. 192 (1935).
25 Mounier, Œuvres III, S. 453 (1949).
26 Mounier, Œuvres III, S. 456–59 (1949).
27 Vgl. J. Lacroix: «Préface» zu Landsberg. Essai sur l'expérience de la mort. Paris 1951.
28 Landsberg, Problèmes, S. 28–30 (1937).

Arne Grøn

Alexandre Kojève: Die Dialektik der Anerkennung

Die Wiederentdeckung Hegels

Während Italien, England und zum Teil die USA Ende des 19. Jahrhunderts auf verschiedene Weise vom Hegelschen Idealismus inspiriert wurden, blieb dieser bis etwa 1930 so gut wie ohne Einfluß auf die französische Philosophie. Selbst ein philosophiegeschichtliches Interesse an Hegel fehlte in Frankreich. Zwar wurde die dortige Universitätsphilosophie von einer idealistischen Tradition dominiert; aber diese knüpfte an Kant und Descartes an und wandte sich zugleich – mit wenigen Ausnahmen – kritisch gegen den hegelianischen ‹dialektischen› Idealismus.

Als Alexandre Koyré auf einem Kongreß im Jahre 1930 über die Hegel-Forschung in Frankreich vortrug, bedauerte er, im Unterschied zu seinen Kollegen aus Deutschland, England und Italien nicht besonders viel berichten zu können. Sein Referat erschien 1961 wieder in einer Artikelsammlung, der er ein kurzes Nachwort hinzufügte. Hier schreibt er, daß sich die Situation inzwischen vollständig geändert habe.[1] Zwischen dem Bericht und dem späteren Nachwort liegt die Wiederentdekkung Hegels, die im folgenden Zitat von Merleau-Ponty aus dem Jahre 1946 zum Ausdruck kommt:

> «Hegel befindet sich am Ursprung alles Großen, das in der Philosophie im Laufe der letzten hundert Jahre geschehen ist... er proklamiert den Versuch der Erforschung des Irrationalen und dessen Einbeziehung in eine erweiterte Vernunft, welches die Aufgabe unseres Jahrhunderts verbleibt.»[2]

Während der Hegelianismus von der philosophischen Szene in England verschwand, ging der Aufbruch in der französischen Philosophie mit einer Hegel-Renaissance einher, und zwar mit der Entdeckung Hegels als Denker des Konkreten, nicht der Entdeckung Hegels als Baumeister einer abstrakten Lehre. Noch Mounier sah Hegel als furchterregenden Architekten eines unpersönlichen Systems, der letzten Endes «die totale Unterwerfung des Individuums unter den Staat»[3] forderte. Diesem Bild des Systematikers stellte man nun den jungen Hegel entgegen. Das geschah bereits mit dem Buch von Jean Wahl aus dem Jahre 1929 über *Le malheur de la conscience dans la philosophie de Hegel*. Im Zentrum dieses erneuten Hegelinteresses stand *die Phänomenologie des Geistes* (1807), genauer das Kapitel IV über das Selbstbewußtsein und hier vor allem der kurze Abschnitt über die Dialektik von Herr und Knecht.

Den entscheidenden Anstoß zu diesem Wiederentdeckungsprozeß gaben Alexandre Kojèves Vorlesungen über Hegel an der École pratique des Hautes Études in Paris von 1933 bis 1939. Der Titel der Vorlesungen lautete «Die Religionsphilosophie Hegels»; vorgetragen wurden aber fortlaufende Kommentare zur *Phänomenologie des Geistes*. Diesen Kursus hatte Kojève (1902–1968) von Alexandre Koyré übernommen. Wie Koyré war Kojève (oder Kotjenikov) russischer Emigrant, und wie Koyré hatte er in Deutschland studiert.

Die Vorlesungen Kojèves hatten eine breite Wirkungsgeschichte in der modernen französischen Philosophie. Unter den Zuhörern konnte man Merleau-Ponty, Sartre, Jean Hyppolite, Raymond Aron, Jacques Lacan und Georges Bataille antreffen.[4] 1947 wurden die Vorlesungen redigiert und unter dem Titel *Introduction à la lecture de Hegel* herausgegeben.

Die existenzphilosophisch-phänomenologische Perspektive, in der Kojève die Gedanken Hegels auslegte, entwickelte Jean Hyppolite (1907–1968) weiter. 1946 erschien sein detaillierter Kommentar zur *Phänomenologie des Geistes*[5], die er wenige Jahre zuvor ins Französische übersetzt hatte. Darüber hinaus war die Entdeckung Hegels von entscheidender Bedeutung für Sartre und Merleau-Ponty; sie stellten, angeregt durch Kojève, ihre Hegelinterpretation in einen systematischen Zusammenhang.

Wie erwähnt, las Kojève Hegel aus einer existenzphilosophischen Perspektive. Sein Begriffsinstrumentarium stützte sich insbesondere auf Heideggers «Daseinsanalyse», die er auf ebenso eigenwillige und charakteristische Weise verarbeitete, wie er Hegel selbst las. Entscheidend aber ist, daß durch die Anwendung der Existenzphilosophie auf Hegel diese selbst nun als Sozial- und Geschichtsphilosophie verstanden wird. Mit Hilfe dieser systematischen Deutung gelangt Kojève zu einer Reihe von Grundbestimmungen des menschlichen Daseins, die schließlich den Weg für Sartres *L'être et le néant* und *Critique de la raison dialectique* bahnen.

Für Kojève ist Hegels Phänomenologie eine philosophische Anthropologie. Sie zeigt, daß selbst die Theologie vom Menschen spricht. Der wahre Gegenstand des religiösen Gedankens ist «der Mensch selbst»[6] in der geschichtlichen Welt. Kojève liest so aus Hegel einen humanistischen Atheismus heraus.

Die Negativität

Die Hegelinterpretationen Kojèves konzentrieren sich auf die Frage, wie sich das «Sein des Menschen» beschreiben lasse. Nach seiner Ansicht ist die menschliche Existenz, mit einem Hegelschen Schlüsselbegriff ausgedrückt, durch Negativität[7] charakterisiert. Damit versucht Kojève, das menschliche Sein als *Freiheit* zu bestimmen. Die Negativität liegt bereits in der ersten unmittelbaren Bestimmung, nämlich der Begierde (*désir*). Die menschliche Existenz ist in der Begierde als Mangel an Etwas verwurzelt. Die Negativität verwirklicht sich in der Handlung (*l'action*), die das Gegebene umformt, um die Begierde zufriedenzustellen. Die Handlung ist eine Verneinung des Gegebenen (*négation du donné*), eine Überschreitung (*dépassement, transcendance*) des Vorliegenden. Sie macht das Gegebene zu einem anderen, als es ist, also zu etwas, was es nicht ist. Das bedeutet umgekehrt, daß sie im Vergleich zu dem Vorgegebenen auch Erschaffung (*création*) eines Neuen ist. Sie erzeugt etwas, das vorher noch nicht war. Als Beispiel können wir das Fällen eines Baumes heranziehen, der nun nicht mehr länger ein Baum im Wald ist, sondern ein Stück Holz, das wir als Material gebrauchen können, um etwas anderes, etwa einen Tisch, herzustellen. Die menschliche Handlung macht das Gegebene, den Baum, zu etwas anderem: Sie produziert ein Neues, nämlich den Tisch. Sie formt, das heißt bearbeitet das Gegebene nach einem Zweck, einem Projekt oder Entwurf. Und durch die Arbeit entfaltet sich die Negativität in der Geschichte. «Die eigentliche schöpferische Entwicklung, d. h. die Materialisierung einer Zukunft, die nicht nur eine einfache Verlängerung der Vergangenheit durch die Gegenwart ist, heißt Geschichte.»[8] Hier beruft sich Kojève auf Bergson (die Entwicklung als Schöpfung eines Neuen), gibt aber zugleich den entscheidenden Unterschied an: den geschichtlichen Charakter der Handlung.

Mit Hilfe dieser Bestimmungen wird die menschliche Existenz als negatives Sein beschrieben. Der Mensch ist nicht ein bloß Gegebenes. Als Handeln ist er ein Nichts (*néant*) – nicht ein reines Nichts, sondern ein

Etwas, dessen Sein so charakterisiert werden kann, daß es das gegebene Sein (*l'être donné*) «vernichtet» (*anéantit*). Der Ausdruck «Vernichtung» ist allerdings nicht ganz zutreffend, da die negative, verneinende Handlung ja gleichzeitig Neues schafft. «Das Gegebene verneinen, ohne in einem Nichts zu enden, heißt etwas hervorbringen, was bisher nicht existierte.»[9]

Aber indem der Mensch durch seine Handlungen das Gegebene umgestaltet, formt sich der Mensch auch selber. Er überschreitet sich als ein Gegebenes. Das führt dann zur Sartreschen Formel: Das negative Sein des Menschen besteht darin, «nicht das zu sein, was es ist, und das zu sein, was es nicht ist». Durch die Verwirklichung bestimmter Möglichkeiten geht er über das Gegebene, so wie es ist, hinaus und wird damit zu etwas anderem als dem, was er vorher gewesen war. Das bedeutet, daß das Ich in gewisser Weise sein eigenes Produkt ist: «Es wird (in der Zukunft) sein, was es durch die (gegenwärtige) Negierung dessen wurde, was es (in der Vergangenheit) gewesen ist.»[10]

Die von Kojève gezogene Konklusion bringt uns Sartre immer näher (und immer weiter von Hegel weg). Die neue Aufgabe ist die Ausarbeitung einer «dualistischen Ontologie»[11], die zwei verschiedene Grundformen des Seins gegenüberstellt – im Falle Kojèves einerseits das Sein, das durch Negativität (Freiheit) charakterisiert ist, andererseits das Sein, das sich durch einfache Identität auszeichnet (das Gegebene ist das, was es ist).

Das Verhältnis zur anderen Negativität

Die bisherige Beschreibung hat jedoch von einem entscheidenden Verhältnis abgesehen. Wie erwähnt, überschreitet der Mensch das Gegebene und sich selbst als ein Gegebenes. Aber eine eigentliche Überschreitung seiner selbst kann erst im Verhältnis zu einer anderen Freiheit geschehen. Sie ist nur dann möglich, wenn die Begierde nicht einem Gegebenen gilt, sondern einer anderen Negativität, einem anderen «Nichtsein», das heißt einer anderen Begierde.[12] Erst in diesem Verhältnis tritt der Mensch aus sich heraus und kann sich damit sich selbst zeigen. Erst in diesem Verhältnis zu einer anderen Negativität kann das Selbst-Bewußtsein entstehen: dadurch, daß der Mensch sich seiner selbst als Negativität oder Freiheit bewußt wird.

Was im Verhältnis zum anderen Menschen auf dem Spiel steht, ist folglich die Anerkennung. Die Begierde wird in dem Verhältnis zum anderen zu einer Begierde nach der Anerkennung als Freiheit seitens des anderen. Ein gegenseitiges Anerkennungsverhältnis ist aber nicht selbstverständlich. Soweit der Andere zunächst als Gegebenes betrachtet wird, muß er überschritten, muß seine Selbständigkeit verneint werden. Die gegenseitige Verneinung ist ein Kampf um die Beherrschung des je Anderen. Dieses ungleiche Verhältnis illustriert Hegel auf folgende Weise: Der eine Part des Verhältnisses ist der Herr (der Beherrschende), der andere der Knecht (der Beherrschte, der sich dem Andern unterwirft, um sein Leben zu retten). Wir wollen Hegels Beschreibung dieses Verhältnisses, das für Kojève das Kernstück der *Phänomenologie des Geistes* darstellt, etwas genauer betrachten.[13]

Das Verhältnis ist ungleich, weil der eine, der Herr, vom Anderen anerkannt wird, ohne selbst die Anerkennung zu erwidern. Der Herr wird als Selbstbewußtsein, Negativität, Freiheit akzeptiert – er ist *für sich*. Das zeigt sich darin, daß die Existenz des Anderen in der Arbeit für den Herrn besteht. Der Knecht bearbeitet die Dinge für den Herrn, die dieser braucht, um sie zu genießen. Die Macht des Herrn über den Knecht geht über die Dinge, indem der Knecht in der Arbeit mit den widerspenstigen Dingen an diese gebunden wird.

Der Herr wird vom Knecht anerkannt dadurch, daß der Herr ihn im Verhältnis zu sich selbst zu etwas Unwesentlichem macht. Dieses Selbstbewußtsein ist aber falsch, weil es auf einer faktischen Abhängigkeit vom Knecht beruht. Der Herr setzt die Arbeit des Knechts voraus, ja, er ist nur Herr durch den Knecht, insofern der Knecht ihn als Herrn anerkennt.

Hegel will aber nicht nur diesen Widerspruch zwischen der behaupteten Selbständigkeit des Herrn und der sie tragenden Abhängigkeit vom Knecht aufzeigen. Die Pointe ist noch schärfer.[14] Der Herr wird vom anderen anerkannt, weil er diesen ‹unter sich› hat, und der Andere macht sich umgekehrt zu dem, zu dem ihn der Herr bestimmt: zu einem Untertan. Der Herr wird vom Anderen anerkannt, ohne ihn selbst anzuerkennen; aber eine Anerkennung von jemandem, den wir nicht selber anerkennen, ist wertlos. Doch mit seiner Beherrschung des Anderen ist der Herr in eine Sackgasse geraten.[15] Er will vom Anderen anerkannt werden, als Selbstbewußtsein gesehen werden und damit sich selbst im Andern spiegeln; aber gerade das verhindert er.

Die ungleiche Beziehung erweist sich als kein wirkliches Anerkennungsverhältnis; denn ihr fehlt die Gegenseitigkeit, «weil, was geschehen soll, nur durch beide zu Stande kommen kann»[16]. Dies zeigt sich im

Grunde schon in der negativen Konsequenz des einseitigen Verhältnisses. Hegel zufolge verkehrt sich das Resultat der Handlung des Herrn in das Gegenteil des ursprünglich Beabsichtigten. Man kann hier von einem inneren Widerspruch in der Absicht des Herrn sprechen.

Diese Konsequenz zeigt, daß der Herr vom Knecht, der sein Selbstbewußtsein trägt, abhängt. Diese innere Abhängigkeit verschiebt die Perspektive vom Herrn auf den Knecht. Betrachten wir die andere Seite des einseitigen Verhältnisses, so zeigt sich, daß auch hier eine ‹Umkehrung› geschieht.

Der Knecht gibt den gegebenen Dingen Form, indem er sie bearbeitet. In Hegels knapper Formulierung heißt das: «Die negative Beziehung auf den Gegenstand wird zur *Form* desselben»[17]. Der Knecht macht die Dinge (z. B. dieses Stück Holz) zu etwas anderem (z. B. einem Tisch), er prägt sie ‹nach seinem Bild›, nach seiner Absicht oder Idee, durch die Ausführung eines Projekts, durch die Realisierung einer eigenen Möglichkeit also. Gerade die Trägheit der Dinge ermöglicht es, daß die menschliche Absicht, die sich in der Arbeit vermittelt, bewahrt werden kann. Damit tritt der Knecht aus sich heraus: Er «veräußerlicht» oder «objektiviert» sich durch die Arbeit. Das bedeutet aber, daß er hierin sich selbst erkennen kann. Er hat von Anfang an den Herrn, dem er gegenübersteht, als Selbstbewußtsein oder Freiheit anerkannt; jetzt kann er auch sich selbstbewußt erfahren. Indem er durch die Arbeit nach einem Ziel, das er sich setzt, die Dinge gestaltet, formt oder ‹bildet› er sich selbst. Er macht sich frei, indem er sein Leben selbst bestimmt.

Die ‹Umkehrung› besteht also darin, daß es erst hier eine wahre Selbständigkeit gibt. Die wirkliche Beherrschung ist nicht die des Herrn, sondern die, die der Knecht erlangt, indem er durch seine Arbeit den vorgegebenen Dingen Form gibt. Erst hier kann von einem eigentlichen Selbstbewußtsein die Rede sein. Im Formen der Dinge gerät der Mensch aus sich heraus, aber er kann sich gerade deshalb in seinem eigenen Werk wiederfinden. Das bedeutet, daß er durch «die Arbeit... zu sich selbst» kommt.[18] Er wird, mit anderen Worten, seiner selbst als ein ‹für sich› bewußt, als ein Wesen, das sich Ziele setzt und sich durch das, was es tut, zu sich selbst verhält. Durch die Arbeit wird eine Welt geformt, in der der Mensch zu Hause (‹bei sich selbst›) ist.

Wir sind damit bei dem für Kojève zentralen Punkt angelangt. Die Welt, in der der Mensch zu sich selbst gelangt, ist eine kulturelle, geschichtliche Welt[19], die durch das Handeln von Menschen gebildet wird, eine Welt, in der sich die Menschen umgekehrt selber bilden. Daraus ergibt sich die umfassende Bestimmung der menschlichen Existenz, nämlich ihre *Geschichtlichkeit*. Der Mensch ist das Resultat seines Tuns – insbesondere im Verhältnis zu anderen. Die Geschichte entspringt nach Kojève der Dialektik zwischen Herr und Knecht. Sie entsteht «aus dem Kampf (um Anerkennung) und der Arbeit». Der Mensch befreit sich durch Arbeit, die den Fortschritt in der Geschichte realisiert. Das bedeutet, daß die Geschichte die «Geschichte des arbeitenden Knechtes» ist.[20]

Damit liest Kojève Hegel scheinbar aus einer marxistischen Perspektive. Aber in Wirklichkeit verhält es sich umgekehrt: Die marxistische Tradition wird auf ihre verdrängte existentielle Grundlage zurückgeführt, auf die Begierde, die Negativität, die Dialektik der Anerkennung. Marx wird als eine Art ‹Randbemerkung› zu Hegel aufgefaßt[21] und von Hegel her aus einer existenzphilosophischen Sicht heraus gelesen. Kojève bemerkt beiläufig, daß die Beschreibung des Kampfes um Anerkennung zwar «marxistisch aussieht: aber Marx hat die Angst und den Tod unterdrückt (*supprimé*)»[22]. Bezeichnenderweise wiederholt Kojève nicht die traditionelle marxistische Kritik. Hegel kenne und anerkenne nur die «abstrakte geistige Arbeit»[23]. Wie wir gesehen haben, ist die Arbeit, von der Hegel spricht, mit den Worten Gadamers gerade «die materielle Arbeit, und die Erfahrung, die das Bewußtsein hier macht, ist die von der Geistigkeit aller Handarbeit»[24]. Der *Geist* bei Hegel bezeichnet das, welches die einzelnen Freiheiten verbindet, also das, was sich zwischen diesen bildet. Das führt uns zu einem weiteren entscheidenden Punkt: Kojève will Hegel korrigieren und mit ihm die dominierende marxistische Tradition, indem er Hegel selbst gegen Hegel ausspielt.

Die Frage der Dialektik

Nach Kojève ist nur die menschliche Wirklichkeit (*la réalité humaine*), also die soziale und geschichtliche Welt, dialektisch, nicht aber die Natur an sich.[25] Erst in der menschlichen Wirklichkeit gibt es eine Überschreitung, eine Negation des Gegebenen im eigentlichen Sinn, und eine Beziehung zu einer anderen Negativität, die über meine Perspektive hinausgeht. Hier kann von einem Handeln zwischen verschiedenen Freiheiten, einem «gedoppelten Tun» (Hegel) oder einer «Interaktion» (Kojève), gesprochen werden.[26] Diese Interaktion wird in dem Anerkennungsverhältnis entfaltet, das eine Selbstbeziehung durch die Beziehung zum Anderen (zum anderen Selbst) darstellt. Die Selbstbeziehung ist durch ihren Status zum Gegebenen (Natur) und zum Anderen vermittelt. Sie gehören zusammen, weil die Beziehung zwischen den verschiedenen Freiheiten durch die Dinge geht. In der *Phänomenologie des Geistes* zeigt Hegel, daß das individuelle Selbstbewußtsein nichts Punktuelles ist (wie bei Descartes), sondern im Gegenteil mit dem Selbstbewußtsein anderer einen Zusammenhang bildet, oder genauer: daß sich zwischen den verschiedenen Selbstbewußtseinen oder Freiheiten eine Welt bildet.

Die Begründung dafür, daß Dialektik allein der menschlichen Wirklichkeit zugeschrieben werden kann, liegt in der Charakteristik der menschlichen Existenz als Negativität, die erst in Beziehung auf andere Negativität verwirklicht wird. Das Anerkennungsverhältnis ist folglich das eigentlich dialektische Verhältnis. Die Dialektik dreht sich um den Zusammenhang zwischen ‹dem Selben› (Selbst, Identität) und ‹dem Anderen› (der Andere, der Unterschied). Das ihr zugehörige Feld ist daher die Geschichte, in der sich die Auseinandersetzung zwischen den verschiedenen Freiheiten (Interaktion) abspielt.

Die Beziehung zum Anderen wird also als dialektische verstanden. In reiner Form, ohne Ungleichheiten oder Asymmetrien, ist diese durch folgende Doppelbewegung charakterisiert.[27] Erstens komme ich durch den Anderen, dem ich gegenüberstehe, aus mir heraus, indem ich mich, im Verhältnis zu ihm, als ein Anderer erweise. Zweitens ist das, was ich in dem Anderen sehe, ich selbst, das heißt, die ‹Andersheit› wird durch eine Zuneigung aufgehoben. Das Dialektische besteht in dieser Doppelbewegung: durch den Anderen aus sich selbst herauskommen und aus dem Anderen heraus auf sich selbst zurückkommen. Entscheidend ist, daß diese Doppelbewegung ein gegenseitiges Handeln, also Anerkennung wird.

Mit der Bestimmung der Existenzphilosophie als Gesellschafts- und Geschichtsphilosophie und mit der Eingrenzung der Dialektik liefert Kojève die Basis für das Projekt, das Sartre in *Critique de la raison dialectique* verfolgt. Im Gegensatz zu Sartre behauptet er, daß nur die Wirklichkeit (die Geschichte) dialektisch verfaßt ist – nicht jedoch die Methode. Die Methode, von der bei Hegel die Rede ist, ist nach der Auffassung Kojèves eine phänomenologische im Sinne Husserls und Heideggers, eine beschreibende Methode also. *Phänomenologie des Geistes* ist «eine *phänomenologische* Beschreibung der menschlichen Existenz. Das heißt, die menschliche Existenz wird hier so beschrieben, wie sie erscheint oder sich dem, der sie lebt, zeigt»[28]. Mit dieser Interpretation wurde Hegels Phänomenologie ohne weiteres in die moderne phänomenologische Bewegung integriert, die im Begriff war, sich von Deutschland nach Frankreich zu verlagern.

Texte

Hegel, G. W. F.: Phänomenologie des Geistes (1807). Hamburg 1952 (= *PhG*).
Hyppolite, Jean: Genèse et structure de la Phénoménologie de l'esprit de Hegel. Paris 1946 (= *GS*).
–: Logique et existence. Paris 1952 (= *LE*).
–: Figures de la pensée philosophique I–II. Paris 1971.
Kojève, Alexandre: Introduction à la lecture de Hegel. Paris 1947 (= *Intr.*); dt. (nur auszugsweise) Hegel. Kommentar zur Phänomenologie des Geistes. Frankfurt/M. 1975 (= *H*).
Koyré, Alexandre: Rapport sur l'état des études hégéliennes en France (1930). In: Etudes d'histoire de la pensée philosophique. Paris 1961 (darin auch der zentrale Aufsatz: Hegel à Jéna, 1934).

Literatur

Affret, D.: Alexandre Kojève. Le philosophie, l'état, la fin de l'histoire. Paris 1990.
Descombes, Vincent: Das Selbe und das Andere. Frankfurt/M. 1981, S. 17–60.
Deucalion, 5. Etudes hégéliennes. Neuchâtel 1955 (darin ein Aufsatz von Jean Wahl zu Kojèves Hegel-Deutung).
Fulda, H. F./Henrich, D. (Hg.): Materialien zu Hegels «Phänomenologie des Geistes». Frankfurt/M. 1973.

Anmerkungen

1 Koyré, Etudes, S. 228.
2 Merleau-Ponty: Sens et non-sens. Paris 1948, S. 125.
3 Mounier: Œuvres III, S. 435 (1939).
4 Vgl. z. B. M. Poster: Existential Marxism in Postwar France. Princeton 1975, S. 8f, 145, sowie «Vorwort» in: Fulda/Henrich (Hg.): Materialien, S. 26.
5 Hyppolite, *GS*.
6 Kojève, *Intr.*, S. 265.
7 Kojève, vgl. z. B. *Intr.*, S. 52, 64f, 166ff, 494f; *H*, S. 54ff, 185f.
8 Kojève, *Intr.*, S. 483.

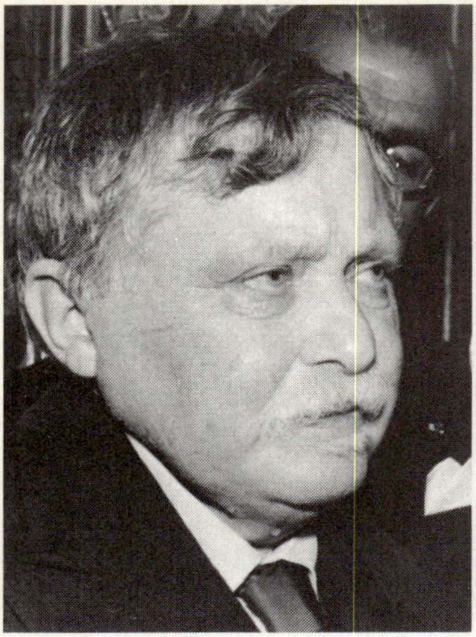

Gabriel Marcel (1889–1973)
(Quelle: Die blaue Mappe)

Alexandre Kojève (1902–1968)
(Quelle: Die blaue Mappe)

Henri Bergson (1859–1941) (Quelle: Die blaue Mappe)

Jean-Paul Sartre (1905–1980), zusammen mit Simone de Beauvoir (Quelle: Die blaue Mappe)

Sartre im Justizpalast am 20. 10. 1970 (Quelle: Die blaue Mappe)

Raymond Aron, Fernand Alquié, Jean Wahl und Maurice Merleau-Ponty bei der Verleihung des «Prix International Diogène» am 7. März 1957 (Quelle: Die blaue Mappe)

Claude Lévi-Strauss (geb. 1908) (Quelle: Die blaue Mappe)

Albert Camus (1913–1960) (Quelle: Süddeutscher Verlag)

Paul Ricœr (geb. 1913), zusammen mit Roman Ingarden (Quelle: Die blaue Mappe)

Louis Althusser (1908–1990) (Quelle: Die blaue Mappe)

Jacques Lacan (1901–1981) (Quelle: Politikens Forlag)

Michel Foucault (1926–1984), 1968 (Quelle: Ullstein – Camera Press Ltd.)

9 Kojève, *Intr.*, S. 494.
10 Kojève, *Intr.*, S. 12, *H*, S. 22; vgl. auch *Intr.*, S. 474, Hyppolite, *LE*, S. 240.
11 Kojève, *Intr.*, S. 487 Anm.
12 Kojève, *Intr.*, S. 168 f.
13 Hegel, *PhG*, S. 141–150.
14 Vgl. Gadamer: Hegels Dialektik des Selbstbewußtseins. In: Fulda/Henrich (Hg.): Materialien, S. 233 f.
15 Kojève, *Intr.*, S. 25, 54, 55.
16 Hegel, *PhG*, S. 142; vgl. auch S. 147.
17 Hegel, *PhG*, S. 149.
18 Hegel, *PhG*, S. 148.
19 Kojève, *Intr.*, S. 31.
20 Kojève, *Intr.*, S. 26; vgl. auch S. 16, 55, 167.
21 Fulda/Henrich (Hg.): «Vorwort». In: Materialien, S. 25.
22 Kojève, *Intr.*, S. 116.
23 Marx/Engels: Werke, Erg. Bd. 1. Berlin 1968, S. 574.
24 Gadamer; «Hegels Dialektik des Selbstbewußtseins». In: Fulda/Henrich (Hg.): Materialien, S. 240.
25 Kojève, *Intr.*, S. 474 Anm., 485–487 Anm.
26 Hegel, *PhG*, S. 144; vgl. auch S. 142; Kojève, *Intr.*, S. 51, 172.
27 Hegel, *PhG*, S. 141–143.
28 Kojève, *Intr.*, S. 576; vgl. auch S. 38 f, 57, 447 ff.

Arne Grøn

Jean-Paul Sartre: Freiheit und Situation

Existentialismus

Der Aufbruch in der französischen Philosophie zeigt sich besonders deutlich in Sartres erstem Hauptwerk *L'être et le néant* (dt. Das Sein und das Nichts, 1962), das 1943 erschien. Einige wichtige Merkmale dieses Aufbruchs sind: die Hegel-Renaissance, das Interesse für die deutsche Phänomenologie (Husserl, Heidegger, Scheler) und für die Existenzphilosophie generell (besonders Jaspers und Kierkegaard), die philosophische Reflexion über das Engagement.

Sartre vermochte es in einzigartiger Weise, die Philosophie zu einer öffentlichen Angelegenheit zu erklären. Seine Breitenwirkung beruht freilich ebenso auf seinen Romanen und Stücken wie auf seinem politischen Engagement. Jean-Paul Sartre wurde 1905 in Paris geboren; sein Vater, ein Marineoffizier, starb bereits ein Jahr später. Sein Großvater, Charles Schweitzer, der Onkel Albert Schweitzers, nahm ihn auf. Als sich Sartres Mutter 1917 wieder verheiratete, zog er mit ihr nach La Rochelle zu seinem Stiefvater, einem Marineingenieur. 1919 wurde er dann wieder nach Paris zurückgeschickt. Über seine Familie und seine Kindheit handelt sein Buch *Les Mots* («Die Wörter») (1964). Hier erzählt er, wie «ein Mensch zum Schreiben, zum Sprechen über das Imaginäre kommt»[1] und wie der Entschluß zum Schreiben gereift ist. Ab 1924 studierte Sartre an der Elite-Universität École normale Supérieure in Paris. Hier traf er 1929 Simone de Beauvoir, mit der er fortan zusammenlebte.

1931 wurde Sartre Gymnasiallehrer für Philosophie in Le Havre. Doch Raymond Aron konnte ihn überreden, nach Deutschland zu gehen, um dort Phänomenologie zu studieren. Simone de Beauvoir erzählt hierüber in ihren Erinnerungen: Aron war nach einem Aufenthalt in Berlin, wo er Husserl gelesen hatte, wieder nach Paris zurückgekehrt. Sartre, Aron und Beauvoir verbrachten einen Abend miteinander in einer Gaststätte. Aron wies auf sein Glas und sagte zu Sartre: «‹Wenn du Phänomenologe bist, kannst du über diesen Cocktail reden, und es ist Philosophie!› Sartre erbleichte vor Erregung; das war genau, was er sich seit Jahren wünschte: man redet über den nächstbesten Gegenstand, und es ist Philosophie. Aron überzeugte ihn, daß die Phänomenologie genau diese Forderung erfülle: Überwindung von Idealismus und Realismus, Bejahung der Souveränität des Bewußtseins und der Präsenz der Welt, wie sie uns gegenwärtig ist.»[2] Sartre kaufte sofort Emmanuel Levinas' Buch über Husserl aus dem Jahre 1930.[3] Von November 1933 bis Juli 1934 hielt er sich als Stipendiat in Berlin auf, wo er neben Husserl auch Scheler, Heidegger und Jaspers las[4] (obwohl sein Interesse an und Verständnis für Heidegger erst zu einem späteren Zeitpunkt erwachte).

Nach einer Unterrichtszeit in der Provinz kehrte Sartre 1937 als Gymnasiallehrer nach Paris zurück. 1936 erschien sein erstes Buch *L'imagination* (dt. Über die Einbildungskraft). Sein literarischer Durchbruch erfolgte 1938 mit dem Roman *La nausée* (dt. Der Ekel), der wegen seiner Beschreibung des Welterlebens als zufällig und absurd Berühmtheit erlangte.

Im September 1939 wurde Sartre in den Kriegsdienst einberufen. Im Juni 1940 geriet er in deutsche Kriegsgefangenschaft, wurde aber im April 1941 wieder freigelassen. Gleichzeitig mit der Wiederaufnahme seiner Arbeit als Gymnasiallehrer in Paris nahm er – u. a. zusammen mit Camus und Merleau-Ponty – an der Widerstandsbewegung teil und setzte seine literarische Tätigkeit verstärkt fort. 1943, im gleichen Jahr, in dem *L'être et le néant* erschien, wurde Sartres erstes Schauspiel, *Les mouches* (dt. Die Fliegen), aufgeführt. Gerade im Widerstand gegen die Unterdrückung der Freiheit kann diese ihre Wirklichkeit aufzeigen. Daß sich die Freiheit in der Herausforderung am deutlichsten zeigt, hat Sartre in einer zugespitzten Beschreibung der Besetzungszeit folgendermaßen ausgedrückt:

«Nie sind wir freier gewesen als unter der deutschen Besetzung. Wir hatten alle unsere Rechte verloren, insbesondere das Recht zu reden: man hat uns tagtäglich ins Gesicht gespottet und wir mußten schweigen: man deportierte uns massenweise, als Arbeiter, als Juden, als politische Gefangene: überall, an den Wänden, in den Zeitungen, auf der Leinwand trafen wir das abscheuliche und schlappe Gesicht, das uns unsere Unterdrücker von uns selbst geben wollten: wegen all dem waren wir frei. Weil das Nazigift unser ganzes Denken infiltrierte, wurde jeder richtige Gedanke zu einer Eroberung: weil eine allmächtige Polizei uns zum

Schweigen zu zwingen versuchte, wurde jedes Wort kostbar wie eine Prinzipienerklärung: weil wir verfolgt wurden, bekam jede unserer Bewegungen das Gewicht eines Engagements.»[5]

Dieses Zitat führt uns zu der zentralen Problematik in *L'être et le néant*: Freiheit und Situation. Dieses Werk ist, wie Sartre selber erklärt, die Frucht seiner Forschung seit Anfang der 30er Jahre, die jedoch erst unter der Besetzung ausreifte.

Zur Zeit der Befreiung im Sommer 1944 war der Existentialismus zu einem Schlagwort geworden; alle sprachen von ‹den Existentialisten›. Sartre selbst hatte in *L'être et le néant* diese Bezeichnung nicht gebraucht, nahm sie aber in der Schrift *L'existentialisme est un humanisme* (dt. Ist der Existentialismus ein Humanismus?) von 1946 auf, wo er sich teils gegen marxistische, teils gegen katholische Angriffe auf den ‹Existentialismus› verteidigte. Aber gerade diese Apologie trug dazu bei, den Existentialismus als Modeströmung zu etablieren: Man fühlte sich angesprochen von der demonstrativen Haltung Sartres, die die Angst als Grundbedingung des Menschen und die totale Verantwortlichkeit für seine Existenz herausstellte.

Das Sein und das Nichts: das Sein des Menschen

Was verbirgt sich genauer hinter dem Titel *L'être et le néant*? Sartre leitet mit der Frage ein, was es heißt zu «sein», also einer ontologischen Frage, die im Untertitel angegeben wird: *Essai d'ontologie phénoménologique* («Versuch einer phänomenologischen Ontologie»). Der erste Teil des Titels – *Sein* – folgt so der Frage, die Sartre mit dem Werk aufnimmt. Aber warum fügt er *das Nichts* hinzu?

Sartre beginnt mit der Frage nach dem Sein, geht aber sofort einen Schritt zurück: Um dies zu klären, müssen wir unseren Ausgangspunkt im Menschen als einem bewußten Subjekt nehmen, also in der Seinsweise des Menschen. Denn nur der Mensch als Bewußtsein überhaupt kann die Frage nach dem Sein stellen. Aber damit hat sich die Problemstellung von der bloßen Frage nach dem Sein zur Frage nach der Beziehung zwischen dem Bewußtsein (dem Sein des Menschen) und dem Sein schlechthin verschoben. Im Grunde weicht jedoch Sartre in *L'être et le néant* von der Frage nach dieser Beziehung sehr bald ab. Der Grund liegt im inneren Widerstreit des Werks selbst und ergibt sich durch Sartres Charakteristik des Seins. Das Sein ist – so sagt er –, was es ist, in dem Sinn, daß es ohne Abwesenheit, ohne Mangel, also ohne Nicht-Sein ist. Diese Seinsform ist das Sein des Dings oder Objekts. Ein Ding ist lediglich das, was es ist, weil es außerstande ist, sich zu etwas anderem in Beziehung zu setzen. Sartre sagt dafür, daß es an sich (*en soi*) ist.[6] Dazu ein Beispiel: Ein Stein, den ich anschaue, liegt bloß vor mir: Daß er ein Stein in dieser Mauer ist, die sich in dieser Straße befindet, daß sich auf der anderen Seite der Mauer Bäume befinden, die Schatten auf ihn werfen, all das geht den Stein an sich überhaupt nichts an. Auf dem Hintergrund dieses Begriffs vom Ansichsein (*l'être-en-soi*) bestimmt Sartre nun die Seinsweise des Menschen. Sein Vorhaben in *L'être et le néant* ist daher primär eine Charakteristik der Seinsweise des Menschen im Gegensatz zum Ansichsein. Aber damit wird die Frage nach der Beziehung zwischen dem menschlichen Sein und dem Sein generell, die Sartre zu stellen behauptet, unterminiert. Die Seinsweise des Menschen wird dargestellt als ein von dem Ansichsein radikal Verschiedenes und davon Isoliertes. Diese Hervorhebung des Menschen rechtfertigt die Behauptung, Sartres Ontologie sei in Wirklichkeit lediglich eine Anthropologie (Lehre vom Menschen).

Sartres Interesse in *L'être et néant* ist also primär die Bestimmung der Seinsweise des Menschen. Wie wird diese charakterisiert? – Die Antwort ergibt sich auf dem Hintergrund der Bestimmung des Ansichseins der Dinge. Als den grundlegenden Zug der Seinsweise des Menschen hebt Sartre hervor, daß der Mensch durch das «Imaginäre» lebt, also durch etwas, das nicht ist. Er lebt in einer ewigen Sehnsucht; er entwirft immer von neuem verschiedene Projekte für seine Zukunft; er lebt in einer Erwartung von etwas, in einer Beziehung zu seiner Vergangenheit usw. Diese Phänomene zeichnen sich durch ihre Negativität aus. Sie sind nicht bloß ein Gegebenes oder Positives, sondern im Gegenteil von einer Abwesenheit geprägt: Der Mensch, nach dem ich mich sehne, ist (noch) nicht hier; die Reise, auf die ich mich freue, liegt in der Zukunft usw. Um dies an einem der berühmten Beispiele Sartres, dem abwesenden Pierre, zu verdeutlichen:

Ich habe mich mit Pierre um vier Uhr verabredet, komme aber eine Viertelstunde zu spät. Pierre ist immer pünktlich: Hat er auf mich gewartet? Ich schau ins Café, seh mir die Gäste an und sage zu mir selbst: ‹Er ist nicht da.› Aber das Café mit seinen Gästen, Tischen, Stühlen, Spiegeln, Lichtern, seiner verrauchten Atmosphäre, den Stimmen ist an sich von keiner Abwesenheit geprägt; es ist im Gegenteil ‹voller Sein›. Aber sobald ich in das Café eintrete, um Pierre zu suchen, ordnen sich die Dinge: Sie bilden einen Hintergrund, auf dem sich Pierre zeigen sollte. In meiner Wahrnehmung des Lokals bildet sich auf einem Hintergrund eine Form (Gestalt), je nach Richtung meiner Aufmerksamkeit. Ich hafte nicht an den einzelnen Dingen im Lokal, sondern gehe sozusagen über sie hinweg, um zu sehen, ob Pierre da ist. Sie verschwinden hinter der Gestalt, nach der ich suche, nämlich Pierre. Diese Ordnung (*organisation synthétique*) des Cafés in einer Ganzheit, die den Hintergrund für Pierres Erscheinung bildet, ist eine erste Nichtung (*néantisation*): Die Dinge verschwinden allmählich im Hintergrund, ich gehe über sie hinaus, indem ich nach einem Anderen suche. Ich betrachte die verschiedenen Gesichter, vielleicht halte ich einen Augenblick ein (‹Ist das Pierre?›), gehe aber schnell weiter, weil es eben nicht Pierres Gesicht war. Wenn ich schließlich Pierre entdecke, ordnet sich das ganze Lokal um ihn herum. Aber Pierre ist eben nicht da. Dies ist die andere Nichtung: Pierre erweist sich als abwesend auf dem Hintergrund der ersten Nichtung, durch die das Café hinter meiner Aufmerksamkeit verschwindet. Pierres Abwesenheit setzt also ein Verhältnis meinerseits zum Café voraus, nämlich die erste Nichtung.[7]

Dieses Beispiel zeigt (nach Sartre), daß sich das Nichtsein (die Abwesenheit) immer innerhalb einer menschlichen Erwartung (*attente humaine*) zeigt.[8] An sich ist das Café ohne Abwesenheit; diese zeigt sich erst im Zusammenhang meines Suchens nach Pierre. Sartre drückt dies noch schärfer mit der folgenden These aus: Das Nichts kommt in das Sein durch das Sein des Menschen.[9]

Um diese These zu erhellen, können wir ein anderes Beispiel heranziehen. Indem ich mich zum Beispiel entschließe, Maler zu werden, werden meine Schritte zur Verwirklichung dieses Ziels von etwas bestimmt, was ich noch nicht bin. Mit meiner Wahl sagte ich Nein zu dem Dasein, das ich bisher geführt habe. Ich mache das, was ich bin, zur Vergangenheit, zu einem «Nichts». Ich kann also über das Gegebene hinausgehen: Ich bin, indem ich ein für mich Mögliches entwerfe.

Dies bedeutet, daß der Mensch nicht an eine gegebene Entwicklung gebunden ist. Seine Handlungen folgen nicht aus dem vorhergehenden Zustand, so wie etwa ein Zustand in einem Naturprozeß aus dem vorhergehenden folgt. Im Gegenteil, der Mensch kann durch eine Verneinung über die gegebenen Umstände hinausgehen: Er kann von gesetzten Zielen her sich weigern, das Gegebene oder Faktische anzuerkennen. Mit der

Seinsweise des Menschen wird, wie Sartre es ausdrückt, inmitten dessen, was ist, ein Nichts eingeführt. Aber das kann nur so geschehen, daß der Mensch in seiner Seinsweise bereits «sein eigenes Nichts» ist, indem er das, was er faktisch selber ist, zur Vergangenheit macht, also zu einem nicht mehr länger Seienden. Das bedeutet, daß sich der Mensch in seinem Sein zu sich selbst verhält: Er ist – sagt Sartre – für sich (*pour soi*). Oder, mit anderen Worten, er hat die Seinsweise des *Bewußtseins*. Daß das Sein des Menschen Bewußtsein ist, heißt, daß es ein Sein im Abstand zu dem Gegebenen ist. Als Bewußtsein reißt sich der Mensch von dem Seienden los: Um Bewußtsein sein zu können, muß er über das Seiende hinausgehen können. Sartre drückt dies in Anlehnung an Heidegger so aus, daß das Sein des Menschen als Transzendenz charakterisiert werden kann. Transzendenz bedeutet bei Sartre Überschreitung des Gegebenen (des Faktischen, des Bestehenden) auf das Mögliche hin. Die ursprüngliche Verbindung zwischen dem Sein (Fürsichsein) des Menschen und dem Ansichsein ist die Nichtung als Nichtung des Seins (*néantisation d'être*).[10]

Damit dürften wir besser verstehen, was mit dem Titel *L'être et le néant* eigentlich gemeint ist. Sartre hat die menschliche Seinsweise im Gegensatz zum Ansichsein bestimmt: Das Sein des Menschen ist das Sein, durch das ein Nichts, eine Abwesenheit, ein Mangel in die Welt kommt.

Es mag sonderbar klingen, daß es Mangel nur in der Welt des Menschen geben könne. Wir sagen ja auch von anderem, nicht nur vom Menschen, daß ihm etwas fehlt. Zum Beispiel kann man sagen, daß dem zunehmenden Mond so und so viel fehlt, um ‹voll› zu sein. Aber diese Aussage stützt sich auf ein Bild des Mondes als Vollmond. Mit diesem Entwurf aber überschreite ich das Gegebene (den Mond, den ich sehe) auf eine Totalität hin (den Vollmond), von der her ich auf das Gegebene zurückgehe und es als ein Mangelhaftes, etwa einen Halbmond, bestimme. Als solches ist das Gegebene bloß das, was es ist, ohne Beziehung zu einem anderen. Nur durch eine Überschreitung des Gegebenen auf eine Totalität hin, die noch nicht ist, kann sich der Mangel zeigen. Diese Überschreitung ist jedoch nur für den Menschen möglich. Der Mangel kann sich nur in einer Welt zeigen, die durch menschliche Transzendenz bestimmt ist.[11]

Damit haben wir erneut eine Bestimmung der Seinsweise des Menschen erlangt. Der Mangel erscheint durch den Menschen in der Welt (*la réalité humaine*), weil das Sein des Menschen selbst defizitär ist. Nur wem in seinem Sein etwas mangelt, kann das Sein überschreiten und die Defizite erkennen. Daß der Mensch seinem Sein nach ein Mangel ist, bedeutet, daß er nicht zuerst existiert und ihm dann dieses oder jenes fehlen kann; er existiert vielmehr bereits als Mangel.[12] Dieser kommt ihm nicht als eine Bestimmung von außen her zu, wie das im Beispiel mit dem Mond der Fall war. Das Sein des Menschen ist im Gegenteil selbst ein Mangel an Sein (*défaut d'être, manque d'être*). Sartre faßt dies in seiner Vorliebe für paradoxe Formulierungen in der These zusammen: Der Mensch ist nicht das, was er ist, und ist das, was er nicht ist.[13]

Während das Sein lediglich das ist, was es ist, stellt für den Menschen sein Sein ein Problem dar, weil er ‹zu sein hat›, was er ist.[14] Das Faktische, das ich bin, überschreite ich, indem ich mir Ziele setze wie: eine andere Arbeit suchen, woanders wohnen, mich von einer Beziehung zu einem anderen Menschen lösen. Ich befinde mich folglich im Abstand zu mir selbst, zum Vorliegenden, welches ich selbst bin: ein Mensch mit dieser bestimmten Arbeit usw. Ich bin nicht nur das, was ich bin, sondern verhalte mich zu mir auf irgendeine Weise. Umgekehrt lebe ich mit verschiedenen, mir zugehörigen Möglichkeiten: Zu meiner Existenz gehört dieses Mögliche, welches ich – noch – nicht bin. Indem ich in dem Entwurf meiner Möglichkeiten über das Faktische, das ich bin, hinausgehe, falle ich nie ganz mit mir selbst zusammen. Der Mensch ist nie ganz das, was er ist, sondern im Gegenteil geprägt von einem ständigen Mangel an Sein und damit von einer ständigen unbefriedigten Sehnsucht (*désir*) nach dem Sein.

Da der Mensch nicht nur das ist, was er ist, ist sein Sein ein mögliches Sein: Es ist nicht immer schon entschieden, sondern es entscheidet sich selbst durch seine Handlungen. Der Mensch wählt sich selbst, und zwar radikal: Er macht sich zu dem, was er ist, er schafft sich selbst.

Wir stehen jetzt vor verschiedenen Bestimmungen des Seins des Menschen: Er ist Bewußtsein, Für-sich, Negativität, Nichtung, Transzendenz, Mangel an Sein, mögliches Sein. Alle zielen auf dasselbe ab: die Bestimmung des menschlichen Seins als *Freiheit*. Die Freiheit ist keine Eigenschaft neben anderen; der Mensch ist nicht erst, um dann – als Beigabe zu seiner Existenz – frei zu sein. Zwischen dem Sein des Menschen und dessen «Frei-Sein» gibt es keinen Unterschied.[15] In seinem Sein als solchem ist schon Freiheit. «Frei zu sein ist zum Frei-Sein verdammt zu sein»[16]. Der Mensch kann sich nicht gegen seine Freiheit entscheiden, ohne sie zugleich vorauszusetzen; seine Freiheit aufgeben wäre selbst schon ein Ausdruck der Freiheit.

Transzendenz und Faktizität: die Situation

Das Sein des Menschen ist Freiheit. Doch ist das Sein des Menschen lediglich Überschreitung des Gegebenen, also Transzendenz? Besteht das Verhältnis zwischem dem Faktischen und der Freiheit allein darin, daß die Freiheit als Nichtung das Gegebene transzendiert? In diesem Fall würde die Freiheit in der Luft schweben. Freiheit aber soll verwirklicht werden, und sie kann sich nur als solche erweisen, wenn ihr Widerstand entgegengesetzt wird. Der Mensch kann nur frei sein, wenn er an einer Welt, die ihm Widerstand leistet, teilhat und sich engagiert.[17] Der Unterschied zwischen bloß vorgestellter und verwirklichter Freiheit zeigt sich nur in Beziehung auf das Sein, das die Freiheit überschreitet.

Die Freiheit setzt also selbst das Faktische oder Gegebene voraus, mehr noch: «Wir sind zur Freiheit verurteilt.»[18] Dieser berühmte Satz aus *L'être et néant* bedeutet, daß wir nicht selbst gewählt haben, frei zu sein, sondern daß die Freiheit als solche gegeben ist. Sartre nennt das die Faktizität der Freiheit.

Wir haben damit die zwei Wesensmerkmale der menschlichen Existenz herausgearbeitet: Transzendenz und Faktizität.[19] Wir haben weiterhin gesehen, daß beide bei der Verwirklichung von Freiheit zusammengehören. Hier zeigt sich die zentrale Bedeutung des Sartreschen Begriffs der *Situation*. Ein Beispiel: Ich träume, nach Paris zu ziehen. In bezug auf diesen Traum wäre es absurd und entmutigend, wenn ich in einem Provinznest hängenbliebe. Es zeigt sich, daß der Ort, an dem ich faktisch lebe, seine Bedeutung erst von den Zielen her erlangt, die ich mir setze. Der Ort erweist sich als ein Hindernis oder als eine Möglichkeit, je nach den Zielen, die ich mir setze. Im Beispiel: Zu dem Ort, an dem ich lebe, habe ich nur Zugang mittels der Projektionen, Zielsetzungen, Wünsche usw., die als solche über das Faktische hinausgehen. Durch diese Überschreitung oder Transzendenz erhalte ich Distanz zum Faktischen, wodurch mir erst dessen Bedeutung klar wird. Faktizität kann nur durch Freiheit begriffen werden.[20] Umgekehrt steht Freiheit im Verhältnis zum Faktischen und setzt dieses voraus.[21]

Nach Sartre sind also Freiheit und Faktizität in der Situation unlöslich verbunden. Denn ohne Faktizität gäbe es keine Freiheit, und ohne Freiheit könnte die Faktizität nicht entdeckt werden, ja, sie hätte überhaupt keinen Sinn.[22] Dies ist das Paradox der Freiheit: «Es gibt Freiheit nur in *Situation*, und es gibt Situation nur durch Freiheit.»[23]

Diese Einsicht in die Dialektik von Freiheit und Situation steht auch hinter Sartres Auffassung vom Drama. In dem programmatischen Artikel *Pour un théâtre de situations* (1947; dt. Für ein Situationstheater) schreibt er:

«Wenn es wahr ist, daß der Mensch in einer gegebenen Situation frei ist und daß er sich in und durch diese Situation selbst wählt, muß man im Theater einfache und menschliche Situationen und freie Personen zeigen, die sich in diesen Situationen wählen.»[24]

Unredlichkeit

Das Zusammenspiel von Faktizität und Transzendenz ermöglicht es uns, unredlich zu sein in dem Sinn, daß wir nicht sind, was wir sind. Wir sind nicht einfach das, was wir sind, wie beispielsweise dieser Tisch ein Tisch ist. Wir können die Verneinung oder Nichtung auf uns selbst richten. Das tun wir immer schon, wenn wir einen Teil von uns als Vergangenheit hinter uns lassen. Aber wir können auch auf andere Weise die Nichtung auf uns selbst richten; so bekräftigen wir in der Ironie etwas, das wir gleichzeitig verneinen.[25] Ein anderes, für Sartre wichtigeres Beispiel ist, was er *mauvaise foi* (falschen Glauben, Unredlichkeit, Selbsttäuschung) nennt. In dieser Haltung ist die Selbst-Verneinung komplexer.

Wir können von Sartres eigenem Beispiel einer *mauvaise foi* ausgehen:

«Betrachten wir diesen Kaffeehauskellner. Er hat rasche und sichere Bewegungen, ein wenig allzu bestimmte und ein wenig allzu schnelle, er kommt ein wenig zu rasch auf die Gäste zu, er verbeugt sich mit ein wenig zuviel Beflissenheit, seine Stimme und seine Blicke drücken eine Interessiertheit aus, die ein wenig zu sehr von Besorgnis um die Bestellung des Kunden in Anspruch genommen ist; dort kommt er zurück und versucht durch seine Art, zu gehen, die unbeugsame Härte irgendeines Automaten nachzumachen, während er gleichzeitig sein Tablett mit einer Art Seiltänzerkühnheit trägt...»[26]

Er spielt, aber was? Er möchte ein Kellner *sein*, oder er spielt, *um* ein Kellner zu sein. Er kann nicht auf gleiche unmittelbare Weise Kellner sein, wie dieses Glas vor mir ein Glas ist. Er stellt sich vor, Kellner zu sein, und ist gerade deswegen davon entfernt: Er ist es nicht einfach, sondern er muß sich selbst spielen. Er ist das, was er ist, auf eine solche Weise, daß er es dennoch nicht ist.

Das Problematische an Sartres Begriff der *mauvaise foi* ist u. a., daß er nicht bloß das Rollenspiel umfaßt, sondern eine eigentliche Selbsttäuschung bezeichnet. Unwahrhaftig sein bedeutet, sich selbst zu belügen.[27] Sartre scheint zu behaupten, daß wir dieser Selbsttäuschung darum verfallen, weil wir immer schon – aufgrund unserer Seinsweise – von uns selbst getrennt sind. Aber wenn die Unwahrhaftigkeit allein schon mit unserer Seinsweise gegeben ist, wird Aufrichtigkeit zu einer unmöglichen Aufgabe.[28] Aufrichtig zu sein bedeutet, das zu sein, was man ist; aber der Mensch kann nie bloß das sein, was er ist.

Der Blick: ‹der Andere›

Die Beziehung zwischen Transzendenz und Faktizität wird durch die Frage nach dem Anderen (*autrui*) noch komplizierter. Zur Faktizität gehört die Existenz des anderen Menschen. Dieser ist jedoch kein Objekt unter anderen, sondern ein ‹privilegiertes› Objekt. Ein Beispiel: Ich sitze in einem Park, vor mir ist eine Wiese, längs der Wiese stehen Stühle, im Hintergrund sind Bäume; diese Dinge ordnen sich um mich in meiner Perspektive. Dann spaziert jemand die Wiese entlang. Ich sehe ihn, nehme ihn zwar als Objekt wahr, aber auch als einen Menschen.[29] Dieser Mensch steht selbst in einer Beziehung zu den Dingen, die ich sehe; er kann beispielsweise die Wiese betreten, obwohl das verboten ist, einen Stuhl nehmen und sich an den Wiesenrand setzen. Ich erfahre plötzlich, daß sich die Dinge um etwas anderes herum ordnen, daß es ein anderes Zentrum gibt als mich selbst. Sartre geht noch einen entscheidenden Schritt weiter.

Ich habe eben eine unschickliche Bewegung gemacht; diese Bewegung haftet an mir, ich nehme keinen Abstand von ihr. Doch dann bemerke ich, daß ich beobachtet worden bin. Mit einem Mal werde ich mir der Unschicklichkeit meiner Bewegung bewußt, und ich schäme mich, wie ich mich vor einem anderen gezeigt habe. Ich sehe plötzlich das, was mir passiert ist, durch den Anderen, der mich sieht. Kurz, der Andere vermittelt mich mit mir selbst.[30] Vor dem Blick des Anderen werde ich zu einem Gegebenen, zu einem Objekt. Durch den Anderen habe ich selbst Zugang zu dem, was ich bin, also zu meiner Faktizität. Ich brauche den Anderen, um mein eigenes Sein gänzlich zu erfassen. Das bedeutet: «das Für-sich verweist auf ein Für-Andere (*pour-autrui*)»[31].

Das Sein-für-Andere (*l'être-pour-autrui*) markiert einen radikalen Wechsel in der Analyse des Seins. Es ist Ausdruck einer neuen Form des

Seins – neu im Vergleich zu dem, was bisher die Achse der Sartreschen Analyse ausmachte: die Gegenüberstellung von Ansichsein (das Sein des Objekts) und Fürsichsein (das Sein des Subjekts). Dadurch, daß ich von außen gesehen werde, findet eine Überschreitung meiner Transzendenz statt.[32] Diese ist «eine Transzendenz, die mich transzendiert». Die entscheidende Grenze meiner Freiheit liegt in der bloßen Existenz des Anderen, nämlich dem Faktum, daß «meine Transzendenz für eine Transzendenz existiert»[33]. Damit aber ist der Andere nicht länger bloß als privilegiertes Objekt, sondern als Subjekt anerkannt. Durch meine Existenz als Objekt für den Anderen kann ich den Anderen als Subjekt oder Transzendenz anerkennen.

Die Bedeutung des Anderen für mich wirkt daher in mein Verhältnis zu mir selbst hinein. Mein Selbst-Verhältnis ist notwendig durch den Anderen vermittelt, der mich betrachtet.[34] Durch den Blick oder die Nähe des Anderen als Subjekt entdecke ich,

> «daß ich verletzlich bin, daß ich einen Leib habe, der verwundet werden kann, daß ich mich an einer bestimmten Stelle befinde und daß ich auf keinen Fall von dort entweichen kann, wo ich ohne Verteidigungsmittel bin, kurz, daß ich *gesehen werden kann.*»[35]

Ich erfahre mich selbst in meiner Faktizität als ausgesetzt, als ausgeliefert. Der Blick ist daher primär «ein Mittelglied, das von mir auf mich verweist»[36]. Meine Beziehung zu mir selbst spielt sich nicht in einem besonderen ‹inneren Raum› oder ‹inneren Leben› ab, das anderen Menschen entzogen ist.

In diesem Zusammenhang müssen denn auch die berühmten und berüchtigten Worte aus dem Schauspiel *Huis clos* (dt. Bei geschlossenen Türen) aus dem Jahre 1945 verstanden werden: «Die Hölle, das sind die anderen.» Sartre hat später erklärt, daß diese Worte immer mißverstanden worden sind:

> «Man hat geglaubt, daß ich damit sagen wollte, daß unser Verhältnis zu den Anderen immer verpestet ist, daß sie immer wie eine Hölle sind. Aber ich will etwas ganz Anderes sagen. Ich will sagen, daß wenn die Beziehungen zu den Anderen verrenkt, zerstört sind, der Andere nur die Hölle sein kann. Warum? Weil die Anderen im Grunde genommen das Wichtigste in uns für unsere eigene Selbsterkenntnis sind... Egal was ich von mir selber sage, spielt hier das Urteil Anderer immer herein.»[37]

Diese konstitutive Bedeutung der Existenz des Anderen für mein Selbst-Verhältnis ist nach Sartre die radikale Antwort auf das Intersubjektivitätsproblem, welches sich für Husserl stellte. Bei seiner Antwort stützt sich Sartre aber nicht auf Husserl, sondern mit dem Begriff des «Mitseins»[38] auf Heidegger und auf die Hegelsche Dialektik der Anerkennung. «Der geniale Einfall Hegels besteht also darin, mich *in meinem Sein* vom Anderen abhängig sein zu lassen. Ich bin, sagt er, ein Sein für sich, das nur durch einen Anderen für sich ist.»[39]

Sartre geht noch einen Schritt weiter in derselben Richtung. Nicht nur mein Verhältnis zu mir selbst ist durch andere vermittelt. Ich komme zu mir selbst in einer Welt, die auch die Welt der anderen ist. Diese gemeinsame Welt hat bereits Sinn. Durch mich als Für-mich bekommen die Dinge Bedeutung; aber gleichzeitig finde ich mich selbst «eingesetzt in eine *schon mit Bedeutung versehene* Welt»[40]. Es gibt daher ‹objektive Bedeutungen›, die über mich hinausgehen. Meine konkrete Situation wird so von Werkzeugen (*utensiles*; Artefakten) konstituiert, die bereits Bedeutung haben (z. B. Bahnhof, Fahrplan, Uhr, Kunstwerke); ferner von Bedeutungen, die ich als ‹bereits meine› entdecke (z. B. meine Nationalität, meine Rasse); schließlich von dem Anderen als dem Zentrum, auf das diese Bedeutungen hinweisen. Mein Verhältnis zu mir selbst wird, mit anderen Worten, in einer gemeinsamen Welt inszeniert.

Die unmögliche Synthese: die Wahl

Sartre bestimmt die Seinsweise des Menschen in radikaler Abgrenzung vom Ansichsein des Objekts. Daraus ergibt sich die Dichotomie (griech. Zweiteilung) zwischen Ansichsein und Fürsichsein. Sartre selbst spricht von einer Aufteilung des Seins in zwei Regionen, die «radikal getrennt»[41] sind. Obwohl das Grundproblem im Verhältnis zwischen dem Sein des Menschen und dem Ansichsein bestehen sollte, verliert er dieses Problem aus den Augen. Es wird erst am Ende wieder aufgenommen, und zwar dort, wo Sartre die Frage stellt, ob er nicht in einen «unüberwindlichen Dualismus» geraten sei.[42] Er antwortet auf diese Frage, daß das Verhältnis zum Sein bereits mit dem menschlichen Sein gegeben ist; denn die Seinsweise des Menschen ist ein Sich-Verhalten zum Sein, als «reine Nichtung des Ansichsein». Damit wird die radikale Trennung beider Seinsformen jedoch bloß wiederholt: Fürsichsein ist als Bewußtsein ein Sich-Verhalten zu etwas, während das Ansichsein sich zu nichts verhalten kann. Die zwei Eigenschaften – an-sich und für-sich – sind immer noch «unvereinbar». Eine Synthese von An-sich und Für-sich ist, wie Sartre selber sagt, unmöglich.[43]

Damit stellt sich die Frage, wie man das «et» (und) in dem Titel *L'être et le néant* interpretieren soll. Sartre hat hier faktisch versucht, einen Zusammenhang zwischen den zwei Seinsformen, der des Subjekts und der des Objekts, zu entwickeln. Erstens gehören die Freiheit (die Transzendenz) und das Gegebene (die Faktizität) in der Situation zusammen. Zweitens zeigt die Möglichkeit der Selbsttäuschung (*mauvaise foi*), daß sich der Mensch vor sich selber verstecken kann. Zugleich aber behauptet Sartre, daß der Mensch als Bewußtsein sich selbst durchsichtig (*translucide*) ist. Wie ist dies mit der Möglichkeit der Selbsttäuschung zu vereinbaren?

Drittens bedeutet Sein-für-Andere eine neue ontologische Struktur, die die Gegenüberstellung von An-sich und Für-sich erschwert. Das Subjekt (Für-sich) kann sich selbst nur erreichen durch den anderen Menschen, für den es Objekt ist. Es kann nur in einer gemeinsamen Welt für-sich sein und sich damit also zu sich selbst verhalten. Diese Welt «bedeutet bereits», das heißt, ihre Bedeutungen erstrecken sich über das Fürsichsein des Subjekts hinaus. Wir finden daher in *L'être et le néant* Ansätze zu einer Dialektik zwischen Ansichsein und Fürsichsein.

Auf der einen Seite schafft Sartre in *L'être et le néant* eine Dichotomie zwischen an-sich und für-sich. Auf der anderen Seite gelangt er an mehreren Stellen zu einem Begriff der Vermittlung zwischen dem Fürsichsein des Subjekts und dem Ansichsein des Objekts. Dieser innere Widerstreit in dem Werk liefert dann auch den Ausgangspunkt für Merleau-Ponty und für Sartres zweites Hauptwerk, die *Critique de la raison dialectique* (dt. Kritik der dialektischen Vernunft).

In *L'être et le néant* stellt Sartre fest, daß der Mensch nicht in den Kategorien eines Dings beschrieben werden kann. Der Mensch ist nie ein nur Vorliegendes oder Gegebenes; er ist nie nur das, was er ist, sondern macht sich zu dem, was er ist. Weil das Sein des Menschen Freiheit ist, ist er auf grundsätzlich andere Weise er selbst, als beispielsweise ein Glas es selbst ist. Um den Unterschied in der Seinsweise festzuhalten, trennt Sartre zwischen Ansichsein und Fürsichsein. Diese radikale Trennung zwischen der menschlichen Freiheit und der Faktizität der Gegenstände hat jedoch zur Folge, daß die Freiheit und damit die Verantwortlichkeit des Menschen nur abstrakt verstanden wird.

Sartres Existentialismus ist vor allem durch die Lehre von der freien Selbst-Wahl des Menschen und dessen totaler Verantwortung für sein

Leben geprägt. Sein Buch über *Baudelaire* von 1947 schließt mit den Worten: «Des Menschen freie Wahl seiner selbst fällt absolut zusammen mit dem, was man Schicksal nennt.»[44] Anläßlich der Veröffentlichung einer Edition seiner Dramen schreibt Sartre im gleichen Jahr:

«Gleich um welche Umstände, welche Zeit und welchen Ort es sich handelt, der Mensch ist frei, sich als Verräter oder Held, als Feigling oder als Sieger zu wählen.»[45]

Freiheit und Verantwortung werden hier abstrakt begriffen, indem die Situation als etwas aufgefaßt wird, von dem wir absehen können: «Gleich um welche Umstände es sich handelt...» Wir sehen uns hier wieder mit der Zweideutigkeit Sartres konfrontiert: Die konkrete Situation wird zu einem für die Existenz der Freiheit Gleichgültigen erklärt; zugleich aber heißt es in *L'être et le néant*, daß Freiheit nur in der Situation möglich ist. Sartre konnte deshalb auch seine Schauspiele ‹Situationstheater› wie auch ‹Freiheitstheater› nennen.

In einem Interview aus dem Jahre 1969 weist Sartre auf die eben zitierten Worte hin («Gleich um welche Umstände es sich handelt...»), die er kurz zuvor wieder gelesen hatte. Er sagt: «Als ich sie las, sagte ich zu mir selber: ‹Das ist unglaublich: Ich dachte das wirklich!›»[46] In einem Versuch, *L'être et le néant* besser zu verstehen, geht Sartre auf den cartesischen Rationalismus zurück, mit dem er aufgewachsen war.[47] In Anlehnung daran kann die Position von *L'être et le néant* als abstrakter Rationalismus beschrieben werden. Dieser abstrakte Rationalismus wird von Merleau-Ponty und später von Sartre selbst kritisiert. Der Rationalismus zeigt sich vor allem in Sartres These von der Durchsichtigkeit des Bewußtseins, in seiner heftigen Ablehnung des Freudschen Begriffs des Unbewußten und im abstrakten Begriff der freien Selbstwahl des Menschen.

Existentialismus, Phänomenologie und Dialektik

Wie oben angedeutet, sind in *L'être et le néant* Existentialismus, Phänomenologie und Dialektik auf komplexe Weise ineinander verwoben. Sartre selbst bestimmt die Grundthese des Existentialismus so, daß die Existenz des Menschen seiner Essenz oder seinem Wesen vorausgeht.[48] Diese These bedeutet, daß wir beim Menschen auf kein gegebenes, im voraus festgelegtes Wesen hinweisen können; denn wir können es nicht, weil der Mensch durch die freie Wahl seiner selbst sich selbst schafft. Sartres Begriff der Wahl kann deshalb als «radikal subjektivistisch»[49] oder individualistisch bezeichnet werden, da es keine allgemeinen Möglichkeiten gibt, auf die er sich in seiner Wahl festzulegen hätte. Der Existentialismus Sartres ist ein radikaler Subjektivismus in dem Sinn, daß er das isolierte, einzelne Subjekt hervorhebt.

Aber es gibt auch eine Reihe gemeinsamer Züge zwischen Sartres Existentialismus und der für die Existenzphilosophie maßgebenden Existenzdialektik Kierkegaards. Bei Kierkegaard[50] wie bei Sartre kann man von einem ‹Negativismus› reden, weil beide die menschliche Existenz aus negativen Phänomenen heraus bestimmen: der Angst, der Verzweiflung (Kierkegaards *Sygdommen til døden*; dt. Die Krankheit zum Tode), dem Mangel. Die Übereinstimmung geht noch weiter. Genau wie Sartre bestimmt auch Kierkegaard die Subjektivität grundlegend als Negativität, da das Subjekt ‹im Werden› existiert. Weil das Subjekt Freiheit ist, existiert es in einer ständigen Unabgeschlossenheit.[51]

Dies gibt den Hintergrund dafür ab, daß sich Sartre in seiner Kritik Hegels auf Kierkegaard stützen kann.[52] Weil das menschliche Subjekt in seinem Sein negativ oder unabgeschlossen ist, kann Geschichte nicht als Totalität verstanden werden. Ironischerweise ist gerade der Begriff der Subjektivität als Negativität von Hegel entwickelt worden. Auf diese Weise wird ein Hegelscher Begriff gegen Hegel selbst gewendet.

Vorrangig stützt sich Sartre jedoch auf Heidegger. Das grundlegende, ontologische Projekt in *L'être et le néant* setzt Heideggers *Sein und Zeit* und *Was ist Metaphysik?* voraus. Aber gerade innerhalb dieses Rahmens zeigen sich die entscheidenden Unterschiede zwischen Sartre und Heidegger. Sartre bestimmt die Transzendenz als die aktive Überschreitung des Gegebenen auf das Mögliche hin und bringt sie nicht – wie Heidegger – in Zusammenhang mit der ontologischen Differenz zwischen dem Seienden und dem Sein. Sein Interesse gilt primär der Bestimmung des menschlichen Seins als Engagement. Die Ontologie wird daher bei Sartre zu der Anthropologie und Subjektivitätsphilosophie, gegen die sich Heidegger richtet.[53]

Anfänglich galt Sartres Interesse an der deutschen Phänomenologie vor allem Husserl; aber mit *L'être et le néant* gerät Heideggers Analyse des menschlichen Daseins immer deutlicher in den Mittelpunkt. Dennoch stimmt Sartres Begriff der Phänomenologie an einem entscheidenden Punkt mit Husserls Idealismus überein, und das gerade in polemischer Absetzung gegen Heidegger. Wie Descartes und Husserl geht auch Sartre vom *Cogito* oder vom bewußten Subjekt aus.[54] Sartre möchte zwar Descartes' Fehler vermeiden, das Bewußtsein zu einem Ding oder einer Substanz zu machen; trotzdem konzipiert er, wie vor ihm Descartes, einen Dualismus zwischen dem Sein des Bewußtseins und dem Sein des Objekts.

Auf der anderen Seite gibt es Ansätze zu einer Dialektik von Fürsichsein und Ansichsein. Diese sind insbesondere in der Analyse des Seins-für-Andere und der mit ihr verbundenen Analyse der menschlichen Welt zu sehen. Mit diesen Ansätzen, die an Hegel anknüpfen, weist *L'être et le néant* über sich selbst hinaus.

Texte Sartres

La transcendence de l'ego. In: Recherches philosophiques 6. Paris 1936/37, selbständig publiziert Paris 1965 (dt. Die Transzendenz des Ego. Reinbek 1964, zit. nach der Ausgabe Reinbek 1982).

L'imagination. Paris 1936 (dt. Über die Einbildungskraft. In: Die Transzendenz des Ego. Reinbek 1964. Neuübersetzung: Die Imagination. In: Die Transzendenz des Ego. Reinbek 1982).

Esquisse d'une théorie des émotions. Paris 1939 (dt. Entwurf einer Theorie der Emotionen. In: Die Transzendenz des Ego. Reinbek 1964. Neuübersetzung: Skizze einer Theorie der Emotionen. In: Die Transzendenz des Ego. Reinbek 1982).

L'imaginaire. Paris 1940 (dt. Das Imaginäre. Reinbek 1971).

L'être et le néant. Paris 1943 (dt. Das Sein und das Nichts. Reinbek 1952, zit. nach der Ausgabe 1966) (= *SN*).

L'existentialisme est un humanisme. Paris 1946 (dt. Ist der Existentialismus ein Humanismus? In: J.-P. Sartre: Drei Essays. Frankfurt/Berlin/Wien 1979) (= *EH*).

Situations I–X. Paris 1947–1976 (= *Sit.*).

Questions de méthode. In: Les temps modernes. Paris 1957; später als Teil 1 zu: Critique de la raison dialectique (dt. Marxismus und Existentialismus. Reinbek 1964) (= *ME*).

Critique de la raison dialectique. Paris 1960 (= *CRD*). Neuausgabe, 2 Bde. Paris 1985 (dt. Kritik der dialektischen Vernunft. Reinbek 1967) (= *KdV*).

Les mots. Paris 1964 (dt. Die Wörter. Reinbek 1963).

L'idiot de la famille I–III. Paris 1971/72 (dt. Der Idiot der Familie. 4 Bde. Reinbek 1977).

Un théatre de situations. Paris 1973 (= *TdS*).

Gesammelte Werke in Einzelausgaben. In Zusammenarbeit mit dem Autor und Arlette El Kaim-Sartre hg. von Traugott König. Reinbek.

Bibliographie

Contat, M. / Rybalka, M.: Les écrits de Sartre. Chronologie. Bibliographie commentée. Paris 1970.

Lapointe, F.: J.-P. Sartre and his Critics. An International Bibliography (1938–1980). Bowling Green (Ohio) ^{2}1981.

Gabel, C.: Sartre. A Comprehensive Biography of International Theses and Dissertations, 1950–1985. Hamburg 1990.

Literatur

Biemel, W.: Jean-Paul Sartre in Selbstzeugnissen und Bilddokumenten. Reinbek 1964 (und später).

Cohen-Solal, A.: Sartre, 1905–1980. Reinbek 1988.

Dangelmayr, S.: Der Riß im Sein oder die Unmöglichkeit des Menschen. Interpretationen zu Kafka und Sartre. Frankfurt/Bern/New York/Paris 1988.

Danto, A. C.: Jean-Paul Sartre. Göttingen 1986.

Harth, H. / Roloff, V. (Hg.): Literarische Diskurse des Existenzialismus. Tübingen 1986.

Hartmann, K.: Die Philosophie J.-P. Sartres. Zwei Untersuchungen zu «L'être et le néant» und zur «Critique de la raison dialectique». Durchgesehene, um ein Vorwort und ein Register vermehrte 2. Auflage von «Grundzüge der Ontologie Sartres in ihrem Verhältnis zu Hegels Logik» und «Sartres Sozialphilosophie». Berlin 1983.

Haug, W. F.: Jean-Paul Sartre und die Konstruktion des Absurden. Hamburg 1991.

Haymann, R.: Jean-Paul Sartre. Leben und Werk. München 1988.

Hengelbrock, J.: Jean-Paul Sartre. Freiheit als Notwendigkeit. Eine Einführung in das philosophische Werk. Freiburg/München 1991.

König, T. (Hg.): Sartre. Ein Kongreß. Reinbek 1988.

Madsen, A.: Jean-Paul Sartre und Simone de Beauvoir. Die Geschichte einer ungewöhnlichen Liebe. Reinbek 1987.

Rossum, W. van: Sich verschreiben. Jean-Paul Sartre, 1939–1953. Frankfurt/M. 1990.

Schilpp, P. A.: The Philosophy of Jean-Paul Sartre. La Salle (Illinois) 1981.

Seel, G.: Sartres Dialektik. Zur Methode und Begründung seiner Philosophie unter besonderer Berücksichtigung der Subjekts-, Zeit- und Werttheorie. Bonn 1971.

Spiegelberg, H.: The Phenomenological Movement. Den Haag [3]1982. In: Phaenomenologica 5/6, S. 470–584.

Suhr, M.: Sartre zur Einführung. Hamburg 1987, [2]1989.

Thiel, M.: Jean-Paul Sartre – Schriftsteller oder Philosoph? oder Schriftsteller für alle sucht Publikum. Heidelberg 1987.

Waldenfels, B.: Phänomenologie in Frankreich. Frankfurt/M. 1983, S. 63–141.

Zimmermann, R. (Hg.): Jean-Paul Sartre. Cuxhaven 1989.

Anmerkungen

1 Sartre, *Sit*. IX (1972), S. 133 f.
2 S. de Beauvoir: In den besten Jahren. Reinbek 1985, S. 118 (1960).
3 E. Levinas: Théorie de l'intuition dans la phénoménologie de Husserl. Paris 1930.
4 Vgl. Spiegelberg: The Phenomenological Movement, S. 485.
5 Sartre, *Sit*. III, 1949, S. 11.
6 Sartre, *SN*, S. 33.
7 Sartre, *SN*, S. 46.
8 Sartre, *SN*, S. 43.
9 Sartre, *SN*, S. 62 ff.
10 Sartre, *SN*, S. 139.
11 Sartre, *SN*, S. 139 f.
12 Sartre, *SN*, S. 143, 157.
13 Sartre, *SN*, vgl. S. 105, 121, 183.
14 Sartre, *SN*, vgl. S. 32 f, 185.
15 Sartre, *SN*, S. 66.
16 Sartre, *SN*, S. 189.
17 Sartre, *SN*, S. 612.
18 Sartre, *SN*, S. 614.
19 Sartre, *SN*, S. 102.
20 Sartre, *SN*, S. 625 f.
21 Sartre, *SN*, S. 616.
22 Sartre, *SN*, S. 627.
23 Sartre, *SN*, S. 619.
24 Sartre, *TdS*, S. 20.
25 Sartre, *SN*, S. 91.
26 Sartre, *SN*, S. 106.
27 Sartre, *SN*, S. 93.
28 Vgl. Sartre, *SN*, S. 110 ff.

29 Sartre, *SN*, S. 339.
30 Sartre, *SN*, S. 299 f.
31 Sartre, *SN*, S. 301.
32 Sartre, *SN*, S. 349 f.
33 Sartre, *SN*, S. 662.
34 Sartre, *SN*, S. 343 f.
35 Sartre, *SN*, S. 345.
36 Sartre, *SN*, S. 345.
37 Sartre, *TdS*, S. 238.
38 Sartre, *SN*, S. 93.
39 Sartre, *SN*, S. 319.
40 Sartre, *SN*, S. 645; vgl. auch S. 644.
41 Sartre, *SN*, S. 35.
42 Sartre, *SN*, S. 773 ff.
43 Sartre, *SN*, S. 144 f.
44 Sartre: Baudelaire. Paris 1947, S. 223.
45 Sartre, *TdS*, S. 244.
46 Sartre, *Sit*. IX, 1972, S. 100.
47 Sartre, *Sit*. IX, 1972, S. 105.
48 Vgl. Sartre, *EH* und *SN*, S. 65 f.
49 W. Greve / M. Theunissen: Einleitung. In: Materialien zur Philosophie Søren Kierkegaards. Hg. von dens. Frankfurt / M. 1979, S. 75.
50 Greve / Theunissen, Einleitung, S. 46.
51 S. Kierkegaard: Abschließende unwissenschaftliche Nachschrift zu den Philosophischen Brocken. Düsseldorf / Köln 1957, S. 118 ff.
52 Vgl. Sartre, *SN*, S. 322.
53 Vgl. M. Heidegger: Über den Humanismus. Frankfurt / M. 1949.
54 Sartre, *SN*, S. 125 f, 138 f.

Arne Grøn

Maurice Merleau-Ponty: Wahrnehmung und die Welt

Eine Neuinterpretation der Phänomenologie

Merleau-Ponty gründete 1945 zusammen mit Sartre und anderen die Zeitschrift *Les temps modernes*, die zu einem wichtigen Forum in der Debatte um den ‹Existentialismus› wurde. Hier wurde sein Name gewöhnlich mit dem Sartres verbunden; man betrachtete ihn kurzerhand als eine mehr fachphilosophische Version Sartres. Doch längst hat Merleau-Ponty sein eigenes philosophisches Profil gewonnen; schon sein Hauptwerk *Phénoménologie de la perception* (dt. Phänomenologie der Wahrnehmung) aus dem Jahre 1945 wendet sich u. a. gegen Sartres *L'être et le néant*. Die Kritik, die sich um den Freiheitsbegriff dreht, bestimmt auch die Auseinandersetzung mit Sartre in dem zehn Jahre später erschienenen Buch *Les aventures de la dialectique* (dt. Die Abenteuer der Dialektik).

Merleau-Ponty wurde 1908 in Rochefort-sur-Mer geboren. Er studierte Philosophie an der École normale supérieure in Paris, wo er sich mit Sartre befreundete. In den 30er Jahren unterrichtete er Philosophie an verschiedenen Gymnasien und an der École Normale Supérieure. Sartre, der 1934 von seinem Studienaufenthalt in Deutschland zurückgekehrt war, machte ihn mit Husserls Schriften bekannt.[1] Bereits 1939 besuchte er das damals neu errichtete Husserl-Archiv in Löwen (Belgien), hier las er verschiedene unveröffentlichte Manuskripte, besonders aus den 30er Jahren.[2] Während des Zweiten Weltkriegs arbeitete er in der französischen Widerstandsbewegung mit. Er schrieb an seiner *Phénoménologie de la perception*; schon 1942 erschien *La structure du comportement* (dt. Die Struktur des Verhaltens) – zwei Arbeiten, die ihm schließlich die Doktorwürde einbrachten.

Bereits der Titel des ersten Werks läßt sein Zugehörigkeitsverhältnis zur phänomenologischen Bewegung erkennen. Bemerkenswert ist allerdings, auf welche Weise sich Merleau-Ponty selbst in der phänomenologischen Tradition einordnet. In den entscheidenden Punkten liegt sein Vorhaben so nahe an Heideggers *Sein und Zeit*, daß er sich dessen Kritik an Husserl zu eigen machen konnte; das gilt von dem Begriff der menschlichen Seinsweise als «In-der-Welt-sein» wie auch von der Betonung des faktischen und geschichtlichen Charakters der menschlichen Existenz. Dennoch ist es vor allem Husserls Phänomenologie, an die sich Merleau-Ponty anlehnt. In dem berühmten Vorwort zur *Phénoménologie de la perception* behauptet er, daß Heideggers Analyse des «In-der-Welt-seins» in *Sein und Zeit* nur eine Entfaltung des Husserlschen Begriffs der natürlichen Welt darstellt. Befremdlich ist diese Behauptung jedoch insofern, als Merleau-Ponty Husserl von dessen späterer Periode her interpretiert, also aus der Zeit nach der Veröffentlichung von *Sein und Zeit*. Anknüpfungspunkt für Merleau-Pontys Phänomenologie ist primär Husserls Begriff der Lebenswelt, den dieser in den 30er Jahren entwickelt hat.

Merleau-Pontys Absicht in *Phénoménologie de la perception* ist aber nicht eine Auslegung von oder ein Kommentar zu Husserl. Er nimmt vielmehr eine grundlegende Verschiebung der Phänomenologie vor, die eine Kritik des Husserlschen ‹Idealismus› mit sich führt. Daß es ihm nicht um eine Auslegung Husserls zu tun ist, geht auch aus dem erwähnten Vorwort zur *Phénoménologie de la perception* hervor. Hier sagt er u. a.: «In uns selbst allein vermögen wir die gründende Einheit und den wahren Sinn einer Phänomenologie zu finden.»[3]

Die Phänomenologie als Kritik des ‹Cartesianismus›

Wir können von folgender Bemerkung aus dem Vorwort zur *Phénoménologie de la perception* ausgehen: «Die Wahrheit ‹bewohnt› nicht bloß den ‹inneren Menschen›, vielmehr gibt es keinen inneren Menschen: der Mensch ist zur Welt (*est au monde*), er kennt sich allein in der Welt.»[4]

Merleau-Ponty bezieht sich hier auf Augustins (354–430) Begriff des inneren Menschen, der zu einem Schlüsselbegriff im christlichen abendländischen Denken geworden ist. Er verwendet ihn polemisch als Ausgangspunkt für seine Kritik an der Tradition seit Descartes. Diese betrachtet das Subjekt als sicheres Fundament – wohlgemerkt ein Subjekt, das sich im Abstand zur Welt befindet. Damit aber reduziert sie die Welt zu einem bloß Äußeren. Die Welt ist das, was dem Subjekt gegenübersteht, und das, was dieses außerhalb seiner selbst hat. Das menschliche Subjekt dagegen wird als etwas verstanden, das einen unmittelbaren Zugang zu sich selbst erlangen kann. Um sich selbst zu kennen, braucht es nur in sich selbst ‹hineinzusehen›; es braucht sich nur gegen sich selbst zu wenden, indem es sich von der Welt zurückzieht, in die es unmittelbar involviert ist. Gerade der Umstand, daß man direkten Zugang zu sich selber haben kann, macht das Subjekt zu einem sicheren Ausgangspunkt.

Merleau-Pontys kritische Bemerkungen über den inneren Menschen richten sich aber nicht nur gegen Augustin und Descartes. Sie treffen ebenso Husserl, dessen grundlegenden Intentionen Merleau-Ponty im übrigen zu folgen meint. Husserl schloß seine Pariser Vorlesungen 1929 und seine *Cartesianischen Meditationen* aus dem Jahre 1931 eben mit den Worten Augustins, auf die Merleau-Ponty hinweist: «In te redi, in interiore homine habitat veritas» (‹Geh in dich selbst zurück, die Wahrheit wohnt in dem inneren Menschen›). Daß Husserls Hervorhebung der Subjektivität nicht viel mit der Innerlichkeit in einem metaphysischen oder psychologischen Sinn zu tun hat, ändert nichts an Merleau-Pontys Kritik. Entscheidend ist, daß Husserl die Welt auf Subjektivität, als eine absolute Position gegenüber der Welt, zurückführt: Die reine Subjektivität ist das, wofür die Welt Geltung hat. Husserl will den Cartesianismus weiterführen, indem er Descartes' Projekt einer absoluten Begründung konsequenter, als es diesem selbst möglich war, verfolgt. Man könnte, erklärt er, die Phänomenologie beinahe als einen «Neu-Cartesianismus» bezeichnen.[5]

Die Pointe Merleau-Pontys liegt gerade in einer phänomenologischen Kritik des Cartesianismus, der das Subjekt als dasjenige begreift, das Gewißheit und Bedeutung verleiht. Ausgangspunkt der philosophischen Reflexion muß daher der Akt sein, in dem sich das Subjekt selber ergreift, indem es sich sich selbst zuwendet. In seiner Auseinandersetzung mit diesem ‹alten› cartesischen Subjekt macht Merleau-Ponty geltend, daß das menschliche Subjekt schon in der Welt ist, bevor es sich in der bewußten Selbsterkenntnis ergreift. Das ‹wahre› Subjekt ist nicht diese unmittelbare Gegenwärtigkeit für sich selbst; im Gegenteil, es erreicht sich selbst nur durch die Welt.[6] Dies bedeutet, daß Subjektivität eng mit der Welt verbunden ist (sie ist *inhérence au monde*[7]). Das wahre Subjekt ist ein In-der-Welt-sein (*être-a-monde*).

Merleau-Ponty will das Subjekt in den Zusammenhang zurückführen, aus welchem es die cartesische Reflexionsphilosophie herausgerissen hat.

Diese Bewegung zurück zum Zusammenhang zwischen Subjekt und Welt ist genau das, was Merleau-Ponty unter dem phänomenologischen Schlagwort «Zu den Sachen selbst!» verstanden wissen möchte. Diese Neuinterpretation der «Sache selbst» trifft wiederum Husserls Idealismus. Denn ein solches zu den Dingen selbst Zurückgehen unterscheidet sich nach Merleau-Ponty «von Grund auf» «vom idealistischen Rückgang auf das Bewußtsein»[8]. Aber Husserl praktiziert gerade ein solches Zurückführen der Welt auf das Bewußtsein, für das allein die Welt da ist; die Welt wird als solche in einer Subjektivität «konstituiert», welche von jedem Zugehörigkeitsverhältnis zur Welt gereinigt ist. Gegen diesen Idealismus argumentiert Merleau-Ponty, daß das Wirkliche beschrieben, nicht konstituiert werden soll.

Die Frage ist, auf was die Phänomenologie rekurriert. Wie der Name andeutet, geht sie auf die ‹Phänomene› zurück, das heißt auf ‹das, was sich zeigt›. Aber das bedeutet nach Merleau-Ponty, daß sie auf das zurückgeht, was sich in der Erfahrung zeigt, bevor wir diese wissenschaftlich zu bestimmen versuchen. Phänomenologie ist Beschreibung der Phänomene, das bedeutet Beschreibung der Welt, die vor jeder Analyse, die ich von ihr machen kann, da ist.[9] Das bewußte Subjekt, auf das der Idealismus zurückgeht, ist immer schon in der Welt: Das, was die Phänomenologie durch ihre Beschreibung entdeckt, ist ein der Welt «zugeeignetes» Subjekt.[10] Bevor wir anfangen, das bewußte Subjekt zum Zentrum zu machen, bildet es mit der Welt einen unauflöslichen Zusammenhang.

Merleau-Ponty folgt Heidegger, wenn er die menschliche Seinsweise als Transzendenz oder Überschreitung bestimmt, das heißt, als fundamental offen für eine Welt. Die Frage ist jedoch, wie wir als Menschen zu dieser Welt, auf die die Phänomenologie zurückzugehen sucht, Zugang haben oder für sie erschlossen sein können. Es genügt nicht zu sagen, daß wir uns immer schon in dieser Welt befinden, bevor wir über sie reflektieren. Denn wie zeigt sie sich für uns als das, was sie ist? Merleau-Pontys Antwort lautet, daß sich uns die Welt in der wahrnehmungsmäßigen Erfahrung (*l'expérience perceptive*) eröffnet; die Wahrnehmung oder Perzeption ist die «privilegierte» Erschließung der Welt, da alle anderen Zugangsweisen zur Welt (vor allem die wissenschaftliche Analyse) auf der Wahrnehmung aufbauen. In der Wahrnehmung zeigt die Welt ihre grundlegende Bedeutung als «Lebenswelt», als die Welt, in der wir leben. Mit seiner Phänomenologie der Wahrnehmung versucht Merleau-Ponty, mit anderen Worten, zu einer konkreteren Bestimmung dessen zu kommen, was es heißt, daß der Mensch immer schon in der Welt ist.

Für Merleau-Ponty bedeutet Wahrnehmung nicht bloß ein passives Empfangen von Eindrücken oder ein theoretisches Anschauen. Sie gehört im Gegenteil zusammen mit unserer Fähigkeit, uns zu bewegen, uns in einer Welt von Lauten, Formen, Farben und Gerüchen zu orientieren und die Dinge durch das Wissen, das «in den Händen sitzt», formen zu können.

Durch seine Kritik des Cartesianismus grenzt Merleau-Ponty sein phänomenologisches Projekt von Sartres *L'être et le néant* ab. Weil Sartre in dem cartesischen Dualismus zwischen dem bewußten, freien Subjekt («pour-soi») und den Objekten («en-soi») gefangen bleibt[11], ist er außerstande, den Zusammenhang oder die Vermittlungen zwischen Subjekt und Welt zu erklären. Aber damit kann er auch die Geschichte, in der die Vermittlungen stattfinden, nicht begreifen. Im Gegensatz zu Sartre bestimmt Merleau-Ponty die *Existenz* als «das Dritte» zwischen Bewußtsein und Leib; sie ist die Einheit, die jeder Gegenüberstellung dieser beiden Pole vorausgeht. Die Lebenswelt, die wir unmittelbar erfahren, ist vor-objektiv und vor-subjektiv; mittels Abstraktionen aus dieser Welt erst können wir von einem rein Körperlichen oder einem rein Bewußten sprechen.

In diesem Zusammenhang behauptet Merleau-Ponty, daß die Welt einen Sinn für uns hat, bevor wir ihr überhaupt bewußt einen Sinn geben. Damit verwirft er Sartres Behauptung, die Situation des Menschen sei grundlegend absurd. Es ist im übrigen gerade diese Behauptung, die in der Öffentlichkeit mit dem ‹Existentialismus› als Modephänomen verbunden worden ist. Philosophisch relevant ist für den ‹Existentialisten› Merleau-Ponty dagegen die Spannung zwischen Wahrheit und Absurdität, zwischen Sinn und Unsinn (*non-sens*). Das bedeutet, daß der Mensch die Möglichkeit zu einer sinnvollen Existenz hat. Das Absurde setzt die Möglichkeit der Umkehrung in ein Sinnvolles voraus.[12]

Merleau-Pontys Versuch einer Neubestimmung der Phänomenologie zeigt sich ferner in einer Verschiebung des Begriffs der Intentionalität, also in dem Umstand, daß sich das Bewußtsein immer auf etwas richtet. Wiederum polemisch gegen Sartre gewandt, bemerkt er[13], daß das Originelle bei Husserl nicht der Begriff der Intentionalität ist, sofern man darunter die Gerichtetheit der Vorstellung auf ein Äußeres oder auf ein jenseits der Vorstellung Liegendes versteht. Ein solcher Begriff der Intentionalität bewege sich immer noch innerhalb des cartesischen Rahmens. Das Originelle bei Husserl ist nach Merleau-Ponty vielmehr die Entdeckung einer tieferen Intentionalität unter der genannten. Diese ‹ursprüngliche Intentionalität› gehöre mit zu unserer Lebenswelt; aber auch hier führt Merleau-Ponty sozusagen Husserl über Husserl selbst hinaus. Die bewußte oder ausdrückliche Intentionalität ist nicht die ursprüngliche; bereits vor dem bewußten Denkakt ‹intendieren› wir etwas. Indem ich beispielsweise die Hand nach etwas ausstrecke, ziele ich auf dieses bestimmte Objekt, mit dem ich ‹umgehe›, und nicht auf ein Vorgestelltes oder Gedachtes. Mein Ziel ist es zum Beispiel, den Pinsel in die Hand zu nehmen, den ich zum Anstreichen eines Fensterrahmens brauche. Das Bewußtsein von diesem Objekt braucht nicht ausgesprochen zu sein. Meine Handlung ist ‹intentional›, ohne mir klarmachen zu müssen, daß dies ein Pinsel ist, der gesäubert werden muß, bevor ich den Fensterrahmen streiche. Die tiefere Intentionalität bedeutet, daß das Bewußtsein ursprünglich kein «ich denke zu...» ist, sondern ein «ich kann...»[14]. Die bewußte Reflexion oder Analyse stützt sich auf einen Reichtum vorhergehender unausgesprochener Intentionen. Die Reflexion ist eben Reflexion auf etwas, das der Reflexion vorausgeht.

Merleau-Ponty will damit ein ‹Fundierungs›-Verhältnis bestimmen. Die Beschreibung in der *Phénoménologie de la perception* zielt auf eine Transzendentalphilosophie ab; zugleich aber wird das Transzendentale uminterpretiert, und zwar gerade im Verhältnis zu Husserl. Das ‹wirklich Transzendentale› sind nicht die konstituierenden Akte, durch die sich eine transparente Welt für einen Beobachter in Abstand zu dieser entfaltet. Das Primäre ist im Gegenteil diese Welt, die schon da ist und in der wir leben. Zu den Sachen oder den Phänomenen selbst zurückkehren will heißen, zu dieser Welt zurückkehren, die vor der wissenschaftlichen und technologischen Erkenntnis gegeben ist. Im Vergleich zu dieser Welt ist jede wissenschaftliche und technologische Bestimmung abstrakt; sie bedeutet etwas im Verhältnis zu dieser Welt, ist von dieser Welt abhängig wie die Geographie im Verhältnis zur Landschaft, in der wir zuerst gelernt haben, was ein Wald, ein Fluß, eine Stadt, ein Weg usw. heißt.[15] Die Stadt ist ein Primäres, ein anderes und zugleich mehr als die Modelle, die zum Beispiel Stadtplaner und Umweltforscher von ihr machen: Sie ist ein Ort, an dem wir leben und zum Beispiel Stadtplanung diskutieren und Umweltprobleme am eigenen Leibe erfahren können. Im selben Sinn sind auch die wissenschaftlichen und technologischen Modelle abstrakt und sekundär im Verhältnis zu der Welt, in der wir leben: Erstens setzen sie diese Welt als ihr Thema voraus, also als das, wovon sie letzten

Endes handeln. Das bedeutet zweitens, daß sie nur aus der Erfahrung dieser Welt heraus verständlich sind. Und drittens finden die Wissenschaften eben in dieser Welt ‹statt›. Die wissenschaftliche und technologische Einstellung wird nur selbstgenügsam, wenn sie ihren Ursprung in und ihre Orientierung an unserer Lebenswelt vergißt.

Die Art und Weise, wie sich Merleau-Ponty das Problem der Wahrnehmung oder Perzeption stellt, zeigt an, daß es ihm in *Phénoménologie de la perception* um die Wahrnehmung geht, insofern sie uns den grundlegenden Zugang zu der Welt ermöglicht, in der wir uns immer schon befinden. Sein Anliegen ist nicht die Behandlung der Wahrnehmung als eines von mehreren Themen, sondern das Auf-den-Begriff-bringen der Welt, in der jede mögliche Tätigkeit des Menschen – also auch die Wissenschaft – fundiert ist.

Leiblichkeit, Sinn und Welt

Der Cartesianismus nimmt dem Begriff des Leibes wie dem der Seele jede Zweideutigkeit. Er bestimmt den Leib als eine Summe von Teilen ohne ein Inneres, die Seele als ein für sich selbst völlig Gegenwärtiges, ohne Abstand und daher ohne ein Äußeres. Das Bewußtsein ist durch seine Durchsichtigkeit für sich selbst charakterisiert, weil es nichts anderes ist als das, was es zu sein denkt. Hieraus folgt, daß es zwei und nur zwei Seinsweisen gibt: entweder als ein Ding, als ein Ansichsein, oder als ein Bewußtsein, als ein Fürsichsein. Das Seiende kann deshalb in Objekt und Subjekt aufgeteilt werden.[16]

Merleau-Pontys Bestreben, hinter diese klassische Dichotomie zurückzugehen, setzt zunächst bei der Wiederentdeckung des «eigenen Körpers» (*le corps propre*) an. Die Erfahrung unserer eigenen Leiblichkeit offenbart eine zweideutige Weise zu existieren.

Um meinen Standort im Verhältnis zu einem Objekt, etwa einem Tisch oder einer Lampe, bestimmen zu können, muß dieses Objekt erst für meinen Leib da sein. Das bedeutet, daß mein Leib nicht dem Teil des Seienden gehört, welcher «an sich» ist.[17] Im Gegenteil, mein Leib hat eine Welt; er ist nicht im Raum wie andere Gegenstände (Tische, Lampen usw.), sondern «wohnt» (*habite*) dem Raum und der Zeit ein. Insofern stellen für meinen Körper Raum und Zeit nicht eine Summe gleichgeordneter oder nachgeordneter Punkte dar. Bevor wir uns den Raum vorstellen und ihn zum Beispiel zu einem Gegenstand der Geometrie machen, müssen wir in diesen bereits durch unsere Körperlichkeit ‹eingeführt› sein. Dazu ein Lieblingsbeispiel Merleau-Pontys: Der Stock eines Blinden ist nicht ein Objekt unter anderen, sondern zu einem Teil seiner Orientierungsfähigkeit geworden.[18] Er ist nicht mehr länger ein Objekt, das der Blinde wahrnimmt, sondern ein Instrument, mit dem er wahrnimmt. Er bedeutet, mit anderen Worten, eine Erweiterung der Leiblichkeit. Daß wir Raum und Zeit bewohnen, heißt, unseren Leib in Zeit und Raum ‹ausdehnen› zu können; wir können unsere Seinsweise ändern, indem wir uns Dinge aneignen und einverleiben. Diese Dinge hören damit auf, bloße Objekte zu sein; sie sind zu Mitteln geworden, unser Leben zu gestalten. Der Leib entwirft so eine Umwelt um sich herum. Merleau-Ponty kann auf dieser Grundlage eine Interpretation der Gewohnheit liefern, die diese nicht zu einem bewußtlosen Prozeß außerhalb der eigentlichen Subjektivität macht. Sich zum Beispiel an ein Fahrrad, eine Treppe, ein Auto gewöhnen heißt, ein Wissen haben, das sich im Leib abgelagert hat.[19]

«Le corps propre» kann aber auch an anderen Beispielen illustriert werden. Die verschiedenen Aspekte, unter denen ich meine Wohnung sehe, erweisen sich als Abschattungen (*profils*) eines und desselben Gegenstands. Diese Abschattungen ergeben sich, indem ich in der Wohnung umhergehe und diese von verschiedenen Seiten her erlebe, etwa an einem Sommermorgen oder einem Winterabend. Ich kann die Einheit dieses Gegenstands, dieser Wohnung, nur in leiblicher Erfahrung erleben. Die Einheit des Objekts ergibt sich aus der Einheit meines eigenen Körpers. Kraft meiner Körperlichkeit kann das Objekt verschiedene Seiten zeigen.[20]

Wir nehmen die Welt mit dem Leib wahr, wir sind durch unsere Leiblichkeit in der Welt. Wenn wir ein Objekt für eine wissenschaftliche Analyse auswählen, setzen wir eine bereits bekannte Welt voraus. Und dieses andere Wissen, das unserer Kenntnis vom Objekt zugrunde liegt, haben wir, weil wir Leib sind.[21] Das wahrnehmende Subjekt ist kein akosmisches, weltloses Subjekt, sondern ein fleischgewordenes. Merleau-Ponty belebt und vertieft so den Begriff des inkarnierten Subjekts wie vor ihm schon Gabriel Marcel. Die Perzeption oder Wahrnehmung bringt das gesamte unausgesprochene und immer schon vorausgesetzte Wissen, das dem Leibe angehört, zur Anwendung. Schärfer formuliert: Das Subjekt der Wahrnehmung ist der Leib.[22]

Mit dem hier skizzierten Begriff des «corps propre» gerät eine dritte Seinsweise in Sicht, die weder bloße Objektivität noch reine Subjektivität ist. Die Phänomenologie der Wahrnehmung kulminiert bei Merleau-Ponty in einer doppelten Kritik: einer Kritik des Intellektualismus (hierunter des Cartesianismus) und einer Kritik des Empirismus. Beide pressen die Wahrnehmung in ein Schema, das dem ‹objektiven Denken› angehört, anstatt hinter dieses Denken zurückzugehen. Das objektive Denken begreift den Leib wie die anderen Objekte in der Welt. Diese sind gegenseitig verbunden und koordiniert durch funktionale Beziehungen, wie die Physik sie analysiert. Der Leib aber geht in der Bestimmung als so verstandenes Objekt nicht auf. Merleau-Pontys Phänomenologie richtet sich auf ein Vergessen – so wie Heideggers hermeneutische Phänomenologie auf ein «Seinsvergessen» gerichtet ist. Denn die wissenschaftliche Anschauungsweise hat die Erfahrung degradiert, so daß wir vergessen haben, was es heißt zu sehen, zu hören oder generell wahrzunehmen.[23] Die ‹objektivierende› Einstellung hat die alltägliche Seinsweise infiziert. Wir betrachten unsere Wahrnehmung kurzerhand als ein Objekt oder eine Erscheinung in der Welt gleich anderen Begebenheiten, anstatt sie als die Erschließung oder den Zugang zu der Welt, in der wir leben, zu begreifen und damit als Voraussetzung für das objektive Denken. Der empiristische Philosoph beschreibt die Wahrnehmung – wie der Biologe die Fauna eines fremden Landes beschreibt[24], ohne zu entdecken, daß er bereits selbst wahrnimmt, ohne zu sehen, daß die Wahrnehmung, so wie er sie lebt, das dementiert, was er über sie sagt.

Die traditionellen Analysen der Wahrnehmung gehen von der Wahrnehmung eines Einzeldings aus, zum Beispiel eines Tischs, eines Glases, eines Aschenbechers; aber die abstrakte, isolierte Wahrnehmung ist eben – isoliert. Empirismus und Intellektualismus vergessen gleichermaßen, daß die Wahrnehmung auf einem Hintergrund, in einem Kontext geschieht. In der natürlichen, alltäglichen Einstellung gehe ich strenggenommen nicht umher und habe Wahrnehmungen von Objekten; ich habe einen Strom von Erfahrungen, die aufeinander verweisen und einander verdeutlichen.[25] Sie gehören in eine Konfiguration oder einen Sinnkontext. Wir können hier Merleau-Pontys eigenes Beispiel nehmen: Paris ist für mich nicht nur ein Objekt mit Tausenden von Facetten, nicht nur eine Summe faktischer und möglicher Wahrnehmungen; jede ausdrückliche Wahrnehmung, die ich bei meinem Stadtbummel habe – die Cafés, die Gesichter, die Brücken, die Autos –, bekräftigt einen bestimmten Sinn oder eine bestimmte Bedeutung, die die Stadt für mich hat («un certain sens de Paris»). – Die Wahrnehmung geschieht auf einem Hintergrund, welcher zugleich räumlich und zeitlich ist. Jede

Wahrnehmung setzt bei dem Subjekt, das wahrnimmt, eine Vergangenheit voraus, weil eine Wahrnehmung nur möglich ist, wenn sie ein bereits erworbenes, ihr zugrundeliegendes Wissen aktualisiert. So ‹verstehe› ich die Gesichter, die Gebäude, die Straßen kraft des vorausgesetzten Wissens, das in die Leiblichkeit eingegangen ist. Meine Wahrnehmung ist daher mit meiner Geschichte und der Geschichte, die mir vorausgeht, verbunden.

Wir erfahren, daß der Leib Ausdruck ist. Rede, Mimik, die Bewegungen anderer Menschen haben für uns einen Sinn, sie sagen uns etwas. Der Körper wird ausdrucksvoll dadurch, daß sich unsere Existenz erst in den leiblichen Ausdrücken, insbesondere im gesprochenen Wort, verwirklicht; wir leben uns aus in einer körperlichen Welt. Der Leib als Ausdruck ist kein bloß ‹Äußeres›, das einen ‹inneren›, seelischen Prozeß begleitet. Daß sich die Existenz erst in den äußeren, leiblichen Ausdrükken realisiert, heißt, daß es eben keine zufällige Verbindung zwischen Innerem und Äußerem gibt. Das Ausgedrückte und der Ausdruck können nicht voneinander getrennt werden – oder genauer: Sie können zwar getrennt werden, aber nur durch eine Abstraktion. Das Ausgedrückte – der Geist, die Seele, der ‹innere› Sinn oder die Intention – und der Ausdruck – der Leib, die Zeichen – sind für sich genommen abstrakte Momente. Das zentrale Phänomen, von dem sie absehen, ist der inkarnierte Sinn (*le sens incarné*).[26] Der Sinn aktualisiert sich erst im Ausdruck, was umgekehrt bedeutet, daß die Leiblichkeit nicht mehr als ein zufälliger Umstand an unserer Existenz verstanden werden kann.

Diese Umwertung der Leiblichkeit drückt Merleau-Ponty auch so aus, daß der Körper eine metaphysische Struktur hat, indem er zugleich Objekt für einen Anderen und Subjekt für mich ist.[27] ‹Metaphysik› heißt hier das Erscheinen eines Seins jenseits der Natur oder des Objekts. Die metaphysische Struktur oder Zweideutigkeit (*ambiguïté*) des Leibes kommt deutlich in der Sexualität zum Ausdruck, weil diese die Spannung in der menschlichen Existenz zwischen Autonomie und Abhängigkeit aufzeigt. Diese Spannung bestimmt die Erschlossenheit des Menschen gegenüber einem ‹Anderen›. Damit sind wir bei der Frage nach dem Anderen und der menschlichen Welt angelangt. Die Zweideutigkeit der menschlichen Existenz zeigt sich primär in der kulturellen Welt, die durch menschliche Subjektivität geschaffen und zugleich Objektivität einer anderen Ordnung ist.

Ich lebe nicht nur in einer natürlichen, physischen Welt. Um mich herum gibt es Wege, Städte, Kirchen, Werkzeug, Fabriken usw. Sie tragen alle Spuren menschlichen Handelns.[28] Das Sonderbare ist, daß sich die Handlungen, durch die der Mensch seinem Leben Gestalt gegeben hat oder gibt, außerhalb von ihm ablagern und dort eine anonyme Existenz als Dinge führen. Von diesen Dingen zeugt etwa die Landschaft, die ich vom Zug aus sehe und in der sich die menschlichen Handlungen niedergeschlagen haben. Auch die Reste einer urzeitlichen Gesellschaft – Gebäude, Münzen, Werkzeuge, Dokumente usw. – zeugen mehr oder weniger deutlich von uns fremd gewordenen, anderen Lebensweisen.

Das Problem ist, wie solche Dinge von anderem Bewußtsein, von den Lebensformen anderer Menschen zeugen können. Wie kann ein Objekt im Raum zu einer Spur werden, die auf eine fremde Existenz verweist? Dieses Problem verknüpft Merleau-Ponty mit der Frage nach der Intersubjektivität, mit der sich Husserl in den *Cartesianischen Meditationen* beschäftigt hat. Zwar kann die Konstituierung einer Gesellschaft nicht auf die Konstituierung des Anderen zurückgeführt werden, da die Gesellschaft anderes und mehr ist als eine Sammlung von Bewußtsein. Aber die Wahrnehmung des Anderen führt dennoch im Prinzip zur gleichen Schwierigkeit wie die Wahrnehmung der kulturellen Welt. Denn das erste kulturelle Objekt – das, worin die anderen existieren – ist ihr Leib.

Die Schwierigkeit liegt in dem ‹Paradox›, daß wir es hier mit einem Bewußtsein zu tun haben, welches wir von außen her als ein Objekt ansehen. Es sind Gedankenakte, Intentionen, die sich im Äußeren befestigen, also außerhalb des Urhebers zum Vorschein kommen. Diese objektive Betrachtungsweise reduziert den Leib zu dem Objekt, von dem auch die Physiologie spricht. Andere als diese beiden Seinsweisen, so jedenfalls lautet die traditionelle Annahme, gibt es nicht; alles, was ist, existiert entweder als Objekt an sich oder als Bewußtsein für sich. Aber wie verhält es sich mit der Existenz des Anderen? Diese gibt sich für mich nur durch den Leib des Anderen oder durch die Spuren, die dieser hinterlassen hat. Sollen wir die Erfahrung eines anderen Menschen aus dem objektiven Denken heraus erklären, wird das Resultat zu einem Widerspruch: Der Andere vor mir ist ein Objekt, und doch existiert er für sich, als ein anderes Bewußtsein. Die Existenz des Anderen ‹fällt zwischen› den Gegensatz von Objekt und Bewußtsein.

Wie bei der Beschreibung des «corps propre» erwähnt, sind wir in dem Maße, wie sich der Leib der objektiven Betrachtung entzieht, gezwungen, eine dritte Seinsweise zwischen Subjektivität und Objektivität anzunehmen. Aber wenn ich als Subjekt inkarniert, als Bewußtsein körperlich bin, warum sollte der Körper des Anderen dann nicht auch ein Bewußtsein haben? – Eine Antwort erfordert allerdings, daß wir zwischen dem Leib als Phänomen, dem Leib-für-uns, dem Körper des Anderen und meinem eigenen Körper auf der einen Seite, dem Leib als Objekt, etwa für die Physiologie, auf der anderen Seite, unterscheiden. Aber ersetzen wir dann nicht den Gegensatz von Subjekt und Objekt bloß durch den Gegensatz von Leibphänomen und Leibobjekt? Wie verhalten sie sich zueinander? Merleau-Ponty antwortet, daß der Leib als physiologisches Objekt durch eine Nivellierung oder Verarmung (*appauverissement*) des Leibphänomens entsteht. Die objektive Betrachtungsweise schneidet gleichsam den Ausdruckscharakter des Leibes weg.

Umgekehrt hat sich aber auch der Bewußtseinsbegriff verändert. Wir dürfen nicht wie der Intellektualismus das Bewußtsein als reines Fürsichsein verstehen (Sartre), sondern als ein perzeptives, als Wahrnehmung in der Welt. Als körperliches Subjekt bin ich nicht selbst-transparent. Die Perspektive, aus der ich die Welt betrachte, hat keine festen Grenzen; es gibt immer anderes und mehr zu erfahren. Da meine Perspektive offen ist, ist der Andere nicht in sie eingeschlossen. Kraft unserer Leiblichkeit nehmen wir teil an einer gemeinsamen Welt. Die Welt der Wahrnehmung überschreitet das einzelne wahrnehmende Ich. Damit kann die Perspektive des Anderen auch meine Perspektive überschreiten. Zum Beispiel beobachte ich einen Anderen, der an einem Stück Holz schnitzt. Dadurch bekommen die Dinge, die ihn umgeben, das Holz, das Werkzeug, für mich eine neue Bedeutungsschicht. Sie sind nicht länger bloß das, zu dem ich sie machen könnte, wenn ich sie benutzte; sie sind auch das, wozu sie dieses andere Verhalten (*comportement*) macht. Damit erscheint der Leib des Anderen nicht mehr bloß als ein Teil der Welt, sondern als eine besondere Sicht oder Perspektive dieser Welt. Die gemeinsame Welt ist unser Horizont.

Der Kernpunkt in Merleau-Pontys Kritik des Empirismus und Intellektualismus ist, daß diese beiden Richtungen die Welt zu einem «tout fait»[29] machen, zu einem abgeschlossenen Rahmen all dessen, was geschehen kann. Aber die Welt, zu der wir durch die Wahrnehmung Zugang haben, ist undurchsichtig, unfertig, offen. Sie liegt nicht frei entfaltet vor unbeteiligten Zuschauern, sondern wird erst durch das Engagement, das bereits in der Wahrnehmung enthalten ist, entdeckt. Damit macht Merleau-Ponty die Endlichkeit geltend, die zu unserer Leiblichkeit oder Inkarnation gehört. Das Gegebene ist die Erfahrung als Zusammenspiel zwischen einem endlichen Subjekt und einer undurchsichtigen Welt, aus der es entsteht und in der es sich engagiert.[30] Diese

Undurchsichtigkeit und Endlichkeit ist kein Mangel. Der Versuch, von der Endlichkeit abzusehen, hat im Gegenteil zur Folge, daß der Ausdruckscharakter der Leiblichkeit übersehen und die Welt auf eine Dimension reduziert wird. Die Welt, die wir erfahren, ist jedoch eine offene Totalität.[31]

Texte Merleau-Pontys

La structure du comportement. Paris 1942 (dt. Die Struktur des Verhaltens. Berlin 1976).

Phénoménologie de la perception. Paris 1945 (dt. Phänomenologie der Wahrnehmung. Berlin 1966) (= *PW*).

Le primat de la perception et ses conséquences philosophiques. In: Bulletin de la Société française de Philosophie. Paris 1947, S. 119–153.

Humanisme et terreur. Paris 1947, Neuausgabe 1972 (dt. Humanismus und Terror. 2 Bde. Frankfurt/M. 1966) (= *HT*).

Sens et non-sens. Paris 1948. Zit. 5. Aufl. Paris 1966 (= *SNS*).

Éloge de la philosophie. Paris 1953 (dt. in: Vorlesungen 1. Berlin 1973).

Les aventures de la dialectique. Paris 1955 (dt. Die Abenteuer der Dialektik. 2 Bde. Frankfurt/M. 1966) (= *AD*).

Signes. Paris 1960 (= *S*).

L'œil et l'esprit (1961), selbständig publiziert Paris 1964 (dt. in: Das Auge und der Geist. Hamburg 1984).

Un inédit de Maurice Merleau-Ponty. In: Revue de métaphysique et de morale. Paris 1964, S. 401–409.

Le visible et l'invisible. Paris 1964.

Résumés de cours. Collège de France 1952–60. Paris 1964 (dt. in: Vorlesungen 1. Berlin 1973) (= *Res.*).

Das Auge und der Geist. Hamburg 1984.

Vorlesungen 1 (Schrift für die Kandidatur am Collège de France, Lob der Philosophie, Vorlesungszusammenfassungen 1952–60, Die Humanwissenschaften und die Phänomenologie). Hamburg 1973 (= *V*).

Bibliographien

Philosophisches Jahrbuch 77 (1970), S. 434–443 (sämtliche publizierten Schriften von Merleau-Ponty, keine Sekundärliteratur).

Maurice Merleau-Ponty: Das Auge und der Geist. Berlin 1984, S. 151–185 (ausführliche Bibliographie zu den Schriften Merleau-Pontys sowie zur Sekundärliteratur, nach Problemkreisen geordnet).

Literatur

Boehm, R.: Vom Gesichtspunkt der Phänomenologie II, Studien zur Phänomenologie der Epoche. Den Haag 1981 (= Phaenomenologica Bd. 83, S. 173–236).

Boer, K. de: Maurice Merleau-Ponty. Die Entwicklung seines Strukturdenkens. Bonn 1978.

Chadarevian, S. de: Zwischen den Diskursen. Maurice Merleau-Ponty und die Wissenschaften. Würzburg 1990.

Coenen, H.: Diesseits von subjektivem Sinn und kollektivem Zwang. München 1985.

Holz, H. H.: Situierung eines Denkers: Bemerkungen zu Maurice Merleau-Ponty. In: Festschrift zum 80. Geburtstag von G. Lukács. Neuwied/Berlin 1966, S. 317–329.

Lyotard, J.-F.: La phénoménologie. Paris 1954 (erweiterte Ausgabe 1976).

Melle, U.: Das Wahrnehmungsproblem und seine Verwandlung in phänomenologischer Einstellung. Den Haag/Boston 1983.

Métraux, A./Waldenfels, B. (Hg.): Leibhaftige Vernunft. Spuren von Merleau-Pontys Denken. München 1986.

Robinet, A.: Merleau-Ponty. Paris 1963 (erweiterte Ausgabe 1970).

Tilliette, X./Métraux, A.: Das Problem des Sinnes. In: Grundprobleme der großen Philosophen. Philosophie der Gegenwart Bd. II. Hg. von J. Speck. Göttingen 1973, S. 181–229.

Waehlens, A.: Une philosophie de l'ambiguïté. L'Existentialisme de M. Merleau-Ponty. Louvain 1951, [4]1971.

Waldenfels, B.: Phänomenologie in Frankreich. Frankfurt/M. 1983, S. 142–217 (mit Bibliographie).

–: In den Netzen der Lebenswelt. Frankfurt/M. 1985.

Anmerkungen

1 Vgl. H. Spiegelberg: The Phenomenological Movement. In: Phaenomenologica 5/6. Den Haag [3]1982, S. 547.

2 Vgl. van Breda: Maurice Merleau-Ponty et les Archives-Husserl à Louvain. In: Revue de métaphysique et de morale, 1962, S. 410–430.

3 Merleau-Ponty, *PW*, S. 4.

4 Merleau-Ponty, *PW*, S. 7.

5 Husserl: Husserliana 1 (1929/31, 1950), § 1.

6 Merleau-Ponty, *PW*, S. 346.

7 Merleau-Ponty, *PW*, S. 461.

8 Merleau-Ponty, *PW*, S. 5.

9 Merleau-Ponty, *PW*, S. 6.

10 Merleau-Ponty, *PW*, S. 7.
11 Merleau-Ponty, *PW*, S. 149, Anm. 56.
12 Merleau-Ponty, *PW*, S. 343 f.
13 Merleau-Ponty, *PW*, S. 148, Anm. 55.
14 Merleau-Ponty, *PW*, S. 166.
15 Merleau-Ponty, *PW*, S. 5.
16 Merleau-Ponty, *PW*, S. 79 f, 207 f, 234.
17 Merleau-Ponty, *PW*, S. 167 f.
18 Merleau-Ponty, *PW*, S. 173, 181–184.
19 Merleau-Ponty, *PW*, S. 173 f.
20 Merleau-Ponty, *PW*, S. 239 ff.
21 Merleau-Ponty, *PW*, S. 242 f.
22 Merleau-Ponty, *PW*, S. 263.
23 Merleau-Ponty, *PW*, S. 268.
24 Merleau-Ponty, *PW*, S. 244.
25 Merleau-Ponty, *PW*, S. 327.
26 Merleau-Ponty, *PW*, S. 198.
27 Merleau-Ponty, *PW*, S. 200.
28 Merleau-Ponty, *PW*, S. 398 ff.
29 Merleau-Ponty, *PW*, S. 244 f.
30 Merleau-Ponty, *PW*, S. 257.
31 Merleau-Ponty, *PW*, S. 257.

Arne Grøn

Maurice Merleau-Ponty: Leiblichkeit und Geschichte

Humanismus und Terror

Seit Mitte der 40er Jahre bis etwa 1960 beherrschte die Auseinandersetzung zwischen ‹Existentialismus› und Marxismus die intellektuelle Szene. Zur Zeit der Befreiung (1944) trat der Existentialismus als Modephilosophie hervor; zugleich ging die kommunistische Partei gestärkt aus der Widerstandsbewegung hervor. Ein früher Versuch Sartres, Berührungspunkte zwischen diesen beiden Richtungen zu finden[1], wurde bald von einer unfruchtbaren und diffusen Dauerdebatte abgelöst. Den Existentialismus reduzierte die kommunistische Seite auf einen Idealismus, auf eine abstrakte Hervorhebung des Individuums und damit auf eine bürgerliche Ideologie. Aber das, was man ihm gegenüberstellte, war eine ebenso abstrakte Betonung der materiellen und sozialen Wirklichkeit.

Inmitten dieser Konfrontation wurde der erste systematische Versuch unternommen, Existentialismus und Marxismus zu verbinden, und zwar von Merleau-Ponty. Sein Artikel aus dem Jahre 1945 über Sartres *L'être et le néant* und die anschließende Diskussion schloß mit den Worten: «Ein lebender Marxismus sollte das existentialistische Suchen ‹retten› und integrieren, anstatt es zu ersticken.»[2] Das, was diese Versöhnung begründen sollte, war das beiden gemeinsame «Pathos»[3], der Humanismus. Sartre hatte polemisch gegen den Marxismus eingewendet, Existentialismus sei Humanismus. Doch war das Ziel des Marxismus nicht auch die Befreiung, die Selbstverwirklichung des Menschen? Der Marxismus, mit dem sich die ‹Existentialisten› konfrontiert sahen, war indessen die Philosophie der französischen kommunistischen Partei, die in stalinistischer Orthodoxie erstarrt war. Merleau-Ponty suchte nach dem, was der Marxismus ‹eigentlich› ist, nämlich das Aufzeigen der sozialen Dimension der menschlichen Existenz.[4] Aber wie wird eine solche ‹humanistische› Marxdeutung mit den geschichtlichen Begebenheiten jener Zeit fertig: den Moskauer Prozessen 1936 bis 1938, den Straflagern in der Sowjetunion, der Unterdrückung der Erhebungen in Ostberlin 1953, in Ungarn 1956 usw.?

Die Frage der Interpretation jener Ereignisse spielt eine entscheidende Rolle in der ‹Humanismusdiskussion›. Merleau-Ponty bringt sie in seinem Buch *Humanisme et terreur* aus dem Jahre 1947 auf den Begriff. Das Problem ist, wie der Titel andeutet, schon bei Kojève zu finden: In der Geschichte geht es um die Befreiung des Menschen; aber diese Befreiung geschieht durch ‹Arbeit und Kampf›, letztlich durch Gewalt. Bei Merleau-Ponty tritt diese Folgerung als Dilemma auf: Kann das Ziel, die Herstellung humaner Beziehungen zwischen den Menschen, mit Gewalt erreicht werden? Die Gegenfrage lautet: Wie können sonst, unter unmenschlichen Bedingungen, humane Verhältnisse geschaffen werden? Das Problem liegt im Charakter der Gewalt, die zur Befreiung führen soll. Die Frage kann also so gewendet werden: Gibt es eine Form von Gewalt, die «sich selbst überwindet in Richtung auf eine menschliche Zukunft»[5]?

Für Merleau-Ponty erweist sich dieses Interpretationsschema als problematisch. Seine zögernde, bewußt zweideutige Antwort in *Humanisme et terreur* beinhaltete eine vorsichtige Unterstützung der kommunistischen Partei dadurch, daß Merleau-Ponty Abstand nahm von den liberalen Demokratien, die sich auf eine versteckte Gewalt gründen (etwa die Unterdrückung bestimmter sozialer Gruppen, die Ausbeutung der Kolonien). Die Prinzipien dieser Demokratien sind human, während die Gewalt in der Praxis, wenn auch im Schutze humaner Prinzipien, freien Lauf hat. Im Vergleich hierzu ist die Gewalt in der Sowjetunion offiziell, während ‹im Alltag› Menschlichkeit herrscht.[6] Es fragt sich jedoch, welches Maß an Gewalt eine solche Legitimation, die ihre Kraft aus der Ablehnung der entgegengesetzten Position (hier der liberalen Demokratie) bezieht, eigentlich rechtfertigt. Kann damit auch schon die Politik der kommunistischen Partei gerechtfertigt werden? Merleau-Ponty änderte jedenfalls seine zögernde Haltung schnell. In einem Artikel vom Januar 1950 in *Les temps modernes* nahm Merleau-Ponty die Frage nach den Straflagern in der Sowjetunion wieder auf. Die Beweise für ihre Existenz wurden immer deutlicher: Wenn sich in den Lagern zehn Millionen Menschen befinden, dann «verwandelt sich das ganze System und ändert die Bedeutung»[7]. «Man kann nicht von Sozialismus reden, wenn jeder zwanzigste Bürger in einem Konzentrationslager sitzt.»[8]

Bereits Ende der 40er Jahre hatte Cornelius Castoriadis das sowjetische System analysiert, insbesondere die Produktionsweise und die Produktionsverhältnisse. Diese seien eine neue Form der Ausbeutung. Es existiere eine besondere Klasse, die Bürokratie, die über den Produktionsprozeß auf allen Ebenen bestimmt. Die sozialistischen Keime der Oktoberrevolution 1917 seien zu Instrumenten des bisher vollkommensten Systems der Ausbeutung und Unterdrückung umgebildet worden.

Man muß sich fragen, ob diese Entwicklung der Revolution zu einer totalitären Bürokratie bloß ein vorübergehendes Unglück darstellt, welches die theoretische Grundlage an sich unberührt läßt – wie Trotzkij meinte. Castoriadis kam zu dem entgegengesetzten Schluß: Im Marxismus selbst gibt es etwas, das diese Entwicklung vorbereitet. Diese Abrechnung mit dem Marxismus geschieht in *Marxisme et théorie révolutionnaire* von 1964/65. Castoriadis kritisiert hier die Grundlage von Marx, nämlich seine Geschichtsphilosophie.

Geschichte ist durch eine ständige Erzeugung des Neuen charakterisiert, sie ist nicht von vornherein bestimmt. Bei Marx wird sie zum Punkt einer technischen Entwicklung, die eine kommunistische Zukunft sichern soll. Der Fortschritt ist sozusagen in den geschichtlichen Verlauf eingebaut. Doch damit wird die Frage nach der menschlichen Praxis und dem Handeln verkehrt. ‹Praxis› wird zu einer einfachen Anwendungsform der ‹Theorie›, also zur Technik. Sie wird reduziert auf eine Form der Arbeit oder Manipulation an einem gegebenen Material. Hauptpunkt in Castoriadis' Kritik der materialistischen Tradition ist seine an Merleau-Ponty anknüpfende Bestimmung der Praxis als Handeln, in dem der Andere oder die Anderen als selbstbestimmte (autonome) Wesen gesehen werden.[9] – Merkwürdigerweise wurde Castoriadis über zwei Jahrzehnte hinweg ignoriert – erst vom Mai 1968 an nahm ihn die öffentliche Diskussion zur Kenntnis.

Ab 1950 distanzierte sich Merleau-Ponty zunehmend von der kommunistischen Partei; seine Skepsis galt immer mehr der marxistischen Geschichtsphilosophie. Diese formulierte er in dem Buch *Les aventures de la dialectique* (dt. Die Abenteuer der Dialektik) von 1955. Im Schlußkapitel richtet sich die Kritik direkt gegen Sartre. Die Bewegung, die Sartre im Hinblick auf den Marxismus durchlaufen hat, ist derjenigen Merleau-Pontys entgegengesetzt: Während Sartre anfänglich die Konfrontation mit dem offiziellen Marxismus suchte, entwarf Merleau-Ponty eine Versöhnungsstrategie. Ihre Ansichten kreuzten sich um 1950. Danach ging wiederum jeder seiner Wege. Während sich Merleau-

Ponty von der kommunistischen Partei entscheidend entfernte, versuchte Sartre eine Annäherung. Letzteres kam vor allem in der Artikelserie *Les communistes et la paix* (1952–54) zum Ausdruck, einer ‹relativen› Rechtfertigung der kommunistischen Partei und der Sowjetunion. Sartre geht in seiner Argumentation auf Abstand zu seiner eigenen Klasse und deren bürgerlicher Ideologie. Die Uneinigkeit zwischen Sartre und Merleau-Ponty führte 1952 dazu, daß Merleau-Ponty die Redaktion von *Les temps modernes* verließ. Sartres Annäherung an die kommunistische Partei wurde jedoch 1956 durch den Volksaufstand in Ungarn unterbrochen; von da an konzentrierte er seine Kräfte auf den Versuch, den Existentialismus mit dem Marxismus zu vereinen, allerdings in kritischer Auseinandersetzung mit dem offiziellen Marxismus. Nachzulesen ist sie in dem Artikel *Existentialisme et marxisme* von 1957, der den Auftakt bildet zur *Critique de la raison dialectique*. Sartre nahm hier den Versöhnungsversuch wieder auf, den Merleau-Ponty früher entworfen hatte, um den Marxismus als Geschichtsphilosophie neu zu begründen.

Die Freiheit in der Situation

Die philosophische Entwicklung bis in die 60er Jahre kann aber auch anhand der existentiellen Phänomenologie, des philosophischen Kraftzentrums dieser Periode, beschrieben werden. Die über Sartres *L'être et le néant* hinausgehende philosophische Erneuerung entstammt primär Merleau-Pontys Phänomenologie als Gesellschafts- und Geschichtsphilosophie.

Die Kritik am offiziellen Marxismus war verhältnismäßig einfach: Dieser vernachlässige den Begriff der menschlichen Subjektivität, den er selbst voraussetzen muß. Die Korrektur des Existentialismus dagegen ist komplex.

Merleau-Ponty schließt die *Phénoménologie de la perception* («Phänomenologie der Wahrnehmung») mit einer Diskussion des Freiheitsbegriffs, die auf dem Hintergrund von Sartres *L'être et le néant* geführt wird. Der Hauptkritikpunkt Merleau-Pontys ist Sartres Versuch, die Freiheit aus der abstrakten Gegenüberstellung von Ansichsein und Fürsichsein, dem Sein der Dinge und dem Sein des Bewußtseins, heraus zu verstehen. Zum Beispiel kann man die ‹Wahl› der Klassenzugehörigkeit weder als mechanisch determinierte noch als absolut freie verstehen. Es ist eine Wahl, die durch unsere Art und Weise, in der Welt zu leben, durch unser Verhältnis zu anderen und zu unserer Arbeit bestimmt wird. Die menschliche Existenz geht nicht in den gegebenen Umständen auf, aber sie ist auch keine Freiheit ohne Umstände.

Die abstrakte Freiheit bei Sartre bedeutet eine abstrakte, punktuelle Wahl. Sie ist abstrakt, weil sie von der Situation getrennt ist. Das hängt damit zusammen, daß Sartre die Freiheit negativ bestimmt, nämlich als ständige Möglichkeit, Nein zu sagen, das Gegebene zu überschreiten und zu verneinen, um etwas anderes zu tun. Dieses ‹Andere› bleibt unbestimmt: Es ist irgendein Anderes als das Gegebene. Aber es ist immer noch etwas Anderes. Die verneinende Handlung führt zu einem Resultat, wird zu einem Faktor in einem Zusammenhang. Die Bestimmung der Freiheit durch die Negation des Gegebenen oder durch das Abtrennen von einer gegebenen Situation ist nur ein abstraktes, negatives Moment. Das Verneinen oder Losreißen erfolgt auf dem Hintergrund eines umfassenden Engagements in der Welt.[10]

Merleau-Ponty zeigt dies an einer extremen Entscheidungssituation, die Sartres Bestimmung der Freiheit Nahrung zu geben scheint. Ein Mensch, der gefoltert wird und trotzdem die verlangten Namen und Adressen nicht preisgibt, trifft keine isolierte Wahl in einem Leerraum. Er denkt an seine Kameraden, ist immer noch in dem gemeinsamen Kampf engagiert; er ist gleichsam außerstande zu reden. Vielleicht hat er sich schon monate- oder jahrelang auf diese Prüfung vorbereitet, irgendwann sein Leben auf diese Möglichkeit hin ausgerichtet.[11]

Bereits in *L'être et le néant* hatte Sartre den Begriff des Engagements verwendet, um die menschliche Existenz zu charakterisieren; in seinem Versuch, den Konsequenzen seines individualistischen Freiheits- und Wahlbegriffs zu entgehen, beschrieb er in den Jahren unmittelbar nach dem Krieg den Existentialismus als eine «Philosophie des Engagements». Doch auch hier bleibt sein Freiheitsbegriff abstrakt. In *Les aventures de la dialectique* merkt Merleau-Ponty kritisch an: «Das Engagement im Sinne Sartres ist Negation der Verbindung zwischen uns und der Welt, die er scheinbar bejaht; oder vielmehr, Sartre versucht aus der Negation eine Verbindung zu machen.»[12]

Sartre bestimmt in *L'être et le néant* die Beziehung des Menschen zum Gegebenen durch den Begriff der Negation; damit wird die Verbindung mit der Wirklichkeit verneint. Der ‹Engagement›begriff soll diese nun wieder herstellen. Aber wie kann dies möglich sein, wenn das Engagement wiederum als absolute, ungebundene Wahl verstanden wird, als ein bewußtes, willentliches Sich-Einsetzen für ein Anderes als das Gegebene? – Das bewußte Engagement muß sich, wie Merleau-Ponty hervorhebt, auf ein vorhergehendes, stummes Engagement stützen.[13] Damit ist gemeint, daß wir in unserer konkreten Situation für eine Sache leben, durch unsere Lebensweise in dieser Sache ‹engagiert› sind. Die konkrete Freiheit ist Freiheit in und durch die Situation.

Mit dieser Kritik nimmt Merleau-Ponty Bezug auf das Paradox, welches Sartres *L'être et le néant* beherrscht.[14] Auf der einen Seite hebt Sartre den Zusammenhang zwischen Freiheit und Situation hervor: Er beschreibt einen ‹Ort› zwischen dem Bewußtsein und den Dingen, nämlich die Situation der Freiheit. Auf der anderen Seite begreift er die Freiheit abstrakt, als ob die Situation oder die Umstände die absolute Wahl nicht beträfen. Merleau-Ponty präzisiert den Begriff Freiheit in der Situation, indem er sich löst von Sartres Abstraktionen von Freiheit und Engagement. Der Situationsbegriff «schließt eine absolute Freiheit im Ursprung unserer Engagements aus»[15]. Merleau-Pontys Präzisierung kann insofern als eine Weiterentwicklung des dialektischen Ansatzes von *L'être et le néant* betrachtet werden: Die Situation, in der die Freiheit existiert, wird zu einer sozialen und geschichtlichen.

Existenz und Dialektik

Dem abstrakten Freiheitsbegriff liegt Sartres Trennung der zwei Seinsformen, des An-sich und des Für-sich, zugrunde. Merleau-Pontys Kritik muß sich folglich auf diese grundlegende Unterscheidung in *L'être et le néant* beziehen.[16] Seine Gegenposition ist bereits mit dem Begriff der perzeptiven Welt angedeutet, also der Welt, in der wir wahrnehmend existieren.

Das menschliche Handeln, um das es Sartre geht, ist nicht nur eine Überschreitung oder Verneinung des Gegebenen, sondern hat auch ein Resultat. Es ist nicht nur ‹für-sich›; denn indem es ein Gegebenes geworden ist, ist es sozusagen erstarrt. Es ist auch nicht bloß ‹an-sich›; denn es ist ja von menschlicher Aktivität geprägt. Es ist kein bloß Passives oder Fremdes, sondern hat eine Bedeutung für uns. Man kann daher von einem Sein ‹zwischen› dem Fürsichsein und dem Ansichsein sprechen. Dieser ‹Zwischenstatus› besteht nach Merleau-Ponty primär darin, daß er die Frage nach dem Sinn des Produkts aufkommen läßt. Und dies gilt für alle menschlichen Erzeugnisse; sie fallen sozusagen zwischen das bloße Fürsichsein des Bewußtseins und das Ansichsein der Dinge. Sie bilden eine ‹Zwischenwelt› (*intermonde*).[17]

Das Fürsichsein des Bewußtseins ist durch menschliche Aktivität, die das Gegebene umformt, charakterisiert. Diese Aktivität entfaltet sich in einem Zusammenhang, der von früheren Handlungen geprägt ist. So gebraucht sie ‹Instrumente›, die durch eine frühere Aktivität erschaffen worden sind. Um einen Freund im Café zu treffen, muß ich den Bus nehmen, ein paar Straßen weit gehen, die Tür zum Café öffnen usw. Der Zusammenhang, in den die Handlung eingeht, hat einen sozialen und geschichtlichen Charakter; diesen nennt Merleau-Ponty ‹Zwischenwelt›. Man kann allein schon zu diesem Begriff gelangen, wenn man im Fürsichsein des Bewußtseins seinen Ausgangspunkt nimmt. Dieses erweist sich als ein Handeln, das in einem sozialen und geschichtlichen Zusammenhang, einer Praxis stattfindet. ‹Zwischenwelt› heißt die Welt, die sich zwischen dem Bewußtsein und den Dingen sowie unter den Menschen selbst bildet. Diese zwei Punkte müssen jedoch als Einheit gesehen werden: Die Beziehungen zwischen den Menschen und damit den verschiedenen Freiheiten gehen über die Beziehungen zu den Dingen.

In diesem Begriff der Zwischenwelt werden die drei ‹Seinsformen› von *L'être et le néant* zusammengehalten: Fürsichsein (das Sein der Freiheit, des Bewußtseins), Ansichsein (das Sein der Dinge) und Für-Andere-Sein. Wie bei Sartre bildet die «Dialektik der Anerkennung» das Bindeglied. Aber erst bei Merleau-Ponty wird Hegels Pointe ausgeführt, daß Freiheit nur in Beziehung auf andere verwirklicht werden kann. Unser Verhältnis zu uns selbst ist bereits durch das ‹Gemeinsame›, das Allgemeine vermittelt.[18] Das menschliche Dasein wird von Merleau-Ponty als eine im wesentlichen soziale Existenz verstanden, als Koexistenz.[19] Sie gibt es für ihn nur im Konkreten, in der Situation; aber das Konkrete ist hier der Vermittlungszusammenhang, der soziale, geschichtliche und sprachliche Kontext der Individuen. Dieser Vermittlungszusammenhang, in dem wir existieren, hat eine dialektische Struktur. Merleau-Ponty kann auf diese Weise Existenz und Dialektik in Einklang bringen. Und diese Verbindung charakterisiert seine «konkrete Philosophie».[20]

Dies geht allerdings nicht ohne Spannung ab. Merleau-Ponty betont in seiner Phänomenologie die grundlegende Bedeutung von Wahrnehmung und Leiblichkeit wie auch die von Geschichte und Sprache. Die Wahrnehmung und die Leiblichkeit haben grundlegende Bedeutung kraft ihres unmittelbaren Charakters: Die Wahrnehmung hat einen ‹Vorrang›[21] durch ihren unmittelbaren Zugang zur Welt, in der wir leben. Die Leiblichkeit bedeutet, daß wir unmittelbar in der Welt sind, bevor wir reflektierend uns selbst begreifen. Damit betont Merleau-Ponty das immer schon Gegebene. Umgekehrt sind Geschichte und Sprache insofern grundlegend, als sie den Vermittlungszusammenhang ausmachen, in welchem wir existieren. Die zwei gegenläufigen Interpretationen des Konkreten kreuzen sich bei Merleau-Ponty. Der Versuch, sie zusammenzuhalten, ergibt in dieser Phänomenologie, die sonst als ein Zurücksehnen nach einem ursprünglichen Zustand der Fülle betrachtet werden könnte, eine umfassende Spannung.

Das Vorgegebene ist bei Merleau-Ponty die Welt als unmittelbar in der Wahrnehmung vorhandene, in der wir durch unsere Leiblichkeit immer schon engagiert sind. Auf diesem Hintergrund ‹bildet› sich die soziale und geschichtliche Welt, oder genauer: Die Wahrnehmungswelt wird in der kulturellen Welt verlängert und umgestaltet. Hier besteht ein intimer Zusammenhang. Die Welt, zu der wir durch die Wahrnehmung Zugang haben, ist eine Welt, die für uns bereits Bedeutung hat, und als Bedeutungswelt ist sie eine soziale Welt. Dementsprechend ist unser Leib «unser Ausdruck in der Welt, die sichtbare Gestalt unserer Intentionen»[22]. Kraft unserer Leiblichkeit können wir uns durch Bewegungen und Sprache ausdrücken und uns damit zur Welt verhalten. Die Situation, in der wir durch unsere Leiblichkeit engagiert sind, ist ein sozialer, geschichtlicher und sprachlicher Zusammenhang. Umgekehrt leben wir in dieser Welt durch unsere Leiblichkeit und deren Ausdrucksfülle.

In einem Artikel vom Juni 1945 schrieb Merleau-Ponty, daß die Erfahrung des Krieges eine Wiederentdeckung der Geschichte bedeutete oder bedeuten mußte.[23] Aber gerade das Verständnis der Geschichte wird mit dem abstrakten Freiheitsbegriff und der ‹cartesischen› Trennung von an-sich und für-sich erschwert.[24] Mit diesem Freiheitsbegriff macht Sartre die Geschichte zum «unmittelbaren Resultat unserer Willensakte»[25]. Doch damit verschwindet sie. Denn erstens ist die Geschichte dadurch charakterisiert, daß sie eine ‹Zwischenwelt› in doppeltem Sinne ist und als solche die bloß individuellen Perspektiven überschreitet. Zweitens ist sie durch Undurchsichtigkeit, Mehrdeutigkeit und Kontingenz gekennzeichnet.[26] Die ‹offene Totalität›, in die wir durch unsere Leiblichkeit gestellt sind, ist eine geschichtliche Welt.

Die französische Phänomenologie von der Mitte der 40er Jahre bis etwa 1960 ist von zwei Themen beherrscht: Leiblichkeit und Geschichte. Diese beiden Grundthemen – und mit ihnen die zwei Interpretationen des Konkreten – werden vor allem bei Merleau-Ponty zusammengehalten. Dadurch kann er die Existenzphilosophie zu einer dialektischen Sozial- und Geschichtsphilosophie entwickeln, die in Sartres zweitem Hauptwerk *Critique de la raison dialectique* weitergeführt wird. Merleau-Pontys Phänomenologie kann so als ein Bindeglied zwischen den beiden Hauptwerken Sartres verstanden werden. Sie präzisiert den dialektischen Ansatz von *L'être et le néant*, aber auf eine Weise, die zugleich mit der grundlegenden Gegenüberstellung von Ansichsein und Fürsichsein bricht. Sie entwickelt den Begriff der Freiheit in der Situation durch den Begriff der sozialen und geschichtlichen Welt, «l'intermonde». Dieser Begriff der sozialen und geschichtlichen «Zwischenwelt» – und damit der dialektische Begriff des Konkreten als Vermittlungszusammenhang – wird dann in *Critique de la raison dialectique* entfaltet.

Texte Merleau-Pontys: siehe vorhergehendes Kapitel (Seite 484)

Texte

Castoriadis, Cornelius: La société bureaucratique I. Paris 1973 (Aufsätze von 1946–1949, mit einer Einführung von 1972, in der Castoriadis seine eigene Entwicklung beschreibt).

–: L'institution imaginaire de la société. Paris 1975, 1. Teil: Marxisme et théorie révolutionnaire, gedruckt bereits in: Socialisme ou barbarie, 1964–65 (dt. Gesellschaft als imaginäre Institution. Frankfurt/M. 1984).

Literatur

Poster, Mark: Existential Marxism in Postwar France. Princeton 1975 (mit Bibliographie).

Schoch, Bruno: Marxismus in Frankreich seit 1945. Frankfurt/M. 1980.

Anmerkungen

1 M. Poster: Existential Marxism, S. 109.
2 Merleau-Ponty, *SNS*, S. 143.
3 M. Theunissen: Der Andere. Berlin 1965, [2]1977, S. 239.
4 Merleau-Ponty, *SNS*, S. 142, 226.

5 Merleau-Ponty, *HT*, Bd. 1, S. 12.
6 Merleau-Ponty, *HT*, Bd. 2, S. 90.
7 Merleau-Ponty, *S*, S. 333.
8 Merleau-Ponty, *S*, S. 332.
9 C. Castoriadis: Gesellschaft als imaginäre Institution, S. 128 f.
10 Merleau-Ponty, *PW*, S. 498, 513.
11 Merleau-Ponty, *PW*, S. 515.
12 Merleau-Ponty, *AD*, S. 234.
13 Merleau-Ponty, *PW*, S. 497.
14 Merleau-Ponty, *S*, S. 196; *AD*, S. 165 f.
15 Merleau-Ponty, *PW*, S. 516.
16 Merleau-Ponty, vgl. z. B. *PW*, S. 503, 515 f; *Res.* (= Vorlesungen 1), S. 85; *SNS*, S. 125 f.
17 Merleau-Ponty, *AD*, S. 242.
18 Merleau-Ponty, *PW*, S. 511 f.
19 Merleau-Ponty, vgl. z. B. *PW*, S. 506 f.
20 Merleau-Ponty, *S*, S. 194–200; *PW*, S. 199 f; *SNS*, S. 234, 237.
21 Merleau-Ponty: Le primat de la perception.
22 Merleau-Ponty: Un inédit, S. 401, vgl. S. 405; *PW*, S. 207–235; *S*, S. 27 f.
23 Merleau-Ponty, *SNS*, S. 265, 269; vgl. Sartre: Freundschaft und Ereignis. Frankfurt/M. 1962, S. 10.
24 Merleau-Ponty, *PW*, S. 509.
25 Merleau-Ponty, *AD*, S. 118.
26 Merleau-Ponty, z. B. *SNS*, S. 141, 212; *HT*, Bd. 2, S. 99.

Arne Grøn

Der ältere Sartre: Was ist Dialektik?

Die Wiedergewinnung des Menschen im Marxismus

Die Diskussion um Existentialismus und Marxismus kulminiert in Sartres zweitem Hauptwerk *Critique de la raison dialectique* (dt. Kritik der dialektischen Vernunft, 1967) aus dem Jahre 1960. Die Antwort, die hier auf die Methodenfrage gegeben wird, läuft darauf hinaus, daß Existentialismus und Marxismus keine Alternativen darstellen. Es ist nicht nur möglich, sondern notwendig, diese beiden Richtungen zu vereinen.

Im Mittelpunkt stehen zwei Thesen, die sich in einem Spannungsverhältnis zueinander befinden. Erstens behauptet Sartre, daß der Marxismus «die Philosophie unserer Epoche»[1] ist. Zugleich ist das Buch aus der Notwendigkeit entstanden, die Entwicklung des Marxismus «in unserer Zeit» zu kritisieren. Der Marxismus – so lautet daher Sartres zweite Behauptung – braucht ein Korrektiv, das nur der Existentialismus liefern könne. Die Kritik des Marxismus muß allerdings von ‹innen› her kommen. Dem Existentialismus kommt daher die Funktion zu, Katalysator des «eigentlichen Marxismus» zu sein.[2]

Der Marxismus verdankt nach Sartre seine Faszination der Tatsache, «daß er der radikalste Versuch gewesen ist, den geschichtlichen Ablauf in seiner Ganzheit zu erhellen. Seit zwanzig Jahren jedoch verdunkle sein Schatten die Geschichte.»[3] Sartre begreift den historischen Materialismus als Versuch, die offene Geschichte, in der wir stehen, darzustellen. Doch im Marxismus der Gegenwart werden die ‹offenen› Begriffe geschlossen, sie sind unbeweglich geworden. Der Marxismus hat die empirische Analyse zu «einer simplen Zeremonie» gemacht, deren Kategorien nie selbst an der Erfahrung überprüft werden. Ihre Anwendung bekommt einen dogmatischen Charakter, weil die Gültigkeit der Kategorien vor jede Erfahrung gesetzt ist. Die Analyse wird zu einer stereotypen Einordnung verschiedenster Erfahrungen unter generelle Kategorien und Schemata. Dies bedeutet die Liquidierung des Besonderen, des Individuellen. Sartre versteht diese intellektuelle Gewaltausübung als Gegenstück zu der «physischen Liquidation» von Individuen.[4] Der Marxismus ist zu «einem absoluten Idealismus»[5] geworden, wie Sartre ironisch bemerkt.

Sartre nennt als Beispiel[6] die offiziellen kommunistischen ‹Analysen› des ungarischen Aufstands von 1956. Sie unterstreichen die Fehler der kommunistischen Partei, ohne sie jedoch näher zu bestimmen. Ferner operieren sie mit der Anwesenheit reaktionärer Elemente, aber ohne deren Realität in Ungarn zu beweisen. Schließlich stellen sie den Imperialismus als eine unerschöpfliche, unpersönliche Macht dar. Mit diesen drei mythischen Elementen ist ein Universalschlüssel geschmiedet worden, der gleich gut oder gleich schlecht für alle Aufstände paßt («une interprétation passe-partout»). Endscheidend ist, daß diese Analysen die Besonderheit des ungarischen Aufstands vollständig unterschlagen. Sie reißen ihn aus dem geschichtlichen Zusammenhang, dem der Marxismus sonst so viel Bedeutung zumißt. Es sollte klar sein, «daß ein Aufstand in Budapest, zwölf Jahre nach dem Krieg, weniger als fünf Jahre nach Stalins Tod, besondere Züge aufweisen müsse».

Diese Verfälschung des Marxismus muß durch den Existentialismus korrigiert werden, und zwar durch die Betonung der Eigenheit und Mehrdeutigkeit geschichtlicher Begebenheiten.[7] Bevor die Geschichte zu einem Gegenstand der Analyse wird, ist sie erlebte Geschichte. In dieser Antwort wird die Nähe zu Merleau-Ponty deutlich.[8]

Hinter der schematischen Analyse der geschichtlichen Begebenheiten steht ein fatales Mißverständnis der menschlichen Seinsweise. Der Marxismus – so lautet der zentrale Punkt in Sartres Kritik – ist zu einem ‹Inhumanismus› geworden. Als Gesellschafts- und Geschichtsphilosophie müßte dieser ein besonderes Verständnis für die Einzigartigkeit der menschlichen Seinsweise haben. Faktisch aber ‹enthumanisiert› er den Menschen, indem er ihn zu einem Stück Natur macht.

Das geschicht durch eine Erweiterung der dialektischen Methode auf die Natur an sich. Indem der Marxismus die Dialektik zu einer Naturdialektik macht, läßt er den Menschen in einem gesetzmäßig determinierten Naturuniversum aufgehen. Es kann von einer doppelten Übertragung gesprochen werden: Die dialektische Vernunft, die wir im Handeln des Menschen entdecken, wird als unbedingte Gesetzmäßigkeit in die nichtmenschliche Natur projiziert, um in einem zweiten Schritt wieder auf das menschliche Handeln zurückgeführt zu werden, wobei dieses einem «dialektischen Naturgesetz» gehorche.[9] Indem man den Menschen allein von den gegebenen Umständen – das heißt letzten Endes: von den ökonomischen Bedingungen – her bestimmt, reduziert man ihn auf einen passiven Gegenstand, auf ein Objekt. Dieser Determinismus gehört nach Sartre nicht zum eigentlichen Marxismus; vielmehr wurde er von außen in diesen hineingetragen. Sartre weist hier auf Marx' dritte Feuerbachthese hin:

«Die materialistische Lehre, daß die Menschen Produkte der Umstände und der Erziehung... sind, vergißt, daß die Umstände eben von den Menschen verändert werden und daß der Erzieher selbst erzogen werden muß.»[10]

Sartre liest diese These als Bestätigung dafür, daß die menschliche Praxis, das Handeln, nicht vollständig von den materiellen Bedingungen determiniert wird.[11]

Ausschlaggebend ist, daß der Marxismus, der sich dogmatisch auf die Naturdialektik stützt, seine eigene Grundlage verdeckt. Er muß als Gesellschafts- und Geschichtsphilosophie eine Anthropologie sein. Gesellschaftliche Veränderung setzt voraus, daß es Menschen gibt, die handeln, und damit eine verändernde Praxis. Der Marxismus lebt von der Vision des Menschen, der sich durch die bewußte Gestaltung seines Lebens zum Herrn über dieses Leben erhebt. Grundlage ist der Begriff der freien menschlichen Praxis. Aber eben dieser Begriff fehlt dem dogmatischen Marxismus.

Der Existentialismus kann den Marxismus hier entscheidend korrigieren, indem er die Wirklichkeit des Menschen erneut geltend macht. Darin liegt die Berechtigung des Versuchs, die Existenz als die für den Menschen charakteristische Seinsweise hervorzuheben. Dies macht nach Sartre auch verständlich, warum der Existentialismus den Marxismus zu seinen eigenen Fundamenten zurückführen kann.

Die Begriffe, die der Marxismus zur Beschreibung der Geschichte verwendet (Ausbeutung, Entfremdung, Verdinglichung usw.), haben eine existentielle Bedeutung. Sie verweisen unmittelbar auf die existentiellen Strukturen. Auch der Begriff der Dialektik kann nur durch diese Seinsstrukturen hinreichend bestimmt werden. Dialektik heißt

«die Entwicklung der *Praxis,* und die Praxis ist an sich selbst ohne das *Bedürfnis,* die *Transzendenz* und den *Entwurf* unvorstellbar.»[12]

Ebenso ist der marxistische Grundbegriff ‹Arbeit› sinnlos, wenn deren fundamentale Struktur kein Entwerfen (*pro-jeter*) ist.[13]

Der Kern der marxistischen Dialektik weist daher auf ein grundlegendes Verständnis der menschlichen Wirklichkeit zurück, das aber gerade nicht vorhanden ist. Die Aufgabe, die sich aus diesem Mangel ergibt, ist die Ausarbeitung des vorausgesetzten, doch zugleich verdeckten Existenzverständnisses, um die verlorene menschliche Dimension, die das Fundament des Marxismus als Gesellschafts- und Geschichtsphilosophie darstellt, wieder hervorzuholen und «dem Menschen innerhalb des Marxismus wieder seinen Platz zurückzuerobern».[14] Damit kann der Marxismus als dialektischer Materialismus die Grundlage wieder erlangen, die durch eine dogmatische Anwendung des Begriffs Dialektik verschleiert worden ist.

Das kritische Projekt: Dialektik und Geschichte

Mit dem Titel *Critique de la raison dialectique* spielt Sartre auf Kants *Kritik der reinen Vernunft* an. Dies ist nicht zufällig, denn Sartre versteht den Begriff Kritik im Kantischen Sinne. ‹Kritik› meint, die Grundlagen und Grenzen der Vernunft zu bestimmen.[15] Das kritische Projekt ist gegen den Dogmatismus gerichtet, der den Begriff Dialektik schematisch und ohne jede Begründung verwendet.

Das eigentliche Gebiet der dialektischen Vernunft ist die gesellschaftliche und geschichtliche Welt[16], die nur durch Existenzstrukturen (Überschreitung, Bedürfnis, Projekt oder Entwurf, Zweck, Bedeutung usw.) angemessen charakterisiert werden kann. Hier liegt der Zugang zu einer dialektischen Vorgehensweise. Die existentialistische Korrektur des Marxismus muß durch die kritische Bestimmung der dialektischen Vernunft vollzogen werden. Diese Bestimmung ist – wie der Titel nahelegt – Sartres eigentliches Vorhaben. Weil die Dialektik das Handeln und die Geschichte des Menschen umfaßt, kann das kritische Projekt als systematische Begründung einer Gesellschafts- und Geschichtsphilosophie verstanden werden.

Die entscheidende Frage stellt Sartre später so: Unter welchen Bedingungen ist die Erkenntnis von Geschichte überhaupt möglich?[17] Voraussetzung ist, daß Geschichte vernünftig strukturiert ist und nicht in verschiedene Geschichten ohne inneren Zusammenhang zerfällt. Um die Besonderheit der historischen Einheit zu kennzeichnen, unterscheidet

Sartre zwischen ‹Totalität›, das heißt einer abgeschlossenen Ganzheit, und ‹Totalisierung›, das heißt einer kontinuierlichen Vereinigung, einer Ganzheit im Prozeß des Entstehens. Sartre macht – mit Kierkegaard und Marx – gegenüber Hegel geltend, daß die Geschichte unabgeschlossen, in Bewegung ist.[18] Diese Bewegung ist umfassend; sie vereinigt bzw. integriert das Verschiedene, ist also eine Totalisierung. Ausgelöst wird sie durch das praktische Handeln der Menschen.

Vorläufig beschäftigt sich Sartre jedoch mit der grundlegenden Frage: «Gibt es (nur) eine Wahrheit über den Menschen?»[19] Diese Wahrheit muß in der Geschichte entstanden sein, in der sich der Mensch zu realisieren versuchte. Die Frage kann daher folgendermaßen übersetzt werden: Hat die Geschichte den Charakter einer Allumfassendheit? Mit dem Begriff der Totalisierung möchte Sartre Geschichte als unabgeschlossene Bewegung wie auch als Einheit bestimmen. Die Einheit ist der Sinnzusammenhang, die Vernunft in der Geschichte. Mit seinem kritischen Projekt stellt Sartre die Frage nach dem ‹Sinn› und damit nach der Verständlichkeit von Geschichte.

Die Verbindung zwischen dialektischer Vernunft und Geschichte als Totalisierung ist auf folgende Weise gegeben: Zunächst kann die Bestimmung der Dialektik nicht ohne den Begriff der Totalisierung auskommen. In der Dialektik geht es um die Überwindung von Widersprüchen; diese ist aber eine totalisierende Bewegung zur Einheit hin. Sie kann nur Überwindung von Widersprüchen sein, wenn sie das Verschiedene in einer Einheit zusammenhält: Dialektik ist eine «totalisierende Aktivität»[20] und kein ‹Naturgesetz›.

Mit dieser Bestimmung können wir dann begründen, warum das ‹Gebiet› der Dialektik die gesellschaftliche und geschichtliche Welt ist. Nur durch die menschliche Praxis und die Geschichte, in der sich diese entfaltet, erreichen wir eine Totalisierung, also das Aufscheinen eines inneren, sinnhaften Zusammenhangs. Nur hier können wir ein Projekt, eine Absicht erfahren, die negiert werden kann und die selbst (einem gegebenen Zustand oder einem anderen Zweck) widerspricht.[21]

Damit ist das Programm der *Critique de la raison dialectique* skizziert. Das Werk sollte ursprünglich zwei Bände umfassen; Sartre hat jedoch den zweiten Band nicht vollendet. Statt dessen erschien sein Buch über Gustave Flaubert, mit dem er ein konkretes Beispiel für die neue Methode geben wollte, die er bereits im Vorspann zur *Critique de la raison dialectique* skizziert hatte: die geschichtliche Totalisierung im Leben eines einzelnen Menschen aufzuzeigen.[22]

Praxis und Trägheit

Im Vorfeld der dialektischen Vernunft steht der Zusammenhang von menschlicher Praxis und Dialektik.[23] Sartre beginnt mit der individuellen Praxis, um von ihr aus zur Praxis in der gesellschaftlichen Welt vorzudringen. Sein Ausgangspunkt ist dabei nicht nur methodisch begründet, sondern auch sachlich: Er beginnt mit der individuellen Praxis, weil diese die Grundlage der gesellschaftlichen Praxis ausmacht. «Die ganze historische Dialektik beruht auf der individuellen Praxis, insofern diese schon dialektisch», das heißt, totalisierend ist.[24] Im eigentlichen Sinn können daher nur Individuen handeln, nicht überindividuelle Größen. Sartre wiederholt hier seinen Humanismus: «Es gibt nur Menschen und die realen zwischenmenschlichen Beziehungen.»[25]

Damit stellt sich das Problem: Wie kann Geschichte Totalisierung sein, eine Bewegung zur Einheit, wenn ihre Grundlage die verschiedenen Individuen sind? Die Totalisierung schlägt sich nieder in kollektiven, gesellschaftlichen Institutionen, die auf die einzelnen einwirken. Dennoch sollen diese Institutionen zugleich «aus Millionen individueller Handlungen gewoben sein»[26]. Das Problem ist, wie das Resultat der individuellen Praxis verschiedener Personen zu einer gemeinsamen Realität werden kann, die auf die Praxis jedes einzelnen zurückwirkt. Anders ausgedrückt: Wie werden die verschiedenen Individuen in einen gemeinsamen Zusammenhang eingebunden, und welche Formen nimmt dieser Zusammenhang an?

Die dialektische Totalisierung als Aufhebung des Verschiedenen ist primär die Vereinigung individueller Handlungen.[27] Der ‹Sinn› der Geschichte zielt nicht auf eine überindividuelle, autonome Einheit ab, sondern auf den Punkt, an dem Geschichte von freien Menschen gemeinschaftlich *(en commun)*[28] erzeugt wird. Die individuelle Praxis ist nach Sartre sowohl abstrakt wie fundamental. Sie ist abstrakt, weil losgelöst von ihrem gesellschaftlichen und geschichtlichen Zusammenhang; sie ist fundamental, weil sie Grundlage ist für den Zusammenhang, in den sie selbst eingeht. Die Verwirklichung dieses Zusammenhangs, die Totalisierung, zeigt sich bereits im Bedürfnis, das «die erste totalisierende Beziehung» des Menschen zur materiellen Welt, an der er teilhat, darstellt.[29] Mit dem Begriff ‹Bedürfnis› wird hervorgehoben, daß der Mensch in einer materiellen Welt lebt; zudem liegt im Bedürfnis etwas für die menschliche Seinsweise Charakteristisches: der Mangel an etwas. Die Totalisierung zeigt sich im Ordnen der materiellen Umgebung des

Menschen zu einem Feld möglicher Bedürfnisbefriedigungen; die Umgestaltung der materiellen Umgebung zu einem geordneten Ganzen[30] geschieht dabei durch Arbeit.

Der Mensch transzendiert das Gegebene, indem er es auf ein gesetztes Ziel hin (z. B. ein Haus zu bauen) bearbeitet. Seine Praxis ist durch *Negativität*[31] gekennzeichnet: Sie geht über das Gegebene hinaus, weil sie auf ein Ziel gerichtet ist, das heißt auf ein Noch-nicht-Seiendes, das durch sie realisiert werden soll. Der Mensch entwirft Möglichkeiten für sich in der materiellen Umwelt (z. B. durch Roden eines Waldgebiets, um ein Haus zu bauen und das Holz als Material zu verwenden). Die Umwelt definiert zugleich die gegebenen Bedingungen und das zu strukturierende Feld von Handlungsmöglichkeiten. Die Praxis des Individuums ist also Totalisierung, weil sie die materielle Umgebung zu einem zusammenhängenden Feld von Möglichkeiten macht, die in einem Projekt ‹zusammengehalten› werden.[32]

Das Individuum führt dabei eine doppelte Bewegung aus: Es verinnerlicht (*intériorise*) das Äußere, indem es die Dinge um sich herum in ein Projekt einbezieht, das heißt in einen Entwurf seiner eigenen Möglichkeiten und folglich in ein inneres Verhältnis (*intériorité*). Das Individuum entwirft seine Möglichkeiten in der materiellen Welt und verhält sich damit auch zu sich selbst – es gestaltet sein eigenes Leben durch Bearbeitung der äußeren Dinge. Dieses praktische Feld ist aber umgekehrt eben das, worin sich das Individuum durch seine Arbeit entfaltet. Es ‹macht sich äußerlich› für sich selbst, indem es sich durch seine Praxis in der materiellen Umwelt objektiviert.[33]

Ein Beispiel für Selbst-Objektivierung ist das Schreiben.[34] Durch das Schreiben wird das ‹Innere›, das wir denken, zu einem ‹Äußeren›: Es steht auf dem Papier, schlägt sich in einem Material nieder. In gewisser Weise kommt es uns damit abhanden. Was wir früher einmal geschrieben haben, kann später so wirken, als wäre es von einem anderen, einem Fremden geschrieben. Aber durch das Schreiben können wir auch erkennen, daß eigentlich mehr in dem von uns Gedachten liegt, als wir uns anfänglich bewußt waren. Wir können mit dem Geschriebenen arbeiten, indem wir es uns vergegenwärtigen, das heißt: es zu einem Objekt für uns machen. Wir können durch diese Arbeit weiterdenken.

Das Individuum entfaltet sich durch Praxis, also durch seine Arbeit mit und an den Dingen, die es umgeben. Es drückt sich in Dingen aus, mit denen es verkehrt, und hinterläßt seine Spuren in eben den Dingen.

Dazu folgendes Beispiel. Für den Arbeiter ist die Maschine, an der er steht, ein Objekt seiner Praxis: Er ‹bedient› sie. Aber umgekehrt ist er selbst eine Art Objekt für die Maschine. Die Funktionen, die der Arbeiter ausübt, sind mit den Funktionsweisen der Maschine vorgegeben. Die Praxis des Arbeiters wird so zu einer Antwort auf die Forderungen, die die Maschine als Produkt der Arbeit anderer an ihn stellt.

Damit sind wir bei zwei grundlegenden Bestimmungen von Praxis angekommen. Erstens ist das Handlungsfeld als materielles Feld durch *Trägheit* charakterisiert. Die individuelle Praxis muß Widerstände überwinden, um ihr Projekt realisieren zu können. Trägheit bedeutet aber auch, daß das Resultat des individuellen Handelns wiederum als ein Gegebenes erscheint: Die Arbeit hinterläßt Spuren in dem Material. Wie das Handeln des Individuums umfassend ist, indem es die materielle Umgebung in einem praktischen Feld integriert, so gilt umgekehrt, daß die Totalisierung durch die materielle Umgebung erfolgt.[35]

Die menschliche Praxis hinterläßt Spuren in den von ihr bearbeiteten Dingen. So versuchen wir herauszufinden, wie die Menschen früher gelebt haben, indem wir die Spuren sichten, die sie hinterlassen haben, also die Dinge, auf die sie eingewirkt haben: Arbeitsgeräte, Dokumente, Kunstwerke, Kleidung, Häuser usw.

Zweitens ist das praktische Feld ein *gesellschaftliches*. Es ist nicht nur vom Widerstand geprägt, der von den Dingen als materielle Objekte ausgeht, sondern auch von einer gesellschaftlichen Trägheit beeinflußt, die aus der sozialen Ordnung resultiert. Beide Bestimmungen gehören zusammen, da die gesellschaftlichen Ordnungen von den Dingen als bearbeitete Natur getragen werden. Das Individuum prägt die Dinge, die es bearbeitet. Arbeit stiftet eine Beziehung zwischen Menschen, setzt den Menschen zu seiner materiellen Umwelt in Beziehung. Das zeigt sich in den Dingen, die das Individuum für seine Praxis gebraucht: Sie zeugen alle von der Arbeit anderer und beeinflussen weitere Menschen, in deren Praxis sie eingehen können. Das Projekt wird festgehalten, indem es in ein träges Material eingeprägt wird. Umgekehrt bekommen die Dinge Bedeutung (*signification*) durch diese Einprägung eines Vorhabens.[36] Sie weisen durch die Art, wie sie bearbeitet sind, auf eine ‹praktische› Situation hin.

Wir können jetzt noch einen Schritt weitergehen: Durch die Bearbeitung wird den einzelnen eine Bedeutungsrealität zugewiesen, die über das Resultat, das jeder für sich mit seiner Praxis intendiert, hinausgeht. Die uns umgebenden Dinge haben eine ‹kollektive Struktur›:

«Es genügt bereits, wenn ich mein Fenster öffne: ich sehe eine Kirche, ein Bankgebäude, ein Café; drei Kollektive, dieser Tausendfrancschein ist ein weiteres; die Zeitung, die ich mir gerade gekauft habe, ebenfalls.»[37]

Diese Dinge tragen bestimmte kollektive Handlungsmuster. Sie zwingen den Individuen ein mehr oder weniger gemeinsames Schicksal auf. Die gesellschaftlichen Ordnungen, mit denen wir leben, ‹manifestieren› sich in den Dingen; so wird zum Beispiel der Verkehr durch Straßen, Schilder, Bürgersteige, Bushaltestellen, Fahrradwege, Bahnhöfe usw. reguliert. Diese bilden den gesellschaftlichen Zusammenhang, weil kollektive Bedeutungen in sie eingeschrieben sind. Durch sie wird die Praxis des einzelnen mit der Praxis anderer verbunden, obwohl sie unmittelbar nichts miteinander zu tun haben. Der einzelne steht mit seinen Bedürfnissen und Entwürfen einem Feld kollektiver ‹Instrumente› gegenüber – Institutionen im weitesten Sinn. Diese stellen den Rahmen dar, in dem Bedürfnisse befriedigt und Projekte realisiert werden können.

Damit haben wir einen vorläufigen Begriff der *menschlichen Welt* erlangt. Sie ist eine gemeinsame, eine Welt ‹zwischen› uns. (Sartre verweist hier selbst auf Merleau-Pontys Begriff «l'intermonde»[38].) Als solche ist sie eine Welt von Bedeutungen, die umliegenden Dinge befinden sich in einem Bedeutungszusammenhang, der den sozialen Zusammenhang mit anderen Menschen vermittelt.

Nach diesem Begriff der menschlichen Welt läßt sich die Vernunftstruktur bestimmen, durch die die menschliche Praxis charakterisiert ist, und aus ihr die Methode der Beschreibung dieser Praxis herleiten. Weil das menschliche Handeln ein Projekt, eine Intention verfolgt und deshalb eine Selbstbeziehung darstellt, muß seine Erkenntnis ein Verstehen sein.[39] Wir wollen hier Sartres eigenes, bewußt einfaches Beispiel heranziehen: Ich sitze in einem Zimmer mit einem Anderen, der plötzlich aufsteht und ans Fenster geht. Ich verstehe seine Bewegungen aus der faktischen Situation heraus, in der wir uns befinden, weil es zum Beispiel hier zu warm ist: Er will das Fenster öffnen, um zu lüften. Die Handlung wird nicht von der Wärme wie von einem Stimulus ‹ausgelöst›; sie ist vielmehr eine vereinende Aktivität, in der das Zimmer, in dem wir uns befinden, als ein Handlungsfeld erscheint. Der Andere schiebt den Stuhl zurück, steht auf, verläßt den Tisch, geht an einem anderen Tisch vorbei, zieht die Gardinen weg und öffnet das Fenster: Alle Einzelbewegungen bilden eine komplexe Handlung in einem einheitlichen Raum, und zwar in einer Situation, die von beiden verstanden wird.

Das Entscheidende am Verstehen ist, daß das, was verstanden wird, in einem Bedeutungszusammenhang steht. Dialektische Totalisierung bezeichnet dabei die Sache selbst wie auch die Methode, mittels deren die Sache begriffen wird. Dieser Zusammenhang gründet in der menschlichen Praxis, die immer schon ein Verstehen der Bedeutungswelt voraussetzt, in der sie sich vollzieht. Die Hinweise, die in die mich umgebenden Dinge eingehen, verstehe ich in meinem ‹praktischen› Umgang mit ihnen.

Die materielle Umwelt des Individuums ist ein praktisches Feld, das bereits konstituiert oder gebildet ist[40]: Es ist von kollektiven Erzeugnissen und von sozialen Bedeutungszusammenhängen geprägt. Ein weiteres Bestimmungsmerkmal ist nach Sartre die Knappheit oder der Mangel (*rareté*).[41] Dies zeigt allein schon die Tatsache, daß in unserer Welt ¾ der Menschheit an Unterernährung leidet. Knappheit heißt, daß in einem bestimmten sozialen Feld von einem bestimmten Gut (Essen, Wohnung, Arbeit usw.) nicht genug für alle da ist. Knappheit ist zugleich grundlegend und zufällig (kontingent) insofern, als nicht alle Menschen in einer Welt leben, die von Knappheit geprägt ist. Mangel und Bedürfnisse bestimmen von jeher den Verlauf der Geschichte, ja begründen erst die Möglichkeit *menschlicher* Geschichte, in der es nach Sartre immer um den Versuch geht, in einem gesellschaftlichen Zusammenhang – mit- und gegeneinander – die Knappheit zu überwinden.

Knappheit bestimmt nicht nur das Verhältnis des Menschen zur Natur; sie ist auch eine Bedingung, welche die Menschen teilen. Durch den Mangel sind die Individuen aufeinander verwiesen. In dem gemeinsamen, von Knappheit geprägten Handlungsfeld zeigt sich der Andere als jemand, der das, was wir selber benötigen, nehmen und verbrauchen kann. Er kann dabei für uns zur Bedrohung werden, weil er wie wir die Freiheit besitzt, seine materielle Umgebung zu gestalten: Als eine fremde Freiheit ist er «unser teuflischer Doppelgänger»[42]. Er zeigt sich als ein Anderer, weil er uns als potentielle Bedrohung gegenübersteht, wenn er von seiner (wie wir von unserer) Freiheit Gebrauch macht. Auslöser ist dabei, daß die Menschen durch die Knappheit in einem von Gegensätzen geprägten Verhältnis miteinander verbunden sind.[43]

Damit ist die Bedeutung des Verhältnisses zum Anderen gegeben: Das Individuum wählt sich selbst durch seine Handlungen. Es versucht, sich durch Handeln zu verwirklichen, das in einem Verhältnis zu anderen Menschen steht. Diese sind sowohl anders als auch gleich wie wir selbst.

Fremdheit und Gemeinschaft

Die individuelle wie die kollektive Praxis erwies sich als Organisation und Totalisierung eines praktischen Feldes. Die Tatsache, daß eine Vielzahl handelnder Individuen im Spiel sind, wirft die Frage auf, wie die Individuen in einem gemeinsamen Handlungsfeld, das bereits strukturiert ist, zusammenkommen.

Bestimmend ist zunächst das Verhältnis zum Anderen, in dem sich zwei Individuen zueinander verhalten; es ist ein Gegenseitigkeitsverhältnis (*réciprocité*). Beide anerkennen den Anderen als Praxis, das heißt als Freiheit.[44] Dieses Gegenseitigkeitsverhältnis kann positiv oder negativ sein. Doch selbst im äußersten Konflikt müssen wir den Anderen als Freiheit anerkennen, nämlich als jemanden, der – wie wir selbst – die Dinge zu seinen Zwecken gebraucht und daher Widerstand leisten kann.

Diese Beschreibung des Verhältnisses zum Anderen ist abstrakt, weil sie davon absieht, daß sich die Beziehungen in einem trägen Feld abspielen unter dem Einfluß sozialer Ordnungen. Ihr Sinn ist es, in reiner Form das Besondere im Umgang zwischen den Menschen anzugeben, nämlich daß es sich um ein beiderseitiges Verhältnis zwischen Freiheiten handelt. In diesem Gegenseitigkeitsverhältnis ist der Andere, der ein anderer ist als ich, gleichzeitig ein Anderer wie ich selbst, ein anderer Mensch. Zwischen uns besteht insofern eine Identität. Dieses abstrakte Verhältnis nimmt in der Praxis durch den Mangel oder die Knappheit Gestalt an, wo es weniger um den Anderen als um ein ‹Anderssein› oder eine Fremdheit geht.

Die Praxis des einzelnen wird durch die Dinge, die kollektive Bedeutungen tragen, mit der Praxis anderer verbunden. Materielle Dinge können die verschiedenen Individuen zusammenführen, sofern sie bereits durch eine menschliche Praxis bearbeitet sind. Dies zeigt Sartre wiederum an einem Beispiel aus dem Alltag: einer Ansammlung von Menschen auf der Place Saint-Germain, die auf den Bus warten.[45] Wir können sie als Einheit betrachten, da sie alle an demselben Ort auf denselben Bus warten. Doch diese Einheit kommt den Wartenden von außen zu, nämlich von den Dingen, die bereits von menschlicher Arbeit geprägt sind und dadurch eine kollektive Struktur erhalten haben: dem Bürgersteig, der Haltestelle, dem Bus usw. Diese äußere Einheit ist bei genauerer Betrachtung nur oberflächlich.

Die Individuen in der Schlange an der Haltestelle haben nichts Näheres miteinander zu tun. Sie kehren einander den Rücken zu, weil sie tatsächlich anderen Gruppen angehören (Familie, Arbeitskollegen usw.). Der einzelne steht nicht in der Schlange kraft seiner ‹Person›, sondern weil er ein Anderer ist als er selbst. Dieses Anderssein (*être-autre*) spielt sich in einem Verhältnis zu anderen Menschen ab: Jeder einzelne in der Schlange ist für die anderen bloß ein Anderer, der – wie sie – lediglich auf den Bus wartet. Das bedeutet, daß die Beziehungen zwischen den Menschen in der Schlange von gegenseitiger Gleichgültigkeit geprägt sind. Sie kümmern sich nicht um einander, sondern sie existieren nebeneinander wie Nummern in einer Serie.

Was eine Serie als erste Form des Zusammentreffens von Menschen in einer Gesellschaft charakterisiert, ist das gegenseitige Anderssein, die Fremdheit (*alterité*). Die Identität besteht hier in dem gemeinsamen Anderssein: «Jeder ist der Gleiche wie die Anderen, insofern er Anderer ist als er selbst» [46]. Diese Identität ist abstrakt, weil sie nicht das Individuum als solches betrifft. In der Serie ist der einzelne bloß ein Anderer, der wie die anderen wartet. Ein bezeichnendes Beispiel sind die Massenmedien: Die Fernsehzuschauer sind als Gruppe dadurch gekennzeichnet, daß jeder von ihnen vor dem Bildschirm sitzt. Sie sind vereint über ein gemeinsames Programm, und doch sind sie zerstreut.

Menschen handeln seriell, wenn jeder dasselbe macht wie die anderen (sich in einer Schlange anstellt und wartet, eine Eintrittskarte kauft, seinen Platz einnimmt usw.). Sie folgen einem vorgegebenen Handlungsmuster, das materiell bedingt ist. Solche Dinge bilden mit ihrer kollektiven Struktur die Grundlage des kollektiven Handelns. Doch in der Folge können diese Dinge, die durch das Handeln der Menschen geformt sind, sich verselbständigen. In dem gemeinsamen Anderssein führt deren Beherrschung durch den Menschen dazu, daß dieser selbst von den Dingen beherrscht wird, indem sie ihre Forderungen zurück an den Menschen stellen.[47] Ein Beispiel dieses ‹Umschlagens› ist das Geldsystem, welches zwar Menschenwerk ist, aber eine eigene Realität erlangt hat (Geldpolitik, Spekulation, Valutakrisen usw.). Die technologische Entwicklung als Resultat menschlicher Handlungen wirkt bisweilen ebenso auf das Handeln der Menschen untereinander zurück wie die soziale in dem Sinn, daß wir lediglich den Forderungen, die diese stellen, zu folgen haben. Der Fortgang vollzieht sich sozusagen von allein.

Die materiellen Dinge, die durch das Eingreifen der Menschen geprägt sind, wirken zurück, wobei das Resultat dieser Handlungen ein anderes sein kann als das beabsichtigte, wenn es nicht dem Zweck der Handlung sogar entgegenwirkt. Dazu ein weiteres Beispiel: Die chinesischen Bauern[48] haben jahrhundertelang systematisch die Wälder gerodet, um mehr Boden für Siedlungen und Ackerbau zu gewinnen. Diese Praxis hat die Landschaft geprägt, positiv im Anbau und in der Siedlungskultur, negativ im Mangel am Schutzwald. Aber seitdem es keine Bäume mehr gibt, die die fruchtbare Erde an den Berghängen festhalten, lagert sich diese in den Flußbetten ab. Die Folge sind katastrophale Überschwemmungen. Das könnte wie das Ergebnis einer zweckgerichteten Praxis aussehen. Will ein Feind den Bauern schaden, braucht er nur die Wälder abzuholzen. Aber dieser Feind sind die Bauern selbst. Jeder von ihnen macht das gleiche wie die anderen: Sie roden den Wald usw. Ihre jeweilige Arbeit gilt der gleichen Natur, von der sie leben. Freund und Feind handeln nicht gemeinsam, und doch erzielen die getrennten Aktivitäten ein gemeinsames Resultat durch die Reaktion der geschundenen Natur. Das, womit die Bauern in dieser Rückwirkung zu kämpfen haben, sind auch ihre eigenen Handlungen, insofern diese zu etwas anderem geführt haben als geplant.[49]

In Verlängerung dieses Beispiels läßt sich das humanökologische Problem mit Hilfe des Begriffs ‹Gegenfinalität› umreißen: Wir haben es mit Konsequenzen unserer eigenen Handlungen zu tun. Sie kommen auf uns zurück, aber in anderer Gestalt, die gerade dem entgegenwirkt, was beabsichtigt worden ist.

Der Terminus für Anderssein in diesem Sinn ist Entfremdung (*aliénation*): Das Individuum drückt sich durch seine Handlungen aus; aber diese kommen in dem praktisch-trägen Feld auf es zurück als ‹andere›, als fremde Handlungen. Die Entfremdung und den Freiheitsbegriff problematisiert Sartre in *L'être et le néant*: Wie kann der Mensch, dessen Sein Freiheit ist, sich selbst fremd und damit unfrei werden? Sartre findet eine erste Antwort im Vermittlungsverhältnis zwischen menschlicher Praxis und materieller Umwelt, das von Knappheit und damit von den Bedürfnissen anderer geprägt ist. In seiner Kritik der marxistischen Tradition sieht Sartre den Grund der Entfremdung darin, daß das Handeln des Menschen ein anderes wird, indem es sich in einer praktisch-trägen Welt objektiviert, das heißt, von kollektiven Bildungen eines gemeinsamen Andersseins geprägt wird.

Diese erste Form der Vereinigung von Menschen in einem sozialen Zusammenhang schafft zwar Identität, die bei genauerer Betrachtung jedoch in einem gemeinsamen Anderssein besteht: Sie ist keine Vereinigung, sondern eine Ansammlung (*rassemblement*). So ist das Warten der verschiedenen Menschen auf denselben Bus keine gemeinsame Angelegenheit, sondern zufällig. Die Totalisierung ist «falsch»[50], weil sie von außen verursacht wird; damit erhält sie einen passiven, also dinglichen Charakter.

Wie aber kommt es von einer zufälligen Ansammlung zur aktiven Vereinigung? Das Beispiel, an dem Sartre diesen Übergang diskutiert, ist der Sturm auf die Bastille im Jahre 1789.[51] Die Situation, die diesem Ereignis vorausging, ist folgende: Die Bevölkerung von Paris hat sich wie eine träge Masse in gemeinsamer Ohnmacht mit der Knappheit abgefunden. Sie wohnt in der gleichen Stadt und leidet unter den gleichen Umständen; und doch erleidet jeder Bürger dieses Schicksal für sich. Die Repräsentanten von Paris haben die Machtlosigkeit bloß bestätigt. Als aber Ludwig XVI. Truppen um Paris zusammenzieht, wird die gemeinsame Situation augenfällig. Die Stadt wird von außen her als ‹Totalität› gesetzt, sie soll belagert, vielleicht besetzt werden. Als Antwort auf diese Bedrohung versucht das Volk, sich Waffen zu verschaffen. Von einem gemeinsamen Handeln kann aber immer noch nicht die Rede sein, dagegen von einem Handeln in einer Serie: Jeder macht das gleiche wie der andere, jeder versucht, sich zu bewaffnen. Gemeinsames Resultat dieser individuellen Handlungen ist die Bewaffnung der Bevölkerung gegen den König. Die einzelnen entdecken, daß sie wie eine Gruppe gehandelt haben. Dies zeigt ihnen die Möglichkeit eines zukünftigen, gemeinsamen Handelns. Die Serie löst sich jetzt zugunsten einer Gruppenbildung auf. Die diffuse Gruppe, die Stadt in Aufruhr, strukturiert sich zunächst in einem bestimmten Viertel, Saint-Antoine, das immer im Schatten der Bastille gestanden hat. Die Bevölkerung hat bereits wenige Monate zuvor eine blutige Unterdrückung von außen erlebt. In gemeinsamer Erinnerung daran versucht auch sie, sich Waffen zu verschaffen; sie finden sie in der Bastille. Deren Einnahme «erweist sich für jeden als die dringliche Entdeckung einer furchtbaren gemeinsamen Freiheit«[52]. Mit der gemeinsamen revolutionären Handlung geschieht etwas Neues[53], der Prozeß ist irreversibel.

Das Beispiel zeigt, wie sich Gruppen aus einer gemeinsamen Situation heraus bilden als Reaktion auf repressive Lebensbedingungen. Sie bilden sich in einem praktisch-trägen Feld (hier die Stadt) und gegen die dort herrschende Ohnmacht. Die Bildung einer Gruppe fordert einige äußere Umstände: die Einheit der Serie, die gemeinsame Situation, der Druck von außen. Aber damit ist noch nicht alles gesagt. Denn der Aufruhr gegen Machtlosigkeit und Unterdrückung ist nur möglich aufgrund von Freiheiten, die unter dieser Unfreiheit leben. Die individuelle Praxis als totalisierende Aktivität ist bereits frei; aber sie kann sich in dem praktisch-trägen Feld verlieren. Die Entfremdung oder ‹Verdinglichung› setzt voraus, daß der Mensch etwas anderes ist als ein Ding: Er muß frei sein. Selbst im Zustand der Entfremdung ist der Mensch immer noch Mensch.[54] Könnte man ihn auf eine bloße Sache reduzieren, würde das Kriterium der Unmenschlichkeit in der Verdinglichung verschwinden und die totale Entfremdung zu einem natürlichen Zustand werden. Erst die Freiheit des Menschen ermöglicht Entfremdung und Unfreiheit, nur als Freiheit kann der Mensch geknechtet werden, nur kraft seiner Aktivität kann er Passivität als Ohnmacht erfahren.

Die Verdinglichung der Beziehungen zwischen Menschen unterscheidet sich prinzipiell von den Beziehungen zwischen Dingen. Der anonyme Zusammenhang mit anderen wird in verschiedenen Gegenseitigkeitsverhältnissen (Arbeit, Familie, Wohnen usw.) erlebt.[55] Schon deshalb gehen die verschiedenen Individuen nicht ohne weiteres in dem kollektiven Zusammenhang verloren. Nach Sartre kann die Freiheit wiedererlangt werden in einer Gemeinschaft mit anderen, also in der ‹Gruppe›, in der die Unfreiheit mit anderen geteilt wird.

Gruppenbildung kann als ein gemeinsames Handeln definiert werden, als Totalisierung im Hinblick auf ein gemeinsames Unternehmen. Indem das Individuum in seiner Praxis mit anderen vereinigt ist, sieht es sich selbst in dem Anderen.[56] Der Andere ist nicht mehr ein Fremder, sondern ein anderes Selbst, in dem ich mich selbst sehen kann. Dies führt zu einer gewissen Identität zwischen den verschiedenen Individuen. Der einzelne Mensch steht in einem sozialen Zusammenhang, mit dem er sich identifizieren kann. Er gehört mit dem Anderen einer Gemeinschaft an, die in einer gemeinsamen Situation handelt. Die gemeinsame Praxis ist auch eine Selbst-Bestimmung.

Sartre bleibt hier jedoch nicht stehen.[57] Denn die Frage ist, wie die Gruppe über die Bildungsphase hinaus andauern[58] kann, vor allem nachdem das gesetzte Ziel erreicht (z. B. die Bastille gestürmt) ist. Will sie sich nicht auflösen, muß sich die Gruppe (re)organisieren. Bereits bei ihrer Bildung ist eine gewisse Differenzierung[59] notwendig: Die Gruppe muß aufgeteilt werden entsprechend den verschiedenen Aufgaben, die das gemeinsame Projekt stellt. Dieser Prozeß wird angesichts der drohenden Auflösung verstärkt: Um ihr Bestehen zu sichern, muß die Gruppe eine festere Struktur bilden[60], muß sich allmählich als eine mehr oder weniger feste Institution etablieren[61]; denn sie kann sich nur erhalten, wenn sie sich im praktisch-trägen Feld objektiviert, sich also selber ein träges Sein aneignet. Dies hat zur Folge, daß die Gruppe gerade in ihrem Versuch, sich zu bewahren, allmählich in einer neuen kollektiven Bildung erstarrt.

Die Bewahrung der Einheit der Gruppe fordert nach innen die Unterordnung des einzelnen unter das gemeinsame Ziel. Das Anderssein des einzelnen, die Freiheit, zeigt sich als etwas Bedrohliches, das beherrscht werden muß. Diese Unterordnung interpretiert Sartre anhand seines Beispiels, der Französischen Revolution, als Terror.[62] Er nähert sich hier einer Rechtfertigung der Gewalt ‹gegen den Anderen›, sowohl außerhalb wie innerhalb der Gruppe, als notwendiges Mittel zur Verwirklichung des gemeinsamen Ziels, der Freiheit. Dies steht in einem gewissen Gegensatz zu seiner anfänglichen Feststellung, der Fehler des orthodoxen Marxismus liege in der Liquidierung der individuellen Andersheit.

Sartre zufolge kann der Staat aus der zwingenden Reorganisation der Gruppe zu einem institutionellen System verstanden werden: Der Staat ist eine institutionalisierte, hierarchische Gruppe, die durch ihren Apparat die kollektiven Ansammlungen in der Gesellschaft zu beherrschen sucht, indem sie diese mit Hilfe der sie verbindenden serienmäßigen Abläufe manipuliert.[63] Wenn diese Manipulation die Gesellschaft durchdringt, entsteht die Bürokratie. Deren Prinzip ist die Beeinflussung des einzelnen durch eine ‹Lenkung von außen›, durch Fremdbestimmung (*extéro-conditionnement*[64], ein Begriff, den Sartre der amerikanischen Soziologie entlehnt[65]): Besonders durch den Einfluß der Massenmedien wird der einzelne dazu getrieben, wie die Anderen zu handeln, um sich diesen anzugleichen. Sobald sich aber das Individuum zu einem anderen macht, kann die Identität mit den anderen nur darin bestehen, daß jeder wie ein anderer handelt. Damit ist das Anderssein zurückgekehrt, diesmal als ein ‹totalisiertes› Anderssein, weil sich der einzelne jetzt selbst als ein anderer bestimmt; dadurch wird verschleiert, daß die Bestimmung von außen kommt.

Das Erstarren von Gruppen in einer Institution zeigt, daß die grundlegende Form gesellschaftlichen Zusammenhangs die kollektive Ansammlung und deren Struktur, die ‹Serialität›, ist.[66] Damit stellt sich die Frage nach dem Verhältnis zwischen den verschiedenen Gruppen und den kollektiven Bildungen in dem gemeinsamen Feld, also nach dem geschichtlichen Zusammenhang. Das gemeinsame Handlungsfeld ist von der Praxis früherer Gruppen beeinflußt. Erst in diesem Zusammenhang erreichen wir die konkrete Ebene, auf der die Frage nach der menschlichen Praxis als Totalisierung gestellt werden muß.[67] Hier werden die drei Formen, die bisher für sich betrachtet worden sind: die individuelle Praxis, die serielle Ansammlung und die Gruppe, verwoben. Nun erst kommen die verschiedenen gesellschaftlichen Bildungen voll ins Blickfeld: Die Gegensätze zwischen den verschiedenen Gruppen, die kollektiven Bildungen und ihre Überwindung haben ihren Ort in der Geschichte.[68]

Texte Sartres und **Literatur** siehe Kapitel J.-P. Sartre: Freiheit und Situation, S. 468f.

Anmerkungen

1 Sartre, *ME*, S. 27.
2 Sartre, *ME*, S. 126.
3 Sartre, *ME*, S. 27.
4 Sartre, *ME*, S. 26 Anm.
5 Sartre, *ME*, S. 22.
6 Sartre, *ME*, S. 22f, 27 Anm., 101f.
7 Sartre, *ME*, S. 101f.
8 Sartre, *ME*, S. 110f.
9 Sartre, *KdV*, S. 33ff, v. a. S. 35.
10 K. Marx: 3. Feuerbachthese. MEW, Bd. 3. Berlin 1959, S. 533f.
11 Sartre, *ME*, S. 70ff.
12 Sartre, *ME*, S. 135.
13 Sartre, *ME*, S. 138.
14 Sartre, *ME*, S. 69.
15 Sartre, *KdV*, S. 22, 42, 64.
16 Sartre, *KdV*, S. 33–36.
17 Sartre, *KdV*, S. 42.
18 Sartre, *KdV*, S. 23; vgl. auch S. 46f.
19 Sartre, *CRD*, S. 10.
20 Sartre, *KdV*, S. 48.
21 Sartre, *CRD*, S. 10; *KdV*, S. 54–58, 71f, 865f.
22 Sartre, *Sit*. IX (1972), S. 113f.
23 Sartre, *KdV*, S. 72f.
24 Sartre, *KdV*, S. 84.
25 Sartre, *ME*, S. 63.
26 Sartre, *KdV*, S. 37.
27 Sartre, *KdV*, S. 37ff.
28 Sartre, *ME*, S. 74.

29 Sartre, *KdV*, S. 84.
30 Sartre, *KdV*, S. 90.
31 Sartre, *ME*, S. 74ff.
32 Sartre, *KdV*, S. 127f.
33 Sartre, *KdV*, S. 73.
34 Vgl. D. Østerberg: Forståelsesformer. Oslo 1966, S. 66.
35 Sartre, *KdV*, S. 128.
36 Sartre, *KdV*, S. 189f.
37 Sartre, *ME*, S. 65; vgl. auch *KdV*, S. 268f.
38 Sartre, *ME*, S. 64.
39 Sartre, *ME*, S. 121f; *KdV*, S. 77–79, 737f.
40 Sartre, *KdV*, S. 134f, 539.
41 Sartre, *KdV*, S. 129ff.
42 Sartre, *KdV*, S. 140.
43 Vgl. z. B. Sartre, *KdV*, S. 134f.
44 Sartre, *KdV*, S. 116, 119f, 139.
45 Sartre, *KdV*, S. 273; vgl. auch S. 234f.
46 Sartre, *KdV*, S. 277.
47 Sartre, *KdV*, S. 161.
48 Sartre, *KdV*, S. 171–175.
49 Sartre, *KdV*, S. 132, 137f, 186.
50 Sartre, *KdV*, S. 139, 281f.
51 Sartre, *KdV*, S. 376ff.
52 Sartre, *KdV*, S. 386.
53 Sartre, *KdV*, S. 425.
54 Sartre, *ME*, S. 85, Anm., 141f.
55 Sartre, *KdV*, S. 391f.
56 Sartre, *KdV*, S. 378, 420–422.
57 Vgl. Hartmann: Die Philosophie J.-P. Sartres, S. 141.
58 Sartre, *KdV*, S. 441.
59 Sartre, *KdV*, S. 423f.
60 Vgl. Sartre, *KdV*, S. 510f.
61 Sartre, *KdV*, S. 625f, 635f, 673.
62 Sartre, *KdV*, S. 432, 631.
63 Sartre, *KdV*, S. 672ff.
64 Sartre, *KdV*, S. 681, 688, 696.
65 Vgl. Anm. des dt. Übersetzers bei Sartre, *KdV*, S. 681; s. auch D. Riesmann: The Lonely Crowd, 1950 (dt. Die einsame Masse, 1956).
66 Sartre, *KdV*, S. 270, 288f, 372, 672, 703, 708f.
67 Sartre, *KdV*, S. 703ff; vgl. auch *ME*, S. 19f, sowie *KdV*, S. 36, 53, 616f.
68 Sartre, *KdV*, S. 851f.

Arne Grøn

Struktur und Sprache

Die Kritik der Dialektik

Als Alexandre Koyré im Jahre 1961 schrieb, daß sich die philosophische Situation im Vergleich zu der um 1930 radikal geändert habe, kündigte sich bereits die nächste einschneidende Wende an. Zu dem Zeitpunkt, an dem die Hinwendung zum Konkreten – die Engagement- und Praxisphilosophie – mit Sartres *Critique de la raison dialectique* ihren Höhepunkt erreichte, änderte sich die philosophische Szene in Paris. Die Abrechnung mit der Tradition der 30er Jahre begann nun, Gestalt anzunehmen; sie prägte die Situation der 60er und 70er Jahre entscheidend. Diese Situation zeichnete sich aus durch die Abkehr von der phänomenologischen und existenzphilosophischen Dialektik, in der die Wende zum Konkreten kulminierte.

Die Tendenz seit Anfang der 60er Jahre zeigte eine Kritik der Dialektik, mithin eine Kritik an Hegel. In seiner Antrittsvorlesung am Collège de France im Jahre 1970 äußerte Michel Foucault, «daß unsere ganze Epoche... von Hegel freizukommen versuche»[1]. Diese Richtung kann mit Gilles Deleuze als ein «generalisierter Anti-Hegelianismus»[2] beschrieben werden.

Grob gesehen lassen sich zwei Phasen der Dialektik-Kritik unterscheiden. Zunächst gilt sie der dialektischen Philosophie als Geschichtsphilosophie; sodann betrifft sie auch die dialektische Philosophie als Identitätsphilosophie.

Diese Zeit stand vor allem im Zeichen des *Strukturalismus*; etwa ab 1968 ging es bereits um die Diskussion ‹nach› dem Strukturalismus, welche allerdings auf dessen Grundlage geführt wurde. ‹Strukturalismus› ist indessen kein eindeutiger Begriff. Darunter kann man zunächst die strukturelle Betrachtungsweise fassen, wie sie die Linguistik entwickelt hat. Sodann kann Strukturalismus bedeuten, diese Methode der Sprachwissenschaft auf andere Gesellschafts- und Geisteswissenschaften zu übertragen. Schließlich kann damit der eigentliche philosophische Strukturalismus gemeint sein.

Gemeinsamer Ausgangspunkt für die drei Varianten des Strukturalismus ist die Strukturanalyse des Schweizer Linguisten Ferdinand de Saussure (1857–1913).

Saussure: Sprache und System

Ferdinand de Saussures Leistung liegt darin, die Sprache als Zeichensystem verstanden zu haben. Damit legte er den Grundstein für die strukturelle Linguistik. Dieser Ansatz wurde nach ihm u. a. von der sogenannten Kopenhagener Schule mit Louis Hjelmslev (1899–1965) als führendem Vertreter fortgeführt.

Saussures Sprachtheorie beginnt mit einer Neubestimmung des Zeichens in der gesprochenen Sprache. Generell sagt man von einem Zeichen, daß es für etwas anderes steht. Traditionell ist das Sprachzeichen als Verbindung eines Namens mit einem Ding bestimmt worden. Die Sprache wurde dementsprechend als «Nomenklatur» betrachtet, «d. h. als eine Liste von Ausdrücken, die ebenso vielen Sachen entsprechen»[3].

Diese Auffassung, der zufolge das Zeichen ein Ding repräsentiert, ist für Saussure problematisch geworden. Er kann sie aber als Hebel benutzen, um zu zeigen, daß das Zeichen «eine Doppelheit» besitzt: Das Sprachzeichen verbindet nicht ein Ding und einen Namen, sondern «eine Vorstellung und ein Lautbild»[4]. Gewöhnlich versteht man unter einem Sprachzeichen nur den Laut oder den Ausdruck. Saussures Argument für einen Bruch mit dieser gängigen Terminologie besteht darin, daß wir einen Ausdruck, zum Beispiel das Wort ‹Baum›, nur dann ein Zeichen nennen können, wenn es einen Begriff ‹trägt› oder ausdrückt, hier den Begriff ‹Baum›. Zwischen den Lauten und dem Begriff gibt es ein Bedingungsverhältnis, das für alle Sprachzeichen charakteristisch ist.

Das Sprachzeichen ist eine Einheit mit zwei Seiten. Um die innere Verbindung hervorzuheben, nennt Saussure den Laut *le signifiant* (das Bezeichnende) und den Begriff *le signifié* (das Bezeichnete). Mit Hjelmslev können wir auch die Bezeichnungen ‹Ausdruck› und ‹Inhalt› verwenden, die durch das Zeichen verbunden werden. Folglich sind nicht nur Wörter Zeichen. Im Deutschen ist beispielsweise die Endung -s ein Zeichen: Es besteht aus einem Ausdruckselement (s) als Träger eines Inhaltselements, nämlich des Genitivs (die Rinde des Baum-s).

Das Zeichen ist durch einen inneren Gegensatz definiert; es ist eine Verbindung von Verschiedenartigem (*d'ordres différents*), das heißt von nicht natürlich Zusammengehörigem. Die Verbindung zwischen den zwei ungleichartigen Elementen Laut (Ausdruck) und Begriff (Inhalt) ist willkürlich (*arbitraire*). Es gibt kein natürliches oder vorgegebenes Verhältnis zwischen dem Ausdruck Baum und dem Begriff ‹Baum›. Der Inhalt könnte genausogut durch andere Ausdrücke bezeichnet werden. Im Dänischen zum Beispiel bezeichnet ganz anders als im Deutschen oder Französischen der Ausdruck «Træ» den Baum wie auch das Material Holz.

Saussure spricht dem arbiträren Zeichen eine Schlüsselstellung in der Sprachtheorie zu. Daß die Beziehung zwischen Ausdruck und Inhalt willkürlich ist, bedeutet, daß das Zeichen selbst eine durch und durch gesellschaftliche und geschichtliche Größe ist.[5] Sie ist eine Frage gesellschaftlicher Konvention. Diese darf aber nicht als bewußte Übereinkunft oder Wahl verstanden werden, sondern als unbewußte, kollektive Bildung und Annahme. Wir können beispielsweise sagen, daß dieser oder jener Ausdruck gebildet wurde und in die Sprache gelangt ist. Man kann hier von einer Bildung innerhalb einer bereits etablierten, traditionsgebundenen Sprachgemeinschaft sprechen.

Das Zeichen ist zudem keine Zusammensetzung fertiger Teile, die bereits vor der Sprache als Ganzheit jeweils in sich selber bestimmt sind. In diesem Fall wäre die Sprache als eine Sammlung von Zeichen eine Summe selbständiger Einzelteile. Aber daß das Zeichen willkürlich ist, bedeutet, daß es als Zeichen in der Sprache nicht ‹von außen her› bestimmt ist. Was das Zeichen als eine konkrete Verbindung von Ausdruck und Inhalt bestimmen kann, ist allein, daß es im Verhältnis zu anderen Ausdrucks- und Inhaltsgrößen innerhalb der Sprache abgegrenzt und gekennzeichnet ist. Der willkürliche Charakter des Zeichens bedeutet den Mangel jeglicher natürlichen oder vorgegebenen Beziehung zwischen Ausdruck und Inhalt. Und das besagt, daß das Zeichen seinen Wert allein durch ‹innere› Beziehungen in der Sprache erhält.

Das Sprachzeichen ist also keine selbständige, isolierte Einheit, welche an sich Bedeutung hat. Als bestimmte Verbindung von Ausdruck und Inhalt ist sie eine konkrete Einheit und als solche ein Positives. Aber diese Einheit ist in Unterschieden (*différences*) auf der Ausdrucks- und Inhaltsseite zu anderen Zeichen in der Sprache begründet. Genauer formuliert, konstituiert sich das Zeichen durch das, was es von anderen Zeichen trennt.[6] Es ist daher *differentiell* bestimmt. Es bildet sich durch die ausdrucksmäßigen und inhaltlichen Unterschiede zu anderen Zeichen in der Sprache, es hat seinen Wert in seiner Beziehung auf diese anderen Zeichen. Das einzelne Zeichen ist ‹negativ› besetzt: Auf der Ausdrucks- und Inhaltsseite bestimmt es sich, indem es mit den anderen Ausdrucks- und Inhaltsgrößen in der Sprache nicht zusammenfällt.

Dies wird besonders deutlich auf der Ausdrucksseite. Das Entscheidende an einem Ausdruck ist nicht irgendeine Qualität, die dieser an sich hat, sondern der Umstand, daß er von anderen Ausdrücken, die ihn in der Sprache umgeben, getrennt werden kann. Zum Beispiel unterscheiden sich die zwei Ausdrücke ‹Herz› und ‹Harz› durch zwei verschiedene Ausdruckselemente (*e* und *a*), welche zugleich bedeutungsunterscheidend sind. Das Auswechseln[7] eines Ausdruckselements mit einem anderen ergibt einen Unterschied im Inhalt. Umgekehrt ergibt ein Auswechseln von Inhaltselementen einen Unterschied auf der Ausdrucksseite. Zum Beispiel wird der Unterschied zwischen den Inhaltselementen ‹Unbestimmtheit› und ‹Bestimmtheit› an der Hinzufügung dreier Ausdruckselemente erkennbar, entweder der (der Baum), die (die Kuh) oder das (das Herz). Und der Unterschied zwischen diesen drei Ausdrucksgrößen ergibt wiederum einen inhaltlichen Unterschied, nämlich zwischen ‹männlichem›, ‹weiblichem› oder ‹sächlichem Geschlecht›. So besteht zwischen der Ausdrucks- und Inhaltsseite des Zeichens ein ‹Zusammenspiel› bzw. eine gegenseitige Artikulation. Anders gesagt, die Differenzierung (die Bildung von Unterschieden) oder Strukturierung der Ausdrucks- und Inhaltsseite geschieht auf einmal, in einem Akt.

Daß das Entscheidende an einem Ausdruck (um wiederum die deutlichere Seite des Zeichens heranzuziehen) die Unterschiede zu anderen sprachlichen Ausdrücken sind, geht ferner daraus hervor, daß es gewisse Spielräume für Variationen in der Aussprache gibt. Die Grenzen dieses Spielraums sind bestimmt durch die Forderung, den Ausdruck von anderen Ausdrücken unterscheiden zu können. Wir können hier mit der Schriftsprache vergleichen. Zum Beispiel kann ein *t* auf verschiedene Weise geschrieben werden. Wichtig ist, daß es von anderen Buchstaben wie *l* oder *d* unterschieden werden kann. Der willkürliche Charakter des Zeichens gibt so einen gewissen Spielraum für Variationen, der von den ausdrucksmäßigen und inhaltlichen Unterschieden innerhalb der Sprache bestimmt ist.[8]

Damit sind wir bei einer zentralen These in Saussures Sprachtheorie angelangt: der Bestimmung der Sprache als *System*. Die Sprache kann als ein System innerer Unterschiede und damit innerer Abhängigkeitsverhältnisse gesehen werden. Die Sprache als System nennt Saussure *la langue*, welches er dem faktischen Sprachgebrauch, *la parole* (dem Sprechakt), gegenüberstellt. Das Sprachsystem wird vom faktischen Sprachgebrauch vorausgesetzt. Der einzelne Mensch kann sich nur mitteilen, indem er den Kode ‹gebraucht›, der das Sprachsystem ausmacht.[9] Aufgrund dieses gemeinsamen Systems kann er ohne weiteres verstehen und sich anderen verständlich machen. «La langue» ist das Sprachgebäude, welches die formalen Möglichkeiten für die Ausübung der Sprache festlegt. Es ist ein Regelsystem für den Sprachgebrauch.

Sprachsystem und Sprachgebrauch

Als Regelsystem für den Sprachgebrauch ist das Sprachsystem eine «gesellschaftliche Institution».[10] Es bildet ein soziales Band zwischen den individuellen Benutzern der Sprache. Der faktische Sprachgebrauch dagegen ist individuell, situationsgebunden und als solcher von unüberschaubaren Variationen geprägt, was sowohl den Ausdruck (die Aussprache) als auch den Inhalt (die Bedeutung) betrifft. Er unterliegt dem freien Willen. Aber die Linguistik muß hinter den Sprachgebrauch zurück zum Sprachsystem gehen, welches sich «außerhalb des Individuums befindet, das von sich aus dieses weder schaffen noch verändern kann»[11]. Daß das Zeichen willkürlich ist, bedeutet daher eben nicht, daß es von «der freien Wahl des sprechenden Subjekts» abhängig ist. Im Gegenteil, das Individuum kann von sich aus nichts an einem Zeichen ändern, das in der Sprachgemeinschaft etabliert ist. Die Linguistik sichert sich ihren eigentlichen Gegenstand durch einen Abstraktionsprozeß, in dem das Sprachsystem vom Sprachgebrauch abgetrennt wird. Durch diese Abstraktion wird das Gesellschaftliche vom Individuellen unterschieden und damit das Wesentliche vom Akzidentiellen.[12]

Zwischen diesen beiden Bestimmungen, dem Sprachsystem und dem Sprachgebrauch, besteht ein dialektisches[13] Verhältnis. Erstens erreichen wir das Sprachsystem nur aus oder durch den faktischen Gebrauch der Sprache, der unmittelbar gegeben ist (*le fait de parole*). Zweitens bildet sich das Sprachsystem durch die «Praxis des Sprechens» (*la pratique de la parole*)[14] heraus. Der Sprachgebrauch ist die Bedingung für das Sprachsystem; dieses strukturiert den Sprachgebrauch und wird umgekehrt von jenem verändert.[15] Mit den Worten von Merleau-Ponty: «Die Rede (*la parole*) verwirklicht nicht nur die der Sprache innewohnenden

Möglichkeiten. Schon bei Saussure ist sie, allen einschränkenden Bestimmungen zum Trotz, alles andere als eine bloße Wirkung.»[16] Es ist jedoch nicht nur der individuelle Sprachgebrauch, der das Sprachsystem verändert, sondern auch und gerade die Gemeinschaft, deren Institution er ist, «die sprechende Masse»[17]. Bei Saussure fehlt aber gerade der Begriff einer solchen gesellschaftlichen Praxis, das heißt des Sprachgebrauchs als Gebrauch ‹unter› Individuen in einer Gesellschaft. Mit dem Beharren auf dem Gegensatz von kollektivem Sprachsystem und individuellem Sprachgebrauch wird der Begriff der gesellschaftlichen Praxis ausgelassen, welcher jedoch notwendig ist, um zu verstehen, wie sich das Sprachsystem etabliert und verändert.

Saussure drückt die gegenseitige Abhängigkeit zwischen den zwei Bestimmungen so aus: Das Sprachsystem ist zugleich Instrument und Produkt des Sprachgebrauchs.[18] Der faktische Sprachgebrauch unter den Individuen setzt ein gemeinsames System voraus. Umgekehrt existiert dieses System nur durch den faktischen Sprachgebrauch. Der Sprachgebrauch ist eben die Aktualisierung oder Verwirklichung des Sprachsystems.

Eine der wichtigen Pointen in Saussures Grundlegung der Linguistik ist, daß wir zum Sprachsystem mittels einer methodischen Abstraktion gelangen. Das bedeutet, daß das Sprachsystem im Verhältnis zum unmittelbar Gegebenen, dem faktischen Sprachgebrauch, ein Abstraktum darstellt. Wir finden jedoch gleichzeitig bei Saussure die Tendenz, das Sprachsystem zu einem genauso konkreten Gegenstand zu machen wie den Sprachgebrauch, also zu einer selbständigen Realität. Es mag daher naheliegen, das Sprachsystem als anonyme und kollektive Realität zu betrachten, die die faktischen Sprachhandlungen der Individuen bestimmt und nicht nur den Spielraum ihrer formellen Möglichkeiten. Damit würde das Spannungsverhältnis zwischen Sprachsystem und Sprachgebrauch verschwinden.

Saussure bleibt hier zweideutig: Auf der einen Seite ist das Sprachsystem das Ergebnis einer methodischen Abstraktion, auf der anderen Seite wird es als konkrete Realität betrachtet. In dieser Zweideutigkeit findet der spätere philosophische Strukturalismus seinen Ausgangspunkt.

Saussures Bestimmung des Sprachsystems beruht auf der Voraussetzung, daß von allem Systemexternen oder -fremden abstrahiert werden kann.[19] Die äußeren Bedingungen des Sprachsystems haben mit diesem an sich nichts zu tun. Nun könnte man darauf aufmerksam machen, daß bestimmte Wörter aus anderen Sprachen entlehnt werden. Ist das nicht ein Beweis dafür, daß man externe Faktoren heranziehen muß, um das Sprachsystem zu beschreiben? Saussure antwortet darauf, daß ein Wort nicht mehr als ein fremdes zählt, wenn man es als Teil der Sprache betrachtet, in welche es eingegangen ist. Jetzt gilt nur noch die Beziehung und der Gegensatz des Wortes zu anderen Wörtern in der Sprache, also sein Wert und Platz im Sprachsystem. Die Sprache kann für sich erforscht werden als ein System eigener Ordnung oder, mit Hjelmslevs Worten, als «eine selbständige (autonome) Einheit innerer Abhängigkeiten, kurz gesagt: eine Struktur»[20].

Wir können zum Vergleich das Schachspiel heranziehen, das intern bestimmt wird durch das System, also die Spielregeln, den Wert der einzelnen Figuren in Beziehung zueinander (z. B. daß die Königin im Unterschied zum Turm diagonal, im Unterschied zum Läufer horizontal und vertikal benutzt werden kann etc.). Ändert man die Anzahl Figuren, würde dies die Form des Spiels berühren, das heißt die Art und Weise, wie das Spiel aufgebaut ist. Aber daß das Spiel von Persien nach Europa importiert wurde, ist gegenüber dem Spiel selbst etwas Äußerliches. Ebenso verhält es sich in bezug auf die Frage, ob die Figuren aus Holz oder aus Elfenbein gemacht sind und wie sie aussehen.

Dasselbe trifft auf die Sprache zu. Wenn sie erst einmal gegeben ist, kann ihre Struktur immanent studiert werden. Aufgabe der Sprachtheorie ist, in Hjelmslevs zugespitzter Formulierung, «eine immanente Erkenntnis der Sprache als eine in sich selbst ruhende, spezifische Struktur»[21]. Die Entwicklung des Strukturalismus ist von der Tendenz geprägt, dieses Immanenzprinzip so zu wenden, daß das Sprachsystem als eine selbständige Realität aufgefaßt werden kann. Darin liegt die grundlegende Neuerung, die über den Strukturalismus als methodisches Prinzip hinausgeht.

Sprache und Gesellschaft

Saussure präzisiert seine Theorie nun aber auch im Hinblick auf die oben genannte zweite Bedeutung des Strukturalismus. Das Sprachsystem ist insofern eine gesellschaftliche Institution, als es ein Zeichensystem darstellt, welches kollektive ‹Ideen› einer Sprachgemeinschaft zum Ausdruck bringt. Andere Formen solcher Zeichensysteme sind Schriftsprache, Kunst, Signalsprache (z. B. Verkehrszeichen), Rituale, Umgangsformen (Bräuche, Gesten etc.), Bekleidung usw. Wenn es in einer Gesellschaft beispielsweise deutliche Unterschiede gibt in der Bekleidung zwischen Mädchen und Junge, Frau und Mann, Junge und Mann, Mädchen und Frau, sind dies Ausdrucksunterschiede, denen Unterschiede im Inhalt entsprechen. Entscheidend ist die Existenz eines inneren Gegensatzes zwischen Ausdrucksseite und Inhaltsseite von der Art, daß Unterschieden auf der Ausdrucksseite Unterschiede auf der Inhaltsseite entsprechen und umgekehrt.

Das System der Umgangssprache (*langue*) kann mit anderen Zeichensystemen oder Sprachen verglichen werden; es bleibt jedoch das wichtigste aller Zeichensysteme.[22] Es nimmt – zusammen mit dem Schriftsystem (*écriture*) als Repräsentation des Systems der Umgangssprache – eine Sonderstellung im Verhältnis zu anderen Zeichensystemen ein. Das Sprachsystem ist die Sprache, die wir «tagaus, tagein»[23] gebrauchen. In diese ‹Alltagssprache› (z. B. Dänisch) können, wie Hjelmslev bemerkt, alle anderen Alltagssprachen und alle anderen denkbaren ‹Sprachstrukturen› übersetzt werden.[24] Diesen Vorzug verdankt sie dem Umstand, daß Alltagssprachen nicht auf einen bestimmten Zweck ausgerichtet sind, sondern ihrem Ziel nach jedes Erfahrungsgebiet umfassen. In der Alltagssprache können wir jede beliebige Meinung ausdrücken (und damit denken). Wegen ihres universellen oder allgemeinen Charakters ist sie eine einzigartige soziale Institution. Diese Sonderstellung des Sprachsystems begründet Saussure mit dem durchgehend willkürlichen Charakter des Sprachzeichens.[25] Die anderen Gesellschaftsformen wie Bräuche, Rechts- und politische Systeme beruhen mehr oder weniger auf natürlichen, vorgegebenen Verhältnissen. So ist die Mode an die Proportionen des Körpers gebunden, das Sprachsystem hingegen unabhängig. Alle anderen Zeichensysteme bauen auf einer bereits sprachlich strukturierten Inhalts- und Ausdrucksebene auf.

Saussure betrachtet die Linguistik als Teil einer generellen Wissenschaft der Zeichensysteme, der Semiologie (vom Griechischen *semeion*: Zeichen). Die Linguistik behandelt die Sprache als ein «semiologisches System», das gesellschaftlich eingebunden ist. Die Semiologie ist die Wissenschaft, «welche das Leben der Zeichen im Rahmen des sozialen Lebens untersucht»[26]. Sie gehört daher in das Gebiet der Soziologie (Saussure spricht von «Sozialpsychologie»). Mit der Sonderstellung des Sprachsystems wird das Verhältnis indessen umgekehrt. Da es für die anderen Zeichensysteme eine grundlegende Bedeutung hat, kann die Linguistik «Musterbeispiel und Hauptvertreter der ganzen Semiologie werden»[27]. Damit ist bei Saussure bereits die Möglichkeit vorgegeben, die strukturelle Betrachtungsweise der Linguistik auf andere Gesellschafts- und Geisteswissenschaften zu übertragen.

Lévi-Strauss: Das strukturell Unbewußte

Claude Lévi-Strauss (geb. 1908) kann als der Begründer des Strukturalismus in dessen zweiter Bedeutung angesehen werden. Er hat auf systematische Weise die Strukturanalyse von der Linguistik auf die Soziologie, genauer die Ethnologie, übertragen.

Diese Übertragung – etwa auf Verwandtschaftsbeziehungen, Mythen, Kunst, Mode, Umgangsformen – ist darin begründet, daß auch solche Gebiete eine sprachliche Struktur aufweisen. Sie können als Sprache (*langage*), als ‹semiologische› Systeme betrachtet werden. Damit wird der strukturellen Linguistik eine Sonderstellung zuerkannt. Das Sprachsystem (*langue*) ist, mit den Worten Lévi-Strauss', «das Bezeichnungssystem par excellence»[28].

Genaugenommen hat Lévi-Strauss seine Methode von der Phonologie übernommen, wie sie Ende der 20er Jahre von der sogenannten Prager Schule mit N. S. Trubetzkoy und Roman Jakobson als führenden Vertretern entwickelt wurde. Die Prager Schule führte Saussures Arbeit weiter, indem sie eine Analyse der Ausdrucksseite der Sprache vornahm als eines Systems abstrakter, formaler Lautelemente oder ‹Phoneme›. Aufgabe der Phonologie ist es, die ‹Struktur› dieses Systems zu untersuchen. Diese grundlegende Neuorientierung innerhalb der Linguistik nennt Trubetzkoy ‹Strukturalismus› und stellt sie in Gegensatz zu dem ‹Atomismus› früherer Schulen.

Wie die Strukturanalyse von der Phonologie auf die Ethnologie übertragen werden kann, zeigt Lévi-Strauss an dem Problem der Verwandtschaftsverhältnisse in ‹primitiven› Gesellschaften. Er begründet die Übernahme der Methode in folgenden formalen Ähnlichkeiten der Situationen, in denen sich die zwei Wissenschaften befinden.[29] Erstens sind die Glieder in den Verwandtschaftsverhältnissen ebenso wie die Phoneme Bedeutungselemente (oder genauer: bedeutungstragende Elemente). Zweitens erhalten sie wie die Phoneme diese Bedeutung nur innerhalb eines Systems. Drittens ist dieses System – das phonologische wie das Verwandtschaftssystem – eine kollektive, unbewußte Bildung.

Entsprechend begehen die traditionelle Soziologie und Linguistik den Grundfehler, die Glieder einzeln für sich und nicht in ihren Beziehungen zu betrachten.

Lévi-Strauss zeigt die Übernahme der Methode an der Rolle des Onkels in einfachen Gesellschaften, in denen die sozialen Verhältnisse vor allem vom Verwandtschaftssystem her reguliert werden. Dessen Grundstruktur umfaßt vier Glieder: Bruder, Schwester, Vater, Sohn. Diese sind so in korrelative Gegensatzpaare verbunden, daß auf jedem Generationsniveau ein positives und ein negatives Verhältnis besteht. Zum Beispiel korreliert einem negativen, strengen Verhältnis zwischen dem Bruder der Mutter und dem Sohn der Schwester ein positives, freies Verhältnis zwischen Vater und Sohn. Auf dieser Grundlage formuliert Lévi-Strauss folgende Gesetzmäßigkeit: Die Beziehung zwischen dem Bruder der Mutter und dem Sohn der Schwester verhält sich zur Beziehung zwischen Bruder und Schwester, wie sich die Beziehung zwischen Vater und Sohn zur Beziehung zwischen Mann und Frau verhält.[30] Ist das eine Beziehungspaar gegeben, kann man auf das andere schließen.

Damit ist die elementare Struktur im Verwandtschaftssystem freigelegt. Wie das phonetische System ist es ein System von entgegengesetzten Gliedern und damit ein System innerer Abhängigkeiten. Die Frage nach der Bedeutung des Bruders der Mutter ist folglich eine Frage nach der Funktion des Verwandtschaftssystems. Und die Antwort hierauf lautet, daß es ein System des sozialen Tausches, nämlich des Tausches der Frauen ist. Es kann als eine Art Sprache betrachtet werden, weil es eine gewisse Form von Kommunikation zwischen den Individuen und Gruppen in einer Gesellschaft sichert.[31]

Lévi-Strauss hat aus der strukturellen Betrachtungsweise eine Reihe philosophischer Konsequenzen gezogen – ohne sich jedoch zu deren philosophischem Charakter zu bekennen. Seine Strukturanalyse mündet in eine Aussage über das eigentlich Wirkliche, also in eine philosophische Behauptung; diese richtet sich gegen jene Tradition, die ihren Abschluß in Sartres *Critique de la raison dialectique* erreicht hat.

Das Schlußkapitel von *La pensée sauvage* (dt. Das wilde Denken) von 1962 rechnet mit Sartres dialektischer Geschichtsphilosophie ab. Diese Polemik hat mehrere Facetten. Unmittelbar wendet sie sich gegen die Auffassung, nach der die Geschichte in besonderem Maße geeignet sei, die Seinsweise des Menschen zu begreifen. Eine solche Tendenz beinhalte eine moderne Herabwürdigung der ‹primitiven› Gesellschaften, die nicht durch eine geschichtliche Entwicklung gekennzeichnet sind. Die

Geschichte, so präzisiert Lévi-Strauss seine Kritik, könne überdies auch nicht als lineare, kontinuierliche Entwicklung gefaßt werden. Diese ‹innere› Kritik läßt darauf schließen, daß es Lévi-Strauss um eine Revision des Geschichtsbegriffs geht. Die von ihm gezogenen Konsequenzen richten sich jedoch nicht gegen die Geschichtsphilosophie als solche; er betrachtet Ethnologie und Geschichtswissenschaft als zwei ebenbürtige, komplementäre Forschungsrichtungen.[32] Sie haben denselben Gegenstand, nämlich das gesellschaftliche Leben, und das gleiche Ziel, nämlich ein besseres Verständnis des Menschen. Sie unterscheiden sich einzig in ihren Sichtweisen: Die Perspektive der Geschichtswissenschaft sind die bewußten Ausdrücke des gesellschaftlichen Lebens, die Perspektive der Ethnologie die unbewußten Bedingungen dieses Leben.[33] Aber damit hebt Lévi-Strauss die Gleichstellung faktisch auf: Mit der Behauptung, gesellschaftliche Phänomene seien von den sie tragenden, unbewußten Mechanismen gesteuert, eliminiert er letztlich die Geschichte als Phänomen, das heißt als gelebte und erlebte Geschichte. Dem geschichtlichen Bewußtsein entspricht keine Realität; es gilt für eine (historische!) Periode, die vielleicht schon überwunden ist.[34] Die Geschichte als Grundzug der Seinsweise des Menschen und damit des gesellschaftlichen Lebens aufzufassen, kommt dem verschleierten Versuch gleich, an «der Illusion der Freiheit»[35] festzuhalten. Diese Auffassung ist die letzte Zuflucht eines «transzendentalen Humanismus» (womit Lévi-Strauss wiederum auf Sartre anspielt), also des Versuchs, den Menschen von der Natur zu entfremden.

Ziel der Geisteswissenschaften ist es nicht, «den Menschen zu konstituieren, sondern ... ihn aufzulösen»[36]. Durch diese ‹Reduktion› können diese Wissenschaften in eine umfassende Perspektive eingefügt werden, um «die Kultur in die Natur und schließlich das Leben in die Ganzheit seiner physiko-chemischen Bedingungen zu reintegrieren»[37].

Diese Schlußfolgerung mag gerade auf dem Hintergrund der Strukturanalyse der Linguistik und Ethnologie überraschen. Die Linguistik nahm ihren Ausgangspunkt in der These, daß es inmitten der natürlichen Ordnung eine mit ihr ungleiche soziale und kulturelle Ordnung gibt. Sie verdeutlicht diese These insbesondere an der sprachlichen Zeichenbildung, die arbiträr erfolgt, also ohne Bindung an das natürlich Gegebene. Diese nicht an die Natur gebundene soziale Ordnung zeigt sich aber auch in den Verwandtschaftssystemen. Nach Lévi-Strauss ist der soziale Charakter der Verwandtschaftsbeziehungen mit «dem wesentlichen Schritt» gegeben, «durch den sie sich von der Natur (hier: der biologischen Familie) trennen»[38]. Dieser Schritt, das Inzestverbot, ist die Grundlage für das Verwandtschaftssystem als soziale Institution, das heißt als Regelsystem. Als ein solches existiert das Verwandtschaftssystem «nur im Bewußtsein der Menschen, es ist ein willkürliches System von Vorstellungen» und nichts, was sich spontan oder natürlich aus dem Gegebenen heraus entwickelt.[39] Es ist ein System sozialer ‹Verbindungen›, die die natürlichen, biologischen Verhältnisse überschreiten. In *La pensée sauvage* behauptet Lévi-Strauss jedoch, daß dieser von ihm früher hervorgehobene Gegensatz zwischen Natur und Kultur vor allem methodologischen Wert habe.[40]

Mit seiner programmatischen Erklärung von der ‹Auflösung› des Menschen in der Natur wendet sich Lévi-Strauss unmittelbar gegen Sartres ‹humanistisches› Projekt in dessen *Critique de la raison dialectique*. Aber mit Sartre möchte er zugleich eine umfassende philosophische Tradition treffen. Sartres Position steht für ihn letzten Endes für jede Philosophie, die ihren Ausgangspunkt in dem bewußten Subjekt nimmt. Die Sartre-Kritik endet mit einer generellen Zurückweisung der Subjektphilosophie. Damit übernimmt er etwas überraschend den Subjektbegriff aus Sartres *L'être et le néant* und die in der cartesischen Tradition vorgenommene Identifikation von Subjekt und Bewußtsein.

Ausgangspunkt für Lévi-Strauss ist die Annahme, daß die tragenden kollektiven Strukturen, die die verschiedenen Individuen verbinden, unbewußt sind. Unbewußt sind Strukturen insofern, als sie unabhängig vom Willen und dem Bewußtsein entzogen sind.[41] Das Unbewußte ist «der vermittelnde Begriff zwischen Ich und Anderem»[42], ein Symbolsystem, ein System der Kommunikation, das das soziale Feld bestimmt.

Scheinbar macht Lévi-Strauss damit nur das gleiche geltend wie schon Saussure, nämlich daß sich das Sprachsystem außerhalb des Willens des sprechenden Subjekts befindet. So hebt er denn auch die Ebene des Unbewußten gerade in Verbindung mit der strukturellen Linguistik hervor. Aber Lévi-Strauss gibt diesem Gedanken eine charakteristische Wendung. Er nimmt eine ‹Hypostasierung› vor (d. h. eine Selbständigmachung eines Abstrakten), indem er das unbewußte Symbolsystem (z. B. das Verwandtschafts- oder das Mythensystem) zu einer selbständigen Realität erhebt. Das Symbolsystem ist selbständig gegenüber – und damit losgerissen von – der menschlichen ‹Praxis› oder dem ‹Gebrauch› des Systems. Das unbewußte Regelsystem ist zudem tragend in dem Sinn, daß es das eigentlich Wirkliche ist. Die sozialen Phänomene, die beobachtet werden können, das heißt die verschiedenen Handlungen der Menschen in einer Gesellschaft, sind das Ergebnis eines Spiels allgemeiner, aber verborgener Gesetze oder Strukturzusammenhänge.[43]

Lévi-Strauss hat in seiner Einleitung zu seinem vierbändigen Werk über Mythen die von ihm intendierte Pointe des Strukturalismus wie folgt ausgedrückt: Die Aufgabe ist nicht zu zeigen, «wie die Menschen in Mythen denken, sondern wie sich die Mythen in den Menschen ohne deren Wissen denken»[44]. Damit wird das menschliche Subjekt zu einem passiven ‹Träger› der bedingenden Strukturzusammenhänge reduziert, zu einem «unsubstantiellen Ort, der einem anonymen Denken dargeboten wird»[45].

Da dem unbewußten Symbolsystem eine selbständige Realität zukommt, wird das methodische Immanenzprinzip zur Behauptung, daß das System faktisch ein Spiel ist, das sich um sich selber dreht. Damit nimmt Lévi-Strauss die Gegenposition zur phänomenologisch-hermeneutischen Auffassung ein, daß sich der Mensch durch seine Hervorbringungen verstehend zu sich selbst verhält. Das unbewußte System ruht in sich selbst als ein selbstregulierendes. Deshalb können die geschichtlichen Veränderungen ohne weiteres auf den tragenden Grund, das unbewußte Regelsystem, zurückgeführt werden. Die Geschichte hat damit ihre Bedeutung verloren.

Ricœur: Sprache und Welt

Anfang der 50er Jahre versuchte Merleau-Ponty, die philosophischen Konsequenzen aus Saussures Sprachtheorie zu ziehen, wobei er von vornherein die Phänomenologie als Sprachphilosophie begriff. Phänomenologisch gesehen ist die Sprache nach den Worten Paul Ricœurs (geb. 1913) das Bedeutungsmilieu in seiner Ganzheit, das «Netz der Zeichen», «das wie ein Gespinst über das Feld unserer Wahrnehmung, unseres Handelns und unseres Lebens geworfen ist»[46].

In seiner Antrittsvorlesung am Collège de France im Januar 1953 behauptete Merleau-Ponty, die Zeichentheorie der strukturellen Linguistik enthalte «eine Theorie über den geschichtlichen Sinn, der sich über die Alternative von *Ding* und *Bewußtsein* hinaussetzt». Mit Saussure könne folglich die Skizze zu «einer neuen Geschichtsphilosophie» gegeben werden.[47] Die philosophische Perspektive, in die Merleau-Ponty Saussures Sprachtheorie hineinbringen wollte, war also die Überwindung der Zweiteilung von Sein-an-sich (Ding) und Sein-für-sich (Bewußtsein). Der

Sinn, von dem in der Geschichte die Rede sein kann, liegt irgendwo ‹zwischen› Ding und Bewußtsein. In einem Artikel aus dem Jahre 1959 heißt es in bezug auf Lévi-Strauss' strukturelle Anthropologie: Die sozialen Phänomene «sind weder Dinge noch Ideen, sie sind Strukturen»[48]. Das Charakteristische für die Geschichte sind Phänomene, die weder bloß an-sich (als Dinge) noch bloß für-sich (als Bewußtsein) sind, sondern Konfigurationen oder kollektive Bedeutungsbildungen. In der Geschichte geschieht ein Zusammenweben von ‹Kontingenz› (Willkür und Ungebundenheit) und Sinn.

Merleau-Ponty glaubte so, die strukturelle Linguistik – und die strukturelle Anthropologie – als Stütze für die Ausarbeitung der Phänomenologie als Sozial- und Geschichtsphilosophie verwenden zu können. Der entscheidende Punkt ist für ihn das Spannungsverhältnis zwischen Subjekt und Struktur. Im Sprechakt (*l'acte de parler*) zeigt das Subjekt seine Autonomie, indem es der Sprache seine besondere Prägung verleiht. Gleichzeitig ist das sprechende Subjekt in eine Sprachgemeinschaft (*communauté linguistique*) einbezogen. Es ist im Sprechakt, durch den es die Sprache prägt, von einem kollektiven Sprachsystem (*langue*) abhängig.[49] Deshalb führt die strukturelle Linguistik zu einer dialektischen Philosophie. Sie wird von der Frage geleitet nach dem Verhältnis von Freiheit (Wille) und Struktur (Institution). Darüber hinaus wird aber auch die phänomenologische Position unterstützt, indem die Sprachlichkeit mit dem Sein-in-der-Welt des Subjekts verbunden wird: «Die Sprache ist ein System von Differenzierungen, in dem sich der Bezug des Subjektes zur Welt artikuliert»[50].

In den 50er Jahren konnte Merleau-Pontys phänomenologische Sprachphilosophie als Verlängerung von Saussures Sprachtheorie betrachtet werden. In den 60er Jahren dagegen wurde die strukturelle Linguistik gegen die phänomenologische Dialektik ins Feld geführt.

Diese Zweideutigkeit wiederholt sich im Verhältnis des Strukturalismus zu Sartre. Die scharfe Konfrontation mit Sartre erstaunt, wenn man bedenkt, daß nicht etwa *L'être et le néant*, sondern die *Critique de la raison dialectique* vom Strukturalismus angegriffen wurde. Sartre hat dort die Grundzüge der menschlichen Existenz als ‹Praxis› beschrieben, als Handeln in einer Situation, die von anonymen, kollektiven Strukturen beherrscht wird. Er versuchte, mit seinem Praxisbegriff die Trägheit und Undurchsichtigkeit der durch menschliches Handeln gestalteten Geschichte zu erklären. Bei Sartre wie bei Lévi-Strauss verbinden die kollektiven Strukturen die Menschen in einem sozialen Zusammenhang.

Man müßte daher eine natürliche Verwandtschaft zwischen Sartre und dem Strukturalismus vermuten.

Man könnte zwar einwenden, daß der Strukturalismus im Unterschied zu Sartres Philosophie die autonome Wirkungskraft der Strukturen hervorhebt. Die Strukturen sind nicht bloß Ablagerungen menschlicher Handlungen. Sartre dagegen wollte zeigen, wie die kollektiven Strukturen, erstarrte Spuren menschlichen Handelns, auf die menschliche Praxis zurückwirken. Er betonte, im übrigen unter Berufung auf die Anthropologie von Lévi-Strauss, daß die Struktur nicht nur ein ‹Skelett›, sondern auch eine ‹wirkungsvolle Kraft› ist, die durch die Praxis des einzelnen und die Praxis aller aktualisiert wird und sich Ausdruck verschafft.[51]

Entscheidend für Sartre ist allerdings, daß von der Wirksamkeit der kollektiven Strukturen nur im Zusammenhang mit einem Subjektbegriff sinnvoll gesprochen werden kann. Die Praxis des Subjekts wird immer schon als das vorausgesetzt, auf das die Strukturen einwirken, das, wodurch sie Wirkung bekommen oder aktualisiert werden. Die Strukturen wirken nur in bezug auf menschliche Aktivitäten. Dies führt aber auch dazu, daß sie gegen eine menschliche Absicht verstoßen und daß es einen Konflikt geben kann zwischen der strukturell bedingten Wirkung und dem Zweck der menschlichen Handlung.

Der philosophische Strukturalismus hat indessen die Tendenz, das Spannungsverhältnis zwischen Struktur und Subjekt aufzulösen. Durch sie wird der Abstand zwischen dem System und der Praxis des Subjekts aufgehoben – ein Abstand, den Saussures Sprachtheorie noch gewahrt hat. Saussure vertrat ein gegenseitiges Abhängigkeitsverhältnis von dem kollektiven, unbewußten Sprachsystem und dessen Gebrauch durch das sprechende Subjekt. Dieser Abstand wird jetzt aufgehoben, indem der Gebrauch zu einer einfachen Wirkung des Systems erklärt wird. Der Sprachgebrauch fügt dem System, welches er aktualisiert, nichts hinzu. Damit wird das handelnde Subjekt auf einen passiven Träger von Systemeinwirkungen reduziert.

Allerdings gibt es auch innerhalb des Strukturalismus in seiner weiteren Bedeutung eine differenzierte Theorie des Subjekts: die des Psychoanalytikers Jacques Lacan (1901–1981). Man hat Lacan dem Strukturalismus zugerechnet; doch mit gleichem Recht kann er in die phänomenologisch-dialektische Tradition Kojèves, dessen Vorlesungen er in den 30er Jahren hörte, gestellt werden. Noch einmal zeigt Kojèves Hegel-Deutung ihre Wirkung. Lacan wiederholt und variiert die in der Hegelschen Phänomenologie vorgenommene Verknüpfung von Begierde,

Selbstverhältnis und Verhältnis zum Anderen. Die menschliche Begierde wird in eine ‹symbolische› Beziehung einbezogen, das heißt in das Verhältnis zwischen dem Subjekt und dem ‹Anderen›, welches sich für das Selbstverhältnis als konstituierend erweist. Gerade dieser Begriff der symbolischen Ordnung ermöglicht jedoch die Anwendung der strukturellen Betrachtungsweise der Linguistik, wenn man von der Voraussetzung ausgeht, daß das Unbewußte wie eine Sprache strukturiert ist.

Eben dieses Verhältnis zwischen Struktur und Subjekt macht Paul Ricœur zum Gegenstand systematischer Überlegungen. Er diskutiert die Strukturanalyse, indem er den Begriff des Subjekts differenziert.

Bereits Mitte der 30er Jahre war Ricoeur teils von der französischen Existenzphilosophie (besonders Marcel), teils von der deutschen Phänomenologie (speziell Husserl) beeinflußt. Seit Ende der 40er Jahre zählte er zu den hervorragenden Repräsentanten der französischen Phänomenologie. Ab Ende der 50er Jahre entwickelte er die Phänomenologie in Richtung einer philosophischen Hermeneutik, in mancherlei Weise parallel mit Hans-Georg Gadamer. Die phänomenologisch-hermeneutische Position wurde in der Auseinandersetzung mit dem Strukturalismus in den 60er Jahren präzisiert.

Ricœurs Anliegen ist die Begründung der phänomenologisch-hermeneutischen Problemstellung, von der sich der Strukturalismus, mit Lévi-Strauss an der Spitze, getrennt hat. Wenn beispielsweise Mythen als selbstgenügsame Systeme, die um sich selbst kreisen, begriffen werden, wird die Frage nach der Bedeutung, die sie für die mit ihnen lebenden Menschen haben, abgeschnitten. Das Wirkliche, behauptet man, sei anderswo zu finden als auf jener erlebnismäßigen Ebene, welche die Phänomenologie als die basale annimmt. Ricœur will nun den Gegensatz von Strukturalismus und Phänomenologie näher bestimmen. In einem ersten Schritt geht er hinter den philosophischen Strukturalismus zurück zu dessen Ausgangspunkt, zu Saussures und Hjelmslevs Grundlegung der Strukturanalyse, um Gültigkeit und Grenze dieses Ansatzes zu prüfen.

Saussures Unterscheidung zwischen Sprachsystem und Sprachgebrauch impliziert den Ausschluß des Willens und der Intention des sprechenden Subjekts. Die Sprache wird betrachtet als Gegenstand an sich und nicht als Mittel, um etwas zu sagen. Das in sich geschlossene Zeichensystem ist eine Sache, die Referenz auf die Welt eine andere. Die Phänomenologie kann aber auch wie eine generalisierte Sprachtheorie, nämlich eine generelle Bedeutungstheorie, aufgefaßt werden. Die phänomenologische Beschreibung hat mit dem Seienden als ‹Phänomen› zu tun, das heißt mit dem Seienden als Bedeutung.

«Sobald man jedes Seiende als einen erlebten Sinn intendiert, durch den sich ein Subjekt zu transzendenten Gegebenheiten hin überschreitet, nimmt alles den Charakter einer Bedeutung an.»[52]

‹Bedeutung› ist die universelle Vermittlung zwischen Subjekt und Welt. Die bedeutunggebende Aktivität ist jedoch die des Subjekts. Zugespitzt formuliert ist das Subjekt der «Träger der Bedeutung»[53].

Die Herausforderung der strukturellen Linguistik gegenüber der phänomenologischen Subjektphilosophie besteht nun darin, daß «der Bedeutungsbegriff vom intentionalen Ziel des Subjektes entfernt und anderswo angebracht wird»[54]. Sie sondert die Sprache oder den Sprachgebrauch als bedeutunggebende Aktivität aus und gibt der Bedeutung ihren Platz innerhalb eines Systems innerer Unterschiede. In einem solchen System kann aber eigentlich nicht mehr von ‹Bedeutung› die Rede sein, sondern von Werten, das heißt von relativen, sich gegenseitig definierenden Größen.

Damit ist Ricœurs nächster Schritt bereits angedeutet. Er besteht, kurz gesagt, im Hinweis auf den abstrakten Charakter des Sprachsystems, der auf dem Ausschluß des Sprachgebrauchs beruht. Diese Abtrennung hat zur Folge, daß die Sprache als ein System ‹immanenter› Unterschiede betrachtet wird, also als ein geschlossenes Zeichensystem. Die Sprache kann so – nach den Worten Hjelmslevs – als ein Gegenstand, der in sich selbst ‹ruht›, untersucht werden (Immanenzprinzip). Beiseite gelassen wird dadurch aber die Funktion der Sprache, daß sie über etwas spricht.

Wir können bei Ricœur zwei Argumente dafür finden, daß die konkrete Ebene erst mit der Sprache als Sprechen oder Aussagen gegeben ist, also mit der Sprache, die eine Welt ausdrückt, indem sie etwas über etwas sagt. Erstens hebt er hervor, daß das Sprachsystem aus Strukturen für den Gebrauch oder den Sprechakt besteht. Zweitens liefert Ricœur ein phänomenologisches Argument, indem er auf die Erfahrung zurückgreift, die wir beim Sprachgebrauch machen, wenn wir sie gemeinsam – in der Situation, im Gespräch – verwenden.

«Unsere Erfahrung von der Sprache enthüllt uns etwas von ihrem Seinsmodus, der sich dieser Reduktion widersetzt. Für uns als Sprechende ist die Sprache nicht ein Gegenstand, sondern eine Vermittlung; sie ist das, wodurch und mit dessen Hilfe wir uns ausdrücken und die Dinge zum Ausdruck bringen.»[55]

Das konkrete Phänomen ist die Sprache als Vermittlung. Damit nimmt Ricœur den phänomenologischen Begriff der Sprache als eines Bedeutungsmilieus wieder auf. Aber gleichzeitig erfolgt eine Verschiebung, die sich gerade an den Begriff der Sprache als Vermittlung anlehnt.

Die Sprache ist Vermittlung (*médiation*) unserer Existenz als ein Sein-in-der-Welt. Sie ist «das *Medium* oder jenes ‹Mittel› (milieu), in dem und durch das sich das Subjekt setzt und sich die Welt zeigt»[56]. Damit begibt sich Ricœur in die subjektphilosophische Tradition, allerdings mit der Einschränkung, daß das ‹Sich-selbst-Setzen› des Subjekts, also das Verhalten zu sich selbst oder das Selbstbewußtsein, das den Kernpunkt dieser Tradition ausmacht, innerhalb der Sprache und nicht neben ihr betrachtet werden soll. Der Zusammenhang, den das Subjekt durchlebt, ist ein sprachlicher. Die soziale und geschichtliche Welt, in der es lebt, ist grundsätzlich eine sprachliche Welt. Damit wiederholt und präzisiert Ricœur den dialektischen Begriff des Konkreten als des Vermittlungszusammenhangs, durch den sich das Subjekt zu sich selbst verhält.

Ricœur bezeichnet deshalb seine philosophische Arbeitshypothese als eine «konkrete Reflexion», als eine «Vermittlung des Cogito mit der gesamten Welt der Zeichen»[57]. Mit diesem Projekt nimmt er die Wende zum Konkreten wieder auf, aber er entwickelt sie als eine hermeneutische. Das Konkrete in hermeneutischer Regie ist der soziale und geschichtliche Vermittlungszusammenhang als ein Zeichenuniversum. Und als solches muß das Konkrete interpretiert werden. Trotz seines Festhaltens an der Subjektphilosophie möchte Ricœur die Auseinandersetzung mit dem Subjektivismus der cartesianischen Tradition radikalisieren. Er nimmt eine grundlegende Verschiebung innerhalb des Subjektbegriffs vor: Das Subjekt erreicht sich nicht in einer direkten, unvermittelten Vergegenwärtigung, sondern nur durch den sozialen, geschichtlichen und sprachlichen Zusammenhang, in welchem es sich ausdrückt. Das Selbst-Verhältnis ist durch und durch vermittelt. Die reflexive Philosophie muß einen langen Umweg nehmen. Sie schlägt den Weg «einer Interpretation der privaten und öffentlichen, psychischen und kulturellen Zeichen (ein), in denen sich der Wunsch nach Sein, das Streben nach Existenz, das uns konstituiert, ausdrücken und darstellen.»[58]

Ab etwa 1970 hat Ricœuer versucht, sein Projekt in eine Theorie über Text und Textinterpretation umzusetzen. Er definiert Text als jedes sprachliche Phänomen, das mit Schrift verbunden ist, also ‹äußerlich› ist im Vergleich mit der unmittelbaren Vergegenwärtigung eines sprechenden Subjekts. Diese ‹Äußerlichmachung› ist keine einfache Entfremdung, sondern ermöglicht im Gegenteil ein tieferes Selbstverhältnis. Das Textproblem wird durch den fiktiven oder poetischen Text verschärft, indem der Hinweis auf eine vorgegebene bestimmte Welt aufgehoben wird. Diese Suspension ermöglicht es aber, eine andere Bedeutungsschicht der Welt zum Ausdruck zu bringen, nämlich jene Welt, in der wir uns zu unseren innersten Möglichkeiten verhalten.

In diesem Zusammenhang wollte Ricœur eine Theorie des Zusammenhangs von Narrativität (von lat. *narratio*, Erzählung) und Historizität, dem geschichtlichen Charakter unserer Existenz, entwerfen. Sein Ausgangspunkt liegt in der Frage nach dem Verhältnis zwischen der fiktiven Erzählung einer ‹Geschichte› (z. B. einem Roman) und der ‹wahren› Beschreibung der Geschichte durch den Historiker. Gewöhnlich hebt man den Abstand zwischen diesen beiden hervor. Es gibt aber, behauptet Ricœur, eine grundlegende Verwandtschaft. Eine Begebenheit ist erst geschichtlich, wenn sie in einen Verlauf eingeht, der berichtet oder erzählt werden kann. Sie muß in einem fortlaufenden Zusammenhang, in einer Bedeutungsganzheit gesehen werden. Das Ziel der Beschreibung eines geschichtlichen Verlaufs ist zudem letzten Endes das Verstehen eines von uns Verschiedenen und damit das Verstehen unser selbst. Weil es in der Geschichtsschreibung um etwas von uns Verschiedenes geht, kann sie die Frage nach unseren eigenen Möglichkeiten erschließen. Sowohl die fiktive wie die geschichtliche ‹Erzählung› weisen deshalb auf die unabgeschlossene Geschichte zurück, in der wir selber stehen.

Texte

Lacan, Jacques: Écrits. Paris 1966 (dt. Schriften. 3 Bde. Olten/Freiburg 1973–1980).

Lévi-Strauss, Claude: Les structures élémentaires de la parenté. Paris 1949, 1967 (dt. Die elementaren Strukturen der Verwandtschaft. Frankfurt/M. 1981).

–: Introduction à l'œuvre de Marcel Mauss. In: M. Mauss: Sociologie et anthropologie. Paris 1950, Neuausgabe 1966, S. IX–LII (dt. in: M. Mauss: Soziologie und Anthropologie 1. München 1974 [Einl.]).

–: Anthropologie structurale 1. Paris 1958 (dt. Strukturale Anthropologie. Frankfurt/M. 1967) (= *SA*).

–: La pensée sauvage. Paris 1962 (dt. Das wilde Denken. Frankfurt/M. 1973) (= *WD*).

–: Mythologiques I–IV. Paris 1964–71 (dt. Mythologica. 4 Bde. Frankfurt/M. 1971–75) (= *Myth.*).

Ricœur, Paul: De l'interpretation. Essai sur Freud. Paris 1965 (dt. Die Interpretation. Ein Versuch über Freud. Frankfurt/M. 1974).

–: Le conflit des interprétations. Paris 1969 (dt. in zwei Teilen: 1. Hermeneutik und Strukturalismus. München 1973 [= *HS*]. 2. Hermeneutik und Psychoanalyse. München 1974).

–: La métaphore vive. Paris 1975 (dt. Die lebendige Metapher. München 1986).

–: Interpretation Theory. Fort Worth (Texas) 1976.

–: Phänomenologie der Schuld. 2 Bde. Freiburg/München 1971.

–: Liebe und Gerechtigkeit. Tübingen 1990.

Saussure, F. de: Cours de linguistique générale. Paris 1916. Neuauflage 1972 (= *CLG*) (dt. Grundfragen der allgemeinen Sprachwissenschaft. Berlin ²1967) (= *GF*).

Bibliographie

Lapointe, F. H.: P. Ricœur und seine Kritiker. Eine Bibliographie. In: Philosophisches Jahrbuch 86, 1979, S. 340–356.

Literatur

Arnason, Johann Pall: Zwischen Natur und Gesellschaft. Studien zu einer kritischen Theorie des Subjekts. Frankfurt/Köln 1976.

Böhnke, Michael: Konkrete Reflexion. Philosophische und theologische Hermeneutik. Interpretationsversuch über Paul Ricœur. Frankfurt/Bern/New York 1983.

Bollnow, F.: Studien zur Hermeneutik I. Freiburg/München 1982, S. 224–243.

Frank, Manfred: Das individuelle Allgemeine. Textstrukturierung und -interpretation nach Schleiermacher. Frankfurt/M. 1977, bes. S. 134–144.

Habermas, Jürgen: Der philosophische Diskurs der Moderne. Frankfurt/M. 1983, S. 279–343.

Henaff, M.: Claude Lévi-Strauss. Paris 1991.

Honneth, Axel: Kritik der Macht. Reflexionsstufen einer kritischen Gesellschaftstheorie. Frankfurt/M. 1989.

Jäger, Ludwig (Hg.): Zeichen und Verstehen. Akten des Aachener Saussure-Kolloquiums 1983. Aachen 1986.

Jaeggi, Urs: Theoretische Praxis. Probleme eines strukturalen Marxismus. Frankfurt/M. 1976.

Leach, E.: Lévi-Strauss zur Einführung. Hamburg 1991.

Meyer, U. I.: Paul Ricœur. Die Grundzüge seiner Philosophie. Aachen 1991.
Prammer, Franz: Die philosophische Hermeneutik Paul Ricœurs. Innsbruck/Wien 1988.
Rosenfeld, Uwe: Der Mangel an Sein. Identität als ideologischer Effekt. Gießen 1984.
Ruijter, Arie de: Claude Lévi-Strauss. Frankfurt/M. 1991.
Schaff, Adam: Strukturalismus und Marxismus. Essays. Wien 1974.
Scheerer, Thomas M.: Ferdinand de Saussure. Rezeption und Kritik. Darmstadt 1980.
Schiwy, Günther: Poststrukturalismus und «Neue Philosophen». Reinbek 1986.
Schoch, Bruno: Marxismus in Frankreich seit 1945. Frankfurt/M. 1980.
Spiegelberg, Herbert: The Phenomenological Movement. 3. Aufl. Den Haag 1982, S. 585–611.
Starobinski, Jean: Wörter unter Wörtern. Die Anagramme von Ferdinand de Saussure. Frankfurt/Berlin/Wien 1980.
Waldenfels, Bernhard: Phänomenologie in Frankreich. Frankfurt/M. 1983.
Wunderli, Peter: Saussure-Studien. Tübingen 1981.

Anmerkungen

1 M. Foucault: Die Ordnung des Diskurses. München 1974, S. 49f.
2 G. Deleuze: Différence et répétition. Paris 1968, S. 1.
3 Saussure, *GF*, S. 76.
4 Saussure, *GF*, S. 77.
5 Saussure, *GF*, S. 79f, 84, 87.
6 Saussure, *GF*, S. 145f.
7 L. Hjelmslev: Prolegomena zu einer Sprachtheorie. München 1974, S. 87–104.
8 Saussure, *GF*, S. 142f.
9 Saussure, *GF*, S. 16f.
10 Saussure, *GF*, S. 12, 13, 19.
11 Saussure, *GF*, S. 17, vgl. auch S. 80, 91, 135.
12 Saussure, *GF*, S. 16.
13 Vgl. Anm. 65 von de Mauro, in: Saussure, *CLG*, S. 420.
14 Saussure, *GF*, S. 16.
15 Saussure, *GF*, S. 117.
16 M. Merleau-Ponty: Résumés de cours 1953/54. In: Vorlesungen 1. Berlin 1973, S. 62.
17 Saussure, *GF*, S. 92.
18 Saussure, *GF*, S. 22.
19 Saussure, *GF*, S. 24–27.

20 L. Hjelmslev: Aufsätze zur Sprachwissenschaft. Stuttgart 1974, S. 28 (1948).
21 L. Hjelmslev, Prolegomena, S. 35.
22 Saussure, *GF*, S. 19.
23 Saussure, *GF*, S. 86.
24 L. Hjelmslev, Prolegomena, S. 147 f.
25 Saussure, *GF*, S. 80, 89.
26 Saussure, *GF*, S. 18.
27 Saussure, *GF*, S. 80.
28 Lévi-Strauss, *SA*, S. 62.
29 Lévi-Strauss, *SA*, S. 44 ff.
30 Lévi-Strauss, *SA*, S. 57.
31 Lévi-Strauss, *SA*, S. 74.
32 Lévi-Strauss, *WD*, S. 295.
33 Lévi-Strauss, *SA*, S. 31 f.
34 Lévi-Strauss, *WD*, S. 293.
35 Lévi-Strauss, *WD*, S. 302.
36 Lévi-Strauss, *WD*, S. 284.
37 Lévi-Strauss, *WD*, S. 284, vgl. auch S. 309.
38 Lévi-Strauss, *SA*, S. 66.
39 Lévi-Strauss, *SA*, S. 66.
40 Lévi-Strauss, *WD*, S. 284 Anm.
41 Lévi-Strauss, *WD*, S. 289 ff.
42 Lévi-Strauss, Einl., S. 25.
43 Lévi-Strauss, *AS*, S. 46.
44 Lévi-Strauss, *Myth. 1*, S. 26.
45 Lévi-Strauss, *Myth. 4*, S. 732.
46 Ricœur, *HS*, S. 149.
47 Merleau-Ponty: Lob der Philosophie (1953). In: Vorlesungen 1. Berlin 1973, S. 44; vgl. auch Sur la phénoménologie du langage (1951) und Le langage indirect et les voix du silence (dt. in: Das Auge und der Geist. Hamburg 1984), beide in: Signes. Paris 1960.
48 Merleau-Ponty: Signes (1960), S. 146.
49 Merleau-Ponty: Lob der Philosophie. In: Vorlesungen 1, S. 43 f.
50 Merleau-Ponty: Résumés de cours 1953/54. In: Vorlesungen 1, S. 64.
51 Sartre: Kritik der dialektischen Vernunft, S. 532.
52 Ricœur, *HS*, S. 149; vgl. dazu auch die Kapitel in *HS*, S. 101 ff und 137 ff.
53 Ricœur, *HS*, S. 148.
54 Ricœur, vgl. *HS*, S. 153.
55 Ricœur, *HS*, S. 108.
56 Ricœur, *HS*, S. 160.
57 Ricœur, *HS*, S. 171.
58 Ricœur, *HS*, S. 173.

Søren Gosvig Olesen

Die neuere französische Philosophie

Kritik des Strukturalismus

Wie erwähnt, kann Strukturalismus Verschiedenes bedeuten. Man kann relativ eindeutig von Strukturalismus reden oder von einer strukturalistischen Betrachtungsweise, wenn man dabei an die allgemeine Linguistik von Ferdinand de Saussure denkt. ‹Strukturalismus› im Sinne einer allgemeinen Methodik der Geistes- und Sozialwissenschaften wird jedoch schnell mehrdeutig, auch wenn man sich auf das klare Beispiel der strukturellen Anthropologie stützen kann. Mit der Rede vom Strukturalismus als einer ‹Philosophie› jedoch gerät man oft in den Bereich des gänzlich Unbestimmbaren.

Die Kritik des Strukturalismus wird, wie zu erwarten, genauso uneinheitlich wie der Strukturalismus selbst. In den Chor der Kritiker mischen sich neue Stimmen mit denen aus der Vergangenheit. Es soll hier deshalb zwischen verschiedenen Formen von Kritik unterschieden werden. Fast allen Kritikern ist gemeinsam, daß sie gern mit dem arbeiten, was wir die ‹dritte› Bedeutung von Strukturalismus genannt haben, das heißt dem philosophischen Strukturalismus. Hierbei unterstellen die Kritiker der Bewegung auch gern ihre eigenen Definitionen (evtl. unter Einbeziehung der ersten und zweiten Bedeutung als Beleg). Allmählich wird ungewiß, was ‹Strukturalismus› überhaupt bedeuten soll; oder aber dieser Begriff erhält gerade durch die Intention der Kritiker einen eindeutigen und klaren Sinn. Es ist bezeichnend, daß sogar der Autor der *Anthropologie structurale* sich 1970 nicht mehr zu dieser Bezeichnung bekennen wollte.[1] Was für Claude Lévi-Strauss gilt, gilt auch für Michel Foucault, Louis Althusser u. a. Nichtsdestoweniger ist die Entwicklung der Kritik am Strukturalismus für das philosophische Milieu nach dem Strukturalismus kennzeichnend.

Ein weit verbreiteter Typ von Kritik wirft dem Strukturalismus Geschichtslosigkeit vor. Vor allem Philosophen unterschiedlicher marxistischer Observanz haben diesen Vorwurf erhoben.[2] Indem sich der Strukturalismus auf anonyme, determinierende Größen konzentriere, verkenne er die Dynamik, das handelnde Subjekt im Ganzen des Systems. Weil der Strukturalismus mit der Relation zwischen jederzeit feststehenden Größen arbeite, könne er nur synchron (mit Systemen), nicht aber diachron (mit Prozessen) vorgehen. Aber wenn das Geschichtliche zu einer bestimmten Zeit Realität besitzen soll, muß es sich auch einer synchronen Betrachtungsweise zeigen. Die Auffassung von Geschichte, welche dieser Kritik zugrunde liegt, würde bereits in der Sprachforschung (wie Roman Jacobsen[3] gezeigt hat) zu der absurden Konsequenz führen, daß ein Idiom nur synchron nach seinem Kode befragt werden kann, wenn alle Individuen der Sprachgemeinschaft gleichzeitig von der Erdoberfläche verschwinden. Eine synchrone Betrachtung wird stets Größen unterschiedlichen Alters zum Gegenstand haben. So wird auch ein historischer Querschnitt ein komplexes Ganzes aus Ungleichzeitigkeiten umfassen.

Ein fast ebenso verbreiteter Typ von Kritik wirft dem Strukturalismus vor, sich der Freiheit des Individuums oder gar seiner Existenz zu bemächtigen. Diese Kritik ist vor allem von Vertretern des Existentialismus vorgetragen worden, aber auch allgemein von seiten der Geisteswissenschaften. Der Strukturalismus macht sich nach diesen Kritikern eines totalen Determinismus schuldig, indem er sich allein an die anonymen Strukturen hält, die ‹hinter dem Rücken› der faktischen Individuen agieren. Damit vernachlässige der Strukturalismus die existentielle Wahl oder Initiative, die in einer bestimmten geschichtlichen Situation entscheidend sein kann und die die Voraussetzung dafür sein muß, daß eine ethische Verpflichtung geltend gemacht werden kann. Es fragt sich jedoch, ob der Strukturalismus überhaupt so allgemeine philosophische Stipulationen enthält, ob eine strukturelle Analyse von Individuum, Freiheit, Wahl etc. nicht Bezug nehmen muß auf das, was in einer bestimmten geschichtlichen Situation unter diesen Größen verstanden wird. So jedenfalls ist wohl auch Jean-Paul Sartres Parole zu verstehen, die er dem Strukturalismus entgegenhält: «Das Wesentliche ist nicht, was man aus dem Menschen gemacht hat, sondern das, was der Mensch aus dem gemacht hat, zu dem man ihn gemacht hat»[4]. Dagegen könnte man allerdings wiederum fragen, was der «Mensch» wohl für eine Größe ist, der hier wie ein *deus ex machina* auftritt, um etwas aus dem zu machen, was «man» aus ihm gemacht hat. Ist der Strukturalismus überhaupt von diesen vorgefaßten Unterscheidungen: Individuum/Gesellschaft, Ich / die Anderen / man etc. her zu verstehen? Oder muß er nicht vielmehr als ein entscheidender Bruch mit solchen Unterscheidungen verstanden werden?

Da ist die Kritik fruchtbarer, die nach der Bestimmbarkeit des Begriffs der Struktur selbst fragt. Nach dieser Kritik ist das Problematische am Strukturalismus der Status, der dem zuerkannt wird, was ‹hinter dem Rücken› der scheinbar handelnden Subjekte diese determinierend agiert. Diese Kritik erfolgt aufgrund des allgemeinen Verdachts, daß die metaphysische Grundlage, die in der Neuzeit mit dem menschlichen Subjekt identifiziert wurde, nach dessen scheinbarer ‹Destruktion› nun in dem weiter existiert, was wir vage Strukturen nennen.[5] Es ist jedenfalls bezeichnend, daß das Subjekt, vom Strukturalismus stets als Hydra bekämpft, seinen Kopf in neuen Verkleidungen immer wieder hervorstreckt: als ‹Struktur›, ‹unbewußte Sprache›, ‹Überdetermination›...

Dekonstruktion

Wenn sich die Zeiten ändern, ändert sich auch die Vergangenheit. Mit dem Aufkommen der Existenzphilosophie wurde Kierkegaard aus der Vergessenheit geholt. Durch den Strukturalismus wurde Ferdinand de Saussure erst wirklich bekannt. Andere Autoren dagegen treten allmählich in den Hintergrund. Ein Philosoph wie Henri Bergson ist heute fast nur noch Gegenstand akademischer Aufmerksamkeit – eine französische Spezialität. Die philosophischen Stilwechsel nach dem Strukturalismus verändern auch das Kräfteverhältnis zwischen den philosophischen Schulen der Vergangenheit. Da es schwierig sein kann, diese Schulen hinter den aktuellen Modeströmungen zu sehen, seien sie hier kurz aufgezählt.

1. Die Schulbildung, deren Domäne auf französisch unter der Bezeichnung *épistémologie* bekannt ist, stellt eine wichtige Voraussetzung für Philosophen wie Louis Althusser (1918–1990) und Michel Foucault (1926–1984) dar. Kennzeichnend für diese französische Epistemologie ist die Verbindung von wissenschaftstheoretischen und wissenschaftsgeschichtlichen Untersuchungen. Die Untersuchungen der Epistemologen lassen sich nicht losgelöst von der historischen Tragweite verstehen, die ihrem Gegenstand zukommt.

Man kann die Epistemologie auf Alexandre Koyré (1892–1964), einen Schüler Edmund Husserls und Emile Meyersons, sowie Gaston Bachelard (1884–1962), einen Schüler Léon Brunschvicgs, zurückführen. Als Motto für die Untersuchungen der Epistemologie hat das Wort Koyrés noch heute Gültigkeit: Die Analyse einer Denkweise ist erst möglich, «wenn wir durch die historische Arbeit unseren Blick geschult und geschärft haben»[6]. Koyré und Bachelard arbeiten an mehreren Fronten. Koyré untersucht die Astronomie und die Physik neben der Religionsphilosophie. Bachelard wendet sich sowohl der Physik und Chemie als auch der Poesie zu. Beide Philosophen beschäftigen sich also auch mit Themen, die unwissenschaftlich geworden sind, und sie können so zeigen, wie Wissenschaft allmählich geworden ist.

2. Eine andere einflußreiche, aber wenig sichtbare Institution in der französischen Philosophie ist die der Lehrmeister. Jahrhundertelang haben in Frankreich Philosophen des Typs gelehrt, der weniger durch epochemachende Schriften als durch Schulung kommender Generationen gewirkt hat. Daß solche Philosophen entscheidenden Einfluß erlangen können, liegt nicht zuletzt an der großen Verbreitung des Philosophieunterrichts im französischen Schulsystem. Unter den französischen Lehrmeistern sollen hier Jules Lagneau (1851–1894), Emile Chartier (1868–1951, besser unter dem Pseudonym Alain bekannt) und Michel Alexandre (1888–1952) hervorgehoben werden. Ihr Einfluß ist vor allem von den großen Gymnasien von Paris ausgegangen. Zuweilen hat sich auch ausländischer Einfluß erst über französische Lehrmeister Geltung verschafft.

Martin Heideggers entscheidende Bedeutung für die heutige französische Philosophie läßt sich nicht allein durch das direkte ‹Eingreifen› Heideggers in seinem Brief *Über den ‹Humanismus›* erklären. Schon zu dem Zeitpunkt, als dieser Brief abgeschickt wurde, hatte sein Verfasser einen Vorposten in dem Empfänger des Briefs, Jean Beaufret (1907–1982). Er bleibt durch alle Jahre die graue Eminenz für das Denken Heideggers in der französischen Philosophie.

Die Veränderungen in dem französischen philosophischen Milieu betreffen jedoch nicht nur die Wahl der Quellen – als hätten die Quellen der Philosophie eine festgelegte Bedeutung. Diese Veränderungen betreffen in erster Linie die Art und Weise, in der die Philosophen lesen und schreiben. Es handelt sich um Veränderungen in der philosophischen Arbeitsweise. Wo die Philosophie als Dekonstruktion entfaltet wird, zieht man die Konsequenz aus der Erfahrung der Philosophie in neuerer Zeit: daß sich nämlich das Systematische nicht vom Historischen trennen läßt. Die philosophische Arbeit besteht in Auslegung, im Lesen von Texten. Man darf deshalb in dieser Periode nicht erwarten, Beispielmaterial desselben anschaulichen, fast literarischen Charakters zu finden wie bei Merleau-Ponty oder Sartre. Die Beispiele sind, könnte man sagen, nicht mehr literarisch, sondern textuell. Es ist unumgänglich, die Dekonstruktion durch das Textmaterial darzustellen, nach dem sie vorgeht. Aus demselben Grund ist es irreführend, die Sache so darzustellen, als gäbe es eine ‹Philosophie Derridas› (oder insoweit eine ‹Philosophie Heideggers›). Die Dekonstruktion bezeichnet einzig und allein ein Verhältnis zu der Tradition der Philosophie, die im 20. Jahrhundert möglich ist.

Derrida und die Grammatologie

Daß die ‹Dekonstruktion› der gemeinsame Nenner für eine Reihe von philosophischen Bemühungen nach der Mitte der 60er Jahre wird, ist besonders das Verdienst Jacques Derridas (geb. 1930). Man kann mit einiger Wahrscheinlichkeit das Programm einer «Dekonstruktion der Metaphysik» auf Heideggers Forderung nach «einer Destruktion der Geschichte der Ontologie» (*Sein und Zeit*, § 6) zurückführen. Aber erst mit Derrida wird die Dekonstruktion als eine De-kon-struktion entwickelt – auch wenn andere französische Philosophen beharrlich von «déstruction» reden. Und es geschieht im übrigen wiederum erst später, daß sich die Dekonstruktion von ihrem eigentlichen Gegenstand, der Metaphysik, entfernt, um bei den Amerikanern zum Dekonstruktivismus zu werden, und dies besonders als literaturkritisches Unternehmen. Die philosophisch relevante Bedeutung von Dekonstruktion wird am besten deutlich, wenn man sich an das Arbeitsgebiet der Philosophie hält.

In der Philosophie bedeutet Destruktion nicht eine Zerstörung, sondern vielmehr den Arbeitsprozeß, durch den etwas aufgeteilt, in seine Elemente aufgelöst wird. «Destruktion der Metaphysik» bedeutet deshalb nicht Abschaffung der Metaphysik, im Gegenteil. Die Destruktion bezieht sich nicht auf die Vergangenheit, sondern auf die Gegenwart und die Zukunft. «Negierend verhält sich die Destruktion nicht zur Vergangenheit, ihre Kritik trifft das ‹Heute› und die herrschende Behandlungsart der Geschichte der Ontologie»[7]. Zwar ist die menschliche Existenz zu jeder Zeit in einer «überkommenen Daseinsauslegung» aufgewachsen und mit ihr verwoben, aber diese folgt dem Dasein nicht nach, die Auslegung geht ihm vielmehr voraus.[8] Vorläufig läßt sich also zusammenfassend sagen: Die Destruktion greift nicht die Vergangenheit und die Tradition an, sondern die Zukunft und Gegenwart, in denen die Seinsfrage stets durch die Antwort der Selbstverständlichkeit schon verdeckt ist.

Daß die Seinsfrage von der zur jeweiligen Zeit selbstverständlichen Auslegung verdeckt ist, bedeutet, daß die Frage nach dem Sinn von Sein nicht gestellt werden kann, weil das Sein nicht in seiner Unterschiedenheit vom Seienden erfaßt wird. In der Formulierung dieses Unterschieds trennen sich die Wege Heideggers und Derridas. Wo Heidegger die Frage nach der Bedeutung des Seins oder nach dem Sein als Unterschied stellt, will Derrida nach dem Unterschied allein fragen. Beide Philosophen geben jedoch zu verstehen, daß das, worum es in dieser Frage geht, nicht als ein Unterschied zwischen zwei Größen innerhalb des Seienden zu verstehen ist. Es handelt sich um den Unterschied zwischen dem Sein und dem Seienden selbst, der im Unterschied zu anderen Unterschieden als Differenz bezeichnet wird. Im Französischen verschiebt sich diese Bezeichnung wiederum und wird zu *la différance*, so wie die Destruktion zu *la déconstruction* wird.

Die Auseinandersetzung mit der Metaphysik, die Dekonstruktion, ist von Derridas Reden vom Unterschied und von *différance* her zu verstehen. Denn man sagt nicht zuviel, wenn man behauptet, daß Derrida in allen seinen Interpretationen auf dem Spiel der Unterschiede als Bedingung jeder gegebenen Bedeutung insistiert. Damit begibt er sich auf kritische Distanz zu den scheinbar so soliden vorgegebenen Instanzen der Philosophie. Die Philosophie widersetzt sich dem Spiel der Unterschiede, so wie sie sich ihren eigenen Bedingungen widersetzt. Es ist für Derrida überhaupt ein Paradox, daß die Philosophie Text ist; denn ein Text besteht ja aus Unterschieden:

> «Als Beispiel sei der philosophische Text genannt, welcher – obschon immer geschrieben – als philosophischer daraufhin entworfen ist, vor dem bezeichneten Inhalt, dessen Träger er ist, zurückzutreten.»[9]

Was sind das für philosophische Instanzen, die sich einem Spiel der Unterschiede wie dem des Texts widersetzen? Ihre Bezeichnung variiert von Philosoph zu Philosoph. Derrida arbeitet jedoch mit Sammelbezeichnungen, zum Beispiel *Ursprung*. Traditionelle philosophische Instanzen wie die Idee, Gott oder das Subjekt stellen Beispiele für den Ursprung dar. Eine andere Sammelbezeichnung bei Derrida ist Gegenwart (*présence*) oder besser Selbst-Gegenwart (*présence à soi*). Aber dies sind wohlgemerkt Bezeichnungen für dasselbe. Jeder Ursprung ist Selbst-Gegenwart. Dazu ein Beispiel.

Descartes leitet in seinen *Meditationes de prima philosophia* die Philosophie einer neuen Zeit ein, indem er alles sichere Wissen auf eine Formel bringt.

«Und so komme ich, nachdem ich nun alles mehr als genug hin und her erwogen habe, schließlich zu der Feststellung, daß dieser Satz: ‹Ich bin, ich existiere›, sooft ich ihn ausspreche oder in Gedanken fasse, notwendig wahr ist.» [10]

Mit dem Satz: «Ich bin, ich existiere» wird deutlich ein Ursprung ausgesprochen, nämlich der Ursprung alles Wissens. Die unumgängliche Hinzufügung von Descartes ist jedoch bezeichnend. Der Satz «Ich bin, ich existiere» ist notwendigerweise wahr, «*sooft ich ihn ausspreche* oder in Gedanken fasse». Der Inhalt des Satzes stellt einen Ursprung dar, insofern die Wahrheit des Satzes nicht auf der Wahrheit anderer Sätze beruht. Die Unabhängigkeit oder Unbedürftigkeit des Satzinhalts ist aber zugleich eine Selbstgegenwart. Das sichere Wissen ist erst sicher, wenn es zum Bewußtsein gebracht ist. Was Descartes damit ausspricht, ist ein Jetzt, eine Präsenz, in dem erst sichergestellt wird, daß ich bin, daß ich existiere. Damit ist jedoch auch gesagt, daß die Selbstgegenwart abwesend sein, fehlen kann. Aber wenn dem Ursprung etwas fehlt, um Ursprung zu sein, ist er kein Ursprung. Denn dann ist das, wofür der Ursprung Ursprung sein sollte, von etwas anderem abhängig, das vom Ursprung verschieden ist.

Derridas Pointe ist nun nicht die, die Philosophen der Tradition wie Descartes zu ‹kritisieren› oder zu ‹widerlegen›. Was ihn zur Arbeit an den Texten der Tradition motiviert, ist die Möglichkeit aufzuweisen, wie die Ursprungs- oder Gegenwartsmetaphysik, kurz die Metaphysik, sich auch in späteren Zeiten durchsetzt. Wie bei Rousseau oder bei Husserl. Oder scheinbar ganz außerhalb der Tradition der Philosophie bei Saussure oder Lévi-Strauss.

Bemerkenswerterweise hat der Entwurf Jacques Derridas zu einer Schrift-Lehre, einer Grammatologie, denselben Hintergrund wie die philosophischen Strömungen, die ihm vorausgehen; denn sein Werk beginnt mit dem Studium von Husserl und Saussure. Man kann in der Tat den Weg Derridas zur Grammatologie von der kritischen Analyse der Bedeutungstheorie Husserls her verfolgen, die in *La voix et le phénomène* aus dem Jahre 1967 vorgelegt wird. Es geht in dieser Analyse erstens darum zu zeigen, wie die Phänomenologie das Schicksal der Metaphysik teilt, und zweitens um den Nachweis, wie diese durch ein Spiel der Unterschiede, ein Differieren, bestimmt wird, das unerklärt bleibt.

Husserl bestimmt in den *Logischen Untersuchungen* und *Ideen I* das Verhältnis zwischen Anzeichen und Bedeutung als äußerlich. Wenn ein Zeichen Bedeutung haben kann, dann deshalb, weil und insofern etwas mit ihm ‹ausgedrückt› wird. Das Zeichen ist in sich höchstens Anzeige; erst als Ausdruck hat das Zeichen eine Bedeutung. Der Ausdruck will als Bedeutung etwas sagen, er ‹besagt› etwas, weil er es ‹will›; die Zeichen bedeuten, weil ihr Wollen dem, was sie sagen, vorausgeht, was Derrida dadurch hervorhebt, daß er ‹bedeuten› mit *vouloir dire* übersetzt.

Der Ausdruck setzt infolge Husserl eine Bedeutungsintention voraus. Deshalb mißt Husserl den Äußerungen keine Bedeutung bei, die die Rede ‹unwillkürlich› begleiten, zum Beispiel die Gestikulationen.

«Solche Äußerungen sind keine Ausdrücke... in ihnen teilt der eine dem anderen nichts mit, es fehlt ihm bei ihrer Äußerung die Intention, irgendwelche ‹Gedanken› in ausdrücklicher Weise hinzustellen... Kurz, derartige ‹Ausdrücke› haben *eigentlich keine Bedeutung.*»[11]

Husserls Nachdenken über die unwillkürlichen Äußerungen wird von Derrida wie folgt zusammengefaßt: «Sie *be-deuten* nichts, weil sie nichts bedeuten *wollen* (veulent dire)»[12]. Ohne Bedeutungsintention ist die Äußerung nicht Ausdruck für etwas, sondern lediglich gleichsam in der Welt hinterlassen. Nur das Sagen-Wollen des Bewußtseins kann das bloß Leibliche umformen und es beseelen, ihm Bedeutung verleihen.

«Die Entgegensetzung von Körper und Seele steht nicht bloß im Zentrum dieser Bedeutungslehre, sondern sie wird von ihr auch ausdrücklich bestätigt... Die Sichtbarkeit und die Räumlichkeit können die Selbstpräsenz des Willens und der *geistigen Beseelung,* die den Diskurs ermöglicht, nur verfehlen.»[13]

Die Bedeutungsintention ist also nicht voll und ganz in dem Beseelten, dem Ausdruck gegenwärtig. Die Seele des Ausdrucks selbst, die Bedeutungsintention – das heißt die Selbstgegenwart – ist jenseits des Ausdrucks zu suchen, im Selbstgespräch der Seele, das aus «Ausdrücken im einsamen Seelenleben» besteht. Im Selbstgespräch ist die Bedeutung «dem Ausdrucksakt unmittelbar präsent»[14], hier spricht die Bedeutungsintention ohne weiteres sich selbst aus und hört sich selbst zu. Die Frage, die Derrida nun stellt, ist diese: Warum spricht Husserl von Ausdrücken im einsamen Seelenleben? Der Ausdruck weist ja infolge Husserl auf die Bedeutung hin, aber die Bedeutung ist – gleichfalls infolge Husserl – selbst unmittelbar in der Intention zugegen.

Die Zeichen werden denn auch von Husserl als im Selbstgespräch «zwecklos» betrachtet.[15] Diese Zweideutigkeit stellt nun das Symptom dar, das Derrida dem Text Husserls entnehmen will: Der reine, selbstgegenwärtige Sinn läßt sich nur im Unterschied zu den äußeren Zeichen denken. Aber insofern das ‹Innere› sich damit von Anfang an dem ‹Äußeren› als seinem ‹Unterschied› geöffnet hat, hat sich im Ursprung selbst ein Mangel an Ursprung gezeigt. Der Unterschied ist im Ursprung, oder er ‹ist› der Ursprung, insofern der Ursprung unterschieden werden muß und so, wie die Selbstgegenwart, stets ausgesetzt, differiert werden muß. «Folglich kommt ihr (der différance) der Name ‹Ursprung› nicht mehr zu.»[16] Die ganze Arbeit der Dekonstruktion besteht darin, das ursprüngliche Differieren in den verschiedenen Begriffen der Metaphysik vom Ursprung herauszuarbeiten.

Der Gegensatz Rede/Schrift wird dabei für Derrida entscheidend, jedenfalls für den frühen Derrida, und seine Analyse Saussures liegt ganz auf der Linie seiner Husserl-Interpretation.

In der Rede gibt es zwar ein Material für die Sprachphilosophie und die Sprachforschung, mit dem diese arbeiten können, nämlich die Lautbestandteile, in der Linguistik Phoneme genannt. In der Rede werden die Phoneme gehört, aber die Phoneme sind nicht das Wesentliche an der Sprache. Entscheidend ist der Unterschied zwischen den Phonemen, jedenfalls wenn man Saussure Glauben schenken soll:

> «... *daß es in der Sprache nur Verschiedenheiten gibt.* Mehr noch: eine Verschiedenheit setzt im allgemeinen positive Einzelglieder voraus, zwischen denen sie besteht; in der Sprache aber gibt es nur Verschiedenheiten *ohne positive Einzelglieder.*»[17]

Nun hört man freilich nicht die Unterschiede, sondern die Phoneme. Ferdinand de Saussure verdanken wir den Nachweis, daß dieses Spiel der Unterschiede die Bedingung der Möglichkeit jedes Zeichens ist, «dieses Spiel ist selbst stumm»[18]. Die Rede ist also nicht völlig selbstgegenwärtig; die Schrift läßt sich dieser nicht völlig unterordnen. Die Sprache läßt sich nicht von der Rede her verstehen, da diese als Rede nicht das Prinzip der Schrift enthält.

> «Gibt es also keine rein phonetische Schrift, so weil es keine rein phonetischen *phone* gibt. Die Differenz, welche die Phoneme aufstellt und sie, in jedem Sinne des Wortes, vernehmbar macht, bleibt an sich unhörbar.»[19]

Der Unterschied zwischen den Phonemen hat seinen Ursprung nicht in diesen; daß es Unterschiede zwischen den Phonemen gibt, bedeutet, daß diese unterschieden und unterscheidend sind. Oder allgemeiner gesprochen, es ‹gibt› nicht nur Unterschiede (*différances*) zwischen den Zeichen, sondern diese ‹sind› differiert-differierend. Dieses Differieren nennt Derrida *différance* mit *a* (mit der deutlichen Pointe, daß der Unterschied zwischen «différence» und «différance» nicht zu hören ist). Und eben diese différance, die ursprüngliche ‹Schrift› ohne Ursprung, ist Gegenstand der Grammatologie, die Derrida im Zusammenhang mit (struktureller) Linguistik und Phänomenologie entwickelt.

Als Unterscheiden bzw. Trennen ist Derridas «différance» nicht *etwas*. Provozierend ausgedrückt: Das Unterscheiden «ist nicht»[20]. Dadurch unterscheidet sich die Instanz, die die Dekonstruktion als ständigen Ausgangspunkt hat, von den Ausgangspunkten der Metaphysik, hierunter auch dem Seinsdenken Heideggers. Eine «différance» enthält keine Möglichkeit von Gegenwart.

Dieses Programm einer Dekonstruktion, hier formuliert und inszeniert von Jacques Derrida, zeigt sich auch in dem Werk einer Reihe anderer Philosophen (unabhängig von den persönlichen Relationen zwischen ihnen). Man kann deshalb zu Recht die Dekonstruktion als Interpretationshorizont für eine ganze philosophische Periode ansehen. Bei Althusser zielt die Auseinandersetzung mit der Metaphysik auf die Selbstgegenwart der Geschichte, die Geschichte als ursprüngliche Größe jenseits der verschiedenen Zeiten. Und Foucault bringt in seiner Geschichtsschreibung dasselbe zum Ausdruck, indem er jeden Hinweis auf einen ‹zugrunde liegenden Text› für die miteinander unvereinbaren Geschichten vermeidet. Wenn Lacan behauptet, daß das Unbewußte als eine Sprache strukturiert ist, gilt wiederum ähnliches für die Psychoanalyse; denn wenn es in der Sprache nur Unterschiede gibt, gibt es auch in der Psychoanalyse keine Möglichkeit, eine ursprüngliche, Bedeutung gebende Instanz zu untersuchen.

Althusser und die symptomale Interpretation

Was Derrida Dekonstruktion nennt, heißt bei Althusser symptomale Interpretation. Es wäre keineswegs irreführend, Derridas Husserl-Interpretationen als im Sinne Althussers symptomal zu bezeichnen. Während es Derrida darum geht, das Un-gehörte (*l'inouï*) oder das Ungedachte (*l'impensé*) herauszuarbeiten, will Althusser das Unlesbare herauslesen. Die beiden Projekte sind eng verwandt; nur formuliert sich das letztere in direkterer Beziehung zu dem, was zur Hauptinstanz in der philosophischen Arbeit geworden ist: dem Text.

Nicht ganz zufälligerweise waren Althusser und Derrida Kollegen an der École Normale Supérieure, wo auch beide studierten. Als Louis Althusser Ende 1990 starb, hielt Derrida die Grabrede. Aber auch wenn die persönliche Freundschaft zum Teil dadurch motiviert war, daß sich beide fachlich nahestanden, waren die Arbeitsfelder der beiden Philosophen sehr unterschiedlich.

In Althusser begegnen sich Dekonstruktion und ihre Voraussetzungen mit der ‹epistemologischen› Schule. Genauer gesagt, begegnen sie sich in der Marx-Interpretation Althussers. In dem Werk *Lire le Capital* (dt. Das Kapital lesen) werden die Grundsätze dieser Interpretation vorgestellt. Dabei wird auch Althussers Einstellung zu seinem gesamten philosophischen Umfeld deutlich.

«So paradox es auch klingen mag: wir können behaupten, daß unsere Zeit in der geschichtlichen Entwicklung der menschlichen Kultur einmal als die Zeit erscheinen könnte, die durch eine der dramatischsten und mühevollsten Anstrengungen bestimmt wurde: durch die Entdeckung und das bewußte Erlernen des Sinnes ‹einfachster› existentieller Gesten wie Sehen, Hören, Sprechen, Lesen: Gesten, die die Menschen mit ihren Werken in Beziehung bringen»[21].

Dieser These folgt die Marx-Interpretation der Althusser-Schule als «eine Lektüre, die wir nicht ohne Bedenken ‹symptomatisch› nennen wollen»[22]. Diese Interpretation ist wohlgemerkt keine andere als die, die Marx selbst in bezug auf seine Vorgänger, die klassischen politischen Ökonomen, verwendet. Daß die Interpretationsweise von Marx auf diesen selbst angewendet wird, sagt übrigens viel über den Abstand zwischen dem ‹Marxismus› im allgemeinen und der Althusser-Schule im besonderen! Die Studien zu einer symptomalen Interpretation von Marx führen jedoch zu mehr und anderem als einer Methodenlehre. Die marxsche Interpretation der bürgerlichen Ökonomen wird sowohl in *Das Kapital lesen* als auch in *Für Marx* übernommen als Entdeckung eines neuen, wissenschaftlichen Gegenstands, der Geschichte nämlich.

Wenn Marx Smith und Ricardo interpretiert, wenn er im *Kapital* diese Ökonomen kommentiert und korrigiert, so besteht seine Arbeit infolge Althusser nicht einfach nur darin, ‹Mängel› der klassischen Ökonomie auszubessern. Marx hat keine neuen und besseren Antworten auf die Fragen, die in der klassischen Ökonomie gestellt werden. Seine Leistung besteht in bezug auf seine Vorgänger vielmehr darin, daß er die Fragen stellt, die seine Vorgänger bereits beantwortet haben, ohne es zu wissen. Dies ist zum Beispiel der Fall, wenn die klassische Ökonomie den

Wert der ‹Arbeit› mit der Reproduktion der ‹Arbeit› gleichsetzen kann, weil sie in Wirklichkeit unter Arbeit bereits Arbeitskraft versteht. Indem er die Frage nach dem Wert (und nicht dem Preis oder Lohn) stellt, wechselt Marx den theoretischen Gegenstand: Arbeit wird zu Arbeitskraft.

Ein ähnlicher Wechsel oder Bruch vollzieht sich in der Hegel-Interpretation[23] bei Marx. Im Gegensatz zu Hegel, der eine Geschichtsphilosophie formuliert, begründet Marx die Geschichtswissenschaft. Dies geschieht nach Althusser – wie nach jedem genuinen Marxismus –, indem Marx die Massen statt den Menschen als handelndes Subjekt der Geschichte begreift. Entscheidender aber ist, daß Althusser den Marxschen Bruch mit Hegel vom Begriff der Geschichte her bestimmt. Eben dieser Begriff wird von Marx entwickelt, er wird also nicht in der selbstverständlichen Auslegung übernommen, wie sie aus der traditionellen Geschichtsphilosophie und empirischen Geschichtsschreibung bekannt ist. Im vierten Kapitel von *Das Kapital lesen* führt die Analyse der Marxschen Hegelkritik und der klassischen Ökonomie zu einem «Entwurf des geschichtlichen Zeitbegriffs». Hier wird die traditionelle Geschichtsauffassung von der zentralen Annahme der «Selbst-Gegenwart»[24] des Geschichtsbegriffs her kritisiert, das heißt von der Annahme aus, daß ‹die› Geschichte an sich jenseits jeder Epoche gegeben ist. Im Gegensatz hierzu geht es nun darum, einen geschichtlichen Zeitbegriff zu entwickeln, der eine gegebene Epoche charakterisiert, ohne diese Darstellung aus der Annahme der Geschichte ‹an sich› hervorgehen zu lassen.

Eine theoretische Wende des von Marx vertretenen Typs setzt voraus, daß in eine ganz andere Dimension gefragt wird als in die, in der die Antwort vorgetragen war, oder mit einem Wort aus einem anderen Zusammenhang: daß die Problematik wechselt.

Die Althusser-Schule – außer Althusser selbst besonders Etienne Balibar und (damals) Jacques Rancière sowie François Regnault – sieht das Verdienst von Marx darin, eine neue Wissenschaft begründet zu haben, nämlich die Wissenschaft von der Geschichte. Will man genauer bestimmen, was die Begründung dieser neuen Wissenschaft besagen will, muß man auch genauer wissen, was es überhaupt heißt, eine neue Wissenschaft zu begründen. Was diesen Teil der Arbeit angeht, so kann die Althusser-Schule auf einer Schule aufbauen, die vor Althusser international kaum bekannt war: die oben unter der Bezeichnung ‹Epistemologie› erwähnte Richtung.

Die Terminologie Althussers in bezug auf die Begründung einer neuen Wissenschaft durch Marx ist ganz und gar Bachelard entlehnt. So auch in dem bekannten Essay über «materialistische Dialektik»:

«Die theoretische Praxis einer Wissenschaft unterscheidet sich immer klar von der theoretisch-ideologischen Praxis ihrer Vorgeschichte: Diese Unterscheidung nimmt die Form einer ‹qualitativen›, theoretischen und historischen Diskontinuität an, die wir, mit Bachelard, durch den Terminus ‹wissenschaftstheoretischer Einschnitt› bezeichnen.» [25]

Die Konstitution einer Wissenschaft besteht in der Bestimmung einer Problematik, in der Eroberung eines neuen theoretischen Objekts. Nur innerhalb der Gesamtheit der einmal bestimmten Problematik macht es Sinn, ein Problem als wissenschaftliches Problem zu behandeln, das dieser Wissenschaft zugehört. Damit kappen Althusser und Bachelard die Verbindung des wissenschaftlichen Problems zu scheinbar ‹entsprechenden› Problemen der Vergangenheit (bei Bachelard z. B. die Verbindung zwischen dem Atom der Atomphysik und dem Atom Demokrits) und – was dasselbe ist – die Verbindung zwischen dem ‹unmittelbar gegebenen› Phänomen des Alltags und dem wissenschaftlichen Phänomen (z. B. zwischen dem Feuer und der chemisch definierten Wärme). Die Geschichtsphilosophie und der Humanismus werden von Althusser als «ideologische» Größen abgeschrieben, die «mit der Problematik von Marx theoretisch nichts zu tun haben» [26]. Daß dieses – Bachelardsche – Wort für den Bruch zwischen dem jungen und dem älteren und damit dem vorwissenschaftlichen und dem wissenschaftlichen Marx entscheidend ist, geht aus Althussers Definition dessen hervor, was Theorie überhaupt ist:

«Jede Theorie ist also in ihrem Wesen eine Problematik, d. h. die theoretisch-systematische Matrix einer jeden auf das Objekt der Theorie bezogenen Problemstellung.» [27]

Es versteht sich von selbst, daß Althussers Wissenschaftsbegriff nicht nur seine Auffassung vom Wissenschaftsbegriff und Geschichtsbegriff bei Marx, sondern auch seine Auffassung von anderen Wissenschaften prägt. Er bestimmt seine Vorlesungen über Philosophie für Wissenschaftler (1974 erschienen unter dem Titel *Philosophie et philosophie spontanée des savants*) in einem solchen Grade, daß schwer zu entscheiden ist, was hier Marx und was Bachelard zu verdanken ist.

Man findet nur selten Hinweise von Althusser auf die Begründung anderer Wissenschaften als der Geschichtswissenschaft. An einigen Stellen wird die Begründung der Geschichtswissenschaft durch Karl Marx jedoch mit der ‹Öffnung› des Gegenstandsbereichs der Mathematik und der Physik (bei den Griechen bzw. Galilei) verglichen.[28] An einer einzelnen Stelle gilt der Hinweis ausnahmsweise einer späteren Wissenschaft. Er bezieht sich auf die Psychoanalyse, deren Gegenstand bzw. Problematik durch Freud begründet wird. Auch hier wird ein Gegenstand als entscheidende Bedingung für die Möglichkeit angesehen, eine Wissenschaft zu begründen; dieser Gegenstand ist das ‹Unbewußte›.

Der Hinweis findet sich in einem Essay *Freud und Lacan*[29], in dem das Verdienst Jacques Lacans (1901–1981) darin gesehen wird, daß er diesen Gegenstand jedem ‹ideologischen› Versuch einer Reduktion gegenüber bewahrt habe. Wie Althusser an der Geschichte (der Marxschen Wissenschaft) festhält, hält Lacan am Unbewußten (der Freudschen Wissenschaft) fest gegenüber Versuchen, diese Wissenschaften auf Wissenschaften über das Humane zu reduzieren. Denn sowenig wie der Mensch Subjekt der Geschichte ist, so wenig ist der Mensch Subjekt in bezug auf das Unbewußte.

Die Freud-Interpretation Lacans ist nicht ohne weiteres eine Parallele zur Marx-Interpretation Althussers. Zwar verteidigen beide die Wissenschaftlichkeit der erwähnten Wissenschaften, ohne diese Wissenschaftlichkeit durch das theoretische Objekt Mensch zu garantieren, das dann die Humanwissenschaften unter sich aufteilen können. Aber wo sich Althusser an die epistemologische Schule hält, beruft sich Lacan eher auf die Linguistik. Bei Lacan wird die Psychoanalyse nicht als Wissenschaft vom Menschen, sondern als Textwissenschaft verstanden, wobei zu bedenken ist, daß es sich hier natürlich nicht um den empirischen Begriff des ‹Textes› handelt.

Lacan und die Psychoanalyse

Lacan war bereits im reifen Alter – 52 Jahre –, als er 1953 sein Seminar an der von ihm selbst gegründeten Ecole freudienne eröffnete. Bis dahin hatte er einige kleinere Schriften veröffentlicht sowie als Arzt promoviert (bereits 1932 über das Thema: Die paranoide Psychose). Erst 1966 wurden die Schriften in einem umfangreichen Band *Écrits* gesammelt. Zu diesem Zeitpunkt war das ‹Seminar› eine etablierte Institution, fleißig von Philosophen (Jean Hyppolite, Maurice Merleau-Ponty u. a.), Studenten, Schülern, Prominenten und Touristen besucht. Die Edition der 24 Bände *Séminaire* ist noch nicht abgeschlossen. Es ist u. a. aus diesem

Grund nicht möglich, das ganze Unternehmen hier vorzustellen; die Intentionen sind jedoch deutlich in den ersten Jahrgängen von *Séminaire* und in den frühesten Schriften angegeben.

Wie der Antihumanist Althusser (und wie der Nichthumanist Heidegger) vermeidet Lacan die Identifikation von Subjekt und Mensch. Die Existenz ist nicht von Anfang an und vor allem nicht meine; das Bewußtsein hat seine Mitte nicht im Ich, sondern ist ganz und gar de-zentriert. So heißt es in Lacans Vortrag aus dem Jahre 1949 über das Spiegelstadium, die Erfahrung, die mit diesem Stadium entfaltet werde, bringe uns in Gegensatz zu einer jeden Philosophie, «die sich unmittelbar vom cogito ableitet», hierunter auch «die zeitgenössischen Philosophien über Sein und Nichts»[30]. Die Zielrichtung dieser Bemerkung ist wohl so klar, daß sie hier nicht verdeutlicht zu werden braucht. Aber es wäre falsch, würde man Lacans Rede als einen internen philosophischen Gegensatz zwischen Existentialismus und Psychoanalyse verstehen. Auch wäre es futil, die ‹philosophischen Probleme› als Probleme aufzufassen, die von Lacan als einem Philosophen gestellt sind. Denn philosophische Probleme werden in diesem Zusammenhang nicht gelöst; eher ist zu sagen, daß sie behandelt werden. Andererseits ist dies möglicherweise ein Zugang, aus dem die heutige philosophische Arbeit lernen kann.

‹Behandeln› kann jedoch innerhalb der Psychoanalyse nicht dasselbe bedeuten wie in der Medizin bzw. Therapie. Denn die Psychoanalyse intendiert nicht eine Heilung der Art, daß sie die Wiederherstellung des Ego beabsichtigt. Ein solches gibt es nicht, auch wenn es ein Bild der Psychoanalyse vom Ego gibt; aber an der Wiederherstellung dieses Bildes zu arbeiten hieße ja gerade, die neurotischen Züge des Ich zu befestigen. Lacan will mit seiner Freud-Interpretation die Psychoanalyse von jeder Form der Ichpsychologie befreien; deshalb lehnt er auch den Ausdruck ‹Tiefenpsychologie› als Bezeichnung für die Psychoanalyse ab.

Die Psychoanalyse geht nicht vom Subjekt aus, auch nicht in der extremen Form, wo es als das ‹synthetisierende› oder ‹totalisierende› Medium der Geschichte verstanden wird. Nichtsdestoweniger ist diese Form – die extreme Form des Subjekts oder der modernen Philosophie – für Lacan entscheidend (hier werden die Anwesenheit Jean Hyppolites am Seminar und mit ihm wieder Hegel interessant). Die Technik der Psychoanalyse hat den Endzweck, die «Geschichte des Subjekts»[31] wiederherzustellen. Die Psychoanalyse nimmt also das ernst, was der Analysand selbst übersehen und nicht ernst genommen hat.

Die Psychoanalyse (re)konstruiert das, was das Subjekt in seinen Konstruktionen (Absichten, Plänen, Wünschen, Idealen usw.) nicht gesehen hat. Das wiederum heißt, daß die Psychoanalyse das Subjekt als Objekt konstruiert. «Das Selbst ist ein Objekt»[32], heißt es in einer der oft wiederkehrenden Thesen Lacans. Was die Psychoanalyse konstruiert oder besser rekonstruiert, ist nicht ohne weiteres das Subjekt, so wie es ‹in Wirklichkeit› ist; das Subjekt ist nämlich aus sich selbst im Laufe des Lebens des Analysanden konstruiert. Diese Konstruktion liest der Analytiker in den Text, der ihm auf der Couch geliefert wird, hinein und bringt sie damit erst ernsthaft als Konstruktion hervor. Lacan schlägt vor, diesen Text oder unbewußten Diskurs mit den Mitteln der Sprachwissenschaft zu analysieren.

Mit der Sprache ist das Subjekt in einer symbolischen Ordnung konstituiert, als dieses oder jenes Subjekt in diesem oder jenem System von Unterschieden (Frau/Mann, Kind/Erwachsener etc.). In dieser Ordnung lassen sich die Größen, die bei Freud zu Grundbegriffen werden, als Figuren, als Stilfiguren lesen. Das Symptom, das bei Freud Verdichtung heißt und das in der Zusammenstellung mehrerer Elemente zu einem Ganzen besteht (z. B. wenn eine Person in Träumen mit dem Gesicht einer anderen Person und der Bekleidung einer weiteren dritten Person auftritt), erhält bei Lacan denselben Stellenwert wie die rhetorische Figur der Metapher, deren Prinzip ist: ein Wort für ein anderes. Die Begierde, die bei Freud Verschiebung heißt und die darin besteht, daß der Gegenstand des Gefühls durch einen anderen Gegenstand ersetzt wird (z. B. wenn das Kind seine Liebe zur Mutter auf einen Schnuller oder einen Teddybären überträgt), erhält bei Lacan denselben Stellenwert wie die rhetorische Figur Metonymie, deren Prinzip ist: Teil eines Ganzen. Dem Symbolischen steht, zugleich von ihm determiniert, die imaginäre Ordnung gegenüber, definiert von einem Spiegel-Bild her, das heißt von einem Anderen, das ich niemals sehen kann, weil dieses Andere ich bin, das mich aber gerade deshalb in den Schatten stellt. Das Imaginäre und das Symbolische werden durch das Reale abgegrenzt, das aber nicht ein Begriff von irgend etwas Realem ist; als Grenzbegriff zeigt sich das Reale nur in dem, auf das die Analyse als ‹Unmögliches› stößt. Der Begriff des Realen ist der Begriff der Ordnung, aus der man, wie Lacan gerne sagt[33], keine anderen Kaninchen ziehen kann als die, welche man vorher hineingetan hat – kurz, es handelt sich um die Begegnung des Subjekts mit sich selbst.

Daß das Reale ‹nur› ein Grenzbegriff ist, bedeutet auch, daß es keinen Weg außerhalb des Zusammenhangs mit dem Symbolischen, dem Imaginären und dem Realen gibt. Dieser Zusammenhang ist als ein Strukturganzes unverbrüchlich; die teilweise futile Frage nach dem ‹Strukturalismus› Lacans ist von diesem Kontext her zu stellen. Jedenfalls hat sich Lacan mit diesem strukturellen Zusammenhang – und hier liegt am ehesten die bleibende Bedeutung seines Werks – von einer simplen und reduktionistischen Ausgabe der Psychoanalyse distanziert, die alles mit der Begierde und der Sexualität als letzter Instanz erklären will. Um es mit Lacans eigenen Worten auszudrücken, die auch den Stil Lacans im ‹Seminar› veranschaulichen, leicht, einfach und undurchschaubar, wie der Stil Freuds:

«Wenn Freud daran festhält, daß das sexuelle Begehren im Herzen des menschlichen Begehrens ist, dann glauben das alle, die ihm folgen, glauben das so sehr, daß sie sich einreden, daß das ganz einfach ist und daß man daraus bloß noch eine Wissenschaft zu machen braucht, die Wissenschaft des sexuellen Begehrens als einer konstanten Kraft. Es genügt, die Hindernisse aus dem Weg zu räumen, und schon muß das von ganz allein laufen...

Allein, das läuft nicht. In dem Moment – das ist dann der Richtungswechsel – sagt man, daß das Subjekt Widerstand leistet. Warum man das sagt? Weil Freud das auch gesagt hat. Aber man hat nicht besser verstanden, was *Widerstand leisten* heißt, als man *sexuelles Begehren* verstanden hat...

Es gibt nur einen einzigen Widerstand, das ist der Widerstand des Analytikers. Der Analytiker leistet Widerstand, wenn er nicht versteht, womit er's zu tun hat. Er versteht nicht, womit er's zu tun hat, wenn er glaubt, deuten, das heiße, dem Subjekt zeigen, daß, was es begehre, dieses Sexualobjekt sei. Er täuscht sich. Wovon er sich hier einbildet, es sei objektiv, ist nur eine reine und einfache Abstraktion.»[34]

Foucault und die Diskursanalyse

Es ist kennzeichnend für die Philosophen der Dekonstruktion, daß sie sich mit Informationen biographischer Art sehr zurückhalten. Der Grund dafür ist selbst philosophisch: Die eigenen Mitteilungen und Kommentare des Autors gehören mit zu seinem Textkorpus und sind ganz wie seine übrigen Texte der Interpretation preisgegeben. Michel Foucaults Formulierung dieser Auffassung ist fast Legende geworden:

«Mehr als einer schreibt wahrscheinlich wie ich, um schließlich kein Gesicht mehr zu haben. Man frage mich nicht, wer ich bin, und man sage mir nicht, ich solle der gleiche bleiben: das ist eine Moral des Personenstandes; sie beherrscht unsere Papiere. Sie soll uns frei lassen, wenn es sich darum handelt, zu schreiben.»[35]

Diese Worte sind zuweilen so ausgelegt worden, als habe Foucault behauptet, das Individuum existiere nicht. Das ist natürlich ein grobes Mißverständnis. Die Worte Foucaults bewirken vielmehr einen starken Vorbehalt gegenüber der ‹selbstverständlichen› Bedeutung von Wörtern wie Existenz, Individuum und dergleichen. Hier kommt es auf eine Nachprüfung an, auf eine Interpretation.

Unter den Bezeichnungen, die für das Vorhaben Foucaults (von ihm selbst wie auch von anderen) verwendet wurden: Genealogie, Wissensarchäologie, Diskursanalyse, ist nicht zuletzt die letztere hervorzuheben. Mit ihr wird die Arbeit Foucaults eben als *Interpretation* bezeichnet. Außerdem ist die Verwendung der Bezeichnung hier angebracht, weil sie einen der meistgebrauchten und mißbrauchten Termini des französischen philosophischen Milieus enthält, nämlich den Ausdruck (discours). Was ist der Gegenstand der Diskursanalyse?

Man kann gut von der einfachen Übersetzung des Wortes Diskurs ausgehen, nämlich ‹Rede›. Aus der ursprünglichen Bedeutung: eine Rede, die gehalten wird und verläuft, hat sich auch der französische Gebrauch des Worts entwickelt. Das Problem mit der entfalteten Bedeutung von Diskurs ist, daß das Diskursive nicht einem Nicht-Diskursiven wie das Wort der Tat oder die ‹Ideologie› der ‹materiellen Basis› gegenübergestellt werden kann. Indem er Geschichte als Diskursanalyse schreibt, macht Foucault den Gang der Dinge nicht zu einer Frage von Worten.

Die Analyse des Diskurses folgt dem Prinzip, das bereits Saussure geltend gemacht hat, dem Prinzip der Immanenz. Die Rede wird untersucht «in sich selbst nach ihren Formationsregeln»[36]. Damit ist der Gegenstand der Diskursanalyse auch definitiv angegeben. Rede analysieren heißt die Regeln für die Bildung der Rede analysieren, für ihre Formation. Keine Rede ist völlig unbestimmt; jede Rede ist gestaltete Rede. In der Gestaltung der Rede manifestieren sich die Regeln und damit die bestimmte Geschichte, aus der sich die Rede ergibt. «Diskurs wird man eine Menge von Aussagen nennen, insoweit sie zur selben diskursiven Formation gehören.»[37]

Die Diskursanalyse gilt der Art und Weise der Rede, ihren Gegenstand zu artikulieren. Dieser Artikulation entnimmt das bahnbrechende Werk *Die Ordnung der Dinge* seinen Titel, und von hier geht die Diskursanalyse aus – «daß man... die offensichtlich sehr starke Umklammerung der Wörter und Dinge sich lockern... sieht.»[38] Die Ordnung des Diskurses ist an Regeln gebunden. Die Rede dagegen ist als Gegenstand selbst das, was ‹sich machen läßt› infolge der Regeln. Der Diskurs ist «wiederholbare Materialität»[39]. Eine Formel, die man auch als Bestimmung des Gegenstands der Diskursanalyse lesen kann.

Der Schwerpunkt des Werks von Foucault liegt nichtsdestoweniger, auch was die konkreten philosophischen Pointen angeht, in der konkreten historischen Forschung. Diese wäre keine historische Forschung, sondern nur Geschichtsphilosophie (von Foucault genauso energisch bekämpft wie von Althusser), wenn sie auf einer generellen ‹Auffassung› von Geschichte beruhte. Nur eines gilt allgemein für die Diskursanalyse, das heißt für alle Geschichte:

> «Man weiß, daß man nicht das Recht hat, alles zu sagen, daß man nicht bei jeder Gelegenheit von allem sprechen kann, daß schließlich nicht jeder beliebige über alles beliebige reden kann.»[40]

Obwohl diese allgemeine Aussage nicht sehr ergiebig ist, so sagt sie doch, daß die Diskussion zu jeder Zeit geregelt und damit an Regeln gebunden ist, so daß die Formationsregeln der Rede Ausgangspunkt jeder Geschichtsschreibung sein müssen. Entsprechend kann eine historische Grundkategorie als ‹Ereignis› definiert werden durch die Umstoßung alter Regeln zugunsten neuer.[41] Das Ereignis ist damit nicht als eine Begebenheit oder ein Geschehen zu verstehen, es vollzieht sich nicht ohne Streit; denn ein Wechsel von Regeln ist bereits ein Machtwechsel.

> «Das große Spiel der Geschichte gehört jenem, der sich der Regeln bemächtigt, der den Platz derer einnimmt, die sie gebrauchen, der sich verstellt, um sie zu verkehren, sie im Gegensinn zu gebrauchen und sie gegen jene zu wenden, die sie eingesetzt hatten; es gehört jenem, der das komplexe Gebilde, in welches er sich einfügt, in der Weise funktionieren läßt, wie sich Herrscher von ihren eigenen Regeln beherrscht sehen.»[42]

Die Mehrzahl der konkreten Geschichten Foucaults besitzt einen Gegenstand, dessen geschichtlicher Charakter vor Foucault fast unbekannt war. So schreibt er die Geschichte des ärztlichen Blicks in der *Geburt der Klinik*, die Geschichte des Ausschlusses und der Internierung von Individuen in *Wahnsinn und Gesellschaft*, außerdem die Geschichte der Bestrafung und der Einrichtung der Gefängnisse in *Überwachung und Strafe* sowie die Geschichte der abendländischen Sexualität in *Sexualität und Wahrheit*. Mit dem letzten Werk sieht es zwar so aus, als begebe sich Foucault vom Unbekannten in das sattsam Bekannte. Aber das täuscht: Das Thema ist die Erfindung der Sexualität. Und da gerade dieses letzte Werk die Machttheorie Foucaults als Theorie entfaltet, soll sein Inhalt hier zusammengefaßt werden.

Ausgangspunkt ist das viktorianische England, eine Zeit und eine Gesellschaft, die unserer Zeit und unserer Gesellschaft scheinbar diametral entgegengesetzt ist. Im viktorianischen England bekleidete man die Möbel. Nackte Möbel waren unanständig. Tischbeine wurden in dicken Stoff eingehüllt. Zwar war an ihnen an sich nichts Freches; aber nackt konnten sie die Gedanken auf Beine anderer Art und die Nacktheit dieser Beine bringen. Eine keusche Zeit, das leugnet Foucault nicht. Aber haben wir uns nicht von ihr abgehoben und ihre Verbote aufgehoben? Wir meinen wohl, daß wir weiter gekommen sind, daß wir freier geworden sind. In *Sexualität und Wahrheit* (Band I) wird diese Argumentation umgekehrt. Im viktorianischen England war man wirklich in der Gewalt der Sinne. Das ging so weit, daß man Möbel bekleidete. Selbst der Anblick eines Tischbeins ließ einen an Sex denken. Wir sind noch von diesem Zeitalter beherrscht: «Wir Viktorianer» [43]. Alles, was diese verbargen, damit es richtig gefunden werden konnte, machen wir zu großen Entdekkungen. Alles, was sie installiert haben, haben wir entdeckt. Wir entkleiden, machen die Dinge offenbar, werden natürlich. «Ironie dieses Dispositivs: es macht uns glauben, daß es darin um unsere ‹Befreiung› geht.» [44] Hiermit dürfte der Stil in *Sexualität und Wahrheit* angedeutet sein: Es geht um die Umwertung dessen, was unsere Zeit am liebsten für wirklich und selbstverständlich hält.

> «Ist ‹der Sex› der wirkliche Ankerpunkt, der die Manifestationen ‹der Sexualität› trägt – oder ist er eine komplexe Idee, die sich historisch innerhalb des Sexualitätsdispositivs gebildet hat?» [45]

Diese Frage ist für das ganze Projekt entscheidend. *Sexualität und Wahrheit* ist ein Übersichtswerk von der Antike bis ins 20. Jahrhundert. Erst gegen Ende, im Kapitel über das «Recht über den Tod und Macht zum Leben», findet man einen Hinweis auf das, was das Projekt in Gang gesetzt hat. Foucault unterscheidet hier zwischen zwei verschiedenen Gesellschaften, einer älteren Gesellschaft des Bluts und einer neueren Gesellschaft des Geschlechts. Der Übergang beginnt sich im 17. Jahrhundert zu vollziehen. [46] Die Gesellschaft des Bluts ist durch das Recht gekennzeichnet, «sterben zu machen oder leben zu lassen», die Gesellschaft des Geschlechts durch das Recht, «leben zu machen oder in den Tod zu stoßen» [47]. Das erstgenannte Recht wird durch das Schwert symbolisiert, das Gesetz und den Souverän. Hier wird auf Pufendorf und Hobbes verwiesen. Aber diese Symbole vereinigen sich in dem Blut, das den Ahnentafeln Wert gibt, das vergossen werden kann, das durch Epidemien und

Hungersnot in Gefahr geraten kann.[48] Die Gesellschaft der Gegenwart ist dagegen eine Gesellschaft der Sexualität, geprägt durch die Norm, die Wissenschaft, das Leben. Vom 17. bis zum 19. Jahrhundert geht die westliche Gesellschaft von der «Symbolik des Blutes» zur «Analytik der Sexualität»[49] über. Auch wenn Foucault diesen Unterschied nicht zu dem einzigen Unterschied zwischen damals und heute machen will, meint er feststellen zu können, daß die äußere symbolisch verankerte Macht durch eine mehr diffuse, aber nicht weniger effektive Macht ersetzt wurde. Die Hinrichtung wurde langsam zur Todesstrafe, bei Aufgabe des Rituals.

«Kriege werden nicht mehr im Namen eines Souveräns geführt, der zu verteidigen ist, sondern im Namen der Existenz aller. Man stellt ganze Völker auf, damit sie sich im Namen der Notwendigkeit ihres Lebens gegenseitig umbringen.»[50]

Der Souverän hatte das Recht auf den Tod des Untertanen; die neue Macht ist Macht über das Leben, Bio-Macht. Ihre Wirkmittel sind andere: Kontrolle, Regulierung, Disziplin. «Zum ersten Mal in der Geschichte reflektiert sich das Biologische im Politischen»[51]. Der Selbstmord und die Kindersterblichkeit werden zu Problemen, die Soziologie und die Demographie werden zu Wissenschaften.

Mit dieser Skizze stellt *Sexualität und Wahrheit* die gegenwärtige Gesellschaft als Sexualitätsgesellschaft dar. Wenn das Geschlecht zu ihrem Brennpunkt wird, so liegt das daran, daß die Formen von Macht und Wissen, die diese Gesellschaft entwickelt, durch das Geschlecht verbunden werden: Durch das Geschlecht werden die Disziplinierung des Körpers und die Regulierung der Bevölkerung miteinander verbunden.[52] Im Gegensatz zum Blut hat das Geschlecht seinen Wert nicht von Anfang an: «Das Blut der Bourgeoisie war ihr Sex», heißt es an einer Stelle.[53] Der Adel ist ständig demselben Vorwurf ausgesetzt: Er ist degeneriert, dekadent. Das Bürgertum ist wachsam, es will gesund sein und muß deshalb moralisch sein. Die Gesundheit des Leibes ist das Kapital des Menschen. Diverse Krankheiten werden im Lichte des Sexuellen gesehen; ihre Ursachen sind ‹genital›. Die Gesundheit wird mit Sex als Maßstab der Werte gemessen. Hiermit ist Sex nicht nur zum Kriterium von Macht, sondern auch zum Kriterium von Wahrheit geworden.

Foucault stellt den geschichtlichen Charakter des Phänomens mit seiner Antwort auf die Frage heraus, wie Sex und Sexualität sich zueinander verhalten: Sex ist nicht die ‹wirkliche› Grundlage der Sexualität, es verhält sich umgekehrt; der «ideale Punkt», Sex, setzt die geschichtliche

Realität der Sexualität als «Dispositiv»[54] voraus. Damit wird Foucaults Geschichtsschreibung zu historischer Kritik und somit wiederum zur Kritik üblicher kritischer Theorie. Wenn Foucault den ‹Evangelisten› der Befreiung eine Absage erteilt, so nicht wegen deren Fixierung auf das Sexuelle, sondern weil sie die wesentliche Neuheit der Sexualität übersehen. Sie leben noch in der Gesellschaft des Bluts; ihre Kritik ist an ihren Ausgangspunkten zu erkennen: dem Schwert, dem Gesetz und dem Souverän. Aber die Sexualität ist ein Machtapparat ganz anderer Art. Die Kritik hat in bezug auf das, was sie kritisiert, Jahrhunderte aufzuholen.

> «Im politischen Denken und in der politischen Analyse ist der Kopf des Königs noch immer nicht gerollt. Daher rührt die Bedeutung, die man in der Theorie der Macht immer noch dem Problem des Rechts und der Gewalt beimißt, dem Problem des Gesetzes und der Gesetzwidrigkeit, des Willens und der Freiheit und vor allem dem Problem des Standes und der Souveränität (auch wenn diese nicht mehr in der Person des Königs, sondern in einem kollektiven Wesen gesucht wird).»[55]

Es geht deshalb darum, die Machtverhältnisse anders zu denken. «Den Sex ohne das Gesetz und die Macht ohne den König zu denken.»[56] Eine solche kritische Theorie, ohne Monarch und ohne Jura, wird von Foucault als immanent und strategisch bestimmt:

> «War Machiavelli einer der wenigen, die die Macht des Fürsten im Kontext von Kräfteverhältnissen analysiert haben – darin liegt ja der Skandal seines ‹Zynismus›, so muß man heute vielleicht einen Schritt weitergehen und unter Verzicht auf die Figur des Fürsten die Machtmechanismen von einer den Kraftverhältnissen immanenten Strategie her entschlüsseln.»[57]

Es ist deutlich, daß die hier kritisierte Kritik die Psychoanalyse und den Freudomarxismus zum Prototypen hat. Freud und Reich werden jedoch nur als Marksteine einer «taktischen Verschiebung und Wendung»[58] in der Geschichte der Sexualität genannt, in der der Souverän in die Rolle des Vaters eingesetzt wird.[59] Hier geht es uns jedoch allein um die grundsätzliche Kritik der Machttheorie. Von ihr aus müssen sämtliche Themen der Sexualitätsgeschichte verstanden werden.

Mit dieser späten Bestimmung des Begriffs Macht versucht Foucault, sich von der Annahme des Humanismus und der Humanwissenschaften von einem Subjekt als in sich ruhender Einheit zu distanzieren, in diesem Fall in der Form eines Zentrums, von dem her die Macht ausgeübt wird. Er bezeichnet diese Auffassung als monarchisch und juristisch und stellt ihr seine eigene Auffassung entgegen, die er immanent und strategisch nennt. Die Machttheorie, die in gewisser Weise das Endergebnis der Geschichtsschreibung Foucaults ist, läßt sich mit den fünf folgenden Thesen aus *Sexualität und Wahrheit* kennzeichnen:

1) «Die Macht ist nicht etwas, was man erwirbt, wegnimmt, teilt, was man bewahrt oder verliert.»
2) «Die Machtbeziehungen verhalten sich zu anderen Typen von Verhältnissen... nicht als etwas Äußeres, sondern sind ihnen immanent.»
3) «Die Macht kommt von unten, d. h. sie beruht nicht auf der allgemeinen Matrix einer globalen Zweiteilung, die Beherrscher und Beherrschte einander entgegensetzt...»
4) «Die Machtbeziehungen sind gleichzeitig intentional und nicht-subjektiv.»
5) «Wo es Macht gibt, gibt es Widerstand. Und doch oder vielmehr gerade deswegen liegt der Widerstand niemals außerhalb der Macht.»[60]

Diese Machttheorie ist das Ergebnis nicht nur der Diskursanalyse, sondern recht besehen auch der Dekonstruktion im Ganzen, die damit aus der ‹reinen› Metaphysik in den Bereich der Politik vordringt.

Aber damit nicht genug; die letzte Phase der Geschichtsschreibung Foucaults bezeichnet auch das Ende der Epoche, die hier die Überschrift «Dekonstruktion» erhalten hat. Möglicherweise nur aus zufälligen Gründen. Zufall und Notwendigkeit lassen sich in dem geschichtlichen Zusammenhang nicht unterscheiden.

Rückblickend sieht es so aus, als sei die Entwicklung ‹umgekippt›: erst in einem ephemeren Phänomen, den sogenannten neuen Philosophen, die irritiert reagierten auf die Verschiebung der großen Instanzen (Subjekt, Geschichte, Macht usw.) der ‹Meisterdenker› in immer anonymere Bereiche; später in einer philosophischen Reflexion, die der Situation galt, an der die Entwicklung der Philosophie zur Dekonstruktion selbst teilhatte. Aber daraus ergibt sich eine neue philosophische Situation.

Die Postmoderne

Das philosophische Milieu Frankreichs ändert sich deutlich mit dem Übergang zum neuen Jahrzehnt, den 80er Jahren. Selbst auf der biographischen und anekdotischen Ebene ist die Veränderung spürbar. Jacques Lacan stirbt 1981, weniger als ein Jahr nach der Schließung seiner École freudienne. Michel Foucault stirbt 1984 an einer Krankheit, die noch niemand zu heilen vermag. Louis Althusser wird 1980 in die St. Anna-

Klinik in Paris eingeliefert. Sachlich macht sich die Änderung darin bemerkbar, daß die neuen theoretischen Ansätze allmählich ihre Fruchtbarkeit erschöpft haben. Nach Mitte der 70er Jahre erscheint keine entscheidende Schrift von Lacan und Althusser, und auch wenn Foucault schließlich 1984 Band II und III von *Sexualität und Wahrheit* herausgibt, so behauptet man wohl nicht zu viel, wenn man sagt, daß diese beiden Bände die Erwartungen an eine groß angelegte Machttheorie nicht erfüllen. Dennoch bleibt die dekonstruktive Arbeitsmethode unter den Philosophen weiterhin wirksam.

Bei der weiteren Arbeit an dem Projekt der Dekonstruktion richtet sich die Aufmerksamkeit der Philosophen auf neue Arbeitsfelder, so bei Jean Toussaint Desanti (geb. 1914) auf das Verhältnis zwischen Philosophie und Wissenschaft, bei Philippe Lacoue-Labarthe (geb. 1940) auf das Politische, bei Jean Luc Marion (geb. 1940) auf die Tradition seit Descartes, bei Gérard Granel (geb. 1930) auf die philosophische Übersetzung. Entsprechend werden die philosophischen Quellen ausgewechselt. Etwas Neues mag sein, daß Wittgenstein nicht zuletzt dank der Arbeiten von Jacques Bouveresses (geb. 1946) einen hervorragenden Platz einzunehmen beginnt. Und in vielen Fällen handelt es sich bei den Franzosen um eine neue Wittgenstein-Interpretation, bei der das Verhältnis Wittgensteins zur analytischen Philosophie nur eine periphere Rolle einnimmt.

Unter diesen Philosophen ist Jacques Derrida so produktiv wie eh und je. Aber die Thesen über das Verhältnis zwischen Rede und Schrift treten nun zweifellos in seinem späteren Werk zunehmend in den Hintergrund. Von dem fast literarischen Werk *La carte postale* (1980) bis zu *Psyché. Inventions de l'autre* (1987) und *De l'esprit* (1988) ist das zentrale Anliegen Derridas eher ein Fragen nach den eigenen Voraussetzungen. Das Verhältnis zu Heidegger wird immer direkter artikuliert, und in *De l'esprit* (veranlaßt durch die politische Diskussion) werden Werk und Wirken Heideggers von der Kategorie des Geistes her untersucht. Der Begriff, ja das Wort ‹Geist› waren in den Texten Heideggers nicht zu finden, bis er plötzlich in der Rektoratsrede im Jahre 1933 auftaucht. Es handelt sich infolge Derrida nicht nur um eine Episode, und er will dies belegen durch die (deutliche) Wiederholung des Themas in Heideggers Interpretation der Dichter. Die Schlußfolgerung aus dieser Auslegung von Heideggers Dichter-Interpretationen ist die, daß sich Heidegger trotz allem als eine Verlängerung der Tradition der Philosophie verstehen läßt, zwar nicht als eine direkte, aber als eine metaphorische, eine zitierende Verlängerung.

Derrida und seine Zeitgenossen werden nach anfänglichem Widerstand seitens des etablierten Universitätsmilieus gleichsam zu Prototypen philosophischer Universitätslehrer. Ein Teil dieser Philosophen war bis vor kurzem nur in der französischen Öffentlichkeit bekannt (auch wegen ihrer Lehrbücher); dies gilt auch für Gilles Deleuze (geb. 1925) und Jean-François Lyotard (geb. 1924). Vor allem letzterer wird dann aber mit einem Schlag international bekannt im Zuge der neuen Strömung, die den Namen ‹Postmodernismus› erhält, gefolgt von dem Soziologen Jean Baudrillard (geb. 1929).

Die plötzliche Berühmtheit, die Lyotard zuteil wird, hängt mit seiner Veröffentlichung aus dem Jahre 1979 zusammen: *La condition postmoderne*. Man beachte, daß in diesem Buchtitel von einem ‹-ismus› nicht die Rede ist, und es wäre auch falsch, Lyotard zum Exponenten des Postmodern*ismus* zu machen. Wenn die Rede von einem solchen Postmodernismus (auch) in Frankreich üblich wird, ist dies um so mehr bemerkenswert, als sein Vorgänger, der Modernismus, in Frankreich ein unbekannter Begriff ist.

Der Postmodernismus breitet sich von Amerika her auf Frankreich aus, zunächst in der Architektur und der Kunst, dann auch in der Philosophie. Eine nähere Bestimmung der Bewegung kann von dem Gegensatz zwischen Postmodernismus und Modernismus ausgehen, da sich die Meinungsunterschiede als Unterschiede zwischen zwei Zeitaltern verstehen lassen: der Moderne und der Postmoderne.

Was am Modernismus ist es, wogegen der Postmodernismus opponiert? Der Modernismus als kulturelle Strömung läßt sich natürlich in vielerlei Weise charakterisieren, sowohl in der Literatur und der Kunst als auch in der Architektur. Im letzteren Bereich steht der Modernismus für das Formalistische, das Analytische, das Funktionelle. Gerade deshalb wird der Modernismus auch zu einem Glauben an oder geradezu zu einer Theorie über die rationelle und durchschaubare Einrichtung der Dinge (‹Die Form folgt der Funktion›). Aber was bedeutet diese Voraussetzung für den Modernismus?

Will man den Modernismus als Strömung mit einem Wort charakterisieren, so ist es das Wort *utopisch*. Von der Idee der rationellen und durchschaubaren Einrichtung der Welt her hat die moderne Zeit es zu ihrem Ideal gemacht, die Welt rational und transparent einzurichten. Der Postmodernismus unterscheidet sich gerade darin vom Modernismus, daß er auf diese Idee und dieses Ideal verzichtet. Die postmoderne Zeit beginnt mit dem Verfall der Utopie.

Die Idee der Rationalität der Weltordnung ist so alt wie die Philosophie selbst, und der ‹Postmodernismus› ist denn auch Ausdruck für das Ende der Philosophie, hierunter in ihrer alltäglichsten Form – als Ideologie. Es sei in diesem Zusammenhang daran erinnert, daß die modernen Ideologien sich auch auf jüngere Autoritäten als die Philosophie stützen. Beispielsweise hat sich der moderne Fortschrittsoptimismus auf die Wissenschaft berufen. Der Postmodernismus liegt dagegen sowohl zeitlich als auch theoretisch jenseits jedes Fortschrittsglaubens.

Im Lichte dieses letzten Merkmals erscheint es nicht verwunderlich, daß der Postmodernismus in Frankreich Anklang finden konnte. Die Dekonstruktion hatte als Bewegung dazu beigetragen, die Erwartungen an die Philosophie (als Problemlösung, Gesamtkonzeption usw.) herabzuschrauben. Wie das italienische ‹schwache Denken›, wohl ein Grenzfall zwischen Dekonstruktion und Postmodernismus, hat die französische Philosophie nach der Generation von Derrida auf die Ansprüche der Philosophie auf systematische Beiträge verzichtet. Der Einfluß Heideggers bedeutet in der Philosophie nicht Fortschritt, sondern einen Schritt zurück in bezug auf die Möglichkeiten der Philosophie.

Der Tod der Ideologien und der Verfall der Utopie war bereits vor dem Aufkommen des Postmodernismus in Frankreich ein durchgehendes Thema bei Jean-François Lyotard. Mit den Büchern *Discours, figure* (1971) und *Économie libidinale* (1974) lieferte er eine Kritik der modernen Emanzipationsideologien. Sie werden hier ‹große Erzählungen› genannt, und zu ihren Kennzeichen gehört vor allem, daß sie Gesamtkonzeptionen sind. Ausgangspunkte solcher Ganzheiten sind nicht nur die Befreiung, sondern auch die Wissenschaft, die Aufklärung, die Religion. Ihr Gegensatz sind die vielfältigen ‹kleinen Erzählungen›. Gerade durch die Mannigfaltigkeit (und Unvereinbarkeit untereinander) dieser kleinen, anonymen Erzählungen läßt sich unsere Zeit als Postmoderne bestimmen.

«Unter Metaerzählung oder großer Erzählung verstehe ich gerade die Erzählungen (*narrations*) mit legitimierender Funktion. Ihr Niedergang hindert Milliarden von kleinen und weniger kleinen Geschichten nicht daran, weiterhin den Stoff täglichen Lebens zu weben.»[61]

Es scheint, daß Postmodernismus in dieser Situation in der Philosophie zwei Dinge bedeuten kann.

Erstens kann Postmodernismus, wie bei Lyotard, Reflexion über den oben dargestellten postmodernen Zustand (*condition*) bedeuten. Diese

Reflexion gilt nicht nur dem nun unvermeidlichen fragmentarischen Charakter der menschlichen Existenz und der Gesellschaftsformationen. Die Reflexion gilt auch allen Versuchen, in diesem Zeitalter die Phänomene zu scheinbaren Einheiten zusammenzubinden. In weiterer Perspektive gilt sie somit der Möglichkeit von Philosophie überhaupt. Lyotard umschreibt in *Le différend* (1983) die Aufgabe der Philosophie damit, daß sie die Inkommensurabilität der Erzählungen als eine Unvereinbarkeit von ‹Sprachspielen› festzustellen habe.

Zweitens kann Postmodernismus wie in Kunst, Architektur usw. auch in der Philosophie eine Kompositionsform bedeuten, mit der zerbrochene Einheiten zusammengefügt werden. Eine Kopierkunst, in der man von dem Glauben an Originalität und Stiftung von Sinn Abschied nimmt. Oder eine Zitatkunst, in der man Stilarten nach Belieben vermischt. In diesem Fall schlägt das Zeitalter der Dekonstruktion in sein Gegenteil um. Das Absterben der ‹großen Erzählungen› wird als Ende der Geschichte interpretiert und dieses wiederum als eine Art ‹Befreiung› von der Geschichte. Die Stilarten des Postmodernismus zeichnen sich dadurch aus, daß sie theoretisches Gut aus dem Mülleimer der Geschichte vermischen. Mit der Frage nach dem Prinzip der Stilvermischung steht die Philosophie vor dem wiedergefundenen Subjekt.

Diese fröhliche Subjektivität könnte die Losung des Postmodernismus sein. In diesem Fall hieße Postmodernismus der Willkür des Subjekts Tür und Tor öffnen. Ist Lyotards Rückkehr in *Le différend* zum eher diskreten Werk des Philosophielehrers vor dem Hintergrund dieser Tendenz zu sehen?

Literatur

Beaufret, Jean: Wege zu Heidegger. Frankfurt/M. 1976.
Culler, J.: Dekonstruktion. Derrida und die poststrukturalistische Literaturtheorie. Reinbek 1988.
Descombes, V.: Das Selbe und das Andere. Frankfurt/M. 1981, S. 91–224.
Fietz, Lothar: Strukturalismus. Eine Einführung. Tübingen 1982.
Frank, M.: Was ist Neostrukturalismus? Frankfurt/M. 1983.
Freger, J.-B.: Den Strukturalismus verstehen. Gießen u. a. 1974.
Schiwy, G.: Poststrukturalismus und «Neue Philosophen». Reinbek 1985.

Texte Derridas

L'écriture et la différence. Paris 1967 (dt. Die Schrift und die Differenz, Frankfurt/M. 1972).

La voix et le phénomène. Paris 1967 (dt. Die Stimme und das Phänomen. Frankfurt/M. 1979) *(= SP)*.

De la grammatologie. Paris 1967 (dt. Grammatologie. Frankfurt/M. 1983) *(=G)*.

Positions. Paris 1972 (dt. Positionen. Wien 1986).

La dissémination. Paris 1972.

Marges de la philosophie. Paris 1972 (dt. Randgänge der Philosophie. Wien 1988) *(= R)*.

Glas. Paris 1974.

Éperons. Les styles de Nietzsche. Paris 1976 (dt. Sporen. Die Stile Nietzsches. Paris/Venezia 1976. Franz.-ital.-engl.-dtsch. Paralleltext).

La carte postale de Socrate à Freud et au-delà. Paris 1980 (dt. Die Postkarte von Sokrates bis an Freud und jenseits. 2 Bde. Berlin 1982/1987).

Télépathie (1981). In: Psyché. Paris 1987, S. 237–270 (dt. Telepathie. Berlin 1982).

D'un ton apocalyptique adopté naguère en philosophie. Paris 1983 (dt. Apokalypse. Wien 1985).

Schibboleth – pour Paul Celan. Paris 1986 (dt. Schibboleth. Für Paul Celan. Wien 1986).

Les morts de Roland Barthes. In: Poétique 47 (1981), S. 269–291 (dt. Die Tode von Roland Barthes. Berlin 1987).

(u. a.) Roland Barthes. Paris 1981 (dt. Roland Barthes. Hg. von H. H. Henschen. München 1988).

Psyché. Inventions de l'autre. Paris 1987.

Ulysse gramophone. Deux mots pour Joyce. Paris 1987.

De l'esprit. Heidegger et la question. Paris 1987 (dt. Vom Geist. Heidegger und die Frage. Frankfurt/M. 1988).

Geschlecht. Différence sexuelle, différence ontologique. (1983); La main de Heidegger (Geschlecht II) (1984/1985). In: Psyché. Paris 1987, S. 395–451 (dt. Geschlecht (Heidegger). Sexuelle Differenz, ontologische Differenz; Heideggers Hand (Geschlecht II). Wien 1988).

Mémoires pour Paul de Man. Paris 1988 (dt. Mémoires. Für Paul de Man. Wien 1988).

Mémoires II. Comme le bruit de la mer au fond d'un coquillage. La guerre de Paul de Man. Paris 1988 (dt. Wie Meeresrauschen auf dem Grund einer Muschel. Paul de Mans Krieg. Wien 1988).

Limited Inc. Evanston (Ill.) 1988 (fr. Limited Inc. Paris 1990).

Signéponge. Paris 1988.

La pharmacie de Platon. Paris 1989.

Comment ne pas parler. Dénégations. Paris 1987 (dt. Wie nicht sprechen. Verneinungen. Wien 1989).
La problème de la genèse dans la philosophie de Husserl. Paris 1990.
Du droit à la philosophie. Paris 1990.
Force de loi (zuerst amerikan. Deconstruction and the Possibility of Justice. New York 1990) (dt. Gesetzeskraft. Frankfurt/M. 1991).
Donner le temps. Paris 1991.
Feu la cendre. Paris 1987 (dt. Feuer und Asche. Berlin 1988).
La verité en peinture. Paris 1978 (dt. Die Wahrheit in der Malerei. Frankfurt/M. 1991).

Literatur

Siverman, H. J. (Hg.): Derrida and deconstruction. New York 1989.
Hofman, S.: Derrida lesen. Wien 1988.
Behler, E.: Derrida – Nietzsche. Nietzsche – Derrida. München u. a. 1988.
Kimmerle, H.: Derrida zur Einführung. Hamburg 1988.
Englert, K.: Frivolität und Sprache. Zur Zeichentheorie bei Jacques Derrida. Essen 1987.
Werner, H.: Metaphysik, Zeichen, mimesis, Kastration. Möglichkeiten und Grenzen begrifflichen Philosophieverständnisses nach Jacques Derrida. Pfaffenweiler 1985.
Tiehl, D.: Über die Genese philosophischer Texte. Studien zu Jacques Derrida. Freiburg/München 1990.

Texte Althussers

Pour Marx. Paris 1965 (dt. Für Marx. Frankfurt/M. 1968) *(= FM)*.
(mit Balibar, E. u. a.) Lire le Capitale. Paris 1965 (dt. Das Kapital lesen. 2 Bde. Reinbek 1972) *(= DKL)*.
Lénine et la philosophie. Paris 1969 (dt. Lenin und die Philosophie. Reinbek 1974) *(= LP)*.
Schriften. – Montesquieu, la politique et l'histoire. Paris 1959 (dt. Machiavelli, Montesquieu, Rousseau. Zur politischen Philosophie der Neuzeit. Berlin 1987). – Philosophie et philosophie spontanée des savants. Paris 1974 (dt. Philosophie und spontane Philosophie der Wissenschaftler. Berlin 1985).
Positions. Paris 1976 *(= P)*.

Literatur

Benton, T.: The rise and fall of Structural Marxism. Althuser and his influence. New York 1984.

Coassion-Spiegel, H. Gramsci und Althusser. Berlin 1983.

Grimm, B.: Konstruktionsbedingungen, Inhalt und Funktion der Theorie Louis Althussers. Köln 1980.

Eliott, G.: Althusser. The Detour of Theory. London 1987.

Texte Lacans

Écrits. Paris 1966 (dt. Schriften. Ausg. und hg. von N. Haas. 3 Bde. Olten/Freiburg 1973–1980) *(=SCH)*

Le séminaire. Paris 1973 ff (I: 1975, II: 1978, III: 1981, VII: 1986, VIII: 1991, XI: 1973, XVII: 1991, XX: 1975) (dt. Das Seminar. Olten/Freiburg 1978 ff (I: 1978, II: 1980, XI: 1978, XX: 1986). *(=S).*

Les psychoses. Paris 1958.

Literatur

Widmer, P.: Subversion des Begehrens: Jacques Lacan oder die zweite Revolution der Psychoanalyse. Frankfurt/M. 1990.

Pagel, G.: Lacan zur Einführung. Hamburg 1989.

Bechem, M.: Vom «anderen» zum «Anderen». Die Psychoanalyse Jacques Lacans zwischen Phänomenologie und Strukturalismus. Frankfurt/M. 1988.

Lang, H.: Die Sprache und das Unbewußte. Jacques Lacans Grundlegung der Psychoanalyse. Frankfurt/M. 1986.

Lipowatz, A.: Diskurs und Macht. Jacques Lacans Begriff des Diskurses. Marburg 1982.

Taureck, B. H. F. (Hg.): Psychoanalyse und Philosophie. Frankfurt/M. 1992.

Ragland-Sullivan, E.: Jacques Lacan und die Philosophie der Psychoanalyse. Weinheim u. a. 1989.

Weber, S.: Rückkehr zu Freud. Jacques Ent-stellung der Psychoanalyse. Wien 1990.

Juranville, A.: Lacan und die Philosophie. München 1990.

Texte Foucaults

Maladie mentale et psychologie. Paris 1955 (dt. Psychologie und Geisteskrankheit. Frankfurt/M. 1968).

Histoire de la folie à l'âge classique. Paris 1972 (Neuausgabe jener von 1961) (dt. Wahnsinn und Gesellschaft. Eine Geschichte des Wahns im Zeitalter der Vernunft. Frankfurt/M. 1969).

Naissance de la clinique. Une archéologie de regard médicale. Paris 1963 (dt. Die Geburt der Klinik. Eine Archäologie des ärztlichen Blicks. München 1973).

Raymond Roussel. Paris 1963 (dt. Raymond Roussel. Frankfurt/M. 1989).

Les mots et les choses. Une archéologie des sciences humaines. Paris 1966 (dt. Die Ordnung der Dinge. Frankfurt/M. 1974).

L'archéologie du savoir. Paris 1969 (dt. Die Archäologie des Wissens. Frankfurt/M. 1981, ³1988) *(= ADW)*.

L'ordre du discours. Paris 1971 (dt. Die Ordnung des Diskurses. München 1974) *(= ODis)*.

Von der Subversion des Wissens. München 1974.

Moi, Pierre Rivière, ayant égorgé ma mère, ma sœur et mon frère... Un cas de parricide an XIXème siècle. Paris 1973 (dt. Der Fall Rivière. Materialien zum Verhältnis von Psychiatrie und Justiz. Frankfurt/M. 1975).

Schriften zur Literatur. München 1974.

Surveiller et punir. Naissance de la prison. Paris 1975 (dt. Überwachen und Strafen. Die Geburt des Gefängnisses. Frankfurt/M. 1976).

Mikrophysik der Macht. Über Strafjustiz, Psychiatrie und Medizin. Berlin 1976.

Histoire de la sexualité. 3 Bde. Paris 1976–1984 (dt. Sexualität und Wahrheit. Frankfurt/M. 1977–1986) *(=SW)*.

Vom Licht des Krieges zur Geburt der Geschichte. Berlin 1986.

Das Wahrsprechen des Anderen. Frankfurt/M. 1988.

Literatur

Dauk, E.: Denken als Ethos und Methode. Berlin 1989.

Fink-Eitel, H.: Foucault zur Einführung. Hamburg 1989.

Marti, Urs: Michel Foucault. München 1988.

Dreyfus, H. L.: Michel Foucault. Jenseits von Strukturalismus und Hermeneutik. Frankfurt/M. 1987.

Marques, M. (Hg.): Foucault und die Psychoanalyse. Tübingen 1990.

Privitera, W.: Stilprobleme. Zur Epistemologie Michel Foucaults. Frankfurt/M. 1990.

Schmid, W.: Die Geburt der Philosophie im Garten der Lüste. Michel Foucaults Archäologie des platonischen Eros. Frankfurt/M. 1987.

Deleuze, G.: Foucault. Frankfurt/M. 1986.

Küngel, W.: Foucault liest Hegel. Frankfurt/M. 1985.

Didier, E.: Michel Foucault. Eine Biographie. Frankfurt/M. 1991.

Schmid, W. (Hg.): Diskurs und Existenz bei Foucault. Frankfurt/M. 1991.

Schmid, W.: Auf der Suche nach einer neuen Lebenskunst. Die Frage nach dem Grund und die Neubegründung der Ethik bei Foucault. Frankfurt/M. 1991.
Ewald, F./Waldenfels, B. (Hg.): Spiele der Wahrheit. Michel Foucaults Denken. Frankfurt/M. 1991.
Erdmann, E./Forst, R./Honneth, A. (Hg.): Ethos und Moderne. Foucaults Kritik der Aufklärung. Frankfurt/M./New York 1990.
Visker, R.: Genealogie als Kritik. München 1991.

Texte Lyotards

Discours, figure. Paris 1971.
La condition postmoderne. Paris 1979 (dt. Das postmoderne Wissen. Wien 1986).
Les dispositifs pulsionnels. Paris 1973 (dt. teilweise in: Intensitäten. Berlin 1978; und in: Essays zu einer affirmativen Ästhetik. Berlin 1982).
Le différend. Paris 1983 (dt. Der Widerstreit. München 1987).
Tombeau de l'intellectuelle. Paris 1984 (dt. Das Grabmal des Intellektuellen. Wien 1985).
L'enthousiasme. La critique kantienne de l'histoire. Paris 1986 (dt. Der Enthusiasmus. Kants Kritik der Geschichte. Wien 1988).
(u. a.): Argumentation in der Philosophie. Göttingen 1986.
L'inhumain. Causeries sur le temps. Paris 1988 (dt. Das Inhumane. Plaudereien über die Zeit. Wien 1989).
Heidegger et «les juifs». Paris 1988 (dt. Heidegger und «die Juden». Wien 1988).
La postmoderne expliqué aux enfants. Paris 1986 (dt. Postmoderne für Kinder. Wien 1987) *(= PK)*.
Peregrinations. Law, form, event. New York 1988 (dt. Streifzüge. Gesetz, Form, Ereignis. Wien 1988).
(u. a.): Immaterialität und Postmoderne. Berlin 1985.
Leçons sur l'analytique du sublime. Paris 1991.

Literatur

Habermas, J.: Der philosophische Diskurs der Moderne. Frankfurt/M. 1983.
Huyssen, A./Scherpe, K. R. (Hg.): Postmoderne. Reinbek 1986.
Reese-Schäfer, W.: Lyotard zur Einführung. Hamburg 1988.
Reese-Schäfer, W./Taureck, B. H. F. (Hg.): Jean François Lyotard. Cuxhaven 1989.
Welsch, W.: Unsere postmoderne Moderne. Freiburg 1987.

Anmerkungen

1 Cl. Lévi-Strauss: Brief an die Herausgeber von: Strukturalisme. En antologi. Kopenhagen 1970, S. 9.
2 S. H. Lefebvre: L'idéologie structuraliste. Paris 1971, und A. Schmidt: Der strukturalistische Angriff auf die Geschichte. Frankfurt/M. 1972.
3 R. Jakobson: Essais de linguistique générale, Kap. I. Paris 1963.
4 In: L'Arc, Nr. 30. Aix 1966.
5 G. Granel: L'effacement du sujet dans la philosophie contemporaine. In: Concilium, Nr. 86. Tours 1973.
6 A. Koyré: Die Philosophie Emile Meyersons. In: Deutsch-französische Rundschau. Bd. 4. Berlin 1931, S. 201.
7 Martin Heidegger: Sein und Zeit, S. 22–23.
8 A. a. O., S. 20.
9 Jacques Derrida, *G*, S. 276.
10 René Descartes: Meditationes de prima philosophia, II, 3, Ausg. A. Buchenau. 2. Aufl. Hamburg 1972, S. 45.
11 Edmund Husserl: Logische Untersuchungen, 2/1 §5 (Husserliana XIX.1, S. 37f).
12 Jacques Derrida, *SP*, S. 88.
13 *SP*, S. 87f.
14 *SP*, S. 133.
15 Edmund Husserl: Logische Untersuchungen, 2/1 §8 (Husserliana XIX.1, S. 43).
16 Jacques Derrida, *R*, S. 37.
17 Ferdinand de Saussure: Grundfragen der allgemeinen Sprachwissenschaft. Berlin 1967, S. 143.
18 Jacques Derrida, *R*, S. 31.
19 *R*, S. 31.
20 *R*, S. 47.
21 *DKL I*, S. 15.
22 *DKL I*, S. 32.
23 *LP*, S. 47ff.
24 *DKL I*, S. 123.
25 Louis Althusser, *FM*, S. 106.
26 *DKL I*, S. 192.
27 *DKL I*, S. 206.
28 *LP*, S. 47ff.
29 *P*, S. 11, 15.
30 Jacques Lacan, *SCH I*, S. 63, 69.
31 *S I*, S. 20.
32 *S II*, S. 55, 328.
33 Vgl. *S II*, S. 150ff.

34 *S II*, S. 289, 290.
35 Foucault, *ADW*, S. 30.
36 *ADW*, S. 115.
37 *ADW*, S. 170.
38 *ADW*, S. 74.
39 *ADW*, S. 149, 156.
40 *ODis*, S. 7.
41 Kap. «Nietzsche», in: *Hommage à Jean Hyppolite*. Paris 1971, S. 158.
42 A. a. O.
43 *SW I*, Kap. I, Überschrift.
44 *SW I*, S. 190.
45 *SW I*, S. 181.
46 *SW I*, S. 166.
47 *SW I*, S. 165.
48 *SW I*, S. 175.
49 *SW I*, S. 176.
50 *SW I*, S. 163.
51 *SW I*, S. 170.
52 *SW I*, S. 173.
53 *SW I*, S. 150.
54 *SW I*, S. 185.
55 *SW I*, S. 110.
56 *SW I*, S. 112.
57 *SW I*, S. 118.
58 *SW I*, S. 157.
59 *SW I*, S. 178f.
60 *SW I*, S. 115–117.
61 Jean François Lyotard: *PK*, S. 35.

Literatur

Gesamtdarstellungen

Ayer, A. J.: Die Hauptströmungen der Philosophie. München 1976.
–: Philosophy in the twentieth century. London u. a. 1984.
Baumgartner, H. M. und H.-M. Sass: Philosophie in Deutschland 1945–75. Standpunkte, Entwicklungen, Literatur. Meisenheim 1980.
–/– (Hg.): Philosophie in Deutschland. 1945–1975. Standpunkte, Entwicklungen, Literatur. Meisenheim 1978.
Bochenski, J. M.: Europäische Philosophie der Gegenwart. Bern/München 1951.
–: Die zeitgenössischen Denkmethoden. Bern/München 1954.
Boeder, H.: Das Vernunft-Gefüge der Moderne. Freiburg/München 1988.
Bubner, R. (Hg.): Geschichte der Philosophie in Text und Darstellung. 8 Bde. Stuttgart 1978 ff.
Burr, J. R. (Hg.): Handbook of world philosophy: contemporary developments since 1945. Westport (Conn.) 1980.
Caws, P. (Hg.): Two centuries of philosophy in America. 1980.
Châtelet, F.: Histoire de la Philosophie. Paris 1972 ff (dt.: Geschichte der Philosophie. Bd. 8: Das 20. Jahrhundert. Übers. von E. Brückner-Pfaffenberger und D. W. Tuckwiller. Berlin 1975).
Châtelus, M.: Problèmes philosophiques du XXe siècle et matérialisme marxiste. Paris 1982.
Copleston, F. Ch.: A History of Philosophy, Vol. IX: Maine de Biran to Sartre. London 1975.
Coreth, E. u. a.: Philosophie des 20. Jahrhunderts. Stuttgart u. a. 1986.
Durfee, H. A.: Foundational reflections: studies in contemporary philosophy. Dordrecht u. a. 1988.
Friesen, H. und M. W. Schnell (Hg.): Spannungsfelder der Diskurse: Philosophie nach 1945 in Deutschland und Frankreich. Münster 1987.

Goerdt, W.: Russische Philosophie. Zugänge und Durchblicke. Freiburg/München 1984.
Habermas, J.: Der philosophische Diskurs der Moderne. Zwölf Vorlesungen. Frankfurt/M. 1985
Heinemann, F.: Die Philosophie im XX. Jahrhundert. Eine enzyklopädische Darstellung ihrer Disziplinen. Stuttgart 1959.
Höffe, O. (Hg.): Klassiker der Philosophie. 2 Bde. München 1981.
Hoerster, N. (Hg.): Klassiker des philosophischen Denkens. 2 Bde. München 1982.
Jahn, L.: Die letzte Epoche der Philosophie: von Hegel bis Habermas. Kommentarband. Stuttgart 1980.
Jones, W. T.: A History of Western Philosophy: The Twentieth Century to Wittgenstein and Sartre. Bd. 5. New York 1975.
Kearney, R.: Modern movement in European philosophy. Manchester 1986.
Landgrebe, L.: Philosophie der Gegenwart. Bonn 1952.
Leinfellner, W. und F. M. Wuketits (Hg.): Die Aufgaben der Philosophie in der Gegenwart. Wien 1986.
Metz, R.: Die philosophischen Strömungen der Gegenwart in Großbritannien. Leipzig 1935.
Narski, I. S.: Positivismus in Vergangenheit und Gegenwart. Berlin 1962.
Neuenschwander, U.: Denker des Glaubens. Emanuel Hirsch – Emil Brunner – Paul Tillich – Pierre Teilhard de Chardin – Karl Jaspers. Gütersloh 1985.
Noack, H.: Die Philosophie Westeuropas im 20. Jahrhundert («Die Philosophischen Bemühungen des 20. Jahrhunderts»). 2. neubearb. und erw. Aufl. Basel/Stuttgart 1976.
Nordhofen, E. (Hg.): Physiognomien. Philosophen des 20. Jahrhunderts in Portraits. Königstein 1980.
– (Hg.): Physiognomien. Philosophen des 20. Jahrhunderts in Portraits. Königstein/Ts. 1980.
Passmore, L.: A Hundred Years of Philosophy. London 1957, 1966.
–: Recent philosophers. La Salle (Ill.) 1985.
Pongratz, L. J. (Hg.): Philosophie in Selbstdarstellungen. 3 Bde. Hamburg 1975–77.
Rehfus, W. D.: Einführung in das Studium der Philosophie. Heidelberg 1981.
Rombach, H.: Die Gegenwart der Philosophie, die Grundprobleme der abendländischen Philosophie und der gegenwärtige Stand des philo-

sophischen Fragens. 3., grundlegend neu bearbeitete Aufl. Freiburg/ München 1988.

Rorty, R. u. a. (Hg.): Philosophy in history. Essays on the historiography of philosophy. Cambridge 1984.

Ryle, G. (Hg.): Contemporary Aspects of Philosophy. Stocksfield 1976.

Schmidt, R. (Hg.): Philosophie der Gegenwart in Selbstdarstellungen. 7 Bde. Leipzig 1921–30.

Schnädelbach, H.: Philosophie in Deutschland 1831–1933. Frankfurt/ M. 1983, 1985.

Schulz, W.: Philosophie in der veränderten Welt. Pfullingen 1972.

Smith, J. E.: Contemporary American Philosophy. New York/London 1970.

Speck, J. (Hg.): Grundprobleme der großen Philosophen – Philosophie der Gegenwart. Bde. I–VI. Göttingen 1972 ff.

Spierling, V. (Hg.): Die Philosophie des 20. Jahrhunderts (aus der Reihe: Lust an der Erkenntnis). München u. a. 1986.

Stegmüller, W.: Hauptströmungen der Gegenwartsphilosophie. 4 Bde. 6. Aufl. Stuttgart 1978 (Bd. I), 8. Aufl. 1987 (Bde. II und III), 1989 (Bd. IV).

Troller, A.: Die Begegnung von Philosophie, Rechtsphilosophie und Rechtswissenschaft («Die philosophischen Bemühungen des 20. Jahrhunderts»). Basel/Stuttgart 1971.

Ueberweg, F.: Grundriß der Geschichte der Philosophie. Bd. 4: Die deutsche Philosophie des 19. Jahrhunderts und der Gegenwart. 13. Aufl. Tübingen 1951.

Warnock, G. J.: English Philosophy since 1900. London 1969 (dt.: Englische Philosophie im 20. Jahrhundert. Übers. v. E. Bubser. Stuttgart 1971).

White, M.: Pragmatism and the American Mind. New York 1973.

Windelband, W.: Lehrbuch der Geschichte der Philosophie. Mit einem Schlußkapitel «Die Philosophie im 20. Jahrhundert» und einer «Übersicht über den Stand der philosophiegeschichtlichen Forschung nach dem Stand von 1946». Hg. v. H. Heimsoeth. 15. Aufl. Tübingen 1957.

Wuchterl, K.: Methoden der Gegenwartsphilosophie. Bern/Stuttgart 1977.

Wörterbücher, Lexika

Ausführliche Angaben bei:
Geldsetzer, L.: Allgemeine Bücher- und Institutionenkunde für das Philosophie-Studium. Freiburg/München 1971.
Adorno, Th. W.: Philosophische Terminologie. 2 Bde. Frankfurt/M. 1974.
Albrecht, E. (Hg.): Wörterbuch Logik, Semiotik, Methodologie: russisch-deutsch, deutsch-russisch. Leipzig 1983.
Austeda, F.: Lexikon der Philosophie. 2 Bde. Wien 1988.
Baumgartner, H. M. u. a. (Hg.): Philosophie – Gesellschaft – Planung. München 1974.
Braun, E. und H. Radermacher: Wissenschaftstheoretisches Lexikon. Graz u. a. 1978.
Brugger, W. (Hg.): Philosophisches Wörterbuch. Freiburg u. a. 1988.
Dau, R. (Hg.): Wörterbuch des wissenschaftlichen Kommunismus. Berlin (DDR) 1984.
Diemer, A. und I. Frenzel (Hg.): Das Fischer Lexikon «Philosophie». Frankfurt/M. 1958.
Edwards, P. u. a. (Hg.): The Encyclopedia of Philosophy. New York 1967.
Hegenbart, R.: Wörterbuch der Philosophie. München 1984.
Höffe, O. (Hg.): Lexikon der Ethik. München 1986.
Hoffmeister, J. (Hg.): Wörterbuch der philosophischen Begriffe. Sonderausg. 2. Aufl. Hamburg 1988.
Hönigswald, R. und E. Pachnicke (Hg.): Wörterbuch der Philosophie. Göttingen 1985.
Hoerz, H. (Hg.): Philosophie und Naturwissenschaften: Wörterbuch zu den philosophischen Fragen der Naturwissenschaft. Berlin (DDR) 1983.
Hügli, A. und P. Lübcke (Hg.): Philosophielexikon. Personen und Begriffe der abendländischen Philosophie von der Antike bis zur Gegenwart. Reinbek bei Hamburg 1991.
Klaus, G. und M. Buhr (Hg.): Philosophisches Wörterbuch. Leipzig 1964 u. ö.
Labica, G. (Hg.): Dictionnaire critique du marxisme (dt. hg. v. W. F. Haug: Kritisches Wörterbuch des Marxismus. Berlin 1988).
Lange, E. (Hg.): Philosophenlexikon. Ausgabe für die BRD und Westberlin. Berlin 1987.
Lotter, K. (Hg.): Marx-Engels-Begriffslexikon. München 1984.
Kondakov, N. I.: Wörterbuch der Logik. Hg. von E. Albrecht und G. Asser, übers. von H.-D. Hecker. 2. neubearb. Aufl. Leipzig 1983.

Kosing, A.: Wörterbuch der marxistisch-leninistischen Philosophie. Berlin (DDR) 1987.

Krings, G. u. a. (Hg.): Handbuch der philosophischen Grundbegriffe. 6 Bde. München 1973 ff.

Metzler-Philosophen-Lexikon: 300 biographisch-werkgeschichtliche Portraits von den Vorsokratikern bis zu den Neuen Philosophen. Hg. von B. Lutz. Stuttgart 1989.

Meyers kleines Lexikon Philosophie. Mit einer Einleitung von Kuno Lorenz. Mannheim u. a. 1987.

Mittelstraß, J. (Hg.): Enzyklopädie Philosophie und Wissenschaftstheorie. 3 Bde. Mannheim / Wien / Zürich 1980 ff.

Müller, M. (Hg.): Philosophisches Wörterbuch. Neubearb. Bis 12. Aufl. u. d. T.: Kleines philosophisches Wörterbuch. Freiburg u. a. 1988.

Noack, L.: Philosophie-geschichtliches Lexikon: historisch-bibliographisches Handwörterbuch zur Geschichte der Philosophie. Stuttgart 1986.

Ricken, F. (Hg.): Lexikon der Erkenntnistheorie und Metaphysik. München 1984.

Ritter, J. und Gründer, K. (Hg.): Historisches Wörterbuch der Philosophie. Darmstadt / Basel 1971 ff.

Sandkühler, H. J. (Hg.): Europäische Enzyklopädie zu Philosophie und Wissenschaften. 4 Bde. Hamburg 1990.

Schmidt, H.: Philosophisches Wörterbuch. Neu bearb. von G. Schischkoff. 21. Aufl. Stuttgart 1982.

Seiffert, H. und G. Radnitzky (Hg.): Handlexikon zur Wissenschaftstheorie. München 1989.

Speck, J. (Hg.): Handbuch wissenschaftstheoretischer Begriffe. 3 Bde. Göttingen / Zürich 1980.

Ströker, E. und W. Wieland (Hg.): Handbuch Philosophie. Freiburg / München 1981 ff.

Teutsch, G. M.: Lexikon der Umweltethik. Göttingen / Düsseldorf 1985.

–: Lexikon der Tierschutzethik. Göttingen 1987.

Volpi, F. und J. Nida-Rümelin (Hg.): Lexikon der philosophischen Werke. Stuttgart 1988.

Weger, K.-H. (Hg.): Religionskritik von der Aufklärung bis zur Gegenwart: Autoren-Lexikon von Adorno bis Wittgenstein. Freiburg u. a. 1988.

– (Hg.): Argumente für Gott: Gott-Denker von der Antike bis zur Gegenwart. Ein Autoren-Lexikon. Freiburg u. a. 1987.

Ziegenfuß, W. und G. Jung: Philosophen-Lexikon. Handwörterbuch der Philosophie nach Personen. 2 Bde. Berlin 1949.

Bibliographien

Auswahlbibliographie philosophische Literatur der DDR. Berlin 1974ff.
Bochenski, J. M.: Bibliographische Einführung in das Studium der Philosophie. Bern 1948ff.
Detemple, S.: Wie finde ich philosophische Literatur. Berlin 1986.
Fornet-Betancourt, R.: Kommentierte Bibliographie zur Philosophie in Lateinamerika. Frankfurt/M. 1985.
Geldsetzer, L.: Allgemeine Bücher- und Institutionenkunde für das Philosophiestudium. Freiburg/München 1971.
–: (Hg.): In honorem. Eine Bibliographie philosophischer Festschriften und ihrer Beiträge. Düsseldorf 1975.
Guerry, H. (Hg.): A Bibliography of Philosophical Bibliographies. Westport/London 1977.
Hogrebe, W. u. a.: Periodica Philosophica. Eine internationale Bibliographie philosophischer Zeitschriften von den Anfängen bis zur Gegenwart. Düsseldorf 1972.
Internationale Bibliographie der Zeitschriftenliteratur aus allen Gebieten des Wissens. Osnabrück 1965ff.
Jasenas, M.: A History of the Bibliography of Philosophy. New York/Hildesheim 1973.
Koehler und Volckmar-Fachbibliographien: Philosophie und Grenzgebiete 1945–1964. Köln/Stuttgart 1964.
Koren, H. J.: Research in Philosophy. A bibliographical Introduction to Philosophy and a few Suggestions for Dissertations. Pittsburgh 1966.
Lineback, R. H. (Hg.): The philosopher's index. A retrospective index to U. S. publications from 1940. 3 Bde. Bowling Green (Ohio) 1978.
–: The philosopher's index. A retrospective index to non-U. S. English Language publications from 1940. 3 Bde. Bowling Green (Ohio) 1980.
Repertoire bibliographique de la philosophie. Louvain 1949ff.
Totok, W.: Bibliographischer Wegweiser der philosophischen Literatur. Neu bearbeitet von H.-D. Finke. Frankfurt/M. 1985.

Zeitschriften und Reihen

Allgemeine Zeitschrift für Philosophie. Stuttgart 1976ff.
Archiv für Begriffsgeschichte. Frankfurt/M. 1955ff.
Deutsche Zeitschrift für Philosophie. Berlin (DDR) 1953ff.

Erkenntnis. An International Journal of Analytic Philosophy. Hamburg/Dordrecht 1966 ff.
Information Philosophie. Basel 1972 ff.
Kant-Studien. Philosophische Zeitschrift der Kant-Gesellschaft. Bonn 1896 ff.
Metaphilosophy. Oxford 1970 ff.
Neue Hefte für Philosophie. Göttingen 1971 ff.
Phänomenologische Forschungen. Hg. von E. W. Orth im Auftrag der Deutschen Gesellschaft für phänomenologische Forschung. München 1977 ff.
Philosophia Naturalis. Meisenheim 1950 ff.
Philosophischer Literaturanzeiger. Meisenheim 1949 ff.
Philosophisches Jahrbuch. Im Auftrag der Görres-Gesellschaft. Freiburg/München 1888 ff.
Philosophische Rundschau. Tübingen 1953 ff.
Philosophy and Public Affairs. Princeton 1971 ff.
Studia Philosophica. Basel 1941 ff.
Zeitschrift für allgemeine Wissenschaftstheorie. Wiesbaden 1970 ff.
Zeitschrift für philosophische Forschung. Meisenheim 1947 ff.

Phänomenologie und Hermeneutik

Fellmann, F.: Gelebte Philosophie in Deutschland: Denkformen der Lebensweltphänomenologie und der kritischen Theorie. Freiburg/München 1983.
–: Symbolischer Pragmatismus. Hermeneutik nach Dilthey. Reinbek bei Hamburg 1991.
Hengstenberg, H.-E.: Philosophische Anthropologie. Stuttgart 1966.
Huch, K.: Philosophiegeschichtliche Voraussetzungen der Heideggerschen Ontologie. Frankfurt/M. 1987.
Kern, I.: Husserl und Kant. Phaenomenologica 16. Den Haag 1964.
Nitta, Y. (Hg.): Japanische Beiträge zur Phänomenologie. Freiburg/München 1984.
Orth, E. W.: Husserl, Scheler, Heidegger in der Sicht neuer Quellen. Freiburg/München 1978.
–: Dilthey und der Wandel des Philosophiebegriffs seit dem 19. Jahrhundert: Studien zu Dilthey und Brentano, Mach, Nietzsche, Twardowski, Husserl, Heidegger. Freiburg/München 1984.

–: Studien zur neuern französischen Phänomenologie: Ricœur, Foucault, Derrida. Freiburg/München 1986.

Pöggeler, O.: Heidegger und die hermeneutische Philosophie. Freiburg/München 1983.

Rothacker, E.: Einleitung in die Geisteswissenschaften. Tübingen 1920, Darmstadt 1972.

Sepp, H. R. (Hg.): Edmund Husserl und die Phänomenologische Bewegung. Zeugnisse in Text und Bild. Im Auftrag des Husserl-Archivs an der Universität Freiburg/Br. Freiburg/München 1988.

Spiegelberg, H.: The Phenomenological Movement. 2 Bde. 3. Aufl. Den Haag 1982.

Zöckler, C.: Dilthey und die Hermeneutik. Diltheys Begründung der Hermeneutik als «Praxiswissenschaft» und die Geschichte ihrer Rezeption. Stuttgart 1975.

Existenzphilosophie

Heinemann, F.: Existenzphilosophie lebendig oder tot? Stuttgart 1954.

Logstrup, K. E. C.: Kierkegaards und Heideggers Existenzanalyse und ihr Verhältnis zur Verkündigung. Berlin 1950.

Mounier, E.: Introduction aux existentialismes. Paris 1947 (dt.: Einführung in die Existenzphilosophien. Bad Salzig 1949).

Müller, M.: Existenzphilosophie im geistigen Leben der Gegenwart. 3. Aufl. Heidelberg 1964.

–: Existenzphilosophie. Von der Metaphysik zur Metahistorik. 4., erneut stark erweiterte Aufl. Hg. und eingeleitet von A. Halder. Freiburg/München 1986.

Reding, M.: Die Existenzphilosophie. Heidegger, Sartre, Gabriel Marcel und Jaspers in kritisch-systematischer Sicht. Düsseldorf 1949.

Solomon, R. C.: From Hegel to existentialism. New York u. a. 1987.

Wisser, R.: Verantwortung im Wandel der Zeit. Einübung in geistiges Handeln: Jaspers, Buber, C. F. v. Weizsäcker, Guardini, Heidegger. Mainz 1967.

Frankfurter Schule

Apel, H.: Die Gesellschaftstheorie der Frankfurter Schule: Materialien zur Kritischen Theorie von Adorno, Horkheimer und Marcuse. Frankfurt/M. u. a. 1980.

Bonß, W. und A. Honneth (Hg.): Sozialforschung als Kritik. Frankfurt/M. 1982.

Bottomore, T. B.: The Frankfurt School. Chichester u. a. 1984.

Friedman, G.: The political philosophy of the Frankfurt School. Ithaca u. a. 1981.

Geyer, C.-F.: Kritische Theorie. Max Horkheimer und Theodor W. Adorno. Freiburg/München 1982.

Honneth, A. und A. Wellmer: Die Frankfurter Schule und die Folgen: Referate eines Symposiums der Alexander v. Humboldt-Stiftung vom 10.–15. Dezember 1984 in Ludwigsburg. Berlin/New York 1986.

Jay, M.: Dialektische Phantasie. Die Geschichte der Frankfurter Schule und des Instituts für Sozialforschung 1923–1950. Übers. aus dem Engl. von H. Herkommer und B. v. Greiff. Frankfurt/M. 1976.

Kritische Theorie. Eine Dokumentation. 2 Bde. Frankfurt/M. 1968.

MacIntyre, A. C.: Marcuse. London 1970.

Marcuse, L.: Denken mit Ludwig Marcuse: ein Wörterbuch für Zeitgenossen. Zürich 1984.

Schmidt, A.: Zur Idee der kritischen Theorie. München 1974.

Theunissen, M.: Gesellschaft und Geschichte. Zur Kritik der kritischen Theorie. Berlin 1969.

Wellmer, A.: Kritische Gesellschaftstheorie und Positivismus. Frankfurt/M. 1969.

–: Zur Dialektik von Moderne und Postmoderne. Frankfurt/M. 1985.

Wiggershaus, R.: Die Frankfurter Schule. Geschichte, Theoretische Entwicklung, Politische Bedeutung. München 1986.

Französische Philosophie

Altwegg, J. und A. Schmidt: Französische Denker der Gegenwart: 20 Portraits. München 1988.

Caroll, D.: Paraesthetics. Foucault, Lyotard, Derrida. Berkeley u. a. 1988.

Descamps, Chr.: Les idées philosophiques contemporaines en France. Paris 1986.

Descombes, V.: Le même et l'autre. Quarante-cinq ans de philosophie française (1933–78). Paris 1979 (dt.: Das Selbst und das Andere. Fünfundvierzig Jahre Philosophie in Frankreich 1933–1978. Übers. von U. Raulff. Frankfurt/M. 1981).

Frank, M.: Was ist Neostrukturalismus? Frankfurt/M. 1984.

Gallagher, K. T.: The Philosophy of Gabriel Marcel. Bronx 1975.

Griffiths, A. Ph.: Contemporary French Philosophy. Cambridge 1987.

Muchnik, N. (Hg.): De Sartre à Foucault: vingt ans de grands entretiens dans «Le nouvel observateur». Paris 1984.

Orth, E. W.: Studien zur neueren französischen Phänomenologie: Ricœur, Foucault, Derrida. Freiburg/München 1986.

Reif, A.: Antworten der Strukturalisten: R. Barthes, M. Foucault, F. Jacob, R. Jakobson, C. Lévi-Strauss. Hamburg 1973.

Rötzer, F.: Französische Philosophen im Gespräch. München 1987.

Schiwy, G.: Der französische Strukturalismus. Reinbek bei Hamburg 1985.

–: Poststrukturalismus und «Neue Philosophen». Reinbek bei Hamburg 1985.

Schlette, H. R. und M. Yadel: Albert Camus: L'homme révolté: Einführung und Register. Essen 1987.

Taureck, B.: Französische Philosophie im 20. Jahrhundert. Analysen, Texte, Kommentare. Reinbek bei Hamburg 1988.

Wahl, F. (Hg.): Einführung in den Strukturalismus. Frankfurt/M. 1973.

Waldenfels, B.: Phänomenologie in Frankreich. Frankfurt/M. 1987.

Zu den Autoren

Ulrich Dierse, geb. 1943, Studium in Münster in Westfalen und Zürich, lehrt seit 1971 Philosophie an der Ruhr-Universität Bochum.

Günter Figal, geb. 1949, Studium in Heidelberg, seit 1989 Professor für Philosophie an der Universität Tübingen.

Arne Grøn, geb. 1952, Studium in Kopenhagen und Berlin, lehrt seit 1987 Philosophie an der Universität Kopenhagen.

Helmut Holzhey, geb. 1937, Studium in Berlin, Göttingen, Marburg und Zürich, lehrt seit 1974, ab 1985 als ordentlicher Professor, Philosophie an der Universität Zürich.

Poul Lübcke, geb. 1951, Studium in Kopenhagen, Freiburg, Heidelberg und Leuven, unterrichtete zwischen 1981 und 1988 Philosophie an der Universität Roskilde, lehrt seit 1989 an der Universität Aarhus.

Søren Gosvig Olesen, geb. 1956, Studium in Paris und Leuven, lehrt seit 1985 Philosophie an der Universität Odense.

Jean-Claude Wolf, geb. 1953, Studium an der Universität Bern, lehrt Philosophie an der Universität Bern.

Namenregister

[Stand: November 92]

rowohlts enzyklopädie

Eine Auswahl

Kurt Bayertz
GenEthik
Probleme der Technisierung menschlicher Fortpflanzung (450)

Kurt Bayertz (Hg.)
Praktische Philosophie
Grundorientierungen angewandter Ethik (522)

Raymond Boudon
Ideologie
Geschichte und Kritik eines Begriffs (496)

Eberhard Braun / Felix Heine / Uwe Opolka
Politische Philosophie
Ein Lesebuch. Texte, Analysen, Kommentare (406)

Helmut Brackert/Jörn Stückrath (Hg.)
Literaturwissenschaft
Ein Grundkurs (523)

Manfred Brauneck
Theater im 20. Jahrhundert
Programmschriften, Stilperioden, Reformmodelle (433)
Klassiker der Schauspielregie
Positionen und Kommentare zum Theater im 20. Jahrhundert (477)

Manfred Brauneck / Gérard Schneilin (Hg.)
Theaterlexikon
Begriffe, Epochen, Bühnen und Ensembles (465)

André Breton
Die Manifeste des Surrealismus (434)

Jonathan Culler
Dekonstruktion
Derrida und die poststrukturalistische Literaturtheorie (474)

Martin Damus
Malerei der DDR
Funktionen der bildenden Kunst im Realen Sozialismus (524)

rowohlts enzyklopädie

[Stand: November 92]

Hans Ebeling
Martin Heidegger
Philosophie und Ideologie (520)

Martin Esslin
Das Theater des Absurden
Von Beckett bis Pinter (414)
Die Zeichen des Dramas
Theater, Film, Fernsehen (502)

Ferdinand Fellmann
Symbolischer Pragmatismus
Hermeneutik nach Dilthey (508)

James George Frazer
Der Goldene Zweig
Das Geheimnis von Glauben und Sitten der Völker
(kulturen und ideen 483)

Hugo Friedrich
Die Struktur der modernen Lyrik
Von der Mitte des 19. bis zur Mitte
des 20. Jahrhunderts (420)

Gebauer / Kamper / Lenzen / Mattenklott / Wulf / Wünsche
Historische Anthropologie
Zum Problem der Humanwissenschaften heute
oder Versuche einer Neubegründung (486)

Gunter Gebauer / Christoph Wulf
Mimesis
Kultur – Kunst – Gesellschaft (497)

Arnold Gehlen
Anthropologische und sozialpsychologische Untersuchungen (424)

Manfred Geier
Das Sprachspiel der Philosophen
Von Parmenides bis Wittgenstein (500)

Sander L. Gilman
Rasse, Sexualität und Seuche
Stereotype aus der Innenwelt der westlichen Kultur
(kulturen und ideen 527)

[Stand: November 92]

rowohlts enzyklopädie

Lutz Niethammer
Posthistoire
Ist die Geschichte zu Ende? (504)

Peter Moritz Pickshaus
Kunstzerstörer
Fallstudien: Tatmotive und Psychogramme
(kulturen und ideen 463)

Erwin Piscator
Zeittheater
«Das Politische Theater» und
weitere Schriften von 1915 bis 1966 (429)

Robert von Ranke-Graves
Griechische Mythologie
Quellen und Deutung (404)
Die Weiße Göttin
Sprache des Mythos (416)

Robert von Ranke-Graves / Raphael Patai
Hebräische Mythologie
Über die Schöpfungsgeschichte und andere Mythen aus dem
Alten Testament (441)

Stefan Rohrbacher/Michael Schmidt
Judenbilder
Kulturgeschichte antijüdischer Mythen
und antisemitischer Vorurteile
(kulturen und ideen 498)

Hartmut Scheible
Wahrheit und Subjekt
Ästhetik im bürgerlichen Zeitalter (468)

Klaus R. Scherpe (Hg.)
Die Unwirklichkeit der Städte
Großstadtdarstellungen zwischen Moderne und Postmoderne (471)

Ulrich Steinvorth
Klassische und moderne Ethik
Grundlinien einer materialen Moraltheorie (505)